W0093742

Werner H. Schmidt

Alttestamentlicher Glaube in seiner Geschichte

6., überarbeitete und erweiterte Auflage

Neukirchener Verlag

Neukirchener Studienbücher, Band 6

CIP-Kurztitelaufnahme der Deutschen Bibliothek

Schmidt, Werner H.:
Alttestamentlicher Glaube in seiner Geschichte /
Werner H. Schmidt. – 6., überarb. u. erweiterte Aufl. –
Neukirchen-Vluyn: Neukirchener Verlag, 1987
    (Neukirchener Studienbücher; Bd. 6)
ISBN 3–7887–1263–5
NE: GT

© 1968 – 6., überarb. u. erweiterte Aufl. 1987
Neukirchener Verlag des Erziehungsvereins GmbH, Neukirchen-Vluyn
Alle Rechte vorbehalten
Umschlag: Kurt Wolff, Düsseldorf
Gesamtherstellung: VOB Buch- und Offsetdruck, Leipzig
Printed in the German Democratic Republic
ISBN 3–7887–1263–5

Inhalt

Vorwort

Dieses Buch erschien zuerst 1968 mit dem Titel »Alttestamentlicher Glaube in seiner Umwelt«. Es wurde in Wien geschrieben und hat mich über Kiel und Marburg nach Bonn begleitet; hier gibt mir die 6. Auflage Gelegenheit, es noch einmal zu überarbeiten. Im Grundansatz geht es aus meiner Dissertation (»Königtum Gottes in Ugarit und Israel«, 1960/1) hervor; insofern ist es mein persönlichstes Buch.

Seinem Thema nach steht es zwischen einer »Religionsgeschichte« und einer »Theologie« des Alten Testaments, enthält Elemente von beidem und möchte zwischen beidem vermitteln. Entspricht eine solche Verbindung nicht der gegenwärtigen Sicht der Dinge? Jedenfalls ist eine »Theologie« nicht denkbar ohne Blick auf die Religionsgeschichte, wie umgekehrt eine »Religionsgeschichte« nach den theologischen Intentionen des Alten Testaments zu fragen hat.

Entspricht eine solche Verbindung nicht zugleich dem Alten Testament selbst? Immerhin kann es um des Glaubens willen zum Vergleich der Religionen auffordern: »Geht doch hinüber zu den Inseln der Kittäer und seht . . ., ob je so etwas geschehen ist! Hat je ein Volk seine Götter vertauscht? . . . Mein Volk aber hat die Herrlichkeit seines Gottes gegen einen Nichtsnutz vertauscht« (Jer 2, 10 f; vgl. Dtn 4, 6 ff u. a.). So engagiert kann wissenschaftlicher Religionsvergleich nicht verfahren, aber auch er hat die Aufgabe, die Besonderheit einer Religion gegenüber anderen herauszustellen.

Das Buch möchte nicht die »israelitische Religionsgeschichte« insgesamt mit allen Formen der Volksfrömmigkeit, sondern vor allem Eigenart und Geschichte des alttestamentlichen Gottesverständnisses darstellen. Dabei sollte etwas von der Bewegung dieses Glaubens deutlich werden, der jeweils über seine eigenen Grenzen hinauswächst.

Um den Zusammenhang eines Themas zu verdeutlichen und verwandte Motive gemeinsam behandeln zu können, wird beim Auftreten eines Phänomens seine Wirkungsgeschichte oft mitbedacht, so vom geschichtlichen Verlauf abgewichen. Auf diese Weise kommen Aspekte der nachexilischen Zeit keineswegs nur in dem Abschnitt IV, sondern mehrfach schon vorher (etwa § 9 oder § 15) zu Wort.

In der Neuauflage ist das Buch noch einmal gründlich überarbeitet worden; etliche Abschnitte wurden erheblich erweitert, einige (wie Exkurs 3 und 9 oder § 16) sind neu hinzugekommen. Dabei habe ich auch versucht, die Eigenart der Botschaft der Schriftprophetie deutlicher zu erfassen; jedoch gehört die Verkündigung der einzelnen Schriftpropheten kaum zu den Themen einer solchen Darstellung; es sei mir gestattet, in diesem Fall auf meine »Einführung in das Alte Testament« zu verweisen.

Der Gegenstand erlaubt oft keine eindeutigen und unumstößlichen Urteile, die nicht durch weitergehende Forschungen berichtigt und überholt werden könnten. So wird im ganzen Buch, vornehmlich im ersten Hauptteil über Israels »Vorzeit«, notgedrungen – zumindest auch – mit Vermutungen gearbeitet. Obwohl die Ausgabe eine gewisse Kürze erfordert, habe ich mich bemüht, Gründe für die vorgetragenen Erwägungen oder Entscheidungen zu nennen, so daß sich der Leser selbst ein Bild von der Tragfähigkeit der Argumentation zu machen vermag. Zudem habe ich Einseitigkeiten zu meiden gesucht, um des Lehrbuch-Charakters willen mir auch Einschränkungen gegenüber meiner eigenen Auffassung auferlegt. Bei allem hofft dieses »Studienbuch« – über den zunächst angesprochenen Studenten hinaus – für einen Leser, der an der Fragestellung interessiert ist, auch ohne Vorkenntnisse verständlich zu sein. Dem wollen insbesondere die knappen Geschichtsüberblicke zu Beginn der Hauptabschnitte dienen.

Den großen Konzeptionen der alttestamentlichen Wissenschaft in jüngerer Zeit (wie *M. Noths* und *G. v. Rads*) tritt man zunehmend skeptischer gegenüber, aber grundlegende Neuentwürfe sind noch nicht in Sicht. In der Forschung ist vieles in Bewegung geraten; was zu Recht, was zu Unrecht angezweifelt wird und was sich in der Vielfalt der Neuansätze und weit auseinanderklaffenden Auffassungen bewährt, ist oft noch nicht wirklich erkennbar. Darum bleibt jeder Versuch einer Zusammenschau ein Wagnis. Die Gegenwart scheint eine Zwischenzeit zu sein, die Altes abbaut, in Einzelerkenntnissen auch mannigfache Fortschritte macht und ihr Wissen in rasch veraltenden Lehrbüchern sammelt, aber selbst zu keiner Synthese fähig ist. So hat die alttestamentliche Wissenschaft guten Grund, bei ihrem »Gegenstand«, dem alttestamentlichen Glauben, zu lernen, auf Hoffnung hin zu existieren.

Die Literaturhinweise, geschlossen am Ende des Buches, wurden vermehrt. Dabei wurden möglichst die jeweiligen Standardwerke, Literaturreferate und die neuesten Publikationen angeführt; die Beifügung »Lit.« möchte die Auffindung weiterer einschlägiger Untersuchungen erleichtern. Wer wird nicht trotzdem bei der heute kaum mehr übersehbaren Fülle der Sekundärliteratur ihm Wesentliches vermissen!

Bonn, im September 1985   W. H. Schmidt

§ 1   Die Fragestellung

1. Kein Entwurf einer »Theologie des Alten Testaments« kann sich religionsgeschichtlichen Fragestellungen entziehen; denn der Zusammenhang des alttestamentlichen Glaubens mit den Vorstellungen der Umwelt ist zu vielfältig und zu bedeutsam, als daß er ausgeklammert werden könnte. Der alte Orient – die fernen Großreiche in Ägypten und Mesopotamien, vor allem das benachbarte Kanaan, später der Iran – hat Israel in seiner staatlichen, rechtlichen und wirtschaftlichen Ordnung, aber auch in Kult und Religion tief beeinflußt. Immer weitere Beziehungen werden sichtbar; sie zeigen, wie eng Israels Geschichte mit der seiner Nachbarvölker verbunden ist. Die Anleihen, die Israel vornahm, betreffen nicht nur gewisse Randerscheinungen, etwa Teile des Kults mit seinen Opfern und Festen, Handlungen und Einrichtungen.

Aus Ägypten hat es vor allem gewisse Formelemente des Königtums und weisheitliches Gedankengut entlehnt. Mesopotamien bot Vorbilder für mythische Erzählungen der Urgeschichte, Strukturen bestimmter Psalmen, Rechtstraditionen und das Hiobbuch. Solche Einwirkungen aus den Kulturen der Großreiche fanden wohl nur teilweise direkt statt, waren weithin durch die Kanaanäer (u. § 10) vermittelt. Die in der Spätzeit aufkommenden apokalyptischen Erwartungen von Auferstehung und Weltgericht sind durch iranische Endzeitvorstellungen kaum erst angeregt, aber vielleicht mitbestimmt. Schließlich sind auch hellenistische Einflüsse, zumal bei Kohelet, möglich.

Israel hat sich nicht bloß fremder Ausdrucksformen bedient, um mit ihnen dem eigenen Glauben Gestalt zu geben. Die wechselnden Begegnungen mit den Umweltreligionen haben zentrale Aussagen von Gott selbst verändert. Auch sie haben ihre Geschichte gehabt; so konnte man den Schluß ziehen, daß die »Eigenart und Besonderheit Israels nicht eine von Anfang an und unveränderlich vorgegebene, sondern eine gewordene ist« (R. Rendtorff, 744).

Israel hat vieles aufgenommen, und doch gilt umgekehrt genauso: Es hat vieles abgewiesen, keineswegs alle Gottesvorstellungen mit seiner Umwelt geteilt. Aber auch das Übernommene blieb nicht unverändert, ihm wurde meist ein anderes Verständnis abgewonnen oder aufgezwungen. Entlehnung bedeutet Neuinterpretation. In dem Israel und dem alten Orient Gemeinsamen kommt also ebenfalls das Eigentümliche zur Geltung.

»Es gehört zum Wesen des alttestamentlichen Glaubens, daß er ,polemischen und usurpierenden Charakter trägt, daß er nicht in sich selbst ruht, sondern in steter Auseinandersetzung lebt, aus den anderen Religionen assimilierbare Gedanken, Vorstellungen und Begriffe an sich reißt und sie umformend sich eingliedert', aber auch scharf von sich weist, was ihn gefährdet.« (E. Würthwein, Wort und Existenz, 1970, 198)

Was ist dieses Besondere, das Israel ermöglichte, aus den mannigfaltigen Gottesvorstellungen auszuwählen und das, was es sich aneignete, um-

zuprägen? Wo findet sich der Maßstab, der Israel half, seiner Umwelt zu begegnen – gleichgültig, ob er bewußt oder unbewußt wirksam wurde? Die Antwort wird zumindest auch auf das *erste* (und *zweite) Gebot* hinweisen
müssen, das Israel vom alten Orient trennt. Gerade im Gegenüber zu den unmittelbaren Nachbarn, den Kanaanäern, fällt die Andersartigkeit um so
mehr auf. Indem Israel in seine Umwelt eingefügt ist, hebt es sich von ihr ab:

»Und doch erscheint gerade angesichts dieser Zusammenhänge und Vergleichs-
möglichkeiten ‚Israel‘ als ein Fremdling in dieser seiner Welt . . .; und das nicht nur
so, wie jede geschichtliche Größe ihre individuelle Sonderart hat und daher niemals
anderen geschichtlichen Größen wirklich gleich ist, sondern vielmehr so, daß im
Zentrum der Geschichte ‚Israels‘ Erscheinungen begegnen, für die es keine Ver-
gleichsmöglichkeiten mehr gibt, und zwar nicht deswegen, weil dazu bislang noch
kein Vergleichsmaterial zur Verfügung steht, sondern weil nach allem, was wir
wissen, dergleichen Dinge in der sonstigen Völkergeschichte überhaupt nicht begegnen.« (*M. Noth*, Geschichte Israels, [3]1956, 11)

Die Einsicht, daß Israel ein »Fremdling« in seiner Welt ist, fordert dazu
auf, nach dieser Eigenart zu suchen. Sie hängt zweifellos mit seinem Gottesverständnis und, daraus folgend, mit seinem *geschichtlichen* Bewußtsein
zusammen. Ein solcher Glaube begegnet im alten Orient trotz mancher
Parallelen nicht. Die Charakteristika des alttestamentlichen Glaubens –
vor allem das erste und zweite Gebot und die Geschichtsbezogenheit –
erlauben nur in höchst eingeschränktem Maß das Urteil: »Die israelitische
Religion hat sich aus dem Heidentum erst allmählich emporgearbeitet; das
eben ist der Inhalt ihrer Geschichte.« (*J. Wellhausen*, Israelitische und
jüdische Geschichte, [9]1958, 32)

2.   Allerdings ist dieser Glaube im Laufe der Zeit nicht gleichgeblieben;
denn er bezieht sich auf die Situation, in der er steht. Er beruft sich nicht
nur auf Geschichte, sondern ist selbst Geschichte, von ihrer Bewegung erfaßt. Zeigt sich aber in diesem Wandel nichts beharrlich Festes, das allen
Veränderungen trotzt? Die Geschichte birgt immer beides zugleich in sich:
Überkommenes und Neues, Bleibendes und Veränderliches, Kontinuität
und Diskontinuität. Dennoch ist diese Unterscheidung eigentlich un-
angemessen. Im strengen Sinne gibt es in der Geschichte nichts Stetiges, das
sich dem Wandel entzieht; auch das Konstante ist variabel, unterliegt den
geschichtlichen Umbrüchen. Alles, was in der Geschichte erscheint, ist
selbst Geschichte. So läßt sich bei geschichtlichen Phänomenen nicht eine
unwesentliche Schale von einem wesentlichen Kern lösen oder ein all-
gemeingültiger, bleibender Inhalt von einer besonderen, sich wandelnden
Form abgrenzen. Das eine ist nicht ohne das andere gegeben, ja eine solche
Unterscheidung läßt sich gar nicht erst durchführen. Aus dem gleichen
Grunde ist gegenüber dem Begriff der »Entwicklung« Vorsicht geboten,
falls man ihn nicht völlig abgeblaßt als »Werden«, sondern wörtlich
nimmt. Die Ereignishaftigkeit der Geschichte wird übersehen, wenn man
sie als Entfaltung einer keimhaft vorgegebenen Anlage deutet.

Wenn es aber ungeschichtlich ist, in allen Veränderungen nach Unveränderlichem zu suchen, ist dann die Frage unsachgemäß: Was ist an Israels Glauben durch die Jahrhunderte hindurch beständig? Vorsichtiger formuliert: Gibt es Phänomene, die helfen, in dem Ablauf und der Vielfalt einen gewissen Zusammenhang zu entdecken?

Israels Eigenart am Ende wird doch wohl nur aus den Kräften verständlich, die schon früh wirksam waren. Zu ihnen gehört sachlich unbedingt wieder das *erste* (und *zweite*) Gebot. Es stellte der Folgezeit eine Aufgabe, so daß man die Geschichte unter dem Gesichtspunkt betrachten kann, ob Israel diese Forderung in den jeweils neuen Situationen durchzuhalten vermochte. Der Anspruch des ersten (und zweiten) Gebots verbindet also die frühere mit der späteren Zeit. Insofern ist das Kontinuum in Israels Geschichte zugleich das Kriterium, mit dem Israel die Auseinandersetzung mit seiner Umwelt führt.

3. Dem 19. Jahrhundert verdankt die alttestamentliche Wissenschaft die Erkenntnis, »daß wirklich die Religion Israels eine Geschichte hatte und nicht von Anfang an fertig wie vom Himmel gefallen ist« (*K. Marti*, Geschichte der Israelitischen Religion, [5]1907, 3). Dadurch ergaben sich unverzichtbare Einsichten in die Individualität des Alten Testaments, seiner einzelnen Epochen und Schriften, den Unterschied zwischen vor- und nachexilischer Zeit, die Besonderheit der Prophetie u. a. Die Erkenntnis der Andersartigkeit und Geschichtlichkeit der Einzelphänomene ließ aber zu leicht das Gesamtphänomen Altes Testament, seine Eigenart und Einheit, aus dem Blickfeld geraten.

Die sog. Religionsgeschichtliche Schule lernte »Religion als Geschichte verstehen, das heißt als lebende und in stetem Wandel begriffene und in engem Zusammenhang und ständigem Austausch mit ihrer Zeit und Umwelt stehende Größe« (*W. Baumgartner*, Zum Alten Testament und seiner Umwelt, 1959, 357). Wie schon *H. Gunkel*, so sah *H. Greßmann* jenes Problem sehr scharf:

»Die geschichtliche Aufgabe, vor die der Alttestamentler gestellt ist, (verlangt) von ihm nicht nur, daß er die Verbindungsfäden zieht, die vom AT zum Vorderen Orient führen und umgekehrt, sondern zugleich auch, daß er die Originalität Israels, seiner Literatur und seiner Religion, im Unterschied vom Vorderen Orient erfaßt. Wo dies geschieht, da können die besonderen Erlebnisse Israels überhaupt nicht angetastet werden; sie werden im Gegenteil durch den Gegensatz nur um so schärfer heraustreten. Darum soll man Israel getrost in die Entwicklungsgeschichte des Orients hineinstellen und viel mehr als bisher Ernst machen mit dem Heranziehen und Vergleichen des Stoffes, der bei den verwandten und benachbarten Völkern bereitliegt, in der festen Zuversicht, daß das AT und seine Religion dadurch nicht verlieren, sondern nur gewinnen können.«

Daraus erwächst der Wunsch nach einer alttestamentlichen Religionsgeschichte, »die nicht den Ehrgeiz hat, vollständig zu sein und den gesamten atlichen Stoff vorzuführen, sondern die, sich auf die Hauptsachen beschränkend, die charakteristischen Linien der Entwicklung scharf herausarbeitet und zugleich das Wesen und die

vorwärts treibenden Kräfte der israelitischen Religion aufzeigte: dabei müßte dann
weniger auf die positiven Einflüsse als vielmehr auf die negative Reaktion Israels
und des Judentums gegen die fremden Einwirkungen geachtet werden. Dann
erst würde sich die Religion des ATs kräftig von dem Hintergrund der vorder-
orientalischen Kulturen abheben, mit denen sie sich ständig auseinandergesetzt hat.«
(Die Aufgaben der alttestamentlichen Forschung: ZAW 42, 1924, 10.30)

Mit der Wiederaufnahme der religionsgeschichtlichen Fragestellung übernimmt die heutige Forschung zugleich das Ziel der religionsgeschichtlichen Schule: Die »ins Zentrum zielende Frage« richtet sich auf die
»Besonderheit Israels innerhalb der Welt der altorientalischen Religionen«
(*R. Rendtorff*, 738), »die unverwechselbare Einzigartigkeit Israels innerhalb der Religionen des Altertums« (*K. Koch*, 106). Allerdings drängt sich
jene Frage nach der Eigenart Israels zugleich in neuer, diffizilerer Form
auf: Nach welchen Kriterien wählt alttestamentlicher Glaube aus der Vielfalt der fremdreligiösen Phänomene aus, wandelt das Übernommene um
und stößt mit seinem Wesen Unvereinbares ab? Damit gewinnt religionsgeschichtliche Forschung zugleich eine theologische Aufgabe. Nach
G. v. Rad muß jedes Bemühen um die Einheit des Alten Testaments zunächst »die Frage nach dem für den Jahweglauben und seine Bezeugung
Typischen« stellen (TheolAT II⁴, 447). Diese Forderung, das Typische alttestamentlichen Glaubens zu suchen, bedeutet eben die Verpflichtung, die
Maßstäbe herauszuarbeiten, die Israels Verhältnis zu seiner Umwelt bestimmen.
Religionsgeschichtliche und theologische Fragestellung schließen sich also
nicht gegenseitig aus. Wie sich eine alttestamentliche »Theologie« nicht
der Aufgabe entziehen kann, die Zusammenhänge des alttestamentlichen
Glaubens mit den Vorstellungen der Umwelt zu bedenken, so hat eine
»Religionsgeschichte« nicht einfach den Werdegang der israelitischen
Religion als einer Religion unter anderen darzustellen, sondern das Besondere hervorzuheben, das sie von anderen Religionen unterscheidet und
sie selbst im Wechsel der Zeiten prägt. Auf diese Weise enthält eine Geschichte des alttestamentlichen Glaubens zugleich ein doppeltes Moment
der Religionskritik: Es zeigt sich einerseits in der Auseinandersetzung mit
den Umweltreligionen und den von ihnen übernommenen Vorstellungen,
andererseits in der Selbstkritik, die alttestamentlicher Glaube an sich übt.
Sie kommt nicht nur, aber in besonderem Maße in der Prophetie zu Wort.

I

Die nomadische Vorzeit

Die Anfänge der Geschichte und Religion Israels bleiben im Halbdunkel. Die frühere Forschung suchte es dadurch zu erhellen, daß sie Israels Vorgeschichte auf Grund bestimmter urtümlicher Züge rekonstruierte. Den Leitfaden bildeten gewisse Überbleibsel von Ahnen-, Toten- oder gar Tierkult bzw. Baum- oder Steinverehrung. Man sprach von Geister- und Dämonenglauben, Totemismus oder Fetischismus. Der Aberglaube der späteren Zeit galt als der Glaube der Frühzeit. Aber solche »primitiven« Züge, die es sicher auch gegeben hat, erschließen nicht die sog. »Religion der Patriarchen«; was in der Spätzeit fremdartig wirkt, braucht für die Frühzeit keineswegs konstitutiv zu sein. Der alte Orient – sowohl die Hochkulturen Ägyptens und Mesopotamiens als auch die Stadtkulturen von Syrien/Palästina – waren längst zum Glauben an persönliche Götter, damit zum mythischen Stadium der Religion, vorgedrungen (vgl. § 6a, 1). So ist Israel auch in dieser Hinsicht kaum durch zunehmende Lösung vom Heidentum zu sich selbst gekommen, wie die umgekehrte Annahme – am Anfang war das reine Gottesverhältnis, die Folgezeit brachte den Abfall zur Kulturlandreligion und die Erstarrung zum Judentum – nicht weniger vereinfacht.

§ 2 Die einzelnen Überlieferungen

1. Wenn das Alte Testament selbst von Israels Frühzeit berichtet, verweist es auf bestimmte geschichtliche Begebenheiten, beispielsweise in Ps 136. Das Lied scheint aus dem Gottesdienst zu stammen; jedenfalls ist leicht vorstellbar, daß ein Vorsänger jeweils den ersten Halbvers vorträgt, der von den Taten Gottes erzählt, während die Gemeinde den gleichbleibenden Kehrvers »denn seine Güte währet ewiglich« anstimmt. Sie dankt Gott für die »großen Wunder, die er allein vollbringt«. Zu ihnen rechnet der Psalm die Schöpfung:

»der die Himmel in Weisheit schuf,
die Erde auf den Wassern festmachte ...« (V 5–9),

die Führung aus Ägypten:

»der die Erstgeburt schlug in Ägypten,
Israel aus ihrer Mitte führte . . .« (V 10–15)

und die Führung durch die Wüste ins Kulturland:

»der sein Volk durch die Wüste führte,
der große Könige schlug . . .
und ihr Land zu eigen gab,
zu eigen Israel, seinem Knecht . . .« (V 16–24).

Sonderbar ist der Abschluß dieser umfangreichen Aufzählung von Gotteswerken in Schöpfung und Geschichte:

»der Brot gibt allem Fleisch« (V 25).

Dieses letzte Bekenntnis läßt erst Sinn und Ziel der Ausführungen erkennen. Der Psalm will nicht Geschichtstatsachen festhalten, sondern die
Ereignisse sollen Gott als Brotspender ausweisen. Die Nahrung, die man
jetzt zu sich nimmt, ist eine Gabe des Gottes, der bisher geleitet hat. Jene
Vergangenheit wird wegen ihres Gegenwartsbezugs weitererzählt; sie hat
Folgen, die das tägliche Leben bestimmen.

Ähnlich spricht der Bauer nach Dtn 26, 5–11 bei der Ablieferung der ersten Feldfrüchte ein Gebet, das Einst und Jetzt gegenüberstellt: »Ein umherirrender Aramäer
war *mein* Vater . . . Und nun bringe ich die ersten Früchte des Landes, das du, Jahwe,
mir gegeben hast.« In das Gebet ist anscheinend nachträglich ein geschichtlicher Abriß eingeschoben, der (mit Personenwechsel) an Ägyptenaufenthalt, Volkwerdung,
Herausführung und Landnahme erinnert. Dabei sind wiederum Vergangenheit und
Gegenwart auffällig ineinander verwoben: »Die Ägypter mißhandelten *uns; wir*
schrieen zu Jahwe . . .« Dieses »kleine geschichtliche Credo« *(G. v. Rad)* gehört nicht
zu den »ältesten Darstellungen der Heilsgeschichte« (TheolAT I⁴, 135), sondern
setzt die Pentateucherzählung – wohl einschließlich der jungen Priesterschrift (vgl.
»harte Arbeit« V 6b mit Ex 1, 14 P) – voraus, stellt also eine spätere Zusammenfassung dar.

Überraschenderweise erfolgt der Dank für die Gabe des Brotes nicht im unmittelbaren Zusammenhang mit Schöpfungsprädikationen. Die Aussagen
von Schöpfung und Erhaltung – gleichsam die Antworten auf die beiden
Fragen: Wer schuf die Welt? Wer gibt Fruchtbarkeit und Leben? – sind
offenkundig nicht identisch; hier klingt noch nach, daß beide, religionsgeschichtlich gesehen, verschiedenem Ursprung entstammen (u. § 10a, 2).
Der Erntedank findet seine Begründung vielmehr in der geschichtlichen
Führung; Israel deutet seine Gegenwart im Lande mit Hilfe der längst vergangenen Zeit vor der Einwanderung. Ps 136 ist wahrscheinlich erst in
einer späteren Epoche israelitischer Geschichte anzusetzen, um so erstaunlicher ist der Verweis auf die Frühzeit. Entscheidende Gotteserfahrung
machte Israel nach eigener Überlieferung vor der Seßhaftwerdung. Im
Gegensatz zu den Nachbarvölkern hat es seine Herkunft nicht vergessen,

vielmehr dieses Erbe im Kulturland gewahrt, indem es die neuen Erfahrungen den früheren einzuordnen suchte. Seine engsten verwandtschaftlichen Beziehungen bestanden gerade nicht zu den Kanaanäern. Im Lande wurde der Hirte zum Bauern, aber er sah in seinem Acker eine Gabe der Nomadenzeit. Der Beter von Ps 136 weiß, daß er in einer Geschichte steht, und versteht sich darum aus ihr. Sie hat ihm den Ort zugewiesen, in dem er lebt. Bestimmte Ereignisse der Vergangenheit werden in ihrer Einmaligkeit festgehalten und – im Gegensatz zu mythischen Geschehnissen – nicht im Kult »wiederholt«, vielmehr wird an sie »erinnert« (Ex 12, 14; Dtn 16, 3. 12; Ps 111, 4 u. a.; vgl. § 9b). Auch in der Familie werden sie von Generation zu Generation weitergetragen (Ps 78, 3 ff; Ex 12, 26 f; 13, 8. 14; Dtn 4, 9 f; 6, 7. 20 ff; Jos 4, 6 ff. 20 ff).

2. Da für Israels geschichtliches Selbstverständnis der Rückverweis auf die Wüstenzeit grundlegend ist, wird eine religionsgeschichtliche Fragestellung ebenfalls zu unterscheiden haben: Wo erhalten sich im Alten Testament noch nomadische Überlieferungen, wo liegt Kulturlandeinfluß vor? Dabei sind der Forschung durch die Quellenlage allerdings gewisse Grenzen gesetzt. Die Erinnerungen aus Israels Vorzeit, die sich im Pentateuch niedergeschlagen haben, sind nach einer langen Zeit mündlicher Überlieferung von späterem Gut tief durchdrungen und miteinander verwoben worden. Vor jeder historischen Auswertung müssen die einschlägigen Texte also auf ihre Eigenart befragt werden.

Der Pentateuch zerfällt selbst in verschiedene Einzelkomplexe; denn die Nahtstellen zwischen den großen Überlieferungsblöcken – Erzväterverheißung (Gen 12–50), Auszug aus Ägypten (Ex 1–15) und Sinaioffenbarung (Ex 18 bzw. 19 – Num 10) – halten kritischer Prüfung nicht stand. Am schwächsten ist zunächst die Verbindung der Erzväterzeit mit dem Ägyptenaufenthalt; hier liefern nur zwei Verse, die vom Anwachsen der Familie Josephs zum Volk Israel berichten (Ex 1, 6–7), ein Zwischenglied. Die Landnahmeerzählungen des Josuabuches bilden kaum den ursprünglichen Schluß der Auszugsgeschichte. Am umstrittensten ist aber das umfangreiche Mittelstück. Schon längst hat man (*J. Wellhausen, H. Greßmann* u. a.) erkannt, daß Exodus- und Sinaitradition wohl nicht seit je eine Einheit darstellen, sondern anfänglich unabhängig voneinander bestanden. Mehrfach unternommene Versuche, doch einen vorgegebenen Zusammenhang nachzuweisen, sind bisher kaum befriedigend gelungen, haben jedenfalls nicht allgemein überzeugt. Selbst in den Gottesaussagen unterscheiden sich beide Überlieferungen recht erheblich: Ist der »Kriegsgott«, der die Verfolger ins Meer wirft, der gleiche, der sich am Sinai in der Natur offenbart? Demnach ist der fortlaufende Geschichtsentwurf von der Erzväterzeit bis zur Landnahme erst nachträglich gestaltet. Ursprünglich sind die Einzelüberlieferungen. Zwar ist ihre Verbindung schon so früh erfolgt, daß sie von den drei Quellenschriften des Pentateuchs gemeinsam bezeugt wird. Dennoch wuchsen die verschiedenen Traditionen erst spät zu einer völligen

Einheit zusammen. Noch die Propheten können sich auf bestimmte Überlieferungsstränge gesondert berufen, und in solchen Aufzählungen von
Gottestaten, wie sie der genannte Ps 136 bietet, klingt vielleicht ihre Eigenständigkeit noch nach. Wenn die grundlegenden Gottesbegegnungen offenbar unabhängig voneinander geschahen, vollzogen sie sich auch nicht an »Israel« insgesamt.
Die späteren Träger der Überlieferung sind ein viel weiterer Kreis als die
ursprünglich Betroffenen. So erklären sich manche Änderungen und Aus-
gestaltungen der frühen Traditionen. Das Zwölfstämmevolk hat sich wohl
erst nach Festsetzung in Kanaan aus einzelnen Stämmen oder gar kleineren
Verbänden und Sippen zusammengefunden, die anscheinend mit großem
zeitlichem Abstand und von verschiedenen Richtungen ins Land ein-
gewandert waren; einheimische Gruppen mögen dazugestoßen sein. Anstelle einer durchlaufenden Geschichte mit einer innerlich verbundenen
Abfolge von Begebenheiten bieten sich dem historischen Blick daher nur
Einzelüberlieferungen. »Diesen disparaten Sagenkomplexen ist eine geschichtliche Kontinuität nicht abzugewinnen« (*M. Buber*, Werke II, 12).
So bezeichnet man den ersten Abschnitt der »Geschichte Israels« besser als
»Vorzeit«.

Vom Aufkommen des Königtums an liegt der Verlauf der Geschichte im
wesentlichen fest; denn seitdem zeigen sich in Israels eigener Überlieferung
zumindest Ansätze zur Geschichtsschreibung. Den älteren literarischen
Hinterlassenschaften bis zum Richterbuch kommt keine gleich große
geschichtliche Zeugniskraft zu, so daß die Ursprünge des Zwölfstämme-
volkes bis zur Richterzeit oder gar bis zum Anbruch der Königszeit weithin
im Bereich mehr oder weniger wahrscheinlicher Vermutungen liegen.
Archäologische Überreste aus nomadischer Zeit sind nicht zu erwarten.
Gerade die Ereignisse aus der Zeit vor der Seßhaftwerdung, auf die sich
Israels Glaube beruft, sind also historisch schwer greifbar, obwohl sie nicht
schlechthin »mythisch« sind. Gewiß haben sie einen geschichtlichen Anlaß, aber alles Nähere ist meist umstritten.

3.   Daß Israels Vorzeit auch religionsgeschichtlich keine Einheit ist, gibt
das Alte Testament selbst noch zu erkennen. Die *drei Quellenschriften* des
Pentateuchs entwerfen nicht dasselbe Bild von der Frühzeit, lassen jedenfalls die Jahweverehrung zu verschiedenen Zeiten beginnen. Nun bieten
diese Quellenschriften oder literarischen Schichten bereits eine spätere
Entwicklung in der Überlieferungsgeschichte, durch drei oder mehrere
Jahrhunderte von den Ereignissen getrennt, die sie erzählen. Außerdem
bringen sie jeweils ihre theologischen Ansichten durch Ergänzungen und
Deutungen der Überlieferungen zur Geltung. Trotzdem sind ihre Unterschiede untereinander belangvoll.
Nach dem *Elohisten* (E, etwa um 800 v. Chr.) gibt Jahwe erst in der Offenbarung an Mose (Ex 3, 6. 9–14) seinen Namen zu erkennen, und zwar indirekt durch die Deutung des Namens »Ich werde sein« (u. § 6a 2,4). In der ·

vorhergehenden Väterzeit bleibt Gott ohne Eigennamen und heißt statt dessen Elohim »Gott« (daher die Bezeichnung dieser Quellenschrift). Auch die *Priesterschrift* (P, um 550 v. Chr.), die sich durch ihre Eigenarten in Ausdrucksweise und Aufbau (vgl. u. Exkurs 5, 5) am deutlichsten als selbständige Größe ausweist, läßt die Jahweverehrung mit Mose beginnen (Ex 6, 2–8; allerdings in Ägypten, nicht am Horeb). In der Urgeschichte (Gen 1, 1 ff) verwendet die Priesterschrift ebenfalls den Begriff Elohim, um den Gott Israels als Gott der Menschheit zu bezeichnen. Dagegen nennt sie den Vätergott (von Gen 17, 1 bis Ex 6, 3) El Schaddai. Der Namenswechsel macht noch deutlich, daß die Trennung der Erzväter- und Mosezeit beiden Quellen vorgegeben war.

Nur der *Jahwist* (J, um 950 v. Chr.; doch sind Abgrenzung und Datierung besonders strittig) sieht in der gesamten Geschichte von der Schöpfung an (Gen 2, 4b ff) »Jahwe« als Gott der Völker wirksam, und seit Gen 4,26 »Damals fing man an, den Namen Jahwes anzurufen« wird er ausdrücklich unter seinem Namen verehrt. In der Offenbarung an Mose stellt sich Gott nicht mit einem neuen Namen vor; dennoch klingt an (Ex 3, 16), daß der Jahwename Israel neu ist. (In dieser Quellenschrift stehen einige Überlieferungen noch so unverbunden und unausgeglichen nebeneinander, daß man manchmal noch eine vierte Quellenschrift herauslöst; eher ist mit jüngeren Ergänzungen zu rechnen.)

Wenn sich in den einzelnen Entwürfen eine historisch getreue Erinnerung verbirgt, so entsteht die Frage: Seit wann besteht ein Jahweglaube? Ist die universale Ausweitung, wie sie die jahwistische Tradition bietet, jünger? In welcher Tradition ist Jahwe ursprünglich, wissen die anderen Überlieferungen etwa von einer anderen Gottheit? Vielleicht haben auch beide so grundverschiedene Auffassungen der Quellenschriften recht: Es gab eine Jahweverehrung vor Mose (vgl. § 6a 3–4), wie der Jahwist andeutet, aber Israel lernte Jahwe erst am Sinai kennen, wie der Elohist und die Priesterschrift überliefern.

§ 3 Der Gott der Väter

Israel erkannte seinen Ursprung als Volk Gottes mehr und mehr in der Sinaioffenbarung. Aber zugleich hat es von diesem Ereignis eine frühere Zeit unterschieden, die durch ein anderes Gottesverhältnis, das der Ahnen des Volkes, bestimmt war. So folgen wir dem Alten Testament selbst, wenn wir mit der Frage nach dem Glauben der Erzväter einsetzen. Eine Quellenschrift (der Elohist) läßt ihre Darstellung ja überhaupt erst mit der Patriarchenzeit beginnen; was die anderen Erzählwerke darüber hinaus von der Urgeschichte berichten, betrifft nicht Israel allein, sondern die

Menschheit insgesamt. Für das Judentum schließlich wurde Abraham zum erwählten Ahnherrn des Volkes und Vater des Glaubens (vgl. Mt 3, 9; Röm 4), eben weil er als Anfänger eines neuen Glaubens erscheint.

1.   Jos 24 erinnert in einer Gottesrede daran, daß Israels Vorfahren noch nicht den einen Gott, sondern fremde Götter verehrten:

»Eure Väter – Terach, der Vater Abrahams und der Vater Nahors – wohnten seit je jenseits des (Euphrat-)Stromes und dienten anderen Göttern« (V 2, vgl. V 14 f).

Diese Angabe ist im Alten Testament singulär; um so bedauerlicher bleibt, daß sie so allgemein gehalten ist. Den Ahnen – allerdings nur aus der Zeit *vor* Abraham (vgl. Jub 11 f) – wird Polytheismus zugeschrieben, aber welche Götter sind gemeint? Von der Übernahme der mesopotamischen Religion mit ihrer Götterwelt, etwa der des Mondgottes Sin, weiß das Alte Testament sonst nichts. Liegt überhaupt eine historische Erinnerung vor, oder will die Aussage in aktueller Warnung vor babylonisch-assyrischen Einflüssen allein die Forderung begründen, grundsätzlich alle fremden Götter zu entfernen? Jedenfalls ist die für altorientalische Vorstellungen ganz ungewöhnliche Ausschließlichkeit des Gottesverhältnisses hier sogar noch verschärft: Die Verwandtschaft mit den Vorfahren jenseits des Stromes wird festgehalten, aber die Glaubensgemeinschaft geleugnet.

Ähnlich sagt die Erzählung vom Vergraben der fremden Götter (Gen 35, 2–4) nicht ausdrücklich, ob diese Aktion insbesondere die Gottheiten des Landes trifft. Beiden Überlieferungen ist es wichtiger, die Trennung zur Vergangenheit zu markieren, als die Art der früheren Religion näher zu bestimmen. Die Berichte lassen auf diese Weise die religionsgeschichtliche Frage unbeantwortet, gewinnen aber dadurch umfassendere Bedeutung – sie belegen beispielhaft die Verwirklichung des ersten Gebots.

2.   Jene Erinnerung von Jos 24, 2, nach der die Vorfahren der Väter Israels »anderen Gottheiten dienten«, überträgt die Forschung auf die Väter selbst – mit welchem Recht? Ist im Alten Testament noch andeutungsweise erkennbar, welche Götter die Väter Israels vor Jahwe verehrten? Bei Moses Berufung läßt der Elohist Gott sagen: »Ich bin der Gott deines Vaters, der Gott Abrahams, der Gott Isaaks und der Gott Jakobs« (Ex 3, 6), und nach dem Jahwisten soll Mose den Ältesten Auskunft geben: »Jahwe, der Gott eurer Väter, ... ist mir erschienen« (V 16). Lassen diese Worte verschiedene Phasen der Gottesoffenbarung nur erahnen, so unterscheidet die jüngere Priesterschrift ausdrücklich: »Abraham, Isaak und Jakob bin ich als El Schaddai ('der allmächtige Gott') erschienen, aber meinen Namen Jahwe habe ich ihnen noch nicht kundgetan« (Ex 6, 2). Bevor sich Gott Mose und in ihm Israel zuwandte, gab es eine Zeit, in der er den Erzvätern auf andere Weise begegnete, sei es unter dem Namen »Gott deines Vaters«, »Gott Abrahams« oder El.

Welche religionsgeschichtlichen Vorgegebenheiten verbergen sich hinter diesen Gottesbezeichnungen, und wie verhalten sie sich zueinander? Die verschiedenen Namen gelten im Alten Testament – dem ersten Gebot entsprechend – dem *einen* Gott Jahwe; der Gott Abrahams und der Gott Moses ist derselbe. Israel verehrte seinem (späteren) Selbstverständnis nach nicht verschiedene Gottheiten, auch nicht im zeitlichen Nacheinander. Doch hat sich die Identifikation der Väter- bzw. Elgottheiten mit Jahwe erst im Verlauf eines geschichtlichen Prozesses ergeben. So lassen sich nur *gegen* den Sinn der vorliegenden Texte auf Grund der Namenstypen und einzelner Überlieferungsbruchstücke frühe, eigenständige Religionsformen erschließen, die der Identifikation mit dem Jahweglauben vorausgingen. Weil die Belege für diese Rekonstruktion aber aus jüngerer Zeit stammen und sich in der Genesis in ganz unterschiedlichen Zusammenhängen finden, bleibt im einzelnen oft schwer zu entscheiden, ob die Überlieferung jeweils in ihrem Frühstadium vorliegt oder die Folgezeit von ihrem Glauben aus prägend und verändernd eingegriffen hat. Daher kann die Gottesverehrung der Patriarchenzeit nur unter Vorbehalt und in groben, idealtypischen Zügen nachgezeichnet werden; zudem bleibt die Unsicherheit jeder Rekonstruktion deutlich.

Doch lassen sich die Väterüberlieferungen nicht insgesamt aus jüngerer Zeit herleiten; die Genesis spiegelt keineswegs nur den – familiären – Kult der Königszeit wider. Einerseits fehlen nämlich wichtige Traditionselemente, die den Verlauf der späteren Geschichte Israels prägen, in der Väterzeit. So spielt Jerusalem mit der Ziontradition noch keine Rolle. (Eine Ausnahme bildet die Szene der Begegnung von Abraham und Melchisedek Gen 14, 18 ff, die in die Anfänge der Königszeit zurückzugehen scheint.) Auch kündigt sich die scharfe Auseinandersetzung mit dem Baalkult, die die Königszeit zumal im Nordreich beherrscht, noch nicht an. Andererseits haben sich, auch abgesehen von Personennamen (wie Abraham, Isaak) und Ortsnamen (wie Bet-El), alte Traditionselemente erhalten:

1.) Die Väter hatten verwandtschaftliche Beziehungen zu den Aramäern (Gen 25, 20; 28, 5 u. a.); das Dtn 26, 5 erhaltene Credo stellt sogar direkt fest: »Ein umherirrender Aramäer war mein Vater.« Möglicherweise sprachen Israels Vorfahren ursprünglich aramäisch (vgl. § 6 a 2).

2.) Die Väter führten eine halbnomadische Lebensweise im allmählichen Übergang zur Seßhaftigkeit. Mit ihren Schaf- und Ziegenherden waren sie zu einem halbjährlichen Wechsel zwischen den Winterweiden in Steppe oder Wüste und den – nach der Ernte zugänglichen – Sommerweiden des Kulturlands genötigt. (Kamelnomaden, damit beweglicher und kriegerischer, scheinen erst die Midianiter gewesen zu sein; vgl. Ri 6 f; Gen 37, 25.)

3.) Analoge Bildungen zur Namensform »Gott Abrahams« sind später selten (Gen 9, 26; 2 Kön 2, 14; 20, 5 u. a.). Insbesondere fehlt in der Auszugs- und Sinaitradition eine Form wie »Gott Moses« (vgl. Ex 3, 6). So ist das Familien- bzw. Sippenmilieu der Vätergeschichten gewiß nicht nachträglich entworfen.

4.) Gottesprädikate wie »Gott Abrahams« finden sich merkwürdigerweise auch im jahwistischen Geschichtswerk (z. B. Gen 28, 13), obwohl es von Anfang an den Jahwenamen gebraucht.

5.) Schließlich ist eine Einzelnachricht wie Gen 31, 53, die in ihrer pluralischen Formulierung fast anstößig klingt (s. u.), aus späterer Zeit schwer erklärbar. Scheinen etwa Gen 28, 11 f und 31, 53 nicht auch aus verschiedenem Milieu zu stammen, unterschiedliche Religionsformen zu repräsentieren? Fehlt dem Glauben der Väter nach der Genesis nicht die Strenge der Sinaitradition?

a) Der Name der Gottheit

Auffällig ist schon, wie mannigfaltig die Bezeichnungen der Vätergötter sind. Es ist zunächst zwischen »Gott Abrahams, Isaaks, Jakobs« einerseits und »Gott der Väter« andererseits zu unterscheiden. Aber auch der letzte Begriff ist als Sammelname noch weiter aufzugliedern. Nur der singularische Ausdruck »Gott meines/deines Vaters« scheint alt zu sein (z. B. Gen 31, 5. 29. 42; 43, 23), während sich der Plural »Gott deiner/unserer Väter« außer in Ex 3 f vor allem in späteren Schriften findet. Er setzt die Vereinigung der einzelnen, ursprünglich wohl von verschiedenen Sippen verehrten Vätergötter zu *einem* Vatergott voraus. Insofern gibt die Kapitelüberschrift »Der Gott der Väter« ein Spätstadium der Überlieferungsgeschichte wieder. Ganz entsprechend ist bei den mit Eigennamen zusammengesetzten Titeln die Einzelformulierung »Gott Abrahams« älter als die Zusammenfassung »Gott Abrahams, Isaaks, Jakobs« (Ex 3, 6. 15 f), die auch erst nach der genealogischen Verbindung der Erzväter möglich wurde.

Muß man außerdem noch zwischen den beiden alten Möglichkeiten »Gott + Vater« und »Gott + Eigenname« wählen? Die Vermutung liegt nahe, daß die erste Formel »Gott meines Vaters« ursprünglich wirklich den eigenen Familienvater meinte (vgl. Gen 26, 24; 46, 1). Ein Name wie »Gott Abrahams« wäre dann erst nach einem größeren Zeitraum von Dritten oder den folgenden Generationen eingeführt worden, um vielleicht diesen Vatergott von anderen abzuheben.

Gerade die Form »Gott + Eigenname« erscheint allerdings an einer besonders altertümlichen, vertrauenswürdigen Stelle (Gen 31, 44 ff).

Die Erzählung vom Vertrag zwischen Jakob und Laban geht wahrscheinlich auf eine Grenzabmachung zwischen ostjordanischen Israeliten und Aramäern zurück; der Berg Gilead soll die Weidegebiete der beiden Völker trennen. Ein Steinhaufen und ein aufgerichteter Malstein dienen als Grenzzeichen oder Vertragszeugen, ein gemeinsames Mahl vor der unsichtbar anwesenden Gottheit bekräftigt das Abkommen. Dabei rufen beide Partner ihren Gott als Richter an (vgl. Gen 16, 5; 1 Sam 24, 13. 16); er soll den Bund behüten und Übertretungen rächen. In dem abgelegten Eid (Gen 31, 53 mit der auffälligen Pluralform des Verbums) ist noch erkennbar, daß jede Gruppe ihren eigenen Vatergott hat:

»Der Gott Abrahams und der Gott Nahors
sollen richten zwischen uns!«

Erst eine spätere Einfügung »der Gott ihres Vaters« scheint beide Gottheiten ausdrücklich als eine verstanden zu haben, wenn nicht auch dieser Zusatz distributiv

(»je ihres Vaters«) aufzufassen ist und damit die Unterscheidung der Gottheiten beibehält.

Gehen also beide Namensformen, sowohl »Gott Abrahams« wie »Gott meines Vaters« o. ä., auf feste Überlieferung zurück? (Aus ihrer Verbindung erklärt sich wiederum die Mischform »Gott meines Vaters Abraham«, Gen 32, 10; 26, 24 u. a.)

Vielleicht hat das Alte Testament über das Vorkommen der Form »Gott Abrahams« (Gen 31, 53; Ps 47, 10) hinaus noch urtümlichere Gottesnamen enthalten: »Schreck (oder Verwandter?) Isaaks« (Gen 31, 42. 53 u. a.), »Starker (oder Stier?) Jakobs« (49, 24; Ps 132, 2. 5 u. a.). Nur bleiben diese Wendungen mehrdeutig.

Noch unsicherer sind: »Schild Abrahams« (vgl. Gen 15, 1) oder »Hirt Stein Israels« (?; Gen 49, 24). Auch der Name »Gott Israels« (33, 20 u. a.) gehört kaum in diesen Zusammenhang.

Außerdem bieten die Inschriften der Nabatäer und Palmyrener Parallelen zur Wendung »Gott + Eigenname«. Diese Stämme sind weit später als Israel vom Nomadendasein ins Kulturland übergegangen. Haben sie nach der Seßhaftwerdung noch Gottesnamen aus ihrer Wanderzeit bewahrt? Vergleichbare Titel, wie »Gott meines/unseres Vaters«, finden sich etwa auch in der altassyrischen Religion; sie bezeichnen eine persönliche Schutzgottheit, »an die ein einzelner oder eine Familie sich in Anrufungen, Beteuerungen und Bitten wandte« *(H. Hirsch)*. Bei diesen und anderen Parallelbildungen handelt es sich vielfach um Prädikate namentlich bekannter Götter.

b) Das Wesen der Gottheit

Enthüllt der Name der Gottheit ihr Wesen? Diese Einsicht könnte sich gerade am »Gott der Väter« bewähren. Wenn die verschiedenen Namensformen nicht nur Beinamen sind, sondern Eigennamencharakter haben, ist dieser Gott durch das Verhältnis zu einem Menschen ausgezeichnet, während etwa die kanaanäischen Götter »El Bet-El« oder »Baal von Tyrus« den Namen des Ortes tragen, an dem sie erschienen sind. Was besagt das?

Nach der – für die Forschung grundlegenden, heute aber stark umstrittenen – Auffassung *A. Alts* (I, 22. 62) ist für diese Gottheit »nicht die feste Bindung an einen Ort, sondern die ständige Beziehung zu einer Menschengruppe das entscheidende Merkmal«. Hier zeigt sich schon ein wesentlicher Zug des späteren Jahweglaubens: »eine Religion mit vorwiegender Betonung des Verhältnisses zwischen Gott und Mensch, weiterhin zwischen Gott und dem menschlichen Verband, ohne starre Bindung an einen Ort, dafür um so bewegungsfähiger im Eingehen auf alle Veränderungen des Schicksals der Verehrerkreise«.

So hat der Mensch in dieser Religion entscheidende Bedeutung; denn Offenbarung ist nur zu dem und durch den Menschen möglich. Weil der

Vätergott sich nicht in Naturphänomenen an einem festen Ort zeigt, braucht er auch dort nicht »gesucht« (vgl. Am 5, 5) zu werden. Man muß zu ihm *keine Wallfahrt* unternehmen, er »wohnt« nirgends; denn er ist bereits bei dem Menschen gegenwärtig. Es bedarf auch *keiner* besonderen *Priester*, die den Verkehr mit Gott vermitteln; eher übt der Sippenvorstand selbst priesterliche (und prophetische) Funktionen aus. Vielleicht wurde der Vätergott sogar *ohne Bild* und Statue verehrt. Allerdings scheint man ihm Opfer dargebracht zu haben (Gen 31, 54; 46, 1; vgl. Ex 18, 12), wie es ähnlich im Kulturland üblich war. Der Vätergott scheint das Leben der Nomaden zu teilen; er wandert mit, leitet die Gruppe auf ihrem Weg, bewahrt sie vor Gefahren (Gen 28, 15; 31, 3. 5; 35, 3; 46, 4) und ist so als ihr freundlicher Helfer »mit« ihr (26, 3. 24. 28 u. a.; vgl. zum Verwandtschaftsverhältnis u. § 12 b, 3). Die *Vor-* und *Fürsorge* für die Sippe scheint sein Wirkungsbereich zu sein. So beschützen die Vätergötter in dem Vertrag zwischen Jakob und Laban ihre Verehrer und treten für deren Rechte ein (31, 53). Auch die Kainssage weiß von einem Schutzzeichen, das Gott dem Nomaden gewährt (4, 15).

Ist die Gottheit nach dem Menschen benannt, dem sie zuerst oder insbesondere erschienen ist? Aber dieser eine bleibt nicht allein; er vertritt eine Mehrheit. Man mag sich fragen: Wird er durch den Offenbarungsempfang zum Sippenoberhaupt und Ahnherrn, oder empfängt er umgekehrt schon als Führer der wandernden Gruppe die Offenbarung? Eine eindeutige Entscheidung läßt sich kaum treffen. Jedenfalls ist der Vätergottglaube im Unterschied zur späteren Jahwereligion, die das Volk Israel umfaßt, eine *Sippenreligion*, die nur den Kreis der Familie mit ihrem Anhang umgreift. So kann man die Erzählungen der Genesis weithin zutreffend als »Familiengeschichten« bestimmen (*C. Westermann* u. a.); denn sie nehmen den Stoff ihrer Handlung wesentlich aus diesem Lebensbereich, berichten von Geburt, Hungersnot, Streitigkeiten u. a.

Glaube ist in dieser Welt im besonderen etwas, was übereignet, »von den Vätern ererbt« wird; man braucht nicht das Eigene zu verlassen, um Fremdes zu übernehmen. Doch der Inhalt der Tradition betrifft nicht so sehr die Vergangenheit als vielmehr die Zukunft. Die Gottesworte der Erzvätergeschichten sind meist Verheißung: Zusage der Führung (28, 15), aber auch Ankündigung von Nachkommenschaft (15, 4 f; 16, 11 f; vgl. 18; 28, 14; 17, 5 f) und Landbesitz (12, 7; 13, 15. 17; 28, 13 u. a.). Die wandernde Gruppe folgt ihrem Oberhaupt im Gehorsam gegenüber dem Gotteswort, das er empfing. Demnach zeigt sich der Glaube an den Vätergott im Vertrauen auf seine Führung in der Zukunft. »Ein Gott, dem man vertraut, weil man von ihm angeredet worden ist. Es ist ein Gott, der einem *sagt*, daß er einen führt« (*M. Buber*, Werke II, 273).

Gegenüber der Ursprünglichkeit der Verheißung von Mehrung und Landbesitz hat der Historiker allerdings gewichtige Einschränkungen zu machen; denn die Zusage wurde im Licht der späteren Verhältnisse gesehen und ausgestaltet. Die Sohnesverheißung wurde auf die Volkwerdung

Israels gedeutet (Gen 12, 2; 21, 13. 18; 26, 4; 17, 4 ff u. a.), und die Landverheißung galt erst mit der Inbesitznahme Palästinas als erfüllt (vgl.
Dtn 1, 8 u. ö.). Die Verheißungsworte der Vätergeschichten sind also vom
späteren Besitzstand Israels beeinflußt, aber kaum insgesamt aus späterer
Zeit herzuleiten. Alter und Schichtung der Verheißungsreden sind umstritten; jedoch sind sie in der Vätertradition so breit gestreut, daß sie dort
ihren ursprünglichen Haftpunkt haben werden, auch wenn sie erheblichen
Erweiterungen und Wandlungen unterworfen wurden. So wird die Zusage
reicher Nachkommenschaft erst nachträglich sein, aber die Sohnesverheißung ist doch wohl alt. Wahrscheinlich wurde ein ursprünglicher
Grundbestand der Überlieferung von den Gegebenheiten der Folgezeit her
immer stärker ausgebaut. Wie die schützende Führung der Sippe durch die
Gottheit ein altes Element des Vätergottglaubens ist, so sind jedenfalls auch
die Landzusage und die Sohnesverheißung sehr gut aus dem Leben von
Wanderhirten verständlich. Bei dem Weidewechsel zwischen Steppe und
Kulturland lockt der volle Übergang zur Seßhaftigkeit.

c) Die Vätergötter und der Gott El

Obwohl die Vätergötter nicht nach festen Orten benannt sind und die Menschen auf ihrem Weg geleiten, werden die Vätergötter in der Genesis fast
durchgängig mit bestimmten Orten, meist berühmten palästinischen Heiligtümern, verbunden. Wie ist dieser Widerspruch zu erklären? Schon bei der
Rekonstruktion des Glaubens der Erzväter stoßen wir also auf die Frage,
die in der Geschichte Israels wichtig wird: Wie sind Überlieferungen
aus der (halb-)nomadischen Vorzeit und aus dem Kulturland zu unterscheiden?

1. Die Gruppen um Abraham, Isaak und Jakob gaben schon früh ihr
Wanderdasein auf und wurden in verschiedenen Gegenden Palästinas ansässig. Damit war ursprünglich ihre Landverheißung erfüllt. Sie siedelten nicht in unbewohntem Gelände, sondern in der Umgebung von
kanaanäischen Ortsheiligtümern. Vielleicht hatte sie schon ihr Weidewechsel dorthin geführt; sie waren zu den heiligen Stätten gewallfahrtet,
um zu opfern.

Im Bereich welcher Stämme des späteren Volkes Israel lagen diese Heiligtümer und
damit die Siedlungsgebiete der Vätergruppen? Läßt sich diese Frage beantworten,
kann man vermuten, in welchem Stamm die Vätergruppen aufgingen. (Siehe um-
stehende Übersicht.)
So scheint sich die »Abraham-Gruppe« hauptsächlich um das Baumheiligtum
Mamre bei Hebron (Gen 18 J; 23 P) niedergelassen zu haben, während Isaaks Gebiet
weiter südlich in und um Beerscheba (26, 23–33) lag. Jakob wird sowohl mit dem
Westjordanland, Bet-El (28, 10 ff) und Sichem (33, 18 ff; 35, 2 ff), wie mit dem Ostjordanland, Penuel und anderen Orten (Gen 31–32), verbunden. Diese doppelte

Die Gruppe von	siedelte um	gehörte vermutlich zum Stamm
Abraham	Baumheiligtum Mamre bei Hebron (Gen 18J; vgl. 13, 18; 14, 13; 23P; noch südlicher: 12, 9; 13, 1; 20, 1 Negeb)	Kaleb (vgl. Num 13; Jos 15, 13 ff), später: Juda
Isaak	Beerscheba (Gen 26, 23 ff; vgl. 21, 14. 31 ff; 22, 19) und Brunnen Beer-Lahai-Roï im Süden (Gen 24, 62; 25, 11; vgl. 16, 13 ff)	Simeon im Süden oder Haus Joseph im Norden (das Beziehungen zu Beerscheba hat: Am 5, 5 u. a.)
Jakob	a) Ostjordanland: Penuel-Mahanajim-Sukkot (Gen 31 f; bes. 32, 2. 23 ff; 33, 17; vgl. 50, 10 f) b) Westjordanland Sichem (Gen 33, 18 ff; 35, 4; vgl. 12, 6; 48, 22; Jos 24, 32) und Bet-El (Gen 28, 10 ff; vgl. 35, 1 ff. 6 f. 14 f; 12, 8; auch Jer 31, 15)	Ruben (dessen Siedlungsgebiet sich vielleicht von Ost nach West erweiterte), später: Ephraim-Manasse

Lokalisierung wird mit einer späteren Erweiterung des Siedlungsgeländes zusammenhängen. Unsicher bleibt jedoch, wo die Nachkommen Jakobs zuerst ansässig wurden, nach welcher Richtung sie sich ausdehnten – am ehesten von Ost nach West – und damit auch welchem Stamm sie sich ursprünglich anschlossen.

Die Isaak-Tradition ist vielleicht dem Haus Joseph zu danken; denn das Nordreich mit dem Haus Joseph hat noch Jahrhunderte hindurch Beziehungen zu Beerscheba im Süden aufrechterhalten (vgl. Am 5, 5;»Isaak« in Am 7, 9 u. a.).

Dagegen mag die Überlieferung von Abraham zunächst beim Stamm Kaleb, der um Hebron wohnte (Num 13), gelegen haben und dann auf den größeren Stamm Juda übergegangen sein, dem ursprünglich keine der drei Erzvätergestalten angehörte. Auf diese Weise erklärt sich die wachsende Bedeutung Abrahams; auf ihn wurden Erzählungen von Isaak und Jakob übertragen, so daß er auch mit deren Orten (so mit Sichem und Bet-El: Gen 12, 6. 8; 13, 3) in Zusammenhang gebracht wurde. Verbirgt sich in der Vorordnung Abrahams der Vorrang des Stammes Juda zur Zeit Davids (2 Sam 2, 4)? Oder bestanden schon früh Beziehungen zwischen dem Süden und

Mittelpalästina? Die Frage, wann und aus welchem Anlaß die Vätertraditionen zu der im Alten Testament vorliegenden Form zusammenwuchsen, bleibt schwer zu beantworten.

2. Jedenfalls siedelten die Erzvätergruppen voneinander getrennt, gehörten also kaum seit je eng zusammen und ordneten sich anscheinend auch verschiedenen Stämmen ein. Die Festsetzung um die alten palästinischen *Heiligtümer* hat nun große traditionsgeschichtliche Bedeutung, da die Überlieferung von den Erzvätern eben an diesen Stellen gepflegt wurde; sie hat noch mehr religionsgeschichtliche Bedeutung, als die Vätergötter der Zuwanderer mit den Ortsgottheiten verschmolzen. Die erste Begegnung von Nomaden- und Kulturlandreligion in Israels Vorgeschichte führte dazu, daß die Sippengötter und die Landesgötter einander gleichgesetzt wurden. Am Anfang steht noch nicht der Gegensatz zur Umwelt, sondern die Zusammenfassung zur Einheit. Anders gesagt, die heiligen Stätten wurden für den überkommenen Glauben beschlagnahmt: hier war nicht ein fremder, sondern der eigene Gott erschienen. Doch änderte diese Identifikation zugleich den eigenen Glauben. So wurden die »Heiligtumslegenden« oder »Kultätiologien«, die den sakralen Charakter des Ortes begründen (u. § 3 e), auf die Erzväter und ihre Götter übertragen. Der Vatergott offenbarte sich jeweils für die bestimmte Gruppe allein, so daß man diese Religion mit Einschränkung als Vorform von »Monotheismus« oder eher als »Monolatrie« bezeichnen könnte. Als sich die einzelnen Vätergötter später vereinigten, wurden sie nicht in einem Pantheon nebeneinandergestellt, sondern miteinander identifiziert, so daß die Einheit gewahrt blieb. Eine Kulturlandreligion ist dagegen polytheistisch.

In der Ortssage von Mamre, die jetzt ein Erlebnis Abrahams wiedergibt, erscheinen drei »Männer« (Gen 18). Doch wenigstens im Alten Testament ist das polytheistische Element in den Hintergrund gedrängt worden; die drei göttlichen Gestalten treten hinter dem einen Sprecher, Jahwe, zurück (V 1. 10. 13; vgl. 19, 1).

Solche Kultgründungs- oder Entdeckersagen (z. B. Gen 28, 10 ff von Bet-El) scheiden für die Rekonstruktion des Vätergottglaubens aus, weil sie von ihrem Wesen her ortsgebunden sind. Die Nomaden sind zu den Heiligtümern gewallfahrtet, aber sie haben sie nicht begründet, sondern vorgefunden. Im gegenwärtigen Erzählzusammenhang scheint es so, als hätten die Hirten auf ihren Wanderungen haltgemacht, um einen Baum zu pflanzen, einen Malstein zu errichten oder einen Altar aufzuschichten. Aber die Orte, an denen die Erzväter einen solchen Kult stifteten, waren längst heilige Stätten mit einer bekannten Gottheit. Selbst die kurzen Nachrichten über den Bau von Altären in Sichem, Bet-El oder Mamre (Gen 12, 7 f; 13, 18; 35, 1. 7) wollen wohl nur die bereits bestehenden kanaanäischen Heiligtümer auf die Erzväter zurückführen. Überhaupt stammt die überwiegende Mehrzahl der Vätergeschichten aus dem Kulturland.

3. Durch die Übertragung der Kultätiologien auf die Erzväter wurden Taten, die die Landesbewohner ursprünglich von ihren Gottheiten ausgesagt haben, den Vätergöttern und schließlich Jahwe zugeschrieben. Wer waren diese Gottheiten? Schon die Ortsnamen der Heiligtümer verraten es: Bet-El »Haus Els« oder Penu-el »Antlitz Els«. Mehrfach erscheint dieser Gott *El* auch mit erweitertem Namen; so sind aus Beerscheba ein *El Olam* (Gen 21, 33), aus einem anderen Ort im Süden ein *El-Roi* (16, 13 f) und aus Bet-El ein *El Bet-El* (31, 13; 35, 7) bekannt. Die Himmelserscheinung, die (nach Gen 28, 10 ff) Jakob im Traum hatte und die auf Jahwe gedeutet wurde (V 13. 16), war ursprünglich wohl eine Theophanie dieses Ortsgottes von Bet-El.

Dagegen wird eine weitere El-Gottheit, nämlich *El Eljon* von Jerusalem (Gen 14, 18 ff), nicht mit dem Gott der Erzväter gleichgesetzt; die Beziehung ist lockerer (s. u. § 10a, 1).

Was ist dieser »El« für eine Gottheit? Die einzelnen Beinamen und die Ortsgebundenheit verleiten dazu, in ihm nur eine unbedeutende Lokalgottheit der je verschiedenen Heiligtümer zu sehen. Diese Ansicht reicht aber kaum zu. Schon der Name El Olam »Gott der Ewigkeit« will nicht recht zu der Annahme passen. Vor allem ist El in den seit 1930 bekannt gewordenen Texten von Ugarit König und Oberhaupt der Götterwelt (§ 10a, 3). Wie verhalten sich die El-Gottheiten der Genesis, die ohne einen zugehörigen himmlischen Hofstaat erscheinen (vgl. aber Gen 28, 12; 32, 2) zu diesem Hochgott? Es gibt eigentlich keine Anhaltspunkte zur Beantwortung dieser Frage. Vermutlich sind aber die Ortsgottheiten als die lokalen Erscheinungsformen des einen Gottes El zu verstehen *(O. Eißfeldt)*; jedenfalls lassen sich so Vielfalt wie Einheit erklären. Dann wäre El an verschiedenen Orten unter verschiedenen Beinamen in verschiedener Ausprägung verehrt worden. Vielleicht ermöglicht gerade dieses Neben- und Ineinander von Orts- und Universalgottheit die Gleichsetzung des Vätergottes mit El; denn es bleibt über die Lokalbindung hinaus eine gewisse Jenseitigkeit der Gottheit gewahrt.

Sooft die Patriarchenerzählungen auf den El-Kult anspielen, nie erwähnen sie die andere kanaanäische Hauptgottheit *Baal*: Sie deuten weder eine Baal-Verehrung an, noch reißen sie, wie spätere alttestamentliche Texte, einen Gegensatz zu dieser Religion auf. Auch weisen die El-Gottheiten der Genesis selbst keinerlei Züge eines Gewitter- oder Fruchtbarkeitsgottes auf, wie es Baal ist. Zwar sind die »Masseben«, aufgerichtete heilige Malsteine zur Vergegenwärtigung der Gottheit, sowohl in der Erzväterzeit (Gen 28, 18 ff; 35, 14) wie in der Epoche der Auseinandersetzung mit der kanaanäischen Religion bezeugt, aber die »Ascheren« fehlen noch (auch wenn Gen 12, 6; 13, 18; 18, 1; 35, 4 u. a. an einen Baumkult denken lassen). Diese Symbole weiblicher Gottheit, heilige Pfähle oder Bäume, werden erst später immer mit den Masseben zusammen genannt (Ri 6, 26 ff). Die Genesisgeschichten wissen anscheinend noch nichts von einer stark geschlechtlich bestimmten, männlichen oder weiblichen Gottheit.

Gehören die Erzväter darum einer Zeit an, die das Nebeneinander von El und Baal noch nicht kannte? Allerdings wird Baal schon seit dem 2. Jahrtausend v. Chr. im syrischen Raum verehrt. Darum liegt die Vermutung nahe, daß die Nomaden den Gott El nicht erst im Kulturland kennenlernten, sondern schon ihren Vätergott »El« nannten. So wäre die Gleichsetzung ihres Gottes mit den El-Gottheiten leicht verständlich. Bei der Lage der Quellen wird man zwar zwischen dem Glauben der Halbnomaden und der Religion des Kulturlands, dem von Priestern an festen Heiligtümern ausgeübten Kult, zu unterscheiden suchen, aber es bleibt sehr schwer zu bestimmen, was dem Vätergott und El gemeinsam ist, so daß die Identifikation vollzogen werden konnte. Das Nächstliegende wäre, die Einheit im *Namen* zu sehen: Wenn bereits die Vätergötter »El« hießen (vgl. Gen 49, 25 »El deines Vaters«; auch 46, 3; Ex 18, 4 und die umstrittene Wendung »El, Gott Israels« Gen 33, 20), war eine Verbindung mit den Ortsgottheiten gegeben. »El« ist ja nicht nur Eigenname einer bestimmten Gottheit, sondern zugleich Allgemeinbegriff für »Gott.« Tatsächlich begegnet das Wort auch in Personennamen aus der Erzväterzeit, wie Isra-el oder Isma-el, während bei Jakob, Isaak u. a. wohl der Gottesname »El« zu ergänzen ist (Jakob-el). Solche Eigennamen (Verbum im Imperfekt mit Gottesnamen) sind charakteristisch für die große (protoaramäische, amoritische o. ä.) Wanderbewegung, die im Laufe des 2. Jahrtausends aus der arabischen Wüste von Osten in die altorientalische Kulturwelt einbrach; zu dieser Völkerwelle gehörten auch Israels Vorfahren.

Auch der Name *Abra(ha)m* ist schon früh bezeugt (vgl. § 12b, 3). Außerdem wurden durch die Funde von Mari und Nuzi Parallelen in Redewendungen und Rechtsverhältnissen aufgedeckt; zumindest teilweise sind Rechtsbräuche der Patriarchengeschichten aber auch in viel späterer Zeit zu belegen. Darum läßt sich die Erzväterzeit nur grob zeitlich einordnen (vgl. Gen 15, 16). Historisch genaue Angaben sind kaum möglich; die Überlieferung legte darauf keinen Wert. Es lassen sich wohl gewisse Beziehungen zu den politisch-sozialen Verhältnissen des 2. Jahrtausends aufweisen, aber keine Einzelereignisse festlegen. Die einzige Ausnahme, der Bericht vom Krieg Abrahams mit altorientalischen Königen (Gen 14), ermöglicht jedenfalls keine eindeutige Datierung.

War El etwa schon der Hauptgott jener westsemitischen Nomaden, die überall vor dem 13./12. Jh. nach Seßhaftigkeit strebten? Dann wären der »Gott Abrahams« oder der »Schreck bzw. Verwandter Isaaks« nur Beinamen dieses vielgestaltigen Gottes El. Jedoch können die Genesiserzählungen, von den genannten Personennamen abgesehen, diese Vermutung kaum stützen. Hier treten die El-Gottheiten erst an den örtlichen Heiligtümern auf; »El« erscheint an den älteren Stellen nicht allein (wie Gen 35, 1. 3; 46, 3), sondern nur mit einer folgenden näheren Bestimmung als Eigenname. Ist also eher anzunehmen, daß die Vätergötter erst in der Begegnung mit der Kulturlandreligion »El« genannt wurden? Jedenfalls ist es ganz unwahrscheinlich, daß die Erzväter schon vorher El Olam oder El Schaddai verehrten.

Dieser Eindruck entsteht erst durch die spätere Priesterschrift, die den Vätergott streng mit *El Schaddai* – die Übersetzung bleibt unsicher – gleichsetzt. Unter diesem einen Namen faßt das Werk einerseits die verschiedenen Bezeichnungen der Vätergötter und El-Gottheiten zusammen und hält andererseits die Andersartigkeit der Patriarchenzeit (von Gen 17, 1 bis Ex 6, 3) gegenüber der vorhergehenden Urzeit und der folgenden Mosezeit fest, in der die Kultverordnungen gegeben werden. So wirkt selbst hier noch die Erinnerung nach, daß die El-Gottheiten im Kulturland zu Hause sind: El Schaddai offenbart sich Abraham erst in Kanaan (Gen 17, 1; 28, 3; 35, 11). Zuvor erteilt die Priesterschrift keinen göttlichen Befehl zur Auswanderung, um die Vorstellung Gottes mit einem Namen zu vermeiden. Man hat vermutet, daß einst auch El Schaddai eine lokale Ausprägung des Gottes El (in Hebron) war, aber im Alten Testament ist anders als bei »El Eljon« oder »El Olam« von einer Ortsbindung nichts zu erkennen. Schon diese Besonderheit läßt vermuten, daß jener Gottesname nicht alter Überlieferung entstammt. Außerdem ist aus früher Zeit nur das Element »Schaddai« belegt (Num 24, 4. 16; Gen 49, 25 – die Übersetzungen gleichen hier an den üblichen Titel an; vgl. Gen 43, 14), während die Verbindung »El Schaddai« nicht vor der Exilszeit (Ez 10, 5 und Priesterschrift) bezeugt ist. Vielleicht hat man den Doppelnamen also erst später im Anschluß an die überlieferten Bezeichnungen gebildet, weil man in dem Titel »Schaddai«, der auch im Hiobbuch beliebt wird – und dort von der griechischen Übersetzung mit »Pantokrator, der Allmächtige« wiedergegeben werden kann –, insbesondere eine Aussage von Gottes Transzendenz und Macht sah.

Überhaupt lassen sich die in der Genesis erhaltenen Gottesnamen, seien sie mit »El« zusammengesetzt oder nach dem Typus der Vätergötter gebildet, nicht alle auf die gleiche Weise ableiten, sondern haben verschiedenen Ursprung. Wenn jedenfalls die El-Gottheiten in der Genesis manchmal ohne Ortsbindung erscheinen, so beruht diese Eigenart eher auf späterem Einfluß des israelitischen Glaubens und läßt keine Rückschlüsse auf die Vorzeit zu. Darum sind Vorbehalte gegenüber zu sicheren Schlüssen aus den im Alten Testament bezeugten El-Prädikationen angebracht. Gegenüber dem Anruf »Du bist *El Roï*«, der »Gott, der mich sieht (?)« (Gen 16, 13 J) enthält der wohl ältere Brunnenname *Beer-Lahai-Roï* »Brunnen des Lebendigen, der mich sieht (?)« (16, 14; 24, 62; 25, 11) nicht das Element El, so daß das am Brunnen wohnend gedachte Numen ursprünglich vielleicht gar nicht als El-Gottheit galt (vgl. u. § 3 e).

Der aus Beerscheba bezeugte Name *El Olam* »Gott (der) Ewigkeit« (Gen 21, 33 J) wird in gewisser Weise durch den aus Ugarit und Karatepe bekannten »Sonnengott (der) Ewigkeit«, das in Ugarit belegte Gottesprädikat »König der Ewigkeit« (vgl. Jer 10, 10) und auch den in der Kosmogonie des Mochos erwähnten Ulomos gestützt.

In Gen 35, 7 (E) ist *El Bet-El* »Gott (von) Bet-El« auffälligerweise Bezeichnung einer Stätte. In Israels Umwelt (Elephantine-Papyri u. a.) begegnet Bet-El sowohl als Orts- und Stein- wie als Gottesname (vgl. Jer 48, 13). Die Selbstvorstellung »Ich bin der Gott (von) Bet-El« (Gen 31, 13 E) geht kaum auf alte Tradition zurück.

So ist keiner dieser zusammengesetzten Gottesnamen in der vorliegenden Form außerhalb des Alten Testaments bezeugt; nur Einzelelemente lassen sich in der Umwelt nachweisen. Vielleicht spiegeln sich die religionsgeschichtlichen Verhältnisse im vorisraelitischen Palästina doch nur sehr gebrochen im Alten Testament wider, weil es die Überlieferung anscheinend stärker umgestaltete, als man gewöhnlich annimmt.

d) Die Vätergötter und Jahwe

1. Setzen die Halbnomaden bei dem Weidewechsel oder der Seßhaftwerdung ihre Vätergötter mit den El-Gottheiten der Kulturlandheiligtümer gleich, so stellt die Identifikation der Vätergötter mit Jahwe, die eine Tradition bei Moses Berufung geschehen läßt (Ex 3, 6. 13 ff; 6, 2 f; vgl. aber Gen 28, 13; 32, 10), eine *dritte* Stufe im Gang der Religionsgeschichte dar. Hat Jahwe die Götter der Ortsheiligtümer nicht verstoßen, weil die Erzväterüberlieferung bereits durch kanaanäische Elemente bereichert worden war? Jedenfalls trägt er beide Namen weiter, sowohl »Gott Abrahams« als auch »El«. Trotz Jahwes Ausschließlichkeitsanspruch, wie er sich im ersten Gebot bekundet, wurden von Israels Glauben die fremde Sippenreligion und teilweise der kanaanäische El-Kult absorbiert. Doch faßt das Alte Testament das Wort »El« kaum noch als Eigennamen auf, sondern als Allgemeinbegriff: El Olam wird doch wohl unter Verlust seiner Existenz als »Gott der Ewigkeit« bzw. »ewiger Gott« verstanden. Der fremde Gottesname wird zum Prädikat Jahwes; andernfalls bleibt unerklärbar, wieso das Alte Testament nirgends eine Polemik gegen den Gott El erkennen läßt. Außerdem wurden nur mit dem eigenen Glauben vereinbare – im einzelnen allerdings kaum näher bestimmbare – Vorstellungselemente übernommen; denn keineswegs alle für die El-Verehrung charakteristischen Züge, wie sie Israels Umwelt bekannt sind, finden sich in der Genesis wieder.

Indem die einwandernden Stämme die Kultlegenden der örtlichen Heiligtümer übernahmen, konnten sie ihren Anspruch auf dieses Gebiet gegenüber den ansässigen Kanaanäern begründen. Die einzelnen Sagen bestätigen jetzt, daß Jahwe Israel mit dem Land belehnt hat; hier wird ein versteckter Gegensatz zur Umwelt spürbar. Die Verheißung der Mehrung und Landnahme des Volkes war längst vor Israels Einzug erfolgt! Die ganze Vorzeit von der Schöpfung ab wurde so als Geschichte des einen Gottes verstanden.

Im neuen Zusammenhang gewinnen die Ätiologien einen anderen Sinn: Sie wollen nicht mehr die kultische Heiligkeit des Ortes sicherstellen, sondern werden stärker in die Geschichte hineingenommen und auf die Zukunft des Volkes bezogen (u. § 3 e). Setzt sich in dieser Befreiung von der Ortsbindung zugleich ein Impuls aus der Nomadenzeit gegen die Gesetze des Kulturlandes durch? Auch Israels Vorfahren haben also die fremden Sagen nicht unverändert gelassen, sondern in ihren eigenen Glauben eingefügt, mit ihrem Geist durchdrungen und so umgestaltet.

Vor allem nötigte das Zusammentreffen mit der Exodustradition zu einer tiefgreifenden Umdeutung der Väterüberlieferung. War die Verheißung an die Erzväter zunächst mit deren endgültigem Übergang ins Kulturland erfüllt, so trat sie nun in Spannung zum Glauben Israels, der die Landnahme Jahwe verdankte, der aus Ägypten herausgeführt hat. Dieser Widerspruch wurde so behoben, daß den Vätern faktisch die Einlösung der Verheißung genommen wurde; die eigentliche Erfüllung erlebte erst das Volk – nach

einem langwierigen Umweg über Ägypten. Nach dem Deuteronomium
(6, 10. 23; 8, 1 u. a.) gibt Gott das Land, das er »den Vätern geschworen
hat«, Israel. Die Priesterschrift bringt die neue Situation auf einen Begriff:
Die Väter selbst lebten im »Land der *Fremdlingschaft*« (Gen 17, 8; 28, 4
u. a.). Sie hatten noch nicht ihre »bleibende Statt«; das Ziel ihrer
Wanderung lag außerhalb ihrer Zeit. Jedoch erhielten sie mit einem kleinen
Teilstück des Landes, nämlich dem Begräbnisplatz, ein Angeld für die
Zukunft, ein Unterpfand der Verheißung (Gen 23 P).

Auf diese Weise hält das Alte Testament zugleich fest, daß Volk und Land nicht von
vornherein, gleichsam naturgemäß und selbstverständlich, verbunden sind. Landbesitz ist vielmehr ein von Gott zugesagtes und gewährtes Gut, das Israel nicht aus
eigener Kraft erwarb (Dtn 8, 17; 9, 6), darum letztlich nicht sein, sondern Gottes
Eigentum ist (Lev 25, 23; Jos 22, 19).

2.   Obwohl das Alte Testament noch um den Unterschied zwischen Väter-
glauben und Jahweverehrung weiß, behauptet es eine Kontinuität. Trotz
historischem Umbruch hält es an der theologischen Einheit fest. Was ermöglichte Israels Glauben die Aufnahme jener fremden Sippenreligion
aus der Zeit vor Aufkommen oder Verbreitung der Jahweverehrung?
Einerseits war der Gott der Väter – falls die Rekonstruktion in Grundzügen
richtig ist – *den Menschen zugewandt*; er offenbarte sich *allein* und wurde
vielleicht sogar bildlos verehrt. Andererseits war das Wirkungsfeld des
Vätergottes der Bereich der *Geschichte*. Er zog mit der wandernden Schar
mit, um sie in die *Zukunft* zu leiten. Die Gruppe antwortete, indem sie sich
im Vertrauen auf die Führung ihres Gottes und im Gehorsam gegenüber
seinem Geheiß auf den Weg begab.

Diese Überlieferung wird mit den Glaubenserfahrungen und -hoffnungen
der späteren Zeit weiter ausgebaut und verschärft. Abraham kann dabei
nicht mehr Sippenhaupt bleiben, sondern wird zum Vorbild des Glaubens-
gehorsams (Gen 15, 6) und Beispiel für Gottes Führung, der seine Zusage
auch in schwerer Versuchung (Gen 22) aufrechterhält. Der Zukunfts-
charakter der Erzählungen wird thematisch hervorgehoben und selbständig
der gesamten Erzvätergeschichte vorgeordnet (Gen 12, 1–3 J). Den Segen,
den Abraham empfängt, soll er weiterreichen: »In dir sollen gesegnet
werden alle Sippen der Erde« (V 3b; vgl. 28, 14; auch 22, 18; 26, 4). In
diesem Grundsatzwort klingen die überkommenen Motive der Verheißung
von Landbesitz und Nachkommenschaft nur noch nach; mit »Segen« ist
die Gabe absichtlich umfassender formuliert. Die spätere Zeit kann so ihre
Gegenwart in diesem Wort wiederfinden und sich mit jenem Segen verbinden. Wie das Verheißungsgut erweitert ist, so ist auch der Kreis der Betroffenen gewachsen. Der Segen ist nicht nur aus dem Sippenbereich
herausgetreten, auf Israel als ganzes bezogen worden, sondern soll darüber
hinaus das Leben der Völker bestimmen. Gewannen schon die verschiedenen Kultlegenden über ihren Raum hinaus an Gewicht, indem sie ihre

Ortsbindung verloren, so gilt hier erst recht: Das Konkrete ist generalisiert, die spezifisch-historische Situation aufgegeben worden, weil sie Allgemeinbedeutung erlangt hat. Wo, wann und wie Gott spricht (Gen 12, 1), wird nicht mehr erwähnt, entscheidend ist die Zukunftsmacht des Wortes. Die Erzväterüberlieferung spielt in der *Prophetie* zunächst eine auffällig geringe Rolle. Hosea (12, 4 f; vgl. Jer 9, 3; Jes 43, 27) wird die Jakobüberlieferung zum Beleg für die Schuld des Volkes. Erst seit dem Exil wird die Verheißung betont aufgenommen und neu ausgerufen. Deuterojesaja spricht sie dem Volk in der Verbannung zu: Weil Abraham ein einziger war und erst Jahwes Segen aus ihm ein großes Volk machte, können auch die Verzweifelten noch Hoffnung haben.

»Schaut auf Abraham, euren Vater,
und auf Sara, die euch gebar;
denn er war nur einer, als ich ihn berief,
doch ich segnete ihn und mehrte ihn.«
(Jes 51, 3; vgl. 41, 8; 44, 1–5; 54, 1–3; Ez 33, 24)

Wohl im Gefolge des Exilspropheten wirkt bei den Späteren das Motiv des Erzvätersegens nach (Sach 8, 13; 10, 8. 10; vgl. Hos 2, 1; Ps 105, 6 u. a.). Das Verheißungswort ist mit Israels Aufenthalt in Palästina noch nicht abgegolten. Die Propheten entreißen es erneut der Verwirklichung, setzen das »Schon-jetzt« der Erfüllung in ein »Noch-nicht« um. Was schon Gegenwart war, wird wieder Zukunft, um für Spätere Gegenwartsbedeutung zu behalten. Allerdings kann das Volksklagelied (Jes 63, 16) – im Sinne der Ausschließlichkeit des Glaubens – auch gegenüberstellen:

»Abraham weiß nichts von uns,
und Israel kennt uns nicht;
du, Jahwe, bist unser Vater,
‚unser Erlöser‘ ist seit je dein Name.«

e) Anhang: Die Heiligtumslegenden

Der vorliegende Erzvätersagenkomplex ging aus einer Fülle von Einzelsagen hervor, die, mit anderen Stoffen vermischt, zu Sagenkränzen zusammenwuchsen und dann ihren Ort innerhalb eines geschichtlichen Ablaufs von Abraham zur Volkwerdung Israels erhielten. Die Einzelsagen sind entweder mehr auf bestimmte Personen – Gestalten wie Abraham, Lot, Jakob, Esau, Laban usw. – oder stärker auf bestimmte Orte bezogen. Unter dieser zweiten Form der Sage kommt der Heiligtumslegende, auch Kultätiologie oder Hieros Logos genannt, ein nicht zahlenmäßig, aber sachlich gewichtiger Anteil zu. Sie erzählt vom Ursprung, nämlich von Entdeckung und Benennung, eines heiligen Ortes. Der gelegentlich gebrauchte Begriff »Gründungserzählung« ist insofern mißverständlich: Eine heilige Stätte wird nicht »gegründet«, sondern vorgefunden. An einer hervortretenden Stelle – etwa an einem Baum (Gen 18; vgl. 21, 15; Ex 3, 1–5; Ri 6, 11 ff; 1 Kön 19, 5; Jos 24, 26), Stein (Gen 28, 10 ff), Fluß (32, 23 ff) oder einer Quelle (16, 7) – ist unerwartet eine Gottheit erschienen, und auf die *praesentia Dei*, die sich durchweg »in einer ausgesprochenen Heilsoffenbarung« (*Keller*, 94) äußert, antwortet der Mensch mit der Errichtung eines Altars und der Stiftung eines Kultes. Die Theophanie ist also der Mittelpunkt der Sage.

Elemente der Erzählung sind etwa: Zufällig stößt jemand auf die Stätte (Gen 28, 11; Ex 3, 1), stellt in einem Wort die Besonderheit des Ortes ausdrücklich fest (Gen 28, 16 f; Ex 3, 5; vgl. Jos 5, 15), gibt ihm einen Namen (Gen 16, 13 f; 22, 14; 28, 19; 32, 3. 31; 35, 7; Jos 5, 9 u. a.) und baut einen Altar o. ä. (Ri 6, 24; Gen 12, 7 f; 28, 18 u. a.).

Doch muß eine solche Erzählung nicht von der Inauguration, sondern kann etwa auch von der Umgestaltung eines Kults berichten. So war das Thema der noch erschließbaren Urfassung von Gen 22, 1–14 die Auslösung eines Menschenopfers durch ein Tieropfer (V 13). Demgegenüber hat die vorliegende Erzählung eine völlig andere Intention: »Gott versuchte Abraham« (V 1), und er erwies sich als gottesfürchtig (V 12).

Jedes Heiligtum bedarf der Legitimation, die gerade diesen Ort als Stätte göttlicher Offenbarung ausweist. Eben die Heiligtumslegende beantwortet dem Besucher die Frage: Warum ziehe ich an diesen Ort?, rechtfertigt also die Wallfahrten und vertritt so zugleich den Anspruch der betreffenden Kultstätte gegenüber anderen Heiligtümern. Jene Frage nach dem Warum wird dabei durch die Angabe des Woher, nämlich in Form einer Erzählung aus der Vergangenheit, beantwortet. Allerdings enthält das Alte Testament keine Ätiologie in ihrer ursprünglichen Fassung. Vor allem fanden zwei tiefgreifende Änderungen statt:
Einerseits hat die Erzählung ihren lokalen Haftpunkt verloren. Nach der Übertragung auf den Erzvater gibt sie ein wichtiges Ereignis im Leben des Stammvaters wieder, wächst so aus dem ehemals engen Kreis hinaus und erlangt Bedeutung für ganz Israel (vgl. Gen 32, 28), bis sie schließlich im Rahmen des Pentateuchs ihren endgültigen Platz findet. Ursprünglich selbständig, wird die Sage zu einem Teil in einem größeren Ganzen. Damit hat sich ihr primärer Skopos, die Heiligkeit eines Ortes zu erweisen, völlig verlagert bzw. ist verlorengegangen. Die Person tritt in den Vordergrund. – Andererseits gewinnt die Erzählung durch die Umdeutung des alten Inhalts und die Übernahme neuer Intentionen in weit höherem Ausmaß Zukunftsaspekt (Gen 28, 14 f; Ex 3, 7 ff). Dadurch nehmen auch die Kultlegenden an dem Gesamtsinn teil, den das Alte Testament fast allein noch der Vätergeschichte beläßt: auf Künftiges, d. h. über sich selbst hinaus, zu weisen. Wie tiefgreifend dieser Interpretationsprozeß ist, mögen beispielhaft zwei Einzelfälle zeigen.

1. Die Heiligtumslegende von Bethel bzw. *Bet-El* (Gen 28, 10–22) beantwortet gleich mehrere den Wallfahrer interessierende Fragen: Warum

ist Bet-El ein heiliger Ort, woher hat er seinen Namen »Gotteshaus«?
Warum entrichten wir dort den Zehnten, und wie kommt es zu dem Ritus
der Salbung eines Steins? Die Erzählung ist zudem in zwei verschiedenen
Strängen erhalten: eine in wesentlichen Einzelzügen ältere, aber literarisch
später bezeugte Form mit der lautlosen Vision der Himmelsleiter (etwa:
V 11 b. 12. 17 f. 20–22 E ohne 21 b) und eine überlieferungsgeschichtlich
eher jüngere, aber literarisch wohl früher fixierte Fassung mit einem Ge-
spräch zwischen Jahwe und Jakob (V 10. 11 a. 13–16 J; auch 19 a?). Beide
Berichte, die jeweils in größerem literarischem Zusammenhang stehen (vgl.
31, 13; 35, 1 ff E bzw. 12, 3; 13, 15 f J), setzen bereits die Übertragung
der Erzählung auf den Stammvater Jakob und damit die gesamtisraelitische
Bedeutung voraus; doch läßt sich mit Vorbehalt noch eine ältere Überlieferung erahnen, die selbst wiederum verschiedene Stadien durchlaufen
hat.

a) Die Heiligkeit von Bet-El scheint in früher Zeit nur dadurch begründet
gewesen zu sein, daß sich dort eine Massebe, d. h. ein heiliger *Stein*, befand,
in dem nach allgemeinem Glauben ein göttliches Wesen wohnte. Noch
Philo von Byblos kennt in der Spätzeit »beseelte Steine«, die er *Baitylia*
nennt – ein Ausdruck, in dem das Wort *Bet-El* »Gotteshaus« nachklingt.
Diese alte Vorstellung mag auch in der rituellen Handlung (V 18; vgl.
35, 14) nachwirken, die Jakob an dem Stein vollzieht – unabhängig von
dem später gewiß anders gedeuteten Sinn der Salbung.

b) Nicht erst die Erzväter, schon die Kanaanäer haben ihren Gott El (vgl.
35, 7) kaum mehr in einem Stein – oder in einem Fluß (Gen 32) – hausend
gedacht, sondern verstanden ihn als *Himmelsgottheit*. So wurde der Stein
zum Ort, auf dem die Himmels»leiter« (genauer: eine Treppe oder Rampe)
steht. Sie stellt – echt mythisch – die Brücke zwischen der göttlichen und
irdischen Welt dar; auf diesem Weg kommen Gottes Boten zur Erde und
kehren wieder zum Himmel zurück.

Wie sich ein irdischer Herrscher der Boten bedient, so sendet auch die Gottheit ihre
Boten zur Erde. Diese wohl in Menschengestalt gedachten »Boten« oder »Engel« –
im Hebräischen wie Griechischen dasselbe Wort – bedürfen zum Ab- und Aufstieg
einer Rampe, da sie anders als tiergestaltige Mischwesen, wie Sphingen, Keruben
oder Seraphen, keine Flügel haben.
Wahrscheinlich ist die Vorstellung einer *Mehrzahl* von Boten Israel vorgegeben
(Gen 28, 12; 32, 2 f; auch in Ugarit belegt), während das Alte Testament selbst eher
von *einem* Boten spricht (16, 7 ff; 21, 17; 22, 11. 15; Ex 3, 2 u. a.). In ihm ist Gott
dem Menschen nahe und bleibt selbst zugleich fern (vgl. § 6 c, 6).

Hier in Bet-El ist die Verbindungsstelle von Himmel und Erde, »das Tor
des Himmels« (V 17)! Der Mythos unterscheidet damit – weit mehr als die
vermutete Vorstufe, nach der der Dämon im Stein wohnte – grundlegend
zwischen göttlichem und irdischem Bereich, läßt aber den einen zum
anderen hin offen sein.

c) Aus diesem Grund kann *Israel*, speziell der Elohist, die Vorstellung
übernehmen (V 11 f). Sie wahrt schon als solche (Gott im Himmel) Gottes

Transzendenz und wird bloß als Traum verstanden, so daß das Mythische nur noch in der nächtlichen Erscheinung Raum hat. Außerdem verliert der *Stein* durch Einfügung der Erzählung in die Jakobgeschichte seinen ursprünglichen Charakter. Der Stein wird zunächst zu einer Art Kopf-kissen (V 11), dann zu einem Mahnmal (V 18. 22), das Jakob errichtet, um sich in Zukunft an die erfahrene Offenbarung zu erinnern und sein Gelübde zu verwirklichen, ein Gotteshaus zu bauen: Der Stein ist nicht mehr Gottes-haus, sondern soll zum Gotteshaus, d. h. zum Tempel, *werden*.

»Schon die alte Sage versteht den ursprünglich so engen Zusammenhang von Stein und Gottheit nicht mehr und motiviert ihn durch die Geschichte, wonach der Stein zur Erinnerung an eine göttliche Offenbarung... aufgestellt ist.« (*H. Gunkel*, z. St.)

Begnügt sich der Elohist mit der lautlosen Vision des Himmelstores, so berichtet der Jahwist von dieser Szene wie von dem Stein nichts, scheint also das Mythische zu meiden und läßt statt dessen das *Wort Jahwes*, der »vor ihm« steht, unmittelbar an Jakob ergehen: »Ich bin mit dir; ich will dich beschützen überall, wohin du gehst« (V 15; vgl. Hos 12, 5. 7; in Gen 28, 20 E als Gelübde). Zielte die Kultlegende auf die Erkenntnis der Heiligkeit des Ortes, zu dem man wallfahren soll (vgl. Am 4,4; 5, 5), so ist der verheißende Gott »mit« dem Menschen, der sich auf Wanderung be-findet und glücklich heimkehren soll. Dieses Schutz- und Vertrauens-verhältnis zwischen Gott und Mensch ist zudem über die Situation und die unmittelbar Betroffenen hinaus ausgeweitet: Die bereits ergangene Ver-heißung von Land und Nachkommenschaft wird bekräftigt, und zwar als Segen für »alle Geschlechter der Erde«.

2.   Auch die in Gen 32, 23 ff erhaltene, für den alttestamentlichen Glau-ben höchst eigenartige Sage antwortet zunächst auf die Frage nach der Be-sonderheit eines Ortes: Warum gibt es im Ostjordanland am Jabbok-Fluß eine Stätte, die *Penu-el* bzw. *Peni-el* »Angesicht Gottes« heißt? Allerdings ist es in diesem Fall weniger gewiß, daß dort ein Heiligtum zu suchen ist; denn entsprechende Erinnerungen, wie die Nachricht über den Altarbau (Gen 12, 7 f u. a.), haben sich nicht bewahrt. Außerdem erklärt die Er-zählung den Namen Israel (V 29) und den Opferbrauch, den Hüftnerv nicht zu essen (V 33). Schon die Mischung so verschiedenartiger Motive und allerlei Unebenheiten im Text lassen, da eine befriedigende literarische Scheidung nicht mehr gelingen will, auf einen langwierigen mündlichen Überlieferungsvorgang schließen; in ihm sind alle drei ätiologischen Momente wohl erst nachträglich hinzugewachsen. Hier sollen nur die ver-schiedenen über- und ineinanderliegenden Traditionsschichten grob von-einander abgehoben werden.
a)   Die älteste rekonstruierbare Überlieferung berichtet von einem un-gewöhnlichen Ereignis: Ein göttliches Wesen, wohl ein *Flußdämon*, über-fällt in der Nacht einen Passanten, der an einer Furt den Fluß überquert, vermag in dem Ringen auf Leben und Tod den Menschen aber nicht zu

überwinden (vgl. Hos 12, 5a). Einzelheiten der Handlung werden weniger deutlich: Versetzt ursprünglich der Mensch dem Dämon den Hüftschlag (Gen 32, 26b als Korrektur von V 26a)? Gelingt es dem Angegriffenen, den Dämon festzuhalten, so daß dieser ihn aus Furcht, nicht mehr rechtzeitig vor dem Morgengrauen fliehen zu können, segnen muß (V 25b.27)?

Es ist ein typisches Kennzeichen eines *Dämons*, daß seine Fähigkeiten – zeitlich wie räumlich – begrenzt sind: Er wirkt nur nachts (vgl. Ex 4, 24–26; 12, 12. 22 ff; Num 22, 21 ff; 2 Kön 19, 35) und nur an einer bestimmten Stelle, so daß man ihm in den Weg laufen muß (Num 22). Ein Dämon hat also gewisse »Gesetze« einzuhalten, ohne die seine Macht uneingeschränkt, er also einem Gott gleich wäre. Außerdem gehört der gute Ausgang wohl zu dieser Art Geschichte hinzu: Der Dämon wird am Ende überlistet – sei es durch die Kraft des Menschen (Gen 32), den Schutzakt der Beschneidung (Ex 4) oder die Klugheit des Tieres (Num 22).

b)   Wie der Name Penu-el »Angesicht Els« erkennen läßt, wird der Fluß-dämon, wenn auch nicht ausdrücklich, mit dem Gott *El* gleichgesetzt. Die Züge des Dämons passen ursprünglich kaum zu dem Wesen eines höchsten Gottes (anders *O. Eißfeldt, S. Mittmann*). So sind wie bei der Kultgründungs-sage von Bet-El wenigstens zwei vorisraelitische – grob als stärker »dämo-nisch« bzw. »mythisch« bestimmbare – Überlieferungsstadien zu unter-scheiden.

H. J. Hermisson sucht den Ursprung der Erzählung in der Gotteserfahrung der Nomaden, nämlich in der Begegnung des Ahnherrn Jakob mit einem Vätergott, wie dem »Starken Jakobs«. Doch muß *Hermisson* die Ortsbindung, vielleicht sogar den Ringkampf für spätere Erzählzüge halten – liegt in ihnen aber nicht der innere Nerv der Sage?

c)   Während des (im weiten Sinne:) *israelitischen* Stadiums treffen ver-schiedene Intentionen zusammen: Statt eines Unbekannten wird Jakob Held der Geschichte, und sein Name wird durch »Israel« ersetzt.

Wie »Gott« in der Deutung des Ortsnamens »Angesicht (d. h. Erscheinung) Gottes« zum Objekt wird: »ich habe Gott gesehen« (V 31), so wird Isra-el (eigentlich: »Gott streitet« o. ä.; vgl. Isma-el »Gott erhört«) als »Streiter mit Gott« erklärt (V 28).

Dadurch erhält jene merkwürdige Dämonengeschichte Volksgeltung; die Ätiologie Israels überbietet die Ätiologie Penuels. Durch die Übertragung der Handlung auf Jakob tritt der ehemalige Flußdämon bzw. die kanaanäische Gottheit El in Verhältnis zu Jahwe. Allerdings wird die Gleichsetzung *nicht* ausgesprochen; offenkundig blieb die Erzählung dafür zu eigenartig oder gar zu anstößig.

So ist letztlich unklar, ob jenes Wesen, »der Mann« (V 25), als Gott selbst (vgl. V 29) oder als Jahwes Engel (Hos 12, 5) verstanden wird (ähnlich Gen 18; Ri 13). Jeden-falls werden wesentliche Züge der Erzählung infolge ihrer Beziehung zu Jahwe um-gebogen. Das Wesen verweigert – vielleicht seit je – seinen Namen (V 30); diesen Gott kann der Mensch auch nicht überwinden. Aus seiner Überlegenheit wird Unter-legenheit. Hos 12, 4 deutet Jakobs »Sieg«: »Er weinte und flehte um Gnade«, und entsprechend verläßt Jakob in der vorliegenden Genesis-Erzählung als Geschlagener das Feld; er konnte nur sein »Leben retten« (V 31 f) und wird als Gesegneter zum Empfangenden. Wahrscheinlich bleibt die handelnde Person in dem Kampfgeschehen (V 26 a) mit Absicht undeutlich, und ursprünglich mag auch nur der angreifende Dämon nach dem Namen gefragt worden sein. Außerdem wird die Erzählung, die von der unmittelbaren Begegnung eines Menschen mit einem göttlichen Wesen in greifbarer Gestalt berichtete, nun unter dem theologischen Grundsatz betrachtet: Wer Gott sieht, stirbt (V 31; vgl. Ri 6, 22; Ex 33, 20 u. a.).

Im Zusammenhang der Genesis gewinnt die Sage schließlich einen Sinn, der an Abrahams Versuchung (Gen 22) erinnert: Jakob, der seinen Bruder betrügt, aber Gottes Verheißung (28, 13–15) empfängt, kehrt – an Familie, Hab und Gut reich gesegnet – aus der Fremde zurück und gerät unmittelbar vor der Heimkehr trotz seiner Bitte um gnädige Bewahrung (32, 10–13) in eine Gefahr, die alles wieder zunichte zu machen droht. Der erfahrene Segen wird fragwürdig und erst als solcher – in der Anfechtung – neu geschenkt; auch der *Deus revelatus* kann zugleich *Deus absconditus* sein.

Demnach übernimmt das Alte Testament vorisraelitische Heiligtumslegenden nicht, ohne sie tiefgreifend bis zur Sinnverkehrung umzudeuten.

§ 4   Der Auszug aus Ägypten

Der »Gott der Väter« war ein Gott der Verheißung. Gelingt es dem Alten Testament, dieses Erbe zu wahren?
Nach dem Zeugnis der Genesis war das Verhältnis zwischen Gott und den – in Familien bzw. Sippen lebenden – Vätern unmittelbar; dagegen bedarf es nach dem Exodusbuch zwischen Jahwe und der Gruppe eines Mittlers: Mose wird zum Volk »gesendet« (Ex 3, 10 ff). Trotzdem besteht eine tiefe Gemeinsamkeit. Auch denen, die von Ägypten aus durch die Wüste wandern, wird die göttliche Führung zuteil, die die Erzväter erlebten. Ja, die Vätertradition scheint geradezu ihre Wesensart der Exodustradition weitergegeben zu haben: Sie kennt den gleichen Gott der Zukunft, der Heil ankündigt, auf dem Weg vorausgeht, in Notsituationen für seine Schützlinge sorgt, bis er sie in das Gelobte Land geleitet. Die Verheißung von Nachkommen und Landbesitz an die Väter erneuert sich in der Zusage an Mose und der Vorhersage des Auszugs.

Schon bei seiner Berufung (Ex 3 J/E; 6 P; vgl. § 6 a 3, 4) wird Mose die Führung des Volkes aus Ägypten zugesagt (3, 7 f. 16 J. 10 ff E) und darüber hinaus (in wohl nachträglicher Erweiterung: 3, 8. 17 Dtr) die Führung ins verheißene Land, in dem »Milch und Honig fließt«. Diese Zusicherung wird im Alten Testament wegen ihrer Bedeutung immer neu aufgenommen (Dtn 6, 3; Jos 5, 6 u. a.), bis bekannt werden kann: »alles traf ein« (Jos 21, 43–45).

Darum wurde der Exodus weit mehr noch als die Wanderung Abrahams aus seinem Vaterland zum Zeichen des Aufbruchs in eine bessere Zukunft, zum Symbol der Befreiung von der Fron und des Auszugs aus der Fremde in die Heimat.

Trotz dieser thematischen Verwandtschaft ist aber schwer auszumachen, wie sich der Gott der Erzväter und der Gott des Exodus ursprünglich zueinander verhielten. Der Übergang von der einen zur anderen Tradition hat sich nicht so vollzogen, daß die Gruppe, die sich in Ägypten aufhielt, zunächst den »Gott Abrahams, Isaaks und Jakobs« verehrte. Die gesamte, untereinander verbundene Erzväterüberlieferung war kaum bekannt; denn nicht alle Stämme des späteren Israel waren in Ägypten.

Die Verbindung zwischen Väter- und Mosezeit, Familien- und Volksgeschichte, stellen nur zwei allgemeine Sätze (Ex 1, 6 f) her. Sie berichten das Anwachsen der Söhne des Erzvaters Jakob-Israel (vgl. Gen 46, 5 ff) zu einem zahlenmäßig starken Volk, überspringen dabei einen Großteil des – vielleicht mehrere Generationen (vgl. Gen 15, 13; Ex 12, 40 f gegenüber Gen 15, 16) umfassenden – Ägyptenaufenthalts und führen eher an das Ende dieses Zeitabschnitts.

Im wesentlichen liegen demnach wohl zwei ursprünglich verschiedene Überlieferungsstränge vor, die sich erst im Kulturland vereinigten, als die Träger beider Traditionen sich zu einem Stämmeverband formierten. Gab es trotzdem schon frühzeitig Beziehungen?

Mancherlei Anzeichen deuten darauf hin, daß die Exodustradition vor allem im »Haus Joseph« (vgl. Jos 17, 17 f; Ri 1, 22. 35), d. h. im späteren *Nordreich*, gepflegt wurde; denn Hosea, der Prophet des Nordreichs (12, 10; 13, 4 u. a.; aber auch Am 9, 7), und – vielleicht in seinem Gefolge – das Deuteronomium erwähnen sie oft, während sie bei dem Jerusalemer Jesaja eigentlich fehlt. Josua, der erste sichere Träger eines Jahwenamens, kommt aus dem Stamm Ephraim im »Haus Joseph«. Kaum zufällig verbindet eben die Josephserzählung (Gen 37–50) Väter- und Auszugstradition. Außerdem haben die Josephsöhne Ephraim und Manasse (nach Gen 41, 50–52; 46, 20; 48, 5ff) eine ägyptische Mutter und sind in Ägypten geboren; umgekehrt tragen im Gebiet Ephraims wohnende Personen ägyptische Namen (Jos 24, 33; 1 Sam 2, 34). Schließlich fällt – im Vergleich mit dem Jerusalemer Tempel – die strikte Bindung der nordisraelitischen Stiersymbole an die Exodustradition (1 Kön 12, 28; Ex 32, 4) auf. So hat man gern angenommen, Teile vom Stamm Ephraim aus dem »Haus Joseph« seien bei einer Hungersnot ins fruchtbare Niltal gezogen, mußten Frondienste leisten, kehrten aber glücklich heim. Daß die Exodustradition gerade im Kerngebiet Israels gepflegt, der Erzvater Jakob-Israel mit Ägypten verbunden wurde (Gen 46, 1 ff; vgl. Dtn 26, 5), könnte erklären, wieso sie für Israels Glauben so grundlegende Bedeutung gewinnt.

Wenn diese Erwägungen richtig sind, hat die Ägyptengruppe vielleicht den »Gott Isaaks« verehrt (vgl. Gen 46, 1), dessen Überlieferung ja ebenfalls dem »Haus Joseph« zu danken sein wird. Doch muß sich diese Vermutung auf Voraussetzungen stützen, die unsicher bleiben.

Erst recht sind dem Alten Testament keine wirklich tragfähigen Argumente für die Vermutung zu entnehmen, daß der Auszug einmal einem Vätergott und nicht Jahwe zugeschrieben wurde (Ex 15, 2 und die Namenerklärung 18, 4 sind späte Zeugnisse).

So bleibt letztlich ungeklärt, auf Grund welcher Verbindung die gemeinsamen Grundzüge im Gottesverständnis der Väter- und der Exodustradition zustande kamen. Oder darf man konkret an Mose denken (vgl. Ex 3, 6; auch u. § 6 a 4)?

Gewiß fehlen außerbiblische Zeugnisse, die unmittelbar den Aufenthalt der Vorfahren Israels im Land des Nils belegen; ägyptische Nachrichten bestätigen jedoch die allgemeinen Situationsangaben des Alten Testaments. Was bewog nomadische Gruppen, in den Bereich dieser Großmacht zu ziehen? Israels Vorfahren wurden kaum zwangsweise als Kriegsgefangene nach Ägypten deportiert und haben wohl auch nicht von sich aus versucht, im Ostdelta endgültig seßhaft zu werden. Wo das Alte Testament einen Grund für den Zug nach Ägypten nennt, ist es schlicht der Selbsterhaltungstrieb. Daß drohende *Hungersnot* den Übergang erzwang (Gen 12, 10; 26, 1; 41, 57; 42, 1 ff; 43, 1 ff; vgl. Rut 1,1.6), bestätigt ein mit dem Auszug Israels etwa gleichzeitiger Bericht eines ägyptischen Grenzbeamten: Die Wachen ließen die Nomaden, die auf ägyptisches Gebiet überwechseln wollten, passieren, »um sie und ihr Vieh durch den guten Willen des Pharao . . . am Leben zu erhalten« (TGI² 40; vgl. ANET 40).
Außerdem findet historische Rückfrage an *drei* Erinnerungen des Exodusbuches (1, 11; 14, 5a; 15, 21) mehr oder weniger festen Anhalt, obwohl auch diese Zeugnisse höchst unterschiedlich bewertet werden.
Zwar wird der Pharao in Ex 1–15 nirgends mit Namen erwähnt, doch ist *Ramses* als Ortsname belegt. Ex 1, 11 (J; vgl. 12, 37 u. a.) liefert mit der Nachricht von der Verpflichtung zur *Fronarbeit* beim Bau der »Vorratsstädte« Pitom und Ramses den einzigen konkreten Anhaltspunkt für die Datierung und Lokalisierung des Ägyptenaufenthalts von Israeliten. Ramses II. (oder schon sein Vater Sethos I.) verlegte die Residenz im 13. Jh. v. Chr. an den nordöstlichen Rand des Reiches und nannte die neu gegründete Hauptstadt »Haus des Ramses«. Pitom, eigentlich »Haus des (Gottes) Atum«, lag weiter südlich, aber auch im Raum des *Ostdeltas*, das im Alten Testament »Land Goschen« (Gen 45, 10; Ex 8, 18; 9, 26 u. a.) heißt. Da der Name Ramses-Stadt später in Vergessenheit geriet und durch Zoan bzw. Tanis (Num 13, 22 u. a.) ersetzt wurde, reicht die Überlieferung vom Aufbau von Pitom und Ramses recht präzis in das 13. Jh. v. Chr., höchstens noch in die unmittelbar folgende Epoche, zurück. Während ihres Aufenthalts im Deltabereich mußten Israels Vorfahren Frondienste leisten – wie später Landfremde bei der Bautätigkeit Salomos (1 Kön 9, 15. 19 u. a.). Allerdings versteht das Alte Testament die anscheinend üblichen Fronverpflichtungen nicht (politisch) als Dienstleistungen für den ägyptischen Staat, sondern (theologisch) als Anschlag der Ägypter, um Israel zu »bedrücken«, so die Mehrung des Volkes und damit die Verwirklichung der Verheißung zu verhindern (Ex 1, 10 f).

In einem Brief aus der Zeit Ramses' II. (etwa 1290–1224 v. Chr.), in dem man gerne den »Pharao der Unterdrückung« (Ex 1, 8 ff gegenüber 2, 23) sieht, ist die Rede von »'pr, welche für den großen Pylon von . . . Ramses . . . Steine ziehen« (TGI² 35). Mit dieser Bezeichnung, die ähnlich als »Chabiru« (*hab/piru*) in Mesopotamien und Syrien (Ugarit: *'pr*) belegt ist, hängt wahrscheinlich der Name »Hebräer« zusammen. Er taucht zu Anfang des Exodusbuches (1, 15 ff; 2, 6 ff u. a.; vgl. schon Gen 39, 14 ff) im Verhältnis zwischen Israeliten und Ägyptern und später etwa im Verhältnis zu den Philistern (1 Sam 4, 6 ff) als Fremd- oder Selbstbezeichnung der Israeliten auf. Ist jedoch eine soziale Schicht mit niederem Rechtsstatus – etwa Halbnomaden, wirtschaftlich Gescheiterte, landfremde Zuwanderer – oder eine ethnische Größe gemeint? Vermutlich fand im Laufe der langen Zeit, in der der Begriff im alten Orient, zumal in so weit voneinander entfernten Gegenden, gebraucht wird, ein Bedeutungswandel statt. Im Alten Testament, jedenfalls in seinen jüngeren Belegen, bezieht sich der Begriff am ehesten auf die Zugehörigkeit zu Israel (vgl. Dtn 15, 12 ff mit Ex 21, 2 ff). So wird man als historisch wahrscheinlich festhalten können: Wohl im 13. Jahrhundert lebte eine nachher in Israel aufgegangene Gruppe im Ostdelta und wurde dort zu Bauarbeiten zwangsverpflichtet; vielleicht trug sie bereits die Bezeichnung »Hebräer«. Die Ausgestaltung und Verschärfung dieser Überlieferung – durch Motive wie Verfolgung und Kindermord (Ex 1, 15 ff) – gehört eher späterer Sagenbildung an.

Zwischen die Verheißung der Führung aus Ägypten und den Auszug selbst schiebt sich der umfangreiche Kranz der Plagenerzählungen (Ex 7, 8–10, 29; vgl. Ps 78, 43 ff; 105, 26 ff); er wird bei Moses Berufung (Ex 3, 19 f; 6, 6) vorbereitet, findet aber erst in den Berichten vom Passa (u. § 9 b 1) oder gar vom Meerwunder (vgl. 14, 4. 17 f mit 7, 3–5 P) sein Ziel. Die vielen »Zeichen und Wunder« (7, 3; vgl. 11, 9 f) bekräftigen den von Mose in Jahwes Namen erhobenen Anspruch (5, 1–3) und bezeugen – für spätere Generationen (10, 2) weltweit (9, 16) – die Macht des einen Gottes über die Großmacht (vgl. Gen 12, 17).

Im Gegensatz zu diesem Hauptstrom der Überlieferung, nach dem der Pharao, durch die Plagen genötigt, Israel widerwillig »entlassen« mußte (Ex 5, 2; 13, 17; vgl. 12, 31 u. a.), berichtet Ex 14, 5a (E?), daß die Israeliten »*geflohen*« seien (vgl. von Mose: 2, 15). Gibt dieser historische Splitter eine echte Erinnerung wieder? Dann entzog sich die Nomadengruppe der Fron durch Flucht in die Wüste, wurde aber verfolgt.

a) Die Rettung am Meer

Das entscheidende Ereignis auf der Flucht wird die wunderbare Errettung vor den Verfolgern am Meer. Die alttestamentliche Überlieferung von diesem einmaligen Geschehen liegt in *vier* Hauptausprägungen vor: der Prosafassung von Ex 14, in der – wie die Wiederholungen anzeigen – zumindest zwei verschiedene literarische Quellen (J, P, ansatzweise auch E; dazu Ergänzungen) vereinigt sind, und den beiden Hymnen von Ex 15, die nach erfahrener Hilfe Lob und Dank bezeugen. Unter ihnen ist das umfangreiche Moselied (15, 1–18) wohl nur eine spätere Ausgestaltung des knappen Mirjamliedes (15, 21). Außerdem finden sich im Psalter wie in prophetischen Texten vielfältige Anspielungen auf Auszug und Meerwunder.

Nach der einen Darstellung (J) treibt ein starker Ostwind über Nacht das Meer beiseite. Bei Morgenanbruch stürzen sich die Ägypter in das zurückfließende Meer (14, 21 aβ. 27 aβb); von einem Durchzug Israels durch das Wasser ist keine Rede (vgl. V 13 f: »Stellt euch hin!«). Nach der anderen – jüngeren – Beschreibung (P) spaltet sich das Wasser, so daß Israel mitten im Meer auf trockenem Boden gehen kann; als die ägyptische Streitmacht nachsetzt, schlägt das Wasser über ihr zusammen (V 16. 21 b–23. 26. 28 f; nach 15, 8 ff entsteht der Wasserdamm durch Wind). Die Abweichungen sind also nicht nur in Einzelheiten, sondern im Geschehensablauf selbst erheblich. Bei der Verlebendigung der Erinnerung traten neue Züge hinzu. Vielleicht wirkte auf diese wunderhaft ausgestaltete Darstellung die Überlieferung von Israels Jordandurchzug ein (Jos 3, 13. 15 f; 4, 23; vgl. 2, 10; Jes 43, 16 f; 51, 10; Ps 136, 13 f u. a.). Dabei bleiben aber theologische Motive wesentlich: Wie in der Schöpfungsgeschichte (Gen 1) entsprechen sich in der jüngeren Darstellung Gottes Wort und das Ereignis.

Sind die späteren Berichte verschieden, so läßt die ältere Überlieferung den Ablauf im einzelnen nicht mehr erkennen. Immerhin entspricht der jahwistische Bericht in seinem Kern (14, 27 b: »Jahwe schüttelte die Ägypter ins Meer«; vgl. Ps 136, 15) dem sog. *Siegeslied der Mirjam* (Ex 15, 21). Es könnte dem Ereignis noch recht nahestehen; daß das untergegangene feindliche Heer aus Streitwagen besteht, scheint für die – nicht namentlich angegebenen – Dankenden etwas Ungewöhnliches zu sein (vgl. 14, 6 f). Noch später litt Israel unter der Übermacht der »eisernen Wagen« der Kanaanäer (Ri 1, 19 u. a.). Ist es Zufall, daß ein Zug Israels durchs Meer (noch) nicht erwähnt, ja Israel selbst – wie die Ägypter – nicht einmal genannt wird? Israel als Ganzes war auch nicht in Ägypten. Man hat sogar vermutet, daß der Hymnus die früheste Antwort auf das Erlebnis darstellt, also das Ereignis zum ersten Male in Worte faßt:

»Singet Jahwe, denn hoch erhoben hat er sich (bzw. erhaben ist er),
Pferd und (Streitwagen-) Fahrer warf er ins Meer!«

Hier wird das »Wie« des Hergangs verschwiegen, nur das »Daß« bekannt. Entsprechend erweist sich das »Daß« des Geschehens als wahrscheinlich, das »Wie« muß offenbleiben. Aber die Kürze verlangt geradezu nach Ausführung; die spätere Zeit will wissen, *wie* es geschehen ist. Da erfolgt die Ausgestaltung aber vom Zusammenhang der Geschichte Israels her, in dem das Ereignis später eingebettet ist.

Die farbige Szene, in der das Lied eingefügt ist (15, 20 f), scheint mit der Erwähnung der »Prophetin« Mirjam später zu sein, obwohl die Situationsschilderung dem Brauch früher Zeit entspricht (vgl. die von Frauen angestimmten Lieder Ri 5; 1 Sam 18,6 f; auch Ri 11, 34).

b) Der Gott des Exodus

1. »Rein natürlich«, etwa als Naturgeschehen oder als Sieg Israels, ist das Meerwunder nie betrachtet worden. Schon die frühesten noch greifbaren Überlieferungen, der Mirjam-Hymnus wie die jahwistische Darstellung, geben keinen historischen Bericht, sondern sind *Glaubenszeugnis*, indem sie das Ereignis als Tat Jahwes deuten: Er »warf« (15, 21; vgl. 15, 4) bzw. »schüttelte« (14, 27) die Feinde ins Meer. Vielleicht verstehen diese beiden Zeugnisse das Geschehen noch nicht eigentlich als Jahwe*krieg*, auch wenn die Überlieferung in diesem Sinne ausgestaltet wird. Als die Israeliten der nachrückenden Ägypter ansichtig werden und voller Furcht Mose schelten, hält er ihnen eine Rede:

»Fürchtet euch nicht; stellt euch hin und seht die Hilfe Jahwes an! . . . Jahwe wird für euch kämpfen, und ihr sollt still sein!« (Ex 14, 13 f; vgl. das Kriegsgesetz Dtn 20)

Der Zuspruch, der die Ängstlichen tröstet, nimmt das Kommende vorweg. Eine Eigentätigkeit oder Mithilfe Israels (vgl. Ri 5, 23) wird ausgeschlossen; es soll sich nicht von der Stelle rühren. Selbst die Verfolger müssen die Alleinwirksamkeit Jahwes anerkennen: »Jahwe kämpft für sie gegen Ägypten!« (V 25) Das Ziel ist Israels Gottesfurcht, der Tat folgt der Glaube (V 31 in einem wohl jüngeren Zusatz, der V 30 entfaltet; vgl. 4, 1. 5. 9. 31).

Indem das Schilfmeerwunder als »*Krieg Jahwes*« (u. § 7) bekannt wird, tritt gegenüber dem Gottesverständnis der Erzväterzeit etwas völlig Neues auf, was auf die Frühgeschichte Israels in Palästina vorausweist. Tritt dieser Zug von Anfang an hervor, oder beruht er auf jüngerer Ausgestaltung der Überlieferung? Noch die spätere Zeit hält im Moselied, welches das Mirjamlied abgewandelt aufnimmt und ausbaut (15, 13 ff: Führung in der Wüste, Einnahme des Landes, wohl auch Errichtung des Heiligtums auf dem Zion), ausdrücklich fest: »Jahwe ist ein Kriegsmann« (Ex 15, 3). Auch der Exilsprophet Deuterojesaja greift bei seiner Verkündigung eines neuen Exodus auf dieses Bekenntnis zurück (Jes 40, 10; 42, 13).
Der Gott, von dem die Auszugstradition erzählt, ist *Jahwe*. Ihm wird die Rettung verdankt, ja schon in seinem Namen wurde die Flucht unternommen. Ist das spätere Israel darum seinem Gott bei der Rettung aus Ägypten zum ersten Male begegnet, hat seine Zusage gehört, seine Führung erlebt und ihm geglaubt (vgl. Ex 14, 31)? Diese Frage ist nicht leicht zu beantworten (u. § 5d).

2. Oder deutet die Auszugsüberlieferung noch irgendwie an, welchem Gott das Meerwunder zuerst zugeschrieben wurde, wie auch die Erzväterüberlieferung eine Erinnerung an die vorher verehrten Vätergötter bewahrt? *O. Eißfeldt* hat auf Grund einer Ortsangabe einen solchen Rekonstruktionsversuch unternommen: Nach Ex 14, 2. 9 lagerte sich Israel, bevor es die Ägypter einholten, »angesichts von *Baal Zaphon*«. Die Stelle läßt sich mit einem Heiligtum des Zeus Kasios am Westende des Sirbonischen Sees (an der Mittelmeerküste östlich des Nildeltas) identifizieren.

Dieser Gott wurde im späteren Altertum als Retter in See- und Wüstennot verehrt. So ist leicht denkbar, daß auch die Israeliten seinem Vorgänger am gleichen Ort, dem Baal Zaphon, ihre Rettung gedankt haben. Damit ist also nicht nur eine geographische, sondern auch eine religionsgeschichtliche Lösung gewonnen. Auch die Heiligtumslegenden der Genesis, die Geschichten von Schöpfung und Sintflut, waren ja ursprünglich auf andere Götter bezogen. Nach dieser Vermutung wäre sogar Israels »Urbekenntnis«, die Rettung am Meer, eigentlich Tat des Gottes, gegen den das Alte Testament später bitter und scharf polemisiert. Hoseas Drohung (Kap. 2), das Volk werde aus dem Land Baals weg zu Jahwe in die Wüste zurückgeführt, brächte Israel gerade wieder in den Herrschaftsbereich Baals zurück.

Aber die geographischen Angaben von Ex 14, 2. 9 sind schwerlich zuverlässig (vgl. *Noth*). Sie beruhen eher auf einer späteren Lokalisierung an der viel begangenen Handelsstraße, die von Ägypten nach Palästina führte. Darum sind auch die religionsgeschichtlichen Folgerungen nicht schlüssig. Andere, wohl ältere, Quellenschriften enthalten weit weniger genaue Hinweise. Ex 13, 20 nennt nur allgemein den »Rand der Wüste«. Auch die später häufige Bestimmung »Schilfmeer« (13, 18; 15, 4. 22; Ps 136, 13. 15 u. a.) ist nicht eindeutig; sie bezeichnet gewöhnlich den Golf von Akaba (1 Kön 9, 26 u. a.) im Osten der Sinaihalbinsel, vielleicht aber auch Ägypten näher liegende Gewässer (Ex 10, 19; vgl. 13, 18). Am ehesten kämen der Golf von Suez, die Bitterseen oder nördlicher gelegene Gewässer, evtl. der Sirbonische See, als Ort des Meerwunders in Frage. Aber die alten Texte (14, 21. 27) wie der Mirjam-Hymnus (15, 21) sprechen nur ganz allgemein vom »Meer«. Hat man die Rettung von den Verfolgern zunächst ohne feste Ortsangabe erzählt?

Die verschiedenen Versuche, eine andere Gottheit als Jahwe zu finden, der die Betroffenen die Rettung am Meer dankten – sei es Baal Zaphon, ein Vatergott (vgl. Ex 15, 2; 18, 4) oder auch der »Gott der Hebräer« (5, 3 u. a.) –, haben bisher keine überzeugenden Ergebnisse erbracht.

3. Läßt das früheste Zeugnis vom Meerwunder auch keine näheren Einzelheiten des Vorgangs erkennen, so zeigt es doch bereits eine Eigenart von Israels Glauben und Denken. Der kurze Hymnus nimmt dieses eine Ereignis als *Tat Gottes* hin; er fordert zum Singen auf und begründet das Lob mit dem »rettenden« (3, 8; 18, 4. 8 f) Eingriff Jahwes. So erkennt das Alte Testament Gott an seinem Tun, vor allem an seinem Tun an Menschen. Es gewinnt sein Verständnis von *Geschichte*, weil es Gott vom Geschehen her versteht; wenn es von Gott spricht, erzählt es Geschichte. Die allgemeine Aussage »Hoch erhaben ist er« wird entfaltet: »Pferd und Fahrer warf er ins Meer.« Nach der gleichen Struktur ist das jüngere Lied aufgebaut, wenn es das allgemeine Bekenntnis: »Jahwe ist ein Kriegsmann« (Ex 15, 3) in einem umfangreichen geschichtlichen Rückblick entfaltet. So ist es nicht bei der Erinnerung an die eine Situation geblieben. Man konnte ihr die weitere Geschichte als Fortsetzung anfügen, weil das Ereignis für spätere Hörer nicht abgeschlossen war. Dabei wird das Bekenntnis zu Gottes Sein weiterhin verstanden als Bericht von Gottes Tat.

4. Die Herausführung aus Ägypten wurde für Israel Jahwes *Erwählungstat schlechthin*, Anfang und – durch seine ganze Geschichte hindurch –

bleibende Begründung seines Gottesverhältnisses. Hier hatte man erfahren, was »Jahwe« heißt, wie er hilft, selbst Unwürdigen (Ps 106, 7 f). So erlangte das Ereignis weit über die von ihm betroffene Einzelgruppe hinaus eine Allgemeinbedeutung, die die Erzväterverheißung übertrifft:

> »Als Israel aus Ägypten zog,
> das Haus Jakobs aus fremdsprachigem Volk,
> da wurde Juda sein Heiligtum,
> Israel sein Herrschaftsbereich.« (Ps 114, 1 f; vgl. 80, 9 u. a.)

»Ich bin dein Gott vom Lande Ägypten her« läßt schon Hosea (12, 10) Jahwe sagen, um damit die Ausschließlichkeit der Zuwendung Gottes zu motivieren (13, 4; vgl. 3, 1; 11, 1 f). Dem Propheten erscheint der Wüstenaufenthalt – nach dem Auszug und vor der Einwanderung – als Zeit ungetrübter Gottesgemeinschaft; Jeremia (Kap. 2) und verschärft Ezechiel (20; vgl. 23) nehmen den Gedanken abgewandelt auf. Jahr für Jahr soll das Passafest an den Exodus erinnern (u. § 9 b 1). Er wird mit neuen, wechselnden Begriffen gedeutet: Gott »kauft los, befreit« (im Dtn: 7, 8; 9, 26 u. a.), »erlöst« (Ex 6, 6 P; 15, 13 u. a.; s. Exkurs 1).

Gewiß gibt es Schichten im Alten Testament, die diese Glaubensüberlieferung kaum oder gar nicht kennen – so die Weisheitsliteratur oder die Jerusalemer Tradition mit den Zions- und Königspsalmen einerseits und der Prophetie Jesajas andererseits. Dennoch ist der Satz von der Herausführung aus Ägypten, »gemessen an der Häufigkeit seines Vorkommens, die wichtigste theologische Aussage des AT« (*E. Zenger*, ZDMG Suppl 1, 1969, 334; vgl. *W. Groß*).

Sucht man nach dem für das ganze Alte Testament theologisch wichtigsten Ereignis, so wäre am ehesten der Exodus zu nennen. Die Späteren lieben es, sich die wunderbare Rettung am Meer auszumalen (Ps 78, 13; 136, 13 ff; Jes 63, 12 f; Neh 9, 11), mit dem Jordandurchzug zu parallelisieren (Jos 4, 23) oder auch mit mythischen Motiven des Meeres- bzw. Chaosdrachenkampfes auszugestalten (Jes 51, 9 f; u. § 11 e). So begegnet die Exodustradition vielfältig im Alten Testament verstreut, ja schon formelhaft erstarrt. »Jahwe, der Israel aus Ägypten herausgeführt hat« wird zu einer festen Bekenntnisaussage, etwa in der Einführung des Dekalogs, der vor aller Forderung auf Gottes Hilfe verweist (Ex 20, 2; Dtn 5, 6; Ps 81, 11). Wie hier die Gebote auf die Gottestat bezogen sind, so zieht man aus der Befreiung von der Knechtschaft auch soziale Folgerungen (Dtn 15, 12 ff; 24, 17 f; Lev 19, 33 f; 25, 42). Legitimiert das Nordreich nach der Trennung von der Daviddynastie den Stierkult mit der Exodustradition (1 Kön 12, 28; Ex 32, 4. 8; vgl. Num 23, 22; 24, 8)? Im Deuteronomium und der sich anschließenden Schule wächst ihre Bedeutung noch: Die Vergangenheit wird aus der Rückschau zu einem »einheitlichen Geschichtsbild« *(H. Lubsczyk)* zusammengefaßt und so in bestimmten Credoformulierungen (Dtn 6, 20 ff; 26, 5 ff; Jos 24, 2 ff u. a.; o. § 2) vergegenwärtigt. Dieser Verweis auf die Heilsgeschichte wird so wichtig, daß man ihn bei der Redaktion der Prophetenbücher nachträglich dort in die prophetischen Worte einfügt, wo man ihn vermißt (Am 2, 10; 3, 1; 5, 25; Mi 6, 4 u. a.).

Die *Propheten* selbst können aus der Erwählungstat die Verantwortung des Volkes folgern (Am 3, 2) oder die Auszugsüberlieferung so relativieren, daß sie Israel die Möglichkeit nehmen, einen eigenen Vorzug auf sie zu gründen:

»Seid ihr mir nicht wie die Mohren, ihr Israeliten?
Habe ich nicht Israel aus Ägyptenland geführt,
die Philister aus Kreta und die Aramäer aus Kir?« (Am 9, 7)

Hosea erwartet das bevorstehende Gericht als Rückkehr nach Ägypten (8, 13; 9, 3. 6; 11, 5) und den Neubeginn als Heimkehr aus der Fremde (11, 11; vgl. 2, 16 f). Ein Zukunftswort im Jeremiabuch hebt das alte Glaubensbekenntnis ganz auf und läßt ein neues an seine Stelle treten:

»Siehe, Tage werden kommen, spricht Jahwe, da wird man nicht mehr sagen: So wahr Jahwe lebt, der die Söhne Israels aus Ägypten herausgeführt hat, sondern: So wahr Jahwe lebt, der den Samen des Hauses Israel aus dem Nordland und aus allen Ländern, wohin ich sie verstoßen habe, heraufgeführt und heimgebracht hat, daß sie auf ihrem Boden wohnen!« (Jer 23, 7 f; 16, 14 f)

Deuterojesajas Botschaft kann sogar dazu auffordern, die frühere Geschichte Israels zu vergessen, um die kommende Zeit zu verstehen (Jes 43, 18 f). Die Überlieferung gibt ihm aber die Sprache, die verheißene Befreiung von der Fremdherrschaft als Überbietung des ersten Auszugs zu verkünden. Der zweite, künftige Auszug soll nicht mehr in Hast erfolgen (Jes 52, 12 gegen Ex 12, 11 P); die Wüste soll sich in Fruchtland, die Berge in Ebene verwandeln, und Jahwe selbst wird den Zug geleiten (Jes 40, 3 f. 10; 41, 18 f; 43, 19 f; 49, 10 u. a.). Damit ist auch der Exodus wieder Erwartung geworden, und als Zukunft erscheint er noch in späteren Prophetenworten (Mi 2, 12; Sach 10, 11 u. a.).

Exkurs 1:
»Erlösung«

Die ältere Zeit beschreibt die Befreiung aus Ägypten als »herauf- bzw. herausführen« oder »retten« (Ex 3, 8. 10; Am 9, 7 u. a.), die jüngere deutet sie als »loskaufen« (*padah*: Dtn 7, 8; 13, 6; Mi 6, 4; Ps 78, 42) und »lösen, erlösen« (*ga'al*: Ex 6, 6 P; Ps 74, 2; 77, 16 u. a.). Die Bindung an die Knechtschaft erscheint dem Volk rückblickend so stark, »daß es sich selbst nicht hätte lösen können« (*A. Jepsen*, 184).

1. Die »Lösung« ist ein für das Alte Testament höchst bezeichnender, auch gesetzlich (Lev 25, 24 ff) geregelter Rechtsbrauch. Ein Israelit hat das Recht wie die Pflicht, einem in Not geratenen Familienmitglied auf be-

stimmte Weise beizustehen: Muß jemand wegen schlechter Wirtschaftslage seinen Haus- und Grundbesitz veräußern, so hat sein nächster Verwandter – das ist dann der »Löser« – das Vorkaufsrecht (Jer 32, 7) und damit die Aufgabe, das Land in der Hand der Familie zu erhalten; denn geerbtes Grundeigentum darf als Lebensgrundlage nicht verlorengehen (vgl. 1 Kön 22). Ist jedoch ein freier Israelit in einem solchen Maße verarmt, daß er sich (einem Fremden) als Sklave verkaufen muß, so ist sein Verwandter verpflichtet, ihn zurückzukaufen. Die »Lösung«, d. h. der Rückkauf, setzt also familiäre Bindungen voraus. Das Büchlein Rut (2, 20 ff) und Jeremias Ackerkauf in Anatot (Jer 32, 6 ff) belegen, daß der Brauch tatsächlich geübt wurde.

Jeweils »soll der Besitzstand einer Sippe an Land und Personen unversehrt erhalten bleiben« (*J. J. Stamm*, 28). Ist ein Familienmitglied ermordet worden, erhält der Verwandte die Aufgabe des Blut»lösers« bzw. -rächers; wer durch Zufall zum Totschläger wurde, kann in Asylstädten Zuflucht finden (Num 35, 10 ff; vgl. Ex 21, 13; Dtn 19, 4 ff; 2 Sam 3, 27).

Ist das Familienmitglied kinderlos gestorben, ist sein Bruder verpflichtet, die Witwe zu heiraten; der erste Sohn gilt als Erbe des Verstorbenen (Schwager- oder Leviratsehe: Dtn 25, 5 ff; Gen 38, 8; Rut 4, 5. 10).

Dagegen setzt *padah* nicht notwendig verwandtschaftliche Bindungen voraus und scheint weniger streng geprägt zu sein: aus Sklaverei »befreien, loskaufen« (Ex 21, 7–11; Lev 19, 20; Hi 6, 23), die Gott gehörende Erstgeburt durch einen Ersatz »auslösen« (Ex 34, 19 f; 13, 11 ff; Lev 27, 26 ff; vgl. 1 Sam 14, 45 u. a.).

2. Wie sich ein Verwandter des Hilfsbedürftigen annimmt, so »erlöst« Gott den Menschen aus der Not, sei es Feindschaft oder Krankheit (Gen 48, 16; 2 Sam 4, 9; 1 Kön 1, 29; Jer 15, 21 u. a.). Der einzelne kann um Befreiung aus der Bedrängnis bitten (Ps 26, 11; 69, 19; 119, 154) wie für geschehene Rettung danken: »Du hast mich erlöst, du treuer Gott« (31, 6; 107, 1 f; Klgl 3, 58). Wer auf Grund seiner sozialen Lage keinen Rechtshelfer hat, findet ihn in Gott selbst; er übernimmt die Aufgabe des nächsten Verwandten:

»Verrücke nicht die Grenze der ‚Witwe‘,
und dringe nicht in die Felder der Waisen ein!
Denn ihr Rechtshelfer ist stark,
und er wird ihren Streitfall gegen dich führen!«
(Spr 23, 10 f; vgl. 22, 23; Jer 50, 34)

Weil Gott die sozial Schwachen schützt und Israel befreit hat, hat der Glaube ethische Konsequenzen (Dtn 24, 17 f; 15, 12 ff).

Gottes Erlösung bezieht sich auf den einzelnen wie das Volksganze. Der Prophet Deuterojesaja redet im Exil die Verbannten als Einzelperson an und kündet ihr die bevorstehende, ja schon gegenwärtige Rettung an: »Fürchte dich nicht; denn ich habe dich erlöst!« (Jes 43, 1). Die aus der Babylonischen Gefangenschaft Ausziehenden sollen das Bekenntnis sprechen: »Erlöst hat Jahwe seinen Knecht Jakob« (48, 20; vgl. 52, 9); ja,

»Erlöser« wird zum festen Beinamen Gottes (44, 6. 24; vgl. 63, 16; auch 1, 27 u. a.)

Ein Anhang zu Ps 130 fügt dieses Klagelied des einzelnen in den Gemeindegottesdienst ein:

»Es harre Israel auf Jahwe;
denn bei Jahwe ist die Gnade,
und viel Erlösung ist bei ihm.
Darum wird er Israel erlösen
von allen seinen Sünden«
(Ps 130, 7 f; vgl. 25, 22; 34, 23).

Bedeutet Erlösung hier – nur ein einziges Mal im Alten Testament – Vergebung von Sünden, so meint sie schließlich Rettung vor dem Tod (Ps 103, 4) oder gar im Tod (49, 16; 73, 24; vgl. Hi 19, 24; u. Exkurs 8, 8). Damit bricht der Glaube an Gottes »Erlösung« aus dem Bereich der Geschichte und menschlicher Erfahrung aus.

§ 5   Die Offenbarung am Sinai

In der Exodustradition erscheint Jahwe als Gott, der aus der Fron in die Freiheit führt und vor den Verfolgern bewahrt. Ähnlich wie der Vätergott ist er zugleich Gott der Verheißung, der die Rettung vorher zusagt und zur Freiheit führt. Demgegenüber eröffnet die Sinaitradition einen gänzlich anderen Bereich des Jahweglaubens; mehrere völlig neue Grundzüge treten in den Gottesaussagen hervor. Bisher begegnete Gott im wesentlichen als der mitgehende, auf den Wanderungen leitende. Dagegen ist hier die Bindung an einen Ort, der die Erzväterüberlieferung erst sekundär unterworfen wurde, von Anfang an gegeben. Die Sinaiperikope bezeugt Jahwe als Gott, der an einem *Berg* wohnt bzw. erscheint. War Jahwe ursprünglich eine Ortsgottheit? Mußte man zu einem heiligen Berg pilgern, um ihn zu verehren?

Wurde die Befreiung aus Ägypten für Israel zur grundlegenden Gottestat, so das Geschehen am Sinai zur entscheidenden Offenbarung des *Willens* Gottes. Sein verheißendes Wort (Ex 3 f; 6) wie seine rettende (Ex 14 f) und in Notlagen helfende (Ex 15–17) Tat gehen der Gesetzgebung (Ex 20 ff) voraus; die Rechts- und Lebensordnungen brauchen die Gemeinschaft nicht zu schaffen, sondern sind erst deren unumgängliche Folge.

Den Übergang von der Auszugstradition (Ex 1–15) zur sog. Sinaiperikope (Ex 19 – Num 10, 10) bilden die – verschiedenartigen, durch den Wanderungsweg und die Person Moses nur lose verbundenen – Einzelerzählungen von der *Führung durch die*

Wüste (Ex 15 [V 22] – 17; 18), die später (Num 11 ff) fortgesetzt werden. Sie schildern die Rettung aus elementaren Lebensnöten, wie Durst (Ex 15, 23 ff; 17, 1 ff), Hunger (Manna: Ex 16) oder Bedrängnis durch Feinde (Amalekiter: Ex 17, 8 ff; vgl. 1 Sam 15; 30, 1 f), und bezeugen damit einerseits Gottes Fürsorge, der wie dem einzelnen (Gen 16; 23 u. a.) so auch dem Volk das Lebensnotwendige gibt (vgl. Jer 2, 6; Ps 78; 105 f). Andererseits berichten die Wüstenerzählungen – schärfer als die Genesis, welche die Schattenseiten der Erzväter nicht verschweigt – von dem »Murren«, Klagen und Anklagen, des Volkes (Ex 15, 23; 16, 2. 7; 17, 2. 7; vgl. 14, 11 f; Num 11 ff).

1. Die Erscheinung dieses Gottes, die *Theophanie*, vollzieht sich im Naturgeschehen; sie führt zu einem *Bundesschluß*, bei dem das *Gottesrecht* verkündet wird. Während die Gottesworte an die Erzväter Verheißung bedeuten, sind die Gottesworte am Sinai fast ausschließlich Gebot.

Wenn das Alte Testament einen gesetzlichen Charakter hat, so beruht dieser Eindruck hauptsächlich auf der Sinaiperikope. Mit der Zeit haben sich nämlich die verschiedenartigsten Rechtssatzungen an dieser Stelle so gehäuft, daß sie die Erzählungen von Gotteserscheinung und Bundesschluß fast erdrücken. In die älteren Textbereiche des Jahwisten, Elohisten und mannigfacher Ergänzungen (Ex 19–24; 32–34) wurden mit Dekalog (Ex 20; vgl. den sog. kultischen Dekalog Ex 34) und Bundesbuch (Ex 20, 22 – 23, 19. 20–33) die rechtlichen Weisungen für das tägliche Leben in der Gemeinschaft eingeordnet; und in der späteren Priesterschrift brachte man die umfangreichen Kultverordnungen als autoritatives Mosewort (Ex 25–31; Lev 1 – Num 10) unter. So sind die meisten Gesetzessammlungen einschließlich des Dekalogs wohl erst nachträglich in die Erzählung von der Sinaioffenbarung eingedrungen.

Geht man über die literarische Scheidung hinaus, so erhebt sich die Frage: Ist die landläufige Auffassung, nach der die Sinaioffenbarung der Ursprung der alttestamentlichen Gebotsmitteilung ist, wirklich im Recht? Die Verkündigung des Gottesgebots auf dem Sinai ist offenbar überlieferungsgeschichtlich gar nicht so fest verankert.

J. Wellhausen konnte pointiert schreiben: »Die wahre und alte Bedeutung des Sinai ist ganz unabhängig von der Gesetzgebung. Er war der Sitz der Gottheit, der heilige Berg, ohne Zweifel nicht bloß für die Israeliten, sondern allgemein für alle hebräischen und kainitischen Stämme der Umgegend.« Erst ein späterer »Schritt« führte dazu, den Sinai zum Schauplatz der feierlichen Eröffnung des geschichtlichen Verhältnisses zwischen Jahve und Israel zu machen« (Prolegomena zur Geschichte Israels, [6]1927, 342 f). Dagegen ist nach *G. v. Rad* »das Grundfaktum, auf das sich alle Einzelüberlieferungen irgendwie rückbeziehen: Hier am Sinai hat Jahwe seinem Volk verbindliche Ordnungen geoffenbart, auf Grund derer ihm ein Leben vor seinem Gott ermöglicht wurde« (TheolAT I, [4]1962, 201).

Die älteste Traditionsschicht kennt vielleicht die jetzt beherrschende Doppelheit von Bund und Willenskundgebung noch nicht. Unsere Auffassung von der Sinaioffenbarung ist wohl zu stark von dem Bild bestimmt, das die spätere Zeit entworfen hat.

2. Mit der Offenbarung Jahwes am Sinai wird nach der vorausgehenden Gotteserscheinung vor Mose (Ex 3; 6) das Verhältnis zwischen Gott und Volk begründet. So nimmt die Darstellung der Sinaioffenbarung im Pentateuch breitesten Raum ein, aber außerhalb dieses Geschichtswerkes wird sie überraschend selten erwähnt; sie tritt weit hinter dem Bekenntnis zur Befreiung aus Ägypten zurück. Selbst die Namen »Sinai« oder »Horeb« begegnen sonst kaum im Alten Testament (vgl. § 5 d). Beispielsweise erwähnt Hosea, der häufig auf die Exodustradition zurückgreift, den Sinai nicht, selbst wenn er auf den Dekalog anspielt (Hos 4, 2 u. a.). Sogar bei dem Exilspropheten Deuterojesaja sind Exodus- und Sinaitradition noch nicht oder wieder nicht mehr miteinander verkoppelt; er verheißt den neuen Auszug als reine Heilszukunft ohne Belehrung und Gebotsverkündigung (die »Tora« erscheint in Jes 42, 21. 24 als die vergangene Gottesgabe, die unbeachtet blieb; anders 42, 4; 51, 4. 7). Bis weit in die prophetische Zeit hinein klingt also noch die Sonderung dieser beiden großen Überlieferungsblöcke nach.

In seiner vorliegenden Form liegt der Sinaibericht als ein Ineinander verschiedenster Überlieferungen vor, die nur zum Teil den einzelnen Quellenschriften oder bestimmten Redaktionsschichten zugeordnet werden können. War bei der Erzväterüberlieferung von Einzelbelegen auszugehen, so empfiehlt es sich hier, kurz die wichtigsten älteren Texte zu betrachten.

a) Die Theophanie nach Ex 19

1. Das Kapitel Ex 19 erreicht – nach einer in späterer Zeit vorangestellten, theologisch gefüllten Erklärung Israels zu Gottes »Eigentum«, »Königtum von Priestern« und »heiligem Volk« (V 3–8) – seinen Höhepunkt in der knappen Darstellung von Ex 19, 16–20:

16. »Als es aber am dritten Tag Morgen wurde, da geschah ein Donnern und Blitzen, eine schwere Wolke lag auf dem Berg, und ein sehr starker Hörnerschall ertönte, so daß das ganze Volk, das im Lager war, erschrak. 17. Da führte Mose das Volk Gott entgegen aus dem Lager heraus, und sie stellten sich am Fuß des Berges auf.
    18. Der Berg Sinai war ganz in Rauch gehüllt – weil Jahwe auf ihn herabgestiegen war im Feuer –, und sein Rauch stieg auf wie der Rauch eines Schmelzofens, und der ganze Berg (LXX: das ganze Volk) bebte stark. 19. Der Hörnerschall wurde immer stärker. Mose redete, und Gott antwortete ihm im Schall (d. h. im Donner oder mit hörbarer Stimme?).
    20. Jahwe stieg auf den Berg Sinai herab, auf den Gipfel des Berges, und Jahwe rief Mose auf den Gipfel des Berges, und Mose stieg hinauf.«

In diesen wenigen Sätzen fällt die Doppelheit der Aussagen auf. Schon durch die verschiedenen Gottesbezeichnungen »Elohim« (»Gott«: V 17. 19) und »Jahwe« (V 18. 20), aber auch durch die übrige Ausdrucksweise (»Hörnerschall«, »Berg Sinai«), gliedert sich der Abschnitt grob in den elohistischen (V 16–17. 19) und den jahwistischen (V 18. 20) Anteil.

Gewisse Unsicherheit besteht nur über die Zugehörigkeit des schon textlich nicht ganz eindeutigen V 18 (b) zu einer der beiden älteren Quellenschriften J, E (oder einer jüngeren Redaktion).

Beide lassen Jahwes Kommen von Naturvorgängen begleitet sein, machen jedoch völlig verschiedene Angaben über die Art des Geschehens. Der Jahwist nennt die Naturelemente: Rauchen des Berges wie bei einem Schmelzofen, Feuer und vielleicht Erdbeben (V 18; vgl. 1 Kön 19, 11 f; auch Gen 15, 17), stellt sich also wohl *vulkanische* Erscheinungen vor. Dazu paßt die »Wolken- und Feuersäule«, die mit dem Volk zum Zeichen der Gegenwart Gottes mitzieht (Ex 13, 21 f; 14, 19 b. 24 J). Nur Jahwes »Herabfahren« (vgl. Gen 11, 5. 7; 18, 21 J u. a.) sprengt das sonst einheitliche Bild und wird als theologische Korrektur verständlich: Jahwe wohnt nicht ständig auf dem Berg und bewirkt die Naturerscheinung. Ähnlich lassen die späteren Darstellungen des Deuteronomiums (4, 11 ff; 5, 23 f; 9, 15: »Der Berg brannte im Feuer bis in den Himmel hinein bei Finsternis, Gewölk und Dunkel«) und der noch jüngeren Priesterschrift (Ex 24, 17: »Das Aussehen der Herrlichkeit Jahwes glich einem verzehrenden Feuer auf der Bergspitze«) an vulkanische Phänomene denken, wenn auch von Aschenregen oder Lavastrom nirgends die Rede ist.

Dagegen spielt der Elohist mit den Naturphänomenen Donner, Blitz und schwerer Wolke (Ex 19, 16. 19; vgl. 19, 9; 34, 5) auf ein *Gewitter* an. Aber wiederum wird kein reines Naturschauspiel dargeboten: Das Volk – von Mose geführt (V 17; vgl. 3, 10 ff E) – erzittert vor dem Schall eines Widderhorns (V 16. 19), wie es vor dem Gottesdienst geblasen wurde, um zur Versammlung zu rufen. Hier scheint also eine spätere Kultübung auf die Gestaltung eingewirkt zu haben. Überhaupt hat man häufig vermutet, daß kultische Gegebenheiten den Sinaibericht geformt haben; aber Genaues läßt sich kaum ermitteln.

Sind in dem Abschnitt V 16–20 beide Vorstellungen ineinandergeschoben, so können sie auch völlig miteinander verwoben werden. Ex 20, 18: »Das ganze Volk sah die Donner und die Fackeln und den Hörnerschall und den rauchenden Berg« verbindet mit Donnern und Rauch Gewitter und Vulkan; dieser Ausgleich ist ein Vermittlungsversuch, auch literarisch an ungeeigneter Stelle zwischen Dekalog und Bundesbuch eingefügt (20, 18–21 ist, wenn nicht insgesamt jünger, zumindest redaktionell überarbeitet). Außerdem fallen sachliche wie sprachliche Berührungen mit den sekundären Partien Ex 24, 1 b–2 auf: Nur Mose darf »sich nahen«, »das Volk« steht »von ferne«. So tritt hier wie dort an Stelle der Unmittelbarkeit der Offenbarung die Vermittlung durch Mose.

2. Die Vorstellungen, die man sich später von dem Sinaiereignis machte, unterscheiden sich also stark. Es ist die Frage, ob überhaupt noch echte Erinnerungen bewahrt blieben. Sind die Naturerscheinungen nur Darstellungsmittel für Gottes Offenbarung? Müssen wir uns mit der Erkenntnis begnügen: Das ursprüngliche Geschehen bleibt im Dunkeln, oder besteht die Möglichkeit der Wahl zwischen dem Gewitter- und dem vulkanischen

Phänomen? Die zweite Version ist weit stärker bezeugt (nämlich von
drei Quellenschriften: J, D, P), von dem späteren Wohnsitz in Palästina
aus viel ungewöhnlicher und schließlich notwendig an einen Berg gebunden, während Gewitter überall auftreten. So könnte man vorsichtig
vermuten: Die vulkanischen Züge sind Überlieferungen aus älterer Zeit,
während die Gewittererscheinungen erst im Kulturland hinzugekommen
sind. Von Gottesoffenbarungen im Gewitter wußte die kanaanäische
Religion viel zu erzählen; sollten darum gar in der einen Darstellung des Sinaigeschehens Einflüsse des Wettergottes (Baal-Hadad) vorliegen?

Falls die vulkanischen Erscheinungen nicht ebenfalls nur eine altorientalisch übliche
und übertragbare Darstellungsform sind, vielmehr als ursprüngliche Auswirkungen
der Theophanie gelten können, scheidet der sog. »Moseberg« auf der Südspitze der
Sinaihalbinsel als Ort der Gottesoffenbarung aus; denn er ist kein Vulkan. Die
Gleichsetzung des Sinai mit diesem Bergmassiv ist auch erst nachchristlich belegt.
Allerdings war die Gegend um die Zeitwende Wallfahrtszentrum; nabatäische Pilger-
inschriften bezeugen die Heiligkeit des Ortes. Wurde der gleiche »heilige Berg« (vgl.
die rituellen Vorschriften Ex 19, 10–15. 21–25) schon die Jahrhunderte vorher besucht?

Vulkane finden sich in historischer Zeit erst weitab im Nordwesten Arabiens, jenseits
des Golfes von Akaba. So hat man das Sinaigeschehen oft in diesem ehemals vielleicht midianitischen Bereich lokalisiert. Tatsächlich weisen noch mancherlei
andere Spuren auf frühe Beziehungen zu den Midianitern (u. § 6 a 3).

Gegen die Ansetzung des Sinai im Vulkangebiet südlich von Tebuk, etwa 200 km
südöstlich von Akaba, »läßt sich nicht geltend machen die Tatsache der weiten Ent-
fernung dieses Gebiets sowohl von Ägypten wie auch vom palästinischen Kulturland; denn bei Wallfahrten . . . spielen Entfernungen keine erhebliche Rolle«, wie die
nabatäischen Wallfahrten zur Sinaihalbinsel und die islamischen Pilgerreisen nach
Mekka in jüngerer Zeit bezeugen (*M. Noth*, Aufsätze I, 1971, 73[61]). Wieweit erleichtert aber die (spätere) Domestizierung des Kamels die Zurücklegung so weiter
Strecken?

Nach allem war der Vorgang mit größerer Wahrscheinlichkeit vulkanischer
Art. Allerdings ist diese Schlußfolgerung nicht unbedingt zwingend, da
man kaum eine zweifelsfreie Entscheidung zwischen den beiden verschiedenen alten Darstellungen treffen kann. Wie das Meerwunder, so läßt sich
auch die Sinaioffenbarung nicht mehr eindeutig lokalisieren. Die Lage des
Berges bleibt letztlich nicht mehr genau feststellbar. Auch hier ist die
nähere Beschreibung des »Wie« unmöglich, nur das »Daß« ist sicher. Die
Geschichte hat die Überlieferung in Gang gebracht, die spätere Zeit hat sie
vielfältig ausgestaltet und umgewandelt.

3.   Schon die verschiedenen Namen »Sinai« (J, P) sowie – wohl jünger –
»Gottesberg« (E) und »Horeb« (D, Einschub in E) deuten noch etwas von
dem verschlungenen Weg an, den diese Tradition später nahm. In Palästina
ist die Verbindung zu dem Offenbarungsberg anscheinend fast abgerissen
und hat wohl nur noch in der Erinnerung bestanden. Allein in 1 Kön 19 er-

zählt das Alte Testament von einer Wallfahrt zum Gottesberg Horeb. *Elija* kehrt – als Nachfolger Moses? – in einer Zeit des Abfalls von Jahwe »zum Ursprung und zu den Quellen zurück, um Neues zu schöpfen« (*G. Fohrer, Elia,* ²1968, 95). Gottes Erscheinung am Berg ist wieder von vulkanischen Phänomenen begleitet: Sturm, Erdbeben, Feuer ... Aber jetzt wird ausdrücklich die alte Überlieferung korrigiert: »doch Jahwe war nicht in ihnen« (V 11 f). Danach »die Stimme eines leisen Schweigens« – Gottes Jenseitigkeit wird in der diesseitigen Sphäre bildhaft-anschaulich angedeutet. Selbst die Windstille stellt als solche noch nicht Gottes Gegenwart dar; vielmehr wird in der Ruhe Gottes Stimme laut (vgl. Hi 4, 12 f; auch Ex 33, 18 ff). So wirkt die Gotteserscheinung am Sinai zumindest bis in die Königszeit nach. Auch sonst kann das Alte Testament ähnliche Vorstellungen von einem Kommen Gottes, das sich in der Natur zeigt, aufgreifen (u. § 11 d).

b) Der Bundesschluß nach Ex 24

Die Offenbarung am Sinai zielt auf die Begründung oder Bestätigung einer Gemeinschaft zwischen Gott und Volk. So folgt auf die Theophanie (Ex 19) – da Dekalog und Bundesbuch (Ex 20–23) wohl später eingefügt wurden – der Bundesschluß (Ex 24 und 34). Die erste Erzählung zerfällt, weil der V 1 ergehende Auftrag erst V 9 ausgeführt wird, deutlich in zwei Berichte: Eine auf dem Berg spielende Handlung (Ex 24, 1–2. 9–11) umschließt das Geschehen am Fuß des Berges (V 3–8). Zwar ist die Quellenzugehörigkeit beider Erzählungen umstritten, doch ist zunächst wichtiger, die Schichten in ihrer Andersartigkeit zu erkennen, als sie dem weiteren Kontext zuzuordnen.

1. Die urtümlichere Darstellung gestaltet eine Hauptszene: Siebzig namenlose »Älteste«, d. h. nach der Stammes- und Sippenverfassung die Vertreter Israels (vgl. Ex 3, 16; 12, 21; 18, 12), haben eine Gottesbegegnung.

Die namentlich genannten Einzelpersonen, Mose und Aaron, Nadab und Abihu, kamen wohl erst später zu der nicht näher differenzierten Gruppe hinzu. In den Einleitungsversen (24, 1–2, z. T. auch V 9), die zumindest überlieferungsgeschichtlich, wenn nicht literarisch, jünger sind, wird nämlich ein theologisches Interesse erkennbar. Die Ergänzung von V 1b–2, die an Ex 20, 18–21 erinnert, schränkt die Bedeutung der Begleitpersonen stark ein: Mose allein soll sich Gott nahen, die anderen dürfen sich bloß »von ferne niederwerfen«. Nur einem steht zu, was zunächst allen galt, und mit der Aufforderung, »sich (mit dem Gesicht zum Erdboden) niederzuwerfen«, kommt ein fremder Ton in die Szene: Die Distanz zu Gott wird der Gemeinschaft (V 11) übergeordnet. So widerspricht die Einführung geradezu der älteren Überlieferung, nach der ein größerer Kreis Gott sehen darf. In späterer Zeit hat man bis hin zu den Legenden des Judentums Mose eine zunehmende Sonderstellung vorbehalten (vgl. auch Ex 19, 3. 21; 20, 19. 21; 34, 3 f. 27). Er lebt in einzigartiger Nähe zu Gott; nur zu Mose redete Gott »von Angesicht zu Angesicht« (Ex 33, 11; Num 12, 6–8; Dtn 34, 10).

Dieselbe Tendenz prägt, wenn auch in weniger strenger Form, V 1 a und 9: Mose erhält den Befehl zum Aufstieg und gewinnt damit einen Vorrang, den er in der Haupthandlung (V 10 f) nicht hat. Außerdem gehören die Priester (Aaron, Nadab und Abihu) ursprünglich kaum zur Gruppe der »Vornehmen« (V 11; ähnlich wohl Ex 18, 12). Der Teilnehmerkreis war also zunächst wohl anonym.

Der Kern der Erzählung (V 10 f), der elohistisch sein könnte (vgl. Elohim »Gott« und »Gott Israels« Gen 33, 20 E), ist (wiederum ähnlich wie 18, 1–12) von einer Redaktion, die den Jahwenamen gebraucht (24, 1), erweitert worden.

In verschiedener Hinsicht (a–f) wirkt die Darstellung höchst ungewöhnlich, fremdartig, ja einzigartig: a) *Mose* hat noch *keine* ausschließliche *Vermittlerrolle*, scheint ursprünglich also nicht die überragende Stifterpersönlichkeit gewesen zu sein, die die Gemeinschaft mit dem Jahwe vom Sinai vermittelte. b) In der Theophanie (Ex 19, 16–20) war Gott nicht sichtbar, sondern nur hörbar – allerdings bleibt ungesagt, was er redet – und in den Auswirkungen seines Erscheinens spürbar. Jetzt *»sehen«* Israels Repräsentanten Gott selbst, ohne daß das Erlebnis für sie schlimme Folgen hat. Daß so viele Personen einer Gottesschau gewürdigt werden, ist im Alten Testament einmalig (vgl. im Rückblick Num 14, 14) und wird später bei Gottes künftiger Offenbarung erwartet (Jes 40, 5; 52, 7 f. 10). Gilt griechischem Denken Gott als unsichtbar, so herrscht im Alten Testament nämlich der Grundsatz: Wer Gott sieht, stirbt (Ex 33, 20; vgl. 19, 21; u. § 6 c, 6). Nicht einmal Gottes Berg darf von Mensch oder Tier berührt werden (19, 12; 34, 3). Allerdings wird auch in diesem Fall verwundert festgestellt: »Gott streckte seine Hand nicht aus«, d. h., er nutzte seine Macht und Hoheit nicht aus, verschonte, mit wem er Gemeinschaft sucht.

9. »Da stiegen Mose und Aaron, Nadab und Abihu und siebzig von den Ältesten Israels hinauf,

10. und sie sahen den Gott Israels. Unter seinen Füßen war es wie das Gebilde eines Lapislazuli-Steines und wie der Himmel selbst an Klarheit. 11. Gegen die Vornehmen der Israeliten streckte er seine Hand nicht aus. Sie schauten Gott, aßen und tranken.«

Auch sonst wahrt die Szene c) Gottes *Transzendenz*. Gott selbst wird nicht beschrieben, obwohl er »gesehen« wird. Geschildert wird nur der Boden; er ist fliesenrein gleich der Bläue des Lapislazuli-Steins und der Klarheit des Himmels. Ist Gott also schon in dieser altertümlichen Szene als im Himmel wohnend gedacht? Die Erzählung begnügt sich selbst bei der Ausmalung des Ortes mit einem zurückhaltenden Vergleich (»wie«) und deutet so bildhaft an, daß Gott auch bei seiner Erscheinung jenseitig bleibt (vgl. Ez 1, 25 f).

Deutet man die Überlieferung – im Anschluß an jüngere Texte wie Jes 6; Ez 1, 22 ff – als Festmahl vor dem Gott, der als König auf einem in den Himmel ragenden Berg thront, würde sie nach kanaanäischen Vorstellungen gestaltet sein. Ist aber wahrscheinlich, daß eine Szene, die in so strenger Form, ja in einmaliger Weise den Willen des transzendenten Gottes zur Gemeinschaft mit Israel ausspricht, erst nachträglich an den Sinai verlegt wurde? Kaum zufällig fehlt eben der Königstitel, wie auch Gottes Thron und himmlischer Hofstaat nicht erwähnt werden. Selbst der Gestus des Niederfallens findet sich erst in der jüngeren Erzählgestalt (V 1 b).

Vielleicht ist aber noch einmal zwischen V 10 und 11, die durch die doppelte Aussage von der Schau Gottes auffallen, zu unterscheiden: V 11 könnte die älteste Überlieferungsstufe, V 10 bereits jüngere Deutung sein. Die Erzählung scheint (ähnlich 18, 1–12) gleichsam von hinten nach vorn gewachsen zu sein. Jedenfalls spricht für das hohe Alter des Kerns der Darstellung, daß sie durch die Einführung V 1 f. 9 nur mühsam an Israels späteres Verständnis von seiner Frühzeit angeglichen werden konnte.

d) Die Gottesschau ist zwar der Kern, aber nicht das Ziel der Begegnung. Das gemeinsame *Mahl*, das die Vertreter des Volkes auf dem Berg im Angesicht Gottes einnehmen, soll wohl die entstandene Gemeinschaft beschließen und bekräftigen – aber kaum erst: verwirklichen –, wie ein Opfermahl eine Gemeinschaft bestätigen kann (vgl. Ex 18, 12; 32, 6; Gen 26, 30; 31, 46. 54 u. a.). Allerdings wird nicht gesagt, daß Gott selbst am Mahl teilnimmt; eher gewährt er wie mit der Schau so auch mit dem Mahl einen Gnadenerweis (vgl. 2 Kön 25, 29). e) Auffälligerweise fehlt der Terminus »Bund«; er wird der älteren Zeit noch nicht geläufig gewesen sein, sondern gehört eher zu einer späteren Deutung des Gottesverhältnisses (vgl. Exkurs 5). Entsprechend tritt jeder kultisch-rituelle Charakter zurück. f) Schließlich ist von einer *Rechtsverkündigung* keine Rede. Die Gemeinschaft zwischen Gott und Volk wird geschlossen, ohne daß sie auf bestimmte Gebote gegründet würde, irgendeine Verpflichtung zum Ausdruck käme, ja ohne daß Gott redet. Die Szene bleibt geradezu unheimlich still.

2. In jenen Erzählzusammenhang (Ex 24, 1–2. 9–11) ist ein anderer – quellenmäßig unsicherer, in sich mehrschichtiger und in seiner Deutung umstrittener – Bericht eingeschoben, nach dem sich der Bundesschluß nicht ohne rechtliche Bindung bei einer Kulthandlung vollzieht. Außerdem wirkt jetzt Mose als Mittler, und statt der »Vornehmen« oder »Ältesten« tritt das Volk auf, ohne daß recht deutlich wird, woher die Teilnehmer kommen und wo sie sich befinden. Mose gibt dem Volk »alle Worte Jahwes und die Rechtssatzungen« bekannt und schreibt sie nieder, nachdem sich das Volk bereit erklärt hat, »alle Worte, die Jahwe geredet hat, zu tun« (V 3–4a zunächst für das mündliche Wort, in V 7 für die Niederschrift bestätigt). Diese jüngere – schon in 19, 3 ff ähnlich belegte – Verpflichtungszeremonie bildet den deutenden Rahmen für zwei anscheinend ältere, miteinander zusammenhängende Überlieferungselemente, eine Opferszene (V 4b. 5) und einen Blutritus (V 6. 8a).

Danach wird die Gemeinschaft nicht durch ein Mahl auf dem Berg, sondern durch eine Opferfeier am Fuß des Berges bestätigt:

»Am Morgen stand er (Mose) früh auf und errichtete einen Altar unten am Berg ...
Dann beauftragte er junge Männer (Diener) unter den Israeliten, Brandopfer darzubringen und Schlachtopfer zu schlachten ...«

Diese Darstellung von Altarbau (vgl. 32, 5) und Opfer ist zudem später erweitert und damit umgedeutet worden. Die »zwölf Masseben« bzw. Steine (V 4b) repräsentieren Israels zwölf Stämme (vgl. Jos 3, 12; 4, 3 f. 8 f). Der Terminus »Schlachtopfer« (*sebachim*) wird anscheinend durch »Heilsopfer« (*schelamim*) erläutert; denn das »Besprengen des Altars« ist bei dieser Opferart üblich (2 Kön 16, 13; Lev 7, 14; 3, 2 ff).

Sind jene »jungen Männer« für die Opferdarbringung eigentlich nicht privilegierte Personen oder eher nur Kultdiener (vgl. 1 Sam 2, 11. 13; Ex 33, 11)? Jedenfalls handeln sie erst auf Moses Auftrag; auch behält er sich selbst den entscheidenden Akt des Ritus vor, bei dem der Altar und das – bei den Opfern gewonnene – Blut besondere Bedeutung bekommen:

6. »Mose nahm die Hälfte des Blutes und goß es in die Schalen, während er die (andere) Hälfte des Blutes auf den Altar sprengte. 8 a. Mose nahm das Blut und sprengte es auf das Volk . . .«

Wird bei Opferhandlungen das Blut üblicherweise auf oder an den Altar gesprengt (Ex 29, 16; Lev 1, 5. 11 u. a.), so in diesem Fall nur zur einen Hälfte, zur anderen Hälfte in Schüsseln aufbewahrt. Damit ist der Ritus kaum abgeschlossen, verlangt vielmehr nach einer Fortsetzung. Offenkundig sind beide Aussagen (V 6. 8 a) aufeinander bezogen: Jeweils »nimmt« und »sprengt« Mose das Blut, und zwar »auf« den Altar und »auf« das Volk. Beide Akte gehören zu einer Kulthandlung. Allerdings ist ein solcher zweimaliger oder zweiseitiger Blutbesprengungsritus im Alten Testament nicht nochmals bezeugt, dennoch kaum für diese Gelegenheit oder diesen Kontext frei erfunden, sondern eher überkommen.

Am ehesten läßt sich eine zur Amtseinsetzung des Priesters vorgenommene Symbolhandlung vergleichen, bei der ebenfalls eine Übertragung von Blut auf Menschen – allerdings bestimmte einzelne – stattfindet: Nach Waschung, Investitur, Salbung und Entsündigung »nimmt« Mose vom Blut eines geschlachteten Widders und bestreicht Aaron (und seinen Söhnen) das rechte Ohrläppchen, den rechten Daumen und den rechten großen Zeh (Lev 8, 23 f; Ex 29, 20; vgl. bei der Reinigung des Aussätzigen Lev 14, 14. 25), während der Rest des Blutes wiederum »auf den Altar gesprengt« wird. Bedarf der Priester »geweihter Ohren, damit er Gottes Stimme vernehmen kann, geweihter Hände, weil er heilige Handlungen zu verrichten, geweihter Füße, weil er heilige Orte zu betreten hat« (*B. Baentsch*, z. St.)? Eher oder zugleich stehen Kopf, Hand und Fuß »stellvertretend für den ganzen Körper« (*M. Noth*, z. St.). Durch das Sprengen des Blutes auf Altar und Mensch entsteht eine besondere Bindung, damit eine Indienstnahme der Person.

Ähnlich wird der Ritus Ex 24, 6. 8 a zu verstehen sein. Auch hier versinnbildlicht der Altar die Gegenwart Gottes oder – allgemeiner – die Beziehung zu Gott. Wieder wird etwas von dem, was eigentlich Gott zu geben ist, für Menschen aufbewahrt; die Halbierung des Bluts scheint von vornherein auf einen zweiseitigen Akt angelegt zu sein. Blut kann verschiedene Aufgaben haben, etwa dem Schutz (wie beim Passa Ex 12, 13. 23; vgl. 4, 24–26) oder der Reinigung bzw. Sühnung (Lev 17, 11) dienen. Hier ist eher an die – arabischer Überlieferung aus vorislamischer Zeit wohlvertraute – verbindende Kraft des Blutes zu denken, was andere Bedeutungsnuancen nicht ausschließt. Der Akt führt zu einer »communio sacramentalis zwischen Gott und dem Volk« (*H. Holzinger*, z. St.).· Der Blutritus scheint eine Weise zu sein, diese Gemeinschaft zu begründen oder darzustellen.

Spätere theologische Reflexion wagt den Blutritus nicht uneingeschränkt weiterzugeben; sie tritt in jenen Versen (3–4 a. 7) zutage, die von Rechtsmitteilungen und Zustimmung des Volkes berichten. Bleibt es bei dem Blutritus passiv, so wird es hier aktiv: »Wir wollen tun.« Die Akklamation ist mit Absicht zwischen Besprengung des Altars und des Volkes eingefügt: Nicht Gott, allein das Volk verpflichtet sich zum Gehorsam. Und umgekehrt: Nur mit dem zum Hören und Tun bereiten Volk wird der Bund geschlossen. So ist der Einschub ein bewußt eingesetztes retardierendes Element im Ritualablauf; es wehrt das gefährliche Mißverständnis ab, die Gemeinschaft mit Gott sei gleichsam naturgegeben, unbedingt.

Darf man noch einen Schritt über den Wortlaut hinausgehen und fragen: Wird der Bund kündbar, wenn das Volk die von ihm anerkannten Bedingungen nicht einhält? Setzt die vorliegende Interpretationsschicht bereits das Erlebnis des Exils, damit des Gerichts, voraus und sucht die für die Geschichte des Volkes grundlegende Sinaitradition so zu deuten, daß von vornherein die Möglichkeit jener späteren harten Erfahrung offengehalten wird? Zumindest schließt der vorliegende Textzusammenhang eine Heilssicherheit oder Erwählungsgarantie aus.

Blutritus und Verpflichtung des Volkes, die überlieferungsgeschichtlich (oder gar literarisch) kaum seit jeher zusammengehören, werden in dem das Geschehen deutenden und zu einer Einheit zusammenfassenden Schlußwort verbunden. In ihm stellt Mose den Vollzug der Gemeinschaft fest:

»Das ist das Blut des Bundes, den Jahwe mit euch schloß –
auf Grund aller dieser Worte.« (V 8 b;
aufgenommen im Abendmahlswort Mk 14, 24; Mt 26, 28; vgl. Hebr 9, 19 f)

Ist dies Deutewort (vgl. die ähnliche Form 1 Kön 12, 28; auch Dtn 4, 32 u. a.) jünger als der Ritus, oder ist nur der begründende Schlußteil (vgl. Ex 34, 27) später zugesetzt? Jedenfalls findet sich der Ausdruck »Bund«, den man in der Szene auf dem Berg (24, 9–11) vermißt. Da sogar ein »Bundesbuch« erwähnt ist, wird die Erzählung als Abschluß der vorhergehenden Gesetzessammlung, eben des sog. Bundesbuches (Ex 20, 22 – 23, 33 mit Kern in 21, 1 – 23, 9), anzusehen sein. Beziehen sich die »Worte«, denen das Volk beipflichtet (24, 3 f), gar auf den Dekalog (20, 1) und die »Rechtssätze« (24, 3) auf das Bundesbuch (21, 1)? Vermutlich wurde jene ältere Überlieferung von Opfer und Blutritus um die jüngere Zustimmungserklärung des Volkes erweitert, als das Bundesbuch – sei es gemeinsam mit dem Dekalog oder zunächst ohne ihn – in das Sinaigeschehen eingefügt wurde. Jedenfalls umschließt ein jüngerer, bundestheologisch ausgerichteter Rahmen beide Gebotssammlungen (19, 3 ff; 24, 3 f. 7 f; vgl. 20, 19).

Außerdem mögen Beziehungen zu weiteren, später ausgestalteten Bundes-
verpflichtungen (wie Jos 24; 2 Kön 23) bestehen. Demnach scheinen die
älteren Überlieferungselemente der komplexen Erzählung (24, 3–8) noch
nichts von Rechtsforderungen zu wissen, die der Partner anerkennen
mußte.

3. Überhaupt lassen sich die beiden verschiedenen Berichte (Ex 24, 9–11. 3–8)
nicht ohne weiteres als Erinnerungen aus der Zeit des Sinaigeschehens verstehen. Nach der altertümlichen Darstellung sahen »die Ältesten Israels«
den »Gott Israels«. Zwar sprechen gerade frühe Zeugnisse von den
»Ältesten Israels« (18, 12; 24, 9; vgl. 3, 16; 12, 21), aber »Israel« weilte
kaum in Ägypten oder am Sinai (vgl. § 2, 2). Eine historische Rekonstruktion der Ereignisse müßte diese gesamtisraelitische Deutung zurücknehmen.
Auch die andere Erzählung setzt Israel bzw. das Zwölfstämmevolk (bes.
24, 4) voraus.

Ähnlich dem Bericht vom Schilfmeerdurchzug ist auch die Wiedergabe des
Sinaiereignisses in den Texten verschieden. Spätere Gegebenheiten haben
die Darstellung zu stark geprägt, als daß der Hergang für den historischen
Rückblick noch wirklich faßbar wäre. Diese kritische Einschränkung gilt
auch von der letzten großen Darstellung eines Bundesschlusses: Ex 34.

Zwischen die Bundesschlußerzählungen von Ex 24 und 34 sind umfangreiche
priesterschriftliche Kultverordnungen (Ex 24, 15–31, 18) eingefügt. Die Priesterschrift kennt wohl einen Noach- und Abrahambund (Gen 9; 17), aber keinen Sinaibund; denn für sie ist die Sinaioffenbarung wesentlich zur Gebotsmitteilung über den
rechten Gottesdienst geworden. Als sich Gottes »Herrlichkeit«, d. h. seine Gegenwart, auf dem Sinai »niederläßt«, erscheint sie Israel wie ein verzehrendes Feuer.
Nur Mose steigt auf den Berg und empfängt in der Wolke die Kultanweisungen
(Ex 24, 15–18), vor allem für den Bau der Stiftshütte. Nach Ausführung der Verordnungen erfüllt Gottes »Herrlichkeit« das neu errichtete Heiligtum (40, 34–38;
vgl. Lev 9, 23 f). Die Erhebung der Wolke gibt das Zeichen zum Aufbruch vom Sinai
(Num 10, 11 f).

c) Der Bundesschluß nach Ex 34

In diesem Abschnitt der Sinaigeschichte ist die göttliche Gebotsverkündigung so fest verankert, daß sich keine Überlieferung von einer Offenbarung
ohne Rechtsmitteilung mehr herausschälen läßt. Nach dem vorliegenden
Erzählzusammenhang, der aber stark durch spätere Erweiterungen bestimmt ist, empfängt Mose die Steintafeln mit den Zehn Geboten, zerstört
sie im Zorn über den Bundesbruch des Volkes und erneuert sie (Ex 32–34).
Diese letzte Bundesschlußszene war einmal eine eigenständige Geschichte,
ist aber durch Vorordnung der Erzählung vom Goldenen Kalb zur Darstellung von einer Bundeserneuerung abgeschwächt und umgestaltet
worden (34, 1). Überhaupt wurde der Text so weitgehend ergänzt, daß sich
der älteste Traditionsbestand kaum noch sicher abgrenzen läßt.

Mose erhält den Auftrag, sich Steintafeln zurechtzuhauen und auf den Berggipfel zu steigen. Wie bei der Theophanie (Ex 19, 18. 20 J) »steigt« Jahwe »herab«. Als Mose Jahwes Namen anruft und niederfällt (V 5. 8), zieht Gott vorüber, ohne selbst sichtbar zu werden. (Auch dies entspricht sachlich 19, 20, während ja die Ältesten nach 24, 10 Gott »schauten«.) Aber Gott wird hörbar:

»Siehe, ich will einen Bund schließen!« (V 10)

In dem folgenden sog. »kultischen Dekalog« (V 14–26), der allerlei Einzeltraditionen (wie sog. privilegrechtliche Bestimmungen V 12 ff und den sog. Festkalender V 18. 22 f) vereint, sind einschließlich der Einleitung »Beachte genau, was ich dir heute gebiete!« wieder starke Überarbeitungen und Einschübe feststellbar. Ob man aus ihnen noch einen urtümlichen Kern – kaum die V 28 genannten »zehn Worte« – herausschälen kann, ist umstritten. Jedenfalls setzen die kurzen apodiktischen Gebote in der vorliegenden Fassung und Anordnung Israels Aufenthalt im Kulturland voraus. Dennoch gelten diese Verordnungen als die grundlegenden Worte des Sinaibundes, die (wie 24, 4. 7 f) ausdrücklich schriftlich fixiert werden:

27. Und Jahwe sprach zu Mose: »Schreibe dir diese Worte auf; denn auf Grund dieser Worte schließe ich mit dir einen Bund (und mit Israel).« 28. Und er blieb dort bei Jahwe vierzig Tage und vierzig Nächte; Brot aß er nicht, und Wasser trank er nicht. Und er schrieb auf die Tafeln die Worte des Bundes (die zehn Worte).

Gott erklärt feierlich den Bundesschluß für verbindlich und gültig. Sein Partner ist zunächst nicht Israel noch die Ältesten, sondern (ähnlich der jüngeren Stelle 24, 1 f) Mose allein, der als Stellvertreter des Volkes fungiert. Desgleichen wird die Gemeinschaft weder durch ein Mahl (24, 9–11) noch durch Opfer (24, 3–8), sondern allein durch Gottes einseitige Zusage begründet. Die Theophanie ist auf das Wort ausgerichtet und von ihm her zu verstehen, wie Mose nichts weiter als der Angeredete ist.

In einer solchen Aussage ist offenkundig theologische Gestaltung wirksam; unmittelbar läßt sich die Darstellung – ob man Teile von Ex 34 einer älteren Quellenschrift (J) zuweist oder nicht – nicht in die Frühzeit übertragen. Wie die Gebote des »kultischen Dekalogs« ein uneinheitliches Mischgebilde sind, so ist anscheinend das ganze Kapitel aus ursprünglich verschiedenen Motiven zusammengesetzt: Theophanie und Bundesschluß, Steintafeln und Verordnungen. Manche Einzelzüge weisen eher in eine jüngere Zeit. So will es nicht recht gelingen, die spätere (meist deuteronomistische) Überarbeitung so sicher auszuscheiden, daß eine vertrauenswürdige Überlieferung vom Sinaiereignis selbst zum Vorschein kommt. Die Deklaration des Bundesschlusses (V 27) ist ohne die vorhergehenden Gebote (V 10–26) nicht denkbar; ist ihre Zusammenfassung erst im Kulturland erfolgt, kann die Darstellung des Bundesschlusses kaum früher sein. Außerdem scheint Israel sein Gottesverhältnis in den ältesten Traditionen ja noch nicht als »Bund« verstanden zu haben (vgl. Exkurs 5), so daß man

das Sinaigeschehen überhaupt nur unter Vorbehalt als »Bundesschluß« bestimmen kann. Auch die Nachricht von den »Tafeln«, die erst wieder im
jüngeren Schrifttum des Alten Testaments erwähnt werden, gehört kaum
zum ursprünglichen Gut des Sinaiberichts. Jedenfalls bietet Ex 34 keine
verläßliche Möglichkeit, die Verbindung von Sinaibund und Gottesrecht
für den Urbestand der Überlieferung zu halten. Von ganz anderen Texten
her wird sich dieses zurückhaltende Ergebnis bestätigen.

d) Der Gott vom Sinai

1. Obwohl das Alte Testament nur recht selten auf den Sinaibund an-
spielt, ist die Zugehörigkeit des Sinai zu *Jahwe* auch außerhalb des Pentateuchs bereits an einigen sehr alten Stellen bezeugt. Schon das Deboralied,
das bis in die Richterzeit zurückgehen wird, verkündet Jahwes Auszug vom
Sinai zur Theophanie und zum Kampf:

»Jahwe, als du auszogst von Seir,
einherschrittest auf den Gefilden Edoms,
da erbebte die Erde . . .« (Ri 5, 4)

Ähnlich lautet die Einleitung des Mosesegens:

»Jahwe kam vom Sinai,
glänzte ihnen auf von Seir,
strahlte auf vom Gebirge Pharan.« (Dtn 33, 2)

Diese Texte sind anscheinend weder voneinander noch von den Pentateuch-
erzählungen beeinflußt, so daß sie Jahwes Bindung an den Ort unabhängig
recht früh belegen. Beide Male wird die nähere oder weitere Umgebung des
Sinai mit verschiedenen geographischen Ausdrücken umschrieben. Diese
Namen weisen in den Süden, das Gebiet der Edomiter oder auch
Midianiter. Doch bestätigen diese altertümlichen poetischen Texte nicht
die Tradition einer Theophanie *am* Sinai, sondern schildern eine Theophanie als Folge von Jahwes Aufbruch *vom* Sinai (u. § 11 d): Gott »zieht
aus« oder »kommt« vom Gebirge, um seinem Volk zu helfen. Selbst die
Spätzeit kann diese Vorstellung noch aufnehmen:

»Gott kommt von Teman,
und der Heilige vom Berge Pharan.« (Hab 3, 3; vgl. 3, 13; Ps 68, 8 f)

Über diese verstreuten Zeugnisse stößt man mit einem eigenartigen Ausdruck wohl noch zu einem früheren Stadium der Überlieferung vor. In zwei
Theophanieschilderungen – im Deboralied Ri 5, 5 und in Ps 68, 9 – hat
sich ein Gottesprädikat erhalten, das außerhalb des Versmaßes steht: »Der
(Gott) vom Sinai«. Das dabei verwendete Pronomen (»Der«) ist in einer
solchen Genitiv-Verbindung im Alten Testament sonst nicht gebräuchlich
(vielleicht noch Mi 5, 4).

Doch sind im alten Orient ähnliche Wendungen geläufig. Beispielsweise heißt die Hauptgottheit der Nabatäer *Du-schara* (griech.-röm.: Dusares) »Der (Gott) von (der Gegend) Schara« (zwischen Totem und Rotem Meer).

So macht die ganze Wendung einen urwüchsigen Eindruck. Da der Titel in dieser festen Prägung zudem schon dem Deboralied aus der frühen Richterzeit vorgegeben ist, muß er ein sehr hohes Alter haben.

2. Diesem vertrauenswürdigen Zeugnis von Jahwe als dem Sinaigott steht der kurze Mirjam-Hymnus gegenüber, der Jahwe als Retter vor den Verfolgern beim Auszug aus Ägypten preist, und durch die Prosaerzählung bestätigt wird:

»Singet Jahwe; denn hoch erhoben hat er sich,
Pferd und Fahrer warf er ins Meer!« (Ex 15, 21)
»Jahwe schüttelte die Ägypter ins Meer.« (14, 27 J)

Auch in diesem Fall handelt es sich wohl um alte Überlieferung. Zumindest bewahrt das Alte Testament keine echten Erinnerungen, daß das Meerwunder einmal einem anderen Gott zugeschrieben wurde; erst recht läßt sich nicht nachweisen, daß das Ereignis jemals nur »profan«, nicht als Tat Gottes, verstanden worden wäre. Gewiß ist die häufige Bekenntnisformel »Jahwe, der Israel aus Ägypten führte« eine spätere Bildung, die das Zwölfstämmevolk »Israel« in die frühe Zeit vordatiert und mit den Flüchtlingen aus dem Nildelta gleichsetzt. Vielleicht ist es deshalb nicht zufällig, daß jenes kurze Meerlied wohl »Jahwe«, aber nicht »Israel« nennt.

Der Dekalogeingang, der am Sinai an den Exodus erinnert: »Ich bin Jahwe, dein Gott, der dich aus Ägypten geführt hat« verknüpft zwar beide Traditionsstränge, aber der Dekalog ist zumindest in seiner vorliegenden Gestalt jünger, wohl auch ein späterer Einschub in die Sinaiperikope, und sein Alter bleibt ungewiß. So bleibt die Wahl zwischen beiden Möglichkeiten, in Jahwe ursprünglich den Gott des Auszugs oder des Sinaibundes zu sehen. Welche Aussage (Ri 5, 4 f oder Ex 15, 21) kann das größere Recht für sich in Anspruch nehmen, wenn beide Geschehnisse nicht in einem wirklichen Zusammenhang stehen sollten? Nimmt man an, daß die Sinaitradition jünger ist und der Name »Jahwe« von den Erlebnissen beim Meeresdurchzug später auf die Sinaioffenbarung übertragen wurde, so tritt eine kaum zu behebende Schwierigkeit auf: Die Ereignisse am Meer wirken gar nicht wie Offenbarungswiderfahrnisse, die ein neues Gottesverhältnis begründen. Der Rettergott enthüllt nirgends seinen Namen, eher danken die Betroffenen einem ihnen schon vertrauten Gott.

Zudem bewahrt die Exodustradition eine – mit Ex 3; 19 und 24 übereinstimmende – Erinnerung, die in des Pharaos Wort (5, 2) zum Ausdruck kommt: »Wer ist Jahwe? ... Ich kenne Jahwe nicht!« Jahwe gehört nicht zu den Göttern Ägyptens. Muß man darum außer Landes ziehen, um ihn zu verehren (5, 1. 3 u. a.; vgl. 18, 12)?

Sucht man aber in den verschiedenen Nachrichten vom Sinaigeschehen die ältere Überlieferung, von der aus »Jahwe« in die Exodustradition eindrang, dann hat die alttestamentliche Darstellung die Ereignisfolge vertauscht. Keine der beiden sich ausschließenden Lösungen befriedigt. Wenn man sich zu einem Entweder-Oder entscheiden muß, bietet das Gewicht der Sinaiüberlieferung mehr Anlaß zu der Annahme, daß an jenem Gottesberg die Beziehung zwischen Jahwe und seinen Verehrern begründet wurde. Oder läßt sich das strenge Entweder-Oder vermeiden, da ja auch die Auszugsüberlieferung nicht ohne die Berufung auf Jahwe denkbar ist? Sollte es einen noch verborgenen Zusammenhang zwischen beiden Überlieferungssträngen geben, der sowohl die Schwierigkeiten beseitigt wie allen kritischen Bedenken Rechnung trägt? Vielleicht hilft an diesem Punkt der Überlegungen der Hinweis auf die Querverbindungen weiter, die zu dem Bereich der *Midianiter* bestehen (u. § 6 a 3–4).

Spiegelt sich in den Erzählungen von Moses Flucht nach Midian und Rückkehr nach Ägypten (Ex 2–4) ein Ereigniszusammenhang wider: Durchzog die Gruppe, die sich in Ägypten aufhielt, auf ihrer Wanderung vom Osten ins Niltal das Gebiet der Midianiter wie die Sinaihalbinsel und lernte dabei den Jahwenamen kennen? Oder hat man konkret an Mose als Vermittler des Jahweglaubens zu denken?

Mehr als eine Vermutung kann diese Annahme allerdings nicht sein, auch wenn sie beides verständlich macht: die ursprüngliche Beziehung Jahwes zum Sinai und das frühe Vorkommen seines Namens in der Auszugsüberlieferung. Doch darf man beide Berichte auch nicht zu eng verbinden, wenn nicht unerklärbar werden soll, warum sie im Alten Testament so auseinanderfallen.

3. Betrachtet man die Sinaitradition als solche, so bleibt ebenfalls eine Reihe von Fragen unbeantwortet. Die frühesten Texte enthalten, strenggenommen, keine Offenbarung des Jahwenamens. Die Selbstvorstellung »Ich bin Jahwe« ist an keiner alten Stelle fest verankert (u. § 6 a 1). Das göttliche »Ich« fehlt sowohl in der Theophanie (Ex 19) wie in der Szene vom Bundesschluß (Ex 24). Auffällig ist außerdem, daß die verschiedenartigen Gottesbegegnungen am Sinai, Theophanie und Bundesschluß, so unverbunden, ohne inneren Zusammenhang, nebeneinanderstehen. Als die Ältesten Israels Gott schauen dürfen, spricht Gott nicht; als er in der Natur seine Macht zeigt, redet Gott »im Schall« – im Donner oder mit vernehmbarer Stimme (Ex 19, 19). Können beide Ereignisse – gleichzeitig – am selben Ort stattgefunden haben? Gemeinsam ist beiden Berichten allerdings, daß sie Gott nicht darstellen.

Schließlich berichten die urtümlichsten Darstellungen der Theophanie wie des Bundesschlusses noch nichts von dem dritten Element, das die Sinaiperikope in ihrer Endgestalt beherrscht: der *Rechtsmitteilung*. Auch deuten weder der alte Kurzname »Der (Gott) vom Sinai« noch die Zeugnisse von Jahwes »Kommen« vom Sinai (Ri 5, 4 f u. a.) eine Gesetzgebung an. Anscheinend enthält eben die Sinaiüberlieferung selbst ursprünglich kein Gottes*gebot*.

Gewiß kann man gegenüber einer solchen Rekonstruktion den allgemeinen Einwand erheben: Wo ein Gottesverhältnis begründet wird, da muß auch eine Ordnung gegeben werden, die das Leben in diesem Verhältnis aufrechterhält. Darf man demgegenüber daran erinnern, daß die Genesiserzählungen, in denen der Väterglaube nachklingt, auch nichts von der Proklamation von Rechtssatzungen wissen?

Vielleicht vollzog sich aber einmal eine Rechtsverkündigung an Orten, die in einem lockeren Zusammenhang mit dem Sinaigeschehen stehen (vgl. Ex 18, 13 ff u. a.; u. § 6 a 3); so wäre die Vereinigung der zunächst eigenständigen Traditionselemente leicht verständlich.

Auf jeden Fall ist nicht die Rechtsproklamation das Kernstück der Überlieferung, sondern die Erscheinung Gottes auf dem Berg, die eine Gemeinschaft zwischen Gott und Mensch zur Folge hat. Demgegenüber betonte die spätere Zeit die Folge von Rechtsproklamation und Gehorsamsverpflichtung des Volkes um so mehr; ihr wurde die Theophanie zur Willensoffenbarung und umgekehrt das menschliches Zusammenleben konstituierende Recht zur Konsequenz des Gottesverhältnisses (vgl. § 6 a 1).

4. Auf Grund der alten Berichte von einer Theophanie in der Natur hat man in Jahwe ursprünglich eine *Vulkan-* oder *Gewittergottheit* sehen wollen. Außerdem berief man sich auf die Gottesoffenbarung vor Abraham (Gen 15, 17: »ein rauchender Ofen und Feuerfackel«; vgl. Ex 3, 2) wie auf die Sage von der Zerstörung Sodoms und Gomorras durch Feuer und Schwefel (Gen 19, 24); aber beide Erzählungen wurden erst sekundär auf Jahwe übertragen. Das Verhältnis Gottes zu den Naturphänomenen lassen vielleicht die im Alten Testament weitverstreuten Theophanieschilderungen (§ 11 d) am deutlichsten erkennen; sie verbinden beides eng, wissen aber wohl zu unterscheiden: Die Naturerscheinungen zeigen nicht Jahwe selbst, sondern sind Folgen, die sein Kommen begleiten. (Auch die kanaanäische Religion identifizierte keineswegs Gott und Natur.) Die Auswirkungen können auftreten oder auch ausbleiben. Jahwe muß sich nicht in Gewitter oder Vulkanausbruch äußern. Erst recht ist nicht jedes Gewitter als solches eine Offenbarung. »Jahwe war nicht Gott einer einzelnen Naturerscheinung ... Weder ist ein einzelnes Naturphänomen in sich eine Theophanie Jahwes, noch ist Jahwe in seiner Theophanie an ein einzelnes Phänomen gebunden. Jahwe war nie ,Gewittergott', ,Feuergott' oder ,Lichtgott'.« (*J. Jeremias*, Theophanie, ²1977, 38) Nach dem Zeugnis des Alten Testaments greift Jahwes Wirksamkeit seit je weit über den Bereich der Natur hinaus in die Welt des Menschen hinein. Vielleicht haben die Naturerscheinungen auch zugleich die Aufgabe, den offenbaren Gott zu verbergen. Jedenfalls wollen sie zum Ausdruck bringen, daß Gott eine Macht ist, die in die Welt einbricht und sie zu ändern vermag. Gott »ist«, indem er »erscheint«.

5.   Die Distanz Jahwes zu den Naturphänomenen gilt auch gegenüber der
Ortsbindung. Der urtümliche Gottesname »Der vom Sinai« setzt voraus:
Jahwe ist Gott eines *Berges*. Andere Texte bestätigen diese Schlußfolgerung.

Elija unternimmt eine Wallfahrt zum »Gottesberg« (1 Kön 19; vgl. Ex 3, 1 u. a.).
Mose »steigt zu Gott hinauf« und führt das Volk »Gott entgegen« (Ex 19, 3. 17. 20;
24, 9. 12 f). Er »naht sich dem Dunkel, in dem Gott war« (20, 21), oder er tritt auf
den »Platz« neben Jahwe, um die göttliche Herrlichkeit an sich vorüberziehen zu
lassen (33, 18 ff). Schließlich stellt Mose die Frage, wie Gottes Gegenwart dem Volk
erhalten bleiben kann, wenn es auf göttliches Geheiß den Berg verläßt (33, 12 ff).
Auch ägyptische Zeugnisse scheinen diese Überlieferungszusammenhänge anzudeuten
(u. § 6a 2, 2).

Die alte Überlieferung von Jahwes Wohnstätte am Sinai schwächt bereits
der Jahwist ab: »Jahwe steigt auf den Berg Sinai herab« (19, 18. 20; 34, 5).
Der Berg ist nur Erscheinungsort, Jahwe wohnt im Himmel. Damit wird
strenger zwischen dem Ort auf Erden und dem jenseitigen Gott unterschieden. Die Priesterschrift betont Gottes Transzendenz noch stärker:
Seine »Herrlichkeit« ruht nicht dauernd auf dem Sinai, sondern »läßt sich«
nur zeitweilig »nieder« (24, 16 f; vgl. 29, 45 f u. a.); denn Jahwes Gegenwart ist kein vorfindlicher Zustand. Es liegt nahe, die Verlegung von Gottes
Wohnort in den Himmel als späteres Stadium religiösen Vorstellens zu
beurteilen (vgl. § 18, 5). Vielleicht schließen sich die beiden verschiedenen
Aussagen aber nicht unbedingt aus. Nach Ex 24, 9–11 liegen zu Gottes
Füßen blaue Fliesen, d. h. doch wohl der Himmel. Entweder ragt also der
Berg in den Himmel hinein, oder der Himmel stellt Jahwes Fußschemel
dar, wie spätere Visionen Jahwe auf einem Thron sehen (Jes 6, 1; Ez 1, 26;
vgl. Ps 29, 10). Auf jeden Fall bleibt der Gott, der auf Erden erscheint, jenseits. Schon für die ältere Zeit ist Gott also nicht schlechthin an ein welt-
haftes Phänomen, den Berg, gebunden, sondern zugleich außerweltlich.
Die Vorstellung eines göttlichen Wohnortes macht Gott darum nicht »ver-
fügbar«. Mit einer Ausnahme (1 Kön 19) wird im Alten Testament nicht
einmal von einer Wallfahrt zum Sinai berichtet, weil man Gott dort nicht
zu suchen braucht.
Jahwe bleibt zudem kein Ortsgott. Schon nach den alten Theophanieschilderungen (Ri 5, 4 f; Dtn 33, 2) bricht er vom Sinai auf, um an anderer
Stelle für sein Volk einzugreifen. Der Vätergott gibt dem Berggott seine
Wesensart ab: »Der vom Sinai« zieht führend und helfend mit den Menschen mit. »Hier zeichnet sich etwas für den alttestamentlichen Gottes-
gedanken geschichtlich und phänomenologisch Entscheidendes ab: daß der
biblische Gott grundsätzlich entlokalisierbar, daß er der räumlichen Ent-
schränkung fähig ist« (*K. Goldammer*).

6.   In späterer Zeit wird der Interpretationsvorgang auf anderer Ebene
weitergetrieben, als auch das für Israel grundlegende Geschehen am Sinai
eschatologisch verstanden wird. Das Gemeinschaftsmahl, das Gott den
Vertretern Israels gewährte (Ex 24, 11), wird sich in Zukunft neu begeben:

»Jahwe Zebaot wird allen Völkern auf diesem Berg ein fettes Mahl bereiten« (Jes 25, 6), damit eine weltweite Gemeinschaft beschließen. Der Wortlaut der sog. Jesaja-Apokalypse scheint absichtlich an jene frühe Überlieferung zu erinnern (»vor seinen Ältesten ist Herrlichkeit« Jes 24, 23), erwartet aber das kommende Mahl in anderen Ausmaßen: Es wird nicht auf dem Sinai, sondern auf dem Zion stattfinden, nicht nur weit großartiger und üppiger als das vergangene sein, sondern »*alle* Völker« einbeziehen.

Wenn auch die Gesetzgebung nochmals erfolgt, wird die Vergebung ihr dauernder Grund sein, und die Gotteserkenntnis vollzieht sich ohne jede Vermittlung, so daß Theonomie und Autonomie identisch werden (Jer 31, 31 ff; u. Exkurs 5, 6).

§ 6 Die Charakteristika des Jahweglaubens

Die Verehrung Jahwes beginnt für einen Großteil alttestamentlicher Überlieferung im Verlauf des Sinaigeschehens mit der Offenbarung an Mose (o. § 2, 3). Doch ist nicht eindeutig festzustellen, wo das erste Gebot mit seinem Ausschluß der Fremdgötterverehrung und auch das Bilderverbot überlieferungsgeschichtlich ihren Ursprung haben. Trotzdem ist das Israel, von dem das Alte Testament redet, ohne den Jahweglauben mit diesen Charakteristika nicht denkbar. Dabei ist es gleichgültig, ob das erste (und zweite) Gebot schon sehr früh ausgesprochen wurde, also wörtlich oder erst nur der Sache nach wirksam war. Es ist jedenfalls kein zeitlicher oder räumlicher Bereich Israels vorstellbar, in dem es neben Jahwe oder an seiner Stelle generell und grundsätzlich andere Götter verehrt haben soll. Es läßt sich auch kein Ereignis in Israels Geschichte nennen, bei dem die Grundforderung des Jahweglaubens aufgekommen und allgemein eingeführt worden wäre. Die Jahweverehrung mit dem ihr eigenen Geschichtsbezug sowie – zumindest im Ansatz – das erste (und zweite) Gebot sind also Israel zeitlich und sachlich »vorgegeben«. Darum müssen sie der Darstellung der Religion Israels nach der Landnahme vorgeordnet werden. So kann man sie – im Einklang mit der späteren Überlieferung – an das Sinaiereignis anschließen.

a) Der Jahwename

1. »Ich bin Jahwe«

1. Die Selbstoffenbarung Gottes in seinem Wort kennzeichnet wesentlich alttestamentliches Gottesverständnis. Sie erfaßt in besonderer Weise den Unterschied zwischen Gott und Mensch: Gott redet, der Mensch hört. Weil sich Gott mit seinem Namen bekannt macht, vermag der Mensch ihn an-

zurufen. Mit der Selbstvorstellung (Gen 46, 3; Ex 3, 6; 6, 2; 20, 2 u. a.), die auch auf frühere Offenbarung rückverweisen kann, verbindet Gott eine Verheißung oder nimmt den Menschen in Auftrag. Die Propheten, die die entscheidende Offenbarung erst erwarten, können die Erkenntnis, »daß ich Jahwe bin«, für die Zukunft verheißen (Jes 43, 10; 45, 6 u. a.).

Diese Deutung des Verhältnisses von Gott und Mensch ist in der Religionsgeschichte keineswegs selbstverständlich. Für die benachbarte *ägyptische* Religion beispielsweise erscheint Gott nicht so sehr im Wort, das der Mensch hört, sondern im Bild, das der Mensch sieht, und in den kultischen Riten, die er begeht. In den antiken Kultreligionen wurden »die Götter in heiligen Handlungen gegenwärtig gemacht oder einfach verehrt, ohne daß das Wort, und schon gar nicht ein auf Gott selbst zurückgeführtes Wort, eine mehr als dienende Rolle gespielt hätte« (*S. Morenz*, Gott und Mensch im alten Ägypten, ²1984, 21 ff). Der Kult vollzieht sich vorwiegend im abgegrenzten Raum des Heiligtums durch die Priesterschaft (vgl. § 6c, 4). Entsprechend betrifft die schriftliche Überlieferung einer solchen Religion zunächst Vorschriften über rituelle Handlungen. »Vor allem fehlt gänzlich die Aufzeichnung von Gesetzen, mit denen die Gottheit das Leben der Gesellschaft und des einzelnen zu regeln unternähme.« Gerade im Vergleich mit dem Alten Testament war das Offenbarungswort für die ägyptische Religion nicht konstitutiv.

2.   So bezeichnend das im Alten Testament häufige »Ich bin Jahwe« ist, die Redeform als solche entstammt dem *Polytheismus*. Die Gottheit stellt sich mit *Namen* vor, damit der Angeredete weiß, wen er vor sich hat (vgl. Gen 17, 1; Ex 6, 2 P mit Gen 45, 3). Im alten Orient trägt die Gottheit allgemein einen Namen, der sie bestimmt und von anderen unterscheidet. Er ermöglicht erst, daß man mit der Gottheit und von ihr sprechen kann; denn nur, weil sie einen Namen hat und als so benannte Person handelt, können die Mythen von den Göttern und ihren Taten erzählen.

Vielleicht ging im Verlauf der Religionsgeschichte diesem »mythischen« Stadium ein »magisches« voraus, in dem das Göttlich-Machtvolle noch keine personale Existenz hatte. »Denn Gott ist in der Religion ein Spätkömmling« (*G. van der Leeuw*, Phänomenologie der Religion, ²1956, 33). Sollte es eine solche »Entwicklung« gegeben haben – als Israel in die Geschichte eintrat, war der alte Orient längst in das Zeitalter des Mythos übergewechselt.

Die Gottheit macht sich mit Namen bekannt. Wohl das meist angeführte Beispiel aus Israels Umwelt ist das Orakel, das der assyrische König Asarhaddon von der Göttin Ischtar empfing:

»Ich bin Ischtar von Arbela, o Asarhaddon, König von Assur! . . .
Fürchte dich nicht, König! sprach ich zu dir.« (AOT 282; ANET 450)

In einem weit älteren sumerischen Lied sagt die Göttin Inanna von sich:

»Mein Vater hat mir den Himmel gegeben,
hat mir die Erde gegeben:
Die Himmelsherrin bin ich.
Mißt sich einer, ein Gott, mit mir?«
(Falkenstein – v. Soden, 67)

Durch solche Ausgestaltung kann die Selbstvorstellung leicht zur Selbstempfehlung oder gar zur prahlenden Selbstverherrlichung werden, mit der sich eine Gottheit vor der anderen brüstet. Indem an den Namen die eigenen Taten und Eigenschaften angefügt werden, tritt an Stelle der Bekanntmachung der Selbstruhm. Der Prophet Deuterojesaja kann es in der Auseinandersetzung zu ähnlichen Formulierungen bringen, in denen Gott auf seine Taten, etwa die Schöpfung, oder seine Unvergleichlichkeit verweist:

»Ich bin Jahwe, der dies alles machte,
die Himmel ausspannte allein,
die Erde feststampfte –
wer war bei mir?« (Jes 44, 24; vgl. 41, 4; 45, 7; Ps 46, 11 u. a.)

Durch solche Ergänzungen wandelt die Selbstvorstellungsformel ihren Sinn. So findet sie sich in verschiedenen Formen und wechselnder Bedeutung im ganzen Altertum.

3.   Im Alten Testament will die Formel eigentlich keinen völlig Unbekannten mehr vorstellen. Häufig bezieht sie sich ausdrücklich auf die Geschichte, die Gott mit Israel hat. So eröffnet das göttliche »Ich« den *Dekalog*: »Ich bin Jahwe, dein Gott, der dich aus Ägypten, dem Sklavenhaus, geführt hat« (ähnlich Hos 12, 10; 13, 4; Ps 81, 11; Gen 15, 7). Die Selbstvorstellung ist durch die Zusage »dein Gott« erweitert, und diese Zuwendung wird durch den Hinweis auf Gottes Befreiungstat bestätigt. Wer und wie Gott ist, zeigt sich an seiner Tat. Nur für den, dem sich Gott so offenbart hat, gilt auch das folgende Gesetz; der Vorspruch gleicht einem »Grundsatz«, aus dem die Einzelgebote erst folgen (vgl. Gen 17, 1; Lev 19, 10. 14. 18; Ps 50, 7 u. a.). Der Gehorsame antwortet mit seiner Tat auf Gottes Tat, dankt für das Empfangene. Wegen ihrer Bedeutung wird die feierliche Ichrede Gottes nach dem zweiten Gebot wiederholt (Ex 20, 5; vgl. Lev 19, 2–4).

Diese Verknüpfung von göttlicher Selbstvorstellung und Gebotsmitteilung scheint Israels Umwelt unbekannt zu sein. Nur der König kann sein »Ich« der Rechtsverkündigung vorordnen; so leitet Hammurabi seine Gesetzessammlung ein: »Hammurabi, der Hirte, der von Enlil berufene bin ich« (AOT 381). Sollte darum »in der Verbindung der Rechtsproklamation mit der Epiphanie Jahwes« eine alttestamentliche Eigenart hervortreten (*W. Zimmerli*, 40)?

Allerdings ist der Zusammenhang von göttlicher Selbstvorstellung und Geboten kaum ursprünglich. Der Unterschied zwischen beidem zeigt sich schon formal daran, daß nur der Vorspruch des *Dekalogs* mit dem ersten und zweiten Gebot in der Ichrede ergeht, während vom dritten Gebot ab Gott in der dritten Person erscheint. In diesem Wechsel klingt noch nach, daß die ethischen Anweisungen der sog. zweiten Tafel (vom fünften Gebot an) erst nachträglich zu Jahweworten umgestaltet worden sind. So ist der Dekalog in seiner vorliegenden Gestalt eine Komposition aus verschiedenen alten Elementen, die sich wohl schon zu Gebotsreihen (z. B. erstes und zweites Gebot) verbunden hatten, und späteren Erweiterungen.

Schon die beiden Fassungen, Ex 20 und Dtn 5, stimmen zwar weithin wörtlich, jedoch nicht völlig überein. Der bedeutendste inhaltliche Unterschied besteht darin, daß Dtn 5 das Ruhegebot am Sabbat explizit auf die Sklaven ausdehnt, während das Sabbatgebot in Ex 20, 11 mit der Gottesruhe bei der Schöpfung begründet wird und damit Gen 1 aus der Priesterschrift der Exilszeit voraussetzt. Die Motivation scheint in beiden Fällen sekundär zu sein.

Darüber hinaus repräsentiert Dtn 5 in seiner größeren Ausführlichkeit und insbesondere mit der Vorrangstellung der Frau im 10. Gebot eher ein jüngeres Stadium (anders *F.-L. Hossfeld*). Aber auch Ex 20 enthält mit den Begründungen und Erläuterungen sowie mit der wechselnden Sprachform Zeichen späterer Überarbeitung. Der Dekalog scheint allmählich angereichert worden zu sein, wie der verschiedene Umfang der Gebote noch andeutet. Nur sind die früheren Zutaten schwieriger abzuheben. So ist auch das Alter der Komposition umstritten. Lassen Prophetenzitate, wie Hos 4, 2 oder Jer 7, 9 (vgl. Mi 2, 2 zum zehnten Gebot; auch Hos 12, 10 u. a.), noch Vorformen des Dekalogs erkennen, oder wählen sie aus der bereits vorliegenden Ganzheit aus?

Jedenfalls setzen alle ähnlichen Gesetzesreihen apodiktischen Stils (wie Ex 34; Dtn 27), erst recht das umfangreiche Bundesbuch, Israels Seßhaftigkeit im Kulturland, ja schon einen engeren Kontakt mit der kanaanäischen Umwelt voraus. Mit dem Dekalog wird es sich genauso verhalten; auch er stammt kaum aus nomadischer Zeit, sondern erst aus Palästina, und zwar aus einer eher jüngeren Epoche. Dieses Urteil gilt aber nur für die Gebotszusammenstellung, nicht für Einzelgebote, die gut aus früher Zeit herkommen können. Insgesamt zeigt der Dekalog die Tendenz, die Gebote *allgemein* zu formulieren, um *grundsätzlich* das Verhältnis von Gott und Mensch zu umschreiben. Diese gleichsam zeitlose Fassung, die keine konkreten Anhaltspunkte für eine Datierung mehr liefert, einige jüngere sprachliche Eigenarten und der wohlgestaltete Aufbau im ganzen legen nahe, den Dekalog in seiner vorliegenden Endgestalt als spätere Bildung anzusehen. Dann haben die Zehn Gebote erst im Laufe der Zeit die beherrschende Stelle erlangt, die sie jetzt im Pentateuch einnehmen.

4. Die göttliche Theophanierede »Ich bin Jahwe« war demnach kaum seit jeher mit der Gesetzesproklamation verbunden, selbst wenn dieser Zusammenhang dem Dekalog vorgegeben war. Erstaunlicher ist aber noch, daß die ältere Sinaiüberlieferung (Ex 19; 24; auch 34) – anders als die Vätertradition (Gen 28, 13 J; 31, 13; 46, 3; Ex 3, 6 E) – die Namensoffenbarung nicht enthält. Die Formel ist also nirgends in solcher Frühzeit bezeugt, daß sich Jahwe als bisher Unbekannter und Unbenannter durch Enthüllung seines Namens einer Gruppe gänzlich neu zu erkennen gibt. Vielmehr scheint die »Selbstvorstellung« Gottes erst in späterer Zeit mehr und mehr zur eigentlichen Mitte des Sinaigeschehens geworden zu sein, bis man schließlich die Offenbarung als Selbstoffenbarung verstand: Die Anerkennung des göttlichen »Ich« galt als Ziel der Geschichte (Ex 6, 7 u. ö.), und die Gebote wurden wie im Dekalog ausdrücklich auf dieses »Ich« bezogen (Lev 18, 2 u. ö.). Überhaupt findet sich die sog. Selbstvorstellungsformel zunächst selten. Die älteren Propheten verwenden sie kaum; sie wird erst von Ezechiel und Deuterojesaja häufig gebraucht und ist dann vorwiegend im priesterlichen Sprachgut der Exilszeit verbreitet. Da die alt-

testamentlichen Belege der Theophanierede »Ich bin« einerseits (trotz Gen 46, 3) nicht eindeutig in die Frühzeit zurückreichen, andererseits viele Parallelen aus der Umwelt vorliegen, wird die Selbstvorstellungsformel erst im Kulturland unter fremdem Einfluß aufgekommen sein (vgl. Gen 31, 13?). Dann hat Israel eine Redeweise aus den fremden Religionen übernommen, um mit ihr – durch die Verbindung mit dem geschichtlichen Rückverweis sowie dem ersten und zweiten Gebot (Ex 20, 2–5; Lev 19, 2–4; Hos 13, 4; Ps 81, 10 f) – seinen Gott gerade von den Göttern der anderen zu unterscheiden und so die Besonderheit seines Glaubens auszusagen.

2. Der Name »Jahwe«

1. Wie die Gottheit im Bild mit bestimmten Eigenschaften dargestellt wird, so ist sie ähnlich durch ihren *Namen* charakterisiert und von anderen unterschieden. Er kann etwas von der Wesensart der Gottheit verraten, ihre Merkmale oder den Ort ihrer Erscheinungen angeben. In ihrem Eigennamen wird die Gottheit so gegenwärtig, daß der Mensch sie kennt und anzurufen vermag.

Erschließt der Name »Jahwe« entsprechend etwas von der Wesensart des Gottes Israels? Die Bedeutung des Namens läßt vielleicht noch die Herkunft Gottes erahnen, braucht aber nicht notwendig etwas von der Wirksamkeit zu sagen, die er in der Geschichte entfaltet; Ursprung und Wesen sind eben nicht unbedingt gleich. »Nicht was ein Göttername eigentlich, wirklich und ursprünglich bedeutet, ist von theologischem Belang, sondern nur, welche Welt von Anschauung, Erkenntnis und Offenbarung Gottes die Verehrer eines Gottes mit seinem Namen verbinden ... Auch die Götter haben ihre Geschichte und ihren Gestaltwandel, und auch in denjenigen Fällen, wo ursprünglich der Name des Gottes das Wesen des Gottes treffend und bestimmt umschreibt, kann der Name verblassen und ins Nichtssagende fallen, kann das Wesen des Gottes wachsen und sich ins viel Weitere, ganz Andere wandeln.« (*L. Köhler*, TheolAT, ³1953, 22) Dennoch ist die Schlußfolgerung wohl zu voreilig, die philologische Erklärung des Jahwenamens sei theologisch gleichgültig, zumal schon das Alte Testament einen solchen Deutungsversuch unternimmt (Ex 3,14; vgl. Hos 1,9). Selbst wenn man sich von Spekulationen zurückhält, braucht der Name nicht schlechthin rätselhaft zu bleiben.

Die kanaanäischen Götternamen »El« oder »Baal« sind zugleich Allgemeinbezeichnungen für »Gott« oder »Herr« und Eigennamen eines bestimmten Gottes. Dagegen ist »Jahwe« nur Name. »Jahwe ist sein Name« formuliert etwa Hosea (12, 6; Ex 15, 3 u. a.), oder Gott stellt sich selbst vor: »Ich bin Jahwe, das ist mein Name« (Jes 42, 8). Erst das Judentum hat später die Aussprache des göttlichen Eigennamens streng gemieden (u. § 18, 6).

2.   Neben dem vollen Namen »Jahwe« treten – meist in Personennamen – auch Kurzformen auf, wie »Jahu« (in den Elephantine-Papyri), »Jah« (in poetischen Texten, wie Ex 15, 2; vgl. »Hallelu-jah«) oder gar am Wortbeginn »Jo« (vgl. »Jo-natan«). Man hat lange gezweifelt, ob die Langform ursprünglich oder eine spätere Zerdehnung ist. Wahrscheinlicher ist die erste Lösung: »Jah« ist eine Verkürzung des Tetragramms JHWH. Es wird von der Erläuterung des Gottesnamens Ex 3, 14 vorausgesetzt und ist schon früh nicht nur innerhalb des Alten Testaments (Ri 5, 4 f u. a.), sondern auch auf Inschriften belegt.

Der Gottesname JHWH ist auf Inschriften aus Kuntillet Adschrud, 50 km südlich von Kadesch Barnea, aus dem 9./8. Jh. v. Chr., auf der Siegesinschrift des Königs Mescha von Moab (um 840 v. Chr.; u. § 7, 1 b), auf einem Grab aus Chirbet el Qom (8. Jh.), später auf den Ostraka von Arad und Lachisch sowie anderwärts bezeugt.

Texte, die wie die Mescha-Stele etwa gleichzeitig mit dem Alten Testament den Gottesnamen »Jahwe« bezeugen, beziehen ihn auf den Gott Israels. Sie tragen also für die Erforschung der Herkunft des Namens »Jahwe« nichts Wesentliches aus; sie liefern keine Möglichkeit einer historischen Ableitung. Darum fand die These, diese Gottesbezeichnung sei genuin israelitisch, immer wieder Verteidiger.

In Personennamen aus Syrien ist als theophores Element schon früh *Ja* (Ebla, 3. Jahrtausend v. Chr.; Ugarit), später auch *Ja'u* (assyrische Inschriften des 8. Jh.) bezeugt.

In den mythologischen Texten von Ugarit wird einmal ein Gott *Jw*, Sohn des Gottes El, erwähnt. Die Stelle ist jedoch so undurchsichtig, daß sie zum Verständnis wenig beiträgt. *Jw* ist hier wohl nur ein anderer Name für den Meeresgott »Jam«, von dem die Mythen viel zu erzählen wissen (vgl. u. § 10 b). Auf keinen Fall kann man aus diesem Einzelbeleg folgern, daß »Jahwe« früher ein kanaanäischer Gott, ein »Sohn Els« gewesen sei (vgl. § 3 c).

Wieweit solche Belege aus dem nordsyrischen Raum mit dem Gottesnamen Jahwe zu verbinden sind, bleibt unsicher.

Aus Mari sind sog. amoritische Personennamen bekannt, die zwar nicht den Jahwenamen, aber ein ihm ähnliches Verbelement *jawi* enthalten. Sie werden allerdings verschieden erklärt: »(Gott) ist/erweist sich (bei dem Kind als Helfer)« oder kausativ »(Gott) bringt ins Sein«. Möglich ist auch die Übersetzung: »(Gott) lebt« bzw. »bringt ins Leben«. Es handelt sich jeweils um Dank- oder Vertrauensnamen, die Schutz und Beistand der Gottheit für das Kind bekennen oder herbeiwünschen. Ein Zusammenhang mit dem Jahwenamen könnte »insofern bestehen, als die Handlung, die in diesen . . . Namen der Namengeber von der Gottheit wünscht, in dem Namen Jahwe zur Wesensbezeichnung eines bestimmten Gottes und damit zum Eigennamen geworden wäre.« (*M. Noth*, Die israelitischen Personennamen, 1928, 112). Wurde, was hier angesagt ist, im Namen Jahwe zum Wesen und Eigennamen dieses einen Gottes: »er ist/erweist sich/wirkt«?

Aus dem vorislamischen Arabien sind auch Gottesnamen von vergleichbarer Gestalt und Bedeutung bekannt: *Jaġūṯ* »er wird helfen« oder *Ja'ūq* »er wird schützen (?)«. Die Namensform scheint also in früher Zeit möglich zu sein.

Innerhalb des – bisher bekannten – außerbiblischen Materials verdienen ägyptische Listen aus vorisraelitischer Zeit (Soleb und Amara West, 14. und 13. Jh.) besondere Beachtung. Sie erwähnen neben einem »Land der Schasu (-Beduinen) Seir« ein »Land der Schasu *Jhw'*«. Dieser Name bezeichnet wohl ein Gebiet oder spezieller ein Gebirge. So paßt die Nachricht zu alten alttestamentlichen Angaben, in denen Jahwe als Gott eines Berges (Sinai) erscheint, und führt außerdem wieder in den Raum südöstlich Palästinas (zu Seir vgl. Ri 5, 4 u. a.; o. § 5 d). Sollte hier die Heimat des Jahwenamens sein? Jedenfalls scheinen sich alte Vermutungen zu bestätigen: Der Name »Jahwe« ist kaum auf Israel beschränkt und außerdem älter als das Alte Testament; d. h., er ist mit einiger Wahrscheinlichkeit ursprünglich nicht israelitisch.

3. Wenn der Name Jahwe dem Alten Testament bereits vorgegeben ist, kann seine Grundbedeutung längst unverständlich geworden sein. So hat man den Ursprung in verschiedenen Sprachen und bei verschiedensten Wortarten gesucht. Man kann »Jahwe« etwa als Nominal- oder Verbalform (Imperfekt) bestimmen und vom Wortstamm »fallen« (*hwh*) oder »sein« (*hjh*, aramäisch *hwh*) ableiten. Je nachdem welche Möglichkeiten man wählt und miteinander verbindet, ergibt sich ein ganz verschiedener Sinn: Der »Wehende« oder »Fällende«, d. h. der Blitzeschleuderer, würde Jahwe als Wettergott charakterisieren, aber entsprechende Gottheiten aus Israels Umwelt, wie Baal oder Hadad, heißen nie ähnlich. Auch eine Deutung als Kultruf *ja-huwa* »O, Er!« oder die Übersetzung »der leidenschaftlich Liebende« und manche andere Lösungen wurden vorgeschlagen. Am ehesten kommt eine Ableitung vom Stamm »sein« in Betracht.

Im Namen Jahwe scheint sich die sprachgeschichtlich ältere Verbform (*a* im Präfix, *hwh* aramäisch statt *hjh*) erhalten zu haben.
Eine vergleichbare Struktur (3. Ps. Sg. Impf. im Grund- oder Kausativstamm) zeigen – alte – Personennamen wie Jakob, Joseph oder, verbunden mit dem Gottesnamen El, etwa noch Isra-el; auch eine Tempelsäule (1 Kön 7, 21) trägt einen entsprechenden Verbalformnamen: Jachin (»er möge aufrichten« o. ä.).

Bei einem Gottesnamen bietet sich zunächst ein kausatives Verständnis an: er »macht sein«, »ruft ins Sein«, »der Schöpfer«. Doch ist eine solche Form (*hifil*) bei dem Verbum »sein« sonst nicht gebräuchlich. Außerdem bleibt dann rätselhaft, warum Schöpfungsaussagen in den älteren alttestamentlichen Traditionen (von den Erzvätern, vom Exodus und Sinai) zumindest zurücktreten und auch später nur ungleichmäßig bezeugt sind (u. § 11 f).
Nach allem liegt – in Übereinstimmung mit Ex 3, 14 – die einfachste Deutung am nächsten: er »ist, erweist sich, wirkt«.
Falls die etymologische Erklärung richtig ist, hilft sie fast wider Erwarten zum Verständnis »Jahwes« ein Stück weiter. Der Eigenname besteht in einer Aussage über Gott in dritter Person. Darum kann man fragen, ob »das in Israel und im späteren Judentum immer neu wirksam werdende Be-

streben, den Gottesnamen wegen seiner großen Heiligkeit zu vermeiden und Ersatzbezeichnungen wie ‚(mein) Herr‘, ‚Der Heilige‘, ‚Der Name‘ zu wählen, sich viel früher schon abzeichnete, als wir bisher annehmen« (*W. v. Soden*, 184). Waltet von Anfang an ein Geheimnis um den Gott Jahwe, der sich in seinem Sein bzw. Wirken offenbart und ansprechen läßt, sich aber weiterem Zugriff, etwa durch ein Gottesbild, entzieht und seinen Namen vor Mißbrauch schützt? Ist darum »er wird (da)sein« doch der angemessene Name?

Darüber hinaus wird in ihm, falls die Worterklärung stimmt, in besonderem Maße die Einheit von Namen und Wesen erkennbar. Was Gott »ist«, erscheint in dem, wie er heißt. »Sein« meint im Alten Testament kein absolutes »für sich sein«, sondern eher »da, gegenwärtig, wirksam sein« oder gar »sich als Helfer erweisen«. So könnte der Name »er ist« einerseits zugleich den Dank des Menschen aussprechen, daß Gott eingegriffen hat, wie Hoffnung und Vertrauen, daß Gott sich wieder geneigt erweisen werde. Andererseits stellt sich dieser Gott so vor, wie er verstanden sein will: von seinen Taten her. Die Wirklichkeit dieses Gottes ist – schon vom Namen her – seine Wirksamkeit.

4.   Die gleiche etymologische Ableitung des Wortes »Jahwe« vom Stamm »sein« bietet das Alte Testament selbst an der einzigen Stelle, an der es den Gottesnamen deutet (Ex 3, 14 E).

Die Erläuterung des Jahwenamens Ex 3, 14 ist sprachlich eng in den voraufgehenden Text des Elohisten (V 9 f) eingebunden und schließt an die göttliche Ichrede V 12 »Ich werde (mit dir) sein« an, ja ist durch diese Verheißung wohl überhaupt erst angeregt. Zudem scheint der um 750 v. Chr. im Nordreich auftretende Prophet Hosea (1, 9) mit dem Gotteswort, das den Symbolnamen seines dritten Kindes deutet: »Ich, ich werde nicht (mehr) für euch da sein«, Ex 3, 14 kritisch aufzugreifen. Wohl nur V 15, der außer V 14 am Zion gepflegte Psalmensprache (Ps 135, 13; 102, 13) aufnimmt, ist Zusatz.

Liegt hier wie in vielen anderen Fällen (z. B. »Babel« Gen 11, 9 oder »Mose« Ex 2, 10) eine volkstümliche Erklärung vor, die in späterer Zeit auf Grund des Gleichklangs von Worten einem unbekannt gewordenen Namen neuen Sinn abzugewinnen sucht? Gewiß verfolgt die Deutung ein theologisches Ziel. Ist damit aber ausgeschlossen, daß sie sachgerecht verfährt? Nur setzt sie die Namensaussage »er ist« in die Ichrede des göttlichen Offenbarungswortes um und wechselt vom Aramäischen (vgl. Dtn 26, 5) bzw. von der im Aramäischen bewahrten älteren Wurzelform ins Hebräische über; von daher wird der erhebliche Sprachunterschied zwischen dem Namen und seiner Deutung (*jahwe-'ehje*) verständlich.

Auf Moses Bitte um Auskunft über den Namen antwortet Gott nicht direkt mit der Selbstvorstellung »Ich bin Jahwe«, sondern indirekt, auslegend: »Ich werde sein, der ich sein werde« bzw. »Ich bin, der ich bin«. Bei der Wiederholung wird die Umschreibung gekürzt; Mose soll sagen: »‚Ich bin‘ hat mich zu euch gesandt.« Mit dieser – sehr unterschiedlich verstehbaren –

Antwort will Gott kaum, um seine Unabhängigkeit zu wahren, ins Unnennbare, Unbestimmbare und Unfaßbare ausweichen oder seinen Namen verweigern (vgl. Gen 32, 30; Ri 13, 6. 17 f), sondern ihn gerade erklärend offenbaren. Würde die Zurückweisung – in einer Situation, in der Gott Befreiung aus der Not verheißt, der Beauftragte aber zögert – nicht bedeuten, daß Gott Mose Steine statt Brot gibt? Der Sinn des Satzes liegt auch kaum in der Feststellung: Gott ist unbezweifelbar wirklich, obwohl man im Anschluß an die griechische Übersetzung »Ich bin der Seiende« Ex 3, 14 gerne auf das Sein Gottes bezog, sei es seine Aseität, seine Einzigkeit im Gegensatz zu den Götzen (»der allein Seiende«) oder sein Einssein mit sich, seine Treue bzw. Beständigkeit (»der Immergleiche, Ewige«; vgl. Ex 3, 15). Eher kennzeichnet auch diese Aussage Gottes Wesen als Wirken. Gott sagt seine machtvolle, hilfreiche Gegenwart beim Menschen zu (vgl. Ex 3, 12 »Ich bin mit dir«, die Entfaltung 6, 7 P und die Bestreitung Hos 1, 9). Dabei mag im Zusammenhang besonders an die Befreiung aus der ägyptischen Fron gedacht sein; doch klingt die Aussage viel allgemeiner, weit grundsätzlicher, als es die Situation erfordert: »Ich werde dasein bzw. wirken.« Das Wort schließt nicht nur das eine Ereignis, sondern auch die folgenden ein und verbindet so die Verheißung göttlicher Gegenwart mit der Offenheit für die künftige Geschichte. Das Moment der Freiheit, das dabei (durch die Paronomasie) zur Geltung kommt, schlägt beim Propheten (Hos 1, 9) in radikale Kritik um.

3. Jahwe – Gott der Midianiter?

1. Wahrscheinlich ist der Jahwename Israel vorgegeben (vgl. Gen 4, 26; 9, 26 u. a.). Aus welchem Bereich könnte er aber stammen? Verschiedene Ansatzpunkte ließen bereits eine ursprüngliche Beziehung Jahwes zum Raum südlich Palästinas, in dem auch die Midianiter zu Hause sind (vgl. 1 Kön 11, 18; Jes 60, 6), vermuten:

a) Nach alten Theophanieschilderungen (Ri 5, 4 f; Dtn 33, 2 f u. a.) bricht Jahwe von einem Berg im Bereich der Edomiter auf.

b) Der Name »Jahwe« scheint nach außerbiblischen (ägyptischen) Zeugnissen in vorisraelitischer Zeit in jenem Gebiet beheimatet gewesen zu sein.

Unabhängig von diesen Argumenten liefert das Alte Testament weitere Gründe für die Rekonstruktion eines solchen Überlieferungszusammenhangs. Nach einer Reihe von Texten war *Moses Schwiegervater* Midianiter (Ex 2, 16; 3, 1; 4, 18 f; 18, 1 ff; Num 10, 29), nach einer anderen Tradition allerdings Keniter (Ri 1, 16; 4, 11).

Wie Moses Eltern (Ex 2, 1) trat auch sein Schwiegervater, »Priester von Midian« (2, 16; 3, 1; 18, 1), ursprünglich vielleicht namenlos auf, führt im Alten Testament jetzt jedenfalls verschiedene Namen: Reguel (2, 18), Jitro (3, 1; 18, 1 ff) bzw. Jeter (4, 18), Hobab (Ri 4, 11; vgl. 1, 16) und – wohl zwei Traditionen ausgleichend –

Hobab, Sohn Reguels (Num 10, 29). Jedenfalls spielt diese Verbindung mit den Midianitern in wechselnden Zusammenhängen eine Rolle: Moses Heirat (Ex 2, 21 f), Berufung am Gottesberg im Bereich der Midianiter (3, 1), Begegnung in der Wüste (18, 1 ff) und Begleitung auf dem Weg ins Kulturland (Num 10, 29 ff).

Da Moses Schwiegervater auch als Keniter gilt, kann man vermuten, daß die Stämme der Midianiter und Keniter in einem Verwandtschaftsverhältnis standen, letztlich also nur eine Tradition vorliegt. Muß man jedoch zwischen beiden Überlieferungen wählen, wird man die Verbindung zu den Midianitern für älter halten. Israels Beziehungen zu ihnen waren – anders als zu den Kenitern – seit der Richterzeit (Ri 6 ff) gespannt (s. u.). Der allerdings jungen Erzählung Num 25, 6 ff gilt die Verbindung eines Israeliten mit einer Midianiterin als Vergehen, und die späte Priesterschrift (Ex 1, 13 f; 2, 23–25; 6, 2 ff) verschweigt Moses Kontakte zu den Midianitern kaum ohne Absicht völlig. Außerdem ist das Zeugnis Ri 1, 16; 4, 11 nicht von gleichem Wert wie die verschiedenartigen Pentateuchnachrichten. So ist die Überlieferung von einer Verschwägerung Moses mit den Midianitern aus späteren Verhältnissen kaum mehr erklärbar, sondern wird in die früheste Zeit zurückreichen (vgl. Gen 25, 1–4).

Num 12, 1 weiß darüber hinaus von einer kuschitischen Frau Moses. Vermutlich ist jedoch keine Äthiopierin (so die griechische und lateinische Übersetzung), sondern eine Angehörige jenes Stammes Kuschan gemeint, der Hab 3, 7 parallel zu Midian genannt wird. So führt diese Sondertradition in den gleichen, nämlich midianitischen, Raum.

Für sich genommen, besagen so verschiedenartige Angaben sicher wenig. Wenn man aber alle diese Einzelzüge zusammenstellt, wird man die allgemeine Übereinstimmung kaum für zufällig halten können. Zu viele Anhaltspunkte weisen in den Bereich der Midianiter.

2. Von diesen Beobachtungen her erhält eine recht ausführliche Erzählung des Alten Testaments Gewicht, die vielleicht noch Israels Verbindung im Glauben mit diesem Volksstamm widerspiegelt. Unmittelbar vor der Sinaiperikope findet sich ein Bericht von einem *gemeinsamen Opfer* der Midianiter und Israeliten (Ex 18, 1–12). Diese im Kern altertümliche, aber später ausgestaltete Geschichte ist ein Einzelstück (des Elohisten mit Ergänzungen, bes. in V 1b. 8. 9–11), das zwar durch Moses Flucht von Ägypten nach Midian (2, 15 ff) vorbereitet wird, aber keine Fortsetzung erfährt. »Moses Schwiegervater« kommt Mose »in die Wüste, an den Gottesberg« entgegen, um ihm nach der geglückten Rettung aus Ägypten seine Familie wieder zuzuführen (V 5 f.) Doch spielt dieser Anlaß bei der Begegnung selbst keine Rolle; an dieser Unausgeglichenheit wird deutlich, daß die Erzählung verschiedene Motive vereinigt und allmählich gewachsen ist. Nach der ehrenvollen Begrüßung erfährt der Midianiter, was Jahwe an Israel in Ägypten getan hat, und preist deshalb seine Macht: »Jetzt weiß ich, daß Jahwe größer ist als alle Götter« (V 11). Bekehrt sich der Midianiter »jetzt« erst zu Jahwe? In der folgenden Szene tritt Jitro aber als amtierender Priester beherrschend hervor. So gehört jenes Bekenntnis zur Überlegenheit Jahwes über alle Götter kaum zum Überlieferungskern,

sondern stellt nachträglich die Wahrheit des eigenen Glaubens heraus und ordnet sie der Folgehandlung vor; der urtümliche Höhepunkt am Schluß (V 12) steht zum Vorhergehenden in gewisser Spannung. Aber nur in dem Erzählabschnitt (V 8–11), der wie eine Erweiterung aussieht, wird der Name »Jahwe« genannt. Die ursprüngliche Geschichte sagt also nicht unmittelbar, welcher Gott am »Gottesberg« verehrt wurde. Wenigstens verschweigt der Schlußvers völlig, wem die Opfer dargebracht werden, obwohl mit »Gott« gewiß Jahwe gemeint ist:

»Da nahm Jitro, Moses Schwiegervater, – Brandopfer und – Schlachtopfer für Gott; – und Aaron – und alle Ältesten Israels kamen herbei, um zusammen mit Moses Schwiegervater vor Gott ein Mahl zu halten« (V 12).

Erstaunlich ist zunächst das Mahl, das eine Gemeinschaft zwischen Israeliten und Midianitern »vor Gott« schließt und bekräftigt (vgl. Gen 31, 54 u. a.). Auch der Sinaibericht, der die Midianiter nicht nennt, weiß ja von einem Mahl auf dem heiligen Berg, an dem ebenfalls »die Ältesten Israels« beteiligt sind (Ex 24, 11), und von Opfern am Fuß des Berges in der Wüste (24, 5). Von einem »Bund« ist allerdings keine Rede, diesen Begriff kennt die älteste Sinaiüberlieferung ja auch kaum. Verwunderlicher ist aber noch: Moses Schwiegervater, der als »Priester von Midian« (V 1) eine amtliche Stellung innehat, bringt die Opfer dar, während »alle Ältesten« als Vertreter Israels beim Essen gleichsam nur als Gäste geladen sind, also an einer fremden Opferfeier teilnehmen.

»Aaron« ist ähnlich wie in Ex 24, 1. 9 als Vertreter des Priestertums eher nachträglich hinzugekommen; desgleichen ist das feierliche, nicht zum Verzehr bestimmte »Brandopfer« wohl Zusatz.

Schließlich wird Mose nicht mehr erwähnt – vielleicht deshalb, weil das Treffen zum gemeinsamen Mahl mehr als eine Familienangelegenheit war? Wurde Israel an einem midianitischen Wallfahrtsheiligtum in den ortsüblichen Kult aufgenommen, so daß beide Völker oder Stammesgruppen *einen* Gott haben? Das Kapitel Ex 18 allein ist zu schwach, als daß es die Übernahme des Jahwekultes von den Midianitern beweisen könnte, aber es ist ein Glied in der Kette der Argumente. Da der Midianiterpriester doch wohl seinem Gott opferte, liegt die Vermutung nahe, daß die Midianiter ursprünglich Jahweverehrer waren.

Die Abhängigkeit Israels von den Midianitern deutet auch die sich anschließende Erzählung über die Organisation der *Rechtsprechung* (Ex 18, 13–17) noch an. Mag innerhalb der vorliegenden Endgestalt des Pentateuch schon Verwunderung erregen, daß Ex 18, 12 vor dem Sinai (mit den dort gegebenen priesterschriftlichen Kultgesetzen) von Opfern weiß und damit einen Altar voraussetzt, so ist erst recht auffällig, daß vor Proklamation der Rechtssammlungen Ex 20 ff bereits in 18, 13 ff von Rechtsprechung die Rede ist.

Um Mose zu entlasten, rät ihm sein Schwiegervater, zuverlässige, gottesfürchtige Männer als – untergeordnete – Richter einzusetzen, die die leichten, alltäglichen Fälle übernehmen, während Mose selbst die schwierigen, bedeutenderen Fälle (aus dem sakralen Bereich?) vorbehalten bleiben. »Mose hörte auf die Stimme seines Schwiegervaters und tat alles, was er sagte« (V 24). Der Zusammenhang zwischen diesem Bericht von der Midianiterhilfe bei der – eher Verhältnissen späterer Zeit entsprechenden – Neugliederung des Rechtswesens und der vorangehenden Opferszene ist nur sehr lose.

Hilft diese Geschichte trotzdem zu erklären, warum der »Sinai« zum Ort der Gebotsverkündigung wurde? Auch sonst weiß die Überlieferung von *Oasen* zu berichten, an denen Urteile gefällt wurden; so heißt *Kadesch* »Gerichtsquelle« (Gen 14, 7; vgl. Ex 17, 7 Meriba: Ort des »Rechtsstreits«?; auch 15, 25; Num 20, 13. 24 u. a.). In Kadesch sollen sich die Wüstenwanderer nach jüngeren Zeugnissen längere Zeit aufgehalten haben (13, 26; 20, 1. 14. 22; 33, 36; Dtn 1, 19. 46; Jos 14, 6 f; Ri 11, 16 u. a.). War dort eine entscheidende Zwischenstation auf dem Weg ins Kulturland? Über ihre Bedeutung für die Glaubensgeschichte Israels läßt sich allerdings nichts Sicheres ausmachen.

3.   Mehrere Motive verbinden also die Überlieferung von dem örtlich nicht näher festgelegten »*Gottesberg*« (Ex 3, 1; 18, 5; auch 4, 27; 1 Kön 19, 8 ff) *und* dem *Sinai*. Trotzdem scheinen beide unterschieden zu werden: Der Gottesberg heißt nicht gleichzeitig Sinai; in der Sinaiperikope tritt dagegen die Bezeichnung »Gottesberg« zurück (nur Ex 24, 13), und die Midianiter werden nicht erwähnt. Auch wird die Sinaiüberlieferung durch die Theophanie beherrscht, von der die Begegnung am »Gottesberg« nichts weiß (vgl. aber 18, 12: »vor Gott«; auch 3, 1 bβ. 6). Deuten die beiden Namen dann nicht auf verschiedene Ortslagen, so daß sich die Sinai- und die Midianiterüberlieferung auf zwei Gruppen verteilen? Es gibt im weiten kanaanäisch-syrischen Raum viele Gottesberge. Dennoch wäre es sonderbar, wenn der »Gottesberg«, an dem die Begegnung mit den Midianitern stattfand, nicht der Sinai wäre, der vermutlich im midianitischen Gebiet lag. Vor allem muß die Frage unbeantwortet bleiben, welche Gottheit am Gottesberg verehrt wurde – wenn nicht, wie der Kontext (Ex 3, 1 ff; 19, 3. 17 ff u. a.) selbstverständlich voraussetzt, Jahwe vom Sinai. Außerdem könnte sich gerade in den älteren Texten (3, 1; vgl. 18, 5) der Gebrauch des Namens »Gottesberg« aus der Vorliebe des Elohisten für den Begriff »Gott« erklären. Beziehen sich die alttestamentlichen Aussagen ursprünglich aber auf denselben heiligen Berg in der Wüste, so erscheint das Ereignis nur noch vielfältig gebrochen in allerlei Einzelberichten, die sich auf die Überlieferungsstränge vom Sinai (Ex 19; 24) und vom Gottesberg (Ex 18; vgl. Ex 3) aufteilen.

4.   Auch die Gotteserscheinung im *brennenden Dornbusch* findet im midianitischen Bereich statt; wie zuvor die Töchter (Ex 2, 16 ff), so hütet nun Mose die Schafe des Priesters von Midian (3, 1), als sich die Offenbarung ereignet.

Ex 3 ist literarisch nicht einheitlich (etwa: V 1*–4a. 5. 7 f. 16 J und V 1 bβ. 4b. 6. 9–14 E) und enthält zwei Hauptmotive (*H. Greßmann*): Die – nur vom Jahwisten überlieferte – »Entdeckersage«, die von einer Theophanie einer bestimmten Stelle in der Wüste berichtet (3, 1–5), bildet die szenische Einleitung für die »Berufungssage« (3, 6 ff), in der Mose den Auftrag zur Führung Israels aus Ägypten erhält.

Die erste Erzählung, die in dem Deutewort »Der Ort, auf dem du stehst, ist heiliger Boden« (V 5; vgl. Jos 5, 15) ihren – im Kontext vorläufigen – Abschluß erfährt, erinnert an die Ortsätiologien der Genesis (28, 16 f u. a.; o. § 3e); auch sonst können Bäume Offenbarungsstätten sein (12, 6 f; 18; 1 Kön 19, 5 u. a.). Darf man auf Grund dieser Parallelen folgern, daß sich auch in Ex 3, 1–5* die Sage von einem in der Wüste an einem heiligen Ort gepflegten Ritus (mit Ablegen der Schuhe) verbirgt? Wurde Jahwe mit dem »Dornbuschbewohner« – dieser Gottesname erhielt sich Dtn 33, 16 – gleichgesetzt? Allerdings ist (anders als Gen 16, 13 f; 28, 18 f u. a.) von einer Benennung dieses Orts und der Stiftung des Kults keine Rede. Jedenfalls bleibt fraglich, ob die Erzählung von einer heiligen Stätte in der Wüste seit je von Jahwe und von Mose als dem Empfänger der Erscheinung wußte.

Oder gehört die Namensoffenbarung Jahwes doch schon früh in diesen Überlieferungsbereich? Sie wird zwar nur von einer der beiden Quellenschriften (V 9 ff E mit einem Ri 6; 1 Sam 9 f; Jer 1 analogen Wechselgespräch von Auftrag, Einwand, Abweisung des Einwands mit der Zusicherung göttlichen Beistands und Zeichen) geboten, klingt aber auch bei der anderen nach (V 16 J; vgl. Ex 6, 2 P). Schließlich erinnert die »Feuerflamme« (in einer Art Überschrift Ex 3, 2a; vgl. Gen 18, 1) als Begleiterscheinung der Theophanie an die Sinaioffenbarung (Ex 19, 18; Dtn 4, 11 ff. 15 u. a.); ob der Dornbusch aber am Sinai gelegen hat (das Wort *sᵉne* »Dornbusch« spielt wohl auf *sinai* an), ist schwer zu entscheiden. In dem Bericht haben sich überhaupt ganz verschiedene Motive zusammengefunden: Gottes Erscheinung und Moses Beauftragung, Identifizierung Jahwes mit den Vätergöttern, Verheißung der Befreiung aus Ägypten u. a. So bleibt das Kapitel überlieferungsgeschichtlich schwer durchschaubar, und es lassen sich schlecht historische Schlüsse aus ihm ziehen. Darum wird man auch nur mit Vorbehalt die Hypothese vertreten können, durch die Erzählung von Moses Berufung scheine noch die Erinnerung hindurch, daß Israel die Jahweverehrung im midianitischen Bereich übernommen habe.

5.   Die verschiedenen Berichte (in Ex 2 f; 18) über Beziehungen Israels zu den Midianitern bezeugen nicht ausdrücklich, daß diese – und mit ihnen Moses Schwiegervater, »der Priester von Midian« – Jahwe verehrten. Vielleicht enthält das Alte Testament in einer seiner merkwürdigsten Geschichten einen direkteren Beleg. Allerdings bleibt die knappe, dunkle Erzählung Ex 4, 24–26 mehrdeutig; sie setzt die Nachricht von der Heirat Moses mit Zippora und der Geburt des Sohnes (Ex 2, 21 f) voraus, erfährt aber keine Fortsetzung. Namentlich werden nur Jahwe und Zippora, nicht Mose erwähnt; überhaupt begnügt sich die Erzählung an entscheidender Stelle mit Personalpronomina (ähnlich Gen 32, 26), so daß die Ausleger die Handlung auf verschiedene Personen beziehen und dadurch höchst unterschiedlich deuten konnten: An einem Übernachtungsplatz tritt ihm (Mose?; vgl. 4, 20) Jahwe entgegen und sucht ihn zu töten; da schneidet Zippora die Vorhaut ihres Sohnes ab, berührt seine (eher Moses als des Sohnes oder gar des angreifenden Dämons) Füße (= Geschlechtsteile?) und sagt: »Ein Blutbräutigam bist du (wieder eher Mose als der Sohn oder gar die göttliche Gestalt) mir.« Darauf läßt er (Jahwe) von ihm (Mose?) ab.

Motivlich steht die Erzählung Überlieferungen wie Gen 32, 23 ff (auch Num 22, 22 ff
u. a.; o. § 3 e) nahe: Ein göttliches Wesen stößt bei Nacht auf einen einzelnen und
sucht ihn zu töten, doch kann er der Gefahr entkommen. Erinnert die Bewahrung
(durch Blut) darüber hinaus nicht an den Passaritus Ex 12, 22 f?
Nach der Erklärung, die im Zusammenhang (4, 20 ff) am nächsten liegt, ist Mose der
Bedrohte. Die Frau wehrt die Gefahr ab, indem sie – mag Mose selbst beschnitten
sein oder nicht – ihren Sohn beschneidet und (mit dem Blut) die Füße oder die Scham
doch wohl ihres Mannes berührt; da der Beschnittene ohnehin blutet und keines
weiteren Zeichens bedarf, gilt der Akt der Berührung eher einem anderen, nämlich
dem Angegriffenen. Auch kann sich das schwerverständliche Deutewort »Ein Blutbräutigam bist du mir!« nicht auf den Sohn, erst recht nicht (über V 25 a hinweg) auf
Jahwe, sondern nur auf Mose beziehen: Bisher war Zippora ihm nur durch Heirat
verbunden; jetzt wird die Beziehung durch Blut bekräftigt oder vertieft, so daß gleichsam eine Blutsverwandtschaft entsteht. Zugleich könnte jener umstrittene, vielleicht
sprichwörtliche Ausdruck den durch Blut geschützten oder auch ausgesonderten, ge-
heiligten Bräutigam meinen.
In der Regel nimmt man an, daß Jahwe »vielleicht im Zuge der alttestamentlichen
Übertragung aller übermenschlichen Wirkungen auf den einen Gott an die Stelle
eines in dieser Episode ursprünglich gemeinten lokalen Dämons getreten ist«
(*M. Noth*, z. St.). Anders als jene mehr oder weniger entfernten Parallelerzählungen
(vgl. Gen 32, 25: ein »Mann«) gibt Ex 4, 24 ff von sich aus jedoch keinen Anhalt für
die Auffassung, daß Jahwe hier ein dämonisches Wesen ersetzt habe. Sollte er also
ursprünglich der Angreifer sein? Daß eine Frau – durch Steinmesser (vgl. Jos 5, 2 f) –
die Beschneidung vornimmt, ist ein gewiß höchst urtümlicher, im Alten Testament
nicht nochmals belegter Zug. So ist die Möglichkeit gegeben, daß die Namen des
Gottes Jahwe und der Tochter des Midianiterpriesters Zippora wenn nicht seit je, so
doch schon früh in diese Überlieferung gehören.

Das Alte Testament konnte diese Erzählung, in der sich die schweren, er-
schreckenden Erfahrungen des Menschen mit Gott widerspiegeln, bewahren, weil es die dunklen Seiten des Glaubens und Lebens nicht aus-
klammert (u. § 6 b, 5).

6. Vermutungen über die Herkunft der Jahweverehrung werden noch
dadurch erschwert, daß das Alte Testament auch von frühen Beziehungen
Jahwes zu den *Kenitern* weiß; Hauptzeugnis ist Gen 4.

Die Erzählung von Kains Brudermord (Gen 4, 1–16) wird auf zwei grundverschiedene Arten ausgelegt, die sich nicht gegenseitig auszuschließen brauchen: Die kollek-
tiv-stammesgeschichtliche (*J. Wellhausen* u. a.) und die individuell-urgeschicht-
liche. Diese versteht Gen 4 aus dem Zusammenhang mit der Schöpfungs- und
Paradiesgeschichte Gen 2–3, zumal beide jahwistischen Texte eine ähnliche Struktur
(Warnung, Vergehen, Fluch, Strafmilderung u. a.) aufweisen: »Zu dem Frevel gegen
Gott tritt der gegen den Bruder, zu der Beziehung von Mann und Frau die von Bruder
zu Bruder« (*C. Westermann*, BK I/1, 786). Unerklärt bleibt dann aber der konkrete
Name Kain, der – gegenüber Adam »Mensch« oder Eva »Leben« – keine Allgemeinbedeutung hat, also unerfindbar ist und im Zusammenhang der übrigen Vorkommen dieses Namens gesehen werden muß. Er ist als Personen- zugleich Stammes-
name.

Kain, Ahnherr der Keniter (Num 24, 21 f; Ri 4, 11), trug ein Jahwezeichen (Gen 4, 15), das Eigentum und Schutz der Gottheit, damit Sicherung gegen Mord (vgl. Ez 9, 3 ff), bekundet. Zudem zählte man die Rekabiter, die sich leidenschaftlich für Jahwe einsetzten (Jer 35; 2 Kön 10, 15 ff), zumindest später zu den Kenitern (1 Chr 2, 55). Auch wird, wenn die Keniter Jahweverehrer waren, leichter verständlich, daß sie zu Juda gerechnet werden konnten (1 Sam 30, 29).

Erklärt sich von daher der Gebrauch des Namens »Jahwe« seit der Urzeit im Werk des Jahwisten, das – anders als die elohistische Quellenschrift – im Südreich entstanden sein wird? Kannte er die im Süden wohnenden Keniter und hatte so vor Augen, daß es eine Jahweverehrung auch außerhalb Israels, vielleicht seit früher Zeit, gab?

Jedoch lebten die Keniter »fern vom Angesicht Jahwes« (Gen 4, 16), d. h. nicht im verheißenen Land mit seinen Heiligtümern. In der Tat waren die Keniter zunächst nicht seßhaft (Ri 5, 24 »im Zelt«; Num 10, 29 ff; anders 24, 21 f; 1 Sam 30, 29), insofern »unstet und flüchtig«, ruhelos am Rand der Wüste. Weist nicht auch die Furcht vor Blutrache (Gen 4, 14 f; vgl. 4, 25) auf nomadisches Milieu?

Solche Züge verraten, daß die Erzählung Gen 4 überlieferungsgeschichtlich nicht ursprünglich mit Gen 2–3 verbunden war. Sie setzt Gleichheit und Ungleichheit der Keniter – Gemeinschaft im Glauben und Andersartigkeit in der Lebensweise – voraus und deutet aus der Sicht der Kulturlandbewohner die Nichtseßhaftigkeit als Lebensminderung gegenüber dem Ackerbau, als Strafe für Schuld.
Allerdings wird die Darstellung im Rahmen der Urgeschichte (nach Gen 2 f) zu einem allgemeinen, beispielhaften Menschheitsgeschehen ausgeweitet: Wer einen Menschen erschlägt, tötet seinen Bruder.

7.   Grob geurteilt: Das Alte Testament bewahrt noch dunkle Erinnerungen, nach denen einerseits Israeliten und Midianiter an einem gemeinsamen Kult teilnahmen (Ex 18, 12), andererseits die Keniter Jahweverehrer gewesen sein können (Gen 4). Dagegen enthält das Alte Testament umgekehrt (wenn nicht andeutend in Ex 4, 24 ff) keine direkten Nachrichten, daß die Midianiter Jahwegläubige waren oder Israel den Gott der Keniter annahm. Lassen sich trotzdem beide Überlieferungen miteinander verbinden, weil beide Stämme in näherer Beziehung zueinander standen? Moses ausländische Verwandtschaft kann ja sowohl midianitisch als auch kenitisch bestimmt werden. So schließt man häufig, daß die Keniter ein Teil der Midianiter waren; für eine solche Gleichsetzung beider Stämme bietet das Alte Testament aber nur geringe Anhaltspunkte.

Beide Gruppen wohnen im Süden Palästinas. Hobab gilt als Midianiter (Num 10, 29) wie Keniter (Ri 4, 16). Henoch erscheint als Sohn bzw. Untergruppe Kains (Gen 4, 17) und Midians (25, 4).

Die sog. Midianiter- oder Keniterhypothese läßt sich daher nicht eindeutig erweisen; auch andere Argumente sind nicht zwingend. Dennoch hat die

Vermutung, daß die vorisraelitischen nomadischen Gruppen den Jahweglauben von den Midianitern oder Kenitern übernahmen, eine gewisse
Berechtigung, weil sie sich auf so verschiedenartige Einzelangaben stützen
kann. Israels Verhältnis zu den *Kenitern* war *freundschaftlich* (Ri 1, 16;
1 Sam 15, 5 f; 30, 29); schon in der Deboraschlacht der Richterzeit entschied die Keniterin Jael durch Tötung Siseras den Kampf Israels gegen
Kanaan (Ri 5, 24 ff). Dagegen wurden die *Midianiter* bald Israels erbitterte
Feinde, die raubend bis nach Palästina vordrangen (Ri 6 f; Jes 9, 3; 10, 26;
Hab 3, 7; Num 25, 6 ff; 31). Um so bemerkenswerter sind die Beziehungen
zu diesem Beduinenvolk in der Frühzeit (vgl. Gen 25, 1–4).

Unabhängig von der Exodustradition bezeugt die Josephserzählung (Gen 37, 28. 36),
daß die Midianiter mit Ägyptern Karawanenhandel trieben, also zumindest gelegentlich bis nach Ägypten vordrangen (vgl. 1 Kön 11, 18).

Sollten also die Midianiter die Vermittlung zwischen Sinai und Ägypten
übernommen haben? Alles in allem kommt jener Hypothese, die so gut den
Zusammenhang zwischen Ägypten, Sinai und Midian, damit die Verbindung des Jahwenamens mit den verschiedenen Überlieferungsblöcken
zu erklären vermag, Wahrscheinlichkeit, aber keine Sicherheit zu.
Geschichtswirksam wurde der Jahweglaube auf jeden Fall erst in Israel.
Wie die mögliche Jahweverehrung bei den Kenitern oder Midianitern ausgesehen haben mag, was diese Stämme mit dem Namen »Jahwe« verbanden, ist unbekannt. War er ihr Schutzgott (Gen 4, 15)? Sollten sie
bereits ausschließlich einem Gott ohne Bild gedient haben? Kaum. Weder
aus außerbiblischen Quellen noch aus dem Alten Testament wissen wir
Näheres von der Art des Gottesglaubens jener Gruppen. Die Midianiter
oder Keniter sind verschollen, während Israel durch seinen Glauben allem
geschichtlichen Auf und Ab standhielt und so mit seinem Glauben Geschichte machte. Insofern gilt auch von »Jahwe«, was man (*C. H. Ratschow*,
Magie und Religion, 1955, 127) allgemein religionsgeschichtlich feststellen
kann: »Die Frage nach dem Ursprung der Götter führt nicht zur Antwort
über das Wesen der Götter.«

4.   Jahwe – Gott Moses?

Lassen sich die Anfänge des Jahweglaubens mit einer bestimmten Person
verbinden? Für einen Teil der früheren und neueren Forschung gilt *Mose*
als Stifter des alttestamentlichen Gottesverständnisses; die Religion gründet
in dem schöpferischen Erlebnis eines einzelnen, das bereits wesentliche
Momente der späteren Entwicklung in sich birgt.

Nach *F. Baumgärtel* gilt von Stifterreligionen: »Eine Person muß – durch das Offen-
barungsereignis angerührt, also nach der Auffassung dieser Religionen von Gott berufen – die Grundkonzeption im Gottesverständnis ein für allemal gefaßt haben.«
Zwar wissen wir infolge der Quellenlage nicht, wie der Anfang der israelitischen

Religion »ausgesehen haben mag; wir wissen nicht einmal, ob dieser Religionsstifter überhaupt gelebt hat, und wenn, ob er ein solcher gewesen ist«. Aber religionsgeschichtlicher Vergleich »führt zum Postulat der Existenz einer Stifterperson«, da »die alttestamentliche Religion nicht aus der Umwelt erwachsen sein kann . . ., vielmehr einen Bruch gegenüber der Umwelt darstellt« (ZThK 64, 1967, 396. 398).

Doch lassen die verquickten überlieferungsgeschichtlichen Verhältnisse einen solchen Rückgriff auf eine Einzelgestalt nur mit starken Vorbehalten zu. Mose trägt für die kritische Forschung, die sich mit ihren Fragestellungen auf diese Situation einläßt, kein »Gesicht« mehr; man gewinnt den Traditionen keine unerfindbare, persönliche Haltung mehr ab, aus der Mose als konkrete Individualität Bestehendes umgestaltet oder ihm Eigenes entgegengesetzt, einen neuen Gott verkündigt hätte. Sind uns schon die Träger der verschiedenen Traditionen unbekannt, so wird erst recht eine Einzelgestalt schwer greifbar. Die spätere Zeit, die die Überlieferung sammelte und übermalte, hat die weit zurückliegende Vergangenheit stark verhüllt. Darum bleiben mehrere Möglichkeiten, auf die Anfänge rückzuschließen, offen. Sowenig wie von Israels Aufenthalt in Ägypten, sowenig berichtet eine ägyptische Urkunde über Mose. Sogar im Alten Testament selbst wird Mose außerhalb des Pentateuchs eher selten erwähnt (Ri 1, 16; 4, 11; Jer 15, 1; Jes 63, 11 f; Ps 90, 1; 103, 7; Mi 6, 4; vgl. Hos 6, 5 u. a.), so daß sich historische Rückfrage faktisch allein dem Pentateuch zuzuwenden hat.

Vielfältig sind die Aufgaben, die Mose übernimmt: Nach dem Jahwisten kündigt er Gottes Heilstat an (Ex 3, 16 f; vgl. 14, 13 f), für den Elohisten wirkt er als Retter (3, 10 ff), in den Rechtssammlungen ist er der Sprecher (Ex 21, 1; vgl. 20, 19; 24, 3 f. 7; Dtn 5 ff), nach der Priesterschrift regelt er durch die kultischen Ordnungen (Ex 25 ff) das gottesdienstliche Leben der Gemeinde. War er Religionsstifter, Gründer und Retter des Volkes, Bundesmittler (vgl. 24, 7 f; 34) oder, wie er zunehmend der späteren Zeit erscheint, Gesetzgeber? Wem ist dieser »Gottesmann« (Dtn 33, 1; Ps 90, 1) zu vergleichen – als Offenbarungsempfänger den Erzvätern, als charismatischer Führer den Helden der Richterzeit oder als Sprecher des Gotteswortes den Propheten, die Zukunft ansagen (vgl. Dtn 18, 15; 34, 10; Hos 12, 14)? Man könnte ihn in jedem Fall einen Mittler nennen; doch bleibt dieser Titel blaß.

Moses Person steht gleichsam im Schnittpunkt der frühen Überlieferungen Israels, da sie die Traditionskomplexe Herausführung aus Ägypten, Offenbarung am Sinai, Führung in der Wüste und – ansatzweise – Landnahme miteinander verbindet. Moses Lebensweg führt ja von Ägypten (Ex 2) über Midian (2, 15–4, 18) nach Ägypten zurück (4, 19 ff), von dort durch die Wüste (13, 17 ff; 15, 22 ff; Num 10, 11 ff) über den Sinai als entscheidende Zwischenstation (Ex 19 – Num 10, 10) bis an den Rand des Kulturlandes, angesichts dessen er stirbt (Dtn 34). So erlebt Mose die Sinaioffenbarung, die Israel erst nach dem Auszug zuteil wird, in vorbereitender Form schon vorher (Ex 3). Weckt nicht bereits dieses Hin und Her kritische Fragen?

Die Problematik spitzt sich zu, wenn jene großen Traditionskomplexe einst
selbständig gewesen sein sollten. Wo war Mose ursprünglich zu Hause – in
der Auszugs-, Sinai-, Wüsten-, Landnahmeüberlieferung oder auch in
jenem Bereich, der sich von den genannten vier abhebt und doch merkwürdig mit ihnen überschneidet: der Midianiterüberlieferung (Ex 2–4; 18)?

Auszugs-, Wüsten- und Landnahmetradition mögen in einem durch die Geschichte
vorgegebenen Zusammenhang stehen – sind aber auch Exodus- und Sinaitradition
mit ihrem höchst unterschiedlichen Charakter seit je miteinander verbunden oder
erst im Laufe der Zeit zusammengewachsen? Hier tauchen Probleme wieder auf,
die sich ähnlich bei der Rückfrage nach dem Ursprung des Jahweglaubens stellen
(o. § 5 d).
Lebte Mose entweder in Ägypten, oder erfuhr bzw. vermittelte er die Sinaitheophanie?
Sollte er ursprünglich eventuell keiner dieser beiden Traditionen angehören?
M. Noth, der Analysen von *E. Meyer* (1906) und *H. Greßmann* (1913) aufnimmt
und zuspitzt, kommt zu dem Ergebnis: Unbezweifelbar ist allein die Tradition von
Moses Tod und Grab im Ostjordanland. Sie gilt als »das Urgestein eines nicht mehr
ableitbaren geschichtlichen Sachverhaltes«. Von dorther fand »Mose als Führergestalt zunächst in die erzählerische Ausgestaltung des Themas ,Hineinführung in
das Kulturland' Eingang, um dann auch in die übrigen Pentateuchthemen . . .
hineinzuwachsen« (ÜP 190). Über diese Ansicht hinaus, die die gesamte im Exodus-
und Numeribuch erhaltene Mosetradition als spätere Entwicklung versteht, läßt sich
der kritische Zweifel nicht mehr treiben; denn die gedanklich noch mögliche Zuspitzung, Mose sei überhaupt unhistorisch, ist gänzlich unwahrscheinlich.

Tatsächlich wird die Überlieferung, daß Mose außerhalb des von Israel be-
siedelten Gebietes starb und an einer nicht genau bekannten Stelle bei-
gesetzt wurde (Dtn 34, 5 f), historisch zuverlässig sein.

Später wurde der Tatbestand, daß der Mittler des Glaubens außerhalb des verheißenen Landes begraben ist, als Strafe für Schuld, seinen Mangel an Gottvertrauen,
gedeutet: Mose durfte dieses Land nicht betreten (Num 20, 12; 27, 12 ff; Dtn 3, 25 ff;
32, 48 ff).

Allerdings vermag jene Grabtradition nicht den hohen Rang zu erklären,
den Mose im Pentateuch innehat. Doch wird man noch einige, wenn auch
wenige Aussagen über Mose mit Zuversicht oder gar Gewißheit machen
können:
Der *Name* Mose (griechisch: Moses) ist zweifellos nicht hebräischen,
sondern ägyptischen Ursprungs. Bekannte Personennamen wie Thut-mose
oder Ra-mses haben die Bedeutung »Der Gott . . . ist geboren bzw. hat (ihn)
geboren«. Demnach ist Mose die – gelegentlich schon im Ägyptischen belegte – Kurzform eines Namenstyps, etwa mit der Bedeutung »Sohn«; das
theophore Element, d. h. der Gottesname, ist weggefallen. Außerdem läßt
sich aus ägyptischen Quellen (vgl. ANET[3] 553 f) belegen, daß Semiten, die
in abhängiger Stellung in Ägypten lebten, einen ägyptischen Namen erhielten, was das Alte Testament ja auch von Joseph berichtet (Gen 41, 45).

Herkunft und ursprüngliche Bedeutung des Mose-Namens spielen im Alten Testament allerdings keine Rolle mehr. Zwar könnte der ägyptische Ursprung noch darin

nachklingen, daß die Pharaonentochter (Ex 2, 10) den Namen gibt, doch wird er dabei – fälschlicherweise – aus dem Hebräischen (»aus dem Wasser herausziehen«) abgeleitet.

Ein unbezweifelbares Urteil über die Herkunft einer Person erlaubt der Name insofern nicht, als sich in Israel auch Personen mit ägyptischen Namen (z. B. 1 Sam 1, 3) finden, die nicht in Ägypten waren. Doch hätte man dem Retter aus der Not und Mittler des Gotteswortes nachträglich gewiß einen israelitischen, speziell jahwehaltigen Namen gegeben. So wird man der Überlieferung trauen dürfen, daß dieser Träger eines ägyptischen Namens auch im Land des Nils lebte.

Darf man darüber hinaus alte Überlieferungssplitter zusammenfügen? Die vertrauenswürdige Nachricht, daß Mose eine Midianiterin heiratete, verdient um so mehr Beachtung, als der Sinai, die Urheimat des Namens »Jahwe«, im Einzugsbereich der Midianiter gelegen haben wird (o. § 5 d, 2; 6 a 3). Liegt deshalb nicht der Schluß nahe, daß Mose – durch Vermittlung der Midianiter, vielleicht speziell seines Schwiegervaters, der ja als Priester auftritt (Ex 18, 12) – den Jahweglauben kennengelernt und den in Ägypten zwangsverpflichteten Israeliten gebracht hat? Eben dies behauptet ja die alttestamentliche Überlieferung (Ex 3 f), und für sie sprechen doch ernsthafte Gründe.

Auffälligerweise fehlt in Ex 1–2 der Jahwename, als sei er der Ägyptengruppe unbekannt (vgl. nur allgemein »Gottesfurcht« 1, 17. 21 E). Selbst die junge Priesterschrift meidet in 2, 23 die direkte Bitte mit der Anrede an Gott (vgl. 14, 10. 15 P). Noch hat sich Jahwe seinem Beauftragten nicht geoffenbart, um dem Volk seinen Beistand zuzusichern. Spiegelt sich in diesem literarischen Tatbestand vorgegebene mündliche Überlieferung wider, nach der der Jahweglaube eben erst durch Mose (vgl. 3, 13 f E; 6, 3 P; auch 3, 16 J) in Ägypten eingeführt wurde? So ließen sich auch jene beiden sich scheinbar widersprechenden Traditionen über den Beginn der Jahweverehrung seit der Urzeit (J) bzw. seit Mose (E, P; o. § 2, 3) miteinander ausgleichen.

Sollte die Tradition weiter darin recht haben, daß Mose von der Identität Jahwes mit dem Gott der Väter überzeugt war (Ex 3, 16 J. 13 f E)? Immerhin könnten Israels Vorfahren in Ägypten den bzw. einen Vätergott gekannt haben (vgl. Gen 46, 1–4; o. § 4).

Nach dem älteren Zeugnis hat Mose den Unterdrückten die Hilfe Jahwes verheißen; die Befreiung bleibt Tat Gottes (Ex 3, 8. 16 f J; vgl. 14, 13 ff). Die Aussage, daß Mose selbst die Herausführung vollbringt, also eine politische Führerrolle innehat (Ex 3, 10–12 E), läßt sich als Abwandlung jener früheren und weiter verbreiteten Tradition verstehen – veranlaßt durch die auch sonst erkennbare theologische Intention des Elohisten, Gottes Transzendenz zu betonen.

Wenn Mose im weiteren Geschehensverlauf als Führer und Sprecher des Volkes bei den Verhandlungen mit Pharao auftritt, so handelt es sich zumindest weithin um sagen- oder legendenhafte Ausgestaltung der Überlieferung.

Konnte Mose seine Landsleute überzeugen, so daß sie im Vertrauen auf sein Wort den Aufbruch wagten und dann die Rettung vor den Verfolgern eben dem Gott Jahwe verdankten (Ex 15, 21)? Sollten derartige Über-

legungen Anhalt an der Wirklichkeit haben, wird verständlich, wieso Mose
in der jüngeren Überlieferungsgestalt eine konstitutive Rolle für den Jahweglauben einnimmt; sie ist ihm nicht erst später zugesprochen, auch wenn
sie dann breit und farbenfreudig ausgemalt wird, sondern war ihm bereits
geschichtlich zugewachsen.

Eine weitere, keineswegs leicht zu nehmende Frage könnte eine Antwort auf diese
Weise finden: Wie kam es, daß sich der Glaube an Jahwe vom Sinai später bei den
verschiedenen israelitischen Stämmen in Palästina durchsetzte? »Mußte« sich der
Gott, der die von einem Streitwagenkorps Verfolgten rettete, nicht geradezu in einer
Situation »empfehlen«, in der man sich gegenüber der Übermacht der Kanaanäer
mit ihren »eisernen Wagen« (Jos 17, 16 u. a.) zu behaupten hatte?

So wird Mose mit Recht als Bindeglied zwischen den Räumen Ägypten,
Midian und Ostjordanland anzusehen sein – hier darf man mit einem
historischen Zusammenhang rechnen. Ob Mose persönlich auch am
Gottesberg bzw. am Sinai war, ist dagegen weitaus schwerer zu ent-
scheiden.
Gewiß kann man der Tradition größeres Recht zusprechen und erwarten,
daß sie durch künftige Forschung in höherem Maße als bisher bestätigt
wird; aber z. Z. kommt die Moseforschung über ein Abwägen verschiedener
Möglichkeiten kaum hinaus. Es läßt sich nicht nachweisen, daß das
Wesensmoment des Jahweglaubens, das man mit dem ersten Gebot um-
schreiben kann, den Gotteserfahrungen dieses Mannes entstammt. So ist
Moses Historizität unumstößlich; seine Person ist nicht umstritten, sein
Werk um so mehr.
Späterer Zeit erscheint er keineswegs nur als Gesetzgeber, sondern auch als
Fürbitter (für das Volk: Ex 15, 25; 17, 4; 32, 11 u. v. a.; für Pharao: 8, 4 ff;
vgl. Jer 15, 1). Ihm ist die schwere »Last dieses ganzen Volkes auferlegt«
(Num 11, 11 ff). Wie es »Gott und Mose glaubt« (Ex 14, 31; vgl. 4, 1 ff),
kann es sich gegen »Gott und Mose« auflehnen (Num 21, 5). Er bietet stell-
vertretend sein Leben zur Sühne an (Ex 32, 30 ff), ja gerät in die Nähe des
Gottesknechts (Jes 53, 3. 7) und des erwarteten Zukunftskönigs (Sach 9, 9),
wenn von ihm bekannt wird (Num 12, 3):

»Der Mensch Mose war sehr demütig –
mehr als alle Menschen, die auf Erden sind.«

b)   Das erste Gebot

Israel hat vielleicht die Verehrung »Jahwes« von anderen Nomadenstämmen, den Midianitern oder Kenitern, übernommen. Durch das erste
und zweite Gebot ist es aber von seiner Umwelt getrennt. Ein vergleichbares Verbot, das die Verehrung fremder Götter ausschließt und kein
Gottesbild erlaubt, kennt der alte Orient nicht.

1. In den altorientalischen Großreichen kommen allerdings hier und da Strömungen auf, die zur Verehrung *eines* Gottes hinführen. So scheint der vielfältige Polytheismus *Ägyptens* einem solaren Monotheismus zuzustreben. Am stärksten zeigt sich diese Tendenz in der Aton-Verehrung Amenophis' IV. Echnatons (um 1350 v. Chr.), der in seinem (Ps 104 vorwegnehmenden) Sonnenhymnus Aton besang als den »einzigen Gott, außer dem es keinen mehr gibt« – mit dem König als dem entscheidenden Mittler: »Es gibt keinen anderen, der dich kennt, außer deinem Sohn.« (RTAT 45 f)

Darum konnte Israel hier kaum Anregungen empfangen. Im Jahweglauben, zumal der vorstaatlichen Zeit, ist der König nicht der Mittler schlechthin (vgl. § 12a). Erst recht ist Jahwe kein Licht- oder Sonnengott und wird auch nicht durch ein entsprechendes Symbol dargestellt.

Außerdem blieb die gewaltsame Durchsetzung des Aton-Kultes, die zugleich aus politischen Gründen geschehen sein mag, um die Amon-Priesterschaft von Theben zu entmachten, Episode. Nach dem Tod des Ketzerkönigs kehrte man zu den alten Gottheiten zurück. Der Aton-Kult hatte die negative Seite des Lebens mit der Totenwelt (Osiris) ausgeklammert. Auch war dieser Versuch, eine Einheit der Gottesvorstellungen zu erreichen, wohl unägyptisch; denn er wollte sie durch Ausschluß der anderen Götter, nicht durch ihre Zuordnung und Verschmelzung gewinnen. Die spätere Zeit fand vielmehr die Einheit in der Vielheit; so faßt etwa die Dreiheit Amon–Re–Ptah die Götter Amon, Re und Ptah zu einer Gestalt zusammen, ohne ihnen ihre Einzelexistenz zu nehmen.

Im *mesopotamischen* Raum äußerten sich monotheistische Bestrebungen in gewissem Sinne ähnlich. Umfangreiche Götterlisten konnten eine Vielzahl von Gottheiten aufzählen und auf verschiedene Weise einander zuordnen: Wesensverwandte Götter wurden gleichgesetzt, andere zu Familien verbunden, wieder andere zu Dienern höhergestellter Götter erniedrigt oder gar zu deren Hypostasen (Erscheinungsformen) und Beinamen herabgedrückt. »Ja, die religiöse Entwicklung, die die Macht mancher Götter in den Augen ihrer Priester und Verehrer immer mehr anwachsen ließ, drängte sogar darauf hin, die Zahl der Götter immer weiter zu verringern, da es vielen ausgeschlossen erschien, daß etwa Marduk von Babylon oder der assyrische Reichsgott Aschschur in ihrer Macht allenthalben durch andere Götter beschränkt sein könnten ... Die letzte gedankliche Konsequenz dieser spätesten Stufe babylonischer Gleichsetzungstheologie wäre der Monotheismus gewesen; die babylonischen Theologen sind dazu aber nicht durchgedrungen, da ihre ‚Wissenschaft' über eine oft sehr stark umdeutende Erläuterung der Überlieferung und deren Ausbau nicht hinauskam« (*W. v. Soden*, Leistung und Grenze sumerischer und babylonischer Wissenschaft, 1965, 58 f). Ansätze zum Monotheismus machen sich aber nicht nur in theologischen Spekulationen bemerkbar. Häufig reden Gebete nicht eine bestimmte Gottheit mit ihrem Namen an, sondern rufen schlechthin »Gott« an. Ähnlich kann die ägyptische Weisheit, die zum rechten Verhalten innerhalb der von Gott gegebenen Weltordnung auffordert, ganz allgemein von »Gott« sprechen, ohne sich auf eine besondere Gottesgestalt zu beziehen.

Üblicherweise war im alten Orient die Duldung fremder Gottheiten und ihrer Kulte selbstverständlich. Zwar blieb beispielsweise der letzte Babylonierkönig Nabonid den Neujahrsfeiern zu Ehren Marduks fern und bevorzugte den Mondgott Sin, aber in der Regel übte man *Synkretismus*. Polytheismus und Synkretismus entsprechen sich. Weil man keine strenge Ausschließlichkeit im Glauben kannte, gab es, genaugenommen, auch keinen Abfall zu fremden Gottheiten. Wer in ein anderes Land zog, verehrte auch nach frühen Angaben des Alten Testaments die Götter dieses Landes (Rut 1, 15 ff; 1 Sam 26, 19; 2 Kön 5, 17 f; Dtn 4, 27 f; auch Ri 11, 24; vgl. Abs. IV, 1).

2. Wenn das Verbot, fremde Götter anzuerkennen – zumal in Verbindung mit dem Bilderverbot –, in Israels Umwelt nicht begegnet, so muß man in ihm etwas für das Alte Testament Spezifisches sehen. Es fehlt ein echtes Vorbild, ist aus den Nachbarreligionen also nicht ableitbar, steht vielmehr ihrem Wesen entgegen. Die Geschichtswissenschaft sucht für jede Erscheinung Analogien, aber nach den gegenwärtigen Kenntnissen läßt sich eine historische Vermittlung des ersten und zweiten Gebots nicht nachweisen. Die Exklusivität im Bekenntnis ist nur Israel eigen.

Vielleicht bot der Glaube an den *Vätergott*, der sich *allein* offenbarte, um die Gruppe zu führen und zu schützen, gewisse Vorformen der Alleinverehrung oder Bildlosigkeit eines Gottes, wenn auch der Forderungscharakter gefehlt haben wird. Jedenfalls wird der Glaube der Väter in der Gestalt, in der er im Alten Testament überliefert ist, dem ersten Gebot gerecht. Es prägt der Sache nach das Gottesverhältnis schon zu einer Zeit, als es dem Wortlaut nach noch unbekannt ist.

Möchte man schließlich vermuten, daß Israel jene Grundgebote von anderen Nomadenstämmen übernahm, so bleibt die Frage unbeantwortet, warum diese Völker mit einem für den alten Orient singulären Glauben in der Geschichte so völlig untergingen, daß sich keine Erinnerung mehr erhielt.

Auch unabhängig vom religionsgeschichtlichen Vergleich, der die Intoleranz im Bekenntnis als Besonderheit des Jahweglaubens erkennen läßt, erscheint das erste Gebot im Alten Testament selbst als Programm; die Gottesforderung an Israel ist in ihm gleichsam gesammelt. Es eröffnet mit dem Bilderverbot zusammen den Dekalog (Ex 20, 3 ff; Dtn 5,7 ff; auch Ex 34, 14–17), obwohl es einmal für sich bestand. Weit stärker als alle folgenden ethischen Verordnungen bestimmt es das Verhältnis zwischen Gott und dem angeredeten Menschen. So spricht der Prophet Hosea das erste Gebot seinen Hörern nicht als Forderung, sondern als Aussage zu:

»Aber ich bin Jahwe, dein Gott, vom Land Ägypten her.
Einen Gott außer mir kennst du nicht,
und einen Helfer außer mir gibt es nicht.«
(Hos 13, 4; vgl. Jes 43, 11; auch Dtn 32, 12. 39; dazu § 18, 3)

Überhaupt zeigt die häufige Wiederholung des Gebots seine Bedeutung an. In wechselnden Situationen bedurfte es anscheinend verschiedener, voneinander abweichender Formulierungen. So begegnet es in fast allen älteren Gesetzessammlungen. Die älteste Fassung mag im Bundesbuch erhalten sein; die knappe Redeweise, die Tat und Folge verknüpft, wurde, um eindeutig zu bleiben, später ergänzt:

»Wer (anderen) Göttern opfert (es sei denn Jahwe allein),
soll gebannt (d. h. getötet) werden.« (Ex 22, 19;
vgl. »allein«: Dtn 32, 12; Jes 2, 17. 11; 1 Sam 7, 3 f; Ps 83, 19 u. a.)

Ausgeschlossen wird nur eine bestimmte Handlung (vgl. zu *sbch* »opfern« § 9 c, 2) – ähnlich dem im sog. kultischen Dekalog überlieferten Verbot der Proskynese:

»Nicht sollst du vor einem anderen Gott niederfallen.« (Ex 34, 14; vgl. Ps 81, 10)

Eher jüngere Wendungen untersagen, »den Namen anderer Götter (preisend, bekennend) zu erwähnen« bzw. »im Munde zu führen« (Ex 23, 13), vor Göttern »niederzufallen« oder ihnen zu »dienen« (Ex 23, 24; 2 Kön 17, 35; vgl. auch Lev 19, 4; 26, 1; Dtn 13; Jos 23, 7 u. a.).

Demgegenüber stellt das allgemeiner gehaltene und als Gottesrede gestaltete Dekaloggebot, das schlechthin »andere Götter« ausschließt, wohl eine spätere Konzentration dar. Auf wen bezieht sich die weite Formulierung ursprünglich: die Götter Kanaans (so Hos 3, 1), die Landesgötter der umliegenden Völker oder auch die Staatsgötter der altorientalischen Großreiche? »Du sollst keine anderen Götter haben vor meinem Angesicht« könnte zunächst ganz wörtlich zu verstehen sein: Vor Jahwes »Angesicht«, d. h. in seiner Gegenwart, dürfen fremde Gottheiten nicht aufgestellt, verehrt oder angerufen (Ex 23, 13. 24; Jes 26, 13) werden. Doch ist der Geltungsbereich des ersten Dekaloggebots kaum auf den Kult beschränkt, sondern richtet sich zugleich gegen ein Verhalten im Alltag, etwa gegen ein Gebet, das Gott »gegenüber« oder gar »zum Trotz« – so könnte man auch übersetzen – andere um Hilfe anfleht. Die Sprache ist in jeder Hinsicht grundsätzlich, absichtlich »zeitlos«, und konnte eben darum so lange wirksam bleiben; denn sie ist auf jede Situation neu anwendbar.

3. Keine Ausdrucksweise läßt sich mit Sicherheit in die nomadische Zeit zurückverfolgen; umgekehrt ist nicht eindeutig festzustellen, daß der Sinaigott seit je die Forderung auf Alleinverehrung erhob. Wurde das erste Gebot erst nach der Landnahme in Worte gefaßt? Vielleicht setzt es die geschichtliche Erfahrung voraus, daß der Jahweglaube fremdem Kult ausgesetzt ist. Die Abgrenzung des eigenen Glaubens vom Polytheismus,

damit der Gegensatz Einheit – Vielheit, wäre dann erst in der Begegnung
mit dem kanaanäischen Pantheon erfolgt. Aber gewiß war die Einzigkeit
der Zuwendung Gottes zum Menschen seit je gegeben; insofern be-
anspruchte der Jahweglaube von Anfang an Ausschließlichkeit, barg zumindest die Möglichkeit zur Exklusivitätsforderung in sich.

Jedenfalls hat das erste Gebot zunächst ein praktisches, kein theoretisches
Ziel; es will nicht lehren, daß ein einziger Gott, Schöpfer und Wahrer der
Gerechtigkeit, ist. Die Grundforderung, Jahwe allein anzuerkennen, ist der
Voraussetzung nach nicht monotheistisch, wie ja der Gott »Jahwe« schon
durch seinen Namen von anderen Göttern unterschieden ist.

Darum kann *J. Wellhausen* (Israelitische und jüdische Geschichte, ⁹1958, 29)
pointiert sagen: »Der Monotheismus war dem alten Israel unbekannt . . . Jahve kam
ihnen nur als der Gründer Israels in Betracht . . . Allerdings haben sie wohl geglaubt,
daß die Macht Jahves weit über Israel hinausreiche; dazu war er ja Gott, daß er den
Seinen aushelfe, wenn ihre Kräfte nicht reichten. Aber dieser Glaube wurde nicht
theoretisch verallgemeinert. Es genügte im gegebenen Falle, daß Jahve jeder wirklichen Not und Gefahr, welche Israel bedrohte, gewachsen war . . . Der Gott Israels
war nicht der Allmächtige, sondern nur der mächtigste unter den Göttern. Er
stand neben ihnen und hatte mit ihnen zu kämpfen; Kamos und Dagon und Hadad
waren ihm durchaus vergleichbar, minder mächtig, aber nicht minder real wie er
selber.«

Die Götter werden also nicht in ihrem »Sein«, aber in ihrem »Sein für«
Israel negiert. Sie (mögen) existieren, aber sie bedeuten nichts für die Angeredeten; denn sie leisten keine Hilfe (Hos 13, 4; Jer 2, 13; u. § 18, 1).
Insofern wird die Existenz anderer Götter nicht geglaubt, sondern vorausgesetzt (vgl. Mi 4, 5). Gottes Einzigkeit ruht nicht auf seinem Allein-Gott-
Sein, sondern in seiner Zuwendung und Forderung; für die, die ihm zu-
gehören, beansprucht er, der einzige zu sein. Das Gottesverhältnis ist zunächst selbst ausschließlich (nach innen), später zieht man die Folgerung
(nach außen). Man kann es mit den nicht ganz eindeutigen religionswissen-
schaftlichen Bezeichnungen »*Henotheismus*« oder »*Monolatrie*« (zeit-
weilige oder dauernde kultische Bevorzugung bzw. Alleinverehrung eines
Gottes) charakterisieren. Aber solche allgemeinen Begriffe reichen zur ge-
nauen Beschreibung des geschichtlichen Phänomens nicht aus. Vor allem
ist das Gegenüber des einen Jahwe zu den anderen Göttern nicht ein für
allemal auf eine bestimmte Weise festgelegt, sondern drängt über alle
statischen Abgrenzungen hinaus.

Gewiß war das erste Gebot keineswegs immer und überall Wirklichkeit.
Man kannte etwa Haus- und Familien»götter« (Gen 31, 19. 30 ff; Ex 21, 6;
22, 7 f; Ri 17, 5; 18, 14 ff. 24). Das Alte Testament weiß von den frühen
Epochen (Gen 35; Num 25; Ri 6, 25 ff u. a.) bis in die Spätzeit (Jer 44;
Ez 8; Jes 57, 3 ff; 65, 2 ff; 66, 17 u. a.) über vielfältige Verführungen zum
Götzendienst zu berichten. Entspricht diese selbstkritische Sicht in der
Sache nicht den archäologischen Zeugnissen? Um das Miteinanderleben
kanaanäischer und israelitischer Bevölkerungskreise in einem Staat zu ge-

währleisten, hat das Königtum, zumal im Nordreich, den Synkretismus sogar fördern können.

Vor allem die Propheten – schon Elija (1 Kön 17 f; 2 Kön 1; auch 9) und später besonders Hosea (2–4; 13, 4), Jeremia (2–3; 44) und Ezechiel (8; 16; 20; 23) – kämpften für die Geltung des ersten Gebots und erwarteten seine Verwirklichung in der Zukunft (Jes 2, 17; 45, 6. 23 u. a.). Auch das Deuteronomium (6, 14; 7, 4 ff; 8, 19; 13, 2 ff; 17, 2 ff u. a.) und die sich ihm anschließende Schule, das deuteronomistische Geschichtswerk, erhoben es zur Grundforderung (Jos 23, 6 ff; Ri 6, 8–10; 1 Kön 11, 2. 4; 2 Kön 17, 7. 16. 35 f). Hier wurde das Entweder-Oder jedem möglichen Sowohl-Als-auch entgegengestellt; Hinwendung zu anderen Gottheiten bedeutete als solche Abkehr von Jahwe. Kannte schon die Richterzeit den Einsatz für die Ausschließlichkeit des Jahweglaubens (Ri 6)? Auch die öffentliche Preisgabe der mitgeführten fremden Gottheiten (Gen 35, 2–4; Jos 24, 14 f. 20) kann man sachlich als Verwirklichung des ersten Gebots verstehen. Aber seine Macht entfaltete das Fremdgötterverbot zweifellos erst in der Auseinandersetzung Israels mit der kanaanäischen Religion.

4. Thema des ersten (wie zweiten) Gebots ist zunächst nicht »Gott selbst«, sondern das Verhalten des Menschen zu Gott. Doch hat Israel später von der Ausschließlichkeitsbestimmung unmittelbar auf eine *Eigenschaft* Jahwes geschlossen und mit ihr wiederum die Forderung interpretiert: »denn ich Jahwe, dein Gott, bin ein eifernder Gott« lautet die Begründung des ersten Gebots (Ex 20, 5; 34, 14; Dtn 6, 14 f; 32, 16 ff; Jos 24, 19 u. a.). Dieses Bekenntnis zu Jahwe als einem »eifersüchtigen Gott« ist um so bemerkenswerter, als das Alte Testament nur sehr wenige Prädikate Gott selbst beilegt. Vergleichbar ist die Wesensaussage von Gottes Gnade und Barmherzigkeit (Ex 34, 6 f; Ps 103, 8 f u. a.). So kann man historisch nicht das erste Gebot von Jahwes »Eiferheiligkeit« her verstehen; denn auch die Belegstellen im Dekalog begegnen erst in jüngeren (deuteronomistischen) Zusätzen zu den alten Rechtssätzen. Doch wie das Gebot selbst, so ist auch der »Eifer« eines Gottes gegen andere Götter der Umwelt unbekannt. Erst mit dieser Beifügung *qanna'* »eifernd« wird der Gottesname El völlig israelitisch umgedeutet und nun gegen seinen Ursprung gerichtet. Die Nachbarreligionen kennen wohl den Vorrang eines Gottes über die anderen, aber nicht die Ausschließlichkeit – und zwischen beidem ist ein Sprung, der Israel vom alten Orient trennt. Strenggenommen wendet sich allerdings Jahwes »Eifer« nicht gegen die fremden Götter, als ob er mißgünstig seine Nebenbuhler verfolge, sondern gegen Israel, das sich den fremden Göttern anvertraut. Auch Jahwes »Eifer« bezieht sich also auf sein Verhältnis zu den Menschen; er fordert die Ausschließlichkeit ihres Glaubens und ahndet ihre Übertretungen (Ex 20, 5; Dtn 6, 15).

Das Deuteronomium entnimmt dem Anspruch auf Alleinverehrung gar die Einheit oder Einzigkeit Gottes und formuliert damit das für die spätere Zeit grundlegende Bekenntnis (Schma):

»Höre, Israel, Jahwe unser Gott,
Jahwe ist einer (bzw. allein, einzig).« (Dtn 6, 4;
vgl. »einer/einzig« Sach 14, 9; Mal 2, 10; Hi 31, 15)

Aus dieser lehrsatzartigen, allgemeinen und allgemeingültigen Aussage
wird sogleich die Folgerung gezogen: »Du sollst Jahwe, deinen Gott,
lieben«; ihm gilt ungeteilte Hingabe (Dtn 6, 5; vgl. 1 Kön 8, 61; 11, 4 u. a.).
Der Einheit Gottes entspricht die Ganzheit der Zuwendung des Menschen:
»Ganz sollst du sein bei Jahwe, deinem Gott.« (Dtn 18, 13; vgl. Gen 17, 1 P)
Die exilisch-nachexilische Zeit, wohl zuerst Deuterojesaja, kommt zu
monotheistisch klingenden Aussagen, die Jahwe als einzigen Gott und
damit zugleich seine Macht in der Geschichte bezeugen:

»Vor mir ist kein Gott gebildet
und nach mir wird keiner sein.« (Jes 43, 10;
vgl. 41, 4; 45, 14. 18. 22; 46, 9)
»Jahwe ist Gott im Himmel oben, auf der Erde unten
und keiner sonst.« (Dtn 4, 39;
vgl. 4, 35; 32, 39; 2 Sam 7, 22; 1 Kön 8, 60; 2 Kön 19, 15. 19; Ps 102, 28 u. a.)

5.   Die Exklusivität des Gottesverhältnisses hatte *Auswirkungen*, die Israel
erheblich von seiner Umwelt unterschieden. Mit dem Glauben an den
einen Gott entfiel zunächst – für die Antike ganz ungewöhnlich – die geschlechtliche Differenzierung zwischen Gott und Göttin. Jahwe mag hier
und da mit weiblichen Gottheiten verbunden worden sein.

Speziell in Randzonen bildeten sich synkretistische Formen aus. Wurde in der
jüdischen Kolonie auf der Nilinsel Elephantine die Göttin Anat-Jahu oder Anat-
Betel als Gemahlin Jahwes verehrt? Eine Inschrift aus Kuntillet Adschrud, tief im
Süden Palästinas, spricht vom »Segen Jahwes . . . und seiner Aschera«, ähnlich eine
andere von Chirbet el Qom, westlich von Hebron.

Doch wurden Ausnahmeerscheinungen infolge des ersten Gebots immer
wieder zugunsten der Ausschließlichkeit Jahwes beseitigt. Damit wurde
zwangsläufig ein Großteil altorientalischer Mythen abgestoßen; denn eine
Götterhochzeit konnte Israel nicht erzählen. Es fragte nicht über Jahwes
Sein zurück nach seinem Entstehen, um das göttliche Werden in einer
Theogonie darzustellen. Der eine Gott wurde nicht geboren und starb nicht
(Hab 1, 12; Ps 90, 2 u. a.), wie er auch nicht um die Herrschaft in der
Götterwelt zu kämpfen brauchte (vgl. § 11 e). War das Verhältnis Jahwes zu
anderen Göttern zu bestimmen, schied darum eine Nebeneinanderordnung
gleichgestellter Größen aus. Möglich war nicht die Vereinigung zu einem
Pantheon, höchstens die Identifikation. So konnte der Name El »Gott« und
in späterer Zeit der persische Titel »Gott des Himmels« auf Jahwe übertragen werden. In der Regel sah man aber Jahwe im Gegensatz zu den fremden Göttern oder bekannte seine überlegene Macht (Ex 18, 11; Ps 89, 7 ff;
96, 4 f u. a.), bis man die »Göttersöhne« zu seinem Hofstaat erniedrigte
(u. § 11 a).

Wie *Totenverehrung* (u. Exkurs 8), so wird auch der *Astralkult* bekämpft (Dtn 4, 19; 17, 3; 2 Kön 17, 16; 21, 3. 5; 23, 5. 11 u. a.). Die Gestirne sind von Gott geschaffen, also nicht mythisch-numinose Größen (vgl. Ez 8, 16), sondern weltliche Phänomene, »Lampen« (Gen 1, 14 ff; Ps 136, 7 ff). Auch das Heer des Himmels, ursprünglich Sterne oder ihre Personifizierungen, ist erschaffen (Gen 2, 1; Ps 33, 6; Jes 40, 26; 45, 12); es hat die Aufgabe, Gott zu loben (Ps 148, 2), seinen Willen zu erfüllen (103, 21), oder bildet seinen Hofstaat (1 Kön 22, 19 ff).

Wohl als Folge des Ausschließlichkeitsanspruchs Jahwes spielt der *Dämonenglaube* – zumal im Vergleich mit dem Volksglauben nachalttestamentlicher Zeit – eine geringe Rolle. Prophetische Gerichtsankündigung kann verfallene Ruinen als Aufenthaltsort von ruhelosen dämonischen Gestalten darstellen (Jes 13, 21; 34, 12. 14; Jer 50, 39; anders Lev 16, 5 ff). Solchen Unholden Opfer darzubringen ist allerdings verpönt; denn sie sind nicht Gott (Dtn 32, 17; Lev 17, 7; Hos 12, 12; Ps 106, 37; 2 Kön 23, 8). Dämonische Mächte können in Gott integriert (Gen 32, 23 ff; Ex 4, 24 ff) oder ihm unterstellt werden. Der Wüstendämon der Passanacht (Ex 12, 23; vgl. Hebr 11, 28) wie der Pestengel (2 Sam 24, 17; vgl. 2 Kön 19, 35; Num 22, 22 ff) handeln in Jahwes Auftrag. Die Schlange (Gen 3, 1; vgl. Am 9, 3) wie die Meeresdrachen (Gen 1, 21; vgl. Ps 104, 26; Jon 2, 1) sind seine Geschöpfe. Sogar die Kraft der Erde, Pflanzen hervorzubringen, ist ihr nicht von sich aus eigen, sondern wird ihr durch Gottes Wort zugesprochen (Gen 1, 11. 24; vgl. § 11 f, 3).

Das *dritte Gebot* will Beschwörung oder Magie ausschließen (Ex 20, 7; vgl. 22, 17; Num 23, 23 u. a.). Ja, das Prophetengesetz (Dtn 18, 9 ff) stellt kultisch-magische Praktiken, wie sie bei Nachbarvölkern üblich sind, der Offenbarung Jahwes durch das prophetische Wort gegenüber (vgl. Ex 7, 8 ff). Der Segen, ursprünglich wie der Fluch ein selbstwirksames Machtwort, wandelt sich, indem Gott als Urheber verstanden wird, zum Wunsch oder Gebet (vgl. Num 6, 24 ff; Dtn 7, 13 f; Mal 2, 2 u. a.).

Was man in der altorientalischen und antiken Welt der Einwirkung verderblicher Mächte zuschreiben konnte, gilt im Alten Testament als das Wirken des einen Gottes. Er kann Böses herbeiführen (Ex 4, 11; 5, 22; Num 11, 11. 15; vgl. 1 Kön 22, 10 ff u. v. a.), macht unfruchtbar oder fruchtbar (Gen 16, 2; 29, 31; 30, 2. 22; 1 Sam 1) und heilt (Gen 20, 17; Ex 15, 26; 2 Kön 5; Ps 103, 3; 147, 3). Er tötet und macht lebendig, schafft Finsternis und Licht, schickt Unheil und Heil (1 Sam 2, 6; 16, 13 f; Am 3, 6; Jes 45, 7; Klgl 3, 37 f u. a.). So kann der Mensch nicht von dem bösen Dämon oder der Gottheit, die ihn verfolgt, zu einer anderen Gottheit fliehen, die ihm wohlgesinnt ist; vielmehr empfängt er Freud und Leid, gut und böse aus derselben Hand, begegnet in Zorn und Gnade demselben Gott:

»Das Gute nehmen wir von Gott,
und das Böse sollten wir nicht annehmen?«
»Jahwe hat's gegeben,
Jahwe hat's genommen –
der Name Jahwes sei gelobt!«
(Hi 2, 10; vgl. Spr 16, 4; Koh 7, 14; auch Lev 26; Dtn 28 u. a.)

Wie das Rutbüchlein erzählt, führt Gott in die Not (1, 13. 20 f) und hilft wieder heraus (1, 6; 2, 12; 4, 11. 13 f).

Wieweit kann es dann noch »Zufall« geben (Ex 21, 13; vgl. Rut 2, 3 mit
2, 20)? Trotz der Mannigfaltigkeit, ja Zwiespältigkeit der Erfahrung wird
das Lebensganze aus der Einheit des Glaubens gedeutet.

6. Vielleicht hatte die ausschließliche Verehrung eines Gottes auch *soziale*
Folgen, obwohl dieser Aspekt des Glaubens kaum untersucht und auch
schwer nachweisbar ist. Mythisches Selbstverständnis setzt einen innigen
Zusammenhang zwischen Gesellschaft, Welt und religiöser Vorstellung
voraus. In der Götterhierarchie altorientalischer Religionen spiegelte sich
der Aufbau der Gesellschaft wider; die himmlische Ordnung lief der Sozialstruktur auf Erden parallel. Wenigstens in der gleichen Zahl der Götter und
Völker deutet Dtn 32, 8 das Entsprechungsverhältnis an:

»Als der Höchste die Völker als Erbbesitz vergab,
als er die Menschen aufteilte,
da setzte er die Grenzen der Völker fest
nach der Zahl der ‚Gottes'söhne.«

Der höchste Gott verteilte seinen Machtbereich, regierte über seine Unter-
gebenen; diese Gliederung konnte sich nach unten fortsetzen. Aber nicht
nur die vertikale, auch die horizontale Schichtung der menschlichen Gesellschaft im Nebeneinander der Berufe kehrte in der Götterwelt wieder.

Es gab nicht nur Kriegs- und Fruchtbarkeitsgötter, sondern einzelne Gottheiten ver-
traten spezielle Lebensbereiche. So galt der ägyptische Ptah und der ugaritische
Koscher-wa-Chassis »Geschickt und Gescheit« als Künstlergott, der Architekt und
Handwerker in einem war. Ein anderer war Erfinder der Schrift und damit Herr der
Schreiber (Thot). Die einzelnen Berufe verdankten ihre Tätigkeit oder die Herstellung
ihres Handwerkszeugs jeweils einem bestimmten Gott (vgl. Gen 3, 21; anders
4, 17 ff). Zunächst mag er für das gesamte Leben seiner Verehrer zuständig gewesen
und erst später für einen größeren Menschenkreis auf bestimmte Funktionen eingeschränkt worden sein. So läßt sich in Ägypten beobachten: »Der Gott ist anfänglich einem kleinen Kreis alles, später einem großen nur noch ein Teil; er wird vom
umfassenden Lenker einer eng umgrenzten zum Ressortgott einer erweiterten Gesellschaft.« (*S. Morenz*, Ägyptische Religion, 1960, 29)

Gewiß wurden Aufbau und berufliche Spezialisierung der Gesellschaft
nicht einfach in den Himmel projiziert, um das Göttliche dem Menschlichen nachzubilden. Vielmehr empfand man umgekehrt die Ordnung in
Natur und Gesellschaft als göttliche Gabe und darum als Abbild der Verhältnisse im Himmel. Trotzdem war auf diese Weise die Sozialstruktur
traditionsverhaftet, fest gefügt; denn sie wurde durch die ewige Entsprechung legitimiert und stabilisiert. Diese gegliederte mythische Welt,
die die irdische stützte und sicherte, entfiel im Jahweglauben. Damit blieb
das Gottesverhältnis dem Wandel gesellschaftlicher Zustände anpassungs-
fähiger oder vielmehr umgekehrt: Die Sozialstruktur wurde kritisierbar.
Hier besteht doch wohl ein innerer Zusammenhang, wenn Israels Propheten den höchsten Schichten der Gesellschaft (Am 4, 1 u. a.) ihre Un-

rechttaten vorhalten, ja dem Königtum kritisch entgegentreten (Hos 1, 4 u. a.; u. § 12 a, 5) konnten. Gewiß wirken dabei auch Anstöße der Frühzeit nach, die eine solche Abstufung in der menschlichen Gemeinschaft kaum kannte. Wird auf diese Weise zugleich verständlich, daß sich der Jahweglaube in den völlig veränderten Verhältnissen der exilisch-nachexilischen Epoche behaupten, ja einen neuen Anspruch erheben konnte?

So hat das erste Gebot in der Geschichte wörtlich und sachlich folgenreich gewirkt; es erhob in jeder Zeit neu seine Stimme. Weil es Israels Eigenart begründete und bewahrte, bestimmt es mit Recht weithin das Alte Testament. Gewiß bringt die Geschichte nicht einfach eine »Ent-faltung« oder »Ent-wicklung« des ersten Gebots, dennoch lassen sich ihre vielfältigen Neuansätze mit diesem Gebot verbinden, weil mit ihm eine Aufgabe gestellt war (o. § 1,2). Man könnte die Geschichte Israels als Geschichte des ersten Gebots schreiben. Das Wirksame an ihm ist gerade sein Forderungscharakter. Es ist als solches nicht Wirklichkeit – und in Israels Geschichte auch häufig nicht Wirklichkeit gewesen –, aber es erteilt einen Auftrag, die jeweils neuen Erfahrungen auf die Grundeinsicht des Glaubens zu beziehen, und bringt damit die Wirklichkeit in Bewegung. So ist das erste Gebot kein ein für allemal ausgesprochener, zeitlos gültiger Lehrsatz, sondern bedarf in den wechselnden Situationen der Auslegung und der Aneignung. Dasselbe gilt für das zweite Gebot. Der Glaube an den einen Gott ist nicht ein einmal und dann endgültig erreichter Zustand, der von der Vergangenheit her den folgenden Generationen vorgegeben ist, sondern bleibender Anspruch für die Zukunft.

c) Das zweite Gebot

Für die Spätantike hellenistisch-römischer Zeit war die Bildlosigkeit des jüdischen Glaubens das eigentlich Befremdliche, ja Anstoßerregende. Sie unterschied die Synagoge von jedem Tempel, schloß eine Gemeinschaft in Religion und Zusammenleben aus. Das Bilderverbot stellt also etwas für Israel Charakteristisches dar, obwohl eine bildlose Gottesverehrung in der allgemeinen Religionsgeschichte keineswegs singulär ist, sich auch am Rande des alten Orients (etwa bei Zarathustra) findet.

Allerdings kannte Israels zeitliche und unmittelbar räumliche Nachbarschaft in der *Früh*zeit nichts Entsprechendes. Da so eine echte Analogie fehlt, läßt sich auch das Bilderverbot kaum aus der Umwelt ableiten. Die Frage nach seiner Herkunft, seiner Entstehung und auch seinem Alter ist nicht eindeutig zu beantworten. Religionsgeschichtliche Fragestellung stößt im Alten Testament immer wieder auf das erste und zweite Gebot; beide bilden aber zugleich die Grenze, die historische Forschung bisher nicht zu übersteigen vermag.

Das Judentum konnte das Bilderverbot – trotz bildlicher Darstellungen in Synagogen des 3.–6. Jh. n. Chr. (wie Dura Europos, Bet Alfa) – auf jedes

Tier- und Menschenbild ausdehnen. Dem Alten Testament ging es um das
Bild, das sich der Mensch von Gott macht. Erst recht wandte sich das zweite
Gebot nicht grundsätzlich gegen die Kunst. Obwohl Israel in diesem
Bereich tatsächlich kaum hohe Werte geschaffen hat – die schönsten, bei
Ausgrabungen gefundenen Töpferwaren und Elfenbeinschnitzereien sind
importiert –, verboten blieb nur das Bild, das der Mensch verehrt: das
Gottesbild. Eine nicht darstellbare Gottheit war aber für den alten Orient
wie für die Antike zumindest ungewöhnlich; denn Gott erschien ja im Bild,
dem man mit heiligen Handlungen diente. Galt in der Umwelt darum die
Zerstörung von Gottesbildern als Frevel an der Gottheit, so sind in Israel
Herstellung und Verehrung eines Bildes untersagt. Damit schließt das Alte
Testament gerade das aus, was für andere Religionen durchweg das Ehr-
würdigste überhaupt, nämlich Gottes Gegenwart, bedeutet. Wie das erste,
so trennt also auch das zweite Gebot Israels Gott von anderen Göttern; es
nimmt ihn aus der üblichen religiösen Welt heraus. Gerade der Gott, der
die Menschen in der Geschichte führt, ist auf diese Weise der gewohnten
Wirklichkeit entzogen.

Von dieser Eigentümlichkeit des Jahweglaubens muß das Wesen des Verhältnisses von Gott und Mensch im Alten Testament betroffen sein. So
liegt eine Begründung des zweiten Gebots am nächsten: Man darf Gott
nicht im Bilde darstellen, weil der Mensch Gottes Bild ist. Gott schafft sich
im Menschen ein Bild, doch soll sich der Mensch kein Bild von Gott
machen. Das Alte Testament kennt einen solchen Sachzusammenhang
aber nicht, zieht jedenfalls an keiner Stelle eine Verbindungslinie zwischen
beiden Aussagen. Von der Gottebenbildlichkeit des Menschen (u. § 12c)
spricht das Alte Testament nur in wenigen, dazu viel späteren Texten und
verwendet außerdem andere Begriffe für »Bild« als das zweite Gebot in
seinen verschiedenen Fassungen. Seine Bedeutung muß also anders bestimmt werden, wenn sie sich überhaupt eindeutig angeben läßt; wahrscheinlich hat sie sich im Laufe der Zeit gewandelt.

1.   Das zweite Gebot wird auch außerhalb des Dekalogs (Ex 20, 2–6) oft
mit dem ersten Gebot zusammengestellt (34, 14.17; Lev 19, 4; 26, 1;
Dtn 4, 16 ff; vgl. Hos 11, 2; Jer 1, 16; 25, 6 u. a.) und ist in allen Gesetzessammlungen vertreten. Anstelle des Fremdgötterverbots kann das Bilderverbot selbst die Reihe eröffnen; so ist es dem Bundesbuch (im Prolog:
Ex 20, 23) wie den Fluchworten (Dtn 27, 15) – nachträglich – vorgeordnet.

Das Bundesbuch (Ex 20, 23) verbietet, silberne und goldene Götter herzustellen, der
sog. kultische Dekalog (34, 17; ähnlich das Heiligkeitsgesetz Lev 19, 4) aus Erz gegossene und schließlich der Fluchdodekalog (Dtn 27, 15) außerdem aus Holz geschnitzte – wohl metallüberzogene – Bilder (vgl. Ri 17, 3 f; Jes 44, 10 ff) zu machen.
Insgesamt sind damit die Arten aufgezählt, die in der kanaanäischen Umwelt verwendet wurden.
Die älteste – später stark erweiterte – Fassung scheint sich im Dekalog zu finden:
»Du sollst dir kein Bild machen« (Ex 20, 4; Dtn 5, 8; vgl. 27, 15; Hos 13, 2). Der

Ausdruck für »Bild« (*psl*) meint zunächst das geschnitzte Holz- oder behauene Stein-
bild, erst später auch das Gußbild (Jes 40, 19; 44, 10). Sollte das Gebot in eine Zeit
zurückreichen, für die Gußbilder keine Bedeutung hatten – bis in die Wüstenzeit?
Eher wählt der Dekalog hier wieder eine weitgefaßte Formulierung, die alle Einzelheiten abstreift, weil sie allgemeingültig sein will – dies gilt zumindest für die vorliegende, breiter ausgestaltete Fassung.

Wie die Ausschließlichkeit ist die Bildlosigkeit des Jahweglaubens kaum
erst im Gegensatz zum kanaanäischen Kult aufgekommen, dann aber zunehmend wirksam geworden. Sie reicht vermutlich in nomadische Zeit zurück, auch wenn diese Eigenart erst später Gebotscharakter angenommen
haben mag.

Man hat das zweite Gebot aus der Wüstenzeit hergeleitet und mit der Bundeslade zusammenbringen wollen, die als bildloses Symbol die einzig rechtmäßige Stätte der
Gottesgegenwart gewesen wäre (*K. H. Bernhardt*). Tatsächlich ist bei der Wüsten-
wanderung von keinem Bild außer dem verworfenen Goldenen Kalb (Ex 32) und der
Ehernen Schlange (Num 21, 4 ff; 2 Kön 18, 4) die Rede. Doch muß jene Annahme
zu viele unsichere Voraussetzungen machen: Es ist nicht nur umstritten, ob die Lade
aus der Wüstenzeit stammt, sondern erst recht fraglich, ob man das Bilderverbot
demselben Traditionskreis bzw. derselben nomadischen Gruppe zuweisen kann, der
die Lade gehört haben mag.

Eine genaue Angabe über das Alter des Bilderverbots ist schwer möglich.
Warum bekämpft erst Hosea den Bilderdienst, noch nicht Elija, Jehu
(2 Kön 9 f) oder auch Amos? Konnte Hosea aber die Anklage erheben: »Sie
machten sich ein Gußbild« (13, 2; vgl. 8, 4 u. a.), ohne daß es ein entsprechendes Verbot gab?

2. Bezieht sich das Verbot, ein Gottesbild herzustellen und zu verehren,
überhaupt ausschließlich auf eine Darstellung Jahwes und nicht auf ein
fremdes Gottesbild? Der Wortlaut läßt eine eindeutige Entscheidung nicht
zu. Man hat sogar vermutet, daß sich das zweite Gebot ursprünglich nur
gegen andere, etwa kanaanäische Idole gewendet habe und erst später auf
ein Jahwebild umgedeutet worden sei. Die Parallelfassung in Ex 20, 23:
»Ihr sollt nicht vor mir silberne Götter machen, und goldene Götter sollt
ihr euch nicht machen« läßt nämlich (wie Lev 19, 4; 26, 1; Hos 11, 2 u. a.)
eher an Fremdgötter- als an Jahwebilder denken. Oder ist das Gebot
doppelt ausgerichtet? Wenn es Bilder überhaupt im Jahwekult ausschließt,
könnte es sich zugleich gegen die Einführung fremder Gottesbilder als
Darstellungen Jahwes wehren. Die Wendung nach beiden Seiten entspringt
also einem Sachzusammenhang: Da Israels Nachbarn ihre Götter in
Bildern verehren, bedeutet die Herstellung jedes Bildes Übernahme fremder Vorbilder und damit ein Stück Anpassung an deren Gottesverständnis;
in diesem Sinne kämpfen Hosea und Jeremia gegen die Baalisierung
Jahwes.

Auch die Ergänzungen zum zweiten Dekaloggebot deuten es im Zusammenhang mit
dem ersten. Die ursprüngliche Kurzfassung »Du sollst dir kein Bild machen«

(Ex 20, 4) ist später in breiterem, schwerfälligem Stil erläutert und begründet worden; die zunehmende Ausformung dieses Gebots belegt beispielhaft das allmähliche Anwachsen des Dekalogs insgesamt bis zur vorliegenden Endgestalt. Die Aufforderung: »Du sollst dich vor ihnen nicht niederwerfen und ihnen dienen!« (20, 5) bezieht sich üblicherweise auf Fremdgötter (Dtn 8, 19; 4, 19 u. ö.), nicht auf Jahwe- oder Götzenbilder. Entsprechend erinnert der angefügte, mit »denn« eingeleitete Begründungssatz, der zur Verstärkung des Verbots dient (Ex 20, 5b; ähnlich V 7. 11), in seinem ersten Teil »Ich, Jahwe, dein Gott, bin ein eifriger Gott« an die Ausschließlichkeitsforderung des ersten Gebots. Jahwes Eifer läßt die Verehrung anderer Götter nicht zu (vgl. Ex 34, 14). Die Stellung dieser Erläuterungen wird verständlich, wenn sie nicht nur auf das ferne Fremdgötterverbot zurückgreifen, sondern zugleich dem unmittelbar vorhergehenden Bilderverbot gelten; d. h., beide werden als Einheit zusammengefaßt. Dann haben aber nach Meinung der interpretierenden Zusätze beide Gebote eine ähnliche Aufgabe; das zweite führt das erste weiter: Mit den fremden Göttern sind auch die Bilder abgelehnt.

Da das erste Gebot bereits die Verehrung fremder Götter untersagt, würde das zweite einerseits nur das Verbot für die Bilder dieser Götter wiederholen, falls es Darstellungen Jahwes nicht mindestens einbezieht; ihnen wird es zunächst gegolten haben. Andererseits werden bestimmte Formulierungen des Bilderverbots unverständlich, wenn es sich auf Jahwebilder beschränkt. Außer in der Dekalogfassung »*Bild* machen« (Ex 20, 4; Dtn 5, 8; 27, 15; Hos 13, 2) findet es sich ja auch in einer Gestalt mit anderem Objekt: »(silberne, goldene, gegossene u. a.) *Götter* machen« (Ex 20, 23; 34, 17; Lev 19, 4; vgl. Hos 8,4 u. a.). Dieser zweite Wortlaut scheint jedoch der jüngere zu sein; in ihm sind erstes und zweites Gebot bereits eine – vom Thema her naheliegende – Einheit eingegangen.

Als in späterer Zeit die fremden Götter für Israel bedeutungslos oder gar völlig geleugnet wurden, schob sich das enger aufgefaßte Bilderverbot als Unterscheidungsmerkmal gegenüber der Umwelt in den Vordergrund.

3.   Die ausschließliche Verehrung Jahwes war nicht immer und überall Wirklichkeit, sondern blieb Forderung an Israel – genauso verhielt es sich mit der Bildlosigkeit des Jahwekults. Mehrfach wird von der Herstellung einzelner *Jahwebilder* berichtet, wenn auch undeutlich bleibt, wie sie verstanden wurden. Zudem sind die entsprechenden Erzählungen (bes. Ri 17 f; 1 Kön 12; Ex 32) in ihrer vorliegenden Gestalt und im gegebenen Kontext nicht ohne polemischen Unterton; fraglich ist jedoch, wieweit er erst durch eine jüngere Bearbeitung in die Überlieferung eingetragen wird.

So scheint die Erzählung von dem Gottesdienst Michas und der Verlegung seines Heiligtums nach Dan (Ri 17–18) an ein zunächst privates, vom Stamm Dan übernommenes Jahwebild zu denken – zumindest in der gegenwärtigen Erzählform nicht ohne Ironie.

Die von Jerobeam I. nach 1 Kön 12, 28 im Norden und Süden seines Reiches errichteten goldenen Stierbilder sind – in Analogie zur Lade, auf der Gott unsichtbar gegenwärtig ist (u. § 9a, 2) – am ehesten als Postamente zu verstehen. Die Tiere sind kaum Darstellungen, sondern Träger der Gottheit; jedoch mag diese Unterscheidung bei der Verehrung (vgl. Hos 13, 2: »Menschen küssen Kälber«) nicht immer deutlich gewesen sein. Die Erzählung vom »Goldenen Kalb« (Ex 32) scheint die doppeldeutige Proklamationsformel »Siehe, das ist dein Gott bzw. sind deine Götter« (1 Kön 12, 28) zu einem Identifikationssatz zu steigern: »Dies sind deine Götter« (Ex 32, 4. 8), um beispielhaft die Übertretung des zweiten und ersten Gebots zugleich aufzuzeigen (vgl. Ex 32, 31 mit 20, 23). Jedenfalls in späterer Zeit konnte man vom »Machen« eines Bildes (Ri 17, 4; 1 Kön 12, 28; Ex 32, 1. 4. 20) nicht mehr berichten, ohne eine Anspielung auf das Verbot, ein Bild zu »machen« (Ex 20, 5; 34, 17; Dtn 27, 15; Hos 8, 4. 6; 13, 2 u. a.), herauszuhören.

War Gideons *Ephod* (Ri 8, 24 ff) ein Umhang für ein Gottesbild? Sonst diente ein Ephod der Orakeleinholung (1 Sam 23, 6. 9 ff; 30, 7 f u. a.). Später gehörte ein solches Gewand (vgl. 1 Sam 2, 18) zum hohenpriesterlichen Ornat (Ex 28; 39).

Die *Teraphim* – mögen sie Darstellung der Familiengötter (Gen 31, 19. 34 f), eine Kultmaske (1 Sam 19, 13; vgl. Ri 17, 5; 18, 14 ff) gewesen sein oder der Orakeleinholung gedient haben (Ez 21, 26; Sach 10, 2) – verfielen dem Bann (1 Sam 15, 23; 2 Kön 23, 24; vgl. Hos 3, 4).

Die *Masseben* – aufgerichtete Steine, die im alten Orient und darüber hinaus weit verbreitet waren, auch im Jahwetempel von Arad gefunden wurden – konnten als Gedenksteine interpretiert werden (Gen 28, 22 gegenüber 28, 18; vgl. 35, 20; 2 Sam 18, 18) oder erhielten symbolische Funktion (Ex 24, 4; vgl. Jos 4). Später wurden sie verboten (Dtn 16, 22; vgl. 7, 5; 12, 3; Lev 26, 1; Hos 3, 4; 10, 1; 2 Kön 18, 4; 23, 14; auch Ex 34, 13 u. a.).

Das – auf zwölf Stieren stehende – *Eherne Meer* (1 Kön 7, 24 ff; Jer 27, 19), möglicherweise einmal Abbildung des Urmeeres, wird zum Becken für kultische Waschungen (Ex 30, 17 ff; 40, 11 P).

Die *Eherne Schlange*, Nehuschtan, ursprünglich vielleicht Darstellung einer chthonischen Heils- oder Lebensgöttin, wird zu einem auf Jahwes Befehl errichteten und ihm unterstellten Heilssymbol (Num 21, 8 f; vgl. Joh 3, 14 f), dann bei Hiskijas Reform (2 Kön 18, 4) zerschlagen.

Schließlich ist an die bei Ausgrabungen gefundenen kleinen Statuetten, Tonfiguren oder auch Zeichnungen – für privaten Gebrauch – zu erinnern. Wieweit konnten sie auch als Jahwedarstellungen verstanden werden?

In der Haltung gegenüber einigen Kultgegenständen (wie der Ehernen Schlange, den Teraphim und den Masseben) zeichnet sich deutlich ein Wandel ab. Sie wurden später strenger beurteilt – nämlich den Bildern zugeordnet? Es bedurfte anscheinend einer tieferen Einsicht, um die mit jenen Symbolen oder Idolen für das Gottesverständnis drohende Gefahr zu bemerken. Sah Hosea in diesem Sinne schärfer als Elija oder Amos? Erkannte Hosea (3, 4; 8, 4–6; 10, 1 f. 5 f; 11, 2; 13, 2 u. a.) Darstellungen, die zuvor nicht als Repräsentation oder Vergegenwärtigung Gottes aufgefaßt wurden, als – dem Jahweglauben nicht entsprechende – Bilder?

Allerdings hat wohl weder der ältere Tempel von Schilo (1 Sam 3) noch das Jerusalemer Heiligtum (1 Kön 8) – trotz allem Synkretismus (Ez 8) – im

strengen Sinne wohl jemals ein Jahwebild beheimatet. Im Allerheiligsten
befand sich in vorexilischer Zeit – außer den beiden schützenden Keruben,
die zwar auch Symbole fremdreligiöser Herkunft, aber keine Darstellung
Jahwes waren (vgl. § 9 a, 2) – nur die von David nach Jerusalem überführte
Lade, die den unsichtbaren Gott gegenwärtig sein ließ, und das Allerheiligste des zweiten nachexilischen Tempels war leer. So bestehen keine
ausreichenden Anzeichen dafür, daß die Jahweverehrung »offiziell« einmal nicht bildlos war und erst im Laufe ihrer Geschichte diese ein-
schneidende Wendung vollzog; eine so tiefgreifende Änderung ist nirgends
angedeutet und historisch auch nicht wahrscheinlich.

4.   Da das Bilderverbot in Israels unmittelbarer Umwelt ohne rechte
Analogie ist und seine Herkunft unbekannt bleibt, entzieht es sich im
Grunde der *Erklärung*. Man wird die mannigfachen Auslegungen, die es
empfangen hat, als unbefriedigend empfinden, aber man kann letztlich
nicht sicher angeben, welche Intention es *ursprünglich* hat.

Der Marburger Philosoph *H. Cohen* interpretiert: »Der Gegensatz zwischen dem
einzigen Gott und den Göttern beschränkt sich nun aber nicht auf den Unterschied in
der Anzahl: er prägt sich auch aus in dem Unterschied zwischen einer unsichtbaren
Idee und einem wahrnehmbaren Bilde. Und der unmittelbare Anteil der Vernunft an
dem Begriffe des einzigen Gottes bewährt sich in diesem Gegensatz gegen das Bild.«
»Das Bild muß ein Abbild sein. Von Gott aber kann es kein Abbild geben; er ist
schlechthin nur Urbild für den Geist, für die Vernunftliebe, aber nicht ein Gegenstand für die Nachbildung« (Religion der Vernunft aus den Quellen des Judentums,
[2]1929, 61. 63). In gröberer Weise hat man vielfach die Meinung vertreten, das zweite
Gebot hebe das Gottesverhältnis auf eine höhere Stufe, die geistige Verehrung Gottes
ersetze die sinnliche. Aber diese Unterscheidung geistig – leiblich ist nicht alttestamentlich; »Geist« wird in der Regel nicht aus dem Gegensatz zu »Fleisch«, sondern
als die im »Fleisch« wirkende Kraft verstanden (u. Exkurs 4). Auch wird das Bilderverbot zunächst nicht damit begründet, daß Gott unsichtbar bleibt oder es gefährlich
ist, ihn zu schauen.

Am ehesten könnte das zweite Gebot verhindern wollen, daß sich der
Mensch im Bild der Gottheit bemächtigt und »magisch« über sie verfügt.
Er zwingt sie im Bild herbei und kann sie dann beherrschen, weil er sie
greifbar vor sich hat; er kann ihr mit Schmuck und Nahrung Gutes oder mit
Verweigern von Opfern und Strafen Böses antun. Doch wird diese Auf-
fassung dem Selbstverständnis des Bilderkults nicht ganz gerecht. Vielleicht
wurden Bild und Gottheit einmal als Einheit angesehen, aber im alten
Orient der alttestamentlichen Zeit ist beides längst nicht mehr als identisch
gedacht. Die Verehrung gilt nicht dem Bild, sondern der Gottheit im Bild.
Da es die Gottheit nicht einfängt, ist sie in ihm auch nicht dinghaft faßbar.
Das Bild wahrt eigentlich die Unverfügbarkeit der Gottheit; denn sie *transzendiert* ihr Bild. Zwar kommt ihr zugute, was ihrem Bild geschieht, und
dem, der sich am Bild vergreift, droht tödliche Strafe, aber mit der Zerstörung des Bildes geht die Gottheit nicht selbst zugrunde.

Nach der sog. memphitischen Theologie schuf der ägyptische Gott Ptah zunächst die Götter, dann ihren Leib, d. h. ihr körperliches Bild: »Und so traten die Götter ein in ihren Leib – aus allerlei Holz, allerlei Mineral, allerlei Ton und allerlei anderen Dingen.« Nach anderen Zeugnissen bleibt die Differenz zwischen Gott und Bild sogar dauernd bestehen: »Der Gott dieses Landes ist die Sonne am Horizont, ihre Bilder aber sind auf der Erde.« (*S. Morenz*, Ägyptische Religion, 1960, 158 ff) Eine assyrische Inschrift meldet die Zerstörung von Stadt und Tempeln und fährt fort: »Die Götter und Göttinnen, welche darin wohnen, stiegen empor zum Himmel.« (*K. H. Bernhardt*, 49)

»Nach der systematischen Theologie des (ägyptischen) Neuen Reiches ... ist die Gottheit im Himmel, ihr Leib ruht im unterweltlichen Jenseits, und auf Erden unter den Menschen künden die Bilder der Gottheit von ihrer Gegenwart. Auch diese Bilder können als ‚Leib‘ der Götter gelten, in den sie ‚eintreten‘ ... Für gewöhnlich hatte das Kultbild an der Unsichtbarkeit der Gottheit Anteil; im dunklen Allerheiligsten aufgestellt, war es nur dem diensttuenden Priester des Tempels zugänglich, der täglich das Ritual an ihm und vor ihm zelebrierte. An den großen Festen wurde das tragbare Gottesbild auf den Schultern der Priester in die Öffentlichkeit hinausgetragen ... Auch bei diesen Prozessionen aber blieb es, nach den Darstellungen zu urteilen, unsichtbar im verhüllten Schrein. Gott zu schauen, blieb selbst im Bild eine besondere Gnade, die nur dem diensttuenden Priester täglich zuteil wird, wenn er den Schrein des Götterbildes geöffnet hat.« (*E. Hornung*, Der Eine und die Vielen, 1971, 125)

So muß Bilderverehrung nicht eine Bemächtigung Gottes durch den Menschen bedeuten, wie sie in Zauber und Magie geschieht. Was das Bild bietet, ist vielmehr die macht- und heilvolle Gegenwart der Gottheit. Darum braucht es auch keine Nachbildung der jenseitigen Gottheit im strengen Sinne zu sein; entscheidend ist, daß es die Gottheit verkörpert, also offenbart. Nicht das Aussehen, sondern die Macht des Bildes ist grundlegend. Weil aber das Erscheinen der Gottheit im Bild zur ständigen Anwesenheit wird, besteht die Gefahr, das Bild nicht mehr als Ort zu verstehen, an dem Gott wohnt, sondern als Gott selbst. Das wird die Auffassung mancher Kultteilnehmer gewesen sein. Vielleicht liegt hier das Recht (wohl späterer) alttestamentlicher Polemik, die – für religionsgeschichtliche Betrachtungsweise unsachlich – Gott und Bild durchweg als Einheit ansieht.

»Ein Handwerksmann hat es gemacht – es ist kein Gott.«
(Hos 8, 6; 13, 2; vgl. Jes 2, 8. 20; Jer 2, 28; 10 u. a.)

Eine gleichsam aufgeklärte Epoche meint, mit dem Bild die Gottheit selbst zu treffen (Jes 41, 6 f; 44, 14 ff; u. § 18, 2), und eine Zeit, die die Göttlichkeit des Bildes bezweifelt, weiß zu spotten, daß die ohnmächtige Gottheit den Frevler ungeschoren lasse.

5. Ist die Intention des Bilderverbots zunächst nur schwer eindeutig zu umreißen, so tritt sie später in den Erläuterungen des zweiten Gebots und in der Einleitung des Deuteronomiums um so klarer hervor. Die nähere Bestimmung im Dekalog (Ex 20, 4b): »Abbild von etwas, was im Himmel

oben, auf der Erde unten oder im Wasser unter der Erde ist« zählt auf,
welchen Bereichen das Bild nicht entnommen werden darf, und dehnt
damit das Bilderverbot ausdrücklich auf alle Weltteile aus; denn die Drei-
teilung umschreibt die Ganzheit der Welt. Während die Nachbarreligionen
Himmels-, Erd- oder Unterweltsgötter mit je eigenen Darstellungen kennen,
erklärt das Alte Testament: Nicht nur die Erde, auch der Himmel bietet für
Gott nichts Vergleichbares, weil ihm im Vorhandenen nichts entspricht.
Damit wird entfaltet, was im Bilderverbot angelegt ist: die *Unterscheidung
zwischen Gott und Welt*. Reicht nichts Weltliches aus, Gott zu vergegenwärtigen, so ergibt sich das Paradox, daß der Gott des Alten Testaments
zwar nicht unsichtbar, aber auch nicht vorstellbar ist.

In diesem Sinne verschärft die deuteronomische Predigt (Dtn 4, 12–20) das
Gebot ausdrücklich, kein männliches, weibliches oder tierisches Abbild
herzustellen, und warnt vor Verführung durch die Gestirnverehrung. Hier
lehnt das Bilderverbot eindeutig eine Darstellung Jahwes ab; dennoch
bleibt es mit der Abwehr des Fremdgötterkults verbunden. Das erste und
zweite Gebot interpretieren sich gegenseitig: Die Gottheiten der anderen
Völker sind weltlich-vorstellbar; denn sie bilden irdische Wesen ab oder
sind mit den Gestirnen gleichgesetzt. Indem für den Gott Israels Analogien
in der Welt fehlen, bleibt er unvorstellbar; denn Vorstellungen reichen ja
nur so weit, wie es Vergleichbares gibt.

Diese Interpretation des Bilderverbots zieht aber nicht grundsätzlich eine
Grenze zwischen Gott und der Sinnenwelt, begründet die vorgenommene
Unterscheidung auch nicht von der Schöpfung her – Geschaffenes kann den
Schöpfer nicht abbilden –, sondern mit der Sinaitradition; bei der Offen-
barung bleibt Geheimnisvolles:

»Jahwe redete mit euch mitten aus dem Feuer heraus. Den Schall von Worten hörtet
ihr wohl, aber eine Gestalt saht ihr nicht – außer dem Schall (d. h. der Stimme, die ihr
hörtet).« (Dtn 4, 12; vgl. 5, 23 f)

Sogar bei seiner Erscheinung wurde Gott selbst nicht sichtbar, sondern nur
hörbar. Damit gibt diese Erläuterung nicht nur dem Gehör einen Vorrang
im Gottesverständnis vor dem Gesicht, sondern reißt innerhalb der Sinne
geradezu einen Gegensatz zwischen Hören und Sehen, Wort und Bild auf,
obwohl unmittelbar vorher noch von Begleiterscheinungen der Theophanie
in der Natur die Rede ist. Mögen diese Auswirkungen von Jahwes Erscheinen wahrnehmbar sein, Gott selbst bleibt »gestaltlos«, nicht abbild-
bar; er kommt den Menschen nur durch die Stimme nahe. Das Sehen gewährt (trotz Ex 24, 11) einen zu engen Kontakt. Die Unvorstellbarkeit
Gottes, damit die Unterscheidung zwischen Gott und Welt, ist hier zum
Kriterium des Glaubens und zum Prüfstein für die Gegenüberstellung
zwischen Israel und den Völkern geworden. Die Gottesbegegnung soll nicht
zur Gottesvorstellung führen.

6. Ähnliche Intentionen, eine Vorstellbarkeit Gottes auszuschließen,
werden auch sonst spürbar.

Selbst in mythisch geprägten Erzählungen, nach denen Gott direkt in irdisches Geschehen eingreift, bleibt er bei seinem Wirken menschlichen Blicken entzogen (Gen 2, 21; 15, 12; Ex 12, 22 f; vgl. 2 Kön 4, 4. 33). Lots Frau, die das Verbot, nach Gottes Strafgericht zurückzuschauen, mißachtet, erstarrt zur Salzsäule (Gen 19, 17. 26). Was hier unausgesprochen bleibt, wird andernorts als Grundsatz formuliert:»Niemand schaut mich und bleibt am Leben« (Ex 33, 20; vgl. 19, 21; Ri 6, 22 f; 13, 22; Jes 6, 5; Jer 30, 21 u. a.). Nicht nur Mose (Ex 3, 6) und Elija (1 Kön 19, 13), selbst die Seraphen (Jes 6, 2) verhüllen vor Gott ihr Angesicht.

Erzählungen, die von Gottes Offenbarung zu berichten wissen:»er ließ sich sehen bzw. erschien«, schweigen über das Wie, die Art und Weise der Erscheinung, halten aber sein Wort fest (Gen 12, 7 J; 17, 1 P; vgl. 35, 1 E u. a.). – Das Alte Testament kann die Wendung»Gottes Angesicht schauen« übernehmen, ohne die Sache – die Anwesenheit eines Gottesbildes im Heiligtum – vorauszusetzen, benutzt den Ausdruck also nur im übertragenen Sinn; zudem wird das Aktiv»Gott schauen« in das Passiv»vor Gott erscheinen« umgedeutet (Ex 23, 15 ff; 34, 20 ff; Jes 1, 12; Ps 42, 3 u. a.).

Ähnlich können Propheten in ihren Visionen Gott»sehen«, ohne seine Gestalt zu beschreiben (1 Kön 22, 19; Am 9, 1; Jes 6, 1). Jeweils macht sich eine Zurückhaltung gegenüber dem Sehen bzw. Darstellen bemerkbar, die das Hören nicht trifft. Andeutungen finden sich nur Ez 1, 22 ff mit einem Vergleichswort, das auf die Inadäquatheit der Ausdrucksweise hinweist:»*wie* das Aussehen eines Menschen«, und Dan 7, 9 ff mit der knappen Schilderung des»Hochbetagten«.

Nach anderen Theophanieberichten wird Gott im Bereich des Sichtbaren oder überhaupt Wahrnehmbaren durch ein *Engelwesen* vertreten, das wie Gott auftreten, handeln oder sprechen kann (Gen 16; 21 f; 31; Ex 3; Ri 2; 6; 13 u. a.; vgl. § 3e, 1; 18, 6). Nach Ex 33, 12 ff ist der ferne Gott nur in seinem»*Angesicht*«, nach dem Deuteronomium (12, 5. 11. 21 u. a.) und deuteronomistischen Geschichtswerk (1 Kön 8, 16. 29 u. a.) in seinem»*Namen*«, nach der Priesterschrift (Ex 16, 10; Lev 9, 4 ff. 23; Num 14, 10 ff u. a.) in seiner»*Herrlichkeit*« gegenwärtig. So wird auf wechselnde Weise zwischen Gott in seiner Heiligkeit und seiner Anwesenheit auf Erden, zwischen Gottes Für-sich-Sein und seiner Zuwendung zum Menschen, zwischen Gottes Freiheit und seiner Offenbarung, zwischen Gott und den menschlichen Erfahrungen von Gott unterschieden und beides zugleich ausgesagt. Gott wirkt in der Geschichte, geht aber nicht völlig in sie ein.

Allerdings kann von der Zukunft erhofft werden, daß Gott unmittelbar (»von Angesicht zu Angesicht« Ez 20, 35; »Auge in Auge« Jes 52, 8) begegne:»die Herrlichkeit Jahwes sich offenbare und alles Fleisch es sehe« (Jes 40, 5; vgl. 52, 10; u. § 16).

7. Sprachliche Bilder fallen nicht unter das Verbot. Das Alte Testament gestattet dem Hören, was es dem Sehen verbietet. Wenn Propheten und Psalmendichter die schroffsten Vergleiche verwenden – »Ich bin wie Eiter, wie Fäulnis, wie ein Löwe« läßt Hosea (5, 12. 14; vgl. Klgl 3, 10; Jes 7, 20 u. a.) Gott sagen –, so wird dem Wort zugestanden, was der Plastik verweigert wird. Solche Sprachbilder, die auch nicht unkritisch verwendet werden (vgl. § 12 b), beschreiben keine Eigenschaften oder Zustände, sondern vergegenwärtigen ein Geschehen, künden den in menschliches Geschick eingreifenden, drohenden und verheißenden Gott an.

d) Der Geschichtsbezug

1. Neben Ausschließlichkeit und Bildlosigkeit der Gottesverehrung ist –
auch im Vergleich mit der altorientalischen Umwelt – wohl keine Eigenart
des alttestamentlichen Glaubens so auffällig wie seine Geschichtsbezogenheit. »Ich bin Jahwe, dein Gott, vom Land Ägypten her« formuliert Hosea
(12, 10; 13, 4) als Gottesrede.
Vielleicht darf man Ausschließlichkeitsforderung und Geschichtsbezogenheit sogar sachlich eng verbinden: Indem gegenüber mythischem Denken,
das auch ein Verhalten der Götter untereinander kennt, die Voraussetzung
einer Göttervielheit entfällt, wird jede Rede von einer göttlichen Tat gleichsam notwendig geschichtlich, jedes Handeln Gottes unmittelbar ein Verhalten zur Welt und zum Menschen.

»Wo Gott als der einzige Gott keinerlei anderes Gegenüber hat als den Menschen und
seine Welt, wo also all die Bewegtheit und Dramatik im Bereich des Göttlichen,
Liebe und Kampf, Geburt und Tod, Aufstieg und Niedergang radikal fortfallen, muß
dem einzigen Gegenüber Gottes, dem Menschen und der Geschichte des Menschen
in seiner Welt, eine erhöhte Bedeutung zukommen.« (*C. Westermann*, BK I / 1, 95)

Auch der Dekalog sieht einen Zusammenhang zwischen dem Rückverweis
auf die Geschichte und dem ersten und zweiten Gebot; Gott sagt zunächst,
was er für die Hörer getan hat, dann erst, wie das Verhältnis zu ihm aus-
zusehen hat (Gottesrede in Ex 20, 2–6).
Ist die Geschichtsbezogenheit gar der Ausschließlichkeitsforderung vorgegeben, das erste Gebot gleichsam Konsequenz geschichtlicher Erfahrung?
Die Frage ist schwer zu beantworten. Jedenfalls beruft sich alttestamentlicher Glaube seit je auf Geschichtstaten Gottes (Ex 15, 21; Ri 5, 11;
Am 9, 7; Hos 11, 1; Jes 28, 21; auch Gen 15, 7 u. a.; vgl. § 4b, 3). Israel ist
sich bewußt, daß ihm in der Geschichte der Ort zugewiesen wurde, an dem
es lebt; es weiß, daß es in einer Geschichte steht, und sie hilft ihm zum Verständnis der Gegenwart (o. § 2, 1). Ja, das Alte Testament bewahrt die Erinnerung daran, daß auch der Glaube seine Geschichte hat; das Gottesverhältnis der Erzväter war anderer Art als das des Volkes (Ex 6, 2; vgl.
Jos 24, 2; auch § 18, 3). Zeigt historische Forschung, daß das Alte Testament in der Geschichte entstanden ist, so steht diese Erkenntnis also keineswegs im Widerspruch zu dem, was es selbst sagt (obwohl sich das biblisch
überlieferte und das historisch rekonstruierte Geschichtsbild nicht decken).

2. Während die Stele des Königs Mescha von Moab (u. § 7, 1b) von einem
israelitischen Stamm behauptet: »Die Leute von Gad wohnten im Lande
Atarot seit Ewigkeit«, also von jeher, war für Israels Selbstverständnis die
Erinnerung an die (Erzväter-)Zeit grundlegend, in der es noch nicht be-
stand, andere altorientalische Völker aber schon existierten (vgl. die sog.
Völkertafel Gen 10), und es erzählte von seinem Eindringen in das Land.
Wenn die babylonische Königsliste auf einen mythischen Anfang zurück-

greift: »Als das Königtum vom Himmel herabkam« (AOT 147), so weiß Israel zu berichten, daß es die Institution des Königtums zu einer bestimmten Zeit aus der Umwelt übernahm (1 Sam 8, 5. 20; Dtn 17, 14). Am krassesten ist ein von Herodot (II, 142) berichteter Ausspruch eines ägyptischen Priesters, das ägyptische Reich bestehe seit mehr als zehntausend Jahren, aber: »In all dieser Zeit hätte sich nichts in Ägypten geändert.« Demgegenüber ist sich das Alte Testament der Veränderlichkeit der Geschichte bewußt.

Ein so intensives Festhalten an der Vergangenheit um des Glaubens und damit des Gegenwartsbezugs willen und zugleich eine so durchgängige Bezogenheit auf Zukunft, wie sie das Alte Testament bestimmen, kennt der alte Orient nicht.

»Einen so breiten Raum nehmen geschichtliche Themen in keiner anderen religiösen Literatur ein.« (*K. Koch*, TRE XII, 572)

3. Sind eigentliche Werke der Geschichtsschreibung zuerst in Israel aufgekommen?

In einem vielzitierten Wort urteilt der Historiker *E. Meyer*: »Völlig selbständig geschaffen ist eine wahre historische Literatur im Bereich des vorderasiatisch-europäischen Kulturkreises nur bei den Israeliten und den Griechen. Bei den Israeliten, die auch darin eine Sonderstellung unter allen Kulturvölkern des Orients einnehmen, ist sie in erstaunlich früher Zeit entstanden und setzt mit hochbedeutenden Schöpfungen ein«, und zwar ein Jahrhundert vor Hesiod (Geschichte des Altertums I/1, [6]1963, 227). – »So hat die Blütezeit des judäischen Königtums eine wirkliche Geschichtsschreibung geschaffen. Kein anderes Kulturvolk hat das vermocht; auch die Griechen sind erst auf der Höhe ihrer Entwicklung im 5. Jahrhundert dazu gelangt und dann allerdings alsbald darüber hinausgeschritten. Hier dagegen handelt es sich um ein Volk, das eben erst in die Kultur eingetreten ist« (dort II/2, [3]1953, 285). Nach *A. Alt* (130) ist Israels Deutung der Weltgeschichte »die älteste unter allen uns bekannten«.

Allerdings haben Ägypten, Mesopotamien sowie Kleinasien eine Fülle von geschichtlichen Nachrichten hinterlassen, die – zumal bei den Hethitern – historischer Berichterstattung nahekommen können. Bauinschriften erzählen von der Errichtung eines Tempels, Königsinschriften von einem bedeutenden Feldzug. Man stellte Listen von Beamten (vgl. 2 Sam 8,16 ff; 1 Kön 4,2 ff), Priestern (Esr 2, 36 ff u. a.) und Königen auf. Annalen hielten die wichtigsten Einzelereignisse, nach denen auch die Jahre benannt wurden (ähnlich Am 1, 1: »zwei Jahre vor dem Erdbeben«), chronologisch fest (vgl. 1 Kön 14, 19. 29), oder man datierte nach Regierungsjahren (14, 25 u. a.). So war die Geschichtsschreibung weithin entweder durch den König oder den Kult bestimmt.

Die Geschichte selbst konnte auf verschiedene Weise gedeutet werden. Der Wechsel von Heils- und Unheilszeiten oder das unberechenbare Wirken der Götter zum Guten oder Bösen machten den Zeitablauf verständlich. Der enge Zusammenhang von Tun und Ergehen – »Ein Schlag wird mit sei-

nesgleichen vergolten: Das ist die Verzahnung allen Tuns«, heißt es in der
Lehre des Merikare (*E. Otto*, 176; vgl. § 15, 3) – konnte die Geschichte als
Folge menschlicher Tat erscheinen lassen. Entsprechend der Wiederkehr
von Tag und Nacht, von Jahreszeiten und Gestirnen wie dem Gleichmaß
des Kultus, der mit seinen regelmäßigen Festen Leben spendete, wurde die
Geschichte – statt von Einmaligkeit und Kontingenz – zuweilen stärker von
dem Sich-Wiederholenden und Typischen her erfaßt; so konnte Geschichte
durch ein vorgegebenes Bild geprägt sein, das festlegt, was geschehen sollte
(vgl. *E. Hornung*, Geschichte als Fest). Eine ewige Wiederkehr des Gleichen
(vgl. Koh 1, 4 ff) scheint der alte Orient aber nicht gekannt zu haben.
Jedoch bleibt die Geschichte vielfach in den Mythos eingebettet; ihr
Ursprung und damit ihr ständiger Grund liegen in der Welt der Götter.
Diese Vorstellung klingt in der sog. Urgeschichte (Gen 1–11) auf veränderte
Weise nach.

4.   Wegen der in Israel auffällig engen Bezogenheit von Glauben und Geschichte aufeinander mag man mit *J. L. Seeligmann* das Urteil wagen:
»Für den alttestamentlichen Menschen ist die Geschichte die Denkform
des Glaubens« (ThZ 19, 1963, 385).

Allerdings hat *R. Smend* widersprochen: »An diesem Satz muß man nur den bestimmten Artikel beanstanden: die Geschichte ist durchaus nicht *die* Denkform des
alttestamentlichen Glaubens, sondern eine unter mehreren; neben ihr stehen Kultus,
Recht und Weisheit« (4; vgl. auch die kritischen Einwände von *J. Barr*, 61 ff).

Gewiß gibt es jene anderen Bereiche neben der Geschichte im engeren
Sinn; aber Recht und Kult, in geringerem Maß auch die Weisheit, werden
in die Geschichte integriert. Was von sich aus zunächst keinen festen historischen Haftpunkt hat, erhält im Alten Testament wenigstens nachträglich
eine geschichtliche Bindung. Alle bedeutsamen Phänomene werden einem
bestimmten Ort in der Geschichte Israels und damit einer Situation zugewiesen, in der sie entstanden sein könnten und aus der sie sich wiederum
erklären lassen. So werden die Gesetze als Mosewort auf die Sinaioffenbarung zurückgeführt (Ex 20 ff), ein Großteil der Psalmen gilt als Lieder
Davids (z. B. Ps 51), oder die Sprüche (auch Ps 72; 127; Hld; vgl. Koh)
werden Salomo zugeschrieben. Ein Brauch, wie die Beschneidung, wird mit
Abraham verbunden (Gen 17); selbst mythische Vorstellungen sucht man
in geschichtliches Denken einzufügen (§ 10b, 3; 11g). Auch die Agrar-
feste, die Israel nach der Seßhaftwerdung übernahm, erhalten eine neue
Aufgabe: an entscheidende Ereignisse aus Israels Frühzeit zu erinnern
(Ex 23, 15; 12, 14; 13, 3 ff; Lev 23, 42 f; Dtn 16 u. a.; vgl. § 9b). Diese Umprägung bringt mit sich, daß die Feste, die ja durch die regelmäßige Wiederkehr geprägt sind, ein einmaliges Ereignis vergegenwärtigen.

Selbst *B. Albrektson*, der zu zeigen versucht, daß der Gedanke einer göttlichen Offenbarung in der Geschichte nichts spezifisch Israelitisches, sondern schon dem alten
Orient vertraut ist, kommt zu dem Ergebnis, »that the idea of historical events as

divine manifestations has marked the Israelite cult in a way that lacks real parallels among Israel's neighbours . . . Nevertheless it appears evident that the deity's saving acts in history are nowhere afforded so central a position in the cult as in Israel, where they dominate the Passover and other ancient feasts. This, then, is a field where we may be entitled to speak of something distinctive« (115 f).

Heißt Schöpfung (u. § 11 f) nicht auch, die Welt wie die Natur – als Werk Gottes – mit einem »Anfang« (Gen 1,1), also geschichtlich, zu denken?

5. Allerdings kennt das Alte Testament keinen *Begriff* »Geschichte«.

Das Fehlen eines angemessenen Begriffs für einen – wichtigen – Sachverhalt ist kein Sonderfall. Vielmehr ist es für das Alte Testament charakteristisch, daß ihm Phänomene vertraut sind, die es selbst noch nicht mit einem Begriff einfängt. Es denkt vom Vollzug, nicht von Begriffen her. »Was Israel als Welt erfuhr, das war ihm gerade nicht in einer Begrifflichkeit von solcher Absolutheit, wie wir sie gebrauchen, geronnen« (*G. v. Rad*, TheolAT II⁴, 362). So fehlt ein Wort »*Gewissen*«, obwohl schon die Paradiesgeschichte (Gen 3, 8 ff) das Verhalten des Menschen schildert, dessen »Herz schlägt« (1 Sam 24, 6), d. h., der von seinem Gewissen getrieben wird. In ähnlicher Weise kennt das Alte Testament wohl besondere Ausdrücke für den »freigelassenen« Sklaven oder »frei von Schuld, schuldlos«, aber keinen allgemeinen Begriff »*Freiheit*«. Doch sucht Israel seinen Ursprung in der Erlösung aus ägyptischer Knechtschaft, glaubt also an einen Gott, der aus Unterdrückung befreit (Ps 146, 7), und erhofft wiederum Freiheit für die Zukunft (Jes 42, 7; 49, 9; 61, 1 u. a.).

Entsprechend verhält es sich mit dem Phänomen der Geschichte. Verschiedene Ausdrücke aus verschiedenen Überlieferungszusammenhängen und Literaturbereichen umschreiben es nur unvollkommen: Der hebräische Ausdruck für »*Wort*« (*dabar*) umfaßt nicht nur die Rede, sondern auch die Sache – ähnlich, wie unser deutsches Wort »Geschichte« sowohl das Ereignis als auch dessen Wiedergabe, die Erzählung, meint. So leitet der Bericht vom Bundesschluß mit Abraham Gen 15, 1 von einer Szene zur anderen mit der Formel über: »Nach diesen Worten, d. h. nach diesen Begebenheiten, geschah . . .« Entsprechend verbirgt sich unter dem Titel »Buch der Worte Salomos« ein Werk, das die Geschehnisse z. Z. Salomos festhält, also eine Chronik (1 Kön 11, 41) oder die Annalen (14, 29 u. a.). Das Wort »Nachkommen, *Geschlechterfolge*« (Gen 5, 1 u. a.) kann die Bedeutung »Entstehungsgeschichte« (Gen 2, 4a) erhalten. Jesaja kündigt die Zukunft als Gottes »Werk« oder »*Ratschluß*« an (5, 12. 19; 28, 21. 29; vgl. 10, 12; 14, 26; auch Ps 44, 2; 33, 10 f; Spr 19, 21 u. a.). Schließlich schafft sich der Exilsprophet Deuterojesaja eine eigene Begrifflichkeit, die auf der strengen Unterscheidung von Vergangenheit und Zukunft beruht: »das *Frühere*« und »das *Neue*«, um so die Befreiung vom Druck des Gewesenen ansagen und zur Erwartung des Kommenden aufrufen zu können (Jes 41, 22f; 42, 9; 43, 9. 18 f; 46, 9; 48, 3. 6). Der Prophet mahnt, das Frühere, d. h. die Vergangenheit, zu vergessen und sich allein auf das Kommende einzustellen. Dieses Wortpaar umgreift noch am ehesten das Ganze der Geschichte, wie der Doppelausdruck »Himmel und Erde« die Welt bezeichnet.

6. Von der Zeit Davids abgesehen, hat Israel mehr an der Geschichte ge-
litten als selbst Geschichte gemacht. Dennoch ist die Geschichtsschreibung
in Israel zunächst nicht aus den Erfahrungen von Übel und Leid entstanden,
sondern um die Jahrtausendwende in der Glanzzeit David–Salomos, nachdem durch die Staatenbildung die materialen Voraussetzungen geschaffen
und die Nachbarvölker stärker in Israels Gesichtskreis gerückt waren. Die
ersten Geschichtswerke von Davids Aufstieg (1 Sam 16 bis 2 Sam 5 bzw. 8)
und Thronfolge (2 Sam 9–20; 1 Kön 1 f) haben zwar nur einen bestimmten
Personenkreis vor Augen, legen aber die in der Geschichte »selbst wirkenden,
natürlichen Bewegkräfte . . . , die inneren Zusammenhänge frei« (*G. v. Rad*).

»Nirgends ereignet sich ein Wunder . . . Die Kausalkette der menschlichen Ereignisse ist lückenlos geschlossen . . . Der Raum, in dem sich diese Geschichte begibt,
ist von vollkommener Profanität, und die Kräfte, die darin spielen, gehen nur von
Menschen aus, die sich keineswegs von besonderen religiösen Impulsen leiten
lassen.« (*G. v. Rad*, TheolAT I[4], 328)

In wenigen – erst nachträglich? – eingestreuten Sätzen wird das Gewirr von
Schuld und Leid am Königshof als Gottes Fügung beurteilt (2 Sam 11, 27;
12, 24; 17, 14). So beginnt die Geschichtsschreibung in Israel anscheinend
als Aufzeichnung der politischen Zeitgeschichte am Hof. Wenig später
scheint der Entwurf des Jahwisten entstanden zu sein, der das überlieferte Erzählgut von der Schöpfung bis zur Landnahme theologisch ver-
arbeitet.
In exilisch-nachexilischer Zeit deuten das deuteronomistische, das priesterschriftliche und schließlich das chronistische Geschichtswerk die Überlieferung auf wechselnde Weise. Geschichtswerke von solchem Umfang
und solchem Zusammenhang kennt der alte Orient nicht.
Letztlich macht nur der Unterschied im Gottesverhältnis erklärlich, warum
Israel anders als seine Umwelt zu einem geschichtlichen Denken kam. Es
verstand – jedenfalls in weiten Bereichen des Alten Testaments – Gottes
Wirken nicht mehr wie die Mythen und auch die Sagen der Frühzeit als
unmittelbaren, wunderbaren Eingriff. Menschliches und göttliches Tun
werden nicht mehr im mythischen Sinne auf einer Ebene gedacht. Die Geschichte erscheint in ihrer alltäglichen Gegebenheit und wird in all ihren
Bezügen und Verwobenheiten dargestellt; trotzdem werden die in ihr ge-
fallenen Entscheidungen und Ereignisse als Gottes Fügung angesehen.
Menschliche Freiheit und Verantwortung einerseits, Gottes Wirksamkeit
andererseits, menschliche Initiative und Gottes Plan schließen sich nicht
aus. Vielmehr gilt beides zugleich: ganz welthafte Geschichte und ganz
Gottes Werk – so außer in der Erzählung von Davids Thronfolge (vgl.
2 Sam 17, 14; auch 1 Sam 1,19 u. a.) etwa in der Josephsgeschichte (vgl.
Gen 50, 20), erst recht in der prophetischen Verkündigung (Jes 5, 26 ff;
7, 20 u. a.). In einer Antwort auf die prophetische Botschaft bekennt die
Gemeinde die Bewahrung Jerusalems (wohl vor der Assyrerbedrohung im
Jahre 701) dankbar als Akt der Gnade:

»Wenn Jahwe Zebaot
uns nicht einen Rest gelassen hätte,
beinahe wäre es uns wie Sodom ergangen,
wären wir Gomorra gleich.«(Jes 1, 9)

In den Psalmen erinnern vor allem die Klagelieder an Gottes helfende
(Ps 44, 2 ff) oder richtende (44, 10 ff) Taten:»Gedenke deiner Gemeinde...,
die du erlöst hast!«(74, 2; vgl. Ps 78; 126 u. a.) In seinen Gerichtsreden zur
Auseinandersetzung zwischen Jahwe und den Völkern bzw. deren Göttern
dient dem Exilspropheten Deuterojesaja die Voraussage der Geschichte
sogar als Wahrheitskriterium:»Wer unter ihnen verkündet solches?«
(Jes 43, 8 ff; 41, 1 ff, 21 ff. 44, 6 ff)
Die ältesten Geschichtsschreibungen haben nur ein bestimmtes Einzelziel
vor Augen und sind zunächst nicht eschatologisch ausgerichtet (vgl.
allerdings Gen 12, 1 ff; o. § 3 d, 2). Prophetie und Apokalyptik beziehen die
Zukunft in das geschichtliche Denken ein und dehnen zugleich den Bereich
der Geschichte vom Volk und seiner Umgebung auf die Welt aus. Als die
Übermacht der altorientalischen Großreiche Israel bedroht und nieder-
zwingt, verleiht der eine Gott nicht mehr Israels König, sondern dem Fremden die Herrschaft (z. B. Jer 25, 9; 27, 6; 43, 10; Jes 44, 28 f).

Exkurs 2:
Das Sabbatgebot

1.   Der Sabbat wurde in Israel seit *früher* Zeit eingehalten. In der Erzväterzeit ist wohl mit Recht noch keine Rede von ihm. Aber die Propheten
des 8. Jh. erwähnen den Sabbat im Nord- wie im Südreich (Am 8, 5;
Hos 2, 13; Jes 1, 13; vgl. 2 Kön 11, 5 ff; Klgl 2, 6), das jahwistische Geschichtswerk berichtet von dem siebten Ruhetag beim Einsammeln des
Manna-Brotes (Ex 16, 29 f), und die Gesetzeskorpora des Dekalogs (20, 8 ff),
des sog. kultischen Dekalogs (34, 21), des Bundesbuches (23, 12) und des
Heiligkeitsgesetzes (Lev 19, 3; 23, 3; 26, 2) enthalten in verschiedener Gestalt ein Sabbatgebot. Allerdings findet sich nirgends eine Angabe über Entstehung und *Herkunft* dieses Tages. So hat man nach außerisraelitischen
Vorbildern gesucht:

a)   Der Sabbat erscheint mehrfach im Zusammenhang mit dem *Neumond* (in älterer
Zeit Am 8, 5; Hos 2, 13; Jes 1, 13; 2 Kön 4, 23 u. a.; später Ez 46, 1; Jes 66, 23 u. a.),
und im babylonischen Raum heißt der 15. Monats- oder Vollmondstag *schabattu*.
Darum hat man oft angenommen, der Sabbat sei ein Vollmondstag gewesen. Doch
ist der babylonische *schabattu* nicht als Ruhetag bezeugt. Leitet man den Sabbat aber
von sonst bekannten unheilsträchtigen Mondtagen ab, so bleibt ungeklärt, warum er
– wohl schon früh – vom Mondumlauf unabhängig war. Da nämlich der Mondumlauf erheblich von 28 Tagen abweicht (29 1/2 Tage), müßte die Woche ständig
korrigiert werden, so daß die Abfolge von sechs Arbeitstagen und einem Ruhetag zerstört würde. Die Gleichheit mit dem babylonischen Namen deutet zwar auf einen

frühen Zusammenhang, aber die Ableitung des Sabbats von den Mondphasen überzeugt nicht recht.

Oder fallen der Sabbat (als Vollmondstag) und der die Woche abschließende Ruhetag
(vgl. das Verb *schbt* »ruhen« Ex 23, 12; 34, 21) ursprünglich nicht zusammen und
sind nachträglich (erst im Exil?) identifiziert worden (*G. Robinson* u. a.)? Zumindest
in späterer Zeit war der Sabbat in Israel kein Vollmondstag und wurde als wöchent-
licher Ruhetag begangen, wie etwa der Dekalog fordert.

b) Aus Mesopotamien und Ugarit sind eine Reihe *Zahlensprüche* belegt, die einen
bestimmten Geschehensablauf oder eine Handlung jeweils sechs Tage währen lassen,
um am siebten Tag als dem Höhepunkt und der Wende (ähnlich Jos 6) das Ganze zu
beenden. Die Siebenzahl will in solchen Fällen nur eine kleine runde Frist umschreiben, kaum das einmalige Ereignis genau abgrenzen. Die regelmäßige Wiederkehr der Woche erklärt sich durch solche Zahlensprüche gewiß nicht.

c) Fast überall in der Welt sind bestimmte Tage für gewisse Arbeiten wie auch Tage
ohne Arbeit bekannt. So gab es etwa bei den Römern feste *Markttage* als Ruhetage.
Da sie aber nicht im Siebenerrhythmus stattfanden und in Israels Umwelt nicht belegt sind, scheiden auch sie als Ursprung des Sabbats aus.

d) Höchst fragwürdig ist schließlich die Ableitung der das ganze Jahr durchlaufenden Woche von einem siebentägigen *Neujahrsfest* (mit dem Sabbat als Höhepunkt),
zumal die siebentägige Dauer des Herbstfestes in Israel vielleicht nicht in alte Zeit zurückgeht (vgl. § 9 b, 3).

So liegt die Herkunft der Woche mit dem abschließenden Ruhetag trotz
mannigfacher Untersuchungen bis heute im Dunkeln. Sollte er einen Vor-
läufer gehabt haben, den Israel übernahm oder abwandelte, ist er noch
nicht sicher ermittelt. Es gibt keinen wirklich triftigen Grund für die Annahme, dieser Ruhetag sei zusammen mit dem Jahwenamen von anderen
Stämmen, den Kenitern oder Midianitern, entlehnt. Auch aus der nomadischen Umwelt sind keine Zeugnisse erhalten. Aber das Gebot von
Ex 34, 21:

»Sechs Tage sollst du arbeiten,
aber am siebten Tag sollst du ruhen;
(auch) beim Pflügen und bei der Ernte sollst du ruhen«

dehnt das Ruhegebot ausdrücklich auf die Hauptarbeitszeiten des Bauern,
Saat und Ernte, aus. Wird es damit »in das Leben des fest angesessenen
Kulturlandbewohners eingeführt« (*M. Noth*, z. St.), reicht also in ältere,
nomadische Zeit zurück? Anscheinend ist die regelmäßige Wiederkehr von
sechs Tagen Arbeit und einem Tag Ruhe eben eine israelitische Eigenart. Man hat sogar vermutet, Israel habe diesen Wechsel der Natur ab-
gelauscht.

2. Wesensmerkmal des Sabbats ist die *Ruhe*. »Der im Dekalog genannte
Sabbat war von Hause aus lediglich durch das Verbot aller Arbeit charakterisiert und hatte in altisraelitischer Zeit mit dem positiven Kultus Jahwes
nichts zu tun« (*A. Alt*, I, 331[1]).

Auffälligerweise läßt das vierte Gebot: »Denke an den Sabbattag, ihn zu heiligen!«
(Ex 20, 8) in dieser Kurzform – ohne die folgende ausführliche Erläuterung (20, 9 f) –
gar nicht erkennen, wie dieser Tag zu begehen ist, worin das »Gedenken« bzw. »Bewahren« (Dtn 5, 12) besteht. Demnach setzt die Dekalogfassung eine ältere Formulierung voraus, die sich am ehesten in jenem Gebot von Ex 34, 21 (ähnlich 23, 12) erhielt: »Sechs Tage sollst du arbeiten, aber am siebenten Tag ruhen.«

Wie das zweite Gebot ursprünglich keinen Grund für das Verbot einer
Abbildung Gottes angibt, so ergeht auch die Forderung nach einer Arbeitsunterbrechung zunächst ohne Begründung. Darum darf man wohl auch
nicht nach einem Motiv suchen, wenn man nicht spätere Überlegungen
eintragen will. Vielleicht darf man die Arbeitsenthaltung nicht einmal von
vornherein als Ausschluß dieses Tages von jeder menschlichen Nutz-
nießung verstehen. Die aus der Religionsgeschichte vertrauten vielfältigen
Tabus haben nicht in der Ablehnung eines Utilitätsstrebens ihren Grund;
sie gelten als solche und bleiben darum in veränderter Situation erhalten.
»,Du sollst' – was man soll, ist eine zweite Frage; warum man soll, ist gar
keine Frage.« (*G. v. d. Leeuw*, Phänomenologie der Religion, ²1956, 34 f)

Primär ist der Sabbat kein *Fest*; denn das vierte Gebot richtet sich –
wenigstens zunächst – nicht auf die Beachtung von kultischen Zeiten an be-
stimmten Orten, sondern gilt auch außerhalb des Wallfahrtsbezirks für den
Alltag zu jeder Zeit. Um die Ruhe am siebten Tag einzuhalten, ist weder ein
Priester noch ein Altar nötig. Darum wird der Sabbat in den verschiedenen
Festkalendern (Dtn 16; Lev 23) nicht erwähnt. Umgekehrt ordnet der
Dekalog keine Festtage an. Jedoch wird der Sabbat zu einem Tag »*für
Jahwe*« – zu einer Zeit, die zu »heiligen« (Ex 20, 10. 8; 31, 14 f), also auf
Israels Gott bezogen und ihm (wie die Festtage Dtn 16, 1. 10. 15 u. a.) ge-
widmet ist, weil sie ihm gehört. So ist mit dem Ruhetag ein Kult verbunden
(vgl. Hos 2, 13; Jes 1,13); später sind Opfer vorgeschrieben (Ez 46, 4 f;
Num 28, 9 f; Neh 10, 32). Dadurch wird die Arbeitsenthaltung zu einem
Bekenntnis.

Diesen Prozeß der Umdeutung des Ruhetages in einen Festtag setzt das Sabbatgebot
des *Dekalogs* voraus. In seiner allgemeinen Fassung: »Denke an bzw. bewahre den
Sabbattag...!« kann es – außer dem Ruhegebot – bestimmte Kulthandlungen einschließen und auch die spätere Verschärfung der Sabbatheiligung umfassen.

Entsprechend der Ruhe an jedem siebten Tag kannte Israel zumindest als
Forderung eine Ruhe in jedem siebten Jahr (Ex 23, 10 f; vgl. Neh 10, 32).
Auch für diese Einrichtung des *Sabbatjahrs* ist weder aus der Nomadenzeit
noch aus dem Kulturland eine wirkliche Parallele, aus der man Israels
Übung herleiten könnte, bekannt. Nach sechs Jahren Säen und Ernten soll
das gesamte Ackerland im siebten Jahr unbestellt und sich selbst überlassen
bleiben. Dabei ist zunächst kaum an eine Steigerung der menschlichen
Nutzung – eine Brache zur Erholung des Ackers – oder an ihren Ausschluß
– Verzicht auf Gewinn – gedacht. Wie aber die Arbeitsruhe als heiliger Tag

»*für Jahwe*« gedeutet wird, so wird auch das Erlaßjahr (Lev 25, 2. 4) als Proklamation verstanden, »das Obereigentum Gottes an dem Grund und Boden anzuerkennen, den er den Stämmen aus freiem Willen zu Lehen gab« (*A. Alt* I, 151).

In Lev 25 ist mit dem Sabbatjahr das *Jobeljahr* (Luther: Halljahr) verbunden, das jeweils nach sieben Jahrwochen, in jedem 49. bzw. 50. Jahr, ausgerufen werden soll. In ihm sollen verkaufter Haus- und Grundbesitz erstattet und der Schuldsklave freigelassen werden (vgl. ältere Regelungen Ex 21, 2; Dtn 15; Jer 32; 34; Rut 4).

3.   Die Beifügung »für Jahwe« ist also bereits eine Sinngebung. Die kategorische Forderung nach einem siebten Ruhetag verlangt aber nach ausführlicher *Begründung*; sie wird dem Sabbatgebot in den beiden Dekalogfassungen auf verschiedene Weise gegeben. Wie beim zweiten Gebot schließen sich auch hier spätere Erläuterungen an.

Das Deuteronomium (5, 14 f), das dem gesamten Gottesvolk die »Ruhe« erhalten oder wiedergewinnen möchte, sieht im Sabbat eine *soziale Maßnahme*. Der Ruhetag steht allem, was zur Familie gehört, auch dem Sklaven oder gar den Haustieren, zu: »Denke daran, daß du Sklave warst im Lande Ägypten!« Wie die Jahresfeste historisch verankert werden (u. § 9 b), so wird hier der Sabbat auf den Exodus, die Befreiung von der Sklavenschaft, bezogen. Entsprechend soll das Sabbatjahr den Armen und Schuldnern des Volkes zugute kommen (Ex 23, 10 ff; Dtn 15).

Die andere Begründung des Sabbatgebots (Ex 20, 11; 31, 17) nimmt die Aussage von Gottes Ruhe nach der Schöpfung auf:

»denn in sechs Tagen hat Jahwe den Himmel und die Erde, das Meer und alles, was in ihnen ist, gemacht, aber am siebten Tage geruht«.

Schon die *Schöpfungsgeschichte*, nach der Gott den siebten Tag segnet (Gen 2, 2 f P), sucht ja die Sabbatheiligung zu motivieren. Gewiß, der Name »Sabbat« fällt nicht, erst recht fehlt eine Anordnung für diesen Tag. Von einer göttlichen »Schöpfungsordnung« des Wechsels von Arbeit und Ruhe kann also keine Rede sein. Die Ruhe bleibt vielmehr wie die Schöpfung allein Gottes Tat, die höchstens vorbildhaft vorwegnimmt, was der Mensch später (vgl. Ex 16; 31, 12 ff) nachvollzieht. Wie kommt es zu dieser im Alten Testament ungewöhnlichen »Begründung« des Sabbats durch die Schöpfung statt wie bisher durch die Geschichte? Die Änderung wird aus der Zeit verständlich, in der die Priesterschrift entstand: Das Exil hat den uralten Verheißungen auf Landbesitz, dem Tempel und dem Davidsbund ein Ende gesetzt, so daß auf ein Geschichtsereignis kein Gebot mehr bezogen werden kann. Darum wird nicht mehr auf ein partikulares Einzelgeschehen, sondern auf die Weltgeschichte am Anfang zurückgegriffen.

4.   Das Exil brachte für das Verständnis des Sabbats eine entscheidende Wende: Da den Deportierten der Opferkult in der Fremde unmöglich war,

gewannen die Bräuche des Jahweglaubens, die auch fern vom Tempel ausgeübt werden konnten, erhöhte Bedeutung. So wurde die Sabbatheiligung in den Rang eines *Bekenntnismerkmals* erhoben. Wie die Beschneidung (Gen 17, 10–13 P) so erscheint auch der Sabbat als »ewiger Bund«, d. h. Gottes stets gültige Zusage und Verpflichtung, und als »Zeichen«, das die Zusammengehörigkeit von Gott und Volk erkennen läßt und zugleich vergewissert (Ex 31, 13–17 P; Ez 20, 12. 20).

Dieser zunehmenden Bedeutung des Sabbatgebotes entspricht im weiteren Verlauf der Geschichte eine Verschärfung der Forderung. Schon nach dem bitteren Zitat von Am 8, 5 schließt die Arbeitsunterbrechung auch den Handel in sich; erst ein in priesterschriftlichen Schichten bezeugtes Gebot (Ex 35, 3) verbietet das Feueranzünden und Holzsammeln. Die Spätzeit wacht über der immer genaueren und strengeren Durchführung der Sabbatruhe (31, 14 f; Lev 23, 3; Num 15, 32 ff; Jer 17, 21 ff; Jes 56, 2. 6; 58, 13 f; Neh 13, 15 ff), während die christliche Gemeinde die Freiheit des Menschen vom Sabbatgebot proklamiert (Mk 2, 27 f), jedoch im Laufe der Zeit die Arbeitsruhe auf den Sonntag überträgt.

Exkurs 3:
Zur alttestamentlichen Ethik

Das Alte Testament hat auf dem Feld des Ethischen eine tiefe Wirkung entfaltet. Stellen nicht einerseits die Zehn Gebote mit ihrem »Du sollst« den einzelnen vor Gott, um vom Menschen im Wandel der Situation eine gleichsam unbedingte Entscheidung zu fordern, ohne doch Unmögliches zu verlangen? Andererseits wecken die anschaulichen Erzählungen von Abraham, Jakob, Saul, David oder Elija, die den Erzvater, König oder Propheten in seinem Verhalten keineswegs immer vorbildhaft zeichnen, die Einsicht in Höhen und Tiefen, Möglichkeiten und Grenzen des Menschseins.

Allerdings ist die Verbindung von Glaube und Ethik (Gen 4; 18 f; 39, 9; Ex 1, 17 ff; 2 Sam 12; Hos 4, 1 f; 6, 6; Mi 6, 6 ff; Spr 17, 5; 22, 22 f u. v. a.) bzw. Glaube und Recht (Ex 21–23; 34 u. a.) nicht in demselben Sinn eine Besonderheit Israels wie das erste Gebot. Etwa Hammurabi erläßt (um 1700 v. Chr.) unter Berufung auf den Sonnengott Schamasch, den Wahrer des Rechts, und Marduk, den Gott von Babylon, seine berühmte Gesetzessammlung, »damit der Starke nicht den Schwachen bedrängt, Waise und Witwe ihr Recht bekämen« (AOT 407). Überhaupt ist der altorientalische König für das Recht zuständig (u. § 12a).

1. Eine ausdrückliche Abgrenzung von der Umwelt im Bereich dessen, was sittlich und statthaft ist, sprechen anscheinend schon früh gewisse formelhafte Wendungen aus:

»So tut man nicht in Israel« oder
»eine Torheit in Israel tun«
(Gen 34, 7; Ri 19, 23 f; 20, 6; 2 Sam 13, 12; Dtn 22, 21;
ähnlich 24, 7; vgl. 19, 13; 21, 21; 22, 22:
»Du sollst das Böse aus Israel ausrotten«).

Diese wohl ältesten Bekundungen ethischer Besonderheit jenseits des
eigentlich Kultischen benennen Vergehen gegen die Gemeinschaft – vor
allem, aber nicht ausschließlich (Jos 7, 15) im sexuellen Bereich. Hier hat
Israel auch nach dem Zeugnis von Erzählungen (Gen 9, 22 ff; 19; 26, 10 f;
34; vgl. Ri 19) am ehesten Trennungslinien gegenüber dem Verhalten der
Kanaanäer gezogen. Aus seiner nomadischen Vergangenheit war Israel in
dieser Hinsicht höchstwahrscheinlich ein strenges Ethos überkommen.

Im Kern von Lev 18 (vgl. Dtn 27, 20 ff) scheint eine »im Milieu von Kleinvieh-
Nomaden entstandene vater- und eigentumsrechtlich geprägte Reihe das Leben der
Großfamilie schützender Inzestverbote« vorzuliegen (*J. Halbe*, ZAW 92, 1980, 87
im Anschluß an *K. Elliger*).

In Kanaan muß Israel recht bald die Gefahr gespürt haben, die ihm durch
das andere Brauchtum seiner Umwelt (Lev 18, 3) einschließlich des
sog. Fruchtbarkeitskultes (Hos 4, 13 f; Jer 2; Lev 19, 29 u. a.; vgl. § 10)
drohte. Um so auffälliger bleibt, daß jene Abgrenzungsformeln menschliches Handeln nicht »vor Jahwe« (Gen 7, 1; 10, 9 u. ö.), sondern zunächst
im zwischenmenschlichen Raum bedenken und beurteilen, auch wenn es
in alter Zeit gewiß keine strikte Trennung zwischen sozialer und religiöser
Lebensordnung gab. Mußte Israel das weite Feld des Ethischen erst mehr
und mehr in den Jahweglauben integrieren und zugleich mit ihm durchdringen?

Die im Dekalog vorliegende enge Verbindung des Jahweglaubens mit dem Ethos beruht wohl auf langem theologischem und ethischem Nachdenken (vgl. § 6a 1, 3).
Ähnlich scheinen die im Heiligkeitsgesetz bewahrten Rechtsüberlieferungen nicht
seit je von den Motivierungen »Ich bin Jahwe« oder »Ihr sollt heilig sein« (Lev 18, 2;
19, 2 u. a.) geprägt gewesen zu sein.

Allerdings gehören Gotteserkenntnis und zwischenmenschliches Verhalten schon früh ganz selbstverständlich zusammen, wie die Propheten
(Am 2, 6 ff; Hos 4, 1 f; 1 Sam 12; 1 Kön 21 u. a.), die Rechtssammlungen
(wie Ex 21 ff) oder einzelne Erzählungen (wie Gen 4) bezeugen. Entsprechend umfaßt »Gottesfurcht« sowohl den vorbehaltlosen Gehorsam
des Glaubens (Gen 22, 12) als auch die Verläßlichkeit des Wortes oder den
Schutz des Schutzbedürftigen (Gen 20, 11; Ex 1, 17 ff; 18, 21 u. a.); denn
»durch Gottesfurcht bleibt man dem Bösen fern« (Spr 16, 6).

2.   In den rechtlichen Bestimmungen und ethischen Weisungen kehrt ein
Grundmotiv immer wieder. Die Fluchworte, die wohl erst nachträg-
lich durch zwei theologische Rahmensätze zum sog. Fluchdodekalog
(Dtn 27, 15. 16–25. 26) erweitert wurden, bedrohen bestimmte Rechts-

brüche mit der Ausstoßung aus der Gemeinschaft und stellen etwa diese beiden Vergehen zusammen (Dtn 27, 17 f):

»Verflucht ist, wer die Grenze seines Nächsten verrückt!
Verflucht ist, wer einen Blinden auf dem Weg irreführt!«

Dem Verbot der Grenzverrückung (Dtn 19, 14; Spr 22, 28 u. a.) und der Irreleitung Behinderter (Lev 19, 14; vgl. Hi 29, 15) ist gemeinsam: *der Schutz des Nächsten.* Eine entsprechende Intention findet sich beim sog. kasuistischen Recht, das vermutlich den Ältesten bei der Rechtsprechung im Tor (vgl. Rut 4, 1 f; Am 5, 10. 15) als Hilfe diente:

»Wenn jemand eine Zisterne offenläßt
oder wenn jemand eine Zisterne gräbt, sie nicht zudeckt
und es fällt ein Rind oder Esel hinein,
so soll der Besitzer der Zisterne Ersatz leisten.«
(Ex 21, 33 f; vgl. 22, 4 f u. a.)

Insbesondere bedürfen bestimmte Gruppen, die sich innerhalb der Gesellschaft im Status minderen Rechts befinden, eines besonderen Schutzes. Zu ihnen zählen der Fremdling bzw. Schutzbürger, der – wie Mose in Midian (Ex 2, 22) oder Israel in Ägypten – auf längere Zeit im fremden Land ansässig ist, oder Witwe und Waise, die mit ihrem Mann bzw. Vater ihren sozialen, wirtschaftlichen und rechtlichen Rückhalt verloren haben. Oft wird eingeprägt, die Lage solcher Personen nicht auszunutzen – auch unter Berufung auf eigene Erfahrung:

»Einen Fremdling sollst du nicht bedrücken
und ihn nicht bedrängen;
denn ihr seid selbst Fremdlinge in Ägypten gewesen« (Ex 22, 20);
»ihr wißt, wie dem Fremdling zumute ist.« (23, 9; vgl. Lev 19, 33 f u. a.)
»Witwe und Waise sollt ihr nicht bedrücken!«
(Ex 22, 21; vgl. Dtn 24, 17; 27, 19; Jes 1, 17.23 u. a.)

Ähnlich wird das Lebensrecht des Armen durch verschiedene – nach prophetischem Zeugnis (Am 2, 6 f; 5, 12; Jes 10, 1 f u. a.) allerdings nicht auf Dauer ausreichend wirksame – Rechtsbestimmungen (Ex 22, 24 ff; 23, 11; Dtn 24, 6. 10 ff; Lev 19, 9 ff; 25, 35 ff u. a.) gesichert. Dabei kann der Schutz der Witwe, der Waise und des Armen begründet werden mit dem Hinweis auf Gott als Helfer der Schutzbedürftigen:

»Verrücke nicht die Grenze ,der Witwe'
und dringe nicht in die Felder der Waisen ein;
denn ihr Rechtshelfer (Löser) ist stark,
er wird ihren Rechtsstreit gegen dich führen.«
(Spr 23, 10 f; vgl. 15, 25; Ex 20, 22; Dtn 10, 18 u. a.;
zum Armen: Spr 14, 31; 17, 5; u. § 11 f, 5; 15, 3–4)

Ihrer Absicht nach will auch die sog. zweite, ethische Tafel des *Dekalogs* (Ex 20, 12 ff; Dtn 5, 16 ff) nicht eigentlich Normen oder Werte wahren, sondern ist ebenfalls auf den Schutz des Nächsten bedacht. Er soll in bezug auf sein Leben, seine Freiheit, seine Ehe sowie sein Eigentum fremdem Zugriff entzogen werden.

Das *Elterngebot* will nicht die Autorität des Hausvaters oder gar der Obrigkeit aufrichten, sondern die Eltern, die sich, bildlich gesprochen, bereits auf das Altenteil zurückgezogen haben, vor schlechter, verächtlicher Behandlung oder gar Schlägen (Ex 21, 15. 17; Lev 20, 9; Dtn 27, 16; Spr 19, 26; 20, 20; 28, 24 u. a.) bewahren. Angeredet sind ja nicht Kinder, sondern Erwachsene, die in der Regel selbst bereits verheiratet sind, Haus und Hof besitzen (Ex 20, 14. 17 f). Diejenigen, die jetzt die Geschäfte führen, sollen denen, die sie aufgezogen haben, keinen Schaden zufügen und darüber hinaus wohl mit dem Lebensnotwendigen versorgen, wenn sich das Abhängigkeitsverhältnis umgekehrt hat. Es geht also um den Schutz der nächsten Nächsten eines jeden Menschen, und zwar in gleicher Weise um die Fürsorge für Vater und Mutter. Bei der Vorordnung dieses sozialen Gebots vor alle ethischen Forderungen – im Übergang von der sog. ersten zur sog. zweiten Tafel – sowie bei der Hervorhebung durch eine Segensverheißung könnte mitschwingen, daß die Eltern zugleich Träger der Glaubensüberlieferung sind (Ex 12, 26 ff u. a.; vgl. Lev 19, 3. 32; Mal 1, 6; 3, 24).

Die Verbote des *Tötens* wie des *Diebstahls* scheinen in ihrer überlieferungsgeschichtlichen Vorform nur auf den Mann – als das für Kult, Rechtsprechung und Kriegsführung wichtigste Glied der Gesellschaft – bezogen gewesen zu sein (Ex 21, 12 bzw. 21, 16; Dtn 24, 7; vgl. Gen 40, 15), haben im Dekalog durch Auslassung des Objekts aber eine allgemeinere Bedeutung erhalten (vgl. Hos 4, 2; Jer 7, 9; Lev 19, 11 u. a.): Die Untersagung des Diebstahls gilt auch für Sachen (vgl. Ex 21, 37; 22, 6) und die des Tötens für Menschen überhaupt (Gen 9, 6; Lev 24, 17 u. a.), schließt aber noch nicht die von der Gemeinschaft vollzogene Tötung (Todesstrafe, Krieg; vgl. u. § 16, 3) ein.

Das Verbot, »*falsch Zeugnis* zu reden«, ist nicht ohne weiteres der Mahnung gleichzusetzen, immer und überall die Wahrheit zu sagen, sondern bezieht sich zunächst auf die falsche Zeugenaussage vor Gericht. Die Lüge wird also dort untersagt, wo sie dem Nächsten am stärksten schaden kann (Dtn 17, 6; 19, 18; Spr 24, 28; 25, 18; 1 Kön 21). Doch wird das Gebot später weiter aufgefaßt worden sein (vgl. Lev 19, 11; Spr 12, 19. 22; Ex 23, 1).

Schließt das Verbot des »*Begehrens*« über die äußeren Machenschaften (Mi 2, 2 u. a.) hinaus auch innere Regungen (vgl. Spr 6, 25 »in deinem Herzen«; Hi 31, 9) ein?

3.   Der Dekalog ist kaum im Kult entstanden, erhält später dort aber eine Heimat (Ps 50, 7; 81, 9 ff). Nach dem Zeugnis zweier Psalmen wird der Mensch in oder eher vor dem Gottesdienst auf seinen Umgang mit dem Mitmenschen, auf sein Handeln im Alltag, angesprochen. Es gibt anscheinend bestimmte – im wesentlichen der sog. zweiten Tafel des Dekalogs entsprechende – Bedingungen für den Eintritt in das Heiligtum und damit für die Teilnahme am Gottesdienst:

»Wer darf weilen auf deinem heiligen Berg?
Wer vollkommen (untadelig) wandelt
und Recht übt,
von Herzen Wahrheit redet ...,
seinem Nächsten nichts Böses zufügt ...« (Ps 15, 1–3)

»Wer darf hinaufsteigen auf den Berg Jahwes,
und wer darf seine heilige Stätte betreten?
Wer reine Hände hat und ein lauteres Herz ...« (Ps 24, 3 f;
vgl. Dtn 26, 13 f; Jes 33, 14–16; Mi 6, 6–8; Ez 18)

Die »Vollkommenheit« – gemeint ist eine beständige, uneingeschränkte und ungeteilte Ganzheit (vgl. Gen 6, 9; 20, 5 f; Dtn 18, 13; Jos 24, 14 u. a.) – soll sich im »Recht *tun*«, d. h. im rechtmäßigen, angemessenen Handeln, wie im »Wahrheit *reden*« erweisen. Jedoch erschöpft sich die Lauterkeit keineswegs im nach außen dringenden, mehr oder weniger offen beobachtbaren Verhalten, sondern soll selbst das *Denken* und Planen, das dem Nächsten verborgene Innerste des Menschen, bestimmen: das Herz (vgl. 1 Kön 9,4; Lev 19, 17 u. a.).

Vor den Einzelbestimmungen wird jeweils eine allgemeine Grundhaltung oder auch Grundforderung genannt. So wird einerseits das Generelle durch Einzelhinweise konkretisiert; diese behalten andererseits deutlich Beispielcharakter für das, was es heißt, »dem Nächsten nichts Böses zu tun« (Ps 15, 3). Wer entsprechend jenem Grundsatz und den Einzelausführungen handelt, »wird Segen empfangen« (24, 5). Dabei braucht menschliches Verhalten die Gemeinschaft mit dem »Gott der Hilfe« gewiß nicht zu schaffen, wie ja auch der Dekalog (Ex 20) erst diejenigen anspricht, die Gottes Verheißung, Rettung und Fürsorge (Ex 3 ff) erfahren haben.

Eine eindeutige Stellungnahme zu dem in jenen beiden Psalmen nicht angesprochenen Thema der Schuld des Menschen gibt – in vermutlich späterer Zeit – Ps 130, der die Frageform »Wer kann bestehen?« aufgreift und radikal abwandelt. Entschieden wird nicht nur über den Zugang zum Heiligtum, sondern über das »Bestehen« vor Gott überhaupt:

»Wenn du Sünden anrechnetest, ...
Herr, wer könnte bestehen?
Doch bei dir ist die Vergebung,
daß man dich fürchte!«

Ist das Bekenntnis von der Einsicht bestimmt, daß vor Gott »kein Lebender gerecht ist« (Ps 143, 2; vgl. Hi 4, 17 u. a.), so ermöglicht das Vertrauen in die Vergebung den Ruf »aus der Tiefe« zu eben diesem Gott.

4. Schon der Dekalog möchte als Zusammenfassung, als eine Art Grundsatzerklärung verstanden werden, die in den folgenden Rechtssätzen entfaltet wird. Darum ist er beide Male (Ex 20; Dtn 5) den Gesetzessammlungen vorangestellt und als Wort Gottes formuliert, während jene als Wort Moses ergehen und damit wie Ausführungsbestimmungen erscheinen.

In der christlichen Theologie ist der Dekalog noch einmal in dem – zwar dem Alten Testament (Dtn 6, 5; Lev 19, 18) entnommenen, von ihm aber noch nicht so zusammengefaßten und als Kern des Dekalogs gedeuteten – Doppelgebot der Liebe konzentriert worden (Mk 12, 28 ff; vgl. Röm 13, 8 ff; 1 Joh 4, 21 u. a.). In der Tat kann die sog. zweite Tafel des Dekalogs als Konkretion des Liebesgebots gelten, weil die ethischen Gebote auf den Schutz des Nächsten ausgerichtet sind.

Schon im Alten Testament finden sich Ansätze für eine solche Zusammenfassung ethischer Einzelforderungen in einer Grundforderung – etwa in der
prophetischen Verkündigung:

»Hört auf, Böses zu tun,
lernt Gutes tun!« (Jes 1, 16; vgl. 5, 20; Mi 3, 2)
»Suchet das Gute und nicht das Böse!« (Am 5, 14; vgl. Mi 6, 8)

Die Priesterschrift eröffnet die Verheißung an Abraham mit dem program-
matischen, wohl der Einleitung des Dekalogs nachgestalteten Satz:

»Ich bin El Schaddai (der Allmächtige).
Wandle vor mir und sei vollkommen (Luther: fromm)!«
(Gen 17, 1; vgl. Lev 19, 2 u. a. »Ihr sollt heilig sein«; u. § 11 b, 4)

Auch das Gebot »Liebe deinen Nächsten wie dich selbst!« (Lev 19, 18. 34)
stellt wohl eine Konzentration und Reduktion älterer Forderungen, wie
»den Nächsten nicht zu bedrücken« (Lev 19, 13; vgl. Dtn 27, 19 u. a.), auf
ihren Kern dar. Diese Verallgemeinerung ist zugleich eine Zuspitzung und
Verinnerlichung (vgl. Lev 19, 17: »Du sollst deinen Bruder nicht in deinem
Herzen hassen«), die weit über das hinausgeht, was rechtlich einklagbar
bleibt und faktisch in gegenseitiger Rücksichtnahme oder Hilfeleistung geschieht (vgl. Ansätze zur Feindesliebe Ex 23, 4 f; Hi 31, 29 f; Jer 29, 7 u. a.).

5.   Daß die eigentlich nötige Mitmenschlichkeit durchweg fehlt, behaupten und belegen an wechselnden Beispielen die sog. Schriftpropheten
(u. § 14b, 9). So kann das Hoseabuch die Anklage zusammenfassen und
verdeutlichen:

»Es ist keine Treue, kein Gemeinschaftssinn
und keine Gotteserkenntnis im Lande.
Verfluchen und Täuschen,
Morden, Stehlen und Ehebrechen
reißen im Lande ein.
Bluttat reiht sich an Bluttat.«
(Hos 4, 1 f; vgl. 6, 4; Jes 5, 7; Mi 7, 2; Jer 9, 1 ff u. a.)

Wieder geht eine allgemeine Feststellung voran; die – in enger Nachbarschaft zum Dekalog (vgl. Jer 7, 9) – angeführten Einzelphänomene zeigen
nur die Folgen auf, die der Mangel an Solidarität und Gotteserkenntnis mit
sich bringt. So können die Propheten Mißstände aufdecken oder auch zu
rechtem Handeln aufrufen:

»Es ströme wie Wasser das Recht
und die Gerechtigkeit wie ein unversieglicher Bach!« (Am 5, 24)
»Es ist dir kundgetan, Mensch,
was gut ist und was Jahwe von dir fordert:
nichts als Recht üben, Güte lieben
und demütig (achtsam?) wandeln mit deinem Gott.«
(Mi 6, 8; vgl. Hos 6, 6; Jes 1, 16 f; 56, 1 u. a.)

II

Die Frühzeit nach der Landnahme

Mit den großen Überlieferungen der nomadischen Zeit, der Verheißung an die Erzväter, dem Auszug aus Ägypten und der Offenbarung am Sinai, traten die einzelnen Gruppen den Weg ins Kulturland an. Auch bestimmte Lebensordnungen bzw. Rechtsbestimmungen sowie die Bräuche, die Beschneidung zu vollziehen, das Passa zu feiern und den Sabbat zu halten, werden ihnen vertraut gewesen sein. Vielleicht scharte man sich schon vor der Ansiedlung in Palästina um das Zelt oder die Lade als Kultheiligtum. Schließlich brachten die Einwanderer aus der Vergangenheit den Freiheitswillen mit, der in der Not zum heiligen Krieg drängt. Das entscheidende Erbe bildete aber der Jahweglaube, verbunden mit den Anstößen, die zur Formulierung des ersten und zweiten Gebots führten; denn er läßt die verschiedenen Gruppen im eigenen Land zu einem Volk zusammenwachsen. »Die Entstehung des Volkes Israel beruht historisch auf dem Zusammenschluß seiner Stämme in der Verehrung des Gottes Jahwe« (*A. Alt* I, 1). Vielleicht wird diese Einheit durch die Ähnlichkeit der Väterüberlieferungen und der Exodustradition erleichtert oder gar ermöglicht, da ja beide von einem Gott erzählen, der seine Verehrer beschützt und sie in die Zukunft führt. Jedenfalls ist das Gemeinschafts- und Verwandtschaftsbewußtsein untereinander wesentlich durch die ausschließliche Bindung an Jahwe gegeben, die Israels Eigenart bildete und erhielt. Das Selbstverständnis als Volk beruht auf dem Glauben an diesen Gott.

Um es mit einem bekannten Wort von *J. Wellhausen* (Israelitische und jüdische Geschichte, ⁹1958, 23) zu sagen: »Jahve, der Gott Israels, Israel das Volk Jahves: das ist der Anfang und das bleibende Prinzip der folgenden politisch-religiösen Geschichte. Ehe Israel war, war Jahve nicht; auf der anderen Seite haben die Propheten recht zu sagen, daß Jahve es gewesen sei, der Israel gezeugt und geboren habe. Unzertrennlich wie Leib und Seele waren beide miteinander verbunden. Israels Leben war Jahves Leben.«

1.   Da die Einheit »Israel« erst im Lande entstand, wurde Palästina gegen die Darstellung des Josuabuches kaum in einem einzigen großen Kriegszug unter Josuas Leitung erobert. Wahrscheinlich siedelten sich die einzelnen Gruppen und Stämme nur allmählich und nacheinander im Bergland an; sie kamen von verschiedenen Richtungen und im Verlauf eines größeren Zeitraums. Ihr Gebiet umfaßte auch nicht das ganze Land, ja bildete nicht

einmal einen geschlossenen Zusammenhang. Die Küste, die Ebenen und verschiedene Stadtstaaten blieben noch längere Zeit in kanaanäischem Besitz. Eine einheitliche politische Organisation hatte die einheimische Bevölkerung damals nicht; das Land zerfiel in vielfältige Einzelgebilde. Die beiden Großreiche, die gegen- und miteinander Palästina beherrscht hatten, waren in ihrer Macht geschwächt (Ägypten im Süden) oder gar zusammengebrochen (die Hethiter im Norden).

Die Angaben von Ri 1 (bes. V 27 ff) stellen die »*Landnahme*« (*A. Alt*) noch als Unternehmen der Einzelstämme dar, die jeweils mit den Einwohnern um den eigenen Besitz kämpfen; von einer Führergestalt, die alle Aktionen trägt, ist keine Rede. So heißt es zusammenfassend vom Haus Juda:

»Und Jahwe war mit Juda, so daß er das Bergland in Besitz nahm. Aber die Bewohner der Ebene ‚vermochten sie‘ nicht zu vertreiben, weil sie eiserne Streitwagen besaßen« (V 19; vgl. V 21; Jos 15, 63; 16, 10; 17, 11 ff).

Ähnlich gelang es dem Stamm Benjamin nicht, den Jebusitern Jerusalem zu entreißen (Ri 1,21; vgl. § 13, 1) – das blieb erst Jahrhunderte später David vorbehalten. Die Landnahme verlief also, von Einzelereignissen abgesehen, insgesamt eher friedlich als kriegerisch, zudem in den verschiedenen Gegenden unterschiedlich (vgl. Gen 49; Dtn 33). Auch die archäologische Forschung hat für die Zeit gegen 1200 v. Chr. zwar viele Neuansiedlungen vorher verlassener Orte oder auch Neugründungen, aber kaum – durch die Einwanderer veranlaßte – gewaltsame Zerstörungen nachweisen können. So waren Jericho und Ai (Jos 6–8) nach den Ausgrabungen bei Israels Einwanderung längst nicht mehr fest besiedelt. Der hohe Stand der Kultur in Palästina hatte mit dem Ende der mittleren Bronzezeit nachgelassen, während Israel auf der kulturgeschichtlichen Wende von der Bronze- zur Eisenzeit ins Land eindrang.

2. Ist diese Darstellung im großen und ganzen richtig, so haben die neuen Stämme nicht von Anfang an eng mit der einheimischen Bevölkerung zusammengelebt, sondern zunächst eine gewisse Eigenständigkeit bewahrt.

Nach anderer Auffassung spielt bei der Entstehung Israels auch die Umschichtung der kanaanäischen Bevölkerung eine Rolle; d. h., daß sich auch autochthone Gruppen Israel anschlossen.
Überhaupt ist gerade der Verlauf der Seßhaftwerdung und Konstituierung Israels stark umstritten.

Der Übergang von nomadischer zu bäuerlicher Lebensweise hob einen Gegensatz zwischen Israeliten und *Kanaanäern* auf und erleichterte so die Beziehungen. Im Laufe der Zeit trat auch die räumliche Trennung zwischen Israel auf dem Gebirge und den kanaanäischen Stadtstaaten zurück, so daß es zu engeren Berührungen mit der Stadtkultur kam (vgl. Jos 9).
Hier und da versuchte man, eine Symbiose zwischen Israel und Kanaan zustande zu bringen. Abimelech wollte unter seiner Herrschaft den Stadtstaat

Sichem und den Stamm Manasse vereinigen, scheiterte aber an dem Gegensatz (Ri 9; vgl. schon Gen 34). In der Kanaanäerstadt Gibeon war zu Salomos Zeit ein israelitisches Heiligtum (Jos 9; 1 Kön 3), und der Tempel zu Schilo (1 Sam 1 ff) wird eine ursprünglich kanaanäische Kultstätte gewesen sein.

Je enger sich das Nebeneinander beider Völker gestaltete, desto stärker wurden auch die Berührungen in der Religion. Israel stellte sich auf die neue Lebensart ein. Es übernahm kanaanäische Ortsheiligtümer und deren Kultbräuche. Man brachte an den gleichen Stätten die gleichen Opferarten dar, mit denen die Kanaanäer ihre Götter verehrt hatten, und feierte die gleichen Erntefeste. Der Übergang zur festen Ansiedlung mit Ackerbau zog einen allmählichen Wandel in der Wirtschafts- und Sozialstruktur nach sich; aus dem Sippenverband wurde eine Dorfgemeinschaft, später eine noch stärker geschichtete städtische Ständeordnung. Wahrscheinlich wechselten die Einwanderer auch ihre Sprache; sie gaben ihr Aramäisch bzw. einen verwandten Dialekt (o. § 3 c, 3 und 6 a 2, 4) auf und nahmen die Landessprache (Hebräisch) an. Gerade die Sprache schafft ja im besonderen Maße Gemeinsamkeiten. Wie weit der Einfluß der Kanaanäer ging, ist im einzelnen schwer abzugrenzen. Zudem waren die Beziehungen vielfältig und gestalteten sich an den verschiedenen Orten unterschiedlich.

Es gab gewiß auch Assimilation und Synkretismus. Waren für den Ackerbau nicht überhaupt die Götter des Landes zuständig? So bestand die Gefahr, daß nicht nur das Volk das Land, sondern auch umgekehrt das Land das Volk in Besitz nahm; aber Israel ist ihr nicht ganz und gar erlegen. Es ist nicht schlechthin im Kulturland aufgegangen, wie es das Schicksal vieler altorientalischer Völker war, die mit der ansässigen Bevölkerung verschmolzen. Anscheinend wuchs auch der Gegensatz zu den Kanaanäern mit der Zeit. Nach dem Eintritt ins Kulturland war der fremdreligiöse Einfluß nach manchen Anzeichen stärker, während auf die Dauer weniger die Einheit als der Unterschied, ja die Gegnerschaft, empfunden wurde. Neben die Übernahme trat die Auseinandersetzung, in der Israel seine Eigenart erkannte oder seine Möglichkeiten wahrnahm. Endlich schloß die Bedrohung von außen sogar das Volk nach innen zusammen.

Die Beziehungen zwischen Israel und Kanaan in der Richterzeit lassen sich kaum so von den Verhältnissen in der Königszeit abheben, daß sich sachlich wesentliche Unterschiede ergeben. In mancher Hinsicht tritt in der späteren Epoche nur deutlicher hervor, was sich zuvor ähnlich ereignete. Darum wird die Begegnung zwischen der kanaanäischen Religion und dem Jahweglauben erst dann besprochen, wenn auch die Jerusalemer Überlieferungen in den Überblick einbezogen werden können. Zunächst soll nur auf die großen religionsgeschichtlichen Phänomene der Frühzeit hingewiesen werden.

§ 7   Die » Kriege Jahwes «

Eine streng jahwetreue Gruppe in Israel hat die nomadische Lebensweise
nie aufgegeben oder in späterer Zeit im Gegensatz zu den Verhältnissen im
Kulturland wieder aufgenommen. Die Rechabiter lehnten feste Ansiedlung,
Acker- und Weinbau ab (Jer 35, 6 f) und erinnerten Israel so an die nomadische Herkunft. Aber auch das seßhaft gewordene Israel hat seine Vergangenheit nicht vergessen; sie ist immer wieder lebendig geworden und hat
die neuen Lebensverhältnisse in Bewegung gebracht.

1.   Kräftig wirkt dieser Impetus in den sog. heiligen Kriegen der Richterzeit nach. Die Überlieferung stammt wahrscheinlich aus nomadischer
Vorzeit, erhielt aber erst im Lande ihre eigentliche Ausprägung.

a)   Das Alte Testament enthält noch eine Erinnerung an Kriege, die Jahwe für Israel
in der Zeit vor der Ansiedlung in Palästina führte (Ex 14 f; 17, 8 ff). Schon die
Gruppe, die sich in Ägypten aufhielt, wird ihre Rettung dem helfenden Eingriff
Jahwes verdankt haben (o. § 4b). Im Lande wiederholen sich also die Erfahrungen,
die die Vorfahren mit Jahwe machten – so besteht trotz allem Umbruch eine gewisse
Kontinuität.

b)   Altorientalische Parallelen zu der Form, in der Israel diese Kriege führte, sind
vor allem aus *Assur* bekannt (*M. Weippert*). Häufig wird berichtet, daß Götter zugunsten ihres Volkes in die Schlacht eingriffen und die Sieger den Erfolg ihrem Gott
dankten. Ramses III. kann sogar seinem Gott Amun-Re alle Macht allein zusprechen: »Du machst den Sieg des Landes Ägypten, deines einzigen Landes, ohne
daß die Hand eines Soldaten oder irgendeines Menschen dabei ist, sondern nur deine
große Stärke, die es errettet« (*S. Morenz*, Gott und Mensch im alten Ägypten, [2]1984,
20. 93).
Am nächsten steht den alttestamentlichen Berichten die Inschrift des Königs *Mescha*
von Moab (um 840 v. Chr.). Der König führt auf Geheiß seines Gottes Kamosch
Krieg gegen Israel, erringt den Sieg, bannt alles Lebendige, einschließlich Frauen und
Kindern, und weiht die eroberten Kultgeräte seinem Gott. Gewisse Übertreibungen
im einzelnen dienen der Mehrung des eigenen Ruhms und der Abschreckung der
Feinde: »Die Leute von Gad wohnten im Lande von Atarot seit Ewigkeit, und der
König von Israel hatte Atarot für sich gebaut. Ich griff die Stadt an und nahm sie ein.
Ich tötete alles Volk der Stadt zur Augenweide (?) für Kamosch und Moab . . . Und
Kamosch sprach zu mir: ,Zieh aus, nimm Nebo (im Kampf) von Israel!' Da ging ich
bei Nacht und kämpfte gegen sie von Tagesanbruch bis zum Mittag. Ich nahm sie ein
und tötete alles: 7000 Männer, Knaben, Frauen, Mädchen und Sklavinnen, weil ich
sie Aschtar-Kamosch gebannt hatte. Ich nahm von dort die Geräte Jahwes und
schleppte sie vor Kamosch« (KAI 181; TGI[2] 52 f; AOT 440 f; ANET 320 f). Wie in
Israel steht der göttliche Befehl zu Beginn und die Übergabe der Beute an Gott zum
Schluß des Krieges. Erklärt sich die Gemeinsamkeit aus der gleichen nomadischen
Vergangenheit (vgl. Ri 11, 24)? Die Moabiter waren unter ähnlichen Bedingungen,
jedoch zeitlich früher als Israel, östlich des Toten Meeres seßhaft geworden.

c)   Schließlich erhält die These eine Stütze von einer scheinbar entlegenen Seite. Im
alten Orient waren die Assyrer berüchtigt wegen der grausamen Eroberungskriege,

mit denen sie ihrem Gott Assur die angrenzenden und ferneren Länder unterwarfen. Nun hat *W. v. Soden* »die Auffassung vertreten, daß sich die besondere Verhärtung der assyrischen Kriegsführung gerade in den Kämpfen gegen die Aramäer vollzogen habe« (Iraq XXV, 137). Auch diese Beziehung deutet darauf hin, daß die besondere Art zu kämpfen kaum gemeinorientalisch (so *M. Weippert*), sondern Erbe der ehemaligen Nomadenvölker war. Am Rand der Wüste ist der Lebenskampf erbarmungsloser (vgl. das Wort Kains: »Jeder, der mich trifft, wird mich töten«; Gen 4, 14. 23 f). Sollte der Name »Isra-el« bedeuten »Gott streitet/kämpft« (vgl. Gen 32, 29; Hos 12, 4) – möglich sind aber auch Übersetzungen wie »Gott herrscht« o. ä. –, dann zeigt er ebenfalls, daß die Kriegstradition in frühe Zeit zurückreicht.

2. Die eigentliche Erfahrung »Jahwe ist ein Kriegsmann« (Ex 15, 3; vgl. Jes 42, 13) machte Israel erst im Lande. Die »Kriege Jahwes« (Num 21, 14 f; 1 Sam 18, 17; 25, 28; vgl. Ex 17, 16; demgegenüber 1 Sam 21, 6 »ein profanes / gewöhnliches Unternehmen«) wurden im wesentlichen in der Epoche zwischen Landnahme und Aufkommen des Königtums geführt. Dann verfiel die altertümliche Kampfesart allmählich, weil das Berufsheer aus Söldnertruppen an die Stelle des Volksheerbanns trat und die dauernde Institution des Herrschers die einmalige Berufung des Heerführers ersetzte. Das vertrauenswürdigste Zeugnis aus der *Richterzeit* ist das »Deboralied« (Ri 5), das von einer Schlacht gegen eine Koalition kanaanäischer Stadtstaaten berichtet. Es lobt die Stämme, die zum Kampf willig waren, und tadelt die Daheimgebliebenen, die sich hätten beteiligen können. Wie hier insgesamt nur zehn Stämme genannt werden (ohne die Südstämme: Juda, Simeon), so erscheinen auch in anderen Jahwekriegen nur einzelne Stammesverbände, nicht Gesamtisrael. Gegenüber den Übergriffen feindlicher Nachbarn schlossen sich jeweils die unmittelbar betroffenen und angrenzenden Stämme unter Leitung eines geistbegabten Führers zusammen. So zog Gideon gegen die räuberischen Midianiter (Ri 6 f) oder Jiphtach (Jephta) gegen die Ammoniter (Ri 11). Diese sog. großen Richter (im Vergleich mit den sog. kleinen Richtern 10, 1–5; 12, 7. 8–15) haben demnach sowohl räumlich wie zeitlich nur eine begrenzte Wirksamkeit gehabt; sie führten nur bestimmte Stämme in einer militärischen Einzelaktion (vgl. 1 Sam 11).

Wieweit man darüber hinaus die Grundzüge des Unternehmens »heiliger Krieg« noch aus den verstreuten Einzelnotizen und dem deutenden Rahmen späterer Zeit zusammenstellen kann, bleibt fraglich; jedenfalls sind aus den mehr oder weniger schematischen Darstellungen zwei, drei Phänomene hervorzuheben, die sich aber auch nicht in jeder Einzeltradition finden: In der Feindesbedrängnis erweckt Jahwe durch Geistbegabung einen Retter, der die umliegenden Stämme zum Heerbann aufruft (Ri 6, 34 f; vgl. 1 Sam 11, 6 f) und vielleicht siegesgewiß als Gottesentscheid verkündet: »Jahwe hat die Feinde in eure Hand gegeben« (Ri 3, 27 f; 4, 7. 14; 7, 9. 15 u. a.). Die Beute konnte zum Schluß – durch Bann, d. h. Tötung – Jahwe übereignet werden (1 Sam 15; vgl. Jos 6; 10; Num 21, 2 f; aber auch Ri 8, 17 u. a.). Charakterisieren Aufforderung und

Zuspruch des Charismatikers den bevorstehenden Kampf als »Jahwekrieg«?
Wird gelegentlich auch die Lade im Krieg mitgeführt (1 Sam 4; u. § 9a, 2)?
Er ist zwar eine »religiöse«, im strengen Sinne aber keine kultische Einrichtung, wenn jedenfalls eine regelmäßige Begehung, gar ein abgegrenzter
Raum und eine fest angestellte Priesterschaft einen Kult konstituieren;
denn diese drei Merkmale fehlen.

3. Die Überlieferung von der Errettung aus Feindesbedrängnis in der
Richterzeit hat im Alten Testament vielfältige *Nachwirkungen*, die zugleich das Verständnis dieses Krieges selbst wandeln. Zunächst gilt er als
ein Zusammenwirken von Gott und Mensch: Israel kann »Jahwe zu Hilfe
kommen« (Ri 5, 23) oder nutzt den von Jahwe den Feinden beigebrachten »Schrecken« aus (4, 15 f). Aber mehr und mehr sieht man in dem
Krieg ausschließlich eine Tat Jahwes, bei der Israel nur noch zuschaut
(Ex 14, 13 f; dazu § 4b; vgl. Jes 30, 15 u. a.). Damit wächst einerseits die
Distanz zwischen Gott und Mensch – beide treten nicht mehr nebeneinander oder miteinander auf –, andererseits vertraut der Mensch immer
exklusiver Gottes Macht. Die Erkenntnis von Gottes Transzendenz bedeutet zugleich das Bekenntnis zu Gottes Allmacht oder Alleinwirksamkeit, damit das Eingeständnis eigener Ohnmacht: Menschenkraft hilft
nicht. So können sich Gottes und des Menschen Werk gegenübertreten:

»Nichts hilft dem König ein starkes Heer,
ein Held rettet sich nicht durch Riesenkraft.
Ohne Verlaß ist das Roß für den Sieg,
und seine große Kraft läßt nicht entkommen.
Sieh, Jahwes Auge ruht auf denen, die ihn fürchten,
auf denen, die auf seine Gnade harren.« (Ps 33, 16–18;
vgl. Spr 21, 31; Jes 7, 4 ff; Hos 1, 7; Sach 4, 6:
»nicht durch Gewalt, sondern durch meinen Geist«)

Hier ist Gottesfurcht nichts anderes als Vertrauen auf Gottes Macht, die
den einzelnen trägt.
Gelegentlich scheinen Propheten im Krieg eine Rolle gespielt zu haben
(vgl. die Inschrift Zakirs von Hamat u. § 14a, 1; 1 Kön 20; 22; Jes 7 u. a.).
Jedenfalls können die sog. Schriftpropheten die Tradition vom »Jahwekrieg« in doppelter Weise abändern. Einmal kann sich die Erinnerung an
ein heilvolles Eingreifen Jahwes in Unheilsansage verkehren. Aus dem Verteidigungskrieg, den Jahwe für Israel gegen die Völker führte, wird ein Angriffskrieg gegen Israel (Am 2, 13–16; Jes 28, 21; 29, 1 ff; Jer 4, 5 ff; 21, 4 ff
u. a.; vgl. Klgl 2, 4 ff). Zum andern wird die Überlieferung – als Heilsansage
für Israel (Jes 42, 13; 49, 25 u. a.) – universal ausgeweitet. Indem die
Kriegsvorstellungen die Erwartungen des »Tages Jahwes« ausgestalten,
werden sie zu einem Gericht an allen Völkern ausgebaut (Joel 2; Sach 12;
14; vgl. Ps 46, 9 ff).
Auch die Heilsverheißung kann der Tradition vom »Jahwekrieg« Raum
geben (Jes 9, 3 »wie am Midianstag«). Nicht selten findet sich im Alten

Testament das Bekenntnis, daß Jahwe Waffen vernichtet (Ps 46, 10;
Hos 1, 5; 2, 20; u. § 13, 5; auch § 12 d, 8 zu Sach 9, 10), und es hegt Hoffnung auf Frieden für die Völker (Jes 2; u. § 16, 3).

Exkurs 4:
Gottes » Geist«

In den Theophanieschilderungen stellt Israel dar, wie Gottes Gegenwart die
Natur verändern kann; in den »Jahwekriegen« erfährt es, wie Gott in die
Welt der Geschichte und Politik eingreift. So wird gerade an diesen »urtümlichen« Begebenheiten deutlich, daß Israel Gott als Macht versteht, die
auf Erden wirksam wird. – Diese Macht kann sich in der Gabe des Geistes
ereignen; er wirkt in älterer Zeit vor allem auf zweierlei Weise, bei den sog.
großen Richtern wie den Propheten.

1. Der Geist Jahwes überfällt einen Menschen, der in Feindesnot zum
charismatischen Führer erweckt wird und die Rettung bringt (Ri 3, 10;
6, 34; 11, 29; 1 Sam 11, 6). Deutlich handelt es sich um ein auf die
jeweilige Situation bezogenes und begrenztes Geschehen; darum wird der
Geist kaum als eine Kraft erfahren, die ständig auf dem Berufenen ruht, ihn
vielmehr »nur« zur jeweiligen Tat antreibt (vgl. für Simsons Krafttaten
Ri 13, 25; 14, 6. 19; 15, 14).

Zwar wird nicht gesagt, daß sich der Geist (wie von Saul 1 Sam 16, 14) wieder zurückzieht, jedoch wird erst von David ausdrücklich bekannt: Der Geist Jahwes
wirkte »von jenem Tag an und immerfort« (1 Sam 16, 13; vgl. 2 Sam 23, 2; auch Jes
11, 2).

So ist das Sein des Geistes im besonderen Maße kein Vorhandensein,
sondern ein Wirksamwerden; er ist Macht, indem er mächtig wird. Er ist
Bewegung, die in Bewegung versetzt. Der Geist macht erst den Helden zum
Helden – und den Propheten zum Propheten.

2. Wie jene Richter, so ergreift der Geist auch die – frühen – *Propheten*,
läßt Gruppen in Rausch, Verzückung, Raserei geraten (1 Sam 10, 6 ff;
19, 20 ff; vgl. vom Geist Moses Num 11, 16 f. 24 ff). Der Zustand ist über-
tragbar: »Du wirst in einen anderen Menschen verwandelt werden« (1 Sam
10, 6 von Saul). Lernte Israel diese Geisterscheinung erst im Kulturland
kennen? Ist das Phänomen ekstatischer Prophetie kanaanäischer Herkunft
und mußte erst vom Jahweglauben durchdrungen werden? Jedoch wird es
auf den »Geist Jahwes« (10, 6 gegenüber »Geist Gottes« 10, 10 u. a.) zurückgeführt. Bald wird er auch als die Macht erfahren, die das – verständliche,
überlieferbare – Wort eingibt (Num 24, 2 ff; 2 Sam 23, 2; 1 Kön 22, 24).
Dabei bewirkt der Geist keine mystische Einheit von Gott und Mensch,
sondern wird gerade darin vom Menschen unterschieden erfahren, daß er

ihn »überkommt« und ausrüstet. Vielleicht klingen in manchen Aussagen noch naturhafte Vorstellungen von einer unpersönlichen Kraft des Geistes nach, aber entscheidend ist die Gabe des Geistes eine Weise, in der Gott am Menschen in der Welt – nicht mehr »direkt«, aber »mittelbar« – wirksam wird. Der Geist kann Gutes wie Böses schaffen (1 Sam 16, 13 f; 1 Kön 22, 21; vgl. § 6b).

Allerdings berufen sich die Schriftpropheten des 8. und 7. Jh. auffälligerweise nicht auf den »Geist«, obgleich Hosea (9, 7) vorgeworfen wird: »Verrückt ist der Mann des Geistes« (vgl. 2 Kön 9, 11; Jer 29, 26; auch Mk 3, 30; Joh 10, 20). Möglicherweise meiden sie, in die Nachbarschaft zu ekstatischer Prophetie (vgl. Ez 13, 3) zu geraten; jedenfalls erfahren sie Gottes Macht und Offenbarung weit eher im Wort (u. Exkurs 7).

Eine Ausnahme bildet Ezechiel, der – in Anknüpfung an die ältere Prophetie (1 Kön 18, 12. 46; 2 Kön 2, 9. 15 f u. a.) – das Ergriffensein durch den Geist bezeugt: »Der Geist hob mich empor und entrückte mich« (Ez 3, 14; vgl. 3, 12; 8, 3; 11, 1. 5. 24; 37, 1 u. a.). So kann in exilisch-nachexilischer Zeit die Vollmacht der Propheten wieder als Wirken des Geistes verstanden werden:

»Der Geist des Herrn Jahwe ist auf mir . . .
Den Armen frohe Botschaft zu bringen, hat er mich gesandt.«
(Jes 61, 1; vgl. 42, 1; Sach 7, 12; 2 Chr 15, 1; 24, 20)

Da nur Einzelpersonen die Fähigkeit zu prophetischer Inspiration erlangen, äußert Mose nach Num 11, 29 den Wunsch: »Bestände doch das ganze Haus Jahwes aus Propheten, weil Jahwe seinen Geist auf sie kommen ließe!« Dieser Wunsch wird in der Verheißung erfüllt:

»Danach werde ich meinen Geist ausgießen über alles Fleisch.
Eure Söhne und eure Töchter werden prophezeien,
eure Alten werden Träume haben,
eure jungen Männer werden Gesichte haben.
Auch über die Knechte und die Mägde
werde ich in jenen Tagen meinen Geist ausgießen.«
(Joel 3, 1 f bzw. 2, 28 f; vgl. Ez 39, 29; Jes 44, 3 u. a.)

Diese Zukunftserwartung kennt »keine privilegierten einzelnen mehr« (*H. W. Wolff*, z. St.); gegenwärtig vorhandene Ungleichheiten werden aufgehoben. Durch die Geistausgießung soll jedermann ohne Unterschied des Geschlechts, des Alters und der sozialen Stellung (vgl. Jer 31, 34 »vom Kleinsten bis zum Größten«) »unmittelbar zu Gott« werden.

3. Wie wenig der »Geist« aus dem Gegensatz zu Leib oder Natur gedacht ist, wie wenig er weder ein höheres Prinzip noch ein Selbstbewußtsein ist, zeigt sich am Bedeutungsumfang des Wortes (*ruᵃch*). Es meint – ursprünglich lautmalend? – »Hauchen, Wehen«. So läßt sich der Übergang zu »Atem«, »Wind«, »Sturm« einerseits und »Geist« oder »Sinn« anderer-

seits erklären. Die Bedeutungsvielfalt geht von einer Tätigkeit oder Bewegung aus und vermag darum Physisches und Psychisches, Körperliches
und Seelisches, Materielles und Spirituelles zu verbinden. Wie hier Innen
und Außen, Wesen und Wirken als Einheit gedacht sind, so wird im Ereignis des Geistes Gottes Sein als ein Tun verstanden.

4. Kann der Geist das Ungewöhnliche, Wunderhafte zustande bringen, so
auch das »natürliche« Leben in seinen alltäglichen Erscheinungen. Wesen
des Geistes ist dann die Beständigkeit, nicht das einmalig besondere,
sondern das stetige Wirken. Diesem Aussagenkreis liegt eine völlig andere
Vorstellung zugrunde, die ursprünglich kaum mit der Erfahrung des
Geistes zusammenhängt, der bestimmte Menschen vor anderen heraus-
hebt. Altorientalische Parallelen sprechen vom Lebensodem; ähnlich ist
der Geist im Alten Testament die das Leben spendende und erneuernde
Kraft. Der »Gott der Geister allen Fleisches« (Num 16, 22; 27, 16) gibt
dem Volk auf der Erde »den Atem und den Geist den auf ihr Wandelnden«
(Jes 42, 5). Sein Entzug bedeutet Tod:

> »Verbirgst du dein Angesicht, so sinken sie dahin;
> nimmst du ihren ‚Geist' fort, so verscheiden sie
> und kehren zurück zu ihrem Staub.
> Sendest du deinen ‚Geist' aus, so werden sie geschaffen.«
> (Ps 104, 29 f; vgl. 33, 6; 146, 4; Gen 2, 7; 6, 3; Koh 12, 7)
> »Der Geist hat mich gemacht,
> und der Lebenshauch des Allmächtigen gibt mir Leben.«
> (Hi 33, 4; vgl. 34, 14 f; Ez 37, 9 ff; Sach 12, 1)

Auch über den »Geist« als Lebenskraft kann der Mensch nicht verfügen; er
läßt ihn gerade seine Abhängigkeit erfahren. Der Mensch »hat« nicht, was
sein Leben ermöglicht. Insofern ist er gerade in dem, was sein Leben ausmacht, sich selbst entzogen.

Gelegentlich kann »Geist« in Gegenüberstellung zu »Fleisch« den Unterschied
zwischen Gott und Mensch als Macht und Ohnmacht bestimmen (Jes 31, 3; vgl.
40, 6 f; Gen 6, 3); auch Geist und Macht können gegenübergestellt werden
(Sach 4, 6). Obwohl das Alte Testament nicht sagt, daß Gott Geist ist (vgl.
Jes 40, 13), kann Gottes Geist synonym für Gottes Gegenwart sein (Ps 139, 7 u. a.).
Götzen sind ohne Atem, Geist und Lebenskraft (Jer 10, 14 u. a.; vgl. u. § 18, 2).

5. Schließlich kann in der prophetischen Hoffnung die einmalige Gabe
des Geistes zum unverlierbar bleibenden Gut werden. Es soll bestimmten
einzelnen – dem Messias (Jes 11), dem Gottesknecht (Jes 42) – wie allen zuteil werden: Das »neue Herz« und der »neue Geist« eröffnen durch eine
tiefe innere Wandlung des Menschen eine neue Zukunft (Ez 36, 26 f; vgl.
11, 19; 18, 3). Die Verheißung eines von Gott nicht mehr abgekehrten,
sondern ihm zugewendeten Menschen nimmt der Beter von Ps 51 (V 12 f;
vgl. 143, 10) auf; er verbindet die Einsicht in die tiefe Schuldverfallenheit

mit der Bitte um Erneuerung, die Denken, Wollen und die Kraft zum
Handeln erfaßt:

»Schaffe mir, Gott, ein reines Herz
und gib mir neu einen beständigen Geist!«

In diesem Gebet findet sich auch die im Alten Testament höchst seltene –
nur noch Jes 63, 10 f bezeugte – Wendung »heiliger Geist«:

»Nimm deinen heiligen Geist nicht von mir!«

Wie der Geist auch verstanden wird: ereignishaft oder stetig, besonders
oder allgemein – in jedem Fall gibt er die Fähigkeit zu etwas, ist das, was ein
Vollbringen ermöglicht.

§ 8   Der Stämmeverband

1. Für die Frühzeit scheinen *Gott, Volk und Land* eine Einheit zu bilden.
Jahwe ist der »Gott Israels« (Ri 5, 3. 5 u. a.), wie umgekehrt Israel »Jahwes
Volk« heißt (5, 11. 13 u. a.). Israels Feinde sind »Jahwes Feinde« (5, 31;
Num 10, 35); das Vorgehen gegen Volk und Land trifft Jahwe selbst (noch
Joel 4, 2 f). Er führt Israels Kriege und nimmt so Partei für eine Seite, wie der
Gott Kamosch für seine Verehrer, »das Volk des Kamosch« (Num 21, 29),
nämlich die Moabiter, sorgt und deren Feinde vertreibt (Ri 11, 23 f).
Nationalreligion scheint das Kennzeichen einer bestimmten Kulturstufe zu
sein, in der der Glaube nicht Entscheidung des einzelnen, sondern Gott ein
Gott des Volkes ist. Aber auch das ist nicht selbstverständlich: »Der für das
Denken der Israeliten zentrale Begriff Volk ist in Babylonien nicht kon-
zipiert worden. Man unterschied die Menschen vorwiegend nach den
Ländern, aus denen sie stammten, und nach sozialen Gruppen« (*W. v. Soden*).
Die Verehrung des Gottes oder der Götter vollzieht sich innerhalb der
Grenzen des Volkes oder Landes, wenn auch häufig mit weiterreichendem
Anspruch. Die Landesbewohner können »die Menschen« schlechthin sein,
das eigene Heiligtum gilt als Mittelpunkt der Welt. So behauptet Delphi,
»Nabel der Erde« zu sein, wie die Griechen Fremde als Barbaren bezeich-
nen. Vorbilder sind im alten Orient bezeugt.
Gelegentlich findet sich auch im Alten Testament die Vorstellung vom
»Nabel der Erde« (Ri 9, 37 vom Garizim; Ez 38, 12 vom Land Juda oder
von Jerusalem). Zumal der Zion konnte in der Spätzeit den Mythos vom
Weltmittelpunkt auf sich ziehen (vgl. § 13, 4). Aber der Gedanke, daß Israel
eigentlich und wesentlich den Namen »Mensch« verdient, ist dem Alten
Testament fremd. Es hat auf eigene Weise zwischen sich und den anderen
unterschieden (Num 23, 9 u. a.).

Eine altertümliche, zumindest ungewöhnliche Überlieferung bewahrt das sog. »Moselied«, das in seiner zeitlichen Ansetzung sehr umstritten ist:

»Als Eljon (der Höchste) die Völker als Erbbesitz vergab,
als er die Menschen aufteilte,
da setzte er die Grenzen der Völker fest
nach der Zahl der Söhne ‚Els‘ (Gottes).
Fürwahr, Anteil Jahwes wurde da sein Volk,
Jakob sein zugemessener Erbbesitz.« (Dtn 32, 8 f)

Wörtlich genommen, erzählt der Text hochmythisch: (El) Eljon – aus Gen 14, 18 ff als Jerusalemer Stadtgott bekannt – unterteilt die Menschheit in Völker, legt deren Grenzen fest und weist die einzelnen Völkerschaften jeweils den »Söhnen Els« zu. Die Szene impliziert einen Universalismus: Der Weltherrscher vergibt seinen Machtbereich. Jeder Gottheit aus dem Pantheon wird ein Volk unterstellt, das sie verehrt. In diesem vorgeschichtlichen Akt erhält Jahwe Israel als Anteil. Sollte der Text noch die Erinnerung an eine Zeit bewahren, in der Israels Gott Jahwe der Gottheit (El) Eljon untergeordnet war? Aber das Alte Testament setzt ja hier wie sonst Jahwe und Eljon gleich, indem es Eljon nur noch als Beinamen »der Höchste« versteht, und erniedrigt die »Söhne Els« zu dienstbar ergebenen Himmelswesen. Damit gewinnt die Stelle einen anderen Sinn: Während Jahwe als höchster Gott die Völker den »Göttersöhnen« zuordnet, behält er sich selbst Israel als Eigentum vor. So wird das Wort zum Zeugnis eines »Universalismus« des Jahweglaubens. Der Herrschaftsbereich der Götter ist auf eine Tat Jahwes zurückzuführen, sie und ihre Völker sind letztlich ihm unterstellt (Ps 82, 8). Dieser mittelbaren Weltherrschaft Jahwes entspricht eine unmittelbare Erwählung Israels. Die mythische Himmelsszene erklärt das Gegenüber von Israel und den anderen. Die Erwählung (s. u. Exkurs 6) bedeutet zwar das Vorrecht der Immediatzugehörigkeit zu Jahwe, aber keine Herabsetzung der Völker.
»Partikularismus« und »Universalismus« bilden im Alten Testament keine sich ausschließenden Gegensätze, sondern werden zusammengedacht (Gen 12, 3; Am 3, 2 u. a.). Aber das Wie der Verhältnisbestimmung steht in der Geschichte Israels immer neu in Frage. Mit der Zeit wächst die Tendenz zum Universalismus (u. § 16), setzt sich aber nie völlig durch. Ein gewisser Partikularismus im Gottesverhältnis ist ja mit dem ersten und zweiten Gebot wesensmäßig gegeben. Sie begründen die Aussonderung Israels (vgl. Dtn 6, 4), schließen fremdreligiöse Bräuche und Riten aus (Dtn 10, 12 ff; 14; Lev 11, 43 ff; 19; Ez 20, 5 ff u. a.) und lassen eine Erwählung ohne Verpflichtung undenkbar erscheinen. So bleibt Gott zugleich ein Gott des Volkes.

2. Schon in der Frühzeit sind der Gottesbund, der das Treueverhältnis zwischen Jahwe und Israel umschreibt, und der Bund, der die *Stämme* untereinander vereinigt, nicht schlechthin identisch. Ja, der Begriff »Bund«

wird für den Stämmeverband nicht einmal gebraucht, und auch einen entsprechenden Begriff kennt das Alte Testament für jene Größe nicht. In der Bedrängnis von außen ruft der bedrohte Stamm oder der Heerbannführer die umwohnenden Stämme zu Hilfe (Ri 6, 35 u. a.). »Dieses Zetergeschrei zum Nachbarn . . . und die Folge, die ihm geleistet wird, sind die unzweifelhafteste, notwendigste und lebendigste Bestätigung israelitischer Einheit, die uns aus jener Zeit bekannt ist« (*R. Smend*, Jahwekrieg und Stämmebund, 1963, 15 f). Gab es über diese Einzelaktionen hinaus etwas, was alle Stämme, die Jahwe verehrten, ständig, also auch in Friedenszeiten, vereinigte? Wenn Israel schon nicht politisch als Einheit erschien, bestand vielleicht eine andere übergreifende Organisation, in der die Gemeinschaft des Glaubens zum Ausdruck kam. Doch ist eine feste Institution, welche die Verbindung der israelitischen Stämme untereinander begründete und aufrechterhielt, vor dem Königtum nicht unmittelbar bezeugt; das Richterbuch stellt die Frühgeschichte eher als ungeregelte Vielfalt dar.

Aus der Kombination verschiedener, voneinander unabhängiger Momente hat man allerdings eine frühe Stämmeorganisation erschlossen. Dabei konnte man von der merkwürdigen *Zwölfzahl* der Stämme Israels ausgehen, die feststeht, obwohl die einzelnen Glieder wechseln (Gen 29, 31 ff; 49; Dtn 33 u. a.). Unter den zwölf Söhnen Jakob-Israels, den Personifikationen der Stämme (Söhne Leas: Ruben, Simeon, Levi, Juda, Issachar, Sebulon; Söhne Rahels: Joseph, Benjamin; Söhne der Rahelmagd Bilha: Dan, Naphtali; Söhne der Leamagd Silpa: Gad, Ascher), fehlt in der jüngeren Gestalt der Liste (wie Num 1; 26) vor allem Levi; die Zwölferreihe wird dann durch Teilung von Joseph in Ephraim und Manasse, die als Enkel Jakob-Israels gelten, aufrechterhalten. Wieweit ist die Zwölfzahl nur Symbol (der Vollständigkeit des Ganzen), wieweit verbirgt sich in ihr eine Wirklichkeit? Aus der Königszeit, in der die Stämmestruktur ihre Bedeutung verlor (vgl. die Gaueinteilung 1 Kön 4, 7 ff), läßt sich die Zwölferreihe kaum herleiten.

Die Zwölfzahl ist nach dem Zeugnis des Alten Testaments nicht nur in Israel, sondern auch bei seinen Nachbarvölkern belegt: bei den Aramäern (Gen 22, 20–24) oder Ismaelitern (25, 13–16) und begegnet außerdem in völlig anderen Bereichen, wie in Griechenland und bei den Etruskern in Italien. Dort fanden sich die Stämme zu gemeinsamer Verehrung eines Gottes um ein zentrales Heiligtum, etwa Apollos am Tempel von Delphi, zusammen. War Jahwe im ähnlichen Sinne *(Bundes-)Gott* einer solchen sakralen Gemeinschaft, einer »Amphiktyonie« (*M. Noth*)? Dann sind »Volk« und »Staat« Israel sekundäre Erscheinungen gegenüber jenem Kultverband. Doch bleibt diese »Amphiktyonie« eine umstrittene Größe, da sie nicht unmittelbar bezeugt ist und Israel in der Frühzeit kein allen Stämmen gemeinsames Zentralheiligtum besaß (u. § 9a). Auch ist umstritten, wie eng die Südstämme, zumal Juda, in vordavidischer Zeit mit Israel, das sein Zentrum in Mittelpalästina hatte (Gen 33, 20 u. a.), verbunden waren. Außerdem ist eine historische Beziehung zu den sakralen Verbänden in Griechenland kaum erkennbar. Oder bestehen Verbindungen über Kleinasien, wo die Kaschkäer eine Zwölfstämmegruppe bildeten?

Bis vor kurzem konnte die Epoche von Israels Landnahme bis zur Staatenbildung als Geschichte der sakralen Institutionen dargestellt werden, aber dieses Bild ist in verschiedener Hinsicht fragwürdig geworden. Die

»Amphiktyonie« läßt sich nicht mehr ohne weiteres als Trägerin der vielfältigen Überlieferungen aus der Frühzeit verstehen. So kehrt man im Grunde zu einer älteren, weniger geschlossenen Sicht der Verhältnisse zurück, und die Fragen, die durch die Amphiktyonie-Hypothese beantwortet waren, kommen wieder auf: Was bedeutet »Israel« ursprünglich? Wie erklärt sich die in alte Zeit zurückreichende, konstante Zwölfzahl der Stämme besser? Das Zusammengehörigkeitsbewußtsein, das schließlich zur Errichtung des Königtums führte, müßte sich doch auch vorher geäußert haben.

Ein Vergehen galt als »Torheit in Israel« (Gen 34, 7; Ri 20, 6; vgl. 2 Sam 13, 12 u. a.). Hatten die »Richter in Israel« (vgl. die Listen Ri 10, 1–5; 12, 7–15; auch 4, 4 f; 1 Sam 7, 16 f) ein Amt im vorstaatlichen Israel inne?

Es bleibt aber ungewiß, ob es über die in Krisenzeiten auftretende Gemeinschaft hinaus eine bleibende Einheit aller, nicht nur einzelner Stämme gab und wie die Wirklichkeit dieses Verbandes aussah.

Israel wurde zum Gesamtnamen für die zwölf Stämme. Doch scheint es in älterer Zeit schon ein anderes, kleineres Israel gegeben zu haben. Die Stele des Pharao Merenptah bzw. Merneptah (um 1220 v. Chr.) berichtet von einer Zerstörung Israels, das nicht der Zwölferverband sein kann: »(das Volk) Israel liegt brach und hat kein Saatkorn« (TGI² 39 f).
Auch ist die Aufteilung der zwölf Stämme bzw. Söhne auf die Mütter kaum nur ein farbiger Erzählzug, sondern spiegelt alte Zusammenhänge wider. Insbesondere scheint sich in der Verbindung von Ruben, Simeon und wohl auch Levi, die entgegen ihrer späteren Bedeutung die Zwölfergruppe anführen, eine gemeinsame Geschichte in Mittelpalästina zu verbergen (vgl. Gen 34; 49, 5–7; auch Jos 15, 6 u. a.). Gab es vor Einwanderung der Rahelstämme, bei denen die Überlieferung vom Ägyptenaufenthalt ursprünglich verwurzelt zu sein scheint (o. § 4) – einen (Sechser-)Verband der Leastämme, der noch nicht Jahwe, sondern, wie der Name Isra-el andeutet, den Gott El verehrte (vgl. den Namen des Altars in Sichem »El, Gott Israels«, Gen 33, 20)?

3.   Nach dem Bericht von Jos 24 scheint Israel insgesamt noch nicht oder noch nicht in der rechten Weise Jahwe zu verehren, wie es die Überlieferung vom Exodus und von der Sinaioffenbarung voraussetzt. So hat man vermutet, daß der sog. *Landtag von Sichem* das Ereignis war, bei dem sich die Stämme zur Jahweverehrung zusammenschlossen. Josua ruft »alle Stämme Israels« nach Sichem »vor Gott« und fordert sie zur Entscheidung auf, Jahwe zu »wählen« oder die fremden Götter. Wer sind diese »anderen Götter«, die Götter des Landes oder der fremden Großreiche (o. § 3, 1)? Nach der Zustimmung des Volkes schließt Josua den Bund (vgl. 2 Kön 23, 3 u. a.), legt Satzung und Recht fest und richtet einen Stein als Zeugen auf. Das ganze Kapitel ist stark theologisch reflektiert und vom späteren Glaubensverständnis her gestaltet, um die Gehorsamsverpflichtung des Volkes herauszustellen. Liegt überhaupt ein Bericht von einer historischen Begebenheit vor?

Man hat oft versucht, eine spätere Überarbeitung von einer alten Überlieferung abzuheben. Doch will dies nicht wirklich überzeugend gelingen, ohne daß man das Ganze zerstört. Die grundlegende Ereignisfolge (bes. V 1. 25–27) scheint älter zu sein als die Reden (V 2–24). Aber die Geschehnisse, die auch nur in späterem (deuteronomistischem) Sprachstil überliefert sind, setzen einen Redeteil voraus, und gerade in ihm liegt der Kern der Erzählung: »Ich und mein Haus wollen Jahwe dienen« (V 14 f). Es gibt keine zwingenden Gründe, diese Hauptsätze als ältestes Gut aus dem Gesamtzusammenhang herauszulösen; denn sie wirken ebenfalls stilistisch wie inhaltlich jung. Einige Anhaltspunkte, wie die singuläre Angabe über die Fremdgötterverehrung, vielleicht die Rechtsverkündigung in Sichem, lassen allerdings eine ältere Tradition vermuten. Sonderbar ist jedoch, daß dieser Ort in nachweislich späteren Texten (Dtn 11, 29 f; 27; Jos 8, 30 ff) eine bedeutende Rolle spielt. Die geschichtliche Grundlage von Jos 24 ist also kaum noch eindeutig zu bestimmen. So wird man dem Text vorsichtshalber besser keine große Bedeutung in der Rekonstruktion von Israels *Früh*geschichte zumessen. (Insofern liegen die Verhältnisse ähnlich wie in dem Bundesschlußbericht Ex 34, o. § 5 c.)

4.　Doch scheint die Struktur von Jos 24 wie anderer alttestamentlicher Texte, die den Bund zwischen Gott und Volk darstellen, auffällige Parallelen im Aufbau *altorientalischer Staatsverträge* zu finden. Besonders die Verträge, die der Hethiterkönig mit seinen Vasallen abschloß, legen einen Formvergleich nahe. Nach der Vorstellung des Großkönigs (»So spricht« mit Namen und Herkunft) folgen in einem nicht ganz festen Schema nacheinander: eine Darstellung der Vorgeschichte der Beziehungen zwischen dem Hethiterreich und seinen Bundesgenossen, die grundsätzlichen und einzelnen Bedingungen des gegenseitigen Treueverhältnisses, manchmal eine Klausel über die Aufbewahrung des Vertrags und seine Verlesung, die Anrufung der Götter als Zeugen sowie Fluch und Segen. Allerdings ist der Aufbau alttestamentlicher Texte nur ähnlich, nie völlig gleich; wesentliche Glieder fehlen jeweils. Jos 24 zeigt noch besonders enge Berührungen, enthält aber nicht Segen oder Fluch, wie die Verträge ihrerseits den eigentlichen Bundesschluß nicht berichten. Die entscheidende Abfolge von Geschichtsdarstellung und Gesetzgebung ergibt sich wohl auch aus dem Wesen der Sache; denn eine Rechtsordnung bedarf der Begründung, die nur die Geschichte liefern kann.

Zudem erheben sich historische Einwände gegen eine Abhängigkeit des alttestamentlichen »Bundesformulars« von hethitischen Staatsverträgen. Die Hethiter lebten nur am Rande des alten Orients – in den Jahrhunderten vor Israels Landnahme. Nach dem Untergang ihres Großreiches bewahrten zwar die nordsyrischen Kleinstaaten, die vorher in seinem Einflußgebiet lagen, die hethitische Kultur. Aber gerade die aus diesem Gebiet, das Kleinasien und Palästina verbindet, erhaltenen Staatsverträge (von Sfire) haben nicht die gleiche strenge Form. Überhaupt war es im alten Orient üblich, Abkommen unter göttlichen Schutz zu stellen, damit die Gottheit die Übertretung gemäß dem ausgesprochenen Fluch ahnde. Schließlich regeln die Verträge ja das Verhältnis zwischen Königen und Staaten und haben infolgedessen einen anderen Inhalt, während »ein Vertrag zwischen einem Gott und seinem Volk außerhalb des AT bis jetzt nicht nachgewiesen ist« (*F. Nötscher*, 193).

Dieser Tatbestand ist noch in anderer Hinsicht wichtig. Nach Ri 8, 33; 9, 4 wurde in Sichem ein *Baal Berit* »Herr des Bundes« (als Schutzgott oder Garant eines Bündnisses?) verehrt. Während der Text erzählt, daß Israel zu der Gottheit abfiel, hat man umgekehrt vermutet, daß Israel von der sichemitischen Bevölkerung den Brauch übernahm, einen Bund zu schließen – vielleicht sogar in Form der Verträge. Einerseits ist aber die Tradition über den Namen dieses Gottes uneinheitlich: Er heißt auch El Berit (Ri 9, 46), obwohl El und Baal verschiedene Gottheiten sind (u. § 10). Andererseits paßt die Bindung von Gott und Mensch durch einen Bund nicht recht zu dem, was sonst von der altorientalischen, speziell der kanaanäischen Religion bekannt ist, wie ja auch das Wort »Bund« im westsemitischen Bereich in solchem Zusammenhang nicht belegt ist. So bleibt es höchst fraglich, ob Israel den Gedanken, daß Gott Menschen einen Bund gewährt, von den Kanaanäern oder allgemein dem alten Orient entlehnt hat.

Jedenfalls läßt sich die früheste alttestamentliche Überlieferung vom Sinaigeschehen aus der Form der Staatsverträge nicht erklären. Die charakteristische Gliederung entsteht erst durch nachträgliche Komposition ursprünglich eigenständiger Stücke (so in der Sinaiperikope Ex 19–24 wie im Deuteronomium) oder auch sekundäre Überarbeitung (Jos 24). Der Einfluß des Vertragsstils auf alttestamentliche Bundesformen hat, wenn überhaupt, demnach erst in späterer Zeit stattgefunden. Israel hat vielleicht während der Abhängigkeit vom *assyrischen* Großreich ähnliche Staatsverträge abgeschlossen. In dieser Epoche könnte das Gottesverhältnis von dem Vertragsdenken her gedeutet und damit in gewissem Sinne rechtlich verstanden worden sein. So wären wenigstens vorhandene Berührungen, besonders in den Fluchsprüchen (Dtn 28 u. a.), zu erklären. Anscheinend brachte der Ausgang der Königszeit mit dem Deuteronomium einen Umbruch im theologischen Denken Israels.

Exkurs 5:
» Bund«

1. Das Wort »Bund« gibt den entsprechenden alttestamentlichen Begriff (*b^erit*) nur unvollkommen wieder. Er meint nämlich meist kein Abkommen gleichberechtigter Partner, die sich gegenseitig bestimmte Rechte und Pflichten einräumen, auch nie ein Testament als letztwillige Verfügung, sondern eine feste, feierliche Zusage, ein Versprechen oder eine Verpflichtung (*A. Jepsen, E. Kutsch*). So ist »Bund« dem Eid vergleichbar (Ps 89, 4; 105, 9; Jos 9, 15; vgl. Gen 21, 27. 31 f; 26, 28; Ez 17, 18 f u. a.). Nach einem urtümlichen, auch im alten Orient bezeugten Ritus können beim Bundesschluß Tiere zerteilt werden, und vielleicht darum sagt das Alte Testament: einen Bund »schneiden« statt »schließen«. (Allerdings ist die Grundbedeutung stark umstritten; nach *E. Kutsch*: »eine Verpflichtung festsetzen«.) Wer den Bund gewährt, geht durch die Tierhälften hindurch und nimmt damit eine Selbstverfluchung auf sich: Falls er nicht seinem

Wort gemäß handelt, soll er das Schicksal der Tiere erleiden (Gen 15, 9 f;
Jer 34, 18).

2. Insgesamt lassen sich, schematisch geurteilt, drei Arten der Beziehungen
zwischen den Partnern unterscheiden:
Bund ist zunächst eine *Zusage*, die der Stärkere dem Schwächeren, der
Höhere dem Unterlegenen macht (*Selbst*verpflichtung). Josua gibt den sich
als »Knechte« unterwerfenden Gibeoniten die Garantie, sie am Leben zu
lassen, und schließt so mit ihnen Frieden (Jos 9, 6–15; vgl. dagegen
1 Sam 11, 1 f). Der Bund wird durch ein Mahl bekräftigt (Jos 9, 14; vgl.
Gen 31, 46. 54; 26, 30) und hat Nachwirkungen über Jahrhunderte hinweg
(2 Sam 21, 1 ff). Auch die Übereinkunft, die Sklaven freizulassen, ist eine
Verpflichtung, die König und Volk übernehmen, aber brechen (Jer 34, 8 ff;
vgl. Hos 10, 4). Schließlich wird David, nachdem er König über Juda
wurde (2 Sam 2, 4), durch einen Bund »vor Jahwe« (vgl. 2 Kön 23, 3) auch
König über Israel; d. h., er gab vielleicht den Ältesten Israels das Ver-
sprechen, für Wohlstand und Frieden zu sorgen, und wurde daraufhin zum
König gesalbt (2 Sam 5, 3). Der Antrag wird mit der bereits bestehenden
Gemeinschaft oder Verwandtschaft begründet (vgl. 5, 1 mit Gen 2, 23).
Daneben besteht die Möglichkeit, daß der Mächtigere dem Unterlegenen
eine Verpflichtung auferlegt (Verpflichtung eines *anderen*). So muß der
Jerusalemer König als Vasall dem Babylonier Nebukadnezzar den Treueid
leisten (Ez 17, 12 ff; vgl. 1 Kön 20, 34 u. a.).
Endlich kann ein Bund als zweiseitiger Vertrag unter gleichberechtigten
Partnern, d. h. als *gegenseitige* Verpflichtung, geschlossen werden (so
zwischen den Königen Hiram von Tyrus und Salomo: 1 Kön 5, 26; vgl.
15, 19; Gen 21, 27. 32; 26, 28. 31; 31, 44 u. a.).

Hos 2,20 scheint eine weitere Art des Bundesschlusses, nämlich die Vermittlung
durch einen Dritten, zu kennen: Gott nötigt die Tiere zu einem friedlichen Verhalten
gegenüber Israel.

3. Im Verhältnis zwischen Gott und Mensch scheidet das dritte Verständnis aus; der Bund ist kein Vertrag, d. h. keine Vereinbarung von Gleich-
gestellten. Gottes Bund mit Israel ist vielmehr ein Versprechen, das Gott
gibt (vgl. Gen 15, 9 ff u. a.), oder/und eine Verpflichtung, die Gott den
Menschen auferlegt bzw. die sie – in seiner Gemeinschaft und damit in
seinem Schutz stehend – übernehmen (vgl. Ex 19, 5; 24, 7; Jos 24, 25;
2 Kön 23, 3 u. a.). In beiden Fällen schließt Gott selbst den Bund und begründet so das Verhältnis (vgl. Gen 17, 2. 10. 13 f; Ex 34, 10. 27 u. a.; Ausnahmen: 2 Chr 29, 10; 2 Kön 11, 17; vgl. 23, 3 u. a.).
Stark umstritten ist, ob der Begriff »Bund« Israel schon früh (vgl.
Gen 15, 18; Ex 19, 5; 24, 7 f; 34, 10. 27; Hos 6, 7; 8, 1) oder erst seit
späterer Zeit geläufig ist. Wahrscheinlich stellt er nur die nachträgliche
Deutung eines bereits vorgegebenen Gott-Volk-Verhältnisses dar; die

»Sache« ist also erheblich älter als der Begriff. Er begegnet nämlich – von der Abrahamüberlieferung, der Sinaiperikope und den Davidverheißungen abgesehen – vorwiegend im Deuteronomium und deuteronomistischen Geschichtswerk sowie in der Priesterschrift. Beispielsweise aktualisiert das Deuteronomium (5, 2 f) den Dekalog als Satzung eines Bundes, den Gott mit der gegenwärtig lebenden, nicht der vergangenen Generation abgeschlossen hat; diese Deutung kennt die Sinaiperikope selbst nicht. Sie verbindet nur höchst indirekt Dekalog (Ex 20) und Bund (Ex 19; 24; 34). So liegt die Vermutung nahe, daß der Bundesbegriff nachträglich in die ältere Überlieferung eingedrungen und damit nur eine mögliche Bezeichnung der Gottesbeziehung unter anderen ist. Nur unter dieser Voraussetzung wird auch recht verständlich, daß Propheten wie Amos, Jesaja oder Micha (weniger gewiß Hosea) nicht auf den Bund zurückgreifen.

Schon *L. Köhler* (ThR 7, 1935, 272 f) hielt *W. Eichrodt*, der seine »Theologie des Alten Testaments« vom Bundesbegriff her aufbaut, entgegen: »Der Begriff des Bundes hat bei den Propheten keine grundlegende Bedeutung. Amos kennt das Wort überhaupt nicht (1, 9 redet von der Beziehung zwischen Tyrern und Edomitern); Hosea weiß an zwei Stellen davon (6, 7; 8, 1), macht aber nichts Entscheidendes daraus; Jesaja weiß nichts von einem Bund zwischen Gott und Israel; Micha hat das Wort überhaupt nicht. Es würde aber, hätten diese Propheten Eichrodts Theologie gelesen, immer wieder ertönen und anklingen ... Wie kann er immer wieder von Jahve als von einem Bundesgotte reden, wo doch auch nicht eine einzige Benennung Jahves den Bund in Erinnerung ruft, sondern alle bräuchlichen und gar die häufigen Gottesnamen ihren Inhalt von außerhalb der Bundesvorstellung her bezogen haben?«

4. Die beiden Grundmöglichkeiten des »Bundes«, Versprechen und Verpflichtung, brauchen sich nicht gegenseitig auszuschließen. So umschreibt Mal 2, 5 die Berufung Levis eindrücklich als Gabe und Aufgabe:

»Mein Bund mit ihm bestand darin:
das Leben und das Heil, wie ich es ihm gab,
die Ehrfurcht, wie er sie mir erwies.«

Bei verschiedenen Traditionen scheint der Forderungscharakter im Laufe der Zeit sogar stärker hervorzutreten:
Der Bund mit *Abraham* (Gen 15, 9–18; 17 P; vgl. Ex 2, 24; 6, 4 f; Lev 26, 42; Dtn 4, 31; Ps 105, 9 u. a.), die Verheißung von Nachkommenschaft und Land, ist zunächst Gottes Zusage, kann aber eine menschliche Verpflichtung zur Folge haben (Gen 17, 9 ff).
Gott verheißt durch den Propheten der *Daviddynastie* ewiges Bestehen (2 Sam 7, bes. V 11 f. 16). Dieses Verhältnis zwischen Gott und David wird später mit dem Bundesbegriff gedeutet (2 Sam 23, 5; Ps 89, 4 f. 29 f; vgl. Jes 55, 3; Jer 33, 21; 2 Chr 13, 5; 21, 7) und von einer Verpflichtung des Königs abhängig gemacht (Ps 132, 12; 89, 31–34; 1 Kön 2, 4; 8, 25 u. a.; Jes 7, 9).

Auch die von Gott am *Sinai* gewährte Gemeinschaft (Ex 24, 9–11) erscheint immer stärker als Verpflichtung, die der Mensch übernimmt
(24, 3–8; 34, 10 ff; Zuwachs der Gesetzessammlungen).
So kann »Bund« den Sinn von Weisung annehmen (vgl. 2 Kön 22, 8. 11
mit 23, 2 f; 17, 15; Ps 78, 10 u. a.), und der Mensch erhält die Aufgabe, den
Bund, d. h. die Gebote, zu bewahren (Ex 19, 5; Dtn 4, 13; Jer 11, 3 f u. a.).

5. Das *Deuteronomium* und seine Nachfolger verbinden den »Bund« eng
mit dem Dekalog (Dtn 4, 13; 5, 2 f); entsprechend heißen die Gesetzes-
tafeln »Tafeln des Bundes« (9, 9 ff) und ihr Aufbewahrungsort, die Lade,
»Lade des Bundes« (10, 8; 31, 25 f; Jos 3, 3. 6 u. a.). Der Bund wird
insbesondere vom Hauptgebot des Dekalogs, der Ausschließlichkeits-
forderung, her gedeutet, so daß die Übertretung des ersten – und zweiten –
Gebots als der eigentliche Bundesbruch gilt (Dtn 4, 23; 17, 2 f; 31, 16. 20;
Jos 23, 16; Ri 2, 19 f; 2 Kön 17, 15. 35. 37 f u. a.).
J. Wellhausen führte für die *Priesterschrift* den Namen »Vierbundesbuch«
(Q = liber quattuor foederum) ein. Tatsächlich gliedert sie den Geschichts-
verlauf in vier Perioden (mit jeweils einer Kulthandlung): Schöpfung
(Gen 1, 1–2, 4a: Gottes Ruhe am siebten Tag), Noach (Gen 9: Verbot von
Blutgenuß und Totschlag), Abraham (Gen 17: Beschneidung) und Sinai
(Ex 16: Sabbathaltung; Ex 25 ff: Kultgebote). Doch sind Schöpfung und –
als Kritik an der Tradition (Ex 24, 3–8; 34, 10 ff)? – Sinaioffenbarung
(24, 15 ff; 40, 33 f) nicht als »Bund« dargestellt; diesen Begriff behält die
Priesterschrift vielmehr den göttlichen Verheißungen an Noach (Gen 9
gegenüber 8, 21 f J) und Abraham vor. Gewiß ist der Abrahambund zu-
nächst Gottes Zusage, Verheißung der Mehrung und der Landgabe mit dem
Ziel: »Ich will ihr Gott sein« (17, 2–8), doch kein reiner Gnadenbund
(*W. Zimmerli*); denn die Verheißung wird eröffnet: »Ich bin El Schaddai.
Wandle vor mir und sei vollkommen« (17, 1; vgl. 6, 9; Dtn 18, 13;
Ps 15, 2). Diese Verknüpfung von göttlicher Ichrede und Forderung erinnert an den Dekalog, und in der Mahnung zu rechtem Wandel vor Gott
verbirgt sich das erste Gebot in anderer Gestalt. Demnach weist ihm auch
die Priesterschrift, die keinen Dekalog enthält, einen hervorragenden Platz
zu. Gott offenbart sich Abraham als El Schaddai, noch nicht als Jahwe
(Ex 6, 2), aber die Gottesbeziehung ist bereits durch Ausschließlichkeit gekennzeichnet.

6.   Ergeht die priesterschriftliche Zusage eines »*ewigen* Bundes« (Gen 17, 7. 13;
vgl. Ex 31, 16; Lev 26, 40 ff) schon als Antwort auf die Kritik der *Propheten*, daß Gott die Gemeinschaft mit seinem Volk aufkündigt (Hos 1, 9;
Jer 16, 5 u. a.)? Jedenfalls erwächst aus der prophetischen Zukunftserwartung die Verheißung eines »*neuen* Bundes«, dem Dauer zukommen
soll:

»Siehe, Tage kommen – ist der Spruch Jahwes –,
da schließe ich mit dem Haus Israel (und dem Haus Juda) einen neuen Bund,

nicht wie der Bund war, den ich mit ihren Vätern zu der Zeit schloß, als ich sie bei der Hand nahm, um sie aus dem Land Ägypten herauszuführen, weil sie meinen Bund brachen und ich mich an ihnen als Herr erweisen mußte . . .,

sondern dies soll der Bund sein, den ich nach jenen Tagen mit dem Haus Israel schließe . . .:

Ich lege meine Weisung in ihr Inneres und schreibe sie in ihr Herz, und ich werde ihr Gott sein, und sie sollen mein Volk sein. Sie werden sich nicht mehr gegenseitig belehren: Erkennet Jahwe! Vielmehr werden sie alle mich erkennen, vom Kleinsten bis zum Größten . . .;

denn ich werde ihre Schuld vergeben und ihrer Sünde nicht mehr gedenken.«
(Jer 31, 31–34;

vgl. 32, 39 f; Ez 34, 25; 37, 26; Jes 55, 3; 61, 8; auch 42, 6 u. a.; dazu § 14b, 11)

Die Weissagung stammt in ihrem Wortlaut kaum von Jeremia, atmet aber durch und durch prophetischen Geist. Schließt sie in ihrem heilvollen Teil nicht an die Verheißung der Gnade Gottes für das Nordreich (Jer 3, 12; vgl. 31, 3) an? Und setzt der kritische Teil nicht Jeremias Einsicht voraus, daß die Priester Gottes Wort verdarben (2, 8; 8, 7), ja die Sünde unauslöschbar tief in des Menschen Herz eingegraben ist (17, 1. 9; vgl. 2, 22 u. a.)? Zumindest ist das Heilswort ohne die radikale Gerichtsansage der Propheten undenkbar. Die alte, mit der Führung aus Ägypten begonnene Gottesgemeinschaft ist aufgehoben, und jenseits des Gerichts, in dem sich Gott »als Herr erweisen mußte«, wird eine »neue« – kaum nur »erneuerte« (vgl. 1 Sam 11, 14 vom Königtum) – Gottesgemeinschaft erwartet. Sie überbietet gegenwärtige, ja mögliche menschliche Erfahrungen.

Zwar beruht der neue Bund auf dem gleichen (ersten) Gebot wie der alte, aber das Gottesverhältnis selbst hat sich gewandelt. Es ist nicht mehr durch Tradition übernommen, durch die Väter, die Priester u. a. vermittelt, sondern ins menschliche Herz eingeschrieben. So gibt es kein unsicheres Fragen nach Gott, nach Gehorsam bzw. Ungehorsam mehr, und eine Gesetzesbelehrung bzw. -erklärung (vgl. Hag 2, 10 ff) ist unnötig geworden. Ja, mehr als das: Das Gebot ergeht nicht mehr als Forderung von außen; denn Gottes und des Menschen Wille stimmen überein, die Unterscheidung von Heteronomie und Autonomie ist geschwunden. Weil man aus eigener Einsicht, freiwillig und gerne das Rechte tut, ist eine Übertretung oder eine Halbheit im Verhalten (vgl. Jes 29, 13), kurz ein wiederholter Bundesbruch, von vornherein unwahrscheinlich oder gar ausgeschlossen. Sollte es trotzdem zu Ungehorsam kommen, so bleibt dieser Bund bestehen; denn die Vergebung ist mehr als nur einmaliger Anfang, nämlich ständig tragender Grund der neuen, endgültigen Gemeinschaft mit Gott. Gewiß reicht sie nicht universal über Israel hinaus; der Bund wird vielmehr mit dem gleichen Partner geschlossen, allerdings ohne Unterschied der Person, mit »klein und groß« (vgl. Joel 3, 1 f; o. Exkurs 5, 2).

Exkurs 6:
»Erwählung«

Wie der »Bund« stellt auch die »Erwählung« nur *eine* Möglichkeit dar, die
Zusammengehörigkeit von Gott und Volk zu denken – allerdings eine
Möglichkeit, die hervorhebt, daß Gottes Tun allem menschlichen Handeln
zuvorkommt (vgl. Jer 1, 5; Jes 49, 1; Ps 139, 16). Doch meint Erwählung
im Alten Testament keinen vorzeitlichen Ratschluß, sondern eine geschichtliche Tat, darum auch keinen unveränderlichen Zustand des »Erwählt-
seins«; Gott behält die Freiheit, die Erwählung zurückzunehmen (vom
Volk 2 Kön 17, 20; 21, 14; vom Zion 23, 27; vgl. Jer 6, 30 u. a.). So kann
der Mensch sie nicht gewinnen, aber verlieren.

In der Alltagssprache meint »(er)wählen« (*bachar*) »sich aussuchen, vorziehen« oder
gar »begehren« (Gen 6, 2). Ein Kind lernt, »Böses (das Lebensbedrohende) zu verwerfen und Gutes (das Hilfreiche) zu wählen« (Jes 7, 15). Gewiß kann der Mensch
Gottes Weg (Ps 25, 12) bzw. das Leben (Dtn 30, 19), aber auch fremde Kulte
(Jes 1, 29; 65, 12; 66, 3 f) oder Götter (Ri 10, 14) »wählen«; jedoch nur einmal bezeichnet das Wort die Entscheidung für Gott: »Wählt euch heute, wem ihr dienen
wollt!« (Jos 24, 15. 22)

Israel wußte sich längst als von seinem Gott errettet und berufen, bevor es
diese Beziehung als Gottes »Erwählen« verstand. In der älteren Fassung der
Überlieferungen von den Vätern (vgl. Neh 9, 5), vom Auszug und Sinai
findet sich das Verbum noch nicht, wird vielmehr erst in der deutero-
nomisch-deuteronomistischen Literatur, bei Deuterojesaja und im Psalter
geläufig. So ist die Sache älter als das Wort. Etwa das Amoswort bezeugt:

»Nur euch habe ich erkannt
aus allen Sippen der Erde.« (Am 3, 2;
vgl. Gen 12, 3; auch § 8, 1 zu Dtn 32, 8 f)

In Übereinstimmung mit altorientalischen Anschauungen sprechen die
frühesten Belege des Alten Testaments vom »Erwählen« des *Königs*
(1 Sam 10, 24; 16, 8 ff; 2 Sam 6, 21; 16, 18; vgl. Ps 89, 4 ff), und dieser
Sprachgebrauch hält sich über lange Zeit (Dtn 17, 15; Hag 2, 23; 1 Chr 28, 4 f).

Wie hier Aussonderung und Beauftragung eins sind, so gilt in jüngeren Texten auch
die Amtseinsetzung der Priester (Num 16, 5. 7; 1 Sam 2, 28) oder Leviten (Dtn 18, 5
u. a.) als Erwählung. Doch wird die Berufung der Propheten nie als »erwählen« bezeichnet (nur des Gottesknechts Jes 42, 1). Haben sie kein Amt im strengen Sinne
inne, oder erfolgt ihre Berufung unvorhersehbar?

Das Deuteronomium begründet und deutet den Kult neu von der Erwählung her. Feierte Israel seine Feste in älterer Zeit an verschiedenen
Ortsheiligtümern, so erhebt das Deuteronomium den einen »*Ort*, den
Jahwe erwählt« (12, 5. 11 ff; 14, 23 ff; 16, 2. 6 ff u. a.), zur einzigen Stätte
gottesdienstlichen Lebens in Israel.

Durch die Reform des Königs Joschija (621 v. Chr.) wird Jerusalem zu dem einen »erwählten« Ort (1 Kön 8, 16. 44. 48 u. ö.). Wohl erst auf Grund dieses tiefgreifenden geschichtlichen Ereignisses, d. h. im Gefolge des Deuteronomiums, sprechen Ps 78, 68 ff und 132, 10 ff (1 Kön 8, 16) von der Erwählung des Königs und des Zion, verstehen Königtum und Tempel aus demselben theologischen Grundgedanken.

Vor allem wird mit dem Wort »erwählen« das Verhältnis Gottes zu *Israel* neu bedacht. Wiederum das Deuteronomium enthält den »locus classicus« der Erwählungstheologie (*Th. C. Vriezen*), indem es die Vorzugsstellung Israels gegenüber den Völkern jeder vorfindlich-ausweisbaren Begründung entzieht und allein auf Gottes Liebe beruhen läßt:

»Ein heiliges Volk bist du für Jahwe, deinen Gott.
Dich hat Jahwe, dein Gott, erwählt,
sein Eigentumsvolk zu sein
aus allen Völkern, die auf Erden sind.«
Diese Zusage (vgl. Ps 33, 12; 135, 4) wird, von der 2. Person Singular in den Plural übergehend, erläutert:
»Nicht weil ihr zahlreicher wäret als alle Völker,
hat sich Jahwe euch zugewandt,
denn ihr seid das geringste unter allen Völkern,
sondern weil Jahwe euch liebte . . .« (Dtn 7, 6–8)

Damit wird das Verhältnis zwischen Israel und den anderen in radikaler Schärfe erfaßt: Erwählung erlaubt keine Berufung auf eigene »Gerechtigkeit« (9, 4 f; vgl. Dan 9, 18), schließt aber – wegen der Ausschließlichkeit der Beziehung – Verpflichtung ein (Dtn 14, 1 f u. a.).

Israel hat als »das kleinste unter allen Völkern« (7, 7) nichts vorzuweisen, ist von sich aus nicht würdig. Diese Einsicht hat in den Erzählungen von der Erwählung des Geringen, sei es Gideons (Ri 6, 15), Sauls (1 Sam 9, 21; 15, 17) oder Davids (16, 1–13), Sachparallelen (vgl. auch Mi 5, 1; Jes 60, 22).

Wahrscheinlich wirkt in der Theologie des Deuteronomiums bereits prophetische Verkündigung nach, die sich mit dem »Volksglauben« an Israels Sonderstellung kritisch auseinandersetzen mußte (Am 3, 2; 9, 7; Mi 3, 5. 11; Jer 5, 12; vgl. Jes 63, 16).
Jeremia droht Israel die Aufhebung der Erwählung an: »Nennt sie verworfenes Silber; denn Jahwe hat sie verworfen!« (6, 30; 7, 29; 12, 7 f; 14, 19 ff; vgl. Dtn 8, 19 f; Klgl 3, 45 u. a.). In zeitlicher Nähe zum Exil scheinen Erwählung und Verwerfung als gleich mögliche Handlungen Gottes vor Augen gewesen zu sein. Kommt darin die Freiheit Gottes gegenüber seinem Volk zur Geltung, so hält das Alte Testament bald wieder an der Übermacht göttlicher Zuneigung gegenüber allem zweifelhaften Handeln des Menschen fest. Gott wird gebeten, sein Volk nicht zu verwerfen (Dtn 9, 25 ff; 1 Kön 8, 57; vgl. Klgl 5, 22), oder es wird gar Israels – endgültige – Verwerfung geleugnet (Lev 26, 44; 1 Sam 12, 22; Jer 31, 37; Ps 94, 14 u. a.).

Vor allem tröstet der Exilsprophet Deuterojesaja die Verbannten, die sich von Gott verlassen meinen (Jes 49, 14), mit der Erwählung (41, 8 f; 44, 1 f u. a.) und hält fest: Trotz vollzogenem Gericht besteht Israels Erwählung weiter. Als Grund zur Hoffnung ist sie wieder zugleich Verpflichtung: Israel soll vor den Völkern als »Zeuge« für die Einzigartigkeit Gottes auftreten (43, 10. 12; 44, 8; 55, 5; vgl. § 16).

§ 9   Heiligtümer, Feste und Opfer

Der folgende Abschnitt (§ 9) steht insofern »zwischen den Zeiten«, als er über die »Frühzeit« in besonderem Maße hinausgreift, um die kultischen Phänomene auch der folgenden Epochen an einem Ort gemeinsam zu besprechen.

a)   Die Heiligtümer

Israel sammelte sich in seiner Frühzeit um verschiedene Heiligtümer. Hier und da haben vielleicht einige Gruppen oder Stämme zunächst noch ihren eigenen Kult gepflegt, bis die gemeinsame Jahweverehrung sich überall durchsetzte und alle fremden Traditionen verdrängte. Jedenfalls scheint die Einheit ganz Israels im Glauben nicht vorwiegend oder gar ausschließlich an einer einzigen Stelle zum Ausdruck gekommen zu sein. Wie am heiligen Krieg nur die Nachbarn beteiligt waren, so erfaßten auch die Heiligtümer nicht die Stämme insgesamt, sondern die Anwohner der näheren und ferneren Umgebung. Verschiedene Stätten hatten unterschiedlich große Bedeutung, und die Verhältnisse werden jeweils anders gewesen sein. Weder das Zelt oder die Lade noch die Ortsheiligtümer gewährten Gesamtisrael die Gegenwart Gottes.

1.   Das »*Zelt der Begegnung*« war, wie schon der Name verrät, die Kultstätte von Zeltbewohnern. Tatsächlich ist es nur in der Wüstenzeit eindeutig bezeugt, und ähnliche Zeltheiligtümer haben nomadische Stämme auch sonst gekannt. Nach der älteren Überlieferung befand es sich außerhalb des Lagers, als heiliger Raum vom allgemeinen Wohnbereich getrennt (Ex 33, 7–11; Num 11, 16 f. 24 ff; 12, 4 f. 10; Dtn 31, 14 f); nach jüngeren Vorstellungen wurde es zum Mittelpunkt, um den sich das Lager ordnete. Schon sehr früh scheint das Zelt verschollen zu sein; die späteren Nachrichten über seinen Aufenthalt in Schilo (Jos 18, 1; 1 Sam 2, 22 u. a.) oder Gibeon (1 Chr 16, 39 u. a.) sind weniger vertrauenswürdig. Ist das Zelt, das David in Jerusalem mit einem Altar für die Lade neu aufschlagen ließ (2 Sam 6, 17; 7, 2; 1 Kön 1, 39; 2, 28 ff; vgl. 8, 4), noch die alte Stätte, an der Gott »begegnete«?

An dem Wanderheiligtum konnte jedermann, nicht nur der Priester, Gott befragen (Ex 33, 7); es war also anscheinend Orakelstätte und Erscheinungsort zugleich. Diese Begegnung mit Gott wurde ganz ereignishaft verstanden: Er »wohnt« nicht ständig im Zelt wie in den Kulturlandheiligtümern, sondern kommt dorthin, wenn man es aufsucht. – Da es an alten Stellen nie zusammen mit der Lade genannt wird, existieren beide ursprünglich (vgl. aber 2 Sam 7, 2) unabhängig voneinander. Erst die späte Priesterschrift macht mit der »*Stiftshütte*« das Zelt zur Behausung für die Lade, indem sie größtenteils Verhältnisse aus Jerusalem in die Wüstenzeit überträgt; der Tempel mit dem Allerheiligsten wird gleichsam in einen zerlegbaren Zelt-Holz-Mischbau verwandelt (Ex 25 ff). So sind Überlieferungen von Zelt, Lade und Tempel, damit Nomaden- und Kulturlandgut, miteinander verschmolzen: Gott will im Heiligtum »wohnen« (Ex 25, 8; 29, 45 wie im Tempel 1 Kön 8, 12) und dort »erscheinen« (Num 14, 10), er »begegnet« – wie im Zelt – »über« der Lade (Ex 25, 22; 29, 42 f).

2. Herkunft, Alter und Bedeutung der *Lade* sind – noch immer – heftig umstritten. Man hat sogar vermutet, daß es verschiedene Laden gab, doch reichen für diese Hypothese die alttestamentlichen Quellen nicht aus. Entweder geht die Lade wie das Zelt in die Wüstenzeit zurück und bildet das Heiligtum einer anderen nicht seßhaften Gruppe, oder die Heimat der Lade ist erst im Kulturland zu suchen. Beide Annahmen lassen sich durch gewisse Parallelen stützen. Einerseits sind aus weit späterer Zeit Beduinenheiligtümer zur Kriegführung und Orakeleinholung bekannt, die aber nicht von Menschen, sondern von Kamelen getragen oder auf Wagen gefahren werden; auch ihre Form und Bedeutung deckt sich nicht mit der Lade. Andererseits gibt es im Kulturland zwar ähnliche Gottesthrone oder Prozessionsheiligtümer, aber sie erlauben ebenfalls keinen in jeder Hinsicht zutreffenden Vergleich. So läßt sich schwer eindeutig entscheiden, ob die Lade ein Wanderheiligtum war oder gar, was weniger wahrscheinlich ist, erst von den Kanaanäern übernommen wurde. Sie trägt von beiden Bereichen etwas in sich, und das spricht dafür, daß ein ursprünglich nomadisches Verständnis durch Kulturlandvorstellungen überdeckt wurde.

Im einzigen Zeugnis des Pentateuchs (Num 10, 33 ff) erscheint die Lade als nomadisches Kriegspalladium. Gott ist auf ihr »sitzend« gegenwärtig und greift in den Kampf ein. Darum reden die sog. Ladesprüche Gott an:

»Stehe auf, Jahwe, daß deine Feinde zerstieben
(und die dich hassen, vor dir fliehen)!«
»Kehre wieder (oder: Lasse dich nieder), Jahwe,
‚bei' der Vielzahl der Tausende Israels!«

Doch erwähnen diese Sprüche die Lade selbst nicht, so daß man zweifeln kann, ob beides seit je zusammengehört; außerdem ordnen sie sich nicht fugenlos in den vorliegenden Erzählrahmen ein. Die Einleitung redet nicht vom Aufbruch gegen Feinde, sondern nur vom Abmarsch beim Lagerwechsel. Ursprünglich kann die Lade auch kaum – wie etwa die Wolken- und Feuersäule – als schützender Führer verstanden worden sein, der die wandernde Schar auf ihrem Weg leitet und die Lagerplätze erkundet, weil sie ja selbst von Menschen oder Tieren getragen werden muß, um den Weg zu weisen (vgl. allerdings 1 Sam 6, 7 ff).

Nach der Landnahme ist die Lade an mehreren Orten bezeugt, doch ist der Quellenwert der Angaben verschieden. Erst späte Texte, die alte Überlieferungen ausgleichen, erwähnen die Lade in Sichem (Jos 8, 30) und Bet-El (Ri 20, 27 f). In Jericho befand sich die Lade nur kurzzeitig auf dem Durchzug (Jos 3 ff). Unter diesen Voraussetzungen bleibt die Annahme einer regelmäßigen Ladewanderung von einem festen Standort zum anderen eine Vermutung ohne sicheren historischen Anhalt. Wurde die Lade in Jerusalem als Prozessionsheiligtum benutzt (Ps 24, 7 ff; 48, 13 f; 132; u. § 11 a, 6; 13, 3)?

Wirklich zuverlässig ist die Nachricht vom Aufenthalt der Lade im Tempel zu Schilo (im 11. Jh.; 1 Sam 3, 3 ff). So läßt sich die Geschichte der Lade, strenggenommen, nur ein kurzes Stück von dort bis Jerusalem verfolgen. Da Schilo im Gebiet Ephraims lag, war die Lade vielleicht ein Sonderheiligtum gerade dieses Stammes oder allgemeiner der Rahelstämme, d. h. des »Hauses Joseph« oder auch Benjamins. Ausführlich berichtet die sog. »Ladeerzählung« (1 Sam 4–6; 2 Sam 6) vom Verlust der »Lade Gottes« an die Philister und ihre Rückkehr. David holte sie – eigentlich ohne Rechtsbefugnis – nach dem Winkeldasein, das sie nach dem verlorenen Krieg führte (1 Sam 7, 1 f), feierlich nach Jerusalem ein (2 Sam 6; Ps 132) und stellte so Kontinuität zwischen der alten Zeit und der neuen Hauptstadt her. Er verband Überlieferungen von Schilo aus dem Nordreich mit Jerusalem, begründete und legitimierte damit diese Stadt als kultischen Mittelpunkt. Wurde erst durch diese Tat die Lade zum Symbol der Gottesgegenwart für Gesamtisrael? Schließlich ließ Salomo die Lade in das Allerheiligste des Tempels bringen und entzog sie damit der Allgemeinheit (1 Kön 6, 23–28; 8; u. § 13, 3). Dort ist sie vielleicht bei der Zerstörung des Tempels durch die Babylonier (587 v. Chr.) verbrannt, jedenfalls verschollen.

Im Laufe dieser wechselhaften Geschichte hat die Lade ganz verschiedene Bedeutungen gehabt. Im Kampf gegen die Philister holte man das Symbol der Gegenwart Gottes als letzte Hilfe, aber ihre Macht konnte eine zweite Niederlage nicht verhindern. Auch wurde sie gelegentlich im *Krieg* mitgeführt (vgl. Num 14, 44; Jos 3 f; 6; 1 Sam 4; 2 Sam 11, 11; 15, 24 ff), in Notzeiten, wenn auch nicht regelmäßig; denn bei den »Jahwekriegen« wird sie meist nicht erwähnt. Wie ist die Gegenwart Gottes aber gedacht? Nach dem Titel »der Kerubenthroner«, den der Gott der Lade trägt, scheint die Lade als Thron des unsichtbaren Gottes (vgl. Ps 24, 7–10?; Jer 3, 16 f), vielleicht als Thronschemel (Ps 99, 5; 132, 7; 1 Chr 28, 2; Klgl 2, 1; Ez 43, 7; Jes 66, 1) oder auch als Untersatz des Thrones (*M. Metzger*) gegolten zu haben. Diese Vorstellung eines leeren Gottesthrones gehört nicht in die Wüste, sondern ins Kulturland.

Der Titel »*der* Kerubenthroner« ist höchstwahrscheinlich erst im Laufe der Geschichte mit der Lade zusammengewachsen; denn die Lade trägt erst nach sehr späten Nachrichten (Ex 25, 18 ff P) auf der Deckplatte zwei Keruben. Die Belege für den Gottesnamen entstammen meist Jerusalemer Kultterminologie (Ps 99, 1; 2 Kön 19, 15 u. a.). So liegt es nahe, ihn mit dem riesigen Kerubenpaar zu verbinden, das mit ausgebreiteten Flügeln im Allerheiligsten des Jerusalemer Tempels stand und die Lade beschirmte (1 Kön 6, 23 ff; 8, 6 f). Diese Mischwesen, die einer aufrecht stehenden Sphinx mit Menschenkopf, Tierleib und Flügeln geglichen haben werden, sind also unabhängig von der Lade und dienen zu ihrem Schutz. Das Gottesprädikat »der Kerubenthroner« setzt aber eine andere Auffassung voraus: Keruben als Trägerfiguren des göttlichen Thrones oder Gottes selbst; vielleicht besteht ein ursprünglicher Zusammenhang mit dem göttlichen Königtum (u. § 11 a). Von daher erhalten die älteren Erwähnungen des Titels in der Zeit von Schilo (1 Sam 4, 4; 2 Sam 6, 2) Bedeutung; sie brauchen nicht unbedingt eine Rückprojektion Jerusalemer Verhältnisse in eine frühere Epoche zu sein. Freilich wissen wir von dem wohl kanaanäisch beeinflußten Tempel zu Schilo sehr wenig. Ist hier schon das Attribut »der Kerubenthroner« auf den Ladegott übertragen worden? Wahrscheinlich ist es ein kanaanäisches Gottesepitheton, das Israel entweder unmittelbar übernahm oder in Anlehnung an kanaanäische Vorbilder prägte. Ganz ähnlich wurde das formal vergleichbare Prädikat des Wettergottes Baal, »der auf den Wolken (als seinem Kriegswagen) dahinfährt«, Jahwe überschrieben (Ps 68, 5. 34 u. a.). Einmal werden sogar die beiden verschiedenen Vorstellungen des Kerubenthroners und Wolkenfahrers in einer von fremdreligiösem Gedankengut stark bestimmten Theophanieschilderung miteinander vereinigt: »er (Jahwe) fuhr auf dem Kerub dahin« (Ps 18, 11).

Ähnlich verhält es sich mit dem weit häufigeren Titel »Jahwe *Zebaot*«. Er fehlt bis zum Richterbuch und taucht zuerst in Schilo auf (1 Sam 1, 3. 11); die Lade wird dort zweimal ausführlich und gewichtig »Lade Jahwe Zebaots, des Kerubenthroners« (1 Sam 4, 4; 2 Sam 6, 2) genannt. Da aber der Beiname »Zebaot« später unabhängig von der Lade auftritt (1 Sam 15, 2 u. a.) und, zumal in der prophetischen Literatur, stark an den Zion gebunden ist (Jes 6, 5; Ps 24, 9 f; 46; 48; 84), entsteht erneut die Frage, ob er in Schilo aufkam und von dort nach Jerusalem wanderte oder erst im Rückblick nach Schilo übertragen wurde. Wahrscheinlich handelt es sich zunächst um einen Sondernamen, der ähnlich wie »der Kerubenthroner« an der Lade haftet und vielleicht ebenfalls kanaanäisch beeinflußt ist. Allerdings ist der fremde Ursprung weniger gewiß, außerdem hängt das Urteil von der umstrittenen Deutung des Namens »Zebaot« ab. Er enthält zweifellos eine Aussage über Jahwes Macht, so daß die Septuaginta mit gewissem Recht das Wort durch »Pantokrator« übersetzen kann. Entweder ist das Bekenntnis zu Jahwes Allmacht »abstrakt« zu fassen (»Zebaot = die Mächtigkeit«), oder der Titel bezieht sich auf die himmlischen Heerscharen (so spät: Ps 103, 21; 148, 2) bzw. auf Israels Heerbann (Jos 5, 14; 1 Sam 17, 45; 1 Kön 2, 5). Im letzten Fall steht der Begriff im Zusammenhang mit dem »heiligen Krieg«, in dem ja auch die Lade hin und wieder gebraucht wurde. Wahrscheinlich klingen im Laufe der Zeit mehrere Bedeutungen an, der Sinn wechselt und ist deshalb nicht mehr fest umrissen. Überhaupt läßt die ungewöhnliche Verbreitung des Namens auf eine bewegte Geschichte schließen; er scheint in manchen Teilen des Alten Testaments aus einem nicht mehr feststellbaren Grund sogar gemieden worden zu sein.

Im Laufe der Zeit haben sich mit der Lade also verschiedene Gottesnamen verbunden, die wenigstens teilweise noch die fremde Herkunft erkennen lassen; die Vorstellung eines Gottesthrons oder Thronschemels scheint nicht ursprünglich zu sein. Die alte, allgemeine Bezeichnung »Lade« oder »Lade Gottes« läßt eher an einen *Kasten* denken, der als Behälter diente (vgl. Gen 50, 26; 2 Kön 12, 10 f). Von irgendeinem Inhalt ist in frühen Texten aber keine Rede. Erst das Deuteronomium (10, 1–5; 1 Kön 8, 9) macht in einer Zeit, in der die Lade längst ihren Sinn verloren hatte oder schon gar nicht mehr bestand, aus ihr eine Truhe für die Gesetzestafeln vom Sinai.

Die Priesterschrift nimmt für ihre »Lade des Zeugnisses« jene Deutung auf (Ex 25, 10 ff; 26, 33 f; 37, 1 ff), verwandelt den schlichten Kasten in einen goldüberzogenen Kultgegenstand mit »Deckplatte« und Keruben und bringt ihn im Zelt unter. Hier wird zum ersten Male die Lade beschrieben, aber nach den Vorstellungen späterer Zeit, in denen sich allerdings ältere Traditionen verbergen. Man hat vermutet, daß die Lade ursprünglich ein Gottesbild, einen Schatz, heilige Steine oder irgendwelche Dokumente in sich barg, aber alle diese Hypothesen finden an alten Texten keinen Anhalt. Wahrscheinlich war die Lade eben leer; das entspricht am ehesten einem Gott, von dem kein Bild gestattet ist. Auch wenn sich bei der Lade ganz verschiedene Vorstellungen aus der Wüsten- und Kulturlandzeit treffen mögen und mit der Zeit wandeln, auf jeden Fall wurde die Lade in Israel als Offenbarungsstätte des Gottes verstanden, der nicht dargestellt werden darf. Selbst auf dem Heiligtum bleibt seine Gegenwart unsichtbar.

3.   Ursprünglich wird jede Siedlung ihr Heiligtum gehabt haben. In der späteren Polemik gegen den Kult »auf jedem hohen Hügel und unter jedem grünen Baum« (Jer 2, 20 u. a.; vgl. Hos 4, 13) klingt noch nach, daß diese *Ortsheiligtümer* fremden Bräuchen offen, ja teilweise vorher schon kanaanäische Kultstätte gewesen waren. An verschiedenen Stellen sind auch die Ausgrabungen auf Tempelfundamente gestoßen, aber die meisten »Höhen« (1 Sam 9, 12 ff; 2 Kön 17, 9 f. 29; 23, 5. 8) wiesen wohl nur einen Altar unter freiem Himmel auf. Aus den vielen örtlichen Kultstätten ragten einige hervor, ausgezeichnet durch besondere Ereignisse oder Gegebenheiten. Sie dienten als Heiligtum des ganzen Stammes oder wurden gar von den umliegenden Nachbarn besucht, weil sie vielleicht auf der Grenze zwischen den einzelnen Gebieten lagen. Ja, manche heiligen Stätten waren das Wallfahrtsziel weitab wohnender Stämme.
Hier feierte man die drei großen Feste des Jahres; denn man war »vor Jahwe« (Ri 20, 26; 21, 19 ff; 1 Sam 1, 3 ff; vgl. Ex 23, 14 ff; u. § 9b). Gewiß trug man dort auch sein persönliches Anliegen im Gebet vor Gott und erfuhr seine Gegenwart. Aber die Bedeutung mancher Heiligtümer ging über das »Kultische« weit hinaus; sie waren noch in anderem Sinne Treff- und Mittelpunkt. Hier wurde Markt abgehalten, hier sammelte sich der Heerbann der umliegenden Stämme vor dem Krieg, und hier wurde später der König vom Volk oder seinen Ältesten gewählt.

Die wichtigsten Heiligtümer der Richter- und Königszeit sind nur zum kleinen Teil mit den Orten identisch, die aus der Erzväterzeit (o. § 3 c) bekannt sind. Neben Sichem (Jos 24; o. § 8, 3), später Zentrum des Nordreichs (1 Kön 12), und Schilo, das in einem Tempel die Lade beherbergte (1 Sam 1 ff; vgl. Ri 21, 19 ff; Jer 7, 12 ff), sind zu nennen:

Der aus der Jesreelebene aufsteigende Bergkegel des *Tabor* scheint die gottesdienstliche Stätte für die angrenzenden Nachbarstämme Issachar, Sebulon und Naphtali (Jos 19, 22. 34; vgl. Dtn 33, 19; Hos 5, 1; Ps 89, 13; auch Ps 68?) gewesen zu sein. Hier fand man sich unter Baraks Leitung vor der Schlacht gegen die Kanaanäer zusammen (Ri 4, 6. 12. 14). In vorisraelitischer Zeit wird auf dem Berg der »Baal Tabor« verehrt worden sein; der Name der Gottheit ist allerdings erst später bezeugt.

In *Gilgal* im Jordangraben haben sich Erinnerungen an den Einzug ins Land erhalten (Jos 3 f). Hier trafen sich später die Heerbanne der umliegenden Stämme (1 Sam 10, 8; 13, 4 ff; 15, 12. 21 u. a.), hier wurde Saul zum König ausgerufen und gekrönt (11, 14 f), David wiederanerkannt (2 Sam 19, 41 ff). Nach der sog. Reichsteilung war Gilgal ein vielbesuchter Wallfahrtsort des Nordreiches; so werden die Angriffe der Propheten Amos (4, 4; 5, 5) und Hosea (9, 15; 12, 12; vgl. 4, 15) verständlich. In Gilgal lebte auch Elischa im Kreise seiner Schülerschar (2 Kön 4, 38; 2, 1); doch bleibt fraglich, ob es sich jeweils um dieselbe Ortslage handelt.

Wenn Jerobeam *Bet-El* als Gegengründung zu Jerusalem zum Reichsheiligtum des Nordreiches erhob (1 Kön 12, 29 ff; Am 7, 13), konnte er gewiß an die altüberlieferte Bedeutung des Ortes anknüpfen (Gen 12, 8; 13, 3; 28, 10 ff; 35, 1 ff; dazu o. § 3 c. e; vgl. Ri 20, 26 f; 21, 1 ff; 1 Sam 7, 16; 10, 3 u. a.). Hier trat Amos auf (3, 14; 4, 4; 5, 5 u. a.) und wurde vertrieben (7, 10 ff). Nach 2 Kön 23, 15 f ließ Joschija die Kultstätte zerstören.

Mizpa (Ri 20 f; 1 Sam 7, 5 ff. 16) wurde ,nach der Zerstörung Jerusalems durch die Babylonier zum Zentrum für die im Land Verbliebenen (2 Kön 25, 23 ff; Jer 40, 7 ff). Entstand hier das sog. deuteronomistische Geschichtswerk (Dtn – 2 Kön)?

Am Baumheiligtum Mamre bei *Hebron* haftete nicht nur die Abrahamüberlieferung (Gen 18), in dieser Stadt des Stammes Kaleb wurde auch David zum König über die Südstämme erhoben (2 Sam 2,1–4; vgl. 5, 3; 15, 7).

Das noch südlicher gelegene *Beerscheba*, in dem man von Isaak zu erzählen wußte (Gen 26,23 ff; vgl. 46, 1; auch 21, 22 ff von Abraham), scheint in der Königszeit ebenfalls ein Wallfahrtsort für das Nordreich gewesen zu sein (Am 5,5; 8, 14).

Von den einzelnen Stätten sind weitgehend also nur bestimmte Einzelereignisse überliefert; was sich regelmäßig vollzog, wurde nicht aufgezeichnet. Doch lassen die Geschehnisse Rückschlüsse auf die Bedeutung der Kultstätten in den verschiedenen Epochen und Bereichen zu. Allerdings bestanden die Heiligtümer nicht zeitlich nacheinander, so daß die Rolle des einen Ortes an den anderen überging, vielmehr blieben sie nebeneinander in Geltung und werden sich gegenseitig den Rang streitig gemacht haben. So hat das Urteil von J. *Wellhausen* (Prolegomena zur Geschichte Israels, ⁶1972, 19) seine Berechtigung: »Eine strenge Centralisation ist für jene Zeit ein unmöglicher Gedanke, auf dem Gebiet des Gottesdienstes nicht minder, wie auf jedem anderen.« Die Ortsheiligtümer konnten sich – trotz der prophetischen Kritik (Am 4, 4; 5, 5 u. a.) – neben Jerusalem behaupten, das erst durch Joschijas Reform (621 v. Chr.; 2 Kön 22 f) Alleingeltung für

den Jahweglauben erlangte. Damit gewann die Jahweverehrung nach aller
Vielfalt auch ihre räumliche Einheit. Die Ausschließlichkeit des ersten
Gebots verlangte die Ausschließlichkeit des Zentralheiligtums (Dtn 12), bis
der nicht abbildbare Gott in der Hoffnung (Zeph 2, 11) auch diese letzte
Ortsbindung aufgeben konnte, um überall in gleicher Weise gegenwärtig
zu sein.

b) Die Feste

Die älteste Überlieferung von regelmäßig begangenen Feiern in Israel
bieten bei nahe verwandtem Wortlaut die beiden *Festkalender* im Bundesbuch Ex 23, 14–17 und im sog. kultischen Dekalog Ex 34, 18. 22 f (dessen
Unebenheiten werden verschieden erklärt). Diese Angaben reichen nicht in
die nomadische Vergangenheit, aber doch in eine relativ frühe Zeit nach
der Seßhaftwerdung zurück. Ex 23, 14–17 lautet:

Dreimal im Jahr sollst du mir ein (Wallfahrts-)Fest feiern:
Das *Mazzenfest* sollst du halten; sieben Tage lang sollst du Mazzen (Massot = un-
gesäuerte Brote) essen –
wie ich dir befohlen habe, zur bestimmten Zeit im Monat Abib; denn in ihm bist du
aus Ägypten ausgezogen. Mein Angesicht sollen sie nicht mit leeren Händen sehen.
Dann das *Fest der Kornernte*, der Erstlinge deines Ertrages von deiner Aussaat auf
dem Felde, und das *Fest des Einsammelns* am Jahresausgang, wenn du deinen Ertrag
vom Felde einsammelst.
Dreimal im Jahr sollen alle deine männlichen Personen das Angesicht des Herrn,
Jahwes, ,sehen'. (Später korrigierte man: »vor Jahwe erscheinen«; vgl. Ex 34, 23;
Dtn 16, 16.)

Der jüngere Kultkalender von Dtn 16 bietet mit seinem einschneidenden
Gebot der Kultzentralisation ein weiter fortgeschrittenes Stadium der Entwicklung, aber auch er macht nur drei Jahresfeste (V 16) verpflichtend.
Darüber hinaus gehen erst die ausführlichere Festordnung des Heiligkeitsgesetzes in Lev 23 wie der Opferkalender in Num 28 f, die den Sabbat bzw.
Ruhetag (Lev 23, 3; Num 28, 8 f) – der ursprünglich keine kultische Begehung, jedenfalls kein »Fest« war (o. Exkurs 2) –, den Neujahrstag und
den Versöhnungstag (Lev 23, 23–32; Num 29, 1–11) einbeziehen. Darüber
hinaus weisen diese späteren priesterschriftlichen Texte eine weitere
Neuerung auf: Hat das Deuteronomium die Feste örtlich vereinheitlicht, so
legen Lev 23 und Num 28 f die Feste zeitlich fest, indem die älteren allgemein gehaltenen Zeitangaben, soweit es möglich ist, durch genaue Daten
ersetzt werden. In solchen Wandlungen und Erweiterungen zeichnet sich
jeweils der Gang der geschichtlichen Entwicklung ab.
Die in den älteren Kultkalendern (Ex 23; 34; Dtn 16) genannten drei
großen Wallfahrtsfeste sind landwirtschaftlich bestimmt und nach dem
Jahresablauf geordnet. Sie fügen sich – vielleicht von Beginn an, jedenfalls

für die in Ex 23, 14 ff u. a. vorliegende Darstellung – zu einem Zyklus zusammen, der die gesamte Erntezeit umspannt:

das – nachträglich mit dem Passa vereinigte – Mazzenfest zu Beginn der Ernte im Frühjahr,
das Ernte- oder Wochenfest nach Abschluß der Getreideernte,
das Lese- oder Laubhüttenfest im Herbst am Jahresende.

Alle drei sind Ackerbaufeste, demnach wohl landesüblich. Die sich fest ansiedelnden Nomaden haben sie anscheinend von den kanaanäischen Nachbarn übernommen, und zwar an den verschiedenen heiligen Stätten im Lande (vgl. § 9 a, 3); denn Wallfahrtsfeste wurden – vielleicht von mehreren Dörfern oder Stammesgruppen gemeinsam – an den lokalen Kultstätten zu bestimmten Zeiten gefeiert (vgl. Ri 9, 27 vom Lesefest im Tempel zu Sichem; auch Ri 21, 19 ff; 1 Sam 1, 3 weiß von einer jährlichen Wallfahrt nach Schilo). Erst das Deuteronomium (16, 2. 6 f. 11. 16 u. a.) erhebt die Forderung, zu dem einen erwählten Ort zu ziehen.

Spiegeln alle drei in vorexilischer Zeit bezeugten Feste den Naturzyklus wider, so wird der Fremdeinfluß auf den israelitischen Kult deutlich spürbar. Zeigt sich in den Jahwefeiern überhaupt nichts Israel Eigenes? Dieses Problem bildete einen der Gründe, daß man ein spezifisch israelitisch geprägtes, aber im Alten Testament nicht unmittelbar bezeugtes Fest, wie das Bundesfest, rekonstruierte. Doch macht sich Israels Besonderheit eher in der Umdeutung der vorgegebenen als in der Einsetzung neuer Feste bemerkbar.

Das fremde Gut wird in den eigenen Glauben hineingenommen; die Feste sind »mir, Jahwe, zu feiern« (Ex 23, 14), sie sind Feste »für Jahwe« (Lev 23, 6. 28. 34. 40; vgl. 23, 25 ff vom Opfer; Ex 20, 10 vom Sabbat u. a.). Was bedeutet diese Umprägung sachlich? Vermag Israel die Erfahrungen seiner Vergangenheit in die Struktur der Feste einzutragen oder sie gar gegenüber dem geschichtlich Neuen und Unvorhersehbaren zu öffnen? Tatsächlich sucht Israel das Naturgeschehen, wie es sich in den Festen darstellt, in die Geschichte einzubeziehen und so den Festen über den Erntedank hinaus einen neuen Charakter zu verleihen: an entscheidende Ereignisse aus Israels Frühzeit zu erinnern (Ex 23, 15; Lev 23, 42 f; vgl. Dtn 26; Ps 111, 4 u. a.). Die Überordnung des einmalig-geschichtlichen über den jahreszeitlich-zyklischen Aspekt ist gewiß ein allmählicher Vorgang; man kann ihn als »Prozeß einer tiefgreifenden Entmythologisierung« (*G. v. Rad*, TheolAT I⁴, 40) verstehen. Diese sog. Historisierung, d. h. die nachträgliche Einfügung ursprünglich nicht geschichtlich verstandener Phänomene in geschichtliches Denken, ist im altorientalischen Raum ganz ungewöhnlich und verrät ein anderes Gottes- und Menschenverständnis. So kann *F. Heiler* (Erscheinungsformen und Wesen der Religion, 1961, 155) urteilen: »Hier geschah eine der größten Revolutionen der Religionsgeschichte.« Welche Nachwirkungen dieses Neuverständnis auf den tatsächlichen Festverlauf hatte, bleibt allerdings im einzelnen unbekannt;

denn wir wissen von Israels Gottesdienst überhaupt relativ wenig Sicheres, vieles ist nur hypothetisch. Am deutlichsten tritt jener Vorgang der Umdeutung – und damit zugleich der geschichtliche Wandel – noch beim Passa-Mazzenfest hervor.

1. Das Passa-Mazzenfest

Im Passa-Mazzenfest, dem jüdischen Hauptfest in neutestamentlicher Zeit (Mk 14, 1. 12. 14 u. a.), haben sich zwei ursprünglich grundverschiedene Riten zusammengefunden, die man – analog zu den Gen 4, 3 f erwähnten Opferarten – aus zwei Lebensweisen, der nomadischen und der sedentären, herleiten darf.

Das *Passa* bzw. *Pas-cha* (hebr.: Pæsach) geht wahrscheinlich auf nomadischen Ursprung zurück. Als Hirtenritus war es nicht an einen heiligen Ort gebunden, wurde auch nicht von Priestern (an einem Altar), sondern von den Sippenältesten vollzogen. Das früheste Zeugnis, als Wort Moses an »alle Ältesten Israels« überliefert, setzt bereits das Passa voraus:

»Zieht aus und nehmt euch nach euren Sippen Schafe und schlachtet das Passa! Nehmt ein Büschel Ysop, taucht es in das Blut, das in dem Becken ist, und bringt etwas von dem Blut, das in dem Becken ist, an die Oberschwelle und an die beiden Türpfosten ... Jahwe wird am Eingang vorübergehen und den Verderber nicht in eure Häuser kommen lassen, um zu schlagen.« (Ex 12, 21–22a. 23 b; wohl J)

Die Feier mit Schlachtung der Tiere, Blutbesprengung und Mahl, bei dem das Fleisch gebraten verzehrt wurde, fand nachts – wohl in der Vollmondnacht nach der Frühjahrstagundnachtgleiche – statt. Das Blut, mit dem man die Eingänge bestrich (auch 12, 7. 13 P), hatte am ehesten apotropäischen Sinn: Es wehrte Unheil ab, gewährte Mensch und Tier Schutz – vor dem »Verderber« (12, 23; vgl. Hebr 11, 28), wohl einem Wüstendämon. Demnach war das Passa zunächst kein Opfer, auch kein Erstgeburtsopfer (vgl. Ex 13, 2. 11 ff; 34, 19 f); das Passa wollte weder Gemeinschaft mit der Gottheit stiften noch ihr Sühne leisten (vgl. aber Ez 45, 21 ff). Nach einer ansprechenden Vermutung von *L. Rost* begingen die Nomaden den Blutritus regelmäßig vor dem Aufbruch aus den Winterweiden der Steppe zu den Sommerweiden des Kulturlandes; denn auf der Wanderung war man größeren Gefahren ausgesetzt und bedurfte darum besonderer Sicherung. Wer diese spezielle Erklärung nicht akzeptiert, muß allgemeiner annehmen, daß die Handlung dem Schutz der Betroffenen diente.

Das *Mazzenfest* (Ex 23, 15; 34, 18; 12, 15 ff P; 13, 3 ff Dtr u. a.) ist ursprünglich wohl ein kanaanäisch-bäuerliches Wallfahrtsfest, das zu Beginn der Getreideernte begangen wurde: Man aß nach dem ersten Schnitt der Gerste (vgl. Dtn 16, 9) das erste Brot des Jahres ungesäuert. Der Brauch wurde vielleicht erst in Israel zu einer siebentägigen Feier ausgestaltet.

Die beiden der Intention nach völlig verschiedenen Riten wurden so miteinander verbunden, daß das Passa am Vorabend des siebentägigen Mazzenfestes geschlachtet wurde; allerdings bezeugt erst das Deuteronomium (16, 3 f in nachträglicher Kombination; vgl. Lev 23, 5 f; Mk 14, 12 u. a.) diese Entwicklung. Beide Zeremonien konnten miteinander vereinigt werden, weil sie zeitlich nahe zusammenfielen; denn die Stoppelfelder des Kulturlandes standen den Herden eben nach der Gerstenernte zur Verfügung. Außerdem wird erwogen, ob seit je beim Passa Fladen ungesäuerten Brotes – und Bitterkräuter – verzehrt wurden. Allerdings sind die Belege höchst unsicher (vgl. Ex 12, 8 P vor V 15 ff; 12, 34. 39 J; Dtn 16, 3 a).

Da das Mazzenfest, sehr früh auf den Auszug aus Ägypten bezogen, auf einen bestimmten Monat (Abib) festgelegt und eine Woche lang gefeiert wurde, wird neben der oben skizzierten üblichen Auffassung auch die Ansicht vertreten, daß Israel selbst erst im Lande das Mazzenfest aus dem Passa entwickelte (*J. Halbe*). Doch bleibt dann schwer erklärlich, warum Passa- und Mazzenordnung weithin so getrennt nebeneinanderstehen und die älteren Kultkalender das Mazzenfest statt des Passa erwähnen.

Durch die – wohl nachträgliche – Verbindung beider Kultakte wurde das Passa in ein Wallfahrtsfest umgewandelt, das am Heiligtum begangen wurde; so konnte man analog zum »Mazzen*fest*« (Ex 23, 15; 34, 18 u. a.) auch vom »Passa*fest*« (34, 25; 12, 14) sprechen. Der Charakter der Feier wurde jedoch zunehmend durch den Passabrauch und die Geschichte, nicht die Ernte bestimmt, so daß »Passa« schließlich sogar der gemeinsame Name werden konnte (Lk 22, 1).

Ausdrücklich verlegt erst das *Deuteronomium* (16, 2. 5 f) das Passa vom Familienbereich (vgl. Ex 12, 21 J) in den Ortschaften an das eine zentrale Heiligtum. (Ob aber das Deuteronomium überhaupt erst das Passa zu einem gemeinsamen Wallfahrtsfest umgestaltete oder diese Entwicklung nicht – in zwei Schüben – bereits durch die zu postulierende vordeuteronomische Verbindung von Passa- und Mazzenfest erfolgte und die Zentralisationsforderung die verschiedenen lokalen Wallfahrtsfeste nur an das Zentralheiligtum verlegte, bleibt mangels Belegen unbekannt.) Mit der Umwandlung der Kulthandlung scheint zugleich die Entwicklung des Passa zum Opfer vor sich gegangen zu sein (vgl. das Verbum »schlachten« in Ex 12, 21 J. 6 P; 34, 25 mit »opfern« Dtn 16, 2. 6 und »darbringen« Num 9, 7. 13 P; auch Ez 45, 21 ff; 1 Kor 5, 7).

Nach 2 Kön 23, 21 feierte der König *Joschija* im Zuge der sog. deuteronomischen Reform ein solches gemeinsames Passa in Jerusalem (die Historizität ist umstritten, noch mehr der Bericht über die erste Begehung des Passa im Land Jos 5, 10 f; vgl. Num 9, 5). Diese Regelung blieb erhalten, auch wenn sich die Verordnungen im einzelnen verfeinerten (vgl. 2 Chr 30; 35; Esr 6, 19 ff).

Da die *Priesterschrift* im Zusammenhang der Passa-Auszugsgeschichte Ex 12, 3 ff ihr theologisches System, Kultgebote erst nach Errichtung des Heiligtums am Sinai (Ex 25 ff) zu erlassen, durchbrechen muß, vielleicht auch eine Regelung für die Zeit nach der Zerstörung des Tempels schaffen will, greift sie auf die ältere Ordnung zurück und läßt die Feiern nicht im Tempel, sondern in den einzelnen Familien stattfinden. Weniger in dieser Hinsicht, aber in den Einzelheiten, in denen die Priesterschrift den vordeuteronomischen Zustand erneuert, hat sie sich durchgesetzt: Zugelassen ist nur ein junges männliches Tier von Schaf oder Ziege (Ex 12, 3 ff), nicht vom Rind (was Dtn 16, 2 im Zuge der Umwandlung des Passa in ein Opfer erlaubte; vgl. Ez 45, 21 ff). Auch darf das Fleisch – entgegen Dtn 16, 7 (vgl. vom Opfer 1 Sam 2, 13 f; Ez 46, 24 u. a.) – nicht gekocht, sondern nur gebraten werden (Ex 12, 9 P; vgl. 2 Chr 35, 7 f. 13).

Das Judentum in neutestamentlicher Zeit beging das Passa sowohl auf dem Tempelplatz, auf dem die Schlachtung stattfand, als auch in den Häusern, in denen man das Fleisch verzehrte.

Stellt das Passa-Mazzenfest seiner Herkunft nach einen Synkretismus von Nomadenritus und kanaanäischem Ackerbaufest dar, so ist von Haus aus keine der beiden Feiern israelitisch bzw. Jahwe gehörig. Beide hängen mit dem Rhythmus der Natur, der Wiederkehr der Jahreszeiten, zusammen. Dennoch wurde der Ritus zum »Passa für Jahwe« (Ex 12, 11. 14. 27), d. h. für Jahwe in Beschlag genommen. Was bedeutet das sachlich?

1.   Schon nach den älteren Kultkalendern, die das Mazzenfest noch nicht im Zusammenhang mit dem Passabrauch erwähnen, findet es im Monat des Auszugs aus Ägypten statt (Ex 23, 15; 34, 18; wohl beide mit sekundären Erweiterungen und Begründungen; vgl. Ex 13, 3 ff; Dtn 16). Auch das Passa ist bereits bei seinem frühesten literarischen Beleg (Ex 12, 21–23; vgl. V 11 f P; Dtn 16, 1) in die Exodusereignisse integriert. Ältere Vorformen sind in beiden Fällen nur durch Rückschluß (und Analogie) zu gewinnen. Als Abwehr der letzten Plage ist der Passabrauch zusammen mit dem Mazzenfest schließlich völlig in die Auszugsgeschichte eingefügt (Ex 12, 1–20 P). Wahrscheinlich liegt dem ein wechselseitiges Verhältnis zugrunde: Wie der Ritus vom Exodusgeschehen her gedeutet wurde, so hat er auch umgekehrt die Erzählung beeinflußt. Jedenfalls entstand durch die Verbindung von Passa und Auszugstradition die jetzt für Ex 12 charakteristische Mischung von gesetzlicher Verordnung und geschichtlichem Bericht.

Der historische Rückbezug wird selbst äußerlich im Ritus dokumentiert: Die Teilnehmer am Passamahl sollen stets die Situation des Anfangs durchhalten, indem sie die Bereitschaft zum Aufbruch durch Wanderkleidung – mit aufgeschürztem Rock, Sandalen und Stock, der Waffe des Hirten gegen wilde Tiere (vgl. 2 Kön 4, 29; 1 Sam 17, 40. 43) – und durch ängstliche Hast bewahren. Diese, allerdings erst spät bezeugte (Ex 12, 11 P; vgl. 12, 39; Dtn 16, 3; auch die Überbietung Jes 52, 12) Aufbruchstimmung scheint eine Konstante zwischen dem ursprünglichen Nomadenritus und dem israelitischen Fest zu sein; nur symbolisiert sie jetzt den Exodus aus dem Land der Knechtschaft.

2.   Der Name des Festes (die ursprüngliche Bedeutung von *pæsach* bleibt ungewiß) wurde erklärt als »vorbeigehen, verschonen« (*psch* Ex 12, 23 J. 13 P. 27 Dtr; vgl. Jes 31, 5): Das göttliche Strafgericht zog an Israel vorüber. Damit ist aus dem Wüstendämon, der Mensch und Tier anfällt, eine Art Engelwesen geworden, das im Auftrag Jahwes sein Gericht vollstreckt (vgl.

Ex 12, 23 J mit V 29 J). Indem der »Verderber« nur noch den göttlichen Willen zu »schlagen« ausführt (vgl. 2 Sam 24, 17; 2 Kön 19, 35), bedient sich Jahwe des alten Dämonenglaubens wie des Ritus. Die Priesterschrift hat schließlich die Personalität des »Würgeengels« ganz aufgegeben: Aus dem »Schlag des Verderbers« (Ex 12, 23) wurde ein »Verderbensschlag« (V 13; vgl. § 6 b, 5).

3. Durch die Unterordnung des »Würgeengels« unter Jahwe, der »aus Ägypten herausführt«, wurde die Bedrohung durch den Dämon von einem ehemals regelmäßig wiederkehrenden zu einem *einmaligen* Geschehen in der Exodusnacht. Das Passa wird ausdrücklich als »Gedenk«tag verstanden, der an den Auszug »erinnert« (Ex 12, 14 P; Dtn 16, 3. 12; vgl. Ps 111, 4; Lev 23, 24). So ist die Gefahr gebannt, daß die Geschichte durch den Bezug zum Passabrauch auf einem jährlichen Fest kultisch »wiederholt« wird, auch wenn das in ihr erfahrene Heil dem »Heute« (Ex 13, 3 f) erhalten bleibt.

4. Schließlich wurde der Festtermin noch stärker vom Ablauf des Erntejahres getrennt, indem – nach Verlegung des Jahresanfangs ins Frühjahr – für das Passa-Mazzenfest ein bestimmtes Datum (14.–21. des ersten Monats, später Nisan genannt) festgelegt wurde (Ex 12, 14 ff P; vgl. Ez 45, 21; Esr 6, 19; 2 Chr 35, 1).

So hat der Passabrauch seine ursprüngliche Bedeutung eingebüßt, denn er verleiht nicht mehr selbstmächtig Schutz. Der Ritus als solcher bewirkt nichts, liefert keine »magische« Garantie mehr. Das Blut an den Türpfosten ist nur »Zeichen« (Ex 12, 13 P) für Gottes »Vorübergehen«, wie Regenbogen und Beschneidung »Zeichen des Bundes« sind (Gen 9, 13; 17, 11 P).

»Anders als beim ursprünglichen Schutzritus hat der historisierte Passabrauch nicht selbst schon eigenständiges Gewicht.« Die vergangene Geschichte wird kaum in kultdramatischer Darstellung vergegenwärtigt, vielmehr »dem Kultteilnehmer durch eine Verkündigungshandlung nahegebracht und in ihrer Gegenwartsbedeutung verdeutlicht«. »Man kann fragen, ob die dramatischen Momente der Passafeier, die das Gedenken wecken wollen, bei P nicht überhaupt nur noch im Sinne einer Zeichenhandlung zu verstehen sind, die ein Begreifen der Aktualität der zeichenhaft verdeutlichten Ereignisse bewirkt.« (*W. Schottroff*, »Gedenken« im Alten Orient und im Alten Testament, [2]1967, 315 ff)

Die Einmaligkeit des Geschehens wird in Erkenntnis des zeitlichen Abstands, aber um des Gegenwartsbezugs willen festgehalten. Die Vergangenheit hat Bedeutung für die späteren Generationen, die durch »Gedenken« in die Vergangenheit einbezogen werden. Darum kann das Passa – ähnlich wie die Beschneidung (Gen 17, 13 P) – als immergültige Verordnung, als »ewige Satzung«, allen Generationen anbefohlen werden (Ex 12, 14 P).
Wie erfolgt die »Erinnerung« konkret? Der Passabrauch mit seiner Aufbruchstimmung soll die Kinder dazu bewegen, ihre Väter nach dem Sinn der Handlung zu fragen: »Was bedeutet dieser euer Ritus?« (Ex 12, 26 f in einer jüngeren Interpretationsschicht). Der Kult ist also nichts anderes als

Anlaß zu Verkündigung. Das Ziel ist die Erzählung; der jährlich wieder-
kehrende Ritus hat die Aufgabe erhalten, zu ihr anzuregen (Ex 12, 24–27a;
13, 8. 14 ff Dtr; vgl. Ps 44, 2; 78, 3). Diese pädagogische Ausrichtung entspricht einer Tendenz des Deuteronomiums, das immer wieder zur Belehrung der Söhne auffordert (4, 9 f; 6, 7 ff. 20 ff u. a.) und damit eine ältere
Gewohnheit zum Gesetz erhebt, nach der nicht der Priester, sondern der
Familienvater in Sachen des Glaubens unterrichtet. Auch die Generationen, die mit anderen Erlebnissen aufwachsen, sollen die Geschichte erfahren, als ihre eigene begreifen (Ex 12, 27: »*unsere* Häuser bewahrte er«;
vgl. 13, 8) und so zu Vertrauen und Dank aufgerufen werden.
Demnach liefert das Passa ein instruktives Beispiel für die Macht, mit der
alttestamentlicher Glaube seine Eigenart einem (fremden) Brauch auf-
zwingt. Nach einem allgemeinen religionsgeschichtlichen Grundsatz erhält
sich eine Begehung, während die Deutung wechselt. Da der Sinn eines
Ritus nicht in ihm selbst liegt, ist der Ritus als solcher mehrdeutig; Ein-
deutigkeit gewinnt er erst durch die Sprache (z. B. Hi 1, 20 f). Er bedarf
also des Wortes – zumal für einen Glauben, der sich auf Geschichte beruft.

2. Das Ernte- oder Wochenfest

Das Erntefest schloß im Sommer die Getreideernte ab (Ex 34, 22). »Die
Erstlinge des Ertrags von der Aussaat auf dem Felde«, Garben und – anders
als beim Mazzenfest nun: gesäuertes – Brot (Ex 23, 16; Lev 23, 17) wurden
zum Heiligtum gebracht, so daß die eintägige Feier auch »Tag der Erstlinge« heißt (Num 28, 26).

Allerdings bleibt unsicher, ob sich die Ablieferung der Erstlinge (Ex 23, 19; 34, 26;
Dtn 26, 1 ff u. a.) ausschließlich an diesem Fest oder auch zu anderen Zeiten vollzog.

Der wohl erst später aufgekommene Name »Wochenfest« (Ex 34, 22 u. a.)
ist auf Grund der Datierung geprägt: Es fand sieben Wochen nach dem An-
legen der Sichel an den Halm statt (Dtn 16, 9 f). Der genaue Zeitraum von
50 Tagen (daher griechisch: *pentekoste* »Pfingsten«) wurde anscheinend
nachträglich der israelitischen Sabbatzählung (7 × 7 + 1) angepaßt (Lev 23, 15 f).

Sowohl die Errechnung des Festtermins nach Wochen als auch der Name »Wochenfest« sind kaum kanaanäischen Ursprungs, da sie den – in Israels Umwelt bisher
nicht sicher nachweisbaren (o. Exkurs 2) – Siebentagerhythmus mit dem Sabbat voraussetzen.
Der sog. Verfassungsentwurf Ezechiels erwähnt – vielleicht aus einer Jerusalemer
Eigenart heraus – das Wochenfest nicht, nennt vielmehr nur das Passa- und Herbstfest im ersten und siebten Monat (Ez 45, 21–25). Ob auch der Festkalender des
Heiligkeitsgesetzes (Lev 23) auf eine ältere Form zurückgeht, die nur diese beiden
Feste kennt (*M. Noth*, ATD 6, 145 ff), ist fraglich.

Das Wochenfest erhielt anscheinend erst spät eine historische Verankerung; Dtn 16, 12 erinnert bei der Mahnung, auch die Sklaven an der Festfreude teilhaben zu lassen, an die Knechtschaft in Ägypten. Möglicherweise konnte sich dieses weniger bedeutsame Fest am längsten gegen eine »Historisierung« sträuben und allein Erntedankfest bleiben. In nachexilischer Zeit wurde es jedoch für das Judentum zur Feier für Bund und Gesetzgebung (vgl. 2 Chr 15, 10 und das Jubiläenbuch), d. h. zum Gedenken an die Sinaioffenbarung. Vielleicht kennt schon die Priesterschrift diesen geschichtlichen Rückbezug, wenn sie die Sinaioffenbarung nach Ex 19, 1 »im dritten Monat«, also in der Zeit des Wochenfestes, stattfinden läßt, falls sich der spätere Charakter des Festes nicht überhaupt erst auf Grund von Ex 19, 1 entwickelte.

3. Das Lese- oder Laubhüttenfest

Das »Lesefest« (Ex 23, 16; 34, 22) wurde im Herbst begangen, wenn der Ertrag von Tenne und Kelter – mit Obst, Oliven und Trauben (vgl. Jer 8, 13) – eingebracht war (Dtn 16, 13; Lev 23, 39 ff). Ursprünglich gehörten zur Feier der Tanz in den Weinbergen wie das Festgelage (Ri 21, 19 ff; 9, 27).

Nach dem Brauch, in Hütten zu wohnen (Lev 23, 42. 40; Neh 8, 14 ff), hat das Fest den Namen »Laubhüttenfest« erhalten (Dtn 16, 13 ff; Sach 14, 16 ff u. a.). Es dauerte – zumindest in späterer Zeit (zuerst Dtn 16, 13 belegt) – wie das Mazzenfest sieben Tage und fand seit dem Exil, als man die Feste vom jeweiligen Ernteablauf unabhängig zu machen und genau zu datieren suchte, vom 15. Tag des 7. Monats an statt (Lev 23, 34 ff; Num 29, 12 ff; Ez 45, 25; Neh 8, 18; 2 Chr 7, 8 f). Das letzte der drei großen Jahresfeste war zugleich das bedeutendste; darum heißt es auch »*das* Fest Jahwes« (Ri 21, 19; Hos 9, 5; Lev 23, 39) oder schlicht »*das* Fest« (1 Kön 8, 2. 65; 12, 32 u. a.).

Wie das Passa-Mazzenfest, so wurde auch das Laubhüttenfest mit dem Ägyptenaufenthalt verknüpft; allerdings ist eine solche »Historisierung« erst in der Priesterschrift bezeugt. Nach Lev 23, 42 f sollen die Laubhütten an die Wohnweise beim Aufbruch aus Ägypten erinnern, Israel also den Anfang seiner Existenz vor Augen halten. Diese Deutung enthält insofern einen Anachronismus, als die Wüstenbewohner gewiß in Zelten aus Tüchern und Fellen und nicht in Hütten aus Zweigen lebten. In dem Aufenthalt in Laubhütten lebt eine alte Sitte weiter, »während der Lese, wie das noch heutzutage geschieht, in den Weinbergen und Ölbaumgärten provisorische Unterkünfte zu errichten, eine Sitte, die nur, jetzt als heiliger Brauch, in den Tempelbezirk und nach Jerusalem verlegt ist« (*K. Elliger*, Leviticus, 1966, 323). Demnach wird eine Kulturlandgewohnheit von der nomadischen Daseinsweise her begründet. So liegt hier ein anschauliches

Beispiel dafür vor, wie in Israel beide Überlieferungen zusammentreffen und nicht in der wirklichen Lebensweise, aber in deren Deutung das Nomadische den Vorrang erhält.

Als »das Fest (Jahwes)« schlechthin war das Herbstfest kaum nur durch den Erntedank und die Erinnerung an die Geschichte bestimmt. Nach 1 Kön 8, 2 wurde bei dieser Gelegenheit der Tempel Salomos eingeweiht. Dtn 31, 10 f erhebt die Forderung, am Laubhüttenfest jedes siebten Jahres das Gesetz zu verlesen; ob das Gebot auf bereits bestehende Übung zurückgreift und wieweit es überhaupt befolgt wurde, ist ungewiß. Nach Neh 8 las Esra der Gemeinde – zu Anfang des siebten Monats (und täglich) – beim Laubhüttenfest aus dem Gesetz vor. Schließlich erwartet Sach 14, 16, daß der Rest der Völker, der aus dem Völkerkampf hervorgeht, alljährlich zum Laubhüttenfest nach Jerusalem pilgert, um Jahwe als König zu verehren (vgl. Jer 41, 5). Darf man trotz diesen wenigen Andeutungen, die das Alte Testament selbst von dem bedeutendsten Fest der vorexilischen Zeit enthält, noch einen ganz anderen Charakter vermuten?

Nach Entdeckung der Bedeutung des Kultus hat man (im Anschluß an *P. Volz* und *S. Mowinckel*) die Lücke auszufüllen gesucht, indem man allerlei rekonstruierte Festelemente auf dieses Herbstfest verlegte: das Thronbesteigungsfest Jahwes (u. § 11 a, 6), das Bundes(erneuerungs)fest (vgl. Ps 50; 81), die Inthronisation des Königs (Ps 2; 110), das königliche Zionsfest (vgl. Ps 132) u. a. Außerdem hat man sich die Kulthandlung mit verschiedenen Szenen ausgemalt: Theophanie, Meeres- und Völkerkampf, Schöpfung, aber auch Gottes Tod und Auferstehung, heilige Hochzeit u. a.; vor allem der Erhaltung von Welt und Gesellschaft sollen diese verschiedenen Riten gedient haben. Ist schon fraglich, wieweit sie dem alten Orient gemeinsam sind, so sind erst recht die alttestamentlichen Belege durchweg nicht tragfähig genug. Zwar läßt sich für bestimmte Aussagen ein kultischer Hintergrund vermuten; doch ist kaum einmal ein sicheres Urteil zu gewinnen, zumal nicht über die Art der kultischen Darstellung.

Etwa seit der Exilszeit hat man im siebten Monat, in dem man das Herbstfest feierte, zwei weitere Feste begangen. Anscheinend wurden diese Tage vom Herbstfest abgespalten und ihm zeitlich vorgeschaltet, so daß sie ein eigenes Gewicht erhalten konnten. Erst das Heiligkeitsgesetz Lev 23, noch nicht Dtn 16, bezeugt diese Entwicklung.

Der *Neujahrstag* am 1. VII. – das Jahr beginnt nach älterem Verständnis im Herbst, nach der jüngeren Datierung im Frühjahr – ist eigentlich nur durch »Lärmblasen« und – wie alle Feiertage seit dem Heiligkeitsgesetz – durch Ruhe und Opfer ausgezeichnet (Lev 23, 24 f; Num 29, 1 ff; vgl. Neh 8, 2).

Der *Versöhnungstag* am 10. VII., an dem das Ruhegebot besonders streng gilt, dient einerseits der Reinigung des Tempels, andererseits der Entsühnung der Gemeinde, die »sich demütigt« (Lev 23, 26–32; 25, 9; Num 29, 7–11; vgl. Ez 45, 18–20). Auf diesen Tag verlegt man den Lev 16 (bes. V 7–10. 21 f) beschriebenen, wohl schon älteren Ritus: Ein Los wählt zwischen zwei Böcken aus; der eine wird Jahwe als Sündopfer dargebracht,

dem anderen wird durch Aufstemmen der Hand auf den Kopf und Sünden-
bekenntnis die Schuld Israels »auferlegt«, daraufhin wird er in die Wüste
getrieben – zu »Asasel«, wohl einem Dämon.

4. Weitere Feste

Das *Purimfest* kam in der jüdischen Diaspora der persischen Zeit auf; seine
– wohl erst sekundäre – Festlegende bildet das Esterbuch (9, 16 ff). Die
Feier zeichnet sich durch ihren auffällig profanen Charakter, fröhliche
Stimmung und gegenseitiges Sich-Beschenken aus; zur Erinnerung an die
Bewahrung vor Verfolgung sollen die Juden »Tage des Gelages und der
Freude feiern, einander Gaben und den Armen Geschenke senden«
(9, 22. 19). Sowohl der Name – *pur* heißt »Los« (3, 7; 9, 24 ff) – als auch der
Entstehungsort lassen an ein ursprünglich fremdes (Frühlings-)Fest, etwa
ein persisches oder babylonisches Neujahrsfest, denken. Wie die großen
israelitischen Feste hätte dann auch diese Feier eine nachträgliche geschichtliche Begründung erhalten, die allerdings nicht unmittelbar auf
historische Ereignisse zurückgeht.

G. Gerleman (BK XXI, 26 f) deutet den Plural *purim* als »Anteile, Portionen« und
versteht »die gegenseitige Gabensendung als eine typische Äußerung der Diaspora-
situation und eine Manifestation der besonderen Solidarität, die den Juden in der
Verstreuung eigen war«. Da das Esterbuch auf die Exoduserereignisse anzuspielen
scheint, hat es vielleicht die Absicht, »Purim anstelle des alten Passa als zentrale
kultische Feier der persischen Diaspora treten zu lassen«.

Die Erinnerung an die Wiedereinweihung des Tempels während der
Makkabäerkämpfe im Jahre 164 v. Chr. wurde im *Tempelweihfest* (Chanukka)
begangen (1 Makk 4, 36 ff; 2 Makk 1 f; 10; Joh 10, 22; vgl. schon nach
dem Wiederaufbau: Esr 6, 16 f).

Selbstverständlich kannte man auch Feiern, die *unregelmäßig* je nach Anlaß stattfanden: Familienfeste, wie Hochzeit (Gen 29, 21 ff; Ri 14, 10 ff;
Hoheslied, bes. 3, 11; vom König: Ps 45) oder Begräbnis (Gen 50, 10 f;
2 Sam 3, 31 ff u. a.), etwa auch die Thronbesteigung eines neuen Königs
(1 Kön 1, 33 ff; 2 Kön 11, 4 ff; vgl. Ps 2; 110).

Bei einem Notstand, sei es bei kriegerischer Bedrängnis, Seuche oder
Hungersnot (1 Kön 8, 33 ff; 2 Chr 20), wurde zur *öffentlichen Volksklage*,
dem sog. Fasten (1 Kön 21, 9. 12; Jer 36, 9; Jon 3, 5; Joel 1, 5 ff; 2, 15
u. a.), aufgerufen. Die Fürbitte um Wende der Not sprach vielleicht ein
Kultprophet (Jer 14; 1 Sam 7, 5 ff; Ps 74, 9 u. a.). Da solche Bittgottes-
dienste nicht durch Opfer ausgezeichnet und darum vom Tempel unabhängig waren, konnten sie im Exil beibehalten werden. Möglicherweise
ging sogar die allmähliche Bildung eines opferlosen Wortgottesdienstes, die
eine tiefgreifende Veränderung für die Äußerungen des Glaubens bedeutet,
von dieser Form kultischen Lebens aus. Jedenfalls wurden durch die
ständige Notlage nach dem Untergang des Südreiches die Volksklagefeiern

zu einer regelmäßigen Übung, bei der die Ereignisse um die Zerstörung Jerusalems und des Tempels (2 Kön 25) vergegenwärtigt wurden (Sach 7, 3. 5; 8, 19; vgl. die Klagelieder; Ps 44; 74; 79 f u. a.).

c) Die Opfer

1. Wie die Opfergesetze Lev 1–7 oder der Opferkalender Num 28 f (auch Jos 22, 23 ff; 2 Kön 16, 12 ff u. a.) zeigen, kannte Israel verschiedene Opferarten. Sie haben in sich und in ihrem Verhältnis zueinander eine – hier nicht darstellbare – Geschichte mit tiefgreifenden Wandlungen durchlaufen.

Das *Brandopfer ('ola)* wird – mit Ausnahme der den Priestern zufallenden Haut – als ganzes, geschlachtet und zerlegt, auf dem Altar verbrannt (Gen 8, 20; Ri 6, 26; 13, 15 ff; 1 Kön 18, 23. 32 f; Lev 1; 6, 2–6). Darum trägt es auch den Namen »Ganzopfer« (*kalil*: 1 Sam 7, 9 u. a.). Es wird vor allem bei öffentlichen, festlichen Anlässen dargebracht (1 Kön 9, 25; 18 u. a.) und gilt der späteren Zeit als wichtigste Form des Opfers. In Gen 22 ist um der Verschonung Isaaks willen das Ritual, Schlachtung vor der Verbrennung, geändert worden. Die hauptsächlichen Opfermaterialien sind Rind, Schaf, Ziege und Taube.

Das *Schlachtopfer (sæbach)* ist dagegen ein Gemeinschaftsopfer, das ursprünglich innerhalb der Familie oder eines größeren geladenen Kreises (Gen 31, 54; 46, 1; 1 Sam 1, 21; 2, 13 ff; 9, 12 f. 22; 16, 2 ff u. a.) als Mahl veranstaltet wird, erst später unter Mitwirkung der Priester, die dann auch einen Anteil erhalten (vgl. Lev 7, 34). Die Fettstücke werden – als Gott gehörig (vgl. Gen 4, 4; Lev 3, 16; Dtn 32, 37 f; Jes 43, 24) – auf dem Altar verbrannt, das Blut wird verschüttet, das Fleisch unter den Teilnehmern verzehrt. Nach diesem Opfer bzw. dem zugehörigen Verb »schlachten, opfern« (*sbch*) heißt der Altar »Schlachtstätte« (*msbch*). – Vielleicht war zunächst jede Schlachtung ein Opfer (vgl. 1 Sam 2, 13; 9, 13; aber Gen 18, 7 f). Jedenfalls erlaubt das Deuteronomium (12, 15 f. 20 ff), um seine Forderung durchsetzen zu können, daß Opfer nur an dem einen zentralen Heiligtum stattfinden dürfen, ausdrücklich die profane Schlachtung.

Die *Schluß-, Heils-* oder *Friedopfer* – die Übersetzung von *sch^elamim* ist umstritten –, für die das Sprengen mit Blut charakteristisch ist, werden ursprünglich nach den Brandopfern dargebracht (Ex 20, 24; Dtn 27, 6 f; Jos 8, 31; Ri 20, 26; 21, 4; 2 Sam 6, 17 f; 24, 25; 2 Chr 31, 2 u. a.) und sind anscheinend erst sekundär (*R. Rendtorff*) mit den Schlachtopfern zu einer Einheit verschmolzen (Lev 3; 7, 11 ff u. a.).

Das Wort für *Speisopfer (mincha)* bezeichnet zunächst allgemein die – blutige oder unblutige – Gabe (Gen 4, 3 ff; Ri 6, 18; 1 Sam 2, 17. 29 u. a.) und erhält erst im Laufe der Zeit die Bedeutung eines vegetabilischen Opfers aus Grieß, Mehl, Öl, Salz oder Backwerk (Lev 2; 5, 11 ff; 23, 16 f;

1 Kön 18, 29. 36; 2 Kön 3, 20; 16, 15 u. a.). Dabei verliert dieses Opfer durchweg seine Selbständigkeit und dient als Beiwerk zu animalischen Opfern (Lev 9, 3 f. 16 f; Num 15, 3 f).

In späterer Zeit werden besondere *Sünd-* (Lev 4 f; 6, 17 ff; 8, 14 ff; 12, 6 ff; 16) und *Schuldopfer* (Lev 5, 14 ff; 7; 14, 12 ff u. a.) immer wichtiger (z. B. Ez 40, 39; 42, 13; 43, 18 ff). Insbesondere das Blut, »die Seele des Fleisches«, hat sühnende Wirkung und gehört Jahwe (Lev 17, 11. 14).

Außerdem kennt man noch Trank- (Gen 35, 14; 1 Sam 7, 6; 2 Sam 23, 16; Num 15, 5 ff) und Räucheropfer (Lev 10, 1; Ex 30; Num 16; Ps 66, 15; vgl. Jer 6, 20) und – vom Anlaß her – Dankopfer (Lev 7, 12 ff; Ps 107, 22; 116, 17; vgl. Jon 1, 16), freiwillige Gaben (Dtn 12, 6. 17; Am 4, 5) oder Gelübdeopfer (Lev 7, 16; 22, 18 ff u. a.).

2. Erscheint Hosea der Wüstenaufenthalt als Zeit ungebrochener Gottesgemeinschaft (2, 4 ff; 9, 10; vgl. Jer 2, 2), so findet sich in zwei Zusätzen zu Prophetenbüchern die grundsätzliche Frage: »Habt ihr mir Schlachtopfer und Gabe vierzig Jahre lang in der Wüste dargebracht, Haus Israel?« (Am 5, 25) oder gar die Bekräftigung: »Ich habe euren Vätern, als ich sie aus dem Lande Ägypten herausführte, nichts von Brandopfern und Schlachtopfern gesagt oder geboten« (Jer 7, 22). Dennoch kannten Israels Vorfahren in der nomadischen Epoche zweifellos Opfer. Am ehesten stammt das – ohne Priester dargebrachte – Schlacht- oder Gemeinschaftsopfer aus dieser Zeit (Gen 31, 54; 46, 1; Ex 5, 3; 22, 19; 34, 25 u. a.; vgl. § 9 b 1 zum Passa), während das Brandopfer von den Kanaanäern im Kulturland übernommen sein könnte (vgl. Zusatz in Ex 18, 12; Gen 22 ist ursprünglich wohl die Kultlegende eines Ortsheiligtums). Verbrennung von Opfern war innerhalb des alten Orients nämlich nur im westsemitisch-kanaanäischen und griechischen Raum, nicht in Mesopotamien oder Ägypten, üblich *(L. Rost)*. Außerdem spielen gerade Brandopfer in der Auseinandersetzung mit der Baalreligion (Ri 6, 25 ff; 1 Kön 18) eine gewichtige Rolle, und kaum zufällig wird eben das Brandopfer bei der Darbringung von *Menschenopfern* (Gen 22; Ri 11, 31; 2 Kön 3, 27; vgl. 16, 3 u. a.) verwendet. Zwar stellt auch das Alte Testament noch mehrfach Gottes Anrecht auf die – menschliche – Erstgeburt fest (Ex 22, 28 f; 13, 2. 12 f; 34, 19 f; Num 18, 15; 3, 1 ff; Dtn 15, 19); doch werden Menschenopfer schon in sehr früher Zeit durch Tieropfer ersetzt und gelten – mögen sie auch in der späten Königszeit wiederaufgekommen sein – als verboten (vgl. noch Lev 18, 21; 20, 2 ff; Dtn 12, 31; 18, 10; Jer 7, 31; Ez 20, 25 f u. a.). Will die gegenwärtige Fassung der Erzählung von Isaaks Opferung (Gen 22) darstellen, wie Abraham eine Versuchung in Gottesfurcht bestand (V 1. 12), so war das Thema des ursprünglichen Überlieferungskerns wohl die Ablösung des Menschenopfers durch das Tieropfer (V 13).

3. Blieb das Recht zu opfern später *Priestern* vorbehalten (Lev 1 ff; Ez 43, 18 ff), so hatten in nomadischer Zeit die Väter gleichsam das

priesterliche wie das prophetische Amt inne (o. § 3b). Noch in der Richterzeit konnten Familienväter selbst Opfer darbringen (Ri 6, 19. 25; 13, 19 ff;
1 Sam 1, 3. 21; 6, 14 ff; 9, 12 f; vom König: 1 Kön 3, 4. 15; vom Propheten: 1 Kön 18).
Die Priester wurden zunächst durch »Handfüllung« in ihr Amt berufen
(Ri 17, 5. 12; Ex 28, 41); sie lebten von Opferanteilen (1 Sam 2, 12 ff;
21, 5 ff; Lev 7, 12 ff; Num 18; vgl. 1 Kor 9, 13), konnten aber auch Grund
und Boden besitzen (1 Kön 2, 26; Am 7, 17). Aufgaben des Priesters waren
etwa: die Gottesbefragung (1 Sam 14, 18 f. 36 f; 23, 9 ff; 30, 7 f), die Tora
(Jer 18, 18; Ez 7, 26; Hos 8, 12), nämlich die Unterweisung über heilig und
profan, rein und unrein (Hag 2, 10 ff; Lev 10, 10 f; 11, 46 f; 14, 57;
Ez 22, 26; 44, 23), die Entscheidung über die rechten Opfer (Lev 1, 3 f;
7, 18; 19, 5 ff; 20, 20; Mal 1, 13 f), die Zusage der Erhörung von Klage-
gebeten (1 Sam 1, 17; vgl. Ps 107, 19 f) und das Segnen der Gemeinde
(Num 6, 22 ff; Dtn 10, 8; 21, 5). Anscheinend hüteten die Priester auch
rechtliche (1 Kön 8, 31 ff; Dtn 17, 8 ff; Ez 44, 24; vgl. Num 5, 12 ff;
Hos 4, 6) und ethische (Ps 15; 24, 3 f; o. Exkurs 3, 3) Traditionen.

Fällt es schon schwer, die Geschichte des Priestertums zu durchschauen, so sind die
frühen Nachrichten über Levi eher noch uneinheitlicher.
Einerseits erscheint *Levi*, der innerhalb (der älteren Form) der Zwölfstämmeliste zur
Leagruppe zählt, als Stamm, der versucht hatte, in Mittelpalästina seßhaft zu
werden, aber zerstreut wurde (Gen 34; 49, 5–7). Haben die Nachkommen des ver-
sprengten Stammes priesterliche Aufgaben übernommen, oder besteht nur eine zu-
fällige Namengleichheit mit dem jüngeren Levitentum?
Andererseits ist Levi Bezeichnung einer Gruppe, die um ihres Eifers für Jahwe willen
ihre verwandtschaftlichen Bindungen gelöst (Ex 32, 29; Dtn 33, 9) und auf Landbesitz verzichtet hat (10, 9; Num 18, 20 f; Ps 16, 5 f), so daß sie als Schutzbürger in
einem Status minderen sozialen Rechts in Israel lebt. Nach Dtn 33, 8 ff hat der Levit
das Losorakel zu handhaben und die Tora zu lehren. Er ist nicht von vornherein
Priester, kann aber Priester werden und wird – weil er sein Leben Jahwe geweiht hat –
bei der Bestellung zum Priesteramt bevorzugt (Ri 17, 7 ff; vgl. 19, 17 ff; dazu
A. H. J. Gunneweg).

Obwohl das Deuteronomium von »levitischen Priestern« spricht (18, 1 ff
u. a.), also Priester und Leviten identifizieren kann, werden beide in nachexilischer Zeit (Ex 44; P; Chr) streng unterschieden. Die Priester gelten als
Aaroniden; ihnen sind die Leviten, die niedere Dienste verrichten, unterstellt. An der Spitze steht der gesalbte Hohepriester (Lev 21, 10; 4, 3 ff), der
auch königliche Insignien trägt (Ex 28 f; Lev 8, 4 ff).

4.   Nur ausnahmsweise gibt das Alte Testament einmal zu erkennen,
welcher Sinn den Opfern im einzelnen zukommt. Gewiß treffen verschiedene
Motive zusammen: Gabe (Ex 23, 15; 34, 20), Huldigung, Dank, Gemein-
schaft mit Gott und der Teilnehmer untereinander, Versöhnung, Sühne,
Befreiung von Unreinheit u. a. Das Verständnis des Opfers als Speise
Gottes klingt zwar in manchen sprachlichen Wendungen noch nach

(Lev 3, 11. 16; 21, 6. 8. 17. 21; Num 28, 2; Ez 44, 7; vgl. Gen 8, 21; 1 Sam 26, 19; Jes 43, 24; Ri 6, 18 ff; 13, 15 ff u. a.), ist aber der Intention nach längst aufgegeben. Deutlich spricht dies das – vielleicht von einem Propheten vorgetragene – Gotteswort aus:

»Alles Wild im Walde ist mein
und die Tiere ,auf den Bergen zu Tausenden'.
Ich kenne alle Vögel ,des Himmels',
und was sich auf dem Felde regt, ist mein.
Wenn mich hungerte, brauchte ich es dir nicht zu sagen;
denn der Erdkreis ist mein und alles, was darauf ist.
Esse ich denn das Fleisch von Stieren,
oder trinke ich das Blut von Böcken?« (Ps 50, 10–13)

5. Demnach tritt schon das Alte Testament in Auseinandersetzung mit dem Opferkult ein. Vor allem die *Propheten* kommen in Fortführung ihrer Unheilsdrohung gegen das Gottesvolk als Ganzes (Am 8, 2; Hos 1, 9 u. a.; u. § 14b) und die Heiligtümer insbesondere (Am 5, 4 f; 9, 1; Mi 3, 12; Jer 7; 26 u. a.) zu einer radikalen Opferkritik. Dabei können die Propheten priesterliche Redeweise (wie »erhören, wohlgefällig annehmen«) aufgreifen, um sie in ihr Gegenteil zu kehren, die gottesdienstlichen Veranstaltungen nur noch als menschliche Angelegenheit, nicht mehr als Gottes Anordnung gelten lassen (»*eure* Opfer«; Am 4, 5: »so liebt *ihr* es«) und nicht nur einzelne, sondern alle Opfer ablehnen (Am 5, 21 ff u. a.). So erklärt sich aus der Allgemeinheit prophetischer Gerichtsankündigung die Allgemeinheit der Opferkritik, und darum ergeht beides als Gotteswort. Gewiß wollen die Propheten keine allgemein und zeitlos gültige Lehre vortragen, sondern die Menschen ihrer Zeit anreden; doch gewinnt die Gegenwart angesichts der angesagten Zukunft grundsätzliche Bedeutung.

Die schärfste Opferkritik findet sich vielleicht nicht einmal bei den älteren Propheten Amos (4, 4 f; 5, 21 ff; 8, 10), Hosea (2, 13; 6, 6; 8, 13), Jesaja (1, 10 ff) oder auch Jeremia (6, 19 ff; 7, 21 ff; 14, 11 f), sondern beim Exilspropheten Deuterojesaja, der im Rückblick auf die vorexilische Zeit generell urteilt:

»Mir hast du nicht die Schafe deines Brandopfers gebracht
noch mich geehrt mit deinen Schlachtopfern.
Ich habe dir nicht Arbeit gemacht mit Opfergaben,
habe dich auch nicht bemüht mit Weihrauch.
Mir hast du nicht für Geld köstliches Gewürz gekauft,
mich hast du mit dem Fett deiner Opfer nicht gelabt.
Aber mir hast du Arbeit gemacht mit deinen Sünden
und hast mir Mühe gemacht mit deinen Missetaten.« (Jes 43, 23 f; vgl. 66, 3)

6. Doch ist die Opferkritik weit älter als die Schriftprophetie. Eine ähnliche Tendenz vertritt auch die *Weisheit* (vgl. die verschiedenartige Kultkritik: Spr 15, 8. 29; 17, 1; 20, 25; 28, 9 u. a.). Wie bereits die ägyp-

tische Weisheit, so läßt die israelitische Spruchweisheit (schon in ihrer
ältesten Sammlung Spr 10–22, 16) eine gewisse Distanz dem Kultischen
gegenüber erkennen. Ethisches und kultisches Verhalten können unterschieden und miteinander verglichen werden; rechtes Handeln ist Gott
wohlgefälliger als Opfer:

»Recht und Gerechtigkeit üben
ist Jahwe lieber als (Schlacht-) Opfer.« (Spr 21,3;
vgl. 1 Sam 15, 22: »Gehorsam ist besser als Opfer«)

Ein Wort derselben Spruchsammlung schätzt zwar nicht soziales Verhalten
zum Mitmenschen höher als gottesdienstliches Tun, schränkt aber ein: Vor
Gott gilt nur die Kulthandlung des Gerechten.

»Das Opfer der Frevler ist ein Greuel für Jahwe,
aber das Gebet der Rechtschaffenen findet sein Wohlgefallen.«
(15, 8; vgl. 21, 27; 28, 9; Koh 4, 17; J. Sir 35, 8 ff)

Tatsächlich geht der Spruch noch über jene Gegenüberstellung hinaus, da
er nicht nur das Verhalten des Gerechten dem des Übeltäters, sondern auch
das Gebet dem Opfer entgegensetzt und dieses so wiederum indirekt ab-
wertet. – Eine weitere Sentenz wird wohl nur dann voll verständlich, wenn
man sie als indirekte Kritik an der priesterlichen Auffassung, Sühne voll-
ziehe sich durch Sühnopfer, ansieht:

»Durch Liebe und Treue wird Schuld gesühnt,
und durch Jahwefurcht meidet man das Böse.« (16, 6)

Beide zusammen, Gottesfurcht und Gemeinschaftserweis, bewirken das
Gute. Später setzt Jesus Sirach (35, 1–5; vgl. Hebr 13, 16) Gebotserfüllung
und Opfer gleich:

»Wer das Gesetz beobachtet, bringt viele Opfer dar;
Dankopfer opfert, wer auf die Gebote achtet.
Wer Wohltaten erweist, bringt ein Speisopfer dar,
und wer Wohltätigkeit übt, opfert ein Lobopfer.
Das Wohlgefallen des Herrn erwirbt man dadurch,
daß man von der Sündhaftigkeit absteht,
und seine Versöhnung dadurch,
daß man von der Ungerechtigkeit absteht.«

Kann die Weisheit das rechte Leben als den wahren Gottesdienst ein-
schätzen, so wird verständlich, daß die Propheten, wie Amos oder Jesaja,
solche Einsichten aufgreifen können.
Zu einer ganz anderen Auffassung gelangt in Fortführung und Überbietung weisheitlichen Denkens der skeptische Prediger (9, 2). Da ethisches
Verhalten ebensowenig wie die Stellung zum Opfer das Todesschicksal des Menschen zu ändern vermögen, drohen beide gleichgültig zu
werden:

»Alle trifft dasselbe Geschick,
den Gerechten wie den Ungerechten, ...
den Reinen wie den Unreinen,
den, der opfert, wie den, der nicht opfert.«

7. Neben der direkten (Ps 50, 9 ff; vgl. 40, 7; 51, 18; 69, 31 f) enthalten die Psalmen eine indirekte Opferkritik, jedenfalls eine Ablösung des Opfers durch das Wort, wenn sie in *übertragener* Weise vom Opfer als Lob und Dank vor der Gemeinde reden:

»Opfere Gott Dank und erfülle dem Höchsten deine Gelübde ...
Wer Dank opfert, der preiset mich« (Ps 50, 14. 23).
»Herr, tu meine Lippen auf, daß mein Mund deinen Ruhm verkündige.
Denn Schlachtopfer magst du nicht,
und brächte ich Brandopfer – sie gefallen dir nicht.
‚Mein Opfer‘, Gott, ist ein zerbrochener Geist,
ein zerbrochenes und zerschlagenes Herz wirst du, Gott, nicht verachten.«
(Ps 51, 17–19; vgl. 22, 26 f; 27, 6; 54, 8; 95, 2; 107, 22; 116, 17; 119, 108; 141, 2 u. a. gegenüber 66, 13 ff)

Wurde das Lob ursprünglich bei der Opferhandlung gesprochen, so hat es sich später von ihr gelöst und verselbständigt. Dadurch kann das Wort an die Stelle des Opfers treten und damit selbst zum Opfer werden. Wieweit diese »Spiritualisierung« (vgl. *H.-J. Hermisson*) ein innerkultischer Vorgang ist und wieweit sich in ihr bereits eine gewisse Distanz zum Kult äußert, ist schwer zu entscheiden; wahrscheinlich wirken bei den komplexen Aussagen des Psalters bereits beide Tendenzen mit. Jedenfalls bricht in der Gleichsetzung von Wort und Opfer eine ursprüngliche Einsicht durch: Opfer ist Selbsthingabe. Bei der Opferdarbringung kommt diese Intention in dem verschieden – als Übereignung, Identifikation und auf Grund des alttestamentlichen Zeugnisses vor allem als Übertragung von Schuld – gedeuteten Ritus der Handaufstemmung zum Ausdruck: Der Opfernde legt seine Hand auf den Kopf des Tieres (Lev 1, 4; 3, 2. 8. 13; 4, 4. 15. 24; 16, 21 u. a.). Nach jenen Psalmworten wird der Mensch nicht mehr durch das Opfer vertreten, sondern tritt für sich selbst ein (Ps 51, 19; vgl. Röm 12, 1).

III

Die Königszeit

1. Hatten sich vor der kanaanäischen Gefahr einzelne Stämme zum gemeinsamen Kampf verbunden (Ri 5), so bildete sich unter der andauernden Philisterbedrohung (vgl. 1 Sam 9, 16) der *Staat*. Die Situation machte ein gemeinsames Handeln aller Stämme unter bleibender Führung erforderlich. So wurde Israel durch die Notwendigkeit des Krieges zu einem Staat zusammengeschweißt; doch blieb es nur für kurze Zeit eine einzige politische Größe.

Die Entstehung des Königtums ist erst mit dem Namen Saul verbunden (um 1000 v. Chr.). Nach seiner kurzen, letztlich glücklosen Regierungszeit erhoben das Haus Juda und seine kleineren Nachbarn David (2 Sam 2, 1–4), die nördlichen zehn Stämme dagegen Sauls Sohn Eschbaal zum König. Damit wird die Eigenständigkeit von Nord und Süd offenkundig; beide Teile führten wohl seit je ein gewisses *Sonderleben*. Nach Eschbaals Tod wurde David durch Vertrag auch König über Israel (2 Sam 5, 1–3). Er regierte zunächst im abgelegenen Hebron, schuf sich aber bald in *Jerusalem* eine neue Residenz, die auf neutralem Boden – in der Mitte zwischen beiden Reichen – von den Stämmen unabhängig war. Zudem ließ David den Ort nicht durch Israels Heerbann, sondern durch eigene Söldnertruppen erobern. Die besondere Bindung Jerusalems an die Person des Königs verrät der Name »Stadt Davids« (5, 6–9); bis in die späteren messianischen Erwartungen blieben Davidsherrschaft und Stadt eng verbunden. Im Laufe der Zeit gliederte David nicht nur die kanaanäischen Stadtstaaten in Israel ein, sein Reich erstreckte sich auch über die Nachbarvölker (bes. 2 Sam 8). Nach dem Nationalstaat Sauls baute David ein Großreich auf, wie es im palästinisch-syrischen Raum bisher unbekannt war.

Obwohl David Jerusalem politisch als seinen persönlichen Besitz betrachtet zu haben scheint, machte er es mit der Ladeüberführung (2 Sam 6), erst recht wenig später Salomo durch den Tempelbau (1 Kön 5–8), zum kultischen Mittelpunkt des Jahweglaubens. Die Stadt wurde erstmalig *der* heilige Ort ganz Israels (§ 13). So gewann Israel seine Einheit in der Person des Königs wie in der zentralen Kultstätte. Ein prophetisches Gotteswort bestätigte die Erwählung des Zion und der Daviddynastie (2 Sam 7; 23, 5; Ps 89, 4; 132, 11 ff). Wie in der alten Überlieferung vom Sinai ist Jahwe wieder an einen Ort gebunden und zugleich an einen Herrscher, der zum

»Sohn Gottes« wird (Ps 2, 7; 89, 27 f). Gegenüber der charismatischen Berufung des Heerbannführers bedeutete die Dynastie, die »auf immer« den Thron in Jerusalem innehaben soll, etwas grundsätzlich Neues. Kann der aus der Nomadenzeit herkommende Jahweglaube die ihm völlig fremde Institution der Monarchie überhaupt aufnehmen, ohne zu zerbrechen? Während Saul und David noch designiert wurden, eröffnete Salomo die Dynastenreihe. Nach seinem Tode zerfiel nicht nur das Großreich in Kleinstaaten, sondern auch die eben gewonnene politische Einheit von Juda und Israel brach auseinander (926 v. Chr.). Doch blieb der Jahweglaube in den beiden getrennten Reichen Staatskult, zu dem David ihn erhoben hatte. Jerobeam I. gestaltete zwei alte Kultstätten, *Bet-El* und *Dan*, zu Reichsheiligtümern (Am 7, 13) aus, an denen ebenfalls Jahwe verehrt wurde (1 Kön 12, 28 f; vgl. Ex 32, 4; Hos 8, 4 ff; 10, 5). Historisch hatte diese Gegengründung sogar mehr Recht für sich als die Bestimmung Jerusalems zum Hauptheiligtum; denn beide Stätten, zumal Bet-El, waren durch eine lange Tradition mit dem Jahweglauben verbunden (Gen 28, 10 ff; Ri 17 f). Tatsächlich werden politisch-nationale Motive den Ausschlag gegeben haben: Die Heiligtümer des Nordreichs sollten Wallfahrten nach Jerusalem verhindern, damit die Pilger zum Zion nicht die Daviddynastie anerkennen. – Endgültige Hauptstadt des Nordreichs, in dem sich im Gegensatz zum Südreich die Dynastien abwechselten, wurde Samaria; die Geschichte dieses Landes war außenpolitisch stark durch die Abwehr der Aramäer (Hauptstadt Damaskus) bestimmt.

Trotz gemeinsamen Glaubens blieben Nord- und Südreich Jahrhunderte getrennt bis zu dem – durch die Propheten angekündigten – Untergang Israels durch die Assyrer (722 v. Chr.) und Judas durch die Babylonier (587 v. Chr.). Ja, die Rivalität zwischen diesen beiden Teilreichen lebte über diesen Bruch hinweg in dem Gegensatz zwischen Juden und Samaritanern weiter.

2. Ein Staat, der Israeliten und Kanaanäer vereinigte, mußte auch die fremde Religion dulden oder gar – wie später Omri und Ahab (etwa 880–850 v. Chr.) im Nordreich – aus politischen Gründen einen offiziellen *Synkretismus* herbeizuführen suchen.

In der Zeit der Abhängigkeit von den Großreichen wurde sogar die Übernahme des fremden Staatskults notwendig. So bedeutete die Unterwerfung unter die assyrische Vormacht zugleich die Anerkennung des Gottes Assur, der mit einem Altar im Jerusalemer Tempel vertreten sein mußte (2 Kön 16, 7 ff). In dieser Situation schloß man sich auch, sei es offiziell oder mehr in der Volksfrömmigkeit, der Verehrung von Sonnen- und Gestirngottheiten (Am 5, 26; Zeph 1, 5; 2 Kön 17, 29 ff; 21, 3. 5; 23, 4 f. 11 ff) sowie der »Himmelskönigin«, d. h. wohl der Ischtar, Göttin des Venussterns (Jer 7, 18; 44, 15 ff), an.

Doch widersetzte sich nicht nur die prophetische Polemik diesem vielfältigen Synkretismus (Hos; Jer; vgl. Mi 5, 12 ff u. a.); auch offizielle

Reformen mögen versucht haben, ihn zu beseitigen (1 Kön 15, 12 f; 2 Kön 18, 4). Vor allem die deuteronomische Reform unter Joschija (621 v. Chr.), die den zentralen Kultort Jerusalem zum einzigen erhob (2 Kön 23), bemühte sich, das erste Gebot gegen den Kult kanaanäischer und ausländischer Gottheiten zu verwirklichen. Aber auch ihr gelang es nicht, den Synkretismus für immer zu verbannen (Ez 8; 23; Jer 44; Jes 57, 3 ff; 65, 2 ff; Mal 2, 10 ff u. a.).

Bedeutsamer als diese Ereignisse gegen Ende waren die Verhältnisse am Anfang der Königszeit, weil sie für den Jahweglauben selbst erhebliche Folgen nach sich zogen. Diese Nachwirkungen konnte er nicht mehr abschütteln, da sie sich zu tief eingruben. Schon David hat nach der Eroberung Jerusalems wahrscheinlich manches Vorhandene bestehen lassen (u. § 13). Indem er sich selbst zum Stadtkönig machte, sind gewiß Jerusalemer Königsvorstellungen auf die Daviddynastie übergegangen. Wie Israel in der Frühzeit kanaanäische Heiligtümer übernehmen konnte, so schloß es sich in der Gestaltung des Jerusalemer Tempels bestimmten, in der Umwelt vorgegebenen Formen an. Der Tempel, in dem Gott wohnt, ist charakteristisch für das Kulturland. Erst recht verbindet das Stierbild in Bet-El (und Dan) eigenes Glaubensgut Israels mit fremdreligiösen Vorstellungen.

Das neue Verhältnis Jahwes zum dynastischen Königtum einerseits und zum Zion andererseits hat Israels Gottesaussagen tief gewandelt und bereichert; aber auch kanaanäische Gottesvorstellungen haben prägenden Einfluß ausgeübt. Der Jahweglaube hat – über die Aufnahme von Kultbräuchen hinaus – unmittelbar oder abgeändert Anleihen bei seiner Umweltreligion gemacht, von denen nun die Rede sein soll. So ist er gewachsen und hat in der Auseinandersetzung Neues geschaffen.

§ 10 Die Bedeutung der kanaanäischen Götter im Alten Testament

Palästina war als Durchgangsland verschiedenen Kultureinwirkungen von Nord und Süd, besonders von Mesopotamien und Ägypten, ausgesetzt (o. § 1, 1). Darum bedeutet es eine starke Vereinfachung, wenn nur die kanaanäische Religion dargestellt und ausschließlich oder doch überwiegend ihre Beziehungen zum Alten Testament herausgegriffen werden. Doch vollzogen sich auch die Einflüsse der altorientalischen Großreiche nur selten direkt, sondern waren vorwiegend durch Kanaan vermittelt.

1. Bis vor einigen Jahrzehnten war nur das wenige von der kanaanäischen Religion bekannt, was sich aus polemischen Aussagen des Alten Testaments, beiläufigen Angaben der Nachbarvölker und Nachrichten bei

einigen griechischen Schriftstellern (Philo von Byblos »Phönizische Geschichte« in Eusebius von Caesarea »Praeparatio evangelica«; Lukian von
Samosata »De Dea Syria«; Plutarch »Von Isis und Osiris«) ergab. Darum
konnten die Ausgrabungen syrisch-palästinischer Städte, zumal die Entdeckung der Texte von *Ras Schamra-Ugarit* (an der nordsyrischen Mittelmeerküste, zerstört um 1200 v. Chr., also etwa z. Z. der Seßhaftwerdung
Israels) weithin die Vorstellungen berichtigen, die man sich früher von der
kanaanäischen Religion gemacht hatte. Zwar lassen auch zahlreiche Inschriften aus Kleinasien und Nordsyrien auf Grund der in ihnen vorhandenen Götter- und Personennamen gewisse Rückschlüsse zu, aber nur
in Ugarit haben sich – neben Ritualen, Listen u. a. – umfangreiche Götter-
mythen und Königsepen erhalten, in denen die Bewohner selbst von ihrer
Religion erzählen. Nun war in der internationalen Hafenstadt, die Mittel-
meer und Zweistromland, Kleinasien und Ägypten verband, gewiß ein
Sprachen-, Völker- und Religionsgemisch anzutreffen, aber gerade in den
Mythen scheint sich kanaanäisches Wesen ziemlich rein erhalten zu haben.
Auch wenn es eine historische Beziehung zwischen diesem weit abgelegenen
Stadtstaat und Israel nicht gegeben hat und in Syrien – Palästina erhebliche
Unterschiede zwischen Nord und Süd, Küste und Landesinnerem be-
standen, so sind doch einige wörtliche Übereinstimmungen von alttesta-
mentlichen und ugaritischen Textstellen so auffällig, daß man diesen Tat-
bestand wohl nur mit der Annahme erklären kann: In der religiösen
Literatur von Ugarit zeigt sich etwas typisch Kanaanäisches.

2. Um so auffälliger ist der Inhalt der ugaritischen Mythen. Auf Grund
der alttestamentlichen Andeutungen erwartet man Zeugnisse einer *Natur-
verehrung* (vgl. Jer 2, 20 ff; Jes 1, 29 f; 57, 5 u. a.). Hosea klagt Israel an,
weil es nach kanaanäischer Praxis Orakel bei »Holz und Stab« einholen
will (4, 12). Jeremia schilt noch deutlicher die, »die zum Holz sagen: ‚Mein
Vater bist du!' und zum Stein: ‚Du hast mich geboren!'« (2, 27; vgl. 3, 9;
Hab 2, 19) Hier ist zweifellos an Baum- und Steinkulte gedacht. Das
Ezechielbuch könnte das ausdrücklich bestätigen, wenn es Israel zu denken
verwehrt: »Wir wollen sein wie die Völker, wie die Geschlechter der
(anderen) Länder, so daß wir Holz und Stein verehren.« (20, 32; vgl. aber
auch Dtn 4, 28; 2 Kön 19, 18 u. a.)
Von heiligen Steinen, Bäumen oder Quellen, in denen die Gottheit erscheint (o. § 3 e), reden die Texte der Kanaanäer selbst jedoch kaum. Das
Verständnis der kanaanäischen Religion als eines bloßen Fruchtbarkeitskultes, der nur zur Befriedigung der Bedürfnisse des Ackerbaus dient, ist
viel zu einseitig. Die sakrale Prostitution (vgl. Hos 4, 13 f; Jer 2, 20 u. a.),
die die Beziehung von Gott und Göttin nachvollzieht und symbolisiert,
wird unmittelbar nicht erwähnt. (Allerdings erscheinen unter den Berufs-
gruppen neben Priestern auch Kadeschen »Geweihte«; vgl. Dtn 23, 18;
1 Kön 14, 24.) Schließlich kommt Sonnen- und Mondgott (vgl. Ez 8, 16;
2 Kön 23, 5; Dtn 4, 19 u. a.) eine überraschend geringe Bedeutung zu. Statt

dessen ist ähnlich dem griechischen *Pantheon* eine große, in sich gegliederte Götterwelt aufgetaucht. Die Götter sind als Mann und Frau, Bruder und Schwester zu einer Familie zusammengeordnet oder als »Göttersöhne« durch den Generationswechsel miteinander verbunden. Entsprechende, noch weiter ausgebaute Götter»systeme« sind aus Ägypten und Mesopotamien bekannt. Doch ist das kanaanäische Pantheon, wie es in Ugarit und etwas anders in westsemitischen Inschriften erscheint, eigenständig. Eine solche Götterfamilie entsteht erst in einer langen geschichtlichen Entwicklung; ursprünglich selbständige Gottheiten werden auf Grund eines politischen Zusammenschlusses miteinander verbunden. So können sich in der Götterwelt die irdischen Machtverhältnisse abspiegeln. Der Stadtstaat, der den Vorrang gewonnen hat, setzt seinen Stadtgott an die Spitze des Pantheons. Aber die universalen Gottheiten entstehen kaum einfach aus einzelnen unbedeutenden Ortsgottheiten, die ihren Herrschaftsbereich erweitern.

In der Götterfamilie von Ugarit dominieren *El* und *Baal*, die auch das Alte Testament häufig nennt; neben diesen Hauptgöttern treten andere zurück. In der friedlichen Gemeinschaft der beiden Gottheiten haben sich aber bereits die Religionen verschiedener Bevölkerungsgruppen miteinander ausgeglichen. »El« ist ein gemeinsemitischer Gott, vielleicht schon den Nomaden bekannt, der westsemitische Wettergott »Baal« aber eine typische Erscheinung des Kulturlandes. Beide sind in den Mythen nicht ortsgebunden, wie das Alte Testament einen »El Bet-El« (Gen 31, 13) oder »Baal Hermon« (Ri 3, 3) kennt. Ein Stadtgott von Ugarit, der mit einem anderen Stadtgott um die Vorherrschaft streiten könnte, spielt in den Mythen keine Rolle. »El« und »Baal« erscheinen ohne einschränkende Beifügung als universale Gottheiten. Statt politischer sind eher kosmische Gegensätze bestimmend: Baals Gegner sind der Meeresgott Jam, der Todesgott Mot oder der Venusstern Astar, nie irgendwelche Lokalgottheiten. Ähnlich nennen spätere westsemitische Inschriften so umfassende Gottheiten wie »Baal Schamaim«, den »Herrn des Himmels«.

Zweifellos darf man für Syrien-Palästina keine Einheitsreligion annehmen, sondern hat zwischen den verschiedenen Ortskulten – und deren Gottheiten – vorsichtig zu differenzieren. Trotz der politischen Zerrissenheit des Landes, das sich zu keinem einheitlichen Staatswesen zusammenfand, sondern in eine Vielheit von sich bekämpfenden Stadtstaaten zerfiel, bestand in der Religion aber eine relative Einheit, die zudem im Wandel der Zeit über die Jahrtausende hinweg – aus der Rückschau geurteilt – erstaunlich gleichblieb. In diesem Raum ordnet sich nur der Jahweglaube nicht in den üblichen Rahmen ein: »Einen vollkommen Bruch mit dem Herkömmlichen und eine einzigartige Neuerung stellt allein die Religion des Alten Bundes der Stämme dar« (*W. Röllig*, 228). Trotzdem bestanden mancherlei Beziehungen, die den Jahweglauben veränderten. Bei beiden Gottheiten, El und Baal, hat Jahwe Anleihen gemacht, so daß das Wesen beider kurz besprochen werden soll.

3. Nur muß zuvor ein mögliches Mißverständnis ausgeschlossen werden. Kommt man von den Genesiserzählungen über den »Gott der Väter« her, so fällt vor allem eins auf: Die kanaanäischen Götter hängen in der Mehrzahl, wenn nicht alle, irgendwie mit der *Natur* zusammen. Einige sind sogar durch ihr Sterben und Wiederaufleben in den Wechsel der Natur, ihr Werden und Vergehen, hineingenommen. Doch sind die Götter nicht mit dem Naturablauf identisch, sie bewirken ihn vielmehr. Auch wenn sie Personifikationen von Naturerscheinungen sein sollten – sie werden ausdrücklich als Personen von dem Ereignis unterschieden, und von ihnen werden Geschichten erzählt, die weit über das Naturgeschehen hinausgehen. Die Götter sind nicht die Vegetation, sondern die Kraft, die das Leben spendet. So ist Baal nicht die Erde, sondern, wie sein Titel lautet, »Fürst, Herr der Erde«.

»*Naturgottheiten*« im strengen Sinne gibt es nicht. Auch wenn die Götter in der Natur und ihren mannigfachen Phänomenen erscheinen, sie sind stets auch dem Menschen zugewandt. Selbst Sonnen-, Himmels- und Wettergottheiten sind dem Menschen nicht fremd. Sie schützen das Königshaus, achten auf Recht, gewähren Leben und Segen, erhören Gebete (vgl. etwa 2 Kön 1, 2). »Naturgottheiten« sind also keine sachlich-neutralen »Es«-Mächte, die sich grundsätzlich vom Ich-Du-Verhältnis abheben lassen. Die Gegenüberstellung »naturhaft-personhaft« vereinseitigt bestimmte Einzelzüge viel zu stark, um für die Unterscheidung der Religionen brauchbar zu sein. So bleibt auch der Gegensatz: universale Naturreligion – partikulare Geschichtsreligion, der durch das Gegenüber von Natur und persönlicher Freiheit bestimmt ist, unzureichend.

a) Der Gott El

El erscheint im Alten Testament durchweg nicht als eine besondere Gottheit, sondern als Bezeichnung für Jahwe. Der Eigenname klingt höchstens noch ab und zu an (Jes 14, 13; Ez 28, 2). Selbst der Name »Isra-el« ist nicht mit »Jahwe«, sondern mit »El« zusammengesetzt (o. § 8, 2). In der Regel ist »El« nur Allgemeinbegriff für »Gott«. Beim Propheten Deuterojesaja beansprucht Jahwe, allein »El«, d. h. »Gott«, zu sein und keiner sonst (Jes 45, 22; 43, 12 u. a.). Hier ist aber der Charakter des Eigennamens völlig zurückgetreten; die Identifikation klingt nicht mehr nach, weil der Exilsprophet nur einen wahren Gott kennt: »Wem wollt ihr El (= Gott) vergleichen?« (40, 18). Aus diesem Grunde läßt sich eine Unterordnung Jahwes unter El (vgl. Ps 82; Dtn 32, 8 f; o. § 8, 1) auch nicht belegen.

1. So kann Jahwe während der ganzen Geschichte Israels »El« heißen. Schon die Vätergötter wurden mit dem Gott El gleichgesetzt (o. § 3 c.e; vgl. vom Auszug aus Ägypten Num 23, 22; 24, 8); später ist anscheinend Jerusalem der entscheidende Ort der Übernahme von Vorstellungen dieses

Gottes (u. § 13). Nach Gen 14, 18–20, das als Einzelstück in den Zusammen-hang eingeschoben ist, segnet Melchisedek, der »König von Salem (= Jeru-salem; Ps 76, 3)« und »Priester des *El Eljon*« Abraham; er erstattet ihm als Gegengabe den »Zehnten von allem« und legitimiert damit das Zehntrecht von Jerusalems Priesterschaft. Dieser El Eljon, »der höchste Gott«, war wahrscheinlich ein oder der Stadtgott von Jerusalem, wie aus Beerscheba ein El Olam, »Gott der Ewigkeit«, bekannt ist (Gen 21, 33). Anders als bei den sonstigen Beinamen Els (o. § 3 c) besteht hier aber die Möglichkeit, daß »Eljon« ursprünglich selbst eine eigene Gottheit war. Im ältesten Beleg außerhalb des Alten Testaments, in den Inschriften von Sfire, findet sich in einer Aufzählung von Göttern auch das Paar »El und Eljon«. In der Spät-zeit kennt Philo von Byblos einen »Eljon, der der Höchste genannt wird«, und unterscheidet ihn von El-Kronos. Zwar lassen sich beide Stellen auch unter der Voraussetzung erklären, daß sich mit »Eljon« schon recht früh ein ursprünglicher Beiname Els hypostatisch verselbständigt habe, aber letztlich läßt sich nicht sicher entscheiden, ob die Einheit oder die Trennung beider Gottheiten primär ist. Jedenfalls gehen El und Eljon gern eine Gemeinschaft ein. Auch im Alten Testament erscheinen mehrfach beide Namen zusammen, wechseln sich im Parallelismus ab und werden so gleichgesetzt (Num 24, 16; Ps 73, 11; 77, 10 f; 82, 1. 6; Jes 14, 13 f u. a.).

Will man trotzdem vermuten, daß der Jerusalemer Stadtgott, dessen Tradition in den Zionspsalmen weiterlebt (Ps 46, 5; 47, 3; 48, 2 f), nur »Eljon« hieß, so steht dieser Annahme auch die Tatsache entgegen, daß David seinen in Jerusalem geborenen Söhnen mit »El« zusammengesetzte Namen geben konnte (2 Sam 5, 14 ff); dagegen sind mit »Eljon« gebildete Eigennamen nicht bezeugt.

So scheinen schon im vorisraelitischen Jerusalem El und Eljon eng ver-bunden gewesen zu sein.

2. Während El Eljon nach dem Alten Testament (Gen 14, 19. 22) als »*Schöpfer Himmels und der Erde*« verehrt wurde, ist in verschiedenartigen Inschriften (aus Karatepe, Leptis Magna, Palmyra und vielleicht Boghazköj) nur das Prädikat »El, Schöpfer der Erde« belegt. Ein außerbiblisches Zeug-nis, in dem die Erschaffung der Welt dem Gott El verdankt wird, fehlt; überhaupt ist aus dem kanaanäischen Raum bisher kein Weltschöpfungs-mythos bekannt geworden. So hat man häufig vermutet, daß in dem alt-testamentlichen Titel »Schöpfer Himmels und der Erde« die Prädikate zweier verschiedener Götter zusammengeflossen seien. Aber es gibt bisher kein Gegenstück zu »El, Schöpfer der Erde«, etwa »Eljon, Schöpfer des Himmels«. Zwar wird Baal mit dem Himmel verbunden, aber er heißt nicht Schöpfer, sondern ist als Baal Schamaim der »Herr des Himmels«, in dem er wohnt. Dagegen wird in den ugaritischen Mythen El mit Attributen, wie »Vater der Götter«, »Vater der Menschheit« oder »Schöpfer der Ge-schöpfe«, die Erschaffung von Göttern und Menschen zugeschrieben, in den genannten westsemitischen Inschriften auch die Erschaffung der Erde

und im Alten Testament schließlich die Erschaffung des Himmels und der
Erde. Auf Grund dessen wird man El als den Schöpfergott ansehen können,
auch wenn keine Kosmogonie erhalten ist. In Israels Umwelt hat man anscheinend streng unterschieden (u. § 11 f) zwischen dem Schöpfer- und dem
Vegetationsgott, der stirbt und aufersteht, dadurch die Natur erhält bzw.
wiederaufleben läßt. Diese Trennung ist in der Religionsgeschichte auch
sonst geläufig.

3. Als »König«, der als »heilig« und »weise« gilt, steht El in den ugaritischen Mythen an der Spitze des Götterkreises. Aber El ist im Kult nicht
der »höchste« Gott. Der Haupttempel in Ugarit war Baal gewidmet, ein
Eltempel ist noch nicht entdeckt. Weil Baal als Lebensspender den Verehrern wichtiger war, spielte er auch im Kult eine bedeutendere Rolle. Baal
ist der »nahe«, El der »ferne« Gott, der, religionsphänomenologisch gesprochen, mehr und mehr die Stelle des »Deus otiosus« einzunehmen
scheint. Dem entspricht nicht nur seine Schöpfereigenschaft, sein freund-
lich-gütiges Wesen, sein Alter, sondern auch in der räumlichen Vorstellung
sein Wohnsitz, der in mythische Weite entrückt ist. Er liegt »an der Quelle
der beiden Ströme, inmitten der Flußbetten der beiden Abgründe«, d. h.,
wo die Wasser der Ober- und Unterwelt zusammenstoßen. Zwar ist El von
den Kämpfen, die die Götterwelt erschüttern, nicht unmittelbar betroffen,
aber er ist nicht aus der Herrschaft verdrängt. Er ist noch nicht zum sog.
»Hochgott« geworden, der im Leben der Gemeinschaft keine Aufgabe
mehr hat und darum auch keine Verehrung genießt. El empfängt im
Mythos noch Opfer oder tritt als Beschützer der Dynastie auf, offenbart
sich dem König im Traum, um ihm – ähnlich wie der Vätergott –
Nachkommenschaft zu verheißen.
Doch ist in den späteren westsemitischen Inschriften die Bedeutung Els
noch mehr zurückgetreten: Baal nimmt die erste Stelle ein, El ist auf den
zweiten Platz verdrängt. Schließlich wird im Palmyra der Spätzeit und
anderwärts Baal zur Hauptgottheit. Auch der Gott El hat also seine Geschichte.

b) Der Gott Baal

Das Alte Testament enthält keine Polemik gegen den Gott El – um so mehr
gegen Baal. Israel hatte sich wohl schon in der Richterzeit, jedenfalls
intensiv in der Königszeit, mit ihm auseinanderzusetzen. Die Gegensätze
verschärften sich allmählich so, daß der Kampf zwischen Jahwe und Baal
zum religionsgeschichtlich bedeutendsten Ereignis wurde. Schon Gideon,
dessen eigentlicher Name Jerub-Baal »Baal streitet« lautete, riß einen Baal-
altar mit Aschere ein (Ri 6, 25 ff; vgl. die Kultgemeinschaft mit »Baal
Peor«, Num 25; Hos 9, 10). Auch sonst berichtet das Alte Testament, daß
Baal ein Altar oder gar ein Tempel geweiht ist und ihm Opfer dargebracht

werden (1 Kön 16, 31 f; 18, 25 f; Hos 11, 2; Jer 11, 13. 17 u. a.). Man küßt das Stierbild, das Baal darstellt (1 Kön 19, 18; Hos 13, 2). Ihm dienen Priester und Propheten; er vermag Gebete zu erhören (1 Kön 18, 19 ff; 2 Kön 10, 19 ff u. a.) und zu heilen (2 Kön 1).

1. Nach dem Zeugnis der Propheten Elija und Hosea scheint der Abfall zu Baal im *Nordreich* früher und stärker geschehen zu sein. Im Südreich geht erst Jeremia am Ende des 7. Jh. gegen die Baalisierung der Jahwereligion vor (noch nicht Jesaja, Micha, aber auch Amos im Nordreich nicht). Gab es das Nebeneinander von El und Baal hier vorher nicht? Außerdem sind nur kurze Nachrichten von einem Baaltempel in Jerusalem erhalten (2 Kön 11, 18; 21, 3; 23, 4; Jer 2, 28; Zeph 1, 4 u. a.). Schließlich bestätigen die Eigennamen auf den Inschriften von Lachisch und Arad gegenüber den Ostraka von Samaria: Im Süden war die Baalverehrung weit weniger verbreitet.

Aus Israel liegen ausführliche Berichte vor. Etwa seit der Mitte des 9. Jh. brach dort der Kampf zwischen den Religionen auf. Auch die Frau des Königs Ahab, die phönizische Prinzessin Isebel, brachte aus ihrer Heimat die Baalverehrung mit. So wurde in der Hauptstadt Samaria ein Baaltempel errichtet, den erst Jehu zerstörte (1 Kön 16, 31 f; 2 Kön 10, 18 ff). Dieser Kult war kaum eine völlige Neuerung; er hatte sich seit je, im Lande verstreut, an den Ortsheiligtümern vollzogen. Nun wurde er zum offiziellen Staatskult, der vom königlichen Hof selbst gepflegt und geschützt wurde. Die in dieser Epoche häufigen baalhaltigen Personennamen machen die Gefahr für den Jahweglauben deutlich. Bei allem bleibt jedoch unbekannt, unter welcher Erscheinungsform Isebel die Baalgottheit einführte: Wurde in Israel jetzt Melkart, der Stadtgott von Tyrus, oder der »Baal des Himmels« verehrt? Auch im »Gottesurteil auf dem Karmel« (1 Kön 18, 16 ff) wird die Gottheit nirgends näher bezeichnet, etwa als »Baal Karmel«. Falls die einzelnen Erzählungen nicht nachträglich verallgemeinert sind, wurde der Kampf nicht mit einem Ortsgott in seiner bestimmten Ausprägung, sondern mit Baal selbst geführt, der nur unter verschiedenen Namen auftreten kann. Ähnlich erscheint der Gott ja in den ugaritischen Mythen nicht in irgendeiner lokalen Sonderart, vielmehr als der universale Baal. Nur der König Ahasja läßt in der Szene, die zur Begegnung mit Elija führt (2 Kön 1), konkret »Baal Sebub, den Gott von Ekron« befragen, aber dieser Eigenname »Herr der Fliegen« ist wahrscheinlich eine Entstellung des allgemeinen Titels Baal Sebul »Fürst Baal«.

Im Laufe der Zeit verliert auch das Bild, das das Alte Testament von dem kanaanäischen Gott entwirft, an Schärfe; es wird immer allgemeiner und blasser. Schon die Propheten Hosea (2, 15. 19) und Jeremia (2, 23; vgl. 9, 13), weitgehend das deuteronomistische Geschichtswerk (Ri 2, 11; 3, 7 u. a.) und vollends die Chronik reden von Baal im Plural. Gelten vielleicht zunächst die örtlichen Erscheinungsformen polemisch-verächtlich als verschiedene Einzelgötter, so werden die Baale schließlich zum Inbegriff für »ausländische Götter« (1 Sam 7, 4; vgl. Hos 3, 1) überhaupt. Darum kann sich das erste Gebot im wesentlichen gegen die Baale und Ascheren richten (Ri 2, 11 ff; 10, 6 ff; 1 Sam 12, 10 u. a.). Wieweit diese Sicht berechtigt ist oder nur aus dem Rückblick nach der vorgenommenen Kultzentralisation entworfen wurde, ist schwer zu entscheiden. Wenn die heiligen Stätten der

Gefahr der Baalisierung ausgesetzt waren oder ihr gar erlagen, so war
dort unter fremdem Namen doch wohl Jahwe gemeint. Der Unterschied
zwischen falschem Jahwegottesdienst und echter Baalverehrung hatte sich
verwischt. Es wird in Israel, wenn auch räumlich und zeitlich begrenzt, eine
Gleichsetzung von Jahwe und Baal gegeben haben (vgl. den Personennamen Bealja »Baal ist Jahwe«, 1 Chr 12, 6); nur so wird die prophetische
Kritik verständlich, die sich gleichzeitig gegen Götzendienst wie gegen die
Entstellung des eigenen Gottesdienstes wendet. Jedenfalls läßt sich von der
Richterzeit über Elija, Hosea, Jeremia bis zum deuteronomistischen und
chronistischen Geschichtswerk eine gewisse Geschichte des Gegensatzes
zwischen Jahwe und Baal nachzeichnen, die ihre Steigerung, ihren Höhepunkt und ihren Abfall zur Typisierung und Generalisierung hat, bis
sogar – wegen der Verheißung Hos 2, 19 – das Wort Baal bei Eigennamen
zu Boschet »Schande« verdorben wird (2 Sam 2, 8 ff gegenüber 1 Chr
8, 33 ff).

2.   Trotz der lebhaften Auseinandersetzung des Alten Testaments mit der
kanaanäischen Religion tritt das Wesen Baals kaum deutlich hervor. Vielleicht ist Baal »Herr, Besitzer« nur der Titel dieses Gottes, sein Eigenname
Hadad (vgl. Sach 12, 11); zumindest werden beide schon früh identifiziert,
weil sie den gleichen Wirkungsbereich haben. Ein anderer Gott ähnlichen
Charakters ist Dagan (vgl. 1 Sam 5, 2 ff). Baal ist der *Wettergott*, der über
Wind, Wolken und Regen gebietet und mit Donner und Blitz erscheint
(daher sein Titel »Wolkenfahrer«, o. § 9a, 2). Damit ist er zugleich *Vege-*
tationsgott, der der Erde die Fruchtbarkeit gibt. Seine Gegenwart entscheidet über Tod oder Leben des Menschen; denn die Natur stirbt ab,
wenn Baal in die Unterwelt hinabsteigt, und bricht von neuem auf, wenn er
zur Erde heimkehrt (u. § 11c, 2). So kann Baal in der Polemik des Propheten Hosea (2, 7. 10 f) als Spender von Korn und Öl, Wolle und Flachs
erscheinen. In den ugaritischen Mythen heißt er »der Starke, Übermäch-
tige« (Alijan), »Fürst« (Sebul) oder »Richter, Herrscher« (Schofet); Abbildungen und figürliche Darstellungen zeigen ihn in Kampfesstellung,
etwa eine Keule in der Rechten und den Blitz, gleich einer Lanze wiegend,
in der Linken. Der jugendliche, siegreiche Gott beansprucht und hat
Macht. Der umfangreiche Mythenzyklus aus Ugarit, der das Schicksal des
Gottes Baal erzählt, schildert den Kampf der Götter untereinander um die
Königsherrschaft, die zugleich die Vormacht über den Menschen einschließt. Im Kampf mit dem Meeresgott (Jam) erringt Baal das Königtum
und kann seiner Überlegenheit durch den Bau eines Tempels oder Palastes
Anerkennung verschaffen. Spiegelt sich hier der Gegensatz von Land und
Meer wider, so entspricht das Ringen um die Herrschaft mit dem Todes-
gott (Mot) eher dem jahreszeitlichen Wechsel von Sommer und Winter,
Trocken- und Regenzeit, obwohl der Mythos von einer regelmäßigen, all-
jährlichen Wiederkehr des Geschehens nichts sagt, den Naturablauf wohl
auch nur indirekt und gebrochen wiedergibt.

3.   Der jugendliche Gott tritt meist zusammen mit einer *Göttin* auf. Oft ist es die »Jungfrau Anat«, Schwester und Gattin, Fruchtbarkeits- und Kriegsgöttin zugleich. Sie wird im Alten Testament nur in Orts- oder Personennamen (Ri 1, 33; 5, 6 u. a.) erwähnt. Dagegen nennt es Baal häufig mit Astarte (Ri 2, 13; 10, 6; 1 Sam 7, 3 f u. a.; babylonisch: Ischtar) oder Aschera (Ri 3, 7; 1 Kön 18, 19) zusammen, die in einem hölzernen Kultsymbol, Baum oder Pfahl, dargestellt wird (1 Kön 15, 13 u. ö.; vgl. Dtn 16, 21; Jes 17, 8).

In Atargatis, der *Dea Syria*, der »syrischen Göttin« hellenistisch-römischer Zeit, sind wohl Anat und Astarte verschmolzen.

In der kanaanäischen Religion scheint die weibliche Gottheit weniger als »große Mutter«, sondern als jungfräuliche Liebesgöttin verehrt worden zu sein. Diese Ehe von Gott und Göttin wird auf der Erde im Fruchtbarkeitskult nachbildend wiederholt; er symbolisiert, was im Himmel geschieht. Jedenfalls deutet das Alte Testament mehrfach an, daß mit dem Baalkult sexuelle Orgien verbunden waren (Jer 2, 20 ff; Hos 4, 13 f u. a.; Ex 32, 6. 25 beim »Goldenen Kalb«), und erkennt hier eine vom Kanaanäischen drohende Gefahr (Gen 9, 21 ff; 19; 34 u. a.). Auch kann im Mythos die Zeugungskraft des Gottes durch den Stier dargestellt werden, obwohl die Gottheit grundsätzlich menschengestaltig gedacht ist. Bei griechischen Schriftstellern ist belegt, daß sich die Frau vor der Heirat einem einmaligen Sexualritus unterzog. Altorientalische wie alttestamentliche Texte berichten von am Tempel wohnenden männlichen und weiblichen »Geweihten« (Kadeschen), die sich der Prostitution hingaben (Dtn 23, 18; 1 Kön 14, 23 f; 2 Kön 23, 7 u. a.). Später wird der Fremdkult geradezu stereotyp mit »den Göttern nachhuren« (Ex 34, 15 f u. ö.) bezeichnet. Die Propheten (Hos; Jer 3; Ez 16; 23) nahmen diesen Kultmythos von der göttlichen Ehe auf, um ihn auf doppelte Weise abzuwandeln, nämlich auf das Verhältnis von Gott und Volk umzudeuten und zugleich durch die Ansage des Ehebruchs zu zerstören. So hat das erste Gebot den Mythos umgewandelt. Die Vorstellung einer Gemeinschaft von Gott und Göttin konnte Israel wenigstens grundsätzlich nicht anerkennen, aber es konnte und mußte Baal den Fruchtbarkeitssegen entreißen. Jetzt gab Jahwe den Regen (schon Gen 2, 5; 7, 4; 8, 22 J; 1 Kön 17 f; Jer 5, 24; Sach 10, 1 f) und damit den Ertrag des Landes (Hos 2; Dtn 11, 13 ff; 28, 2 ff; 33, 13 ff u. a.). Die Aufgabe Baals ist auf Jahwe übergegangen; denn er hatte Israel ins Kulturland geführt. Damit wurde die Natur von der Geschichte her verstanden. Weil sich das erste Gebot auch im neuen Lebensbereich durchsetzen mußte, wurde der Nomadengott des Exodus und der Führer der heiligen Kriege zum Spender der Fruchtbarkeit.

§ 11   Die neuen Gottesaussagen

a)   Das »Königtum« Gottes

Die neutestamentliche Erwartung der Königsherrschaft Gottes, um die
auch das Vaterunser bittet: »Dein Reich komme«, konnte an alttestamentliche Hoffnungen anknüpfen. Ist die Aussage von einem Königtum Gottes,
die grundlegend und umfassend Gottes Macht und Wirksamkeit zu umschreiben scheint, aber ursprünglich durch Israels Gottesverständnis geprägt?

1. Schon der lexikalische Überblick zeigt, daß dem Begriff des göttlichen
»Königtums« im Alten Testament keine entsprechend große Bedeutung
zukommt. Die insgesamt relativ geringen Belegstellen sind recht ungleichmäßig verteilt, häufen sich nur in hymnischen Abschnitten des Psalters.
Schon dieses Verhältnis spricht gegen die Annahme, daß die Aussage von
Jahwes Königtum eine Urgegebenheit für den israelitischen Glauben war.
M. Buber (Königtum Gottes, 1932: Werke II, 1964, 490) wollte bereits »für
die Frühzeit Israels die Glaubensvorstellung eines Volkskönigtums Gottes
als eine aktuell-geschichtliche erweisen« und beschrieb den Sinaibund als
einen Königsbund. Auch sonst hat man gerne zwischen den beiden Vorstellungen von Jahwe als König des Volkes und als König der Welt unterschieden. Im Gedanken von Jahwes Königtum über Israel sah man eine
nomadisch-altisraelitische Tradition, die später zur Proklamation der
Weltherrschaft Jahwes ausgeweitet wurde. Die wenigen einschlägigen
Stellen im Pentateuch, die von Jahwes Königtum reden (Ex 15, 17 f;
Num 23, 21; Dtn 33, 5. 26), stammen aber alle erst aus der Zeit nach der
Landnahme oder sind sogar kaum vor die Anfänge der Königszeit zu
datieren. Schließlich häufen sich Personennamen, die mit *melek* »König«
zusammengesetzt sind, erst in der (späteren) Königszeit. Den frühen Überlieferungen Israels ist ein göttliches Königtum demnach unbekannt: Weder
der Vätergott noch der Gott vom Sinai und dès Exodus wurden als »König«
verehrt.

2. Nach dem Eindringen ins Kulturland begegnete den israelitischen
Stämmen aber der Glaube an eine umfangreiche Götterfamilie mit einem
königlichen Herrscher an der Spitze. Um die fremden Götter ihrer Vormacht im Lande zu berauben, zog Jahwe Wesenszüge dieser Götter auf
sich, verkündete Israel: »Jahwe – und nicht El oder Baal – ist König«. In
der ältesten sicher datierbaren Stelle, die von Jahwes Königtum redet,
wirkt noch der Vorstellungshorizont der Umweltreligion nach. Die Berufungsvision des Propheten Jesaja (6, 1–5) bietet in der Himmelsszene ein
typisches Bild:

Jesaja sieht den Herrn sitzend auf einem hohen und erhabenen Thron. Sechsflügelige Seraphen stehen vor ihm und rufen einander zu:

»Heilig, heilig, heilig ist Jahwe Zebaot;
die Fülle der ganzen Erde ist seine Herrlichkeit.«

Da bricht Jesaja in Klage aus: »Wehe mir! Ich muß schweigen...; denn meine Augen haben den König Jahwe Zebaot gesehen!«

Der gleiche Vorstellungszusammenhang – dem Gottkönig, der als »heilig« gilt, wird von einem himmlischen Hofstaat »Ehre« dargebracht – ist mehrfach bezeugt. Der sog. Gewitterpsalm (Ps 29, 1 f. 9), bei dem man seit langem kanaanäische Herkunft vermutet, fordert die »Göttersöhne« auf, dem himmlischen König »Ehre« zu erweisen. Ps 97, ein Hymnus auf den König Jahwe, mahnt sogar die Götter, sich vor Jahwe niederzuwerfen (V 7; ähnlich Ps 96, 7 ff u. a.; vgl. § 11 b, 2). Jahwe tritt jeweils als Oberhaupt eines Kreises ihm höriger Wesen auf.

Der gesamte Überlieferungskomplex ist Israel vorgegeben; er ist ganz ähnlich in den ugaritischen Mythen belegt. Wie das Alte Testament Götter und Göttersöhne zur Proskynese vor ihrem König auffordert, so bringen dort die Götter dem König El huldigend Ehre dar. Mit dem Titel »König« wird El geradezu als Oberhaupt der Götterversammlung bezeichnet. Wenn Jahwe in einer Schar ihm ergebener göttlicher Wesen thront, so hat Israel allem Anschein nach die mythischen Vorstellungen, die um den kanaanäischen Königsgott kreisen, auf Jahwe übertragen.

Aber Jahwe hat auch Züge des Königtums Baals angenommen. In den gleichen Mythen gilt der Zaphon als der »heilige« und »liebliche« Berg, auf dem der Wettergott nach dem Sieg über seine Feinde thront. Mit diesen Vorstellungen vom königlichen Gottesberg im Norden schmückt das Alte Testament Jahwes Wohnstätte auf dem Zion:

»Sein heiliger Berg, schön an Höhe,
ist die Freude der gesamten Erde,
der Berg Zion, der Gipfel des *Zaphon*,
ist die Stadt eines großen *Königs*.«
(Ps 48, 3; vgl. auch Jes 14, 13 f)

Auch das Bekenntnis »Jahwe herrscht als König in Ewigkeit« (Ps 146, 10; Ex 15, 18; Ps 29, 10 u. a.) könnte auf kanaanäische Vorstellungen zurückgehen. Im Mythos wird nämlich Baal eine Königsherrschaft auf unbegrenzte Zukunft zugesagt:

»Du sollst erhalten dein ewiges Königtum,
deine Herrschaft für Geschlecht um Geschlecht!«

Zu dieser Verheißung bietet ein später Psalm (145, 13) eine fast wörtliche Parallele; im Kult kann sich so formelhafte Sprache über lange Zeit erhalten haben:

»Dein Königtum ist ein Königtum für alle Zeiten,
und deine Herrschaft (währt) für Geschlecht um Geschlecht.«

Hat man schließlich in Aussagen über Jahwes herrschaftliches »Richten« der Götter und der Erde (Ps 82; 96, 13; 98, 9) Nachwirkungen des Königtums Baals zu suchen?

3. Erkennt man, daß ein göttliches »Königtum« in Israel vor der Landnahme nicht sicher bezeugt, aber der kanaanäischen wie überhaupt der altorientalischen Religion geläufig ist und eine Reihe von Verbindungen zwischen ugaritischen und alttestamentlichen Texten besteht, so ist die Schlußfolgerung kaum zu umgehen: Jahwes »Königtum« ist ein Erbe Kanaans. Israels Gott hat das Königtum beider Götter, Els und Baals, auf sich vereinigt.

Beide Ausprägungen weisen nach Jerusalem, der »Stadt eines großen Königs« (Ps 48, 3; vgl. 47, 3): Hier ist nicht nur die Hofstaat- (Jes 6), sondern auch die Götterbergvorstellung (Ps 48, 3) zu Hause: der König thront im Tempel (vgl. später: Jer 8, 19; 17, 12; Ez 43, 7; Sach 14, 16 f; zum Zion auch Jes 52, 7; Mi 4, 7 u. a.). Vielleicht wurde schon der vorisraelitische Stadtgott von Jerusalem als »König« verehrt; denn der Name des Priesterkönigs lautet ja *Malki-sedek* »(Mein) König ist (der Gott) Sedek«(Gen 14, 18; Ps 110, 4). Doch braucht die Übertragung der Königsvorstellung keineswegs nur in Jerusalem erfolgt zu sein; denn auch die verschiedenen örtlichen Elgottheiten können Königsgötter gewesen sein (vgl. etwa den Namen des Königs von Gerar *Abi-melek* »Mein Vater ist König« Gen 20, 2 u. a.). Allerdings werden diese vielfältigen Berührungspunkte überall im Land durch die Angaben des Alten Testaments kaum zugänglich. Die Thronvorstellung, die im Zusammenhang mit der Lade (1 Sam 4, 4; 2 Sam 6, 2: »der Kerubenthroner«; o. § 9a, 2), aber auch unabhängig davon (1 Kön 22, 18 ff) außerhalb Jerusalems bezeugt ist, könnte einen Anhalt für die Vermutung bieten, daß Jahwe schon am Tempel von Schilo zum König proklamiert wurde. Ein eindeutiger Beleg für Jahwes »Königtum« aus vorstaatlicher Zeit liegt jedoch nicht vor.

4. Offensichtlich bezeichnet der Titel »König« zunächst – ganz mythisch – den einen Gott als Herrscher über die anderen Götter. Das gilt nicht nur für die ugaritischen Mythen, sondern ganz entsprechend für den übrigen altorientalischen Raum. In Ägypten wird etwa Amun (-Re), in Babylon Marduk als »König der Götter« angesehen. Die Königsherrschaft Gottes zielt also in erster Linie nicht auf das Verhältnis Gottes zu seinen Verehrern. Den Menschen ist der Gott ja als Gott überlegen, während der Titel König ein Hervorgehobensein unter gleichen bezeichnet. Allerdings schließt der Herrschaftsbereich des Götterkönigs Erde und Menschen ein.

Diese mythische Vorstellung hat Israel auf Jahwe übertragen:

»Ein großer Gott ist Jahwe
und König über alle Götter.«
(Ps 95, 3; vgl. 96, 4; 97, 7. 9)

Doch begnügte sich der Glaube nicht mit Jahwes Vorrang über die anderen Götter, sondern entmachtete sie völlig. Der Götterkönig wurde zu einem Herrscher über ihm untergebene himmlische Wesen, die seiner Macht unterstehen und ihm zu Diensten sind (Ps 103, 19 ff; Hi 1 f). So bildet der in Israels Umwelt verehrte und nun im Alten Testament depotenzierte Götterkreis Jahwes Hofstaat, bis der Ausschließlichkeitsanspruch Jahwes zur Leugnung der Götter überhaupt führen kann (vgl. Ps 96, 5).

Die Wandlung, die die Vorstellung vom göttlichen König in Israel erfährt, greift noch tiefer. Fehlen in den ugaritischen Mythen nur zufällig Analogien für Jahwes häufige Benennung »König Israels« oder »unser, euer, mein König«? Gewiß wird auch im kanaanäischen Raum wie sonst im alten Orient die Gebetsanrede »mein König« möglich sein. Aber nur der Mythos begründet die Königsherrschaft des Gottes, indem er erzählt, wie der Gott die Vormacht erlangt hat. Dieser Mythos entfiel in Israel. Damit wurden jedenfalls im Ansatz die Vorstellungen aufgegeben, in denen das himmlische Königtum analog irdischer Sozialstruktur mit dem König als Spitze des Staates gedacht ist (vgl. § 6 b, 4). Wie die mythische Hochzeit von Gott und Göttin im prophetischen Gleichnis auf das Verhältnis von Gott und Volk umgedeutet wird, so wird aus dem König der Götter ein König über Israel: »Jahwe, unser König, er wird uns helfen« (Jes 33, 22; vgl. den Eigennamen *Malki-schua^c* »Mein König ist Hilfe« 1 Sam 14, 49 u. a.).

5. Jahwes königlicher Herrschaftsbereich war demnach nicht ursprünglich auf Israel beschränkt und dehnte sich dann auf die Welt aus. Der Gang der Geschichte verlief eher umgekehrt: Der »König auf Erden« – diese Bezeichnung ist im Mythos belegt – wurde zum Volkskönig. Ein Satz wie »Jahwe ist König über die ganze Erde« (Ps 47, 8) fällt grundsätzlich noch in den Rahmen kanaanäischer Gottesaussagen; denn die Ausdehnung der Herrschaft über die Erde und die Menschen ist mit dem Vorstellungskreis des göttlichen Königtums vorgegeben (vgl. noch Jes 6, 3 oder den vielleicht traditionellen Titel »Herr der ganzen Erde« Jos 3, 11. 13; Ps 97, 5 u. a.). Insofern ist der »*Universalismus*« ein Wesensmerkmal kanaanäischer Religion. Israel begegnete ihm bereits im Lande und brauchte ihn nicht erst in seiner Spätzeit selbst zu entwickeln. Aber jene frühere Sicht eines religionsgeschichtlichen Entwicklungsprozesses ist so weit berechtigt, als dieser kosmisch-universale Ansatz im Alten Testament vielfach ausgebaut und gesteigert wurde.

Schon die Texte, die Jahwes Königtum über die Völker proklamieren (Ps 47, 9; Jer 10, 7; Sach 14, 13 ff u. ö.), gehen kaum mehr unmittelbar auf außerisraelitische Traditionen zurück; denn die Aussage, daß ein Königsgott über die Völker herrscht, ist sonst anscheinend nicht bezeugt. Sind in Israel mythische Vorstellungen vom Götterkampf zum Völkerkampf umgeprägt worden (vgl. § 13, 5)? Jedenfalls wird so ein weltweites Regiment Gottes verkündet. Unüberbietbar ist die räumliche Entgrenzung des

Machtbereiches in Ps 103, 19, der die kanaanäische Vorstellung vom
Himmelskönig inmitten seines Hofstaates ausgestaltet:

»Jahwe hat seinen Thron im Himmel aufgestellt,
und seine Königsmacht herrscht über das All.«

Dieser im Alten Testament vorgenommenen Erweiterung der göttlichen
Königsherrschaft im Raum kann eine Ausdehnung auf »alle Zeiten« ent-
sprechen (Ps 145, 13; Dan 3, 33; 4, 31; vgl. Ex 15, 18; Ps 29, 10; 146, 10).
Doch übergeht dieser Zug ins Kosmische das Individuelle nicht. Zu dem
Gott, dessen Reich räumlich und zeitlich ohne Ende ist, fleht der einzelne
vertrauensvoll: »Mein König und mein Gott« (Ps 5, 3; 84, 4; 145, 1 u. a.).
Eben weil Gott überall und allezeit herrscht, ist er Gott des einzelnen;
Universalismus und Individualismus entsprechen sich (vgl. Ps 103, 1 f. 19).
So könnte man ein wenig zugespitzt zusammenfassen: Jahwe wurde vom
König über die Erde zum König über die ganze Welt und alle Zeit, vom
König über die Götter zum König über Israel und den einzelnen.

6.   In der Spätzeit wird Jahwes Königsherrschaft mehr und mehr zur *Verheißung* einer erst kommenden Wirklichkeit. Der Exilsprophet Deuterojesaja verkündet für die nächste Zukunft einen neuen Exodus des verbannten Volkes im Zusammenhang mit einer Thronbesteigung Gottes von
weltweiter Bedeutung:

»Wie lieblich sind auf den Bergen die Füße des Boten,
der Frieden verkündet, gute Nachricht bringt, Heil ansagt,
der zu Zion sagt: ‚Dein Gott ist König geworden!'
Horch, deine Wächter erheben die Stimme,
jubeln zugleich;
denn Auge in Auge sehen sie,
wie Jahwe heimkehrt zum Zion.
Brecht in Jubel aus und frohlockt allesamt,
Trümmer Jerusalems;
denn Jahwe tröstet sein Volk, erlöst Jerusalem.« (Jes 52, 7–9)

Wie Deuterojesaja in seiner Verkündigung das Eintreffen eines kommenden Ereignisses vorwegnehmen kann, indem er bereits in seiner Gegenwart
zum Lob der künftigen Gottestat auffordert (Jes 42, 10–13), so greift er weit
über die Exilssituation hinaus, wenn er schon jetzt den Siegesboten nach
Jerusalem eilen sieht. Ganz plastisch beschreibt er, wie die Füße den
Herold von Berg zu Berg in die Stadt tragen, um ihr die Friedensnachricht
zu bringen: »Dein Gott ist König geworden!« Das ist kein Inthronisations-
ruf, mit dem der neue Herrscher bei der Thronbesteigung in seine Stellung
eingesetzt wird, sondern eine Proklamation, die das bereits vollzogene Geschehen dem Land bekanntgibt (vgl. Ps 96, 10: Sprecht unter den Völkern:
»Jahwe ist König geworden!« und 2 Sam 15, 10). Diese Botschaft ist den
Hörern kaum völlig neu (Ps 47, 6; 93, 1 u. a.); auch Israels Umwelt ist der
Ruf wohlvertraut.

Nach dem babylonischen Weltschöpfungsepos *Enuma elisch*, das am Neujahrsfest verlesen wurde, erkennen die Götter an: »Marduk ist König!«, bei einer Prozession zum Tempel des Gottes Assur rief ein Priester: »Assur ist König!«, und im ugaritischen Mythos heißt es: »(Der Meeresgott) Jam ist tot, Baal ist König!«

Ein ähnlicher Ruf ist im Alten Testament bei der Inthronisation eines irdischen Königs belegt:»König geworden ist…«(2 Sam 15, 10; 2 Kön 9, 13; vgl. 1 Kön 1, 18).

Auf Grund dieser und der babylonischen Parallelen erschloß *S. Mowinckel* (1922; ähnlich schon *P. Volz* 1912) ein Thronbesteigungsfest Jahwes, das am Herbst- bzw. Neujahrsfest begangen worden sein soll (vgl. § 9 b 3). Hauptbelege sind die sog. Thronbesteigungspsalmen 47; 93; 96–99, auch Jahwe-Königs-Lieder genannt. Ihnen ist eben jener Ruf (mit betont vorangestelltem Subjekt)»Jahwe ist König geworden« oder, wie man auch übersetzen kann, »Jahwe herrscht als König« gemeinsam. Ob Israel wirklich ein solches Fest gefeiert hat, bleibt höchst umstritten; doch mag es einen gottesdienstlichen Akt mit jenem Ruf gegeben haben (vgl. Ps 47, 6: Gott »stieg auf unter Jubel«; dazu 1 Kön 1, 35. 40. 45). Vielleicht deutet das Wechselgespräch Ps 24, 7 ff auf eine Ladeprozession am Tempeleingang hin, bei der Jahwe als »König der Ehren« verkündet wurde (vgl. weiter Ps 48, 13 f; 68, 25).

Die Thronbesteigungspsalmen sind stark hymnisch geprägt, aber formal uneinheitlich und stammen aus verschiedenen Zeiten. Als vorexilisch können am ehesten Ps 47 und 93 gelten, während die anderen Psalmen jüngeres Gedankengut in sich aufgenommen haben. So wird die Tradition einerseits alt und dem Exilspropheten vorgegeben sein, andererseits bis in spätnachexilische Zeit (Sach 14, 16 ff) weiterwirken.

Der Prophet faßt die Wirklichkeit jenes Wortes als noch ausstehend auf und kündigt sie als unmittelbar bevorstehend an. Außerdem wandelt er die übernommene Formel »Jahwe ist König geworden« in einen Zuspruch »*Dein* Gott« ab, wie er statt vom »Wort Jahwes« vom »Wort *unseres* Gottes« reden kann (40, 8), um im Rahmen seiner Trostbotschaft die Zuwendung Gottes zu seinem Volk schärfer hervortreten zu lassen. Obwohl gerade Deuterojesaja eine Offenbarung Gottes vor »allen Enden der Erde« verheißt, gebraucht er den Königstitel nie absolut, sondern sagt den Hörern zu, daß Gott »euer König« (43, 15), der »König Israels« ist (44, 6; 41, 21 in Auseinandersetzung mit fremden Göttern). Die konkrete Exilssituation wird schließlich in der Umgestaltung der Szene selbst spürbar: Obgleich Gott als Sieger in seine Stadt einzieht, liegt sie in Trümmern; denn die Babylonier haben ja Jerusalem zerstört. Die Wächter sehen nicht nur den Boten, sondern »Auge in Auge« Gott selbst, der nach Zion heimkehrt. Indem sich der Prophet des dramatischen Mittels der »Mauerschau« bedient, braucht er nicht Gottes Kommen, sondern nur dessen Begleitumstände zu schildern. Gott wird selbst nicht zum Bild, nur seine Ankunft wird dargestellt. Sie wird allerdings so bedeutsam, daß sie den eigentlichen Anlaß der Verkündigung, die Heimkehr der Exulanten, völlig verdrängt.

Ist Deuterojesaja der erste, der eine Königsherrschaft Gottes erwartet? Auch einem Wort im Ezechielbuch gilt das Königtum als künftiges geschichtliches Ereignis: Gott wird die Herrschaft ausüben.

»Mit starker Hand und ausgestrecktem Arm und ausgeschüttetem Grimm will ich über euch als König herrschen, euch aus den Völkern herausführen und euch aus

den Ländern sammeln, in die ihr zerstreut seid . . . Dann bringe ich euch in die
Wüste der Völker und stelle mich dort euch Angesicht zu Angesicht vor Gericht.«
(Ez 20, 33–35)

Der neue Auszug wird anders als der erste Exodus nicht nur ein geschlos-
senes Volk aus einem einzigen Land (Ägypten) führen, sondern die unter
die Völker weit Zerstreuten herbeiholen. Allerdings trägt das Wort Doppel-
charakter: In diesem Befreiungsakt erweist Gott seine Königsmacht, richtet
aber zugleich sein Herrenrecht auf. Heimkehr und Rückführung in die
Wüste sind nicht nur heilvoll, sondern eröffnen das Gericht, das – in unmittelbarer Begegnung »von Angesicht zu Angesicht« (vgl. 1 Kor 13, 12) –
zwischen den Getreuen und den Untreuen scheidet. Kriterium ist wieder
das erste Gebot: Wer sich am Götzendienst beteiligt, erfährt keine neue
Landnahme.

In Deuterojesajas Botschaft vom Ende des Frondienstes hat die Erwartung
einer Rückkehr des Volkes nur Heilscharakter. Doch stimmen beide Pro-
pheten(bücher) darin überein, daß sie zwei Traditionen zusammenfügen,
die ursprünglich nicht zusammengehören: die israelitische Auszugsüberlieferung und die Königsvorstellung (vgl. auch Klgl 5, 17 ff). Gerade
darin finden sie Nachfolger. Obwohl sich Deuterojesajas Naherwartung
vom Antritt der Königsherrschaft Gottes bei der Heimkehr nach Jerusalem nicht erfüllt, wird seine Hoffnung weitergetragen, bleibt die Ausrichtung auf eine die Gegenwart verwandelnde Zukunft. Vor allem eine
Reihe von Zusätzen zu verschiedenen Prophetenbüchern verbindet die
Proklamation von Gottes Königtum mit der Ankündigung einer Heim-
führung der Zerstreuten. Die Spätzeit bedarf in der Situation, die sie bedrängt, des Zuspruchs, und so fügt sie ihre Hoffnungen den Worten der
Propheten bei, die in ihrer Unheilsbotschaft die gegenwärtige Notlage angedroht hatten.

»Fürwahr, ich werde ganz Jakob sammeln
und den Rest Israels zusammenbringen . . .
Der Durchbrecher zieht vor ihnen herauf . . .
Ihr König schreitet vor ihnen her,
Jahwe an ihrer Spitze.«

In diesem Einschub in das Michabuch (2, 12 f) ist die Gerichtsdrohung ein
für allemal fallengelassen. Gott führt als »Durchbrecher« das geeinte
Volk, Nord- wie Südreich, den Weg in die Freiheit. Gottes Macht vollbringt die Tat, und so folgt der Sammlung und Wiedervereinigung die endgültige Königsherrschaft. Sie wird von unbegrenzter Dauer sein und läßt
zugleich die Diaspora zum »Rest«, zum Grundbestand eines neuen
Volkes, werden:

»Ich mache das Hinkende zu einem Rest
und das Versprengte zu einem starken Volk.
Jahwe wird König sein über sie auf dem Berg Zion
von nun an bis in Ewigkeit.« (Mi 4, 7)

Zur Wiederherstellung des Verlorenen kann auch die Erneuerung der alten Besitzverhältnisse gehören, so daß altes Unrecht wiedergutgemacht wird; aber – trotz aller Vergeltung – Jahwe, nicht Israel gebührt die Herrschaft (Obd 19–21). Wo sich mit dem Gedanken an Gottes Königsherrschaft politische und nationale Erwartungen, wie Freiheit und Einheit des Volkes in seinem eigenen Land, verknüpfen, bleibt die Hoffnung konkret. Der König wird anscheinend als Führer des Heimkehrerzuges verstanden. So wird durch die Überlagerung der Exodustradition auch die Kulturlandvorstellung vom »Königtum Gottes« gleichsam nomadisiert, also mobilisiert.

Die Späteren, in deren Gedanken sich bereits die Apokalyptik ankündigt, greifen mit ihren Erwartungen weiter aus. Sach 14 droht für »jenen Tag« das Gericht über Jerusalem wie über die fremden Völker an, aber nur als Voraussetzung des Heils. Die Scheidung, die – analog zu der im Jahwekrieg erfolgenden Auswahl eines »Restes« Israels – unter den Völkern vorgenommen wird, ist nur Vorbedingung für die Teilnahme der Völker an der Jahweverehrung. »Jahwe selbst hat die Völker herbeigeführt, um sie im Kampf zu besiegen und sie so zur Anerkennung seines Königtums zu bringen« (*H.-M. Lutz*, 53). Wer nicht am Kampf teilnimmt oder aus ihm gerettet hervorgeht, wird alljährlich nach Jerusalem pilgern, um Jahwe als König anzubeten:

»Alle, die übrigbleiben aus all den Völkern, die gegen Jerusalem zogen, werden Jahr für Jahr heraufkommen, um den König Jahwe Zebaot anzubeten und das Laubhüttenfest zu feiern.« (V 16)

Indem die Hoffnung über Israel hinaus die anderen Völker einschließt, hält sie an dem wesentlichen Kriterium des Jahweglaubens, seiner Ausschließlichkeit, fest. So wird die altorientalisch-mythische Vorstellung vom göttlichen Königtum radikal im Sinne des eigenen Glaubens interpretiert, nämlich durch das erste Gebot geprägt und auf Zukunft ausgerichtet:

»Jahwe wird König werden über die ganze Erde;
an jenem Tag wird Jahwe einzig sein und sein Name einzig.«
(Sach 14, 9; vgl. Dtn 6, 4)

Die sog. Jesaja-Apokalypse weitet den Herrschaftsbereich des Königs »auf dem Berg Zion« noch stärker aus: Jahwe wird sich nicht nur gegenüber den irdischen, sondern auch den himmlischen Mächten durchsetzen, bis er unumschränkt regiert (Jes 24, 21–23). Schließlich scheint der Ausklang von Ps 22 (V 28–32) über »alle Enden der Erde« und die Nachwelt hinaus auch die Toten in die Königsherrschaft Gottes einzubeziehen.

Alles in allem hat der Königstitel nach der Übernahme in Israel und der Prägung durch die Eigenarten alttestamentlichen Glaubens einen dreifachen Wandel erfahren: Die Königsherrschaft Gottes hat sich auf die Menschen konzentriert, wurde räumlich und zeitlich ins Grenzenlose ausgeweitet und endgültig von der Zukunft erwartet.

Allerdings wird Gottes Königtum nicht nur als künftig erwartet, sondern zugleich als gegenwärtig geglaubt und bekannt (Jes 6; Ps 24, 9 f; 93, 1 f; 96, 10 u. a.; vgl. § 17b, 5); es ist Hoffnung und Bekenntnis, Bitte »Dein Reich komme!« wie Zuversicht, daß Gottes Wille bereits geschieht: »Dein ist das Reich.« Darum kann die Welt jetzt schon aufgerufen werden, sich über Gottes Königsherrschaft zu freuen:

»Jahwe ward König –
es jubele die Erde!«
(Ps 97, 1; vgl. 98, 6; Sach 2, 14)

Dabei bleiben vorstellungsmäßig die Erwartungen der Königsherrschaft Gottes und des messianischen Reiches getrennt und laufen weithin unausgeglichen nebeneinander her. Überhaupt stellt das Alte Testament nur höchst selten göttliches und irdisches Königtum gegenüber (1 Sam 8, 7; 12, 12; vgl. Ri 8, 22 f) oder verbindet beides zu einer Einheit (1 Chr 17, 14; 28, 5; 29, 11 f. 23 u. a.; vgl. Ps 110, 1). Die Unterscheidung hat sich nicht erst später entwickelt; vielmehr entstammen beide Aussagen verschiedenen Überlieferungen und bewahren bis in neutestamentliche Zeit (vgl. 1 Kor 15, 28 u. a.) weiterhin ihre Eigenständigkeit. Die nachalttestamentliche Apokalyptik hat z. T. beide Reiche aufeinanderfolgen lassen: Die göttliche Herrschaft schließt sich der messianischen an. Dieser chronologische Ausgleich läßt aber die Frage nach dem Sachzusammenhang unbeantwortet (vgl. § 12d, 9).

b) Der »heilige« Gott

In seinem bekannten Buch »Das Heilige« setzt *R. Otto* mit der Feststellung ein: Das Heilige lebt »in allen Religionen als ihr eigentlich Innerstes, und ohne es wären sie gar nicht Religion« ([26]1947, 6), und *S. Mowinckel* greift diese religionsphänomenologische Einsicht auf: »Die Frömmigkeit hat stets gewußt, daß sie einem Etwas gegenüberstand, das ,heilig' war« (Religion und Kultus, 1953, 31). Entsprechend hat man gerne die Heiligkeit »für das ganze Wesen des in Israel geoffenbarten Gottes« gehalten. In ihr fand man sowohl »Jahwes Natur, seine Eigenart« wie »das Wesen der alttestamentlichen Religion« wieder, so daß man sie als eine »Religion der Heiligkeit« darstellen konnte (*J. Hänel*). Eben das Verständnis der Heiligkeit Gottes hebe den mosaischen Glauben von den Umweltreligionen ab. Diese Einschätzung wurde bis vor kurzem auch durch religionsgeschichtliche Erkenntnisse gestützt. *Graf Baudissin* faßt seine Forschungen zusammen: »Auf außeralttestamentlichem Gebiet ist eine Bildung vom Stamme *ḳdš* (= ,heilig') mit Anwendung auf die Gottheit für alte Zeiten mit Sicherheit nicht nachzuweisen« (Kyrios III, 1929, 208[1]).

1. Ist die Aussage von Jahwes Heiligkeit wirklich seit jeher für Israels Glauben grundlegend?

»Gott kommt von Teman,
der Heilige vom Gebirge Pharan«, sagt Hab 3, 3.

Gewiß ist diese Schilderung einer Theophanie vom Sinai nicht streng historisch gemeint. Darf man sie trotzdem einmal beim Worte nehmen: Ist »der Heilige« ein Prädikat des Gottes vom Sinai? Ältere Texte (Dtn 33, 2; Ri 5, 5), die ähnlich Jahwes Kommen vom Berg beschreiben, enthalten das Prädikat noch nicht. Ja, im Alten Testament finden sich überhaupt erst recht spät Wesensaussagen über Gottes Heiligkeit.

Angesichts der Unheil bringenden Lade erschrecken die Philister: »Wer kann bestehen vor Jahwe, dem heiligen Gott?« (1 Sam 6, 20; vgl. 2 Sam 6, 6 f). Diese Frage setzt aber die Anerkennung Jahwes voraus und ist, wenigstens dem Wortlaut nach, wohl den Fremden in den Mund gelegt. Vor allem taucht der Begriff »heilig« im Zusammenhang mit der Lade nur ganz vereinzelt und nicht an alten und gewichtigen Stellen auf. Sieht man von den nur schwer datierbaren Psalmen ab, so bilden deshalb Worte der Propheten Amos, Jesaja und Hosea aus dem 8. Jh. die ältesten Zeugnisse. Das Alte Testament macht zunächst nur darum einen gänzlich anderen Eindruck, weil die späte Priesterschrift den Heiligkeitsbegriff im Pentateuch so vielfältig gebraucht. Wenig charakteristisch ist der Beleg bei Amos: »Der Herr Jahwe schwört bei seiner Heiligkeit« ist nur Einleitungsformel göttlicher Rede (Am 4, 2; »meinen heiligen Namen zu entweihen« in Am 2, 7 ist Zusatz in priesterlicher Sprache). Das Wort Hoseas (11, 9), das überraschend Gottes Freiheit zur Liebe (vgl. 14, 5; u. § 14b, 10) mit seiner Heiligkeit begründet: »Ich bin Gott und nicht ein Mensch, in deiner Mitte ein Heiliger«, läßt sich überlieferungsgeschichtlich kaum festlegen. (Die Parallelen Jes 31, 3; Ez 28, 2, die Gott und Mensch gegenüberstellen, kommen ohne den fraglichen Begriff aus.) Um so klarer läßt das Vorkommen des Ausdruckes bei Jesaja die Herkunft erkennen.

Die Berufungsszene, in der der Seraphenchor das »Heilig, heilig, heilig ist Jahwe Zebaot« anstimmt (Jes 6, 3), erweckt den Eindruck, daß der Prophet hier ursprünglich Gottes Heiligkeit erfuhr. Mit der Thronvorstellung stoßen wir aber auf den vorgegebenen Überlieferungszusammenhang des himmlischen Hofstaats (vgl. bes. Ps 29, 1 f. 9 f; o. § 11a, 2). Schon die »*Göttersöhne*« gelten dem Alten Testament als »heilig«:

»Wer ist wie du unter den Göttern, Jahwe,
wer ist wie du mächtig erwiesen unter ,den Heiligen'?« (Ex 15, 11)
»Die Himmel preisen deine Wunder, Jahwe,
deine Treue ,die' Schar der Heiligen.
Denn wer in den Wolken kommt Jahwe gleich,
ähnelt Jahwe unter den Göttersöhnen?
Ein Gott – gefürchtet im Rate der Heiligen,
,groß' und furchtbar über seine ganze Umgebung!« (Ps 89, 6–8)

Beide Male wird die Unvergleichlichkeit dessen erfragt, der über die heiligen Götter oder »Göttersöhne« herrscht, und Angaben aus der Umwelt bestätigen, daß Israel diese Redeweise vorgefunden hat. In westsemitischen Inschriften (Jeḥimilk, Eschmunazar) ist von »heiligen Göttern« die Rede, und ein Zaubertext (aus Arslan Tasch) nennt die Gottheiten »alle

Heiligen«. Nur scheint das Alte Testament die Himmelswesen wieder zu dienstbaren Geistern erniedrigt zu haben (Hi 4, 18; 5, 1; 15, 15; Sach 14, 5; Dan 4, 10; 8, 13 u. a.).

In den ugaritischen Mythen trägt wahrscheinlich auch der Gott El den Titel »der Freundliche und der Heilige«, während die Götter, die üblicherweise »Söhne Els« genannt werden, vielleicht »Söhne des Heiligen« heißen. Schließlich lautet der Name einer altorientalischen Göttin unmittelbar »die Heilige«. »Heilig« ist also eine alte, Israels Umwelt wohlvertraute Gottesbezeichnung. Sogar Hauptgötter scheinen dieses Prädikat zu führen.

Nach diesen Zeugnissen ist das kanaanäische Verständnis von Heiligkeit keineswegs unpersönlich-sachlich; auch kann man nicht schon darin etwas spezifisch Israelitisches sehen, daß das »Alte Testament in erster Linie Gott selbst als den Heiligen bezeichnet« (*W. Eichrodt*, TheolAT I[8], 177).
Vielmehr hat Israel diese Aussage mit seiner kanaanäischen Umwelt gemeinsam. Ja mehr: Allem Anschein nach hat Israel erst von den Kanaanäern gelernt, Jahwe »heilig« zu nennen; mancherlei Querverbindungen legen diese Schlußfolgerung nahe. Die nomadischen Traditionen kannten dieses Prädikat so wenig wie den Königstitel. Weder die Vätergötter noch der Gott vom Sinai heißen in wirklich alter Überlieferung »heilig« (zu Ex 3, 5 »heiliger Boden« o. § 6 a 3, 4). Vor der Einwanderung ins Kulturland und der Begegnung mit der kanaanäischen Religion scheint Israel Jahwe nicht als »heilig« verehrt zu haben, jedenfalls fehlt der Begriff. Das ist aber in der Religionsgeschichte etwas Besonderes. Üblicherweise wird die außergewöhnliche Macht, die die Religionen in Dingen, Personen oder der Gottheit erfahren, als »heilig« erfaßt, während Israel diese Gleichsetzung von Macht und Heiligkeit ursprünglich nicht vollzog. Die Unterscheidung von Gott und Mensch wie die Wirksamkeit Gottes wurden auf andere Weise ausgesprochen.
Ähnlich wie bei dem Königstitel läßt sich vielleicht noch erkennen, an welchem Ort Israel den Heiligkeitsbegriff hauptsächlich übernahm; wieder spielt der *Zion* eine entscheidende Rolle. Ps 48, 2 überträgt auf ihn die mythische Vorstellung von Baals »heiligem Berg« im Norden (vgl. Ps 2, 6 u. ö.). Ps 46, 5 weiß von »heiligen Wohnungen Eljons« zu erzählen, die jetzt als Heimstatt Jahwes gelten (vgl. 68, 6; 47, 9). Demnach scheint der Jerusalemer Stadtgott (El) Eljon als »heilig« verehrt worden zu sein, und Jahwe hat darin seine Nachfolge angetreten. So erklärt sich die starke Bindung der Heiligkeitsaussage an Jerusalem, »die heilige Stadt« (Jes 52, 1; Joel 4, 17 u. a.).

2.   Auch wenn das Alte Testament Gottes »Heiligkeit« mit seiner »*Ehre*«, »*Herrlichkeit*« (*kabod*, wörtlich eher: »Schwere, Gewicht, Bedeutung«) verbindet, kann es an einen vorgegebenen Zusammenhang anknüpfen. Die Göttersöhne bringen ja nach den ugaritischen Mythen wie dem Alten Testament dem heiligen Götterkönig »Ehre« dar; der Ruf erschallt aber

nicht nur in Himmelssphären (Ps 29, 1 f. 9; 19, 2), sondern dringt bis zur Erde (Jes 6, 3) und wird hier aufgenommen (Ps 96, 7; 24, 7 ff; vgl. 97, 6; 57, 6. 12). Man wird also mit der Annahme kaum zu weit gehen, daß die wiederum in Jerusalem, speziell im Tempel (Ps 26, 8), ansässige Vorstellung von Gottes »Herrlichkeit« kanaanäischer Religion entstammt. Das Alte Testament bietet vielleicht selbst noch einen Beleg dafür, daß die Ehrerweisung ursprünglich dem Gott El galt; Ps 19, dessen ersten Teil man seit langem aus kanaanäischem Gedankengut herleitet, setzt ein:

»Die Himmel erzählen die Ehre Els.«

Diese Überlieferung hat das Alte Testament später immer stärker entfaltet und verändert; die »Ehre« wird mehr und mehr zum Prädikat oder auch zur Offenbarungsweise Jahwes.

In der Priesterschrift ist die »Herrlichkeit« Gottes lichtvolle Erscheinung vom Himmel und seine Gegenwart auf Erden, die den Kult am Sinai begründet (Ex 24, 15 ff; 29, 43 ff; 40, 34 f; Lev 9, 23 f) und bei den Wanderern durch die Wüste rettend wie richtend wirkt (Ex 16; Num 14; 20; vgl. 16 f). Nach dem Propheten Ezechiel (1, 28; 10, 18 f; 11, 22 f) verläßt Jahwes »Herrlichkeit« das dem Untergang geweihte Jerusalem, um erst in den künftigen neuen Tempel zurückzukehren (43, 2 ff). In beiden literarischen Bereichen ist die Verbindung von »Heiligkeit« und »Herrlichkeit« zu Hause: wenn Gott sich »verherrlicht«, »erweist er sich als heilig« (Ex 29, 43; Ez 28, 22 ff; 36, 20 ff; vgl. 38, 23; Lev 10, 3 u. a.). Darüber hinaus verkündet Deuterojesaja das bevorstehende Erscheinen von Gottes »Herrlichkeit«, seiner sich durchsetzenden Macht, vor allen Völkern:

»Offenbar wird die Herrlichkeit Jahwes,
und alles Fleisch sieht es zumal.«
(Jes 40, 5; vgl. 60, 1 ff; 62, 2; 66, 18 f; 11, 10; Ps 97, 6)

In unmittelbar nachexilischer Zeit (520 v. Chr.) scheint der Prophet Haggai die Verheißung aufzunehmen, bindet sie aber – in Übereinstimmung mit 1 Kön 8, 11; Ex 40, 34 f; Ez 43 – an den Wiederaufbau des Tempels:

»Steigt hinauf ins Gebirge, holt Holz und baut das Haus –
so werde ich Wohlgefallen daran haben
und mich (dort) verherrlichen.«
(Hag 1, 8; vgl. 2, 7. 9)

Die »Herrlichkeit« bleibt also nichts, was Jahwe an sich hat oder ist, sondern wird in der Welt wirksam (wird »die Erde füllen«: Num 14, 21; Ps 72, 19; vgl. Jes 6, 3; Hab 2, 14). Entsprechend versteht Israel auch Jahwes »Heiligkeit« als ein Geschehen. Sie bleibt schon bei Jesajas Berufung nicht auf die himmlische Szene beschränkt: Wegen seiner Unreinheit kann sich der Mensch nicht am Gesang des Seraphenchores beteiligen (Jes 6, 5); aber die Entsündigung ist seine Beauftragung zum prophetischen Reden. Die Berufung Jeremias (1, 5) vollzieht sich gar mit den Worten: »Ich habe dich geheiligt«, d. h. in Dienst genommen. Der Gegensatz von heilig und unrein braucht nicht einfach festzuliegen, sondern kann durch Berührung (vgl. Ex 29, 37; Lev 6, 11. 20) verringert oder gar aufgehoben werden. Gottes Heiligkeit äußert sich am Menschen; wieder sind also charakteristische Wandlungen zu erkennen, die sich nach der Übernahme der Vorstellung in Israel vollzogen haben.

Erst recht zeigt dies der bereits formelhaft gewordene Gottesname »*der Heilige Israels*«. Dieser Begriff, der den Titel »Gott Israels« nachzuahmen scheint und Jesaja vielleicht schon vorgegeben ist (vgl. Ps 89, 19; 71, 22; 78, 41), tritt bei dem Propheten meist in Anklagen und Warnungen auf (Jes 1, 4; 5, 19. 24; 31, 1). Sein Sinn wird an einer sekundären Stelle (5, 16; vgl. 2, 8 f) am deutlichsten: Der »heilige« Gott erweist sich im Gericht an seinem Volk als heilig und setzt so seine Heiligkeit durch. Wie Jahwes Heiligkeit als Eifersucht bestimmt werden kann (Jos 24, 19 f), so wird sie hier nach dem ersten Gebot interpretiert: Gott hat allein Macht (vgl. Ez 28, 22; Dtn 32, 51). Deuterojesaja behält diese Intention bei, verkündet aber mit derselben Wendung »der Heilige Israels« Gottes Heil und des Volkes kommende Erlösung (Jes 41, 14. 16; 43, 3. 14 f u. a.).

3.   Gerade weil die Heiligkeit aus Gottes Verhältnis zum Menschen verstanden wird, wird sie im Laufe der Zeit immer stärker auf Gott konzentriert. Gewiß kennen die priesterschriftlichen Gesetze auch eine dingliche Heiligkeit: Kultische Gegenstände sind »heilig« (1 Sam 21, 5 f u. a.; in der Erwartung: Sach 14, 20 f) und können diese Qualität durch Berührung übertragen. »Heilig« wird von »hochheilig« und beides wiederum von bloßer Reinheit unterschieden und so festgelegt, wie der Mensch mit den Dingen umzugehen hat. Doch braucht erst die Spätzeit für Jahwe den Titel »der Heilige« absolut (Hab 3, 3; Spr 9, 10 u. a.). Wenn Deuterojesaja (40, 25) wie ein Weisheitslehrer fragt:

»Und wem wollt ihr mich vergleichen,
daß ich (ihm) gleich wäre? spricht der Heilige«,

so mag noch die alte Vorstellung von dem Gott nachklingen, der in der heiligen himmlischen Schar thront (Ex 15, 11). Aber der Gegensatz ist hier verschärft: Der eine steht – wieder im Sinne des ersten Gebots – allen anderen als einziger gegenüber:

»Niemand ist heilig wie Jahwe
– denn außer dir ist keiner –,
und es ist kein Fels wie unser Gott.«
(1 Sam 2, 2; vgl. Dtn 32, 51 u. a.)

Mit der Anrede: »Du bist heilig, der du thronst über den Lobgesängen Israels« (Ps 22, 4) spricht der Klagende, der in seiner Gottverlassenheit zu Gott ruft, einerseits die Erhabenheit oder Ferne Gottes aus, mit der er ringt, andererseits das ihm selbst nur noch schwer nachvollziehbare Vertrauen der Väter.

Wo der Unterschied zwischen Gott und Mensch durch die Heiligkeit bestimmt wird, bleibt dieser Heilige den Menschen nahe; »heilig ist Jahwe, *unser* Gott« (Ps 99, 9. 3. 5; vgl. Hos 11, 9).

»So spricht der Hohe und Erhabene,
der ewig thront und dessen Name ‚der Heilige‘ ist:
In der Höhe und als Heiliger throne ich
und bei den Geschlagenen und Gedemütigten,
um den Geist der Gebeugten zu beleben
und das Herz der Geschlagenen zu erquicken.« (Jes 57, 15)

4. Das sog. Heiligkeitsgesetz (Lev 17–26) sieht schließlich die Heiligkeit des Menschen in der Heiligkeit Gottes gegründet, wenn es gebietet, Gott nachzuahmen:

»Ihr sollt heilig sein;
denn ich, Jahwe, euer Gott, bin heilig.«
(Lev 19, 2; vgl. 11, 44 f; 20, 26; Ex 22, 30 u. a.)

Vielleicht ist dieser Satz, der die folgenden Einzelverordnungen vorweg zusammenfassend auslegt, nicht nur als Forderung, sondern zugleich als Feststellung gemeint: »Ihr seid heilig; denn ich bin heilig!« Ähnlich kann das Deuteronomium (14, 1) seine Gebote mit einem Indikativ überschreiben und begründen: »Söhne seid ihr Jahwe, eurem Gott.« Klingen aber beide Auffassungen an, so wird verlangt, »das wirklich zu sein und zu bewähren, was man grundsätzlich« ist (*M. Noth*, z. St.). Die Gemeinde soll sich so verhalten, wie sie von Gott her schon ist; sie soll gottgemäß leben, indem sie in ihrem Dasein dem Wesen und Wirken Gottes, durch das sie begründet ist, entspricht. Liegt hier nicht das Vorbild für den Schlußsatz der Antithesen der Bergpredigt: »Ihr sollt vollkommen sein, wie euer himmlischer Vater vollkommen ist« (Mt 5, 48), der den Anspruch auf »Vollkommenheit« (Gen 17, 1; Dtn 18, 13; vgl. Ps 15, 2 u. a.) mit der dem Menschen zugesagten und zugemuteten Entsprechung (Lev 19, 2 u. a.) verbindet?

c) Der »lebendige« Gott

Vorstellungen vom sterbenden und auferstehenden Gott

Mit der Bezeichnung »der lebendige Gott« scheint das Alte Testament ein ihm wesentliches Anliegen in einem Wort zusammenzufassen: Gott ist nicht abstrakte Idee, sondern begegnet konkret-personhaft; er bleibt nicht am menschlichen Geschehen unbeteiligt, sondern greift in die Geschichte ein, bestimmt jeweils neu die Gegenwart. So macht dieser Begriff wie kein anderer die Betroffenheit des Menschen durch Gott deutlich.
Aber schon das Vorkommen der Wortverbindung bietet keine rechte Stütze für diese Auffassung: Wenn man die Schwurformel »So wahr Jahwe lebt!«

nicht mitrechnet, beschränkt sich die Wendung »lebendiger Gott« in ihren
verschiedenen Formen insgesamt auf kaum zehn Belege; Wesensaussagen
von Gott macht das Alte Testament ja überhaupt selten. Dieses Verhältnis
zeigt, daß das Prädikat »lebendig« nicht von der Frühzeit an ein Theo-
logumenon von grundlegender Bedeutung ist (anders *S. Kreuzer*). Ja, zunächst kommt in ihm gerade nichts spezifisch Alttestamentliches zur
Sprache; vielmehr liegt wieder eine fremde Gottesbezeichnung vor, die
Israel aufgriff: der »lebendige Gott« ist ursprünglich nicht der Gott der Geschichte, der immer wieder Neues wirkt, sondern der Gott des Mythos.
Doch hat Israel den Begriff so umgedeutet, daß es in ihm seine eigenen Erfahrungen mit Gott aussprechen konnte.

1. Die Vorstellung von Gottes »Leben« findet sich am häufigsten im Eid,
wie er unter Handerhebung etwa am Heiligtum zu leisten war: »So wahr
Jahwe lebt« (Ri 8, 19 u. v. a.). Die gleiche Schwurformel wird auch auf
andere Götter angewandt. Ein schwerverständliches Wort aus dem Amosbuch (8, 14) – gewöhnlich tadelt Amos keinen Fremdkult, sondern soziale
Vergehen – kündigt das Gericht an:

»Die bei der Schuld (?, statt dessen ist vielleicht ein Gottesname, Aschima oder
Aschera zu lesen) Samarias schwören und sprechen: ,So wahr dein Gott lebt, Dan!'
und ,So wahr der Weg (= die Wallfahrt?, vielleicht: dein Liebling) lebt, Beerscheba!',
sie werden fallen und nicht mehr aufstehen.«

Mag das Drohwort gegen wirklichen Fremdgötterkult oder nur gegen eine
Verehrung Jahwes unter fremder Gestalt (Stierkult?) vorgehen – das Bekenntnis gilt kaum Jahwe allein. Die Eidesformel »So wahr Gott lebt«
kann sich gleicherweise auf Jahwe wie auf fremde Götter beziehen; andere
Völker wenden sich an ihren Gott (vgl. Jer 12, 16; Zeph 1, 5; auch
Gen 31, 53). Der Schwur erfolgt eben nicht allgemein beim Leben Gottes,
sondern ruft den Namen eines bestimmten Gottes an; so kann der Eid
bei anderen Göttern verboten werden (Jos 23, 7 u. a.). Indem der eigene
Gott feierlich als Zeuge und Richter eingesetzt wird, gewinnt der Schwur
zugleich Bekenntnischarakter. Weil der Ausdruck »So wahr Jahwe lebt«
aber in alten Pentateuchtexten fehlt, scheint Israel ihn erst im Kulturland
in Anlehnung an fremde Bräuche geprägt zu haben. Aus der unmittelbaren kanaanäischen Umwelt ist allerdings ein Wort wie »Baal lebt«
als Schwurformel nicht bezeugt. Aber aus Ägypten sind entsprechende
Wendungen zur Eröffnung des Eides (»So wahr Amon lebt« u. a.) belegt.

2. Die Schwurformel gleicht im Wortlaut dem Lob, mit dem der Beter
seinen Dank an Gott für die Rettung aus der Not allgemeingültig zusammenfaßt:

»Es lebt Jahwe, und gepriesen ist mein Fels!
Erhaben ist der Gott meines Heils.« (Ps 18, 47)

Der Gott, der Heil zu wirken vermag, wird als »lebendig« gepriesen. Liegt damit aber nicht ein übertragener Gebrauch des Wortes vor? »Lebendig« ist doch eigentlich nicht, wer Leben gibt, sondern wer Leben hat. Wo findet sich aber die ursprüngliche Verwendung, die »tot« und »lebendig« gegenüberstellt? Dem Bekenntnis »Es lebt Jahwe!« entspricht im ugaritischen Mythos der Jubel, der in der Götterwelt aufbricht, wenn die Natur die Rückkehr Baals zum Leben anzeigt:

»Es lebt Alijan (= der Starke) Baal,
es ist da der Fürst, Herr der Erde!«

Dieser Ruf hat seine strenge Parallele in einer Klage, die bei Baals Tod erklingt:

»Tod ist Alijan Baal,
gestorben ist der Fürst, Herr der Erde!«

Hier ist der Gegensatz von »Leben« und »Tod« Gottes beheimatet. Noch in hellenistischer Zeit berichtet Lukian (De Dea Syria § 6 ff), daß der Gott Adonis wieder auf»lebe«. Beide Zeugnisse entstammen dem Mythos vom sog. *sterbenden* und *auferstehenden Gott*, der im alten Orient in verschiedener Ausprägung erzählt wird: Ein jugendlicher Gott wird getötet, die Götter trauern, eine Göttin sucht nach dem toten Gott, bis sie ihn findet. Während der Gott in der Unterwelt weilt, stirbt auf Erden die Natur ab, sprießt aber von neuem auf, wenn der wieder lebende Gott zur Erde heimkehrt. Grundzüge dieses Mythos wissen Kanaan von Baal-Hadad und Anat, Ägypten von Osiris und Isis, Kleinasien später von Attis und Kybele oder schließlich Phönizien und Griechenland von Adonis und Astarte-Aphrodite zu erzählen. (Auch Melkart von Tyrus oder der Heilgott Eschmun – bei den Germanen im weiteren Sinn Baldur – wären zu nennen.) Das Geschick des Gottes scheint jeweils in kultischen Aufführungen dargestellt worden zu sein. Dabei setzen die späteren Mysterienfeiern den eingeweihten Mysten mit der Gottheit gleich; indem er ihr Schicksal nacherlebt, erlangt der Mensch Erlösung. In altorientalischer Zeit gibt die Begehung des Mythos aber, vom ägyptischen Osirisritual abgesehen, dem Menschen noch keinen Anteil an der Wiederbelebung der Gottheit.

Das Alte Testament selbst nennt beiläufig solche Auferstehungsgötter. Die Totenklage um den sumerisch-babylonischen Gott Tammus, der im strengen Sinne nicht zu den sterbenden und auferstehenden Göttern zu gehören scheint, klingt in der Vision des Propheten Ezechiel an: Er sieht am Tempeltor »Frauen sitzen, die den Tammus beweinen« (8, 14). Kleine Beete – mit Erde gefüllte Gefäße oder Tonscherben – sollen mit ihrem raschen Aufblühen und Verwelken das Schicksal des Gottes Adonis darstellen (Jes 17, 10 f; 1, 29); denn der sterbende und auferstehende Gott ist zugleich Vegetationsgott. Die Klage um den Gott Hadad-Rimmon erwähnt Sach 12, 11, den »Liebling der Frauen« Dan 11, 37 (vgl. noch Jer 22, 18;

34, 5). Auch in der Erzählung von Jiphtachs Tochter (Ri 11, 34 ff) hat man Nachwirkungen einer entsprechenden Klagefeier finden wollen. Jedenfalls kannte Israel diesen Mythos. Ja, es hat verschiedene seiner Motive abgewandelt aufgenommen.

3. Vornehmlich in der Botschaft des Propheten *Hosea*, der mit immer neuen Worten gegen die Baalisierung des Jahweglaubens vorgeht, kann man Anspielungen auf solche Vorstellungen finden. Die Gerichtsankündigung, Jahwe ziehe sich von seinem Volk zurück, bildet den Anlaß eines Bußliedes, das das Volk anstimmt oder der Prophet ihm in den Mund legt:

»Kommt, wir wollen zurückkehren zu Jahwe;
denn er zerriß, er wird uns auch heilen;
er ‚schlug‘, er wird uns auch verbinden,
er wird uns am Leben erhalten.
Nach zwei Tagen, am dritten Tage
wird er uns aufstehen lassen,
damit wir vor ihm leben.
Laßt uns erkennen,
ja, der Erkenntnis Jahwes nachgehen.
Wie die Morgendämmerung so sicher ist sein Aufbruch.
Er kommt zu uns (so gewiß) wie der Regen,
wie der Spätregen, der das Land ‚tränkt‘.« (Hos 6, 1–3)

In der Not scheint das Volk zu seinem Gott zurückzufinden: Aus dem Unheil, das er brachte, wird er wieder heraushelfen; wer strafte, kann auch heilen (vgl. 2 Kön 5, 7). So wandelt sich die Klage rasch in zuversichtliche Gewißheit: In Kürze gibt Gott neues Leben – so sicher, wie der neue Morgen kommt. Die ganze Bildrede könnte aus Zügen des Mythos vom sterbenden und auferstehenden Gott gestaltet sein: »Aufstehen« nach der kurzen Frist von zwei bis drei Tagen (ähnlich später bei Osiris und anderwärts bezeugt; vgl. Jon 2, 1), »heilen« (der Auferstehungsgott ist jedenfalls später zugleich Heilgott; vgl. 2 Kön 1, 2), vielleicht »nachgehen« (dem Gott in die Unterwelt folgen) und der Vergleich mit dem Regen (der Gabe des Vegetationsgottes) erinnern an diesen Zusammenhang. Die griechische Übersetzung enthält zusätzlich noch das Motiv des Findens (die Suche nach dem toten Gott); und wenn Hosea in dem unmittelbar vorhergehenden Gerichtswort ankündigt, daß Jahwe sich »an seinen Ort zurückzieht« (5, 15), könnte auch er darauf anspielen. Das Zusammentreffen so vielfältiger Momente ist kaum zufällig. Aber das Lied bezieht diese Vorstellungen nicht mehr auf Gott, sondern auf das Volk; und es malt das Bild eines Verwundeten, der auf Grund der Behandlung genesen wird, nicht die Auferweckung eines Toten. Dieser Unterschied zwischen der Aussage des Textes und seiner Überlieferung bleibt auch bei den übrigen Andeutungen zu beachten. So greift Hosea möglicherweise die Motive des Suchens und Findens (5, 6; vgl. 2, 9) oder der Trauer (10, 5; vgl. 7, 14) auf, um ihnen in einem sachfremden Zusammenhang eine sinnverkehrende Bedeutung zu unterlegen: Die Klage gilt nicht mehr dem wiederkehrenden mythischen, sondern einem einmaligen geschichtlichen Ereignis, dem kommenden Gericht.

Zudem erkennt Hosea die in jenem Lied angesprochene »Rückkehr«willigkeit nicht an; Jahwes Antwort ergeht als Frage (V 4): »Was soll ich dir tun . . ., wo deine Liebe wie Morgennebel ist, wie Tau, der früh verschwindet?«

Auch das Sprichwort vom Erntejubel, der den Tränen bei der *Aussaat* folgt, kann durch einen altorientalischen Ritus angeregt sein, der das Schicksal des Vegetationsgottes nachahmte:

»Die Tränen säen,
werden mit Jubel ernten.
Sie gehen dahin und weinen
und tragen den Beutel voll Samen.
Sie kommen unter Jubel heim
und bringen ihre Garben.« (Ps 126, 5 f)

Ist das Weinen von vornherein nur bildlicher Ausdruck für harte, kummervolle Arbeit und das Leid, das künftiger Freude weichen soll? Im Bild leben vielleicht religiöse Bräuche beim Ackerbau weiter. Die Aussaat mit dem Aufreißen des Bodens und dem Einlegen des Samens in die Erde glich dem Begräbnis der gestorbenen Gottheit, war darum Zeit der Trauer. Besonders im Osirisritual kam dem sog. »Erdhacken« als »Tötung und Versenkung des Osiris in der Erde Schoß« größere Bedeutung zu; »denn bei der Saat wird Osiris, der ja selber das Korn ist, in die Erde gesenkt, ja in die Erde getreten« (*H. Bonnet*, Reallexikon der ägyptischen Religionsgeschichte, 1952, 168). Dagegen galt das Aufsprießen der Saat als Zeichen für die Wiedergeburt der Gottheit, die nicht in der Erde bleibt, und wurde darum freudig begrüßt. Mit den sog. »Adonisgärtchen« erwähnt das Alte Testament ja selbst (Jes 17, 10 f; 1, 29) die Ausführung des Ritus.

Da der Tod des Gottes auch als »*Schlaf*«, seine Rückkehr aus der Unterwelt als »Erwachen« bezeichnet werden kann (vgl. Hab 2, 19), werden aus diesem Vorstellungskreis zugleich die Worte verständlich, mit denen Elija seinen Spott über die Baalspropheten ergießt, deren Opfer und Gebet keine Erhörung finden:

»Ruft doch lauter! Ein Gott ist er ja, er ist wohl in Gedanken oder abseits (= macht sein Geschäft?) oder unterwegs. Vielleicht schläft er auch und erwacht!« (1 Kön 18, 27)

Dieselbe ursprünglich mythische Ausdrucksweise verwendet das Alte Testament mehrfach für seine eigenen Gottesaussagen. Nachdem Ps 78 die Begebenheiten in der Frühzeit des Volkes bis zur Zerstörung Schilos erzählt hat, beschreibt er die geschichtliche Wende mit den Worten: »Da erwachte der Herr wie ein Schlafender.« Kaum zufällig ist in diesem Zusammenhang (V 64–66) vom »Weinen« des Volkes, im Vergleich sogar von einem Rausch Gottes und vom Feindessieg die Rede. Gerade die Klagelieder fordern Gott auf, »aufzuwachen, sich zu erheben« – als Bitte, für den Bedrängten einzuschreiten (Ps 7, 7; 35, 23; 59, 5 f; bes. 44, 24 f):

> »Erwache! Warum schläfst du, Herr?
> Wach auf! Verwirf nicht für immer!
> Warum verbirgst du dein Antlitz,
> vergißt du unseres Elends und unserer Not?«

Mit solchen Wendungen wird nur noch auf den mythischen Gottesschlaf angespielt; die neue Bedeutung der übernommenen Worte ist im Zusammenhang offenkundig: Die Erzählung vom Geschick des Gottes wandelte sich in die Bitte um Wende der Not des Menschen. »Schlaf« ist in diesen Psalmen nur noch »Bild für das Verhalten des deus absconditus, des Gottes, der schweigt und nicht eingreift, der sein Leben und seine Macht dem Zerbrochenen nicht, noch nicht, erweist« (*H.-J. Kraus*, z. St.). Den ursprünglichen Vorstellungsgehalt, der ja eine Unterbrechung der göttlichen Wirksamkeit für die Zeit des Schlafes meinte, hat das Alte Testament so wenig bewahrt, daß die Vokabeln umgekehrt zum Ausdruck für Gottes ständige Fürsorge und Schutz werden können:

> »Siehe, es schlummert nicht und schläft nicht
> der Hüter Israels!« (Ps 121, 4)

Vielleicht greift Deuterojesaja auf die gleiche Überlieferung zurück, wenn er ganz ähnlich verkündet: Gott »wird nicht müde noch matt« und diesen Satz deutet: »Er gibt den Müden Kraft« (Jes 40, 28 f). Die Psalmen wie das Prophetenwort haben allerdings nicht notwendig mythischen Ursprung, sondern können ohne Vorbild von sich aus menschliche Gegebenheiten auf Gott übertragen, um sie bei ihm zu leugnen. Sollte die Redeweise aber mythischer Herkunft sein, dann ist aus der Vorstellung wiederum eine Aussage über Gottes Taten am Menschen geworden.

4.   Diesem mythischen Bereich von Sterben und Auferstehen scheint die Ausdrucksweise von Gottes »Leben« zum Teil, aber nicht ausschließlich, zu entstammen. Göttliches »Leben« ist wohl seit je umfassender verstanden worden.

Schon im ägyptischen Alten Reich finden sich Personennamen, in denen die Götter »Besitzer, Spender und Erhalter des Lebens genannt werden« (*H. Junker*, 190). Im mesopotamischen Raum waren Wendungen, wie Gott »lebt« oder »ist der Lebendige«, die der ägyptischen Religion wohlvertraut sind, nicht üblich; doch tragen die Götter den Titel »Herr des Lebens«. In ugaritischen Texten wird der Begriff »Leben« auch mit dem Gott El verbunden, der nicht zu den Vegetationsgottheiten gehört. Erst recht bezieht sich die Schwurformel »So wahr der Gott lebt« nicht nur auf sterbende und auferstehende Götter. Der alte Orient braucht also das »Leben« einer Gottheit keineswegs nur im Gegensatz zu ihrem »Tod«, d. h. im Rahmen natürlichen Werdens und Vergehens, aufgefaßt zu haben.

Oder liegt teilweise ein erweiterter Sprachgebrauch vor, weil die Götter in die Sterblichkeit einbezogen sind? Sie gehören »zur geschöpflichen Sphäre«

und sind daher – über die sterbenden und auferstehenden Götter hinaus –
»dem Todesgeschick unterworfen« (*S. Morenz*, Ägyptische Religion,
1960, 25 f).
So versteht das Alte Testament Gott nicht; es wehrt sich gegen die Übertragung von Tod und Auferstehung auf Jahwe.

»Bist du nicht von Urzeit, Jahwe,
mein heiliger ,Gott‘, der nicht ,stirbt‘?« (Hab 1, 12; vgl. Ps 102, 26 ff)

Die Auseinandersetzung mit dem Mythos, die sonst nur indirekt geführt
wird, wird hier ausnahmsweise ausdrücklich: Gott stirbt nicht, sondern
ist von Urzeit an. Dabei meint »israelitisches Denken nicht die Ewigkeit
des reinen Seins, sondern die Ewigkeit des Wirkens«; für alle Zeit
und so auch für die Gegenwart wird Gottes Am-Werk-Sein geglaubt
(*K. Elliger*, z. St.). Dieselbe Intention hat das Bekenntnis »Es lebt Jahwe«
(Ps 18, 47; vgl. Jos 3, 10). Wie die Klagelieder die Vorstellung von Gottes
»Erwachen« aus dem Schlaf aufnehmen können, um ihn zum Einschreiten
in der Not zu bewegen, so vermag dieses Danklied (Ps 18) die geschehene
Rettung mit der Formel bekanntzugeben, die bei den Nachbarreligionen
die Rückkehr des Vegetationsgottes ins Leben ankündigte. Die mythische
Sprache wird zwar beibehalten – aber mit dem ganz anderen Sinn, Gottes
Fähigkeit zu helfen auszusagen. Um eine zusammenfassende Formulierung
W. Graf Baudissins (S. 507. 466) aufzugreifen: Der Begriff vom Leben
Gottes ist entlehnt, doch hat das Alte Testament die »Todesüberwindung
abgestreift, die Vorstellung selbst aber beibehalten«; der Ausdruck »lebendiger Gott« charakterisiert Jahwe »als den Gott, der sich in Betätigung als
wirksam erweist«.
5. Wo das Alte Testament selbst die Unterscheidung von »lebendig« und
»tot« in Beziehung auf Gott gebraucht, da nimmt der Gegensatz eine
andere Bedeutung an. Im Kampf Davids gegen Goliat (1 Sam 17, 26. 36)
wie in der Notlage Hiskijas bei der Belagerung Jerusalems (2 Kön 19, 4. 16)
wird »der lebendige Gott« angerufen: Jahwe möge sich von den Feinden
nicht als ohnmächtig verspotten lassen, sondern sich – anders als die vergänglichen Götter der bereits unterworfenen Völker (19, 18) – als lebendig
erweisen und rettend eingreifen! Im Sinne altisraelitischer Tradition (o. § 7)
ist »der lebendige Gott« der Führer des Krieges. Wahrscheinlich stehen
bereits hier wie häufiger in der Spätzeit die fremden, toten Götzen dem
lebendigen, d. h. »wahren«, Gott gegenüber: »Jahwe ist wahrhaftig Gott.
Er ist ein lebendiger Gott und ewiger König« (Jer 10, 10). Diese Bedeutung
entspricht zweifellos nicht dem ursprünglichen Verständnis; denn sie bestimmt Gottes »Leben« faktisch vom ersten Gebot her.
Auch der einzelne sucht im Klagelied den Gott auf, der Not in Heil zu verwandeln, Leben zu erhalten vermag (Ps 42, 3. 9; 84, 3):

»Wie der Hirsch lechzt nach den Wasserbächen,
so lechzt meine ,Seele‘ (d. h. mein Ich) nach dir, Gott!
Meine ,Seele‘ dürstet nach Gott, dem lebendigen Gott.«

Gewiß heißt Gott im Alten Testament nie »das Leben«. Er ist als der »Lebendige« zunächst nicht der Schöpfer – darum fehlt der Begriff auch in den beiden Schöpfungsgeschichten Gen 1 f –, und das mag sowohl für das Alter des Titels wie für seine religionsgeschichtliche Herkunft bezeichnend sein: In Kanaan ist der Schöpfergott nicht der »tote« und »lebendige« Vegetationsgott. Das Alte Testament kann Jahwe aber die »Quelle des Lebens« nennen (Ps 36, 10; Jer 2, 13; 17, 13; vgl. 38, 16); der Gott der Geschichte, der sich das Prädikat »der Lebendige« angeeignet hat, greift auf den Bereich der Schöpfung über.

Weil der lebendige Gott Leben zu geben vermag, setzt der Psalmist auf ihn seine Hoffnung. Von daher wird schließlich die Verheißung des Hoseabuches (2, 1) verständlich, nach der Gott über jedes berechenbare Maß hinaus Leben schaffen wird:

»Da wird die Zahl der Söhne Israels
wie der Sand am Meer werden,
der sich nicht messen noch zählen läßt.
Statt daß man zu ihnen sagt: ‚Ihr seid nicht mein Volk‘,
wird man zu ihnen sagen: ‚Söhne des lebendigen Gottes‘.«

Der singuläre Ausdruck »Söhne des lebendigen Gottes«, der zwei Israel ursprünglich fremde, aus der Umwelt stammende Wendungen »Söhne Gottes« (u. § 12b) und »lebendiger Gott« verbindet, verweist auf den Gott, »der, weil er selbst das Leben ist und hat, über menschliches Verstehen hinaus schenken kann« (*W. Rudolph*, z. St.). So hat das Alte Testament auch die Vorstellung von Gottes »Leben« auf das Verhältnis von Gott und Mensch bezogen (vgl. 1 Sam 2, 6; 2 Kön 5, 7 u. a.).

Schon im Mythos gilt das Prädikat »lebendig« ja dem Gott, der die Erhaltung der Welt wirkt: Die Auferstehung des toten Gottes bedeutet zugleich das Aufsprießen der Vegetation. Hatte Israel die Aktivität Jahwes zunächst nicht als »Leben« bezeichnet, so hat es doch seit je die Wirksamkeit seines Gottes bekannt. Selbst der Name »Jahwe« wird als »er erweist sich« zu deuten sein. Vielleicht ist also das Wirken Gottes das gemeinsame Moment, das die Entlehnung des Begriffs gestattete; jedenfalls kommt es dem Alten Testament gerade darauf an.

d) Die Theophanie

1. An ganz verschiedenen Stellen im Psalter und in der prophetischen Literatur beschreibt das Alte Testament, welch schreckliche Folgen eine Gotteserscheinung für die Natur hat. Diese eigentümlichen Darstellungen muten in ihrem jeweiligen Zusammenhang häufig fremdartig an, sind sich aber untereinander auffallend ähnlich. In seiner Kurzfassung ist das dem Amosbuch nachträglich vorangestellte Motto ein gutes Beispiel; es soll das Gericht des Gottes von Jerusalem über das Nordreich ankündigen:

»Jahwe brüllt vom Zion,
und von Jerusalem erhebt er seine (Donner-)Stimme.
Da trauern die Weiden der Hirten,
und der Gipfel des Karmel verdorrt.« (Am 1, 2)

Offensichtlich ist dieser Einzelvers zweiteilig aufgebaut: Die erste Hälfte
schildert eine Theophanie, die zweite die Auswirkungen. Ganz entsprechend
sind gewisse prophetische Gerichtsansagen gegliedert:

»Siehe, Jahwe zieht aus von seinem Ort,
die Schuld der Erdbewohner zu ahnden,
so daß die Erde ihr Blut aufdeckt
und nicht mehr ihre Ermordeten verbirgt.«
(Jes 26, 21; vgl. 30, 27 ff; 66, 15 f u. a.)

Strenggenommen »erscheint« Gott gar nicht; sichtbar werden allein die
Folgen, und nur sie werden ausführlich beschrieben. Im Gegensatz zu den
Erzvätererzählungen der Genesis, der Geschichte von Moses Berufung oder
den Visionen und Auditionen der Propheten offenbart Gott eigentlich
nicht, wer er ist oder was er will. Ja, Gott spricht – mit der einen Ausnahme
von Ps 50 – bei solchen Erscheinungen überhaupt nicht. Er kommt zumeist
auch nicht, um heilvoll-rettend für einen Bedrängten einzugreifen (vgl.
Dtn 33, 2 ff), sondern um Verwirrung und Vernichtung zu bringen. Das
Feste gerät in Bewegung, die Berge erbeben, Himmel und Erde sind in Aufruhr. Die Natur wird hier gewiß nicht als schön oder gar bergend empfunden; grauenvoll ist, was sich in ihr vollzieht. Manche Theophanieschilderungen gestalten die Szene durch Aufnahme weiterer Motive immer
umfangreicher aus (vgl. Ps 18, 8–16; 77, 17–20; 97; Nah 1; Hab 3); aber
alle Darstellungen sind so unverwechselbar eigener Art und berühren sich
so stark in Form und Ausdrucksweise, daß sie zweifellos als Einheit für sich
betrachtet werden können.

2. Obwohl Naturtheophanien sicher weniger spezifisch für Israel sind,
finden sie sich im Alten Testament häufiger als entsprechende Gottes-
erscheinungen in der Geschichte. Naturphänomene als machtvolle Begleiterscheinungen der Gottesoffenbarung sind ein Kennzeichen der Kulturlandreligion. Tatsächlich lassen sich die alttestamentlichen Texte zu
ähnlichen *altorientalischen* Schilderungen in Beziehung setzen, und da
zeigt sich: Diese Vorstellungen vom schrecklichen Auftreten Gottes hat
Israel mit seiner Umwelt gemeinsam, ja aus ihr übernommen und auf
Jahwe übertragen. Vor allem die Fruchtbarkeits- und Wettergötter, der
sumerische Ischkur, »der auf einem Sturmwind reitet«, der hethitische
Teschub oder der babylonische und syrisch-kanaanäische Baal-Hadad
(ähnlich der germanische Thor) erscheinen in der Natur, in Sturm,
Wolken, Blitz, Donner, Regen, Feuer, Erdbeben. Abbildungen stellen den
Wettergott mit dem Blitz als Lanze in der Hand dar, und der ugaritische
Mythos sagt von Baal:

»Er erhebt seine (Donner-)Stimme in den Wolken,
schleudert die Blitze zur Erde.«

Schon das zitierte Motto des Amosbuches vergleicht Jahwes Stimme mit
dem Brüllen des Löwen und dem Donner des Gewittergottes, der jetzt nicht
Regen und Fruchtbarkeit bringt, sondern die Vegetation zerstört (vgl.
Ps 29). In gleicher Weise können die Blitze zu Jahwes Waffe (Ps 18, 15;
77, 18 f) und die Wolken zu seinem Wagen werden. Wie altorientalische
Götter einen Schreckensglanz um sich breiten, so kann Jahwe einen Licht-
glanz tragen. Er naht, indem er »aufglänzt«:

»Vom Zion, der Krone der Schönheit,
strahlt ‚Jahwe‘ auf.
Es kommt unser Gott und schweigt nicht.
Feuer frißt vor ihm her,
und rings um ihn her stürmt es stark.«
(Ps 50, 2 f; vgl. 18, 13; Dtn 33, 2 f; Hab 3, 4)

3.   Nur selten geht die Gotteserscheinung wie in diesem Beispiel vom Zion
aus (vgl. Am 1, 2), meist bricht Jahwe vom Himmel auf, und in den ältesten
Texten ist der *Sinai* der Ausgangspunkt:

»Jahwe, als du auszogst von Seir,
einherschrittest auf den Gefilden Edoms,
da erbebte die Erde,
ja, die Himmel troffen,
ja, die Wolken troffen von Wasser.« (Ri 5, 4 f; Dtn 33, 2; Ps 68, 9 u. a.)

Genügt es darum nicht, den Ursprung der Theophanieschilderungen in der
Sinaioffenbarung zu suchen, so daß man nicht auf fremde Vorstellungen
zurückzugreifen braucht? Beide Textbereiche kennen außerdem die Ver-
bindung von Gewitter- und Vulkanphänomenen und können Jahwes Erscheinen als »Herabsteigen« bezeichnen (Ex 19, 18; 34, 5 wie Mi 1, 3;
Ps 18, 10). So hat gewiß die Überlieferung von der Sinaioffenbarung auf die
Theophanieschilderungen eingewirkt, doch kann sie nicht schlechthin ihr
Urbild gewesen sein (*J. Jeremias*). Einerseits sind die beiden Aussagen –
Jahwes Theophanie am Sinai und sein Kommen vom Sinai – zu unterscheiden (o. § 5 d). Andererseits ist der Sinaitradition der Aufruhr der Natur
fremd; Donner und Blitz gelten nur als Begleitumstände der Gotteserscheinung, nicht als göttliche Waffen. Diese Züge erklären sich eben nur
aus den Darstellungen fremder Gewittergottheiten. Jahwe konnte aber
einen Teil ihrer Eigenschaften an sich ziehen, weil die altisraelitische Überlieferung ähnliche Begebenheiten erzählte.

4.   Während der Sinaibericht im Pentateuch von einer Offenbarung Jahwes
in der Vergangenheit erzählt, beschreiben die Theophanietexte im Psalter
ein Kommen Gottes in der Gegenwart. Wenn aber die *Propheten* diese Schilderungen aufgreifen, kündigen sie mit ihnen das Erscheinen Gottes für die Zu-

kunft an. Indem sie die Naturtheophanie zu einer bevorstehenden Geschichtsoffenbarung umprägen, wird die mythische Vorstellung zur Erwartung:

»Siehe, Jahwe zieht aus von seinem Ort,
er steigt herab und tritt auf die Höhen der Erde,
so daß die Berge unter ihm zerschmelzen
und die Täler sich spalten . . .
All dies um der Sünde Jakobs
und um der Verfehlungen des Hauses Israels willen . . .
So mache ich Samaria zum Steinhaufen im Felde,
zur Pflanzstätte für Weinberge.« (Mi 1, 3 ff)

Solche Theophanieschilderungen können sich in der prophetischen Gerichtsbotschaft gegen Israel selbst oder gegen fremde Völker richten
(Jes 30, 27 ff; 19, 1), den drohenden »Tag Jahwes« ausmalen (Joel 2, 10 f),
wie Verheißung werden (Jes 31, 4; 40, 10; 42, 13). Die Naturtheophanien
wissen nur von schrecklichen Folgen; sie kennen diese doppelte Möglichkeit noch nicht, weil sich Heil oder Unheil nur in der Geschichte an den
Menschen auswirken kann.

5. Sowohl die Hymnen des Psalters wie die Worte der Propheten wollen
Gottes *Macht* verkünden, der weder die Natur noch die Geschichte zu
widerstehen vermögen. Diese Aussage ist nicht allgemein gedacht, sondern
auf bestimmte Ereignisse bezogen: Gott kommt zu einer Tat herbei. Schon
das älteste Zeugnis einer solchen Theophanie besingt Jahwes siegreiches
Eingreifen in den Kampf (Ri 5, 4 ff). Israel konnte die Theophanieschilderungen von den Umweltreligionen übernehmen, weil sie von einer göttlichen
Tat reden. Während sich die Gottestat im Vegetationsmythos vom sterbenden und auferstehenden Gott vielleicht regelmäßig wiederholt, wird sie hier
ganz ereignishaft aufgefaßt. Erst recht beruhen die Theophaniedarstellungen
nicht auf dem Empfinden einer göttlichen Allgegenwart in der Natur.
Sollte die Gottheit ursprünglich im vernichtenden Unwetter und Erdbeben
erkannt und erfahren worden sein, so setzte der alte Orient zur Zeit Israels
die Götter längst nicht mehr mit dem Naturgeschehen gleich (o. § 10, 3):
Die verschiedenen Begebenheiten begleiten nur ihr Erscheinen. Allein in
diesem Sinne konnte das Alte Testament die Naturphänomene als Folgen
der göttlichen Gegenwart verstehen. Wahrscheinlich hat die Redeweise in
Israel auch nie mehr ihren ursprünglichen »Sitz im Leben« innegehabt, da
sie ja aus der Umwelt übernommen ist und selbst dort schon weit gestreut
begegnet. Zumindest wollen die Propheten, die solche Beschreibungen aufgreifen, nur andeuten, was geschieht, wenn Gott kommt. Die Welt kann
nicht bleiben, wie sie ist. Das Hohe wird niedrig – sagen andere Worte
ähnlich (Jes 40, 4; 1 Sam 2, 6 ff u. a.). So suchen die Theophanieschilderungen mit ihren beiden Grundelementen – Gottes Erscheinung und deren
Folgen – zugleich den Weltbezug Gottes wie die Unterscheidung von Gott
und Welt auszusagen; sie reden von Gott, indem sie die Auswirkungen
seiner Gegenwart beschreiben.

e) Der Chaosdrachenkampf

1. In den Theophanieschilderungen finden sich mehrfach Anspielungen
auf einen Drachenkampf oder – besser gesagt – Meereskampf Jahwes. Beide
mythischen Vorstellungen wollen Gottes Macht in ihrer Schrecklichkeit
verherrlichen, indem sie ausmalen, wie er sich gegen seine Feinde in der
Natur durchsetzt.

»Es sahen dich die Wasser, Jahwe,
es sahen dich die Wasser, erbebten,
ja, die Urfluten erschraken.

Es ergossen Wasser die Wolken,
Donner gab das Gewölk,
ja, deine Pfeile flogen umher.

Deines Donners Tosen durch den Wagen!
Es erleuchteten die Blitze das Festland,
es erbebte und schwankte die Erde.«
(Ps 77, 17–19; vgl. 29, 3; 93, 4; 114, 3; 18, 16; Nah 1, 4 u. a.)

Wenn Gottes Erscheinung ein Beben der Erde wie den Aufruhr des Meeres
verursachen kann, so liegt die Vermutung nahe, daß Theophanie und
Meereskampf nicht zwei ursprünglich voneinander unabhängige Überlieferungen, sondern nur zwei verschiedene Züge eines Mythenkomplexes
bilden. Die Darstellung eines Gottes, der einerseits auf den Wolken in
Sturm und Gewitter daherfährt und den Blitz als Waffe handhabt, andererseits siegreich das Meer überwindet, erklärt sich leicht aus der Aufnahme
von Wesensmerkmalen Baals: Der Wettergott bestand zugleich den Kampf
mit dem Meer.
In den recht häufigen Anklängen an einen Meereskampf Jahwes im Alten
Testament – vor allem in Hymnen und Klageliedern des Psalters, aber auch
in der prophetischen Literatur – hat man nach Entzifferung der Keilschrift
zunächst Nachwirkungen des babylonischen Weltschöpfungsmythos erkennen wollen: Der Gott Marduk erlegt die Meeresgöttin Tiamat und ihre
Drachenrotte mit Netz und Sturm, spaltet das Ungetüm, formt aus der
oberen Hälfte den Himmel, während er aus den anderen Körperteilen die
Erde mit Gebirgen und Flüssen entstehen läßt. Im Alten Testament finden
sich in der Tat auch hier und da Einflüsse babylonischer Mythologie (z. B.
in der Sintfluterzählung), die wohl durch die Kanaanäer vermittelt wurde.
Doch haben die ugaritischen Texte gelehrt, daß die mythischen Vorstellungen Kanaans keineswegs mit denen des Zweistromlandes überein-
zustimmen brauchen; auch die Namen der kämpfenden Parteien sind verschieden. Die Ägypter haben wieder anders gedacht, ihre Kosmogonien
variieren von Stadt zu Stadt. So darf man die altorientalischen Überlieferungen keineswegs zu stark vereinheitlichen.
Während die Auseinandersetzung zwischen Marduk, dem Stadtgott Babylons, und der Meeresgöttin Tiamat ein Chaoskampf ist, der mit der

Schöpfung der Welt endet, setzt der in den ugaritischen Mythen erzählte Kampf zwischen Baal und dem Meeresgott Jam den Bestand der Welt offensichtlich bereits voraus. Anscheinend gewinnt Baal mit dem Sieg erst die Königsherrschaft über die Götter, Marduk war schon vorher zum König proklamiert worden. Vor allem braucht Baal die Erde nicht zu schaffen; als sterbender und auferstehender Vegetationsgott ist er nur der Erhalter der Welt, der durch seinen Regen die Fruchtbarkeit spendet. Darum ist der Kampf mit dem Meer keine Wiederholung der Schöpfung. Soll der Begriff des »*Chaos*« seine spezifische Bedeutung behalten, schränkt man ihn am besten auf den Zustand der Welt vor der Schöpfung (vgl. Gen 1, 2 u. a.) ein. Dann sind aber Erdbeben und Meerestosen, die durch eine Theophanie hervorgerufen werden, noch kein Chaoszustand, weil sie keine Neuschöpfung der Welt erforderlich machen (vgl. etwa Ps 46, 3).

2. Diese an fremden Texten vorgenommene Unterscheidung von Schöpfungsakt und Meereskampf bewährt sich im Alten Testament, obwohl es den Mythos nur noch in Bruchstücken wiedergibt. Beide Überlieferungen sind in eine völlig andere Sprache gefaßt. Deuterojesaja kann mit der Vorstellung vom Drachenkampf das Schilfmeerwunder beim Auszug aus Ägypten ausmalen (ähnlich Ps 77, 16 ff; 74, 15). Damit hat das mythische Geschehen seine Selbständigkeit verloren; es dient nur noch dazu, ein Geschichtsereignis zu veranschaulichen:

»Recke dich, recke dich,
wappne dich mit Kraft, Arm Jahwes!
Recke dich wie in den Tagen der Vorzeit,
bei den Geschlechtern der Urzeiten!

Bist du es nicht, der Rahab zerhieb,
der Tannin durchbohrte?
Bist du es nicht, der das Meer austrocknete,
die Wasser der großen Urflut?« (Jes 51, 9 f; vgl. 43, 16 f)

Diesen Hilferuf beantwortet der Prophet mit einer Heilszusage, die sich nicht mehr auf die Rettung am Schilfmeer (den Anfang der Geschichte Israels), sondern auf die Schöpfung (den Anfang der Welt) gründet:

»Ich, ich bin es, der dich tröstet ...
dein Schöpfer, der den Himmel ausspannte
und die Erde gründete.« (Jes 51, 12 f)

Wie die Ausdrucksweise zeigt, hat sich die Unterscheidung beider Traditionen über lange Zeit durchgehalten. Ähnlich spielt das Alte Testament an einer Reihe von anderen Stellen (Ps 77, 17–20; 93; Jes 27, 1; Nah 1, 3 f; Hab 3, 8) allein auf den Meereskampf an. Wollte man auch sie als Darstellungen des Chaoskampfes verstehen, so bliebe völlig unerklärt, warum gerade der Höhepunkt des mythischen Geschehens, die Schöpfung der Welt, fehlt. Allerdings enthält das Alte Testament auch Texte, die nicht so eindeutig ableitbar sind, weil in ihnen verschiedene Vorstellungen zusammenfließen (Ps 74, 12 ff; 89, 10 ff). Die einzelnen Varianten lassen sich eben nicht zu einem einheitlichen Bild zusammensetzen; denn der Ursprung der mythischen Motive ist nicht auf einen Kulturkreis beschränkt. Israel stand auch unter dem Einfluß Mesopotamiens und Ägyptens (vgl. Ps 104). Außerdem hat sich im Laufe der Zeit der Kontakt mit der Umwelt geändert.

3. Doch sind die Beziehungen zu den kanaanäischen Mythen, die durch die Funde von Ras-Schamra-Ugarit bekannt wurden, bis in Einzelheiten hinein besonders eng. Das Alte Testament weiß, wenn es Gottes Sieg über das feindlich sich erhebende Meer preist, auch von der Überwindung bestimmter *Meeresungeheuer* zu erzählen. Genauso berichten die ugaritischen Mythen sowohl vom Kampf mit dem Meeresgott als auch mit einzelnen Meeresunwesen, die gleiche oder ganz ähnliche Namen tragen: Tannin, »die gewundene Schlange, der Machthaber mit sieben Köpfen« oder Lotan-Leviatan (vgl. Ps 74, 13 f; Hi 3, 8; 40, 25; nur »Rahab« findet sich allein im Alten Testament). In beiden Bereichen bleibt auch letztlich ungewiß, ob diese Ungeheuer verschieden oder ein einziges mythisches Wesen sind, das mit dem Meer identisch ist (so Hi 7, 12).

Ein später Text läßt die Übernahme und Abwandlung der mythischen Vorstellung von der Urschlange noch deutlicher hervortreten. Im ugaritischen Mythos wird der Gott Baal angeredet:

»Wenn du (auch) Leviatan erschlugst,
die flüchtige Schlange,
der gewundenen Schlange ein Ende bereitetest,
dem Machthaber mit sieben Köpfen ...«

Diese Szene ist im Alten Testament in eine Apokalypse eingefügt, um die Endzeit auszumalen. Das Alter der Vorstellung und ihre schriftliche Fixierung können also stark auseinanderklaffen; mythische Motive tauchen im Alten Testament in der Früh- und Spätzeit auf. Obwohl zwischen beiden Belegen ein knappes Jahrtausend liegen wird, hat sich z. T. sogar noch der Wortlaut erhalten:

»An jenem Tag wird Jahwe heimsuchen mit seinem Schwert,
dem harten, großen und starken,
Leviatan, die flüchtige Schlange, und
Leviatan, die gewundene Schlange,
und töten Tannin, der im Meer (haust).« (Jes 27, 1)

Bei der wörtlichen Übereinstimmung fallen die sachlichen Abweichungen um so mehr auf. Der Seedrache verkörpert im Alten Testament nicht mehr das Meer, sondern ein Tier, das »*im* Meer haust«. Die Schöpfungsgeschichte (Gen 1, 21) versteht die Meeresungetüme, die einmal den Göttern vorgegeben waren, ausdrücklich als Geschöpfe. »Aus den uralten Chaosungeheuern ist eine merkwürdige Art von Fischen geworden, die unter den anderen Geschöpfen figurieren« (*H. Gunkel*, 120). Schließlich vollzieht der

Hymnus (Ps 104, 26) ironisch eine gänzliche Entmachtung, indem er die Meereswesen zu göttlichem Spielzeug erniedrigt.

Darüber hinaus bringt die Umwandlung der Vorstellung im Alten Testament erneut eine Verlagerung in die Zukunft mit sich; selbst der Drachenkampf wurde in Jes 27 in eine Erwartung umgeprägt. Dabei hat er seinen »Realitätsgehalt« aufgeben müssen: Das mythische Requisit erscheint nur noch als Symbol für bestimmte geschichtliche Reiche (vgl. Jes 24, 21).

4. Entsprechend verbindet das Alte Testament den Meereskampf sonst mit dem Durchzug durchs Meer. Weil der Mythos eine Gottestat erzählt, kann er dazu dienen, Jahwes Wirken zu veranschaulichen. Dabei gerät jedoch das Geschichtsereignis in die Gefahr, in die ungeschichtliche Vorzeit verlegt zu werden: »Die Taten Jahwes« werden zu »Wundern von Urzeit an« (Ps 77, 12; vgl. 74, 12; Jes 51, 9 f). So droht die sog. *Historisierung des Mythos* zur Mythisierung der Geschichte zu werden. Doch stehen Mythos und Geschichte im Alten Testament gewiß nicht gleichberechtigt nebeneinander. Wo sich beide Bereiche vermischt haben, ist die geschichtliche Wirklichkeit weiterhin die Intention der Aussage: Jahwe »vollbringt Heilstaten auf der *Erde*« (Ps 74, 12). Die Erinnerung an die vergangene Gottestat, die mythisch ausgestaltet wurde, ist zugleich Vertrauensbekenntnis und Bitte: Wie damals, so möge Gott auch jetzt seine Macht zeigen! Darum kann der Mythos sogar in das persönliche Leben eingefügt werden. Der einzelne kann um eine Theophanie bitten, die ihn aus den Wassern der Urflut rettet, oder für die Befreiung danken (Ps 18; 144, 5–7; vgl. 32, 6; 42, 8; Hi 7, 12 u. a.). In diesem Zusammenhang scheint die kosmische Dimension des Mythos, die der Apokalyptik wieder entscheidend wird (u. § 17b, 1), ganz verloren zu sein, so daß er zum bloßen Bild geworden ist.

f) Die Schöpfung

1. Obwohl Kosmogonien für die Religionen der altorientalischen Kulturländer grundlegende Bedeutung hatten, scheint Israel ursprünglich keine eigenständige Schöpfungsgeschichte besessen zu haben. Jedenfalls ist von einem Schöpfungs- oder besser Schöpferglauben in den ältesten Überlieferungen aus nomadischer Zeit (Väterverheißung, Auszug aus Ägypten, Sinaioffenbarung) keine Rede.

Dieser Tatbestand bleibt selbst dann auffällig, wenn der Gottesname Jahwe die Grundbedeutung »er macht Sein, ruft ins Sein« hätte, was jedoch wenig wahrscheinlich ist (vgl. Ex 3, 14 f; o. § 6 a 2).

Der Glaube an den Schöpfer ist ein Haupterbe Israels an die Christenheit; dennoch prägen Schöpfungsaussagen nicht das ganze Alte Testament. Außerhalb der Urgeschichte (vor allem Gen 1–2) spielen sie eigentlich nur

in drei Bereichen eine entscheidende Rolle, nämlich im Psalter (bes. in den
sog. Schöpfungspsalmen 8; 19 A; 104; vgl. 33; 136; 148 u. a.; auch in
jüngeren hymnischen Partien der Prophetenbücher, wie Am 4, 13; Jer 10),
in der Weisheitsliteratur (Sprüche, Hiob) und beim Exilspropheten Deuterojesaja. Überhaupt sind Schöpfungsaussagen in vorexilischer Zeit relativ
selten, finden sich erst in der frühen Königszeit (so im Tempelweihspruch
1 Kön 8, 12 LXX; Gen 2 J; 14, 19 ff; vielleicht Ps 19; 24, 2; 104;
Spr 14, 31 u. a.) und häufen sich seit dem Exil. Mag auch die eine oder
andere Überlieferung, insbesondere die mündliche Vorgeschichte der
jahwistischen Erzählung von Gen 2, in die frühisraelitische Epoche zurückreichen, so ruhte auf dem Schöpferglauben in älterer Zeit doch kein
Gewicht.

Zwar bekannte Israel seit jeher Jahwes Macht über die Natur (Ex 14–17;
19, 16 ff), wohl auch über fremde Völker und deren Land (Gen 12, 10 ff;
20; Ex 7 ff u. a.), aber Jahwe scheint ursprünglich nicht als Schöpfer verehrt
worden zu sein. Israel erfuhr seinen Gott zunächst als Retter in der Not.
Als es lernte, Natur und Welt insgesamt als Werk Jahwes und die Menschheit als seine Geschöpfe zu verstehen, war von vornherein gewiß, daß der
Schöpfer der Befreier und Erlöser ist.

So brauchte Israel seinen Glauben nicht auf die Schöpfung zu gründen, aus ihr auf
Gott oder von der Natur auf das Heil zu »schließen«. Das Alte Testament blickt
gleichsam von der Erfahrung in der Geschichte auf die Schöpfung zurück, die
wiederum als Vorgang in der Zeit auf die Geschichte zuläuft, ja sie als »Anfang« eröffnet (Gen 1; vgl. Ps 136). In Gottes Segenswort (Gen 1, 28), das die Fähigkeit zur
Weitergabe des Lebens schenkt, ist ausdrücklich Zukunft im Blick, und die
Schöpfungserzählungen gehen in die Genealogien über (4, 1 f. 17 ff J; 5, 1 ff P).

Die Situation nach der Landnahme machte die Ausweitung der Gottesaussagen erforderlich. Vermutlich hat Israel erst in Palästina – gar erst seit
der frühen Königszeit?, aber gewiß vor dem Exil – unter Aufnahme von
Schöpfungsaussagen aus den Religionen der Umwelt und in Auseinandersetzung mit ihnen von Jahwe als Schöpfer geredet. Die Übernahme
kanaanäischer Vorstellungen wird in Gen 14, 19 ff offenkundig (o. § 10a, 2).

2.   Die mythischen Vorstellungen vom Weltanfang hat Israel mit dem
alten Orient gemeinsam, ja von ihm entlehnt. So zeigt Gen 1 in der Abfolge
der einzelnen Werke (Meer und dessen Teilung – Gestirne – Ankündigung
der Erschaffung des Menschen und Ausführung – göttliche Ruhe) gewisse
Übereinstimmungen mit dem babylonischen Weltschöpfungsepos *Enuma
elisch* (»Als droben . . .«), das alljährlich zum Neujahrsfest in Babylon vor-
getragen wurde. Allerdings ist die biblische Schöpfungsgeschichte kaum
unmittelbar von diesem kosmogonischen Mythos abhängig – dafür sind die
Unterschiede zu groß –, doch werden beide Texte in einem überlieferungsgeschichtlichen Zusammenhäng stehen.
Bereits die babylonische Erzählung vom Werden der Welt beruht auf fremder Tradition. Schon im Sumerischen sind die beiden Hauptvorstellungen

bezeugt: Im Anfang war nur Wasser; die Welt entstand durch eine
Scheidung. Entsprechend heißt im babylonischen Schöpfungsepos das
Meer »Erzeuger« bzw. »Gebärerin der Götter«, und der siegreiche Gott
Marduk formt nach dem Kampf mit der Meeresgöttin Tiamat aus ihrer
oberen Hälfte den Himmel, aus der unteren die Erde:

»Es ruhte der Herr, ihren Leichnam zu betrachten,
das Ungeheuer (?) zu teilen, Kunstvolles zu schaffen;
er hälftete sie wie eine Muschel (? bzw. einen Fisch) in zwei Teile,
er setzte ihre eine Hälfte hin,
den Himmel bedeckte er mit ihr.«
(AOT 137; vgl. ANET 67; RTAT 109)

Nach der Entstehung der Gestirne folgt als letztes krönendes Werk die
Bildung der *Menschen* aus Götterblut; sie erhalten den Auftrag, den
Göttern zu dienen:

»Blut will ich binden, Gebein erstehen lassen,
erstellen will ich ein Wesen, Mensch sei sein Name,
erschaffen will ich ein Wesen, den Menschen.
Auf ihm (liege) der Dienst der Götter,
auf daß sie besänftigt seien.«
»Sie nahmen ihn (= den Gott Kingu) gefangen,
vor Ea brachten sie ihn.
Strafe legten sie ihm auf;
seine Blut(adern) schnitten sie auf.
Mit seinem Blut schuf er (= Ea) die Menschheit,
ihr legte er den Dienst der Götter auf,
so daß er sie (die Götter) freigab.«

Die Erschaffung der Welt und des Menschen, ursprünglich vielleicht verschiedenen Aussagebereichen zugehörig (vgl. *R. Albertz*), haben sich also
bereits in dem babylonischen Schöpfungsmythos zusammengefunden, so
daß Israel dieser Zusammenhang vorgegeben ist. Ja, wie in Gen 1 wird hier
die Erschaffung des Menschen durch ein göttliches Wort angesagt. Aber das
Alte Testament sieht die Bestimmung des Menschen nicht im »Gottesdienst«, sondern spricht dem Menschen mit der Gottebenbildlichkeit die
Herrschaft über die Erde zu. Erst recht bedarf es keines Götterblutes (nach
Gen 2, 7 nur des Hauches Gottes) für die Bildung des Menschen, wie die
ganze Schöpfung nicht mehr als Kampf gedacht ist.

Hat das Zweistromland im wesentlichen altüberlieferte Schöpfungsvorstellungen
immer weiter ausgestaltet (Enuma elisch) und mit anderen Stoffen zu einer Urgeschichte bis zur Sintflut verbunden (Atrachasis-Epos), so sind die *ägyptischen*
Kosmogonien weit vielfältiger, da sie von Ort zu Ort wechseln. Aber auch hier finden
sich die beiden Grundgedanken von dem Urmeer als Weltanfang und der Trennung
von Himmel und Erde wieder.
Die großen Systeme von Hermopolis, Heliopolis und Memphis tragen ganz verschiedene Gestalt. Das Denkmal memphitischer Theologie beschreibt die Erschaffung der Welt durch Gedanken und Wort des Gottes Ptah: »Es entstand jedes Gottes-

wort durch das, was vom Herzen erdacht und von der Zunge befohlen wurde.« In der Kosmogonie von Hermopolis erscheinen wesentliche Elemente von Gen 1, 2 als vier Urgötterpaare: Urgewässer (Nun und Naunet), Grenzenlosigkeit (Chuch und Chauchet), Finsternis (Kuk und Kauket) und Lufthauch (Amun und Amaunet). Diese acht – in Heliopolis dagegen neun – Urgötter personifizieren die Welt vor der Schöpfung. Wasser (Nun) ist der Grundstoff, die anderen Gottheiten sind gleichsam Eigenschaften (Unendlichkeit, Finsternis) des Urzustands.

Selbst in Griechenland wirken altorientalische Überlieferungen nach, wenn etwa Homer Okeanos den »Vater der Götter« nennt oder das Wasser nach Thales der Ursprung der Dinge ist.

Aus dem kanaanäischen Raum sind wohl vereinzelte Wendungen (o. § 10a, 2), aber noch keine umfassende Schöpfungserzählung bekannt.

Insgesamt hatten die altorientalischen Kosmogonien trotz einiger gleichbleibender Grundaussagen verschiedene Gestalt.

3. Daß Israel recht verschiedenartige Überlieferungen aufnehmen und umgestalten konnte, erklärt die Vielfalt alttestamentlicher *Vorstellungen* von der Schöpfung. Sie bilden so wenig eine Einheit, sowenig sich die einzelnen Varianten des Meereskampfmythos zu einem Handlungsablauf zusammenfügen lassen.

Nach der *priesterschriftlichen* Schöpfungsgeschichte (Gen 1) gehen aus dem vorgegebenen Urmeer – nach der Bildung des Lichts und dessen Scheidung von der Finsternis – durch fortgesetzte Teilung der himmlische und irdische Ozean und dann das Land hervor, auf dem die Pflanzen sprießen und die Tiere leben können. Als die Menschen entstehen, ist die Welt für sie bereitet. Schon in diesem Bericht haben sich mehrere ursprünglich selbständige kosmogonische Vorstellungen zu einer Einheit zusammengefunden: Die Welt wird aus dem Urwasser gebildet, das in Analogie zu dem weitverbreiteten Himmel-Erde-Trennungsmythos in eine obere und untere Hälfte aufgeteilt wird, während das Festland aus dem Wasser emportaucht. Außerdem wechseln sich die Aussagen »Gott machte« und »Gott sprach« ab, die wieder von dem »Gott nannte« zu unterscheiden sind.

Während in Israels Umwelt die Chaosmächte durchweg Gottheiten mit schöpferischer Kraft sind, hat Gen 1 jede Eigenwirksamkeit des Urstoffes ausgeschaltet (V 2 »Die Erde war wüst und leer« ist reine Zustandsschilderung). Die Teile des Urstoffs, die durch die großen kosmischen Trennungsakte entstanden sind, werden durch Gottes Namengebung gleichsam umgewandelt und nur so in die gestaltete Welt einbezogen (V 5: die Finsternis als Nacht; vgl. V 8. 10). In der geschaffenen Welt erscheint der Urstoff nicht mehr. So gleicht die Erde auch nicht einer kleinen Insel im chaotischen Meer, das ständig lauert, alles Leben zu vernichten. Die Welt hat keine Grenze mehr, ihr droht kein Rückfall in die Gestaltlosigkeit; sie ist jetzt offen für die kommende Geschichte. Damit hat sich das Weltverständnis von Grund auf geändert: An die Stelle der Unsicherheit, die sich lebensbedroht weiß, tritt ein Weltvertrauen: »Siehe, es war sehr gut!«

Die vorgeordnete Überschrift »Im Anfang schuf Gott Himmel und Erde (d. h. alles)« (Gen 1, 1) faßt den Sinn der alttestamentlichen Schöpfungsgeschichte zusammen und gibt damit zugleich die Richtung an, in der sie gelesen werden soll. Ausdrücklich wird mit einem besonderen Verbum »schaffen« (*bara'*) herausgestellt, daß Gott keines vorgegebenen Stoffes bedarf. Indem dieses Wort im Alten Testament Gott allein vorbehalten bleibt, wird die Schöpfung zugleich jeder Ähnlichkeit menschlichen Tuns und so jeder Anschaulichkeit enthoben. Eine Vorstellung des göttlichen Wirkens ist ja nur möglich, wenn eine Analogie zu menschlichem Handeln besteht. Das betreffende Wort meint zwar (noch) keine *creatio ex nihilo* (vgl. 2 Makk 7, 28; Röm 4, 17), sagt aber nichts mehr über das *Wie* der Weltentstehung, d. h., es läßt die Frage, »wie es gewesen ist«, offen und wahrt Gottes ungebundene Freiheit.

Die gleiche Aufgabe hat die Aussage von der Schöpfung der Welt durch das *Wort*, die durchgehend wohl der älteren Überlieferung von einem »Machen« Gottes vorgeordnet wurde, so daß Gottes Tat nur zur Bestätigung von Gottes Wort wird. Auch die formelhafte Wendung »er sprach . . . und es geschah so« verzichtet auf die Vorstellung des Hergangs; denn einen Handwerker kann man bei seiner Tätigkeit abbilden, nicht jedoch ein Wort, das im Sprechen die Dinge ins Leben ruft (vgl. Ps 33, 6. 9; 148, 5 u. a.). Gewiß gibt es unter den vielfältigen Darstellungsweisen, in denen das Alte Testament von der Schöpfung redet, keine alleingültige; denn sie wollen alle Schöpfer und Schöpfung gegenüberstellen. Aber bestimmte Aussagen werden diesem Unterschied gerechter und sind darum dem Glauben gemäßer. So wählt das Alte Testament aus den ihm vorgegebenen Möglichkeiten aus; mythische Vorstellungen vom handwerklichen Tun Gottes, erst recht von Kampf und Geburt, treten zurück. Schließlich bildet sich Israel, das ursprünglich keine eigenständige Schöpfungsaussage hatte, mit dem Begriff »schaffen« (*bara'*) eine eigene Sprache.

Dieser Intention entsprechend erzählt Gen 1 auch nur, daß Gott den Menschen schuf; wie er entstand und woher er stammt, wird nicht einmal angedeutet. Wieviel mehr weiß da etwa das babylonische Schöpfungsepos zu erzählen! Das heißt: Das mythische »Wissen« vom Werden des Menschen und der Welt wurde im Alten Testament mehr und mehr eingeschränkt. Gewiß beruht die Schöpfungsgeschichte auf den naturkundlichen Erkenntnissen ihrer Zeit. Aber die Einheit von Glaubensaussage und Welterklärung beginnt sich aufzulösen, indem kosmogonische und anthropogonische Vorstellungen vermindert oder gar entfernt werden.

Mit derselben kritischen Intention versteht die Schöpfungsgeschichte mythische Wesen als Gottes Geschöpfe. Die Seedrachen, einst Verkörperung des Urwassers, sind nur noch harmlose Tiere im Meer ohne jede Eigenmacht (Gen 1, 21; vgl. § 6b, 5). Die Namen »Sonne« und »Mond«, die in Israels Umwelt Gottheiten bezeichneten (vgl. Ez 8, 16), werden (V 14–18) gemieden; dem fremden Glauben gönnt Gen 1 kein Wort. Die Gestirne sind von Gott geschaffene Leuchtkörper (vgl. Ps 136, 7 ff; auch 74, 16 u. a.), die nicht mehr menschliches Schicksal, sondern nur noch Tag und Nacht »beherrschen«, d. h., die Zeiten unterscheiden. Weil die mythische Personifikation aufgegeben ist, können die Gestirne als in der Welt vorfindliche Größen rein sachlich betrachtet werden. So führt der Glaube zu einem Denken, das sich an das der Beobachtung Zugängliche, an die Phänomene selbst, hält.

Als priesterliche »Lehre« ist Gen 1 intensiv um sachgemäßes Reden von der Schöpfung bemüht und hat darum seine Wirkung ausgeübt. Wegen seiner kosmischen Weite und seiner sachlichen Bedeutung eröffnet diese Schöpfungsgeschichte mit Recht das Alte Testament. Ihr gegenüber wirkt die ältere *jahwistische* Darstellung Gen 2, 4b ff trotz Neuansatz wie eine Entfaltung und Veranschaulichung.

Jedoch ist diese Erzählung als Anthropogonie nur unzureichend charakterisiert; denn Gen 2 berichtet weit mehr als nur die Erschaffung des Menschen. Zwar entsteht nicht die Welt in sieben Tagen, aber Gott baut mit Acker, Pflanzen und Tieren um den zunächst einsamen Menschen die begrenzte Umwelt des Bauern auf. Hier ist nicht das Urmeer vorgegeben; Gottes Schöpfung vollzieht sich vielmehr als Bewässerung einer Wüste. Das dem Landleben ferne Meer mit den Fischen liegt außerhalb des Blickfelds; auch die Gestirne werden nicht erwähnt. Scheint Gott nach Gen 1 sogleich die Menschheit als ganze zu schaffen, so weiß die zweite Erzählung nur von einem Menschenpaar, das nacheinander »geformt« (vgl. Jer 18, 3 f; Hi 10, 8 f) bzw. »gebaut« wird. Erst durch den göttlichen Hauch wird das Gebilde aus »Staub vom Erdboden« zu einem »lebenden Wesen« (2, 7; anders bei den Tieren 2, 19), aber sterblich (3, 19; vgl. Ps 104, 29 f).

Überträgt Gott (nach Gen 1, 26 ff P) den Menschen die Herrschaft über andere Geschöpfe, so führt er (nach 2, 19 f J) dem Menschen die Tiere zu, damit er ihnen Namen verleihe. So gewinnt der Mensch an Gottes Macht Anteil, ist von vornherein keineswegs nur abhängig, sondern soll in Freiheit selbst prüfen, was zu ihm paßt, und insofern ein Stück weit an Gottes Schöpfung mitwirken.

Gewiß können die Tiere als Hilfe bei der Arbeit, dem Ackerbau (2, 5. 15; 3, 23), dienen; aber das rechte »Gegenüber«, das ihm entsprechende Miteinander (2, 18), findet der Mensch erst in der Frau. Mit seinem zustimmenden Freudenruf »Diese ist endlich Gebein von meinem Gebein, Fleisch von meinem Fleisch« (2, 23; vgl. zur sog. Verwandtschaftsformel 2 Sam 5, 1) bestätigt er, daß Gottes Ankündigung »Ich will ihm eine Hilfe machen, die zu ihm paßt« Wirklichkeit wurde. Beide bilden eine Gemeinschaft (die Zusammengehörigkeit kommt im Gleichklang des Namens 'isch – 'ischa zum Ausdruck), ja Einheit (»*ein* Fleisch«). Unterordnung der Frau unter den Mann scheint nicht zum Willen des Schöpfers zu gehören, sondern tritt erst als Folge des richterlichen Strafworts (3, 16b) ein, das die Ungehorsamen trifft, die sich vor Gott verbergen (3, 8. 10) und so in ihrem Verhalten den Riß zwischen Gott und Mensch ausdrücken. Ähnlich verwandelt sich die Arbeit (2, 15) in Mühsal und Beschwer (3, 18 f), wie die Nähe von Mensch und Tier (2, 19 f) verlorengeht (3, 15) und der Schmerz in die Welt tritt (3, 16a). Ein Fluch ergeht allerdings nur über die Schlange und den Ackerboden als das Arbeitsfeld (3, 14. 17), noch nicht über den Menschen selbst; erst den Mörder trifft der Fluch (4, 11; vgl. 9, 25).

Dadurch, daß die Schöpfungserzählung in die Geschichte vom Garten und vom Ungehorsam des Menschen übergeht, läßt der Jahwist seine Absicht erkennen, das Dasein in seiner Zwiespältigkeit zu verstehen: Der Mensch ist geschaffen (Gen 2), aber »mühselig und beladen« (Gen 3). Gut und böse liegen ineinander, doch das Böse mit der Schuld des Menschen und den Beschwernissen des Daseins gilt eben nicht, zumindest nicht uneingeschränkt, als Gottes Schöpfung. So, wie die Welt sich gegenwärtig darstellt, entspricht sie nicht dem Willen des Schöpfers; auf diese Weise wird die bestehende zwiespältige Wirklichkeit aus dem Glauben an den einen Gott »erklärt«, ohne daß sie verklärt wird. (Allerdings sieht die Erzählung im Tod nur das Ende der Mühsal, noch nicht – wie Röm 5, 12; 6, 23 – die Folge der Sünde.)

Ein ähnlicher Unterschied zwischen dem Schöpfungsgemäßen und dem Vorfindlichen kehrt in der Priesterschrift wieder; denn Gottes volle Billigung findet nur die Welt, in der es noch kein Blutvergießen gibt (Gen 1, 29 ff). Als »Gewalt« auf Erden aufkommt, urteilt Gott geradezu entgegengesetzt: »Siehe, sie war verderbt!« Beide Aussagen (1, 31; 6, 11 f P) beziehen sich aufeinander und umschreiben gemeinsam die Spannung, in der sich die gegenwärtige Wirklichkeit befindet. Die Freigabe der

Tötung von Tieren läßt zwar einen Zustand von »Furcht und Schrecken« entstehen, doch der Mensch selbst wird als Bild Gottes geschützt (9, 2 f. 6 P; vgl. § 12c, 6).

4. Da das erste Gebot ein Kriterium bei der Übernahme und Umgestaltung vorgegebener Überlieferungen bildet, bleiben bestimmte, mit ihm unverträgliche Motive ausgeschlossen. Doch finden sich gelegentlich Vorstellungen, die nicht einmal die allgemeine Aussage: Schöpfung ist Handeln Gottes, enthalten. So lautet die Begründung für das Bekenntnis »Jahwe, du erforschest mich und kennest mich«:

»Mein Gebein war dir nicht verborgen,
als ich im Geheimen gemacht wurde,
gewirkt in den Tiefen der Erde;
(bereits) meinen Embryo sahen deine Augen.« (Ps 139, 15 f)

Hier schaut – der Vorstellung nach (anders V 13) – Gott nur zu, wie der Mensch im Schoß der Erde »gewirkt« wird. Die Heimat des Menschen ist nach einem weitverbreiteten Mythos die »Mutter Erde«, die aus sich alles Lebende hervorbringt (vgl. Gen 1, 11 f. 24; Ps 90, 2 f; Hi 1, 21; 38, 8. 28; Jes 55, 10). So könnte man eigentliche Schöpfungsaussagen, nach denen Gott durch sein Werk die Menschen oder die Welt bildet, von kosmogonischen Vorstellungen unterscheiden, nach denen der Mensch aus Erde oder die Welt aus einem Urstoff selbständig hervorgeht. Aber das Alte Testament drängt solche Motive zurück; sie haben sich nur hier und da bewahrt.

Nach anderen Texten kann Gott den Himmel wie ein Zelt ausspannen, die Erde einer Platte gleich feststampfen (Jes 42, 5; 44, 24), die Erde gründen (48, 13; 51, 13. 16; Spr 3, 19), d. h., vielleicht auf Fundamente im Wasser aufbauen (Ps 24, 2; vgl. 104, 5; Hi 38, 4 ff), die Erde, die Berge, den Menschen und die Tiere wie ein Töpfer formen (Jes 45, 18; Am 4, 13; Gen 2, 7. 19; vgl. Jer 18, 3 f) usw. So ist es leicht möglich, eine Vielzahl völlig verschiedener Schöpfungsaussagen aufzuzählen. Als Vorstellungen lassen sie sich nicht ohne weiteres ausgleichen und harmonisieren, ja können sich widersprechen; es gibt zunächst keine einhellige Schöpfungserzählung, wohl nicht einmal ein einheitliches »Weltbild«. Da das Bild, das die einzelnen Texte entwerfen, so variabel ist, kann die Intention der Aussagen nicht in den Vorstellungen selbst liegen. Das bunte Nebeneinander wird eigentlich nur mit der Annahme erklärlich: Die bloßen Vorstellungen vom Wie der Schöpfung waren bereits im Alten Testament selbst nicht mehr entscheidend. Es kann allerlei Motive miteinander mischen und grundverschiedene (wie Gen 1 und 2) unmittelbar aufeinanderfolgen lassen. Spricht sich darin nicht eine gewisse Freiheit aus?

5. Das Bekenntnis zum Schöpfer ist eher Folge als Voraussetzung des Heilsglaubens. Doch tritt in diesem Verhältnis seit der Exilszeit ein ge-

wisser Wandel ein. Nachdem die Zerstörung des Tempels, das Ende des davidischen Königtums und die Vertreibung aus der Heimat grundlegende Verheißungen zunichte gemacht haben, kann der Prophet *Deuterojesaja* seine Verkündigung von der Schöpfung her begründen (Jes 40, 12 ff; 43, 1; 45, 7 f; 54, 4 f u. a.). Als die vergangene Geschichte ihre Bedeutung verliert, wird der Schöpferglaube wichtig. Vielleicht spielt dabei auch die Auseinandersetzung mit den fremden Göttern eine Rolle (vgl. Jes 40, 25 f gegenüber der Astralreligion). Jedenfalls beruht die Zunahme der Schöpfungsaussagen in dieser Epoche nicht nur auf dem Einwirken der babylonischen Religion, sondern entsteht aus einer sachlichen Notwendigkeit in Israel selbst.

So verständlich diese Wandlung aus historischen Gründen auch wird, so neuartig ist sie doch: Erst die nach vollzogenem Gericht im Exil neu zugesprochene Heilszusage stützt sich zum ersten Male nicht mehr auf ein geschichtliches Ereignis, wie Führung oder Erwählung, sondern auf die Schöpfung. Dieser Umschwung deutet sich auch in Gen 1 an, wenn die Entstehung der Welt auf Gottes Ruhe zuläuft, die Israels Sabbatheiligung vorbildhaft vorwegnimmt. Vor allem setzen manche Psalmenbeter ihr Vertrauen auf die Macht des Schöpfers:

»Ich hebe meine Augen auf zu den Bergen.
Woher kommt mir Hilfe?
Meine Hilfe kommt von Jahwe,
der Himmel und Erde gemacht hat.« (Ps 121, 1 f; vgl. Ps 33 u. a.)

Schöpfer ist, wer den einzelnen und die Gruppe trägt, in der Not helfen kann; so dient der Rückgriff in die anfängliche Vergangenheit zum Verständnis der Gegenwart (vgl. das Bekenntnis zum Schöpfer vor Ausländern Jon 1, 9. 16).

Eine ähnliche Aufgabe hat Schöpfungstheologie in der *Weisheitsliteratur*. Das Verhalten zum Unterdrückten ist im Bösen wie im Guten Verhalten zum Schöpfer:

»Wer den Geringen bedrückt, schmäht dessen Schöpfer,
aber ihn ehrt, wer sich des Armen erbarmt.« (Spr 14, 31; vgl. 17, 5)

Schon ägyptische Weisheit kann ethisches Verhalten mit einem Hinweis auf den Schöpfergott begründen:

»Verspotte nicht einen Mann,
der in der Hand Gottes ist . . .
Der Mensch ist Lehm und Stroh,
der Gott ist sein Baumeister.«
(Amenemope, Kap. 25; RTAT 87; AOT 45)

Im Hiobbuch wird die Schöpfung zum Zeugnis für Gottes Macht und Recht gegenüber Ohnmacht und Unrecht des Menschen (4, 17; 7, 17 f; 9, 1 ff; 10, 3 ff; 26, 6 ff u. a.), aber auch für die Gleichheit der Menschen untereinander: »Hat nicht Einer uns erschaffen?« (31, 14 ff; vgl. 33, 4 ff; Mal 2, 10) Schöpfung verbindet reich und arm, ebnet Gegensätze unter den Menschen ein, ist ein alle tragender Grund (Spr 22, 2; 29, 13).

Kohelet, der Prediger, hält trotz allem Zweifel am Glauben an Gottes schöpferischer Allmacht fest; Gottes Werk bleibt vollkommen, aber für den Menschen unerkennbar:

»Er hat alles schön gemacht zu seiner Zeit,
auch hat er die Ewigkeit in ihr (der Menschen) Herz gelegt;
nur daß der Mensch nicht ergründen kann das Werk,
das Gott tut, weder Anfang noch Ende.« (Koh 3, 11)

Damit kommt in die Schöpfungstheologie ein »zwar – aber«, wie es den Schöpfungsberichten Gen 1 f noch unbekannt ist.

Ein Bekenntnis wie Ps 121 macht deutlich, in welchem Ausmaß Israels Glaube Schöpfungsaussagen in sich aufnehmen kann. Ja, die Prädikation »der Himmel und Erde gemacht hat« wird zum charakteristischen Beinamen Jahwes (Ps 115, 15; 124, 8; vgl. Ex 20, 11; Neh 9, 6 u. a.). Tatsächlich läßt sich jener Gegensatz zwischen Schöpfung und Geschichte so nicht aufrechterhalten, Deuterojesaja kann sogar beides gleichsetzen. Wie die Erwählung, so ist die Erlösung eine Schöpfungstat Jahwes (Jes 43, 1. 20 f; 44, 1 f. 20 f. 24; 45, 7 u. a.). Schöpfung ist kein eigenständiger Bereich, geschieht nicht nur am Anfang, sondern auch in der Gegenwart. Gott »bildet« den einzelnen (Jer 1, 5; Jes 49, 5; vgl. Ps 22, 10 f; 139, 16) wie das Volk (Jes 44, 2; 27, 11 u. a.), ja wirkt als Schöpfer die neue, kommende Geschichte: »Ich schaffe Neues« (43, 19; 48, 7; Jer 31, 22 u. a.).
So wird nicht nur das Immergleiche, sondern auch das ereignishaft Neue in den Schöpferglauben einbezogen. Schöpfung wird zur Eschatologie, weil die Eschatologie Gottes Schöpfung ist; sie ist nicht nur Vergangenheit, an die man denkt, sondern auch Zukunft, die man erwartet:

»Siehe, ich schaffe einen neuen Himmel
und eine neue Erde.«
(Jes 65, 17; vgl. 66, 22 u. a.)

Wie in der Apokalyptik vor der kommenden Gottesherrschaft die menschliche Geschichte zur Einheit wird, so wird im Gegenüber zum Schöpfer die Welt zur Einheit. Dies kann das Alte Testament mit dem Doppelausdruck »Himmel und Erde« oder gelegentlich mit dem einen Wort »das All« (Jes 44, 24 u. a.) auch begrifflich fassen. So meint die Verehrung Jahwes als des Schöpfers das Bekenntnis zum Gott der Welt.

6. Jene – In Gen 2 f (J) und ähnlich in Gen 1; 9 (P) ausgesprochene – Unterscheidung zwischen der schöpfungsgemäßen und der bestehenden Welt nimmt spätprophetische Hoffnung auf, um das »Nicht-mehr« der Schöpfungsgeschichten in ein »Noch-nicht« umzugestalten. Die Zukunft soll den verlorengegangenen Frieden in der Schöpfung wiederbringen. Da das göttliche Urteil »sehr gut« einer Welt ohne Blutvergießen gilt, kann sich die Hoffnung auf eine Welt ohne Leid als Hoffnung auf Rückkehr zum Ursprung (*restitutio in integrum*) gestalten. Wie die Welt vor Gott war, soll sie wieder werden, ja das Künftige kann das Gewesene überbieten:

»Da wird der Wolf zu Gast sein bei dem Lamm
und der Panther bei dem Böcklein lagern . . .
Kuh und Bärin werden ‚sich befreunden' . . .
Der Löwe wird Stroh fressen wie das Rind.
Der Säugling wird spielen am Loch der Otter,
und nach der Höhle der Natter
streckt das kleine Kind die Hand aus.«(Jes 11, 6–8)

Diese sich an die Messiaserwartung (Jes 11, 1–5) anschließende Hoffnung
zielt auf Frieden nicht nur unter Menschen, sondern zwischen den Geschöpfen überhaupt, gleichsam auf Übereinstimmung zwischen Mensch
und Umwelt. Sonst gibt das Alte Testament der Sehnsucht nach einem
sicheren, ruhigen Leben ohne Bedrohung durch Raubtiere Ausdruck
(Hos 2, 20; Ez 34, 25. 28; Lev 26, 6; Jes 35, 9 gegenüber Am 5, 19; Jer
5, 6 u. a.). Diese Erwartung, die im Rahmen möglicher Erfahrung bleibt,
wird überboten von jener Hoffnung, die mehr als nur einen Freiraum
für die Menschen schaffen, die Raubtiere aus Gottes guter Schöpfung
nicht ausschließen, sondern in das Heil einbeziehen will und darum
eine tiefgreifende Verwandlung der Natur – die ungiftige Schlange, den
Gras fressenden Löwen – anzunehmen bereit ist. Feinde sollen zu Freun-
den werden, so daß nicht nur wilde und zahme Tiere, wie Wolf und
Lamm oder Löwe und Kalb, zutraulich vereint sind, sondern selbst das
Kleinkind, das sorgsamer Obhut bedarf, ungefährdet neben der Schlange
spielen kann. Diese Hoffnung gibt Jes 65, 25 so weiter, daß der in der
jahwistischen Schöpfungs- und Paradieserzählung ergangene Fluch über
die Schlange wohl eingeschränkt, aber nicht gänzlich aufgehoben wird.
Zwar wird die Feindschaft zwischen Mensch und Schlange nicht mehr
bestehen (mit Jes 11, 8 gegenüber Gen 3, 15), aber ihre Lebensweise
bleibt unverändert; die Welt erhält nur so weit eine neue Gestalt, als es
der Friede in ihr erforderlich macht:

»Wolf und Lamm werden einträchtig weiden,
der Löwe wird Stroh fressen wie das Rind,
aber die Schlange – ihr Brot ist Staub.«

Mag man diesen Traum von einer verwandelten Natur »mythisch«
nennen, in ihm verbirgt sich die tiefe Unbefriedigtheit mit der bestehenden
Wirklichkeit von Feindschaft und Leid, damit die Hoffnung auf eine
Schöpfung ohne gewaltsamen Tod.

g) Ergebnis: Übernahme und Aneignung

Die »Unvergleichlichkeit« Jahwes

Allem Anschein nach hat Israel eine Reihe von *Gottesaussagen* aus seiner Umwelt entlehnt. Das gilt vermutlich für die Eigenschaften »heilig« und »lebendig«, den Titel »König«, die Proklamation der »Ehre, Herrlichkeit« und die Schilderungen von Theophanie und Chaosdrachenkampf. Das Bekenntnis zu Jahwe als Schöpfer stellt wohl die größte Ausweitung seines Herrschaftsbereiches dar. Auch bei anderen Gottesprädikationen ist fremder Einfluß wahrscheinlich. Vor allem die Zionstheologie, wie sie in den Zionspsalmen und Prophetenworten enthalten ist, zog eine Fülle von mythischen Motiven an. Wenn etwa Jerusalem die »gerechte Stadt« heißt (Jes 1, 21 u. a.), so wirken wohl vordavidische Überlieferungen nach (u. § 13, 2). Doch entspricht das Lob von Jahwes »Gerechtigkeitstaten« (Ri 5, 11) eher altisraelitischem Denken, so daß sich in der alttestamentlichen Rede von »Gerechtigkeit« eigene und fremde Traditionen treffen.

Der Übergang ins Kulturland brachte insgesamt für Israels Gottesaussagen also einen einschneidenden Wandel mit sich. Man würde diesem Umbruch gewiß nicht gerecht, wollte man zusammenfassend urteilen: Israel hat sich der fremden Vorstellungen und Redeformen »bedient«. Unter diesem Aspekt tritt das ganze Phänomen nicht wirklich in den Blick. Auch die Gegenüberstellung von Inhalt und Form oder das Bild von Kern und Schale bleiben ungenügend; sie sind erst recht unzureichend, wenn man eine zeitlose »Mitte« von einem zeitbedingten »Rand« unterscheidet, der allein vom Gang der Geschichte betroffen wird (vgl. § 1, 2). In mancher Hinsicht fällt sogar der Versuch schwer, Israels Gottesverständnis, abgelöst vom Kulturlandeinfluß, in Worte zu fassen. Beispielsweise läßt sich nicht ohne weiteres sagen: Obwohl Jahwe in alter Zeit nicht als »König« angerufen wurde, so war er doch von Anfang an »Herr«; denn auch der Titel »Herr« (Adon) stellt wohl ein ursprünglich kanaanäisches Gottesepitheton dar. Umgekehrt würde man dem gesamten Vorgang aber auch nicht gerecht, wenn man ihn als »*Synkretismus*« bezeichnete: Weil Israel in weitem Ausmaß fremdes Gut übernommen hat, ist die alttestamentliche eine »synkretistische Religion«. Wie die Allgemeinbegriffe »Monotheismus« oder »Monolatrie« (o. § 6b, 3) nicht das geschichtlich Spezifische erkennen lassen, so bestimmt der Terminus »Synkretismus« nicht nur ein Phänomen, sondern verbirgt es auch.

Man kann die Eigenart des Jahweglaubens nicht beschreiben, wenn man nur seine Verbindungen zur Umwelt sieht; denn seine spezifische Prägung läßt sich als Komposition aus vorgegebenen altorientalischen Elementen nicht ausreichend erklären. Setzt aber Synkretismus als Verbindung verschiedener religiöser Elemente »ein das Verschiedene integrierendes Prinzip« voraus (*W. Pannenberg*, Grundfragen systematischer Theologie, 1967, 268 ff), so wird man diese treibende Kraft in der Ausschließlichkeitsforderung zu suchen haben, wobei als weitere Eigenarten das zweite Gebot, die Geschichtsgebundenheit des Glaubens und wohl auch das Verständnis der Offenbarung aus dem Wort nicht vergessen werden dürfen (s. u.).

Gewiß hat Israel in Kanaan nicht nur entfaltet, was keimhaft in seinen nomadischen Überlieferungen angelegt war. Die Einflüsse von außen brachten etwas wirklich Neues und wurden so für Israels Glauben wesentlich, wie die Institution des Königtums deutlich macht. Was jedoch Israel aus seiner Umwelt aufgriff und »für Jahwe« (vgl. Exkurs 2, 2; § 9) beschlagnahmte, hat es nicht unverändert gelassen, sondern neu verstanden. Diese Umdeutung fand anscheinend besonders in doppelter Richtung statt: Der König der Götter wird als König des Volkes verehrt. Der »heilige« Gott wird zum »Heiligen Israels«, der sich in Gericht (Jesaja) oder Befreiung (Deuterojesaja) als heilig erweist. Der »lebendige« Gott wird im Klagelied als der Geber des Lebens angerufen (Ps 42). So werden einerseits die Eigenschaften Gottes zu Taten, die am Menschen geschehen. Mythisch gefüllte Vokabeln werden zu Relationsbegriffen, die das Verhältnis zwischen Gott und Mensch charakterisieren.

Andererseits werden fast alle Wendungen eschatologisch umgeprägt. Wie die göttliche »Königsherrschaft« im Alten Testament zur Hoffnung wird, so erwächst aus der Institution des irdischen Königtums die Verheißung eines künftigen Messias. Gottes »Herrlichkeit« soll noch erscheinen, seine »Heiligkeit« sich erst durchsetzen. Die Theophanie wird noch erwartet, und die neue Schöpfung steht bevor. Dabei kann die bereits vorgegebene universale Spannweite der Überlieferungen (o. § 11a, 5) noch erweitert werden: Jahwes Königreich ist räumlich und zeitlich unbegrenzt, seine Herrlichkeit wird allen sichtbar werden (Jes 40, 5), und seine Schöpfermacht umfaßt die Welt als ganze. Doch können die Traditionen umgekehrt auch auf den einzelnen bezogen werden: Er vermag Jahwe als »König« (Ps 5, 8) wie als »lebendigen Gott« (Ps 42) anzurufen oder eine Theophanie zu erflehen (144, 5 ff).

Alles in allem hat Israel das ursprünglich fremde Gut vornehmlich in Richtung auf das Verhältnis Gottes zum Menschen und in Richtung auf die Zukunft interpretiert. Diese tiefe Wandlung verbietet es wohl, von »Synkretismus« zu reden. Der Interpretationsprozeß gestattet in eingeschränktem Sinn sogar zu sagen: Auch wenn die fremde Welt in Israel eindringt, das Alte Testament bestimmt erst, was die übernommenen Begriffe heißen, was etwa Gottes »Königtum« bedeutet.

Ähnliche Beobachtungen ließen sich nicht nur an Vorstellungen, sondern auch an Texten machen. Die Gattung der »Klagelieder« (z. B. Ps 13; 51) zeigt eine überraschende Verwandtschaft in Aufbau (Anruf Gottes – Klage – Bitte – Lobgelübde) und Motiven mit babylonischen Klagepsalmen. Ps 104 weist Gemeinsamkeiten mit dem Sonnengesang Echnatons auf. Möglicherweise hat Israel Psalmen(abschnitte) entlehnt; besonders Ps 29; 82 und 93 sind stark durch kanaanäische Traditionen geprägt. Allem Anschein nach findet sich aber im Alten Testament kein Text, den Israel unverändert akzeptiert hat. Mindestens hat es ihm durch gewisse Zusätze sein Wesen aufgezwungen (vgl. etwa Ps 29, 11; 93, 5).

Die Übernahme fremden Gedankenguts geschah also keineswegs pauschal, sondern war ein außerordentlich *kritischer* Vorgang, der damit zum Zeugnis für Israels Auseinandersetzung mit seinen Umweltreligionen wird. Indem Israel eine mythische Handlung auf Jahwe übertrug, entzog es einer fremden Gottheit die Berechtigung, mit diesem Machterweis den eigenen Herrschaftsanspruch zu begründen. Es nimmt die Aussagekraft des Mythos für den eigenen Glauben in Anspruch; die Unvergleichlichkeit, die von bestimmten Göttern im Pantheon behauptet wurde, bezeichnet jetzt Jahwes Ausschließlichkeit:

»Wer ist ein Gott, so groß wie ‚Jahwe‘?
Du bist der Gott, der Wunder tut!
Du hast deine Macht unter den Völkern kundgetan.« (Ps 77, 14 f)

»Wer in den Wolken darf sich neben Jahwe stellen,
sich vergleichen mit Jahwe unter den Göttersöhnen?«
(Ps 89, 7; vgl. Ex 15, 11; Dtn 3, 24 u. a.)

Dabei wird aus der Überlegenheit eines Gottes über die anderen Götter die Analogielosigkeit, aus dem »größer als« das »anders als«:

»Niemand ist dir gleich,
und kein Gott ist außer dir.«
(2 Sam 7, 22; vgl. 1 Sam 2, 2; Ps 18, 32 u. a.)

Das Alte Testament begnügt sich nicht mit dem Rang, den der Vergleich ermöglicht. Aus dem »höchsten« Gott (Ps 47, 3; 97, 9 u. a.; vgl. § 10a, 1) wird der einzige:

Die Völker »werden erkennen, daß du, Jahwe,
allein der Höchste bist über die ganze Erde.« (Ps 83, 19)

Dieses schon aus dem Rechtssatz (Ex 22, 19; vgl. Dtn 32, 12) bekannte »allein« kehrt in ganz verschiedenen Zusammenhängen wieder: Gott vollbringt Wunder allein (Ps 72, 18; 136, 4; vgl. Jes 44, 24; 63, 3; Hi 9, 8), kennt allein das Herz aller Menschen (1 Kön 8, 39; vgl. Ps 51, 6), und sein Name ist allein erhaben (Ps 148, 13). Lautet das Bekenntnis »Du allein bist Gott« (86, 10; 2 Kön 19, 15; Neh 9, 6), so wird von der Zukunft erwartet, daß dies allgemein anerkannt wird (Jes 2, 11. 17; Ps 83, 19; 2 Kön 19, 19).

Um andere Götter ihrer Vorherrschaft zu berauben, zog Jahwe Wesenszüge dieser Götter auf sich, während Israel das mit dem eigenen Glauben Unvereinbare ablehnte. Dabei wurde Jahwe nicht einfach mit dem einen Gott (El) identifiziert, während er dem anderen (Baal) in unversöhnlicher Feindschaft gegenüberstand. Vielmehr durchschneidet der Doppelvorgang von Anerkennung und Gegensatz die fremden Götter selbst, indem er ihre Eigenschaften und ihr Wirken einzeln trifft und auswählt. Anders kann der Vorgang auch nicht verlaufen sein, da für Jahwes Macht kein göttliches

Wirkungsfeld ausgespart bleiben konnte. So mußte Jahwe etwa Baal als
Spender von Fruchtbarkeit und Leben sowie als Sieger im Meereskampf
entthronen, dagegen den »Natur«-Charakter abstoßen: Jahwe konnte letztlich nicht als Stier dargestellt werden, noch konnte er sterben und wieder-
auferstehen.

Doch bleibt die Feststellung dieser Polarität von Anknüpfung und Widerspruch unbefriedigend. Nach dem religionsgeschichtlichen Vergleich muß
doch die – auch historisch berechtigte – Frage aufkommen: Was ermöglicht
Israel diese Geschichte, in der es Jahwes Gegner entmachtete? Welches
Kriterium gestattete die Ablehnung einerseits, die Aufnahme und Umwandlung andererseits? Diese Frage ist sicher schwer und kaum in jedem
Falle gleich zu beantworten. Doch sind Jahwes Ausschließlichkeitsforderung
und das Bilderverbot gewiß als entscheidendes Kriterium zu nennen.

Das erste Gebot schloß dem Anspruch nach – mag es auch in Israels Geschichte vielfältig übertreten worden sein – den Polytheismus aus. Damit waren auf die Dauer alle
die Vorstellungen und mythischen Erzählungen unmöglich, die mehrere Gottheiten,
etwa das Miteinander von Gott und Göttin, voraussetzen. Die Schöpfung kann letztlich nicht als Götterkampf dargestellt werden; das Pantheon bleibt höchstens als
unterworfener himmlischer Hofstaat bestehen. Der »heilige« Gott wird im Sinne des
ersten Gebots als der »eifernde« verstanden (Jos 24, 19), und der »lebendige« Gott
wird im Gegensatz zu den toten Götzen bestimmt (Jer 10, 10).

Das Ausschließlichkeitsgebot wie das Bilderverbot scheiden aber als
Kriterien dafür aus, daß Israel die Vorstellungen von Sterben und Auferstehen von Jahwe fernhielt, obwohl es die Begrifflichkeit dieses Mythos
aufzunehmen und umzuwandeln wußte. An dieser Stelle könnte aber die
Abwehr erfolgt sein, weil die zyklische Wiederkehr von Tod und Auferstehung die Einmaligkeit der Geschichte aufhebt. Der Geschichtsbezug
des Glaubens (§ 2, 1; 6 d) stellt eben ein weiteres wichtiges Kriterium für
Israels Umgang mit den Religionen dar.

§ 12   Das Königtum

a)   Der König

Im alten Orient fällt dem König eine entscheidende Rolle in der Religion
zu: Er ist Mittler zwischen Gott und Mensch; er vertritt einerseits die Gottheit auf Erden und andererseits seine Untertanen vor den Mächten des
Himmels. Er opfert den Göttern und schafft den Menschen Recht. So ist
der Pharao der oberste Priester, der eigentlich die Verbindung zur göttlichen Welt darstellt, auch wenn ihm untergebene Priester in seinem
Namen das kultische Ritual vollziehen. Am Pharao wird der Doppel-

charakter des Königtums deutlich; als Amtsperson verkörpert er die Einheit von Gott und Mensch; er hält die Ordnung des Lebens in Natur und Gesellschaft aufrecht, gewährt den Fortbestand der Welt. Allerdings nimmt der König im weiten Bereich des alten Orients keineswegs immer und überall den gleichen Rang ein. Zwar besteht das Königtum stets kraft göttlicher Ordnung, aber die Beziehung zwischen Gott und König wird jeweils anders bestimmt; selbst innerhalb des gleichen Raumes ändert sie sich im Laufe der Geschichte.

1. In *Ägypten* gilt der König schon in ältester Zeit als Horus, Falkengott des Himmels; wahrscheinlich ist schon diese Beziehung nicht als Identität gedacht. Als die Verehrung des Sonnengottes Re zunimmt, erscheint der König von der 4. Dynastie ab als »Sohn des Re«. Tritt damit eine schärfere Unterscheidung zwischen Gott und König ein, obwohl der göttliche Charakter gewahrt bleibt? »Sohn heißt nach einem allgemeinen und im alten Orient besonders ausgeprägten Grundsatz: Er ist einem mächtigeren Vater verantwortlich« (*S. Morenz*, Ägyptische Religion, 1960, 36). Die neue Prädikation bringt beides zum Ausdruck: sowohl das Vertrauensverhältnis – der König ist als Gottes Stellvertreter auf Erden zur Herrschaft beauftragt und steht in seinem Schutz – wie die Unterordnung; der Pharao führt aus, was der Gott befiehlt. Gewiß verdrängt der Sohnestitel den älteren Horusnamen nicht; vielmehr stehen beide Vorstellungen unausgeglichen nebeneinander. Auch die Beziehung des Pharao zu anderen Göttern, wie Atum und Amun, wird als Vater-Sohn-Verhältnis gedacht.

Die Unterscheidung des menschlichen und göttlichen Wesens des Königs scheint schon von früh an mit der Unterscheidung von Person und Amt gegeben zu sein. Von der irdischen Person gilt, »daß der Pharao im Alten Reich keineswegs als ein Gott angesehen wurde, sondern in erster Linie Mensch war«. »Nicht der König ist göttlich, sondern das von ihm ausgeübte Amt, dessen Träger er ist« (*H. Goedicke*, Die Stellung des Königs im Alten Reich, 1960, 89 f). Obwohl als Sohn Gottes (u. § 12 b, 1) von Geburt an oder schon vor der Geburt (»im Ei«; vgl. RTAT 54 f) zum Herrscher bestimmt, gewinnt der König Göttlichkeit erst durch das Ritual bei der Thronbesteigung. Aber erst der *tote* König gilt ganz als Gott, der lebende trägt menschliches und göttliches Wesen in sich. So empfängt die Person des Königs zu seinen Lebzeiten keinen Kult; doch kann seine Statue im Tempel göttliche Ehren genießen, und am Grab verehrt man den Toten, der durch Vollzug bestimmter Riten mit dem sterbenden und auferstehenden Gott Osiris wesenseins wurde (so seit der 5. Dynastie). Als Horus, Sohn des Osiris, besteigt der Nachfolger den Thron.

Im *mesopotamischen* Raum scheint es eine so enge Verbindung von Gott und Königtum nicht durchgängig gegeben zu haben. Sucht man in der wechselvollen Geschichte des Zweistromlandes, in der sich mehrere Völkerschaften mit verschiedenen Herrschervorstellungen ablösten, nach einem Grundgedanken, so ist er eher in der Anschauung zu finden, das Königtum sei von der Gottheit gestiftet. Der König ist von Gott eingesetzt, erwählt und begnadet.

Aus der näheren Umwelt Israels, die im Einflußbereich und Spannungsfeld beider Kulturen steht, liegen weniger reiche Zeugnisse vor. Auf einer Stele sagt der König Zakir von Hamat von sich: »Der Himmelsbaal machte mich zum König« (KAI 202; RTAT 248). Wahrscheinlich sind die Könige beider grundverschiedenen politischen Gebilde, der kanaanäischen Stadtstaaten wie der Israel verwandten ostjordanischen Völkerschaften, nicht göttlich verehrt worden.

2. Im Alten Testament klingt ein Großteil dieser altorientalischen Vorstellungen nach; besonders am Jerusalemer Hof scheinen vorisraelitische Anschauungen, auch ägyptischen Ursprungs, weitergewirkt zu haben. Der König gilt wie in der Umwelt als »erwählt« (1 Sam 10, 24; 16, 8 ff u. a.):

»Ich schloß einen Bund mit meinem Erwählten,
schwur meinem Knecht David:
Auf ewig will ich deine Nachkommen erhalten
und deinen Thron für alle Geschlechter erbauen.« (Ps 89, 4 f)

Darüber hinaus kann er andere – bereits vorgegebene – Titel führen, die seine enge Beziehung zu Gott oder seine Bedeutung für das Volk umschreiben: »Sohn« (Ps 2, 7; 2 Sam 7, 14 u. a.), »Knecht« (7, 5. 8; Ps 132, 10 u. a.), auch »Leuchte Israels« (2 Sam 21, 17; anders Ps 132, 17 in Gottesrede: »eine Leuchte habe ich meinem Gesalbten bereitet«), »unser Schild« (Ps 84, 10; 89, 19) oder »unser Lebenshauch« (Klgl 4, 20). »Ehre und Hoheit« kommen sowohl Gott (Ps 96, 6 u. a.) als auch dem König (21, 6; 45, 4) zu; beide gelten als »Hirte« (Jes 40, 11; Ps 23 bzw. 2 Sam 5, 2; Jer 23 u. a.). Wird beim Eid gewöhnlich der Name Gottes angerufen (o. § 11c, 1), so kann der Schwur auch beim Leben des Königs erfolgen (1 Sam 17, 55; vgl. 12, 3. 5; Gen 42, 15 f). Umgekehrt wird bestraft, wer »Gott und dem König flucht« (1 Kön 21, 10). Zumindest gelegentlich übernimmt der König priesterliche Aufgaben (2 Sam 6, 13–18; 8, 18; 24, 25; 1 Kön 9, 25; vgl. Ps 110, 4 u. a.). Ausnahmsweise kann der König sogar als »Gott« angeredet werden; doch erlaubt dieser Einzelbeleg kaum die Schlußfolgerung, der König gelte als gottgleich oder gehöre zumindest der göttlichen Sphäre an:

»Dein Thron, o Gott (Göttlicher), steht immer und ewig.
Dein Herrschaftsstab ist ein gerechtes Zepter.
Du liebst Recht und hassest den Frevel.« (Ps 45, 7 f;
vgl. 2 Sam 14, 17. 20: der König »wie der Engel Gottes«; Sach 12, 8;
auch 1 Chr 28, 5: der König »auf dem Thron der Königsherrschaft Jahwes über Israel«; 29, 23 u. a.)

Hier ist der Bestand des Thrones mit dem Rechtsverhalten verknüpft. Entsprechend erwartet man vom König Rechtsschutz und Wohlstand.

»Ein König, der in Wahrhaftigkeit den Armen Recht schafft –
sein Thron ist für alle Zeit fest gegründet.«
(Spr 29, 14; vgl. 16, 12 ff; 20, 28;
Ps 45, 5. 8; 72; 89, 15;
1 Sam 8, 20; 2 Sam 8, 15; 1 Kön 3;
Jer 22, 13. 15 ff; 23, 5; Jes 9, 6; 11, 3 ff; 16, 5 u. a.)

Daß der Herrscher die Rechtsordnung erläßt und – als Hirte – für den Hilfsbedürftigen eintritt, ist gute altorientalische Tradition (vgl. z. B. den
Hammurabi-Kodex); die Gerechtigkeit und damit das Wohlergehen des
Landes, ja sogar die Fruchtbarkeit der Natur (vgl. Ps 72, 3 ff) können vom
König abhängen. Dafür wünscht man ihm ein langes Leben (21, 5;
1 Kön 1, 31 u. a.) und ein weltweites Herrschaftsgebiet. So verbinden sich
mit dem Königtum – wohl im Anschluß an die Großreichbildung Davids,
die für die Aufnahme altorientalischer Überlieferungen Anhalt bot –
universale Hoffnungen (Ps 2; 18, 44 ff; 72, 8 ff; 110).

Die Hinweise auf die überragende Stellung des Königs stammen zu einem erheblichen Teil aus dem Psalter, speziell den *Königspsalmen* (die verschiedene Redeformen umfassen und in ihrem Alter umstritten sind: Ps 2; 18; 20 f; 45; 72; 89; 101;
110; 132; 144; 2 Sam 23). Dieser Tatbestand ist nicht zufällig. Israel hat in der
Kult- und Hofsprache mannigfache altorientalische Vorstellungen übernommen
(*H. Greßmann*: Hofstil). Dagegen sind die *historischen* Nachrichten in den Samuel-
und Königsbüchern in weit geringerem Maß von vor- und außerisraelitischem Gedankengut geprägt, so daß wir hier eher für Israel typische Aussagen erwarten
können. Das Bild von Israels Königtum fällt darum verschieden aus, je nachdem, ob
man es stärker von den historischen Texten oder den Psalmen her entwirft, die kaum
eine geschichtliche Einordnung zulassen und insofern fast zeitlos erscheinen, wenn
man nicht gar von den prophetischen Hoffnungen, den messianischen Erwartungen
(wie Jes 9, 5 f; 11), auf die Wirklichkeit zurückschließen will.

Vielleicht darf man bei einer Gegenüberstellung insgesamt urteilen, daß
der altorientalische König, zumal der Pharao, stärker mythisch verstanden
wurde, während der König in Israel eher umgekehrt eine geschichtliche Gestalt war, auf die manche mythische Züge übertragen wurden. Die Aussage
der babylonischen Königsliste »Als das Königtum vom Himmel herabkam« (AOT 147) war für Israel unmöglich; denn es hat den Ursprung
seines Königtums in der Geschichte nicht vergessen, sondern aufgezeichnet
(vgl. § 6 d). Außerdem wurde die Institution des Königtums, obwohl
Symbol der Ordnung (Ri 17, 6; 18, 1; vgl. Spr 30, 27 u. a.), viel stärker
als menschliche Angelegenheit betrachtet: Das Volk selbst erhebt Saul oder
David zum König (1 Sam 11, 15; 2 Sam 2, 4; 5, 3; auch Ri 8, 22 u. a.).
Möglicherweise wurden schon bald kritische Stimmen laut (vgl. die Jotam-
fabel Ri 9, 7 ff; das »Königs(vor)recht« 1 Sam 8, 11 ff mit der Aufzählung
der dem König zu leistenden Dienste; auch 10, 27).

Jedenfalls galt vom israelitischen König nicht, was man vom Pharao sagen konnte:
»Sein Leben von der Geburt oder eigentlich von der Empfängnis seiner Mutter an
über die Krönung und die königlichen Feste bis zu seinem Tode und seiner Ver-

klärung ist mythisches Geschehen, sein Wandel und seine Taten göttliche Offenbarung... Wie das Erscheinen des Königs eine Wiederholung der Weltschöpfung und Weltordnung darstellt, so kehrt in der Krönung das geschichtliche Ereignis der Reichsgründung wieder« (*E. Otto*, Die Religion der alten Ägypter: HO I/8/1, 1964, 26 f). Während der Pharao – als Amtsinhaber, nicht als Mensch – in gewisser Hinsicht Gott nähersteht als den Menschen, wird in Israel der Abstand zwischen Jahwe und dem israelitischen König gewiß für größer gehalten als der zwischen König und Volk.

Auch verlief die historische Entwicklung des Königtums in beiden Reichen verschieden. Im Nordreich lösten sich die Herrscherhäuser ab (bes. 2 Kön 9 f). Umgekehrt kam es in Juda und Jerusalem zu einer festen Dynastie, die trotz gewaltsamen Regierungswechseln (2 Kön 11 u. a.) fast ein halbes Jahrtausend bis in die Zeit des babylonischen Exils an der Macht blieb. So erlangte dieses Königtum, dem die prophetische Verheißung ewigen Bestand zugesagt hatte (2 Sam 7), weit größere Bedeutung für den Glauben. Aber auch im Südreich war die Einstellung zum Herrscherhaus kaum einhellig; es gab wie in Israel Unterschiede zwischen Hof und Volk, den Jerusalemern und den Judäern auf dem Lande (vgl. 2 Kön 11, 14; 14, 21; 21, 24; 23, 30; auch Mi 5, 1). In all diesen Differenzen in der Auffassung des Königtums zwischen Nord- und Südreich einerseits und den Bevölkerungsgruppen untereinander andererseits kommt zum Ausdruck, daß sich in den israelitischen Vorstellungen vom Königtum verschiedene Überlieferungen kreuzen. Nachwirkungen aus der eigenen nomadischen Vergangenheit, Einflüsse aus dem Kulturland, wohl meist von den kanaanäischen Stadtstaaten, aber auch anderer Herkunft, schließlich das Vorbild der altorientalischen Großreiche finden sich zusammen.

Wie im Beamtenwesen (1 Kön 4, 2 ff u. a.) scheinen im judäischen *Krönungsritual*, mit dem der König in sein Amt eingesetzt wird (1, 32 ff; 2 Kön 11, 12; Ps 2; 110; 132; vgl. Jes 9, 5 f u. a.), vor allem einzelne ägyptische Formen weiterzuleben. Weil aber das Ritual im Alten Testament nirgends als ganzes beschrieben ist, bleibt die Rekonstruktion des Handlungsablaufs im Heiligtum und im Palast (mit Übergabe von Diadem und Königsprotokoll, Einsetzung zum »Sohn«, Salbung, Akklamation und Thronbesteigung?) schwierig und umstritten.

Erklärt sich auch aus diesen vielfältigen Überlieferungen, daß das Alte Testament in so mannigfacher Weise von hymnisch-feiernder Zustimmung über kritische Einschränkung bis zur Ablehnung zum Phänomen des Königtums Stellung nehmen kann?

3. Es ist Israel im Rückblick bewußt gewesen, daß es sich mit der Einführung des Königtums verhält »wie alle Völker« (1 Sam 8, 5. 20; Dtn 17, 14). Damit stellt sich Israel die Frage, wie es die fremde Institution in den eigenen Glauben einfügen kann. Zwar gilt der König als von Jahwe »erwählt«, aber ihm wird eindringlich der Gehorsam gegenüber dem göttlichen Gebot und damit treue Ergebenheit vorgeschrieben. Schon 2 Sam 23, 3 f bekennt ja:

»Wer gerecht herrscht über die Menschen,
wer herrscht in der Furcht Gottes,
der strahlt auf wie das Licht am Morgen.«

Das Königsgesetz des Deuteronomiums (17,14–20; ursprünglich sind wohl nur die negativen Bestimmungen) sieht zumindest theoretisch konkrete Einschränkungen der Machtbefugnis des Königs vor; noch erstaunlicher bleibt, daß es überhaupt ein Gesetz gibt, das nicht die Regierten, sondern den Regenten bindet und ihn Gott und seinem Gebot unterordnet.

»Das haben auch die Gesetzgeber gewußt und das haben sie gewollt: Sie geben dem König ein Gebot wie dem kleinsten Bauern und verlangen von ihm bei Verlust des göttlichen Segens Gehorsam.« (*H. Schmidt*, SAT II/2, [2]1923, 197)

Das deuteronomistische Geschichtswerk beurteilt die einzelnen Könige nach ihrem Verhalten gegenüber dem Jahwegebot – von der Zustimmung (2 Kön 18, 3 ff; 22, 2; 23, 25) über gewisse Einschränkungen (1 Kön 15, 11. 14; 2 Kön 17, 2) bis zur völligen Ablehnung (1 Kön 16, 30. 33; 21, 25 f u. a.). Die Verheißung ewigen Bestands der Daviddynastie (2 Sam 7, 11 ff; später als »Bund« gedeutet: 23, 5; Ps 89, 4. 29; vgl. Exkurs 5) scheint zunächst ohne Bedingung ergangen zu sein, wird aber zunehmend von der Einhaltung der göttlichen Gebote durch den König abhängig gemacht (Ps 132, 12; 1 Kön 2, 4; 8, 25; 9, 4 f; Sach 3, 7; vgl. 1 Sam 12, 14 f. 24 f u. a.).

4. Bringen auch die *Königspsalmen*, die sich – nach ihrer ursprünglichen Absicht – nicht auf den künftigen, sondern den regierenden König beziehen, seine Abhängigkeit von Gott zur Geltung? Schon daß für den Herrscher Fürbitte geübt wird und er selbst mit einer Bitte Gott nahen darf (Ps 2, 8; 20, 2–6; 21, 3. 5; 132, 1. 10; vgl. 1 Sam 12, 19; 1 Kön 3, 5 ff u. a.), zeigt nicht nur die Nähe des Königs zu Gott, sondern auch seine Angewiesenheit auf ihn. Sie scheint im Laufe der Zeit stärker zum Ausdruck zu kommen.

Zunächst kann von einer Alternative zwischen göttlicher und königlicher Herrschaft (Ri 8, 23; 1 Sam 8, 6 f; 12, 12; vgl. 10, 19) keine Rede sein. Nach Ps 2, wohl einem der ältesten Königspsalmen, thront Gott zwar – irdischer Unruhe entrückt – im Himmel; aber der Aufruhr der Völker richtet sich in gleicher Weise »gegen den Herrn und seinen Gesalbten« (V 2b, vielleicht wie V 12b eine Ergänzung, wenn auch sinngemäß richtig). Ihr Machtbereich scheint eine Einheit darzustellen. Gott bleibt transzendent und ist keineswegs im König verkörpert; Gottes Reich und das Reich des Königs sind jedoch weithin identisch. Gott gibt ihm als seinem Sohn und Statthalter die Völker zum Erbe, so daß er über die Welt herrscht (vgl. Ps 72, 8 ff; 89, 26 ff). Gewiß beruhen Recht und Stellung des Königs auf der Einsetzung durch Gott, der Berufung durch Prophetenmund (V 7; vgl. § 12b, 3), aber diese Abhängigkeit des Herrschers von Gott kommt in der königlichen Machtausübung nicht weiter zur Geltung. Vielmehr ver-

wirklicht der König selbst die ihm von Gott verliehene Herrschaft. Der Ernennung: »Mein Sohn bist du ... Ich gebe (dir) die Völker« folgt die Zusage: »Du magst sie zerschlagen, mit eiserner Keule, sie wie Töpfergeschirr
zerschmeißen.« Noch uneingeschränkter – sowohl in der universalen Ausdehnung als auch der Drastik der Ausdrucksweise – kann die Macht des
regierenden Königs im Anschluß an altorientalische, wohl speziell ägyptische Vorstellungen kaum ausgemalt werden.

Auch nach Ps 110 beruht die Ermächtigung des Königs auf dem göttlichen
Wort (V 1): „Setze dich zu meiner Rechten, bis ich deine Feinde als
Schemel deiner Füße hinlege!« Es mutet dem König aber zu, inmitten der
bereits von Gott überwundenen Feinde zu herrschen. Damit bahnt sich
eine Unterscheidung zwischen Wirken Gottes und Wirken des Königs an;
sie kommt dadurch zustande, daß die Königsideologie mit der Überlieferung von einer Kriegführung durch Gott selbst (Ex 14 u. a.; o. § 7, 3)
zusammentrifft.

Ähnlich, wie es altorientalische Abbildungen darstellen, vereinigt Ps 144
Königs- und Kriegstradition so, daß Gott den König in der Kriegskunst
unterweist: »Er lehrt meine Hände den Kampf, meine Finger den Krieg«
(V 1; vgl. Ps 18, 35). Jedoch braucht der König seine unter göttlicher An-
leitung erworbenen Fähigkeiten anscheinend nicht zu erproben; denn er
richtet seine Zuversicht auf Gott »meinen Retter, mein Schild, auf den ich
traue, der mir ‚Völker' unterwarf« (V 2; vgl. V 6 ff). Vertritt Gott den
König in der Kriegführung? Gelegentlich bringt das Vertrauensbekenntnis
die Gegenüberstellung von menschlicher und göttlicher Macht pointiert
zum Ausdruck:

»Diese (vertrauen) auf Streitwagen und Rosse,
(doch) wir rufen den Namen Jahwes, unseres Gottes, an.
Sie brachen in die Knie und fielen,
aber wir erhoben uns und standen aufrecht.« (Ps 20, 8 f)

Der König bedarf der göttlichen Hilfe (Ps 20, 3. 7. 10; 21, 6; 144, 7 u. a.), die
vom Vertrauen auf eigene Macht unterschieden wird. Schließlich können
die Königspsalmen ein allgemeines Motiv der Klagelieder aufnehmen und
mit der Frage die Menschlichkeit auch des Amtsträgers hervorheben: »Wer
ist der Mann, der lebt und den Tod nicht sieht?« (Ps 89, 48 f; 144, 3 f)

Außerhalb der Reihe der Königspsalmen steigert der Hymnus Ps 33 jene
Einsicht, daß »die anderen« ihre Hoffnung vergeblich auf die eigene Kraft
setzen, zur Selbsterkenntnis; auch dem König nützt keine Eigenmacht:

»Nichts hilft dem König ein starkes Heer,
ein Held rettet sich nicht durch Riesenkraft.
Ohne Verlaß ist das Roß für den Sieg,
und seine große Kraft läßt nicht entkommen.
Sieh, Jahwes Auge ruht auf denen, die ihn fürchten,
auf denen, die auf seine Gnade hoffen.«
(Ps 33, 16–18; vgl. 147, 10 f)

Demnach kann das Königtum vom alttestamentlichen Glauben so gedeutet werden, daß es der Wirksamkeit Gottes Raum gibt. Die Hoffnung auf einen künftigen Friedenskönig (u. § 12d) führt diese Intention weiter. Die messianischen Weissagungen deuten das Nicht-Wirkliche, den Überschuß der Aussagen vom König über die Realität (vgl. Ps 72, 3 ff), in ein Noch-nicht-Wirkliches um und sehen dabei den Herrscher in neuem Licht.

5. Weil das Königtum unter Vorbehalt betrachtet wird, kann es schon früh in der *prophetischen* Bewegung einen Gegner finden, der den amtierenden Herrscher wegen seines Verhaltens mahnt, rügt oder gar verwirft (1 Sam 15; 2 Sam 12; 24; 2 Kön 1; u. § 14a 2, 5).

Diese kritisch-distanzierte Haltung erreicht in der Verkündigung *Hoseas*, der in den unruhigen letzten Jahrzehnten vor dem Untergang des Nordreichs auftritt, ihren Höhepunkt. Sagt schon Amos (7, 9. 11) kurz zuvor dem »Haus Jerobeams« den Tod an, so macht Jahwe nach Hosea nicht nur der bestehenden Dynastie, sondern überhaupt »dem Königtum des Hauses Israel ein Ende« (1, 4; vgl. 3, 4 »ohne König«). Der Prophet sieht in der Einsetzung von Königen und Beamten ein menschlich-eigenmächtiges Handeln ohne Gott:

»Sie selbst machten Könige gegen meinen Willen,
setzten Beamte ein – ohne mein Wissen.« (8,4;
vgl. 7, 3–7; 9, 15; 10, 7. 15)

Dabei erscheint die Königswahl parallel zur Anfertigung von Götzenbildern (8, 4–6). Wo Hosea das Königtum trotzdem von Gott herleitet, erkennt er es nicht als Erweis von Gottes Gnade an, sondern von Anfang bis Ende als Gabe seines Zorns:

»Ich gab dir einen König in meinem Zorn
und nahm ihn weg in meinem Grimm.« (13, 11)

Gewiß gelten diese harten Worte nur dem Königtum im Nordreich Israel. Ist Hoseas Urteil aber nicht grundsätzlich als Kritik an der Institution überhaupt zu verstehen?

6. Das Hoseabuch enthält im Rahmen der Hoffnung auf endgültige Erfüllung des an die Erzväter ergangenen Segens »Die Zahl der Söhne Israels wird werden wie der Sand am Meer« auch die – in ihrer Echtheit sehr umstrittene, wohl nicht von Hosea stammende – Verheißung der Wiedervereinigung:

»Die Söhne Judas und die Söhne Israels
werden sich miteinander versammeln
und sich ein gemeinsames Haupt geben . . .« (Hos 2, 2)

Die beiden in der Geschichte oft verfeindeten Brüderreiche werden in der Heilszeit vereint sein und sich *ein* »*Haupt*« setzen – das meint nicht: sich

Gott zum Herrn erwählen (Jos 24, 15), sondern ein irdisch-menschliches
Oberhaupt berufen. Kaum zufällig fehlt im königskritischen Hoseabuch
der Begriff »König«, wie auch nichts von davidischer Abstammung verlautet. Der kommende Regent trägt den Titel eines Führers aus vorstaatlicher Zeit (vgl. Num 14, 4; Ri 11, 8 ff; 1 Sam 15, 17; auch Jes 7, 8 f).
Anders als der Zukunftskönig der messianischen Weissagungen wird er
nicht, von Gott »erweckt« (Jer 23, 5; Ez 34, 23), »kommen« (Sach 9, 9;
vgl. Jes 11, 1; Mi 5, 1), sondern vom Volk selbst eingesetzt. Außerdem
fehlen das Thema »Gerechtigkeit« wie das Stichwort »Frieden«, wenn
auch vorausgesetzt wird, daß die miteinander verbundenen Reiche frei von
Krieg leben können. Demnach ist die Heilserwartung im Hoseabuch anders
strukturiert als im Jesaja- oder Michabuch. Dennoch stimmt sie in einem
Wesenszug mit der Messiashoffnung zutiefst überein. Der künftige Herrscher hat keine eigentliche Aufgabe inne, bringt selbst nicht das Heil,
repräsentiert es nur; er ist in seiner Person wohl Symbol der Einheit, stellt
sie aber nicht her.

7.   Nach den messianischen Weissagungen ist der eigentliche Herrscher
nicht der gegenwärtige, sondern der kommende. Der Exilsprophet Deutero-
jesaja, der den Titel »König« Jahwe vorbehält (Jes 52, 7) und den Titel
»Gesalbter« auf den Perserkönig Kyros überträgt (44, 28 ff), geht in seiner
Umdeutung der Davidtradition noch weiter, wenn er den Verbannten als
Gotteswort zuspricht:

»Ich werde euch einen ewigen Bund schließen,
die zuverlässigen Gnadenerweisungen an David.« (Jes 55, 3)

Das Wort erinnert an die Natanweissagung (2 Sam 7 u. a.), ergeht aber im
Gegensatz zu ihr nicht mehr an das judäische Königshaus. Die David-
verheißung ist auf das Volk ausgeweitet worden und hat damit ihre Besonderheit – die Erwählung einer Dynastie aus dem Volksganzen – eingebüßt. Was Gott David allein gewährte, schenkt er jetzt allen. »Fürst und
Gebieter der Völker« wird Israel aber nicht durch Krieg, sondern als
»Zeuge« für Jahwe (55, 4 f; 43, 10 u. a.; u. § 16, 1 f).

b)   Der Sohn Gottes

1.   »Sohn Gottes« ist im alten Orient zunächst der König. Der Pharao
führt den Titel seit dem Alten Reich; später wird er mythisch ausgestaltet.
Das Märchen des Papyrus Westcar erzählt, wie der Sonnengott Re mit
einer Priesterfrau verkehrt und sie Drillinge gebiert, die drei kommenden
Herrscher. Damit wird kein einmaliges Wunder ferner Vergangenheit beschrieben. Seit der 18. Dynastie pflegt man Zeugung und Geburt des
Königs auf Bildwänden darzustellen (z. B. in Der-el-Bahri, dem Toten-
tempel der Königin Hatschepsut, oder in Luxor, Philae, Edfu): Der höchste

Gott geht in Gestalt Pharaos zur Gattin des Regenten ein. Der jeweilige Herrscher gilt demnach leibhaftig als Sohn des Gottes und der Königin.

»Der Mythos scheint in ältere Zeit zurückzureichen. Er berichtet, daß der Reichsgott (Re oder Amun) beschließt, einen Thronfolger zu zeugen. Um in den Palast gelangen zu können, nimmt er die Gestalt des regierenden Königs an und vereinigt sich, nicht ohne sich vorher als Gott zu erkennen zu geben, mit der Königin, die übrigens im Mythos noch Jungfrau ist, weil ihr irdischer Gemahl, der König, noch ein unreifes Kind sei ... Damit findet die Doppelnatur des Königs als Gott und Mensch ihren bildhaften Ausdruck: Neben dem göttlichen Vater steht die irdische Mutter. Pharao hat an beiden Welten teil.« (*H. Brunner*, Grundzüge der altägyptischen Religion, 1983, 73; vgl. *ders.*, Die Geburt des Gottkönigs, 1964; auch RTAT 56)

Dem Zweistromland, zumal der älteren Zeit, ist der Titel »Sohn des Gottes bzw. der Göttin« für den König nicht unbekannt. Die babylonischen Herrscher nennen sich »Sohn des (Stadtgottes von Babylon) Marduk«, »Sohn des (Mondgottes) Sin« o. ä. Auch in diesem Bereich kann der Titel zu einer umfassenderen Vorstellung von der Sohnschaft ausgeweitet werden. So redet schon Gudea von Lagasch in seiner Tempelbauhymne die Ortsgöttin an:

»Ich habe keine Mutter – meine Mutter bist du,
ich habe keinen Vater – mein Vater bist du,
meinen Samen hast du empfangen,
hast mich im Heiligtum geboren.«
(*Falkenstein – v. Soden*, 140)

Oder die Göttin Ischtar erinnert den Assyrerkönig Assurbanipal an seine Jugend, um ihre gnädige Gesinnung beglaubigen zu können: »Als du klein warst, habe ich dich auf meine Arme genommen« (AOT 281; ANET 450).

Auch im syrischen Raum ist das Königsprädikat »Sohn Gottes« geläufig. In den ugaritischen Mythen heißt der König Keret »Sohn Els«, und der Königssohn wird von den Göttinnen Aschera und Anat gesäugt. Ähnlich zeigen ägyptische Abbildungen, wie der König auf dem Schoß der Göttin sitzt und sie ihm die Brust reicht; so wird dem kommenden Herrscher göttliche Kraft zugeführt. Noch in der hellenistischen Welt lebt der orientalische Titel »Gottessohn« als Bezeichnung für Herrscher (Alexander d. Gr.) wie Heroen (Herakles) weiter; selbst in dieser Spätzeit kann die göttliche Zeugung noch sinnlich vorgestellt werden.

2. Auf den gleichen Mythos der Vereinigung von Gott und Mensch spielt das Alte Testament ausnahmsweise einmal in der Urgeschichte mit der Erzählung von den sog. »Engelehen« (Gen 6,1–4) an: Die »Göttersöhne« – die Götter oder göttlichen Wesen tragen im alten Orient ebenfalls den Namen »Söhne Gottes«, da sie in genealogische Verbindung mit einem höchsten Gott gebracht werden (o. § 11 a, 2) – nehmen sich Menschentöchter zur Frau; die Vermischung von Überirdischem und Irdischem läßt

der Überlieferung nach die Riesen entstehen (vgl. Jub 5, 1). Dem alttestamentlichen Text gelten die Riesen aber nicht mehr als Abkömmlinge jener
gottmenschlichen Vereinigung; vielmehr erscheinen die Heroen nur noch
gleichzeitig mit den Götterehen (V 4). Will der Mythos ursprünglich von
einer machtvollen Begebenheit berichten, so sagt die Geschichte in ihrer
vorliegenden Gestalt des Menschen Schuld und Gottes Gericht (Begrenzung
der Lebenszeit, V 3) an; sie kehrt das Erhabene ins Verwerfliche. Wie auf
diese Weise der Mythos von der göttlichen Zeugung inhaltlich entstellt ist,
so nimmt Israel auch die altorientalische Vorstellung vom König als Gottessohn nur in veränderter Fassung auf.

3. Nach Ps 2, 7 scheint der *König* auf seine Amtseinsetzung zurück-
zublicken. Dabei zitiert er ein als Ichrede gestaltetes Gotteswort, das vielleicht bei der Inthronisation durch einen Propheten gesprochen wurde; es
zeigt, daß der König – anders als die charismatischen Anführer der Richterzeit (Ri 3, 10 u. a.) – mittelbar berufen wurde: »Mein Sohn bist du, heute
habe ich dich gezeugt.« Nach diesem Wort besteht die Sohnschaft nicht von
Geburt an, sondern wird *erklärt*. Formal stimmt der erste Satzteil mit der
im alten Orient gebräuchlichen Adoptions- bzw. Legitimationsformel
überein (nach Kodex Hammurabi § 170 f erkennt der Vater die Kinder der
Sklavin mit dem Wort: »Meine Kinder seid ihr« als gleichberechtigt an;
vgl. Jes 49, 3: »Mein Knecht bist du« als Berufungswort; auch Jer 2, 27;
Hos 2, 25; Est 2, 7; Ex 2, 10 u. a.). Im Nachsatz »Heute habe ich dich gezeugt« klingt die Vorstellung von der physischen Zeugung durch einen Gott
nach, aber mit der Zeitangabe »heute« verweist das Wort auf die Thronbesteigung, nicht mehr auf die Empfängnis. Ob schon damit eine Antithese
zur Umwelt gegeben ist, soll unentschieden bleiben; denn auch nach ägyptischer Auffassung kann der Pharao erst bei der Inthronisation seinen göttlichen Charakter erhalten. Jedenfalls ist der König nicht mehr leiblich
himmlischen Ursprungs, nicht inkarnierter Gott; vielmehr wird ein
Mensch durch die Ernennung zum Erben eingesetzt. Dadurch kommt die
Differenz zwischen Gott und Mensch zumindest stärker zur Geltung.
Wie in späterer Zeit das Alte Testament das wechselseitige Verhältnis
zwischen Jahwe und Israel gerne mit der Bundesformel »Ich will ihr Gott
sein, und sie sollen mein Volk sein« (Jer 31, 33; Dtn 26, 17 f u. a.; ähnlich
Ex 4, 16) zum Ausdruck bringt, bestimmt 2 Sam 7, 14 die Beziehung
zwischen Gott und König beidseitig: »Ich will ihm Vater sein, und er soll
mir Sohn sein.« Auch Ps 89, 27 f hebt die Gegenseitigkeit hervor, läßt sie
aber deutlich wieder in Gottes Willenssetzung begründet sein:

»Er rufe mich an: ‚Mein Vater bist du,
mein Gott und der Fels meines Heils!‘
‚Ja, ich setze ihn zum Erstgeborenen,
zum Höchsten unter den Königen der Erde‘.«

Nicht der regierende König, erst der erwartete Zukunftsherrscher kann
»Ewiger Vater« (Jes 9, 6) heißen.

4. Der eigentliche Umbruch, der sich mit der Übernahme des Gottessohnprädikats in Israel vollzieht, liegt in der Ausdehnung dieses Verhältnisses auf das *Volk* als Ganzes. Wie das Alte Testament vorgegebene mythische Vorstellungen auf die Beziehung von Gott und Volk deutet, so weitet es in ähnlicher Weise Aussagen, die ursprünglich dem König vorbehalten sind und gerade seine Sonderstellung gegenüber den Untertanen hervorheben, auf alle Menschen aus (vgl. § 12a, 7 zu Jes 55, 3). Dieser Vorgang der sog. »Demokratisierung«, der schon im alten Orient einsetzt, gewinnt im Alten Testament so grundsätzliche Bedeutung, daß die Vater-Sohn-Relation weit häufiger das Verhältnis von Gott und Volk als von Gott und König charakterisiert.

Achtet man aber auf das Alter der Texte, so zeigt sich, daß das Wort »Sohn« in früher Zeit höchst selten auf Israel angewendet wird. Obwohl es gut geeignet wäre, Jahwes Zuneigung zu Israel auszusagen, kommt es im wesentlichen doch erst bei den Propheten auf und begegnet darum meist in göttlicher Rede. Spätere Epochen benutzen es zwanglos; zunächst scheint das Vater-Sohn-Verhältnis nur mit Zurückhaltung auf Jahwe übertragen worden zu sein, weil sich mit ihm zu leicht dem eigenen Glauben anstößige Vorstellungen verbanden. Doch liegt das Bild vom »Sohn« schon vom Erziehungsdenken her (Jes 1, 2; Spr 13, 24 u. a.) so nahe, daß sich – anders als beim Sohnesprädikat des Königs – für den allgemeinen Gebrauch die Übernahme aus der Umwelt nicht mit gleicher Sicherheit nachweisen läßt. Innerhalb der Hofsprache tritt deutlicher hervor, daß Israel fremdes Gedankengut aufgreift.

5. Einige Personennamen, wie Ab-ram »Der (Gott) Vater ist erhaben«, auch Eli-ab »Mein Gott ist Vater« oder Achi-eser »Mein (Gott) Bruder ist Hilfe«, sind noch Nachklänge einer Religion, die die Beziehung zwischen der Gottheit und ihren Verehrern als Verwandtschaftsverhältnis deutete. Diese Spuren weisen auf den »Vätergott« der Patriarchenzeit. Aber schon dieser Sippen- oder Familiengott war kaum schlechthin als Blutsverwandter seiner Verehrerschar gedacht; zumindest genügt diese Beziehung nicht, um ihn zureichend zu charakterisieren (o. § 3b). Außerdem bleibt schwer zu entscheiden, wieweit der Namensbildung wie in späterer Zeit nicht schon früh eine metaphorische Bedeutung zugrunde liegt.

Mit einem anderen Textbereich läßt sich das Vater-Sohn-Verhältnis in den Bereich des *Naturkults* zurückführen. Wenn der Prophet Jeremia seine Polemik gegen die, »die zum Holz sagen: Mein Vater bist du! und zum Stein: Du hast mich geboren!« (2, 27) nicht absichtlich verschärft, setzt sein Wort voraus, daß in den einzelnen Ortskulten die Verehrer ihr Dasein von heiligen Bäumen und Steinen empfangen konnten (vgl. § 10, 2. 3). Ist auch aus der bissigen Bezeichnung »Hurensöhne« (Hos 2, 6; vgl. 1, 2; 5, 7) für die dem Baalkult verfallenen Israeliten eine Antithese gegen ein mythisches Vater-Sohn-Verhältnis herauszuhören?

Im Alten Testament wird Jahwe selbst nicht als Vorfahre oder Erzeuger der
Menschen vorgestellt – abgesehen von dem Bild, das die Tätigkeit von
Vater *und* Mutter auf Gott überträgt: Du vergaßest »den Felsen, der dich
gezeugt, Gott, der dich geboren hat« (Dtn 32, 18). Im gleichen Moselied
wirken wohl fremde Gedanken nach, wenn es das Volk anredet:

»Ist er nicht dein Vater, dein Schöpfer?
Er hat dich gemacht und dich bereitet.« (Dtn 32, 6)

Gewiß ist die Vorstellung der Zeugung durch die der *Schöpfung* ersetzt,
aber diese Deutung ist bereits vorgegeben, von Israel nur weitergeführt
worden und läßt sich nur insoweit als spezifisch alttestamentliche Korrektur einer physisch gemeinten Beziehung verstehen.

In den ugaritischen Mythen heißt der Gott El gegenüber Baal »sein Vater, der ihn
bereitet hat«, was fast wörtlich mit Dtn 32, 6 übereinstimmt; El wird zugleich als
»Vater der Menschheit« und seine Gattin, die Göttin Aschera, als »Schöpferin der
Götter« verehrt.

So können alle Zeugnisse innerhalb und außerhalb des Alten Testaments
nicht die Vermutung bestätigen, daß in Israels Umwelt die Zusammengehörigkeit von Gott und dem einzelnen Menschen in der Regel physisch
gedacht war. Was man hier und da vom König sagte, daß er von der Gottheit gezeugt sei, galt wohl nicht oder nur ausnahmsweise von jedermann.
Darum ist erst recht nicht zu erkennen, daß Israel in der Frühzeit seine
Abstammung von Jahwe annahm und später diese Vorstellung zu einer
Adoption aus freier Wahl umwandelte.
In späterer Zeit wird die Prädikation Gottes als des Vaters und Schöpfers
ausdrücklich in spezifisch alttestamentlichem Sinne, nämlich aus der Einheit des Glaubens (Dtn 6, 4), gedeutet:

»Haben wir nicht alle *einen* Vater,
hat nicht *ein* Gott uns geschaffen?«
(Mal 2, 10; vgl. 1, 6; Jes 45, 9 ff; 63, 16; 64, 7)

6.   Strenggenommen wäre zwischen der Übertragung des Vaterbegriffs auf
Jahwe und der Bestimmung des Menschen als Gottes »Sohn« zu unterscheiden. Zwar können beide Bezeichnungen zusammentreten (2 Sam 7, 14;
Jer 3, 19 u. a.), sie müssen aber nicht ursprünglich zusammengehören. So
scheint im alten Orient die Anrede »Sohn« für den einzelnen, von Personennamen abgesehen, zumindest selten zu begegnen, während die Anrufung Gottes als »Vater« wohlbekannt ist, aber in Ägypten weithin dem
König vorbehalten bleibt.
Schon Hosea geht über die Anwendung des Sohnesprädikats auf Israel
hinaus, indem er das Bild der Sohnschaft von der Lebenswirklichkeit her
ausgestaltet. Ähnlich kann ja die altorientalische Vorstellung vom König
als Sohn Gottes ausgemalt werden: Die Gottheit nimmt das Kind auf den
Schoß und zieht es groß. Das Gottesverhältnis wird also nicht nur im Titel

eingefangen, sondern – wie im Ehebild (Hos 2) – als fürsorgliche Führung und Erziehung gedeutet.

> »Als Israel jung war, gewann ich es lieb,
> aus Ägypten rief ich meinen Sohn.
> Wenn ‚ich' sie rief,
> liefen sie von ‚mir' weg,
> sie opferten den Baalen
> und räucherten den Bildern.
> Dabei lehrte ich doch Ephraim das Laufen, nahm es bei den Armen (?),
> aber sie merkten nicht, daß ich sie pflegte.« (Hos 11, 1–3)

Der Prophet blickt – allerdings im Rahmen einer Anklage (u. § 14b) – zurück bis zum Ursprung des Volkes; Jahwe erwählte in Ägypten seinen Sohn. Jede physische Beziehung ist bei dieser Darstellung der Kindheit ausgeschlossen. Es handelt sich ausdrücklich um »Berufung«, nicht um Abstammung. Dabei ist das Adoptionsverhältnis in der Zeit verankert: Die Sohnschaft hat einen Anfang. So erhält das Bild die Aufgabe, Israels geschichtliches Selbstverständnis darzustellen.

Das Verständnis der Sohnschaft, die durch die Liebe Gottes begründet ist, wird von späteren Propheten gerne aufgenommen: Auf die Klage des »teuren Sohnes« Ephraim muß Gott mit Erbarmen antworten (Jer 31, 20; vgl. 3, 4. 19; Mal 3, 17). Gegenüber der Autorität des liebenden Vaters (Spr 3, 12) treten seine Güte und Fürsorge hervor:

> »Wie sich ein Vater über Kinder erbarmt,
> so erbarmt sich Jahwe über die, die ihn fürchten.«
> (Ps 103, 13; vgl. Mal 3, 17 u. a.)

Darum kann sich die Gemeinde mit dem Bittruf »unser Vater« an den Erlöser wenden (Jes 63, 15 f; 64, 7).

7. Allerdings entspricht der Sohn dem »Ruf« des liebenden Vaters nicht. Hoseas gesamte, bis in die Einzelheiten hinein feine Darstellung des väterlichen Umgangs mit dem angenommenen Kind will ja nur die Schuld des Volkes aufzeigen, das sich in Undankbarkeit gegenüber Gottes Fürsorge sowie im Ungehorsam gegenüber dem ersten und zweiten Gebot von seinem Pfleger weg den Baalen zuwendet. Auch diese Botschaft nehmen die späteren Propheten auf:

> »Söhne habe ich großgezogen und emporgebracht,
> doch sie haben sich gegen mich empört.« (Jes 1, 2)

Hier greifen besonders weisheitliche Gedanken in das Bild ein: Der gehorsame Sohn beachtet die Mahnungen des Vaters (Spr 6, 20 ff; 23, 24 ff). So betonen Jesaja durch nähere Bestimmungen, wie »verderbte« (1, 4), »störrische« (30, 1) oder »verlogene Söhne« (30, 9), und ähnlich Jeremia (4, 22; 3, 22; vgl. 3, 14) die Verfehlung der Sohnschaft. Im Bild des Sohnes spricht also Hosea mit seinen Nachfolgern zugleich die Liebe des Vaters und die Widerspenstigkeit des Sohnes aus. So kann die Vater-Sohn-Beziehung in der prophetischen Verkündigung eine gewisse Bedeutung erlangen. Daß der Vater rechtgemäß die Verfügungsgewalt des _pater familias_ beansprucht, dem man ehrerbietigen Gehorsam schuldet (Mal 1, 6), tritt weitgehend zurück; das Verhältnis wird eher persönlich-freundlich als rechtlich gezeichnet. Gewiß mag die tatsächlich gegebene Autorität des Vaters den Hintergrund für die Bildrede darstellen, aber hervorgehoben wird vielfach gerade die väterliche Zuneigung, die trotz allem Ungehorsam des Sohnes bestehenbleibt.

Auch erscheint die Sohnschaft eigentlich nirgends als eine zu erfüllende Aufgabe bzw. als eine Bestimmung, die es erst zu verwirklichen gilt. Gewiß hat sie sich geschichtlich zu bewähren, aber diese Bewährung wird nicht vorweg in Geboten gefordert: »Ihr sollt Söhne sein!« Die Sohnschaft wird vielmehr festgestellt, sei es negativ in ihrem Scheitern und dann in der Anklage als Schuld dargelegt, sei es positiv in der Anrede zugesprochen.

So lautet das Jahwewort Ex 4, 22 f (wohl ein späterer, auf das Folgegeschehen vorausblickender Zusatz): »Mein erstgeborener Sohn ist Israel.« Ähnlich wie in Hos 11, 1 ff hängen die Berufung aus Ägypten und das Sohnesprädikat zusammen; aber es erfährt anders als dort keine Begründung, nur eine Folgerung wird gezogen (Befreiung aus dem fremden Machtbereich, sonst nach dem Talionsgesetz Ahndung der Schuld am »erstgeborenen Sohn« des Pharaos, und Verpflichtung für Israel, Jahwe zu dienen). Ganz ähnlich wird die Sohnschaft in Dtn 14, 1 dem Volk grundlos zugesagt: »Söhne seid ihr für Jahwe, euren Gott.« Diese Anrede erinnert an die Adoption des Königs »Mein Sohn bist du« (Ps 2, 7); wieder ist die Sohnschaft nicht als natürlich-selbstverständlich vorgegeben, sondern geht auf ein Wort zurück. Es ist dem Gesetz als allgemeiner Grundsatz vorgeordnet, aus dem dann das Verbot bestimmter ritueller Handlungen gefolgert wird, weil sie mit der Verehrung Jahwes unvereinbar sind. Mag das Sohnesverhältnis zu Gott so zugesprochen oder wie bei den Propheten geleugnet oder verheißen sein, in keinem Falle ist es eigentlich etwas, was man _gewinnen muß_.

8.   Dabei bleibt die Sohnschaft keineswegs nur dem Volksganzen vorbehalten (wie Ex 4, 22 u. a.), sondern gilt – innerhalb des Alten Testaments auffällig – häufig jedem _einzelnen_ (wie Dtn 14, 1; 32, 5 u. a.). Gewiß ist die allgemeine Gebetsanrede »mein Vater« noch nicht geläufig. Sie fehlt in den vielfältigen Gottesprädikaten des Psalters; Ps 89, 27 bezieht sich allein auf den König: »Er wird mich anrufen: Mein Vater bist du!« Nur das Volk insgesamt sagt »Mein Vater« (Jer 3, 4. 19; kritisch 2, 27) oder »Unser Vater« (Jes 63, 16; 64, 7). Ganz ähnlich wird Gott auch selten »mein König« (Ps 5, 3) genannt. Doch besagt das Fehlen der Vateranrede umgekehrt nicht, daß die Beziehung Gottes zum einzelnen nicht als ein Verhältnis zum Sohn gedacht werden kann.

In einem Wort des Propheten Hosea (2, 4) fordert Jahwe von den Söhnen, sich gegen ihre abtrünnige Mutter zu stellen; er ruft also die einzelnen Israeliten gegen Israel als Ganzes auf: »Verklagt eure Mutter, verklagt; denn sie ist nicht meine Frau, und ich bin nicht ihr Mann!« Hier ist das Vater-Sohn-Verhältnis mit Hilfe des Ehegleichnisses zu einem Familienbild ausgeweitet worden; der Vater sucht die Kinder auf seine Seite zu ziehen und von der Mutter zu trennen. Wie auch diese Unterscheidung zwischen den einzelnen oder der Gesamtheit, d. h. dem Volk oder dem Land, genauer gemeint ist, auf jeden Fall gilt: »Das Kollektivdenken wird beachtlich gesprengt« (*H. W. Wolff*, z. St.). Diesem Sachverhalt entspricht, daß Hosea nicht nur Israel als »Sohn« bezeichnet (11, 1), sondern auch anklagend von »Söhnen« redet (2, 6; 5, 7). Ihm folgen Jesaja und Jeremia, und der Exilsprophet Deuterojesaja verheißt im Stil eines göttlichen Heilsorakels den Verbannten:

> »Fürchte dich nicht; denn ich bin mit dir!
> Vom Sonnenaufgang bringe ich deine Nachkommen heim,
> und vom Sonnenuntergang sammle ich dich.
> Ich spreche zum Norden: ‚Gib her!‘
> und zum Süden: ‚Halte nicht zurück!
> Bringe heim meine Söhne aus der Ferne
> und meine Töchter vom Ende der Erde!‘
> Alle, über die mein Name ausgerufen ist,
> die ich zu meiner Ehre geschaffen,
> gebildet, ja gemacht habe.« (Jes 43, 5–7)

Nicht nur die angeredeten Exulanten sollen die Freiheit erhalten, vielmehr werden alle Glieder des Gottesvolkes aus den vier Himmelsrichtungen die Heimkehr erleben. Nach der kollektiven Anrede »Fürchte dich nicht!« redet das Wort ganz unerwartet in der Mehrzahl von »Söhnen« und »Töchtern« (vgl. 49, 22; 45, 11). Hat der Prophet innerhalb der Gemeinschaft des Volkes jeden einzelnen im Blick? Ein jeder ist Gottes Geschöpf (43, 7; vgl. 44, 5). Die Ankündigung deutet abschließend den Grund oder das Ziel der Befreiung an: »zu meiner Ehre«.

Wenn schließlich das Hoseabuch (2, 1) verheißt, daß das Volk den Namen »Söhne des lebendigen Gottes« tragen wird (o. § 11 c, 5), so hat das Alte Testament wiederum aus einer Zusage für die Gegenwart Hoffnung für die Zukunft werden lassen. Aber damit wird erst recht deutlich, daß die Sohnschaft nichts ist, was der Mensch selbst zu verwirklichen hat.

c) Das Ebenbild Gottes

1. Der Mensch als »Ebenbild Gottes« – diese Bestimmung hatte weit über das Alte Testament hinaus so folgenreiche *Nachwirkungen*, daß es schwerfällt, nach dem ursprünglichen Sinn der Aussage zurückzufragen.

Nachdem man in der Kirchengeschichte nach Irenäus – in Zuspitzung des alttestamentlichen Begriffspaars ṣelem und deᵐut, imago und similitudo (Gen 1, 26 f u. a.) – häufig zwischen natürlicher und übernatürlicher Gott-ebenbildlichkeit unterschieden hatte, war die Exegese seit längerer Zeit be-müht, über diese dem Alten Testament nicht gemäße Trennung hinaus-zukommen. Aber auch dann standen sich noch ganz verschiedene Ansätze gegenüber. Fanden manche Ausleger die Ähnlichkeit mit Gott im geistigen Wesen des Menschen, so setzten andere dieser Auffassung entgegen: »Der erste Mensch ist Gott ähnlich an Gestalt und Aussehen . . . Demnach be-zieht sich diese Ebenbildlichkeit in erster Linie auf den Körper des Men-schen« (*H. Gunkel*, z. St.). Dabei verwies man in Anknüpfung an antike Gedanken speziell auf die aufrechte Haltung als ein Merkmal, das den Menschen durchweg gegenüber dem Tier auszeichnet (*L. Köhler*). Der hebräische Begriff für »Bild« spricht aber keineswegs eindeutig für dieses Verständnis; denn er kann, muß sich jedoch nicht auf eine plastische Dar-stellung beziehen. Zudem kennt das Alte Testament auch nicht die Trennung von Körper und Geist bzw. Seele; »Geist« steht nicht im Gegen-satz zum Leib, wird vielmehr als die Kraft des Lebens gedacht (o. Exkurs 4). Darum suchten einige Ausleger zunächst dadurch einen Ausgleich, daß sie betonten, Geistiges und Körperliches seien zusammenzusehen, während andere diese Fragestellung überhaupt mieden, indem sie die Gottebenbild-lichkeit als Herrschaft des Menschen über die Tierwelt bestimmten. So hat man daran erinnert, daß altorientalische Großkönige in fernen Ländern ihres Reiches ihre Bilder aufstellten, um auch dort gegenwärtig zu sein, und dementsprechend den Menschen als Statthalter, Repräsentanten Gottes ge-deutet. Ist aber die Herrschermacht nicht eher *Folge* der Gottebenbildlich-keit? Einen neuen Anstoß brachte schließlich die Lehre *K. Barths* (KD III/1, 204 ff): Ebenbildlichkeit ist »keine Qualität des Menschen«. »Sie besteht nicht in irgend etwas, was der Mensch ist oder tut. Sie besteht, indem der Mensch selber und als solcher als Gottes Geschöpf besteht . . . Er ist Gottes Ebenbild, indem er Mensch ist.« Allerdings erkennt Barth im Anschluß an *D. Bonhoeffer* die Ebenbildlichkeit dann im »Gegeneinander und Füreinander von Mensch und Mensch«, genauer »in dem von Mann und Frau«, das das Gegenüber von Ich und Du in Gott wiederholt. Wo das Alte Testament außerhalb von Gen 1, 26 f auf die Gottebenbildlichkeit an-spielt, wird aber das Verhältnis von Mann und Frau nicht erwähnt. Des-halb haben die Exegeten, die Barths Intention aufgriffen, abschwächend all-gemein vom Personsein des Menschen, dem partnerschaftlichen Verhältnis zwischen Gott und Mensch, dem verantwortlichen Mit- und Füreinander oder auch von dem Gott entsprechenden Gegenüber geredet. So berechtigt diese Aussage auch ist (vgl. Gen 2, 18), gibt sie aber wirklich das wieder, was »Gott schuf den Menschen nach seinem Bilde« meint?

2. Die Schwierigkeit, die der Ausdruck »Bild Gottes« dem Verständnis bereitet, besteht darin, daß das Alte Testament überhaupt nur drei oder

vier Belege enthält (ausschließlich in der Priesterschrift: Gen 1, 26 f; 5, 1 ff; 9, 6; vgl. Ps 8, 5 ff) und diese knappen Andeutungen nie näher erläutert. Diese Tatsache läßt vermuten, daß die Begrifflichkeit Israel vorgegeben ist. Außerdem ist die Redeweise merkwürdig starr. Selbst wenn Gott Subjekt des Satzes ist, kann die Beifügung statt »nach seinem Bilde« auch »nach dem Bilde Gottes« lauten. Demnach scheint »Bild Gottes« ein *festgeprägter Terminus* zu sein. Woher stammt er?

Ps 8, die einzige – zwar nicht wörtliche, aber doch sachliche – Parallele, die das Alte Testament selbst bietet, bestimmt das Wesen des Menschen dialektisch: Er ist einerseits vor Gott zu gering (V 5), andererseits fast Gott gleich (V 6–9), Kleinheit und Größe in einem. So kommt dem Menschen gleichsam eine Zwischenstellung zwischen Gott und Schöpfung zu (V 6: »Du hast ihn wenig niedriger als Gott gemacht«). Der Psalm beschreibt die Hoheit des Menschen, indem er ihn als König darstellt. Bis ins einzelne ist die Ausdrucksweise in der Hofsprache beheimatet (vgl. etwa Ps 21, 6; 110, 1 f). Auch in der Schöpfungsgeschichte steht die Gottebenbildlichkeit ja im Zusammenhang mit der Herrscherwürde des Menschen (Gen 1, 26ff; 9, 6 f). Zwar heißt der König im Alten Testament nie »Bild Gottes«; sollte jedoch dem alten Orient, in dem der König eine Gott gleiche oder ähnliche Stellung innehatte, der Terminus vertraut gewesen sein?

3. Vor allem im *ägyptischen* Neuen Reich (etwa seit dem 17. Jh. v. Chr.) gilt der Pharao als Abbild des Schöpfer- und Sonnengottes. Der Titel bleibt bis in die hellenistische Zeit erhalten. Die Terminologie ist insgesamt recht vielgestaltig. Üblich sind Wendungen wie »Abbild des Re, Amun, Atum«, die oft auch näher erläutert werden: »heiliges Abbild«, »lebendes Abbild auf Erden«. Aufschlußreich ist dabei, daß wie im Alten Testament Gottebenbildlichkeit und Schöpfung verknüpft werden können. So wird Amenophis III. von der Gottheit Amonre einmal »mein lebendes Abbild, Schöpfung meiner Glieder« angeredet und ein anderes Mal: »Du bist mein geliebter Sohn, aus meinen Gliedern hervorgegangen, mein Ebenbild, das ich auf der Erde eingesetzt habe. Ich habe dich die Erde in Frieden beherrschen lassen.« Wie das ältere Prädikat »Sohn Gottes«, so umschreibt auch der Ausdruck »Bild Gottes« das enge Verhältnis zwischen Gott und König, wenn er vielleicht auch die Distanz zwischen beiden etwas stärker betont. Jedenfalls ist der Pharao als Gottesbild »den Menschen ein sichtbares Zeichen, daß Gott ihnen nahe ist« (*E. Hornung*, 156).

Im *mesopotamischen* Raum ist der Titel weit seltener belegt. Doch kann der König – mit einem dem Hebräischen entsprechenden Wort (ṣelem/ṣalmu) – »Ebenbild Marduks« oder »Ebenbild von Schamasch« heißen, und in einem an ihn gerichteten Brief findet sich:

»Der Vater des Königs, meines Herrn,
war das Ebenbild Bels,
und der König, mein Herr,
ist das Ebenbild Bels.«

In beiden Kulturräumen setzt sich der Titel also in der Regel aus einem (wechselnden) Ausdruck für »Bild« und dem Eigennamen einer bestimmten Gottheit zusammen. Die Wendung »Bild der Götter« findet sich dagegen nur ausnahmsweise in Ägypten. Entsprechend denkt das Alte Testament kaum nur an eine Gleichheit des Menschen mit göttlichen oder himmlischen Wesen (vgl. Gen 3, 22 mit 3, 5), vielmehr an eine Abbildung des Schöpfergottes. Zwar hat »Elohim« eine weit umfassendere Bedeutung als »Gott«, doch werden untergeordnete Himmelswesen eher »Söhne Gottes« (Gen 6, 2. 4; Ps 29; Hi 1 f) als »Götter« (vgl. Ps 82) genannt. Eine Abschwächung ist höchstens darin erkennbar, daß Ps 8 den Menschen statt mit »Jahwe« (V 2) nur mit »Gott« vergleicht; denn auch sonst kann das Alte Testament gelegentlich zwischen »Gott« und »Jahwe« differenzieren, den Eigennamen meiden und den Gattungsnamen verwenden, um vielleicht so die Besonderheit Jahwes zu wahren (vgl. etwa 1 Sam 16, 14 ff). Doch gilt diese Überlegung nicht für die Schöpfungsgeschichte, die durchgängig von »Gott« spricht. In Gen 1 und den abhängigen Stellen ist eine Einschränkung in keiner Form, auch nicht durch den Parallelbegriff »Ähnlichkeit«, wirklich sicher feststellbar. Erst die *griechische* (und aramäische) Übersetzung, die Anthropomorphismen zu meiden sucht, mindert die Gottebenbildlichkeit zur Engelebenbildlichkeit herab (vgl. Hebr 2, 6 f), gestaltet damit aber zugleich die Aussage stärker mythisch aus. Allerdings besagt auch im Alten Testament die Nähe des Menschen zu Gott keine Identität.

4.   Darüber hinaus kennt der altorientalische *Mythos* die Vorstellung einer Gottebenbildlichkeit, wenn auch in anderer, nicht so eindeutiger Begrifflichkeit. Das Gilgameschepos beschreibt die Geburt (nicht jedes Menschen, sondern nur) des Helden Enkidu: Aruru schuf Enkidu »in ihrem Herzen nach dem Bilde Anus«, und Ischtars Höllenfahrt erzählt ähnlich: »Ea schuf in seinem Herzen ein Bild, schuf Asuschunamir.« Zwar wird die Bildhaftigkeit wieder aus der Schöpfung hergeleitet, aber zugleich tritt viel schärfer hervor, daß die Gottheit das Vorbild ist, nach dem das menschliche Wesen gestaltet wird. Demgegenüber ist die Königstitulatur bereits weit formelhafter. Entscheidend ist ja nicht, daß der Herrscher die Gottheit im Aussehen getreu darstellt (vgl. o. § 6c), sondern auf Erden vergegenwärtigt. Darum kann der Pharao gleichzeitig als Abbild einer weiblichen und einer männlichen Gottheit gelten, so in Philae: »Abbild der Isis, Ebenbild des Onophris«. Erst recht legt das Alte Testament keinen Nachdruck darauf, daß Gott das himmlische Urbild (vgl. Ex 25, 9. 40) und der Mensch sein Ebenbild ist. Zwar scheint sich Israel Gott durchweg in menschlicher Gestalt gedacht zu haben, aber in der Priesterschrift, zumal in der Schöpfungsgeschichte, treten entsprechende Vorstellungen zurück (vgl. o. § 11 f, 3). Zumindest wird eine äußere Gleichheit oder Ähnlichkeit zwischen Gott und Mensch nicht betont. Die Fragestellung, wieweit Gott Urbild des Menschen ist, verschiebt überhaupt den Ton der Textaussage.

»Es ist ja nicht so, als solle mit der Gottesebenbildlichkeit vom Menschen
her etwas über Gott ausgesagt werden, über seine Gestalt, sein Aussehen,
seine Art und sein Wesen, sondern es verhält sich gerade umgekehrt, daß
hiermit das Besondere des Menschen ... ausgesprochen werden soll«
(*F. Horst*, 227 f). Da die Wendung »Bild Gottes« dem Alten Testament
vorgegeben ist, braucht es nicht einmal, wie es der ursprüngliche Sinn der
Aussage erfordert haben mag, über eine Gestalt Gottes reflektiert zu
haben. Jedenfalls erzählt das Alte Testament nicht, wie die Gottebenbildlichkeit des Menschen entstand, sondern hält nur fest, daß der Mensch »als
Bild Gottes« – diese Übersetzung ist angemessener als die übliche »nach
dem Bild Gottes« – geschaffen wurde. »Bild Gottes« ist eben im Alten
Testament nicht mehr streng mythisch gedacht, sondern ist eher nur noch
ein Titel.

Darum kann man das so ausgesprochene Verhältnis von Gott und Mensch auch
nicht als Verwandtschaft deuten. Möchte man schon bei der ägyptischen Terminologie unentschieden lassen, ob die Parallelwendung »Sohn«, den die Gottheit »gezeugt« hat, noch ein physisches Verhältnis meint und sich nicht eher auf Erschaffung
und Krönung bezieht (vgl. § 12 a, 1), so spielen die mesopotamischen Belege gar nicht
mehr auf Sohnschaft oder Verwandtschaft an. Auch im Alten Testament wird »Bild
Gottes« nicht durch – ein in diesem Zusammenhang mißverständliches Wort wie –
»Sohn Gottes« erläutert. Der Mensch ist nicht deshalb »Bild Gottes«, weil er der aus
Gott hervorgegangene »Sohn« ist, und er gewinnt auch durch seine besondere
Stellung keinen »Anteil« an Gott.

5.   Wesen des Bildes ist es, etwas *erscheinen* zu lassen. Wie der altorientalische König als »Bild Gottes« die Gottheit auf Erden repräsentiert, so
bezeugt der Mensch als »Bild Gottes« Gott auf Erden. Wird schon in Ägypten das königliche Privileg ausnahmsweise auf alle Menschen ausgedehnt –
am bekanntesten ist das Wort aus der Lehre des Merikare: »Sie sind seine
(d. h. des Schöpfergottes) Abbilder, die aus seinen Gliedern hervorgegangen
sind« –, so ist die sog. Demokratisierung im Alten Testament wieder
grundsätzlich vollzogen. Der Titel wird nur noch vom Menschen, nie vom
König gebraucht. Das Alte Testament hat verallgemeinert und jedermann
– nicht nur den Angehörigen eines Volkes, sondern allen Menschen, auch
Mann und Frau in gleicher Weise (Gen 1, 27 f) – zugesprochen, was einst
im wesentlichen nur dem König zukam: als »Bild Gottes« Herrschaft aus-
zuüben.
Vom Ursprung der Tradition her bleibt aber deutlich: Die Gottebenbildlichkeit ist nicht irgendein Teil oder Merkmal, das im oder am Menschen
zu suchen ist; sie ist vielmehr mit dem Menschen als Gottes Geschöpf gegeben, und zwar unabhängig von sozialem Rang, Volkszugehörigkeit oder
Geschlecht. Die Gottebenbildlichkeit bezieht sich also nicht speziell auf
das geistige Wesen des Menschen, auch nicht auf seine körperliche Haltung,
sondern schon eher wie beim König auf sein »Amt«, nämlich seine Stellung
in der Welt. Dabei ist die Gottebenbildlichkeit genausowenig wie die Sohn-

schaft (o. § 12b, 4 f) erst durch ein Handeln zu gewinnen; denn die Bestimmung zum Bild ist dem Menschen durch Gott vorgegeben.

Auf einer ägyptischen Inschrift von der Einsetzung eines Wesirs begründet der
Pharao seinen Wunsch, daß der Sohn die Amtsnachfolge des alten Vaters antrete:
»Gut ist ja das Ersetztwerden durch seinesgleichen! Enthülle dein Ebenbild . . . Dein
Stellvertreter soll er sein.« Wie hier der leibliche Sohn als »Bild« seines Vaters dessen
»Stellvertreter« ist, so erzeugt Adam nach Gen 5, 3 einen Sohn »nach seinem Bilde
gemäß seiner Ähnlichkeit«. Damit ist gewiß nicht nur gemeint, daß der Sohn dem
Vater äußerlich ähnlich sieht, sondern daß der Vater in seinem Sohn wieder-
erscheint. Der Sohn »wiederholt« gleichsam den Vater; denn im Sohn ist der Vater
gegenwärtig.

Entsprechend kann man die Gottebenbildlichkeit des Menschen als *Stellvertretung* Gottes auf Erden auffassen. Vielleicht läßt sich der Begriff »Bild
Gottes« überhaupt nicht streng definieren, weil eben von der Tradition her
mehreres anklingt: Erscheinung, Vergegenwärtigung, Stellvertretung, auch
Statthalterschaft. Zwar löst die Schöpfungsgeschichte den Herrscherauftrag
gleichsam von der Gottebenbildlichkeit ab, um ihn dem Menschen in
einem eigenen Segenswort zuzusprechen (Gen 1, 28), doch bleibt beides
eng verknüpft. Wie weit lassen sich auch Amt und Aufgabe, Wesen und
Folge streng voneinander trennen? Der Ausdruck »Bild Gottes« beschreibt
ja die Gegenwart Gottes an einem Ort – in der Welt, schließt also zugleich
Situation und Funktion ein. Als Gottes Stellvertreter ist der Mensch Gottes
Statthalter, Sachwalter oder auch Zeuge auf Erden; er übt sein Amt als
»Bild Gottes« in der Schöpfung aus.

6. Diese *Freiheit* und Herrschaft wird von Gott dem Menschen zugesprochen; er braucht sie sich nicht erst durch sein Denken, Wollen oder
Handeln zu erwerben. Die Gottebenbildlichkeit wird auch nicht bedingt
verliehen, nämlich von verantwortlichem Verhalten, das gut und böse zu
unterscheiden weiß, abhängig gemacht, und geht nicht durch die Sünde verloren (vgl. Gen 5, 1; 9, 6). Allerdings hat die Gottebenbildlichkeit Folgen
für das Handeln des Menschen.

Spricht Ps 8 ausdrücklich nur von der Überlegenheit des Menschen über
die Tierwelt und kündigt höchstens in dem Bekenntnis »*alles* hast du unter
seine Füße gelegt« eine Ausweitung des Machtbereichs an, so fordert die
Schöpfungsgeschichte den Menschen geradezu auf, sich die Erde zu unter-
werfen. Daß sich die Herrschaftsgewalt des Menschen von ihrem Auftrag-
geber lösen und dann hemmungslos, zerstörerisch werden könnte, liegt
noch nicht im Blick des Alten Testaments. Gewiß sieht es den Menschen
nicht als »Maß aller Dinge« an, sondern als – allerdings von Gott bevorzug-
tes, von ihm angesprochenes – Geschöpf in Gottes Schöpfung. Zudem
schließt der Herrschaftsauftrag nach Gen 1, 28 ff noch kein Blutvergießen
ein (vgl. § 11 f, 3), und nach Freigabe der Tiertötung (9, 1 ff) nimmt das
Alte Testament den Menschen selbst aus dem Machtbereich des Menschen

heraus, bewahrt ihn so vor sich selbst. Dem »Bild Gottes« kommt als dem Wesen zwischen Gott und Welt eine Sonderstellung zu, aus der der Rechtssatz die Folgerungen zieht:

»Wer Menschenblut vergießt,
dessen Blut soll auch durch Menschen vergossen werden;
denn Gott hat den Menschen nach seinem Bilde gemacht.« (Gen 9, 6)

So wird aus der Grundgegebenheit eine Grundforderung. Jeder Mensch steht als »Bild Gottes« unter einem Schutz; Freiheit und Macht des Menschen in seiner Herrschaft über die Erde finden am Menschen selbst ihre Grenze.

d) Der Messias

Auf den Messias, den »Gesalbten« (hebr.: *maschiach*, griech./latein.: Christus) richten sich in der Nachfolge der Prophetie die Hoffnungen der Spätzeit (4 Esra; Joh 4, 25). Dagegen ist diese Ehrenbezeichnung im Alten Testament für den Zukunftsherrscher nicht direkt bezeugt. »Der Gesalbte Jahwes« bleibt Jahrhunderte über bis etwa zum Exil (von 1 Sam 24, 7 bis Klgl 4, 20; Sach 4, 14) Königstitel. Selbst der Perser Kyros kann als Jahwes Beauftragter ausnahmsweise so genannt werden (Jes 45, 1; vgl. Jer 25, 9; 43, 10: Nebukadnezzar »mein Knecht«).

1. Daß die *Salbung* einen wesentlichen Teil des Krönungsrituals bildet (z. B. Ri 9, 8; 1 Kön 1, 39; 2 Kön 11, 12; vgl. 2 Sam 19, 11), ist für den alten Orient keineswegs selbstverständlich. Sie geschah wohl gelegentlich bei der Einsetzung von hohen ägyptischen Beamten, und auch einen syrischen Vasallenfürsten machte (nach einem Amarna-Brief) der Pharao Thutmosis III. zum König, indem er »Öl auf sein Haupt tat«; doch fehlen eindeutige Beweise für die Salbung des Königs selbst sowohl aus Ägypten wie aus Mesopotamien. Demnach scheint sie in beiden Bereichen unbekannt gewesen zu sein. Indessen wurde der hethitische König, ähnlich wie es vielfach das Alte Testament erwähnt, vom Volk oder Adel gesalbt. So liegt die Vermutung nahe, »daß der Ritus in Israel bzw. Juda auf den hethitischen Brauch zurückgeht«, wobei ägyptischer Einfluß möglich ist und Kanaan als »vermittelndes Zwischenglied« gedient haben mag. Auch die Rechtsstellung der Königinmutter, der »Gebieterin« (1 Kön 15, 13; 2 Kön 10, 13 u. a.), könnte auf hethitischem Vorbild beruhen (*E. Kutsch*, 56).
Jedenfalls gewinnt die Königssalbung in *Israel* überragende Bedeutung. Sie kann entweder durch das *Volk* (dessen Vertreter: die »Männer Judas« bzw. »Ältesten Israels« 2 Sam 2, 4; 5, 3; vgl. 2 Kön 23, 30) oder im Namen Jahwes durch einen *Propheten* bzw. Priester (1 Kön 1, 34 ff; vgl. 19, 15 ff; 2 Kön 9; 1 Sam 16, 13) vorgenommen werden. Wieweit die entsprechenden Prophetenerzählungen (1 Sam 9, 1–10, 16; 16, 1–13 u. a.) wirklich den Geschichtsverlauf wiedergeben und nicht nachträglich die göttliche Autorität des Königs erweisen wollen, ist fraglich; mehr Anspruch auf Historizität erhebt der Bericht von der Salbung Jehus durch einen Prophetenschüler Elischas (2 Kön 9). Sonst ist jedoch die Königssalbung im Südreich besser bezeugt als im Nordreich (vgl. Ps 45, 8). So ist zwar nicht zuverlässig nachweisbar, aber doch gut

möglich, daß jeder judäische – vielleicht auch jeder israelitische – König bei der Thronbesteigung gesalbt wurde. In welcher Form und von wem dieser Akt auch durchgeführt worden sein mag – er war der konkrete Anlaß und Ursprung des Königstitels »Gesalbter Jahwes« (Ps 2, 2; 20, 7; 132, 10. 17; vgl. Ps 18; 89 u. a.). Mit der Handlung stellte Jahwe den zukünftigen König unter seinen Schutz, so daß er unantastbar wurde (1 Sam 24, 7. 11; 26, 9 ff; 2 Sam 1, 14 ff; Ps 89, 21 ff), und nahm ihn zugleich in Auftrag (1 Sam 9, 16). Als man sogar die Geistbegabung, mit der Gott die Führer der Richterzeit unmittelbar zu einer Aufgabe berief, als Folge der Salbung ansah (1 Sam 10, 1. 6; 16, 13 f; 2 Sam 23, 1 f), könnte man eine Institution des Kulturlandes mit einem Erbe der Nomadenzeit verbunden haben.

In nachexilischer Zeit wurde die Salbung auf den *Hohenpriester* übertragen (in späten priesterschriftlichen Texten: Ex 29; Lev 8; vgl. 4, 3 ff; auch Dan 9, 25 f; allgemein von Priestern: Ex 40, 15 u. a.). Selbst die prophetische Geistesgabe konnte auf eine Salbung gegründet werden (Jes 61, 1; vgl. Ps 105, 15 von den Erzvätern), obwohl die Propheten gewiß nie gesalbt wurden. Schon im Alten Testament entspricht also dem Verlust des Ritus eine Ausweitung der übertragenen Bedeutung; der Gesalbte ist der Geweihte und Bevollmächtigte.

Eine der Zukunftsvisionen des Propheten Sacharja (4, 11 ff) spricht von zwei »Ölsöhnen«, d. h. den Gesalbten, im Dienst des »Herrn der ganzen Welt«. Außerdem sind die Königspsalmen, insbesondere der betont vorangestellte Ps 2 (vgl. Apg 13, 33), in späterer Zeit wahrscheinlich als Erwartung gelesen worden, so daß der Titel Messias »Gesalbter« (Ps 2, 2b vielleicht in einem Zusatz; vgl. 18, 51 u. a.) wenigstens indirekt für die erwartete Herrschergestalt belegt ist.

2.   Da jener Ehrentitel in den Verheißungen eines Zukunftskönigs fehlt, ist die Bezeichnung »messianische Weissagung« nicht eindeutig. Sie könnte einen sehr weiten Textbereich decken; denn das Alte Testament kennt recht verschiedene eschatologische Heilserwartungen, die nicht von einer messianischen Gestalt im engeren Sinne beherrscht werden: so die Hoffnung auf Durchsetzung der Königsherrschaft Gottes oder auf Erscheinen des Menschensohnes (nach Dan 7, 13 f bes. in den Bilderreden des Henochbuches, Kap. 37–71, und 4 Esra 13). Selbst bei strenger Fassung des Begriffs »messianische Weissagung« fällt die Abgrenzung der Texte nicht leicht.

Gelegentlich werden schon der dunkle Judaspruch im Jakobsegen Gen 49, 10 f, der vom »Kommen« eines Herrschers spricht, dem die Völker gehorchen, und der Bileamspruch Num 24, 17 f, der das Aufgehen eines Sterns in Jakob verheißt, als messianische Weissagungen verstanden. In beiden Fällen handelt es sich jedoch eher um sog. *vaticinia ex eventu*, die aus zeitgenössischer oder noch späterer Situation, also aus der Rückschau, auf David vorausblicken. Sie sind auf die bereits bekannte – vorwiegend politisch gesehene – Gestalt Davids bezogen.
Die beiden Worte des Amos- und Hoseabuches, die eine Wiederaufrichtung der Davidherrschaft ankündigen (Am 9, 11 f; Hos 3, 5), gelten mit Recht weithin als sekundär.
Auch die höchst unterschiedlich gedeutete Immanuelweissagung Jes 7, 14 soll außer acht bleiben. Ist hier von vornherein an einen künftigen Herrscher gedacht?

Können jene frühen David geltenden Worte als Beleg für eine allmählich aufkeimende, vorprophetische Hoffnung dienen, die sich mit dem neu aufgekommenen Königtum verband? Tatsächlich ist die Frage nach Alter und Entstehung, Anlaß und Herkunft der Messiaserwartung letztlich unbeantwortet. Wie aus der Institution des Königtums die Hoffnung auf einen neuen König hervorging, bleibt eigentlich unbekannt. Wohl enthält die Messiaserwartung Kritik am Königtum, aber die Annahme immer wiederkehrender Enttäuschungserlebnisse – der jeweilig regierende König erfüllte nicht die Vorstellungen und Erwartungen, die man von einem rechten Herrscher hegte – reicht zur Erklärung der Hoffnung gewiß nicht aus. Selbst die Erinnerung an die Glanzzeit Davids ist eher nur ein Moment, das die bereits lebendige Erwartung zur Darstellung der Zukunft aufgreift, als der eigentliche Motor. Dem Alten Testament sind ja etwa auch Exodus, Sinaibund oder Schöpfung eschatologisch geworden. Nicht überall kann ein Enttäuschungsmotiv bzw. die Nichtübereinstimmung von Vorstellung und Wirklichkeit Grund und Anlaß der Hoffnung gewesen sein. Sind die verschiedenen Motive nicht einheitlich zu verstehen, und zwar aus einem Wesenszug alttestamentlichen Glaubens? Hauptsächlich zwei Ableitungsversuche stehen sich gegenüber, die aber beide nicht recht befriedigen.

Einerseits nimmt man auf Grund gewisser *altorientalischer* Analogien an, daß die alttestamentlichen Propheten, zumal Jesaja, von vorgegebenen altorientalischen Hoffnungen auf einen künftigen Herrscher als Wahrer der Gerechtigkeit und Garanten des Friedens (vgl. weit später Vergils IV. Ekloge) abhängig seien. »Es ist nicht daran zu zweifeln, daß im Kult und auch an den Höfen der Fürsten solche Orakel zu hören waren. Und wenn, was auf uns gekommen ist, auch in der Regel als vaticinium ex eventu zu beurteilen ist, gab es doch auch echte Orakel, die von einem kommenden Herrscher der Gerechtigkeit und des Friedens kündeten.« (*H. Wildberger*, BK X/I, 441 zu Jes 11; ähnlich schon *H. Greßmann*)
In dieser Feststellung liegt aber die Problematik des Vergleichs verborgen: Wieweit beziehen sich altorientalische Königsaussagen nur auf den bereits bekannten Herrscher, sind also im Rückblick entstanden, so daß sie nur mit jenen vorprophetischen Texten wie Gen 49, 10 f vergleichbar bleiben und keine ausreichenden Vorbilder für Verheißungen wie Jes 11 darstellen? Unter diesen Umständen läßt sich zwischen den altorientalischen Zeugnissen und den messianischen Weissagungen nur eine gewisse Parallelität der *Motive* erkennen; eine Abhängigkeit besteht – vermutlich indirekt – nur in ihnen, nicht aber, zumindest nicht eindeutig, in der Zukunftserwartung selbst. Die Messiashoffnung hat fremde wie eigene Traditionen zur Gestaltung der Zukunft aufgenommen.
Nach anderer Auffassung liegt in der *Natanverheißung*, die den Nachkommen Davids die Thronfolge »auf immer« zusichert (2 Sam 7; vgl. 23, 5; Ps 89, 4 f u. a.), »der geschichtliche Ursprung und die Legitimation auch aller messianischen Erwartungen« (*G. v. Rad*, TheolAT[4]I, 323). Die Messiashoffnung ist nämlich – wie das Jesaja- und Michabuch gegenüber dem Hoseabuch nahelegen – kaum im Nordreich, sondern eher im Südreich aufgekommen, in dem die Daviddynastie herrschte. Wird die Natanverheißung in den messianischen Weissagungen aber zitiert? Außerdem sagt sie den Fortbestand der Dynastie, nicht die Ankunft eines einzigen Herrschers an, der zudem in Gegensatz zum Königshaus treten kann. Auch zielen die messia-

nischen Texte durchweg auf einen unüberbietbaren, endgültigen Zustand (»Frieden
ohne Ende«, Jes 9, 6), nicht eine Sukzession (anders Jer 33, 17 f). Vor allem richten
sich die messianischen Weissagungen eher auf einen neuen David (Jes 11, 1; Mi 5, 1;
später Hos 3, 5; Jer 30, 9; Ez 34, 23 f; 37, 24 f) als auf einen Nachkommen Davids
(Jer 23, 5).

So bleibt die Frage nach der Entstehung der messianischen Erwartung
besser offen. Auch das vieldiskutierte, kaum allgemein überzeugend lös-
bare Problem der »*Echtheit*« bzw. »*Unechtheit*« – wann sind die Worte
zeitlich anzusetzen, und fanden sie zu Recht ihren Platz in den einzelnen
Prophetenbüchern? – soll hier zurücktreten.

Wortschatzuntersuchungen liefern selten eindeutige Kriterien. Meist finden sich
neben engen Berührungen der messianischen Weissagungen mit der übrigen Botschaft des Propheten auch Unterschiede, die sich jedoch aus der besonderen
Thematik der Texte erklären könnten. Setzen die Verheißungen das bereits eingetretene oder (nur) das angekündigte Gericht, die Androhung kommenden Unheils
mit dem Aufweis der Schuld des Volkes, voraus?
Außerdem läßt sich in der Regel nicht eindeutig die Situation angeben, in der die
Heilsweissagungen entstanden und gesprochen sind. Einerseits begründen die Propheten Heils- anders als Unheilsankündigungen durchweg nicht mit menschlichem
Verhalten; im Hinweis auf das – böse oder gute – Tun verbirgt sich aber die Situation.
Andererseits erschwert die prophetische Bildsprache (vgl. Jes 9, 1: »Das Volk, das im
Finstern wandelt, sieht ein großes Licht«) eine Identifikation, und Heilsweissagungen
können über das geschichtlich Mögliche hinausgreifen (bes. 11, 6–8). Insofern läßt
sich nur mit Einschränkungen sagen, daß der Messias ursprünglich eine geschichtliche Gestalt ist; denn das Erfahrbare wird in der Hoffnung transzendiert.

3. Die Reihe der messianischen Weissagungen wird mit Jes 9, 1–6 er-
öffnet – wenn nicht historisch, so doch sachlich insofern zu Recht, als die
Messiaserwartung hier nur einen Teil der Zukunftshoffnung ausmacht, die
sich auf Gott selbst richtet. Die Verheißung eines »großen Lichts« soll dem
Volk Freude bringen, das in der Finsternis, also im Machtbereich des
Todes (vgl. Hi 10, 21 f), wohnt. Heil, Gottes Nähe, erfährt das Volksganze
erst in der Gottesferne; eine Zeitangabe für die ohne Bedingung verheißene
Wende fehlt. Die Freude wird zunächst mit der Befreiung von politischer
Unterdrückung (»wie am Midianstag«; vgl. Ri 7) und der Vernichtung des
militärischen Beuteguts begründet; dann folgt als dritter und letzter Grund:

»denn ein Kind ist uns geboren,
ein Sohn ist uns gegeben.
Die Herrschaft kommt auf seine Schulter.
Er erhält den Namen:
Der Wunderbares plant, Mächtiger Gott,
Ewiger Vater, Friedefürst.
Weitreichend ist die Herrschaft
und Frieden ohne Ende
auf Davids Thron und in seinem Reich,
indem er es begründet und stützt

auf Recht und Gerechtigkeit
von nun an bis in Ewigkeit.« (Jes 9, 5 f)

Die Einheit setzt (trotz Mt 4, 15 f u. a.) kaum in Jes 8, 23 ein (so *A. Alt*), ist vielmehr mit 9, 1–6 klar gegliedert und in sich geschlossen: Die zusammenfassende Überschrift V 1 wird von V 2 in direkter Anrede an Gott (nach Art eines eschatologischen Danklieds) entfaltet. Indem V 2 die Metapher »Licht – Finsternis« von V 1 auflöst, beschreibt er zugleich die Auswirkungen, die die Tat Gottes auf die Menschen hat: Freude wird durch den Vergleich mit dem Jubel bei der Ernte und dem Verteilen der Beute umschrieben.
V 3–6 tragen in drei aufeinanderfolgenden »denn«-Sätzen nach, warum sich die Betroffenen freuen können, und konkretisieren damit den Vollzug der Gottestat. Die Ankunft des Messias (V 5 f) ist im Zusammenhang also ein Anlaß zur Freude über Gott (V 2). Die – erst spätere? – wiederum zusammenfassende Schlußbemerkung V 6b bezeichnet nochmals das Ganze als Wirken Gottes, und zwar in der Zukunft.

In den Schlußversen liegt der Höhepunkt der Einheit. Weil das Erscheinen des Königssohnes den Hauptanlaß zur Freude bietet, wird es auch am ausführlichsten beschrieben: von seiner Geburt über die Machtübergabe und Verleihung der Thronnamen bis zur Art seines Regiments. Er wird betont als »Herrscher« eingeführt, aber als »Friedensherrscher«. Dieser Titel kommt ihm nicht nur darum zu, weil die Beseitigung des Kriegszustands endgültig und insofern der Frieden unüberbietbar, »eschatologisch« ist. Vielmehr führt der Messias selbst – dieser Name bezeichne, auch wenn er eben nicht fällt, die betreffende Gestalt – keine Kriegstaten mehr aus. D. h., er ist nicht eigentlich der »Heilsbringer«, schafft nicht die Zukunft, die die gegenwärtigen geschichtlichen Verhältnisse so durchschlagend verwandelt. Den Krieg, der den politischen Druck nimmt und darum dem Friedensreich vorausgehen muß, führt – in Übereinstimmung mit frühisraelitischer Tradition (Ex 14 f u. a.) und gewissen Königspsalmen (Ps 110, 1. 5 f; 20, 8 f u. a.; vgl. o. § 12 a, 3) – Gott selbst. Überhaupt liegt alle Wirksamkeit bei ihm allein: Gott bringt oder ist das Licht, schafft die Freude und zerbricht das Joch, so daß der Schlußsatz mit Recht zusammenfassen kann: »Der Eifer Jahwe Zebaots wird es vollbringen.«
Auf diese Weise wird der Messias in eine merkwürdige Passivität gedrängt: Er erscheint erst, nachdem Gott die Not gewendet hat, und übt nur nach bereits errungenem Sieg die gerechte Herrschaft aus. So ist bei dem künftigen König eine Aufforderung, wie sie Ps 2 an den König richtet: »Heische von mir die Völker, um sie zu zerschlagen!« unmöglich geworden. Der Messias ist zwar »Fürst«, aber auf die Wahrung von Frieden und Gerechtigkeit eingeschränkt. Der ihm verliehene Ehrenname »Gottheld« steigert die Eigenart der Aussage geradezu zur Paradoxie: Der Held vollbringt nichts Heldisches (vgl. als Gegensatz 2 Sam 23, 8 ff).
Selbst in dem der Friedensherrschaft vorausgehenden Krieg macht sich die Tendenz zur »Humanisierung« bemerkbar. Weiß die Überlieferung zu berichten, daß im Heiligen Krieg die gesamte Beute einschließlich der Gefangenen gebannt wurde (1 Sam 15; Jos 7, 11 ff), bis »niemand übrigblieb«

(10, 28 ff u. a.), so spricht die Weissagung (Jes 9, 4) nur vom Verbrennen der Kriegsgeräte. Von einer Tötung von Mensch und Tier ist keine Rede mehr. Kein Volk wird mehr unterjocht. Ist mit der Verbrennung der Uniformen, der Soldatenstiefel und der blutbesudelten Mäntel, der Krieg selbst abgeschafft? Es gibt keine Sieger, die die Militärkleidung benutzen könnten; ihrer bedarf es im Friedensreich auch nicht mehr.

Obwohl Gottes- und Messiasherrschaft so streng unterschieden sind, steht der künftige König in einem äußerst engen Verhältnis zu Gott. Im Anschluß an altorientalische Königsvorstellungen, zumal die Thronnamen des Pharao, verleiht der Prophet dem Messias hohe Ehrentitel. Die beiden ersten Namen »Der Wunderbares plant« und »starker Gott« bzw. »Gottheld« sind zweifellos göttliche Würdeprädikate (vgl. Jes 28, 29 bzw. Ps 24, 8), und auch »Vater« ist leicht als Gottesname verständlich (vgl. § 12b, 3). Der Messias ist fast Gott gleich; er vermag, was Gott kann. Solche hohen Aussagen hat Israel (trotz der Anrede »Gott, Göttlicher« in Ps 45, 7) auf den irdischen Herrscher kaum übertragen; zumindest ist das Übliche gesteigert. »Wirklich durchgesetzt haben sich – religionsgeschichtlich gesprochen – die Inhalte der Ideologie des göttlichen Königtums im israelitischen Bereich nur in eschatologischer Neuinterpretation« (*H. Wildberger*, Die Thronnamen des Messias: ThZ 16, 1960, 331). Ohne größere Vorbehalte konnte Israel die altorientalische Königsvorstellung nur in seine Hoffnung einbeziehen.

Darum muß man auch den vielfach unternommenen Versuchen, aus Jes 9, 5 f den Ablauf des in Jerusalem vollzogenen Krönungsrituals (etwa mit den Akten: Legitimation/Adoption bzw. Geburt? – Herrschaftsübergabe – Verleihung der Thronnamen – Regierungsproklamation) zu rekonstruieren, mit Skepsis begegnen, ganz abgesehen davon, daß die Einzelheiten undeutlich bleiben. Ein Prophetenwort wandelt die ihm vorgegebene Wirklichkeit so um, daß sie sich nur noch gebrochen in ihm widerspiegelt.

4. Die Messiaserwartung, die in Jes 9 nur einen, wenn auch den entscheidenden Anlaß zur Freude über die verheißene Gottestat bildet, hat sich in Jes 11, 1–5 verselbständigt und ausgeweitet.

Ganz folgerichtig erscheint nicht mehr Gott, sondern allein der Messias als Autor des Geschehens; denn Gott tritt ja nur in der »Rahmenhandlung« von Jes 9 (bes. V 1 f. 6bβ), nicht aber in der Ankündigung des Messias (V 5 f) als Subjekt des Satzes auf. Außerdem entspricht die Geistverleihung der Titelvergabe in Jes 9; »der Geist des Rates und der Stärke« (11, 2) schenkt, was die Namen »Wunder-Rat, starker Gott« besagen. Schließlich sind sich beide Weissagungen in der Betonung des gerechten Regiments des Zukunftsherrschers einig.

Obwohl das Wann der Heilszukunft wieder offenbleibt, ist sie gewiß, von keinem Wenn eingeschränkt und – entsprechend den übrigen messianischen Weissagungen – von keinem menschlichen Verhalten, wie der Buße, abhängig. Jes 11 beschreibt zunächst bildlich die Ankunft des Herrschers (V 1), dann seine geistgewirkten Fähigkeiten (V 2) und seine Aufgaben (V 3–4), um mit einem weiteren Bild (V 5) die Charakteristik abzurunden:

»Ein Reis wird hervorgehen aus dem Stumpf Isais
und ein Sproß aus seinen Wurzeln ‚sprießen'.
Auf ihm wird ruhen der Geist Jahwes,
der Geist der Weisheit und der Einsicht,
der Geist des Rates und der Stärke,
der Geist der Erkenntnis und der Furcht Jahwes ...
Er wird nicht richten nach dem, was seine Augen sehen,
noch entscheiden nach dem, was seine Ohren hören.
Er wird die Armen richten in Gerechtigkeit
und über die Elenden des Landes in Geradheit entscheiden.
Aber den ‚Gewalttätigen' wird er mit dem Stabe seines Mundes schlagen
und den Übeltäter mit dem Hauch seiner Lippen töten.
Gerechtigkeit wird der Gürtel seiner Lenden
und die Treue der Gurt seiner Hüften sein.«

V 6–8 beschreiben die Auswirkungen der messianischen Herrschaft, wechseln vom Thema Gerechtigkeit zum Frieden, von Israel zur Natur über und sind wohl ein späterer Zusatz (o. § 11 f, 6).

Ist der Zukunftsherrscher, der vom Davidsthron aus regiert (Jes 9, 6), ein Nachkomme Davids? Jedenfalls entstammt das »Reis aus dem Stumpf Isais«, dem Vaterhaus Davids (1 Sam 17, 12 ff; 2 Sam 23, 1), nicht dem amtierenden Herrschergeschlecht; vielmehr geht der Sproß neu aus der Wurzel hervor. Der Rückgriff zum Ursprung – kaum nur auf eine Seitenlinie – ist Kritik am bestehenden Herrscherhaus (vgl. Jes 7, 9 ff); das Vorhandene soll keine Fortsetzung erfahren. Die Geschichte der Dynastie und damit die Geschichte Israels seit David wird übersprungen, beiseite geschoben oder gar ausgelöscht. So enthält die messianische Weissagung ein stark oppositionelles Element. Es scheint, daß Gott »mit dem kommenden Herrscher da noch einmal beginnt, wo er einst mit David begonnen hatte. Freilich so, daß hier *mehr* ist als David.« (*H.-J. Hermisson,* EvTh 33, 1973, 62 f)
Die Hoffnungen auf die besonderen Fähigkeiten des Zukunftsherrschers mögen (indirekt) wieder durch altorientalische Vorstellungen angeregt sein, sind aber doch weit stärker durch die eigene israelitische Königstradition geprägt. Rücken sie den Messias darum nicht in solche Nähe zu Gott wie jene Ehrentitel in Jes 9? Doch gewährt auch der Geist Weisheit und Einsicht, um die schon Salomo gebeten hat (1 Kön 3, 12; vgl. Jes 10, 13; Gen 41, 33. 39 u. a.), Rat und Stärke (vgl. Jes 9, 5; 28, 29), schließlich Erkenntnis und Gottesfurcht – ebenfalls ein alter Wunsch für den Regenten (2 Sam 23, 3). Der Zukunftsherrscher bringt, was längst ausgesprochen ist. So gehen die »Eigenschaften« insgesamt nicht wesentlich über das hinaus, was die Tradition anbietet; aber sie treten jetzt gesammelt und miteinander vereint auf. Das überlieferte Bild vom König wird in der Hoffnung erweitert und gesteigert. Dabei beziehen sich »Weisheit und Einsicht« kaum aus-

schließlich auf Rechtsprechung und Staatsführung, sondern sind wohl allgemeiner gefaßt. Der Messias besitzt, was Israel fehlt (Jes 1, 2 f; 6, 9 u. a.).

Wird der König nach den Königspsalmen mittelbar durch Prophetenmund (Ps 2, 7; 110, 1) in sein Amt eingesetzt, so wird der Messias ähnlich den Helden der Richterzeit (Ri 6, 34 u. a.) unmittelbar durch den Geist berufen. Zudem wird der Geist auf dem künftigen Herrscher dauernd »ruhen« und ihm – anders als dem ersten König Saul (1 Sam 16, 13 f) – nicht wieder entzogen werden (vgl. Num 11, 25; 2 Kön 2, 15 vom Geist Moses bzw. Elijas). So sind alle »Herrschertugenden«, selbst Gotteserkenntnis und Gottesfurcht, die doch am ehesten als menschliche »Leistung« erscheinen könnten (vgl. Jes 5, 21), von Gott verliehen. Alles, was der Messias hat und ist, bleibt auch nach Jes 11 Gottes Werk.

Gott selbst schenkt das rechte Gottesverständnis und damit die Möglichkeit, entsprechend zu handeln; denn »Geist« bedeutet dem Alten Testament »Kraft, Befähigung« (o. Exkurs 4). Was es heißt, wenn die Gerechtigkeit Stütze des Throns ist (Jes 9, 6), wird hier breit ausgeführt: Das Recht ist vollkommen, weil der Richter nicht nach Augenschein oder Gehör zu urteilen braucht; denn ihm bleibt nichts verborgen. Er sieht, wie die Sachlage ist (vgl. 1 Sam 16, 7). Darum nimmt er sich der sozial Schwachen an; es gibt in der Gesellschaft keine Ungerechtigkeit mehr. Damit erfüllt sich, was man vom König erwartet (Spr 20, 8; 29, 14; Ps 72), was Jesaja vermißt (Jes 1, 21; 5, 7 u. a.) und für die Zukunft ankündigt (1, 26; vgl. 32, 1). Doch schlägt der Messias den, der Gewalt übt und Unrecht begeht, allerdings nicht mit dem Herrscherstab (vgl. Ps 2, 9), sondern mit dem »Stab des Mundes«. Hier ist anscheinend ein bestimmtes Königsbild korrigiert worden. Das Zepter des Messias ist sein Wort, aber dieses Wort behält die Macht des Zepters.

Von Krieg und Sieg, die in Jes 9 Voraussetzung des »Friedens ohne Ende« sind, ist keine Rede. Dieses Schweigen paßt zu dem Umstand, daß Gott nicht direkt als Autor der Ereignisse erscheint; denn die Kriegführung ist ja sein Werk. Die Ruhe nach außen ist gleichsam selbstverständlich. Eine außenpolitisch-nationale Tätigkeit bleibt aus dem Aufgabenbereich des Messias ausgespart, obwohl er – in ähnlicher Paradoxie wie in Jes 9 – mit »Rat und Stärke« wiederum die Fähigkeiten zur Staatslenkung und Kriegführung erhält. Der Zukunftsherrscher scheint gleichsam auf einen Teil seiner Möglichkeiten zu verzichten. Er hat kraft der ihm verliehenen Titel oder Geistesgaben mehr Macht, als er ausnutzt. Die Regierungsgeschäfte beschränken sich auf die Wirkung nach »Innen«, die Rechtsprechung. Der Messias tritt einzelnen Übeltätern und nicht wie ein König (nach Ps 2) fremden, sich empörenden Völkern gegenüber.

Verschiedene Nachträge (V 6 ff, bes. V 10) geben dem verheißenen Heil nicht nur nationale, sondern kosmische Ausmaße. Schon dem ursprünglichen, erst recht dem erweiterten Text wird also das Urteil nicht gerecht: »Noch bei den großen Schriftpropheten trägt die Messiasgestalt ... überwiegend politische Züge.« Der Text zwingt vielmehr zu der Einsicht: Die Propheten haben »das alte Gemälde langsam umgestaltet und zerstört« (*H. Greßmann*, 273).

5. Allerdings scheint jene Auffassung auf den in Mi 5 erwarteten »Herrscher« zuzutreffen. Doch bleibt das Verständnis dieses Textes unsicher, weil es von kaum eindeutig beweisbaren literarkritischen Entscheidungen abhängt. Wie spätere Zusätze das Wort von Jes 11 ausgestaltet haben, so ist die Weissagung von Mi 5, 1–5 durch ähnliche Ergänzungen geprägt, die aber in den Text selbst eingegriffen haben. In die Verheißung eines Messias, die wieder Herkunft und Aufgabe des Herrschers beschreibt (V 1. 3a; wohl auch V 4a. 5b), wurden Heilsworte für eine Mehrheit, die verstreuten Glieder des Volkes (V 2. 3b. 4b–5a), eingeschoben (so *B. Duhm*). Der ursprüngliche Text mag etwa lauten:

»Aber du, Betlehem Ephrata,
du kleine unter den Tausendschaften Judas,
aus dir wird mir kommen,
der Herrscher in Israel sein wird.
Seine Herkunft liegt in der Vorzeit,
in längst vergangenen Tagen,
Er tritt auf und weidet in Jahwes Kraft,
im erhabenen Namen Jahwes, seines Gottes.«

Die folgenden – für die Frage nach der politischen Wirksamkeit des Messias entscheidenden – Schlußverse (V 4a. 5b) sind vielleicht bereits ein Zusatz:

»Dies(er) wird der Friede sein.
Er wird (uns) retten vor Assur,
wenn es in unser Land kommt,
unser Gebiet betritt.«

Das Wort Mi 5, 1 greift wie Jes 11, 1 auf die Anfänge zurück, bricht aber eher noch stärker mit dem amtierenden Herrschergeschlecht, gibt nämlich auch die Kontinuität des Ortes preis. Der Messias soll nicht mehr aus der vom Untergang bedrohten (Mi 1, 6. 16; 3, 12) – oder doch schon zerstörten? – Hauptstadt Jerusalem, sondern aus dem kleinen Ort Betlehem »hervorgehen«. Ephrata ist eine Sippe in Betlehem, der Heimat Davids (Rut 1, 2; 4, 17 ff; 1 Sam 17, 12); so erwählt sich Gott das Kleine, Unbedeutende (vgl. 1 Sam 9, 21; 16, 11 ff u. a.). In der Zukunft kehrt die ferne Vergangenheit, an die der Ausdruck »Tage der Vorzeit« (Am 9, 11; vgl. Ps 24, 7. 9) erinnert, wieder. Obwohl weder der Name Davids noch der seines Vaters Isai erwähnt ist, wird gleichsam ein neuer David erwartet. Als Gottes Statthalter regiert der Messias in göttlicher Macht und Hoheit (V 3 expliziert das Gotteswort V 1). Das entspricht sachlich dem Ehrentitel »starker Gott« (Jes 9, 5) oder der Begabung mit dem »Geist der Stärke« (Jes 11, 2). Doch wird die Paradoxie jener Verheißungen nur zu Beginn (V 1. 3a) durchgehalten; nach den umstrittenen V 4f wird der Zukunftsherrscher selbst politisch tätig sein. Er bringt nicht nur den Frieden, sondern scheint über die Bezeichnung »Friedefürst« (Jes 9, 5) hinaus sogar »Friede, Heil« zu heißen (vgl. Eph 2, 14). Dennoch führt er selbst die Befreiung von der assyrischen Bedrohung aus.

Bedeutet das Michawort in dieser Hinsicht eine tiefgreifende Änderung der Weissagungen von Jes 9; 11 und damit eine engere Bindung an die Königspsalmen, so bereitet es umgekehrt kommende Verheißungen (Ez 34, 23) vor, wenn es – gemäß weitverbreiteten altorientalischen Vorstellungen vom König oder von Gott als »Hirten« – dem Messias den Auftrag zu »weiden« erteilt.

Die späteren Erweiterungen malen das nur umrißhaft skizzierte Zukunftsbild mit neuen Motiven aus. V 2 a ergänzt die Angabe über den Ursprung des Herrschers (V 1) durch einen dunklen Hinweis auf seine Geburt – wohl im Anschluß an Jes 7, 14. Verschiedene Weissagungen werden miteinander verbunden, so daß sie sich gegenseitig auslegen. Die gegenwärtige Unheilszeit dauert, bis die Geburt die Wende der Not bringt. Die Heilszeit schließt über die Befreiung (V 4 f) hinaus die Sammlung des Gottesvolkes, die Rückkehr der »Brüder« (V 2b) und ihr sicheres »Wohnen« (V 3b; vgl. Jer 23, 6) ein. Dabei wird die Rückführung nicht dem Messias zugeschrieben. Doch bildet seine weltweite Herrschaft die Voraussetzung für die Rückwanderung.

Der Nachtrag weitet das Reich des Zukunftsherrschers – ähnlich der Nachinterpretation von Jes 11, 10 – »bis an die Enden der Erde« (V 3b) aus. Der »Herrscher in Israel« wird zum Weltherrscher. Diese universale Ausdehnung, die auf Königsvorstellungen zurückgehen mag (Ps 72, 8; 89, 28; Gen 49, 10; vgl. Jes 55, 4), greift die Verheißung Sach 9, 10 auf.

6. Die Weissagung des Jeremiabuches (23, 5f) steht bereits in einem vorgegebenen Überlieferungszusammenhang; die messianischen Hoffnungen, zumal in ihrer jesajanischen Gestalt, scheinen sich durchgesetzt zu haben, so daß sie aufgenommen und weitergetragen werden. Vielleicht erklärt sich so auch die wenig eigengeprägte Sprache:

»Siehe, Tage kommen – ist der Spruch Jahwes –,
da erwecke ich David einen gerechten (rechtmäßigen) Sproß.
Er wird als König herrschen und weise handeln,
Recht und Gerechtigkeit im Lande üben.
In seinen Tagen wird Juda Hilfe erfahren,
Israel in Sicherheit wohnen,
und dies wird der Name sein,
mit dem man ihn nennt:
Jahwe (ist) unsere Gerechtigkeit.«

Jer 23, 5 f wird in der Verheißung 33, 14–18 aufgenommen und umgedeutet: Statt einer Einzelgestalt, eines Nachkommens Davids, wird – im Sinne der Natanweissagung – eine dauernde Dynastie erwartet. Die Bedeutung, die das Priestertum (33, 18) einnehmen soll, läßt an die Ankündigung eines doppelten Messias denken (Sach 4; 6, 12 f).

Das Bild vom »Sproß« erinnert an Jes 11, 1, auch wenn es dem Wortlaut nach eher vor- als zurückweist (als Titel Sach 3, 8; 6, 12 gebraucht; vgl. Ps 132, 17). »Gerechtigkeit« (Jes 9, 6; 11, 3–5; vgl. Ps 72) und »Weisheit« (Jes 11, 2) sind längst erwartete Eigenschaften des Messias. Außerdem erhält er wie nach Jes 9, 5 einen (ebenfalls zusammengesetzten) Thronnamen, der sein Wesen beschreibt; ja, selbst das redende »Wir« wird im Bekenntnisnamen übernommen. Von politischer Macht oder gar Krieg verlautet nichts mehr, als sei der ausschließlich friedliche Charakter des Zukunftsherrschers bereits selbstverständlich; die Sicherheit wird nicht seinem Wirken zugeschrieben. Das Königtum erstreckt sich nur über das »Land«. Indem aber für Juda und Israel Schutz und Ruhe gewährleistet sind, bleibt ein Eindringen feindlicher Völker ausgeschlossen; so ist implizit eine Einwirkung auf die Umwelt gegeben. – Auch das Verhältnis zwischen Gott und Messias wird im Jeremiawort ähnlich wie in den vorangegangenen Erwartungen bestimmt. Letztlich verkündet es die Alleinwirksamkeit Gottes: Er selbst bringt Hilfe und Sicherheit (vgl. das Passiv V 6a) und erweckt den Zukunftskönig, der demgemäß den Namen »Jahwe (ist) unsere Gerechtigkeit« trägt (vgl. Ri 6, 24; auch Ex 17, 15; Anspielung auf Zidkija?).

In keineswegs geringerem Maße hebt Ezechiel das Wirken Gottes hervor (vgl. Ez 17, 22–24). Gott selbst ist Hirte und setzt seinen Knecht als Hirten ein, so daß dessen Handeln ganz in die Gottestat einbezogen bleibt. Dabei scheint das Ezechiel- das Jeremiabuch (23, 1 ff) weiterzuführen, wenn die Weissagung aus einer Hirtenrede herauswächst und Gott den Messias »erweckt«:

»Ich werde über sie einen einzigen Hirten bestellen, der sie weiden wird: meinen Knecht David . . . Er soll ihr Hirte sein. Und ich, Jahwe, will ihr Gott sein, und mein Knecht David wird Fürst in ihrer Mitte sein. Ich, Jahwe, habe es geredet.« (34, 23 f)

Als entscheidende Titel ragen »Knecht« und »Fürst« heraus, die altorientalischer bzw. altisraelitischer (Ex 22, 27) Überlieferung entsprechen. Beide umschreiben Rang und Auftrag des Herrschers, bringen aber zugleich seine Abhängigkeit und Unterordnung unter Gott zum Ausdruck – stärker als der Königstitel, der sich erst in späteren Worten (Ez 37, 22. 24) findet. Die Regierungsgewalt des Herrschers ist begrenzt auf die allgemeine Aufgabe zu »weiden« (vgl. Mi 5, 3a) – das meint kaum eine Kriegshandlung, sondern eher Sammlung und Schutz. »Es wird auch hier (wie 17, 22–24) auffallen, daß keine einzige Näherbestimmung das aktive Tun dieses Hirten ausmalt.« (*W. Zimmerli*, BK XIII/2, 917) Da das »Weiden« bereits von Gott ausgesagt ist, bleibt für den Messias im Grunde kaum ein Betätigungsfeld übrig; die Befreiung aus der Unterdrückung (34, 10 ff. 27), selbst die Durchsetzung der Gerechtigkeit (34, 22) ist Gott vorbehalten. Der künftige Herrscher ist Person fast ohne Funktion – aber als »einziger Hirte« Symbol der Einheit des Gottesvolkes. Entsprechend heißt es in einer – jüngeren – Erläuterung einer Symbolhandlung Ezechiels (37, 15–19):

»Siehe, ich nehme die Israeliten aus den Völkern, unter die sie gegangen sind, heraus, sammele sie von allen Seiten her und führe sie in ihr Land heim, mache sie zu *einem* Volk im Lande auf den Bergen Israels, und *ein* König wird ihrer aller König sein. Sie werden nicht mehr zwei Völker sein und sich nicht mehr in zwei Reiche trennen. Sie werden sich nicht mehr verunreinigen mit ihren Götzen ...« (Ez 37, 21–23)

Die Erwartung der Wiedervereinigung des Volkes unter einem König scheint die Hos 2,2 (o. § 12a, 6) überlieferte Hoffnung auf Sammlung unter einem »Haupt« aufzunehmen und zugleich so abzuwandeln, daß dieses als »mein Knecht David« (Ez 34, 23; 37, 24) identifiziert wird. Ist dieser *eine* Herrscher nicht nur Repräsentant des einen Volkes, sondern auch des einen Gottes? Wurde auf den König nicht eigentlich ein Gottesprädikat (Dtn 6, 4 u. a.) übertragen? Jedenfalls geht das Zukunftswort über in die Erwartung der Durchsetzung des ersten Gebots: Das geeinte Volk wird gereinigt, erneuert, so daß auch die Gottesgemeinschaft ohne Fehl sein wird (Ez 37, 23).

7.   Als der Prophet Haggai in nachexilischer Zeit dem Davididen Serubbabel messianische Würde zuspricht (2, 23: »mein Knecht, ich mache dich zum Siegelring«) und ihn zusammen mit dem Hohenpriester Josua zum Wiederaufbau des Tempels anspornt (2, 2 ff), hält er die Unterscheidung zwischen dem Wirken Gottes und des Messias durch. Im Rahmen der Welterschütterung (2, 6. 21) wird Gott alle feindliche Kriegsmacht beseitigen, genauer gesagt: nicht die Völker, sondern nur ihre militärische Stärke vernichten, bevor er seinen Repräsentanten in sein Friedensreich einsetzt (2, 22 f). Diese Zukunftsschau stimmt insofern mit Jes 9, 3 ff überein, als Gott die Kriegswerkzeuge bannt, bevor der Friedensherrscher auftritt. Demnach scheint Haggai vorgegebene Hoffnung zu erneuern. Traditionell sind die Vorstellungen vom »Heiligen Krieg« und vom Königtum so verbunden, daß alle Wirksamkeit bei Gott allein liegt; der ernannte Messias kann »seinerseits nichts tun, um sich von sich aus in solchen ... Rang zu bringen« (*F. Horst*, z. St.) und ist Amtsträger in der Gottesherrschaft. Die gegenüber der älteren Zeit gewandelte Situation kommt zum einen im universalen Horizont der Verheißung, zum andern in der Titulatur zum Ausdruck: Serubbabel wird als Gottes »Knecht« (Ez 34, 23 f u. a.) zum Siegelring an Gottes Hand »erwählt« (vgl. als Gegenbild die Gerichtsansage an Jojachin Jer 22, 24).

Als der wenig später auftretende Prophet Sacharja in seinen Nachtgesichten die Heilszeit anbrechen sieht, spricht er von zwei »Ölsöhnen« bzw. Gesalbten im Dienst des Allmächtigen (4, 14 als Deutung der Vision vom Leuchter und den beiden Ölbäumen 4, 1–6a. 10b–14). Damit ist explizit eine der älteren Zeit unbekannte Teilung der Gewalten vollzogen (anders etwa Ps 110, 4). Aber die Aufgabe des »politischen« Messias ist – der Tempelbau. »Nicht durch Macht und nicht durch Gewalt, sondern durch meinen Geist!« (4, 6b–10a)

Die Identifikation des Zukunftsherrschers mit einer lebenden Person, dem Davididen Serubbabel, damit die aktuelle Naherwartung der Propheten

Haggai und Sacharja, wird durch den Gang der Ereignisse nicht bestätigt und insofern als Irrtum erwiesen. Schon der alttestamentliche Text selbst scheint diesen Sachverhalt anzudeuten, jene Gleichsetzung rückgängig zu machen und damit die messianische Erwartung wieder offenzuhalten.

Ein Gegenstück zur visionären Reinigung und Investitur des Hohenpriesters Josua (3, 1–7) bildet die symbolische Handlung von Sach 6, 9 ff, die offenkundig nachträglich korrigiert wurde und darum sehr unterschiedlich gedeutet wird. Der Prophet erhält den Auftrag, von Heimkehrern aus dem Exil Gold und Silber zu holen, eine Krone herstellen zu lassen und jemandem aufs Haupt zu setzen – nach dem vorliegenden Text dem Hohenpriester Josua. Da dieser aber schon den Turban trägt (3, 5) und der Tempelbau (6, 12 f) Aufgabe Serubbabels ist (4, 9 f), gilt die symbolische Krönung ursprünglich wohl Serubbabel. Er wird als der verheißene »Sproß« proklamiert, »unter dem es sprossen wird« (vgl. Jer 23, 5; auch Hag 2, 23 u. a.). Ihm steht der Hohepriester Josua zur Seite (Sach 6, 13; 4, 14). Als der Verlauf der Geschichte die messianische Inthronisation jedoch nicht bestätigt, wird der Text – kaum durch Sacharja selbst – korrigiert, so daß die eschatologische Erwartung nicht mehr auf die Zeitgeschichte, sondern wieder auf die Zukunft ausgerichtet ist (6, 12).

Jedenfalls nehmen Haggai und Sacharja vorgegebene Heilsverheißung auf (vgl. Sach 1, 12 f. 17 mit Jes 40, 1 u. a.), aktualisieren sie und halten so in ihrer Situation, einer Zeit der Armut und Not (Hag 1, 6), die Hoffnung auf Gottes Zukunft wach.

8. In der letzten messianischen Weissagung Sach 9, 9 f ist die Umdeutung, die das Alte Testament am traditionellen Königsbild vornimmt, zum Ziel gekommen. Der Zukunftsherrscher heißt zwar »König« – allerdings wird er nicht als Davidide eingeführt (vgl. Hos 2, 2) –, ist aber aller königlichen Eigenschaften entkleidet:

»Freue dich sehr, Tochter Zion,
jauchze Tochter Jerusalem!
Siehe, dein König kommt zu dir;
gerecht und hilfsbedürftig ist er,
arm und reitet auf einem Esel,
auf einem Hengst, dem Füllen einer Eselin.
Ich schaffe ab die Streitwagen aus Ephraim
und die Rosse aus Jerusalem.
Die Kriegsbogen werden abgeschafft.
Er verkündet Heil den Völkern,
und er herrscht von Meer zu Meer,
vom Strom bis an die Enden der Erde.«

Während es sonst als Pflicht des Königs gilt, den Armen beizustehen (Ps 72, 12 f; Jes 11, 4), ist der Messias hier selbst zum »Armen« geworden, dem »geholfen werden« muß. Gewiß ist die Vorstellung von einem König, der der Hilfe bedarf, nicht ohne Anhalt an der Überlieferung (Ps 20, 7. 10; 33, 16; vgl. vom Volk Jer 23, 6 u. a.), jetzt wird aber mit bisher ungeahnter Schärfe die völlige Angewiesenheit des Königs auf Gott ausgesprochen.

Das Prädikat »arm« ist den älteren messianischen Weissagungen unbekannt. In ihm wirkt wohl das Selbstverständnis jüngerer Psalmen (vgl.
Klage- und Danklieder wie Ps 34, 7; 86, 1 f; auch 69, 33 f) ein; ähnlich
lautet ein spätes Urteil über Mose: »Der Mann Mose war sehr demütig,
mehr als irgendein Mensch auf Erden« (Num 12, 3; vgl. Jes 53, 4). Schillert
entsprechend auch die Bedeutung der Bezeichnung »gerecht«? Sie gibt vielleicht nicht nur das längst vertraute Messiasprädikat (Jer 23, 5 f; vgl.
Jes 11, 4 f; 53, 11) wieder, sondern könnte durch die Parallelglieder zugleich eine passive Nuance erhalten: »einer, der Recht bekommen« hat (so
K. Elliger, z. St.). Schließlich geschieht der Einzug auf einem Esel zwar
nach uraltem Brauch (Gen 49, 11; 2 Sam 19, 27; vgl. 1 Kön 1, 38 u. a.), ist
in diesem Zusammenhang aber weniger ein fürstliches Symbol als Zeichen
der Niedrigkeit und des Friedens, da ja das Pferd als Kriegstier beseitigt
wird (vgl. Ex 15, 21; Hag 2, 22 u. a.).

Hat sich damit das Ethos der »Armen im Lande« oder zumindest der nachexilischen, nicht mehr politisch tätigen Gemeinde in der Messiaserwartung
durchgesetzt (vgl. schon Jes 11, 4 f)? Allerdings reicht Hoffnung immer
über die eigene Situation hinaus – nimmt die Hoffnung der Vergangenheit
auf und greift in die Zukunft vor. Deshalb bleibt ein Verständnis ungenügend, das Sach 9, 9 f allein als Erwartung ungestörter Kultausübung
deutet. Vielmehr wird die Hoffnung auf ein Friedensreich durchgehalten:
Wie nach Jes 9, 3 f werden nur die Kriegswerkzeuge (Streitwagen und
Bogen), nicht die Feinde selbst vernichtet. Die Tat vollbringt wieder Gott –
so jedenfalls der hebräische Text, der übereinstimmend mit dem Großteil alttestamentlicher Zukunftserwartungen (Hos 1, 7; 2, 20; Hag 2, 22;
Mi 5, 9; Ps 46, 10 u. a.) in der Ichrede Gott selbst sprechen läßt.

Die griechische Übersetzung ändert den Text, indem sie das hebräische Passiv
»jemand, dem geholfen wird« (V 9a) in das Aktiv »Helfer« verwandelt und entsprechend durch Wiedergabe von V 10a in dritter Person die Abschaffung der Streitwagen statt Gott dem König (vgl. Mi 5, 4 f) zuschreibt. Darin verrät sich eine einheitliche Tendenz. Umgekehrt stellt der hebräische Text wegen des Personenwechsels
die schwierigere, darum wohl ältere Lesart dar.
Sachlich könnte Ps 21, 20 f ein gewisses Gegenstück bilden, da hier der hebräische
Text die Anrede an den König vielleicht nachträglich in ein Gebet zu Gott verwandelt.

Wie Jes 11, 4 das Zepter in einen »Stab des Mundes« umdeutet, so wird aus
der Friedensherrschaft (Jes 9, 5) eine Friedens*botschaft*; der König von
Sach 9, 10 gleicht dem Propheten: Er »verkündet das Heil den Völkern«
(vgl. Jes 42, 1. 4. 6; auch Jer 1, 10). Damit wird zugleich die weltweite Bedeutung des Geschehens in »Ephraim und Jerusalem«, Nord und Süd, hervorgehoben. Der Messias regiert »bis an die Enden der Erde«; sein Machtbereich ist unüberbietbar, grenzenlos. Die Weltherrschaft, die wohl vom
König (Ps 2, 8; 18, 44; 72, 8 u. a.), vom Messias jedoch nur indirekt oder in
späteren Ergänzungen (Mi 5, 3b; Jes 11, 10) ausgesagt wurde, ist damit ausdrücklich Teil der messianischen Hoffnung geworden.

So sind die messianischen Weissagungen durch eine Geschichte miteinander verbunden. Indem sie, wenn auch unausgesprochen, aufeinander Bezug nehmen und wiederum auf spätere Zukunftsaussagen einwirken, erweisen sie sich als Einheit. Die Hoffnung wird trotz Erfahrung ihrer Nichterfüllung weitergetragen, dabei korrigiert wie ausgedehnt. Dem Alten Testament hat es nicht genügt, die altorientalische Königsideologie in die Zukunft zu verlegen; es hat sie so umgeprägt, daß sie Wesenszüge einbüßte.

Das auffälligste Phänomen in der Abfolge der Weissagungen ist die Abnahme der Macht des Messias, bis er »arm« und »hilfsbedürftig« erscheint. Sieht es nicht so aus, als ob das Alte Testament seine Messiashoffnung zunehmend von dem Königsbild, wie es in Ps 2 entworfen ist, abheben wollte? Dazu gehört auch die Verlegung der Macht in das Wort (Jes 11, 4; Sach 9, 10). Das *munus regium* wird im Sinne des *munus propheticum* verstanden. Die Unterscheidung zwischen Tat Gottes und des Messias prägt sich immer stärker aus; so verbindet sich das Bekenntnis zu Gottes Macht mit dem Bekenntnis zur Ohnmacht seines Repräsentanten auf Erden, d. h. zur Angewiesenheit auf Gott. Indem aber der Gott des Volkes als Gott der Welt proklamiert wird, gewinnt auch der Zukunftskönig universale Bedeutung. So nimmt der Herrschaftsbereich des Messias zu, während seine Herrschaftsgewalt abnimmt.

Der skizzierten Wandlung des Hoffnungsbildes wird ein Verständnis des Messias als nationaler Herrschergestalt, die entsprechend dem Davidsreich nur Israels Größe wiederherstellen soll, nicht gerecht. Nirgends wird gesagt, daß die Befreiung von Unterdrückung zur Machterweiterung Israels führt. Zwang wird höchstens gegenüber dem Gewalttäter ausgeübt (Jes 11, 4); ausgerottet werden die Waffen, nicht die Menschen (Jes 9, 4; Sach 9, 10; vgl. Hag 2, 22). Selbst die Bindung an das Davidshaus kann zurücktreten bzw. verlorengehen, während den Völkern das Heil verkündet wird (Sach 9, 9 f).

9. Gewiß ist die Messiashoffnung nur eine unter den eschatologischen Heilserwartungen des Alten Testaments. Läßt sie zudem in nachexilischer Zeit nach, während der Glaube an die kommende *Königsherrschaft Gottes* wächst?

Nach *H. Greßmann* (Der Messias, 1929, 278) geht die Entwicklung dahin, daß »in der späteren Zeit der Messias allmählich durch die Gottheit ersetzt wird. Fast alle Verheißungen vom Königtum Jahwes in der Endzeit sind exilischen oder nachexilischen Ursprungs.« Bleiben bei diesem Urteil außer Sach 9, 9 f aber nicht Nachträge wie Hos 3, 5 oder Jer 30, 9 (vgl. 30, 21), die eine Beschäftigung mit der Messiashoffnung verraten, sowie die spätere eschatologische Deutung der Königspsalmen unberücksichtigt?

Inhaltlich nähern sich beide Erwartungen, die eigentlich verschiedenen Überlieferungsströmen entstammen, einander an. Die Gemeinde wird in gleicher Weise aufgerufen, sich jetzt schon über das Kommen Gottes und des Messias zu freuen (Sach 2, 14 bzw. 9, 9). Wie die Messiaserwartung kann die Hoffnung auf Gottes Königsherrschaft die Sehnsucht nach der Sammlung des Volkes (Ez 37, 22 bzw. Mi 2, 12 f u. a.) oder nach paradiesischen Zuständen (Jes 11, 6 ff; Sach 6, 12 bzw. 14, 6 ff) aufnehmen und sich über das eine Volk hinaus auf die Welt richten (Sach 9, 10 bzw. 14, 9. 16 u. a.). Ausnahmsweise kann sich sogar eine Einheit beider Zukunftserwartungen, die noch in nachalttestamentlicher Zeit nebeneinanderstehen, anbahnen (vgl. Sach 4, 14; 6, 13; auch 1 Chr 28, 5 u. a.). Sachlich liegt eine solche Verbindung ja nahe; denn das Auftreten des Messias ist das Werk von Gottes »Eifer« (Jes 9, 6; vgl. 23, 5).

e) Anhang: Der Gottesknecht

Die letzte messianische Weissagung des Alten Testaments stellt in solchem Maße die Armut des Zukunftskönigs und zugleich seinen weltweiten Auftrag heraus, daß sich die Ausleger schon öfter an die Gottesknecht»lieder«, insbesondere an Jes 53, erinnert fühlten. Wird der Übergang von der Messiaserwartung des Jesaja- und Micha- oder auch noch des Jeremia- und Ezechielbuches zu Sach 9, 9 f nicht verständlicher, wenn man die Botschaft des Exilspropheten Deuterojesaja als eine Art Bindeglied ansehen kann? Gewiß sind die vier, in ihrer Deutung ungewöhnlich umstrittenen Lieder (Jes 42, 1–4; 49, 1–6; 50, 4–9; 52, 13–53, 12) nicht, zumindest nicht ausdrücklich, Verheißung für die Zukunft. Außerdem sprechen sie nicht von einem »König« und beziehen sich nicht auf eine Davidsgestalt. Umgekehrt trägt jedoch – wie weitgestreut die Ehrenbezeichnung »Knecht« im Alten Testament auch ist – der Messias diesen Titel, und zwar gerade im exilisch-nachexilischen Zeitraum (Ez 34, 23 f; 37, 24 f; Hag 2, 23; bes. Sach 3, 8 »mein Knecht«).

Welche Stellung hat der Gottesknecht im Rahmen der Gesamtbotschaft des Exilspropheten? Deuterojesaja weiß zu unterscheiden: »König« ist Gott allein (Jes 52, 7 u. a.; vgl. § 11 a, 6). Dem Nicht-Davididen, ja Nicht-Israeliten Kyros spricht der Prophet zu, Gottes »Gesalbter« (Jes 45, 1) zu sein, und verleiht ihm weitere Ehrentitel, wie »mein Hirte« (44, 28; vgl. 48, 14).

So nimmt der Perserkönig eine ähnliche Stellung ein, wie sie in Israel früher der eigene König hatte: Gott hilft mit seiner Macht seinem Gesalbten (vgl. Jes 45, 1 ff mit Ps 2). – Kyros wie der Knecht werden von Gott bei der Hand ergriffen (Jes 45, 1; 42, 6), bei Namen genannt (45, 3 f; 49, 1) und erhalten den Auftrag, die Gefangenen zu befreien bzw. zurückzubringen (45, 13; 49, 6).

Bleibt daneben überhaupt noch Raum für eine Messiasgestalt, zumal Deuterojesaja (55, 3) die »Gnadenerweise an David«, die Natanverheißung (2 Sam 7), auf das Volk überträgt? Den Titel »Knecht«, mit dem im Jeremiabuch der fremde Herrscher Nebukadnezzar ausgezeichnet ist

(Jer 25, 9; 27, 6; 43, 10), behält der Prophet neben dem Volk Israel (41, 8 f u. ö.) jenem Gottesknecht vor. Ist diese rätselhafte Gestalt – analog zum »Minister des Königs« (vgl. 2 Kön 22, 12) – als Beauftragter des himmlischen Königs zu deuten? Steht der Knecht damit aber nicht wiederum dem Messias nahe, der ebenfalls als Amtsträger in der Gottesherrschaft (vgl. Hag 2, 21; Sach 4, 14; auch Mi 5, 1 »er wird *mir* kommen« u. a.) auftreten kann?

Die vier Gottesknechtlieder greifen in unterschiedlicher Weise Überlieferungen vom Königtum (Königspsalmen, messianische Weissagungen) sowie von der Prophetie (bes. Jeremias Konfessionen) auf und überbieten beide weit. So nimmt etwa der Selbstbericht von der vorgeburtlichen Berufung (Jes 49, 1. 5) ein ursprünglich auf den König bezogenes, aber schon auf den Propheten Jeremia (1, 5) übertragenes Motiv auf; die Amtseinsetzung Jes 49, 3 läßt an die Inthronisation Ps 2, 7 denken. Der Zusammenhang von Geistausrüstung mit Rechtsproklamation und Fürsorge für die Bedürftigen (Jes 42, 1 ff) erinnert an Jes 11, 2 ff (vgl. 2 Sam 23, 2 f). Findet die Ausstattung mit dem »scharfen Schwert« des Mundes (Jes 49, 2) nicht ebenfalls dort (Jes 11, 4) ihre engste Parallele? Dem Messias wie dem Gottesknecht kommt Macht zu, aber eben nur im Wort.

Das vierte und letzte Lied bringt die Erniedrigung des Knechts, die bisher nur anklang (42, 4; 49, 4; bes. 50, 6), voll zum Ausdruck. Gewiß greift das Bekenntnis zum stellvertretenden Leiden des Knechts: »Er trug unsere Krankheit« (53, 4 ff) über alle bekannte Überlieferung hinaus, ja übersteigt mit dem Hinweis auf Tod, Begräbnis, langes Leben, Nachkommenschaft, schließlich Rechtfertigung der »Vielen« (Israel oder gar der Völker?) und »Gelingen« mögliche Erfahrung. Diese Aussagen sind durch die umrahmenden Gottesreden (52, 13–15; 53, 11b–12), welche die Erhöhung des Erniedrigten vorwegnehmen bzw. bestätigen, aber wieder (vgl. 42; 49) in einen universalen Horizont gestellt: Könige werden vor ihm ihren Mund verschließen. Letztlich wird die Königstradition korrigiert: Der Knecht hat im Gegensatz zum König (Ps 21, 6; vgl. 1 Sam 16, 12. 18; 1 Kön 1, 6 u. a.) weder »Hoheit« noch »Schönheit« (Jes 53, 2). Seine Erscheinung wie sein Auftreten sind ganz und gar nicht herrschaftlich.

Gewiß bleibt die Antwort auf die Frage »Von wem sagt dies der Prophet – von sich selbst oder einem andern?« (Apg 8, 34) so umstritten wie eh und je. Da der Gottesknecht einen Auftrag an Israel erhält (»zurückzuführen«: Jes 49, 5 f), ist er (trotz 49, 3 und dem Kontext der Lieder) kaum Israel selbst, sondern eher ein Individuum. Ist er aber eine Person der Vergangenheit, eher der Zukunft oder doch schon der Gegenwart – nämlich, wie man häufig annimmt, der Prophet selbst? Auch dann steht die fest zugesagte Verherrlichung (49, 3; 52, 13. 15; 53, 10 ff) nach der Erniedrigung noch aus.

Jedenfalls scheint es Wechselbeziehungen zwischen den messianischen Weissagungen und den Gottesknechtliedern zu geben. Beide nehmen Überlieferungen vom Königtum auf, um sie zu korrigieren. Ähnlich wie in der Abfolge der messianischen Weissagungen tritt der Einfluß der Königstradition im Gefälle von Jes 42 über Jes 49 zu Jes 50 mehr und mehr zurück, bis Jes 53 geradezu ein Gegenbild zeichnet. So stellen die Lieder in zunehmendem Maße die Niedrigkeit des Knechts heraus; dabei werden Motive der Prophetie, der Klagelieder und vielleicht auch des späteren Bildes von Mose (Ex 32, 30 ff; Num 12, 3 u. a.) wirksam. Auf diese Weise versuchen messianische Weissagungen wie die Gottesknechtlieder Herrlichkeit und Demut, Macht und Ohnmacht der betreffenden Gestalt zusammenzudenken.

Sowohl die Angewiesenheit auf Gottes Hilfe (Jes 50, 9) als auch die Erniedrigung (Jes 53, 4) des Knechts lassen an die Demut des Königs Sach 9, 9 denken, der wie jener (Jes 53, 11) den Titel »gerecht« führt.

Beide Textgruppen sind sich darin einig, daß sie einerseits dem Geschehen, das sich in und an Israel ereignet, weltweite Bedeutung zumessen (Jes 42, 1. 4; 49, 1. 6; 52, 15 bzw. 11, 10; Mi 5, 3; Sach 9, 10), andererseits königliche und prophetische Züge zu einer Einheit verschmelzen: Wie der Messias das Heil den Völkern »verkündet« (Sach 9, 10), so fordert sie der Knecht, »das Licht der Völker« (Jes 49, 6), zum Hören auf (49, 1; vgl. 50, 4; 53, 1). Seine Macht ist die Macht des Wortes; seine Aufgabe – über die sog. Barucherzählung des Jeremiabuches, die das Leiden des Propheten als Folge seiner Verkündigung schildert, hinaus – das stellvertretende Leiden (53, 12): »Er trug die Sünde der Vielen.«

Reicht die Einwirkung der Gottesknechtlieder, zumal von Jes 53, auf die Messiaserwartung noch weiter? Nach dem mehrdeutig-dunklen Kapitel Sach 12, 9 ff wird die erhoffte Geistausgießung die Jerusalemer bewegen, auf den »Durchbohrten« (vgl. Jes 53, 5) zu blicken und um ihn zu klagen. Ist auch mit ihm eine Messiasgestalt gemeint?

Größere Nachwirkungen hat in der Folgezeit, die von der Spätprophetie zur Apokalyptik hinüberschreitet, eine Gestalt, die einen anderen Titel trägt. Nach Dan 7 (V 13 f) wird jemandem, der »wie ein _Menschensohn_ mit den Wolken des Himmels kommt«, weltweite, ewige Herrschaft verliehen. Gleich dem Messias erscheint dieser »Menschensohn« erst, nachdem Gott die feindliche Macht – hier das vierte Weltreich in Gestalt eines Tiers mit zehn bzw. elf Hörnern – besiegt und Gericht gehalten hat; zudem wird wie dem Messias auch dem Menschensohn die Macht von Gott übergeben. Diese auffällig ähnliche Struktur legt die Annahme eines – überlieferungsgeschichtlichen – Zusammenhangs zwischen den beiden Hoffnungen auf einen künftigen Herrscher nahe.

So hegt das Alte Testament höchst unterschiedlich ausgeprägte, aber doch (überlieferungsgeschichtlich) miteinander verbundene Erwartungen auf einen Beauftragten und Repräsentanten Gottes – auf eine Gestalt, in deren Machtlosigkeit Gottes Macht auf Erden gegenwärtig ist.

§ 13   Der Zion

In der vorstaatlichen Epoche und noch weit in die Königszeit hinein kannte Israel viele Kultstätten, die auch zum Schauplatz politischer Begebenheiten werden konnten (o. § 9 a, 3). Behaupteten sich die Ortsheiligtümer zunächst neben Jerusalem, so wurde der Zion bald zum wichtigsten, dann zum einzigen Heiligtum. Seine Sonderstellung verdankt Jerusalem nicht so sehr seiner natürlichen Lage als bestimmten geschichtlichen Ereignissen *(A. Alt)*; unter ihnen ragen zunächst die Geschehnisse zur Zeit Davids und Salomos hervor, die den Rang der Stadt begründen.

1.   Von den vielerlei Ortsheiligtümern, die Israel in früherer Zeit besaß, waren zumindest einige schon vorher kanaanäische Wallfahrtszentren. Auch Jerusalem war ursprünglich keine israelitische Stadt. Schon ein knappes Jahrtausend vor David wird sie in den ägyptischen Ächtungstexten erwähnt, und im Amarna-Archiv aus dem 14. Jh. v. Chr. fanden sich Briefe eines Stadtfürsten von Jerusalem namens Abdi-Chepa (»Knecht des Gottes Chepa«) an den Pharao. Nach Ri 1, 21 gelang es Israel in der Zeit nach der Landnahme nicht, diesen kanaanäischen Stadtstaat zu bezwingen, zumindest nicht zu besiedeln; der Raum der Jebusiter, wie die Einwohner hießen, blieb eine »fremde Stadt« (vgl. 19, 10–12; Jos 10; 15, 8. 63; 18, 16; anders Ri 1, 8; dazu *K. D. Schunck*). Bleibenden Erfolg hatte jedenfalls erst David. Nachdem er König über Juda und Israel geworden war, beseitigte er den kanaanäischen Zwischenriegel, der beide Reiche voneinander trennte, und gab der eroberten Stadt gegenüber Israel und Juda anscheinend eine rechtliche Sonderstellung (*A. Alt*; vgl. o. III, 1). Diese Eigenheit klingt im Alten Testament noch nach, wenn etwa Jerusalem gegenüber den »beiden Häusern Israels« gesondert erwähnt wird (Jes 8, 14) oder »Jerusalem und Juda« als zwei politische Größen des Südreichs nebeneinander genannt werden (3, 1. 8 u. a.). David erhob nicht nur den ehemaligen Jebusiterstaat zur Hauptstadt der beiden Reiche, sondern machte ihn zugleich zum kultischen Mittelpunkt des Volkes, indem er die Lade, den Ort der unsichtbaren Gegenwart Gottes, nach Jerusalem bringen ließ.

In der kultischen Maßnahme der Ladeüberführung, zu der David als König im strengen Sinne kaum berechtigt war, erkennt man, zumindest im Rückblick, Gottes Willen (indirekt 2 Sam 6, 9. 21 f) und bekennt später, daß Jahwe den Zion und David »erwählt« hat (Ps 78, 68. 70; 1 Kön 8, 16 LXX; 2 Chr 6, 6).
Vermutlich bildeten die in 1 Sam 4–6 und 2 Sam 6 gesammelten Überlieferungen vom Schicksal der Lade, die von Schilo über philistäische und israelitische Zwischenstationen nach Jerusalem gelangt, einmal eine selbständige Ladeerzählung, die einen Hieros Logos bzw. eine Kultlegende des Jerusalemer Heiligtums darstellen konnte.

Durch Salomos Tempelbau wurde die kultische Bedeutung der Stadt noch bekräftigt, und die Ausgestaltung der vorgegebenen Zionsvorstellungen drängte die Lade in ihrer Stellung immer mehr zurück (vgl. Jer 3, 16).

Nach der sog. Reichsteilung, nämlich dem Zerfall der Personalunion von
Israel und Juda in Nord- und Südreich, blieb Jerusalem *die* heilige Stätte
für Juda, scheint aber über diese Grenzen hinaus auch für die Israeliten aus
dem Norden Anziehungskraft besessen zu haben (1 Kön 12, 27 f; später
Jer 41, 5).

Im Jahre 701 eroberte der Assyrerkönig Sanherib Juda, zog sich aber von
der Belagerung Jerusalems aus nicht mehr ganz durchsichtigen Gründen
zurück (2 Kön 18 f = Jes 36 f); doch wurde das Südreich tributpflichtig
(2 Kön 18, 13–16). Die Rettung Jerusalems in letzter Stunde hat vielleicht
die Vorstellung von der Uneinnehmbarkeit der Stadt verstärkt, aber kaum
erst entstehen lassen.

Die Reform des Königs Joschija 621 v. Chr. (2 Kön 22 f), in deren Verlauf
das Deuteronomium (genauer wohl das sog. Urdeuteronomium mit Kern
in Dtn 12–26) die Funktion eines Staatsgesetzes erhielt, brachte nicht nur
wie vorhergehende Reformversuche (1 Kön 15, 12 f; 2 Kön 18, 4) eine
Säuberung des Kultes von fremden Elementen, sondern machte Jerusalem
durch Aufhebung aller übrigen Heiligtümer – in Juda und wohl auch
Teilen des Nordreichs Israel (vgl. 2 Kön 23, 15 ff. 29; Jer 41, 5) – zur einzigen Stätte, an der Jahwe »seinen Namen wohnen ließ«. Durch diese
Erhebung Jerusalems zum ausschließlichen Jahweheiligtum wird erst die
hohe Bedeutung verständlich, die die Stadt für den Glauben der alttestamentlichen Spätzeit und das Judentum gewann. Trotz der Eroberung Judas
und Jerusalems durch die Babylonier und der Zerstörung von Stadt und
Tempel im Jahre 587/6 v. Chr. blieb das Ansehen der Stadt gewahrt
(Jer 41, 5; vgl. 17, 26). Sie wurde zum Ort der Erinnerung und Sehnsucht
(Ps 137), zum Richtpunkt des Gebets (Dan 6, 11), erst recht zur Quelle
neuer Erwartungen (s. u.). So wurde im Laufe der Geschichte aus dem
politischen Mittelpunkt, der Hauptstadt des Königreiches, mehr und mehr
ein »religiöses« Zentrum.

Nach der Rückkehr der Verbannten und dem von Haggai und Sacharja
inaugurierten Tempelwiederaufbau (520–515 v. Chr.) war die Provinz-
hauptstadt Jerusalem geistige Heimat der nachexilischen Gemeinde, der
Esra und Nehemia die innere und äußere Ordnung gaben. Das ehemals
kanaanäische, fremde Jerusalem – von dem Ezechiel in seiner bitteren Anklage (16, 3) sagt: »Nach deiner Herkunft und deiner Geburt kommst du
aus dem Land der Kanaanäer; dein Vater war ein Amoriter, deine Mutter
eine Hethiterin« – war damit zu einer mehr oder weniger rein jüdischen
Stadt geworden, die sich später nur allmählich und oft mit Widerwillen und
Widerstand dem Hellenismus öffnete.

2. Religionsgeschichtlich wird höchst folgenreich, »daß in Jerusalem
israelitische und kanaanäische Glaubensvorstellungen einander nicht nur
wie andernorts begegneten, um sich hier und dort zu durchdringen, sondern
sich in einer sonst unbekannten Intensität miteinander vermischten. Jerusalem wurde zu dem Tor in Israel schlechthin, durch das genuin kanaanäische

und andere fremdreligiöse Einflüsse auf den offiziellen Jahweglauben eindrangen« (*J. Jeremias*, 185). Allerdings ist das Fortleben fremden Gedankenguts an anderen Orten nicht in gleichem Ausmaß kontrollierbar, da ähnlich umfangreiche Zeugnisse fehlen.

Religiöse Überlieferungen aus dem vorisraelitischen Jerusalem haben sich nicht unmittelbar erhalten, sondern müssen – mit Vorsicht – aus drei Quellen rekonstruiert werden: (a) den Zionspsalmen (Ps 46; 48; 76; vgl. 84; 87; 122; 132) und anderen Psalmen, in denen speziell Jerusalemer Tradition lebendig bleibt, (b) den Nachwirkungen bei den Propheten, vor allem bei Jesaja (1, 21 ff; 6; 8, 6. 18; 28, 14 ff; 29, 1 ff u. a.) und Deuterojesaja (52, 1 f. 7 ff u. a.), (c) – mit besonderem Vorbehalt – aus altorientalischen Zeugnissen, soweit sie Jerusalemer Vorstellungen entsprochen haben könnten.

Bei der Eroberung Jerusalems scheint David die Einwohner geschont, ja, allgemein die Vorgegebenheiten, speziell im kultischen Bereich, so weit wie möglich erhalten zu haben. Wie eng der Kontakt zwischen beiden Bevölkerungsgruppen war, kann vielleicht eine Einzelheit veranschaulichen: Der Priester *Zadok*, der ohne Herkunftsangabe plötzlich im Gefolge Davids erscheint, in den Thronfolgestreitigkeiten Salomo unterstützt und schließlich Abjatar aus altisraelitischem Priestergeschlecht ersetzt (2 Sam 8, 17; 1 Kön 1, 7 f. 34; 2, 26 f. 35), war vielleicht bereits Priester – kaum wie Melchisedek gar der Priesterkönig – im vordavidischen Jerusalem. Sollte eine solche personale Kontinuität nicht bestanden haben, war zumindest ein Traditionszusammenhang vorhanden. So beruft sich Ps 110, 4, der dem König in einem Jahweschwur die ewige Priesterwürde zuspricht, auf die Ordnung Melchisedeks, der nach Gen 14, 18 ff in vorisraelitischer Zeit Priesterkönig von Salem (d. h. Jerusalem; vgl. Ps 76, 3) war.

Jener Name Melchisedek bzw. Malki-sedek ist wahrscheinlich nicht »(Der Gott) Melek ist gerecht«, sondern »(Mein) König ist (der Gott) *Sedek*« zu übersetzen. Derselbe Gottesname findet sich im Namen des Jos 10, 1. 3 (vgl. Ri 1, 5 ff) erwähnten Jerusalemer Königs Adoni-sedek »(Mein) Herr ist (der Gott) Sedek« wieder und bildet auch den Namen Sadok. Kann man hier nur auf Grund der Eigennamen Rückschlüsse auf die Religion der Kanaanäer ziehen, so wird doch durch außerbiblische Nachrichten – bis hin zu Philo v. Byblos, der von einem Gott Suduk weiß – bestätigt, daß der alte Orient Sedek als Gottesprädikat kannte. Nach Ausweis der Königsnamen scheint dieser Gott speziell in Jerusalem verehrt worden zu sein, oder – vorsichtiger ausgedrückt – gerade dem Jerusalemer Stadtgott wurde dieses Prädikat beigelegt. Von daher erklärt sich, daß der Stamm *sdk* »gerecht« noch über lange Zeit in der Ziontradition fest verankert ist, so daß etwa Jesaja (1, 26. 21) Jerusalem »Stadt der Gerechtigkeit« nennt. Möglicherweise schimmert auch noch durch diese oder jene alttestamentliche Aussage von der »Gerechtigkeit« (z. B. Ps 85, 11 f. 14; 89, 15) durch, daß Sedek einmal göttliche Eigenschaften zukamen (*H. H. Schmid*, 76 f).

Von diesem wird man einen anderen, in Israel wohl älteren Gebrauch des Stammes *sdk* unterscheiden müssen: Jahwes »Gerechtigkeits- bzw. Heilstaten« besingt schon das Deboralied (Ri 5, 11; vgl. Dtn 33, 21; auch 1 Sam 12, 7; Mi 6, 5). Dieses Verständnis von »Gerechtigkeit« als Hilfe oder gar Treue wirkt – verbunden mit jener Jerusalemer Überlieferung (vgl. Ps 50, 6; vom König: 72, 1 f u. a.) – vor allem im Psalter wie in prophetischer Erwartung weiter. Der Psalmist kann bekennen (Ps 71, 15 f): »Mein Mund soll deine Gerechtigkeit verkünden, deine Hilfe den ganzen Tag« oder bitten (143, 1): »Jahwe, höre mein Gebet, . . . in deiner Treue, in deiner Gerechtigkeit erhöre mich!« Jahwe »schafft Gnade, Recht und Gerechtigkeit auf Erden« (Jer 9, 23; vgl. Ps 103, 17), ist »gerecht und ein Helfer« (Jes 45, 21), »gerecht auf allen seinen Wegen, gnädig in all seinem Tun« (Ps 145, 7; vgl. 116, 5). Von Gottes richtender oder gar strafender Gerechtigkeit ist eher selten (vgl. Jes 5, 16; 10, 22 u. a.) die Rede. Vielmehr wird die Erscheinung von Gottes Gerechtigkeit als Heil verheißen: »Ich lasse nahen meine Gerechtigkeit, . . . meine Hilfe verzieht nicht.« (Jes 46, 13; vgl. 51, 5 f; Hos 2, 21 f; Jer 23, 6 u. a.)

Der Name Jeru-salem selbst scheint »Gründung des (Gottes) *Schalem*« zu bedeuten. Auch Schalem ist außerhalb des Alten Testaments, nämlich in den Texten von Ras-Schamra-Ugarit, als Name einer Gottheit (wohl der Abenddämmerung) bezeugt. Er kehrt in dem Eigennamen des David bereits in Hebron geborenen Sohnes Ab-schalom (2 Sam 3, 3) und vielleicht in dem – allerdings auch völlig anders gedeuteten – Namen Salomo wieder. Darüber hinaus könnten sich hier und da Nachwirkungen jener Tradition im Alten Testament zeigen, wenn von *schalom* »Heil, Frieden« im Zusammenhang mit dem Zion die Rede ist (Ps 122, 7 f; Jes 60, 17; Jer 33, 6; Hag 2, 9 u. a.). Welche Vorstellungen von Gerechtigkeit und Heil die vorisraelitischen Bewohner Jerusalems mit jenen Gottesnamen verbanden – etwa Fruchtbarkeit in der Natur, Erhaltung von Recht und Gesellschaft durch das Königtum, Rettung vor Feinden? –, ist im einzelnen allerdings nicht mehr sicher feststellbar.

Mit großer Gewißheit ist aus weiteren alttestamentlichen Texten ein dritter Gottesname *Eljon* »der Höchste« zu erschließen, der gerade in den Zionspsalmen (Ps 46, 5; 48, 2 f; auch 47, 3 u. a.) weiterlebt und schon Gen 14, 18 ff in der Form El Eljon erscheint. Auch dieser Name ist durch außerbiblische Belege gedeckt; doch ist ungewiß, ob El und Eljon zwei ursprünglich verschiedene und erst nachträglich vereinte oder stets miteinander verbundene Gottheiten darstellen (o. § 10a, 1).

Demnach lassen sich durch Rückschluß aus dem Alten Testament drei Gottesprädikate gewinnen, die vermutlich alle im vorisraelitischen Jerusalem beheimatet waren: Sedek, Schalem und (El) Eljon.

Daneben hat man noch weitere Gottheiten eines Jerusalemer Pantheons zu erschließen gesucht (*F. Stolz*, 218 ff); doch bietet das Alte Testament für solche Annahmen kaum genügend Anhaltspunkte. So ist die Verehrung des Sonnengottes *Schemesch* (vgl. den Ortsnamen Bet-Schemesch »Haus des Schemesch« für das vorisraelitische Jerusalem nicht sicher erweisbar, vielmehr erst in der späteren Königszeit, in der man auch mit assyrischem Einfluß zu rechnen hat (o. III, 2), belegt (2 Kön 23, 5. 11; Ez 8, 16; Jer 8, 2; auch Dtn 4, 19; 17, 3 u. a.).

Wie sich jene Titel zueinander verhalten, ob sie verschiedene, vielleicht als verwandt gedachte Götter bezeichnen oder Beinamen des einen Jerusalemer Stadtgottes (wohl: El Eljon) sind, bleibt undeutlich. Da sich die Eigenschaften und Kulte der Gottheiten nicht näher bestimmen lassen, läßt sich im einzelnen auch nicht mehr angeben, welche Elemente der Jerusalemer Religion der Jahweglaube abstoßen mußte. Sedek und Schalom finden sich als Gottesnamen im Alten Testament nicht wieder; höchstens klingt hier und da der einst göttliche Charakter dieser Prädikate nach. Nur Eljon blieb unmittelbar als Gottesname erhalten, weil das Alte Testament den ehemaligen Eigennamen rein als Appellativ »der Höchste« verstehen konnte. Ganz ähnlich wie bei der Übernahme von El »Gott« oder anderen ursprünglich fremden Gottesprädikaten konnte Israel dem ersten Gebot dadurch gerecht werden, daß es sie ausschließlich auf Jahwe bezog und ihren Eigennamencharakter vernachlässigte, unterdrückte oder gar vergaß.

3. Wie der Name Jerusalem zeigt, wurde die Gründung der Stadt auf einen Gott zurückgeführt. Demnach galt sie seit je als Ort göttlicher Gegenwart, und gewiß wird es in ihrem Bereich auch eine heilige Stätte gegeben haben.
Wurde etwa der Jahwe*tempel*, den noch nicht David (2 Sam 7), aber doch Salomo (1 Kön 5, 15 ff) im Zusammenhang einer erheblichen Vergrößerung der Stadt erbauen ließ, an der Stelle des alten kanaanäischen Heiligtums errichtet, so daß zur Kontinuität des Kultpersonals und der Traditionen auch noch die des Ortes kam? Diente schon der sog. heilige Felsen den Jebusitern als Kultstätte? Allerdings wird in der Geschichte vom ersten Altarbau in Jerusalem (2 Sam 24, 16 ff; vgl. 2 Chr 3, 1) ausdrücklich eine – kaum zu kultischen Zwecken benutzte – Tenne als Platz für den Jahwealtar bestimmt.
Sowohl der königliche Palast als auch der Tempel (1 Kön 6 f) wurden mit Hilfe phönizischer Bauleute (5, 20 ff; 7, 13 ff) nach fremdem Vorbild errichtet.

In dem nach Osten orientierten Tempel folgten auf einen Hof mit Brandopferaltar eine Vorhalle mit den beiden Bronzesäulen Jachin und Boas (6, 3; 7, 15 ff. 21), ein rechteckiger, langgestreckter Hauptraum (6, 2) und das – vielleicht erhöhte – Allerheiligste (Debir, Adyton), in dem die Lade aufgestellt wurde (6, 16. 19 f; 8, 6). Umstritten ist, wieweit dieses selbständig oder in das Heiligtum eingegliedert, ob der Tempel mit Vorhalle und Hauptraum letztlich also nur zweiteilig war.

Beide Bauwerke, Palast und Tempel, lagen eng beieinander (vgl. 2 Kön 11; kritisch: Ez 43, 7 f). Wie der Tempel Eigentum des Herrschers, »Königsheiligtum und Reichstempel« (Am 7, 13 von Bet-El), war, so war der Priester ein vom König ein- und absetzbarer Beamter (2 Sam 8, 17; 1 Kön 2, 27. 35; 4, 2 u. a.).
Gegen alle diese Israel ursprünglich fremden, ja seinen Glauben gefährdenden Tendenzen und Einrichtungen bildeten zunächst nur die Lade

(o. § 9a, 2) und die mit ihr möglicherweise verbundenen Traditionen ein Gegengewicht. Nachdem die Lade aber in das Allerheiligste überführt worden war, scheint sie ziemlich rasch an Ansehen verloren zu haben (vgl. *J. Jeremias*). Höchstens ausnahmsweise wird sie noch erwähnt (Jer 3, 16 f; Ps 132; 24, 7 ff?); nicht einmal ihr Ende – bei der Zerstörung Jerusalems 587 v. Chr.? – wird eigens berichtet. Ort der Gegenwart Gottes war auch nicht mehr (nur) die Lade, sondern der Tempel, der Berg oder gar die Stadt. Konnte sich der Jahweglaube überhaupt in dem oder gar gegen den Tempelkult mit seinem Eigengewicht, mit allen seinen Institutionen, Gegenständen und Handlungen, nicht zuletzt den kanaanäischen Vorstellungen und fremden Bräuchen, behaupten? Die Lade blieb, selbst als sie schon im Tempel zu Schilo untergebracht war, beweglich und konnte ihren Standort wechseln (1 Sam 4–6; 2 Sam 6). Nun war die Gegenwart Gottes an einen bestimmten, festen Ort gebunden. War damit das nomadische Element endgültig im Kulturland verlorengegangen und der die Menschen auf ihrem Weg führende Gott vom Sinai zum Staats- und Tempelgott geworden? Zunächst ist jenes Unruheelement jedenfalls kaum mehr zu entdecken.

4.   Sowohl die Zionspsalmen als auch manche Prophetentexte bezeugen die enge, allzu enge Verbindung Jahwes mit Jerusalem. Jahwe »wohnt« nun »auf ewig« in seinem Haus (so der Tempelweihspruch 1 Kön 8, 12 f). Darum heißt er »Jahwe Zebaot, der auf dem Berg Zion wohnt« (Jes 8, 18; vgl. Ps 9, 12; 74, 2; 135, 21; auch Joel 4, 17. 21 u. a.). Vom Zion bricht Jahwe zur Theophanie auf (Ps 50, 2; Am 1, 2; vgl. Ps 14, 7; 128, 5; 134, 3). Umgekehrt kann »zum Zion« zu Gott bedeuten (Jer 31, 6), und der Beter, der fern vom Zion ist, fühlt sich fern von Gott (Ps 42); denn eben dort kann man Gott »schauen« (42, 3; 84, 3. 8).

Entsprechend finden sich Bezeichnungen wie »heiliger Berg« (Ps 2, 6; 15, 1; 48, 2; 110, 3 u. a.), »Stadt Gottes« (46, 5; 48, 2. 9; 87, 3; 101, 8; vgl. Jes 60, 14; Jer 31, 6. 38 u. a.), »heilige Stadt« (Jes 48, 2; 52, 1; Neh 11, 1. 18). Jerusalem ist »deine Stadt, dein heiliger Berg« (Dan 9, 16; vgl. 9, 19. 24), Jahwes Thron (Jer 3, 17; 14, 21; 17, 12), Ort der Schönheit und weltweiter Freude (Ps 48, 3; 50, 2; Klgl 2, 15).

War Jerusalem dem Namen nach eine »Gründung des Gottes Schalem«, so verstand man sie jetzt als Gründung des Gottes Israels (Ps 87, 1 f. 5; Jes 14, 32; vgl. 28, 16; Ps 48, 9; 78, 68 f; 132, 13 f u. a.). Doch der Name »Gott Jerusalems« ist nur ausnahmsweise – 2 Chr 32, 19 und in einer bei Lachisch gefundenen Inschrift – belegt. Soll die Bindung an die Stadt etwa nicht zu eng werden?

Als Gottesstadt kann Jerusalem mythische Vorstellungen anziehen, die weit über die Wirklichkeit hinausgreifen, sowohl die geographischen als auch die historischen Gegebenheiten transzendieren.

So liegt Jerusalem an einem »*Strom*, dessen Arme die Gottesstadt erfreuen« (Ps 46, 5; vgl. 65, 10; 87, 7; Joel 4, 18; Ez 47; Sach 14, 8; Jes 33, 20 f), obwohl die tatsächliche Wasserversorgung Jerusalems – durch ein oder zwei Quellen, Gichon (1 Kön 1, 33 ff; 2 Chr 32, 30) und Rogel (Jos 15, 7; 18, 16; 2 Sam 17, 17; 1 Kön 1, 9), den Schiloachkanal und Teiche (Jes 7, 3; 8, 6; 22, 9 ff; 36, 2; 2 Kön 20, 20 u. a.) – einer solchen Schilderung hohnspricht. Das Bild könnte einer stromdurchflossenen Stadt, wie Babylon am Euphrat, entlehnt sein; eher entstammt es aber mythischen Vorstellungen, da sich aus ihnen leichter die universal-kosmische Bedeutung des »Gottesflusses« erklären läßt. So scheint der Wohnsitz des Gottes El nach den ugaritischen Mythen auf einem Berg zu liegen, bei dem zwei Ströme, Ober- und Unterwelt, zusammenfließen (o. § 10a, 3).

Selbst der aus den Texten von Ras-Schamra-Ugarit wohlvertraute Name »Zaphon«, des hohen *Götterbergs* im Norden (vgl. Jes 14, 13), wird auf den Zionshügel übertragen (Ps 48, 3) – erneut gegen alle Anschauung; denn die umliegenden Berge, wie der Ölberg, sind höher. Da der Zaphon in Ugarit als Gottes Thron gilt, darf man folgern: »Der Baal wird entthront, und Jahwe nimmt seinen Platz ein« (*O. Eißfeldt*; vgl. § 11 a).

Der Gottesbergvorstellung steht die Auffassung vom Zion als Weltberg nahe, an dem sich Himmel und Erde berühren. Auch diese Anschauung liegt kaum generell den Jerusalemer Traditionen zugrunde. Dafür begegnet sie in zu verschiedenartiger Form: Etwa nach Jesajas Vision (6, 1) überragt Gott selbst über jedes vorstellbare Maß hinaus den Tempel, während nach Jes 2, 2 ff (Mi 4) der Zion »am Ende der Tage« zum höchsten Berg wird (vgl. noch Ps 48, 2 f; 78, 69; 150, 1; Klgl 2, 1; Jer 17, 12; Ez 17, 22; 40, 2; Sach 14, 10 u. a.; dazu *M. Metzger*).

Gottesstadt, Gottesstrom und Gottesberg sind ursprünglich verschiedene Vorstellungen, die sich hier zu einer Einheit zusammenfanden. Zwar veranschaulichen sie gemeinsam die Besonderheit Jerusalems, doch können sie sich in ihrem Bildcharakter widersprechen. So entspringt am Berg eine Quelle, kein Strom, und auch »die Stadt auf dem Berge« ist eine nachträgliche Verbindung. Außerdem finden sich die Einzelmotive noch unabhängig voneinander (z. B. Gen 2, 10 ff; Jes 14, 13; vgl. Ez 28).

Hinzu kommen etwa Motive vom Wettergott, der das aufrührerische Meer besiegt (Ps 46, 4. 7; vgl. 76, 7. 9; 65, 8 u. a.; o. § 11e). Gelegentlich zieht Jerusalem die Vorstellung vom Nabel der Erde, dem Mittelpunkt der Welt, an (Ez 38, 12; vgl. 5, 5; Jes 19, 24; Ri 9, 37). Nach Gen 22, 2; 2 Chr 3, 1 lag auch die Stätte von Abrahams Opfer auf dem späteren Tempelplatz. Schließlich weiß Jes 28, 16 von einem »Schlußstein«, der vielleicht die Urflut an ihrem unterirdischen Ort zurückhalten und zugleich den Grund des Tempels bilden soll. Alles in allem: Der Zion ist »die Krone der Schönheit« (Ps 50, 2).

Jene mythischen Motive des Kulturlands verschmelzen mit spezifisch israelitischen Anschauungen, so daß sich neue, umfassende mythische Vorstellungen bilden. Die Unterscheidung zwischen den Israel vorgegebenen

Grundvorstellungen und den in Israel vollzogenen Weiterbildungen ist
methodisch wichtig, aber auf Grund der Quellenlage schwer durchführbar
und darum in der Forschung umstritten.

Das umfassende Bild, das *F. Stolz* von der Jerusalemer Tradition zeichnet, beruht auf
nicht immer genügender Differenzierung der alttestamentlichen Aussagen. Weder
ihr literarischer noch ihr historischer Zusammenhang, d. h.weder ihre Abwandlung
im jeweiligen Kontext noch ihre Veränderung im Laufe der Geschichte, wird ausreichend bedacht; vielmehr werden aus verschiedenartigsten Belegen zu einheitliche
»Strukturen« entworfen. Wieweit lassen sich aber Traditionsverbindungen als inner-
israelitische Entwicklung begreifen? So müßte erst der israelitische Anteil von den
alttestamentlichen Aussagen abgehoben werden, bevor sie auf vorisraelitische
Ursprünge zurückgeführt werden können. Demnach harrt die von *Stolz* zusammen-
getragene umfangreiche Materialsammlung noch der Bearbeitung unter streng über-
lieferungsgeschichtlichem Aspekt.

Wie die frühe Gestalt der Ziontradition ist auch das Alter der Zionspsalmen schwer
eindeutig zu bestimmen. Selbst wenn sie im Laufe der Zeit ihre gegenwärtige Fassung
erhielten oder gar erst spät entstanden, so ist doch die in den Psalmen fixierte Ziontradition kaum erst nach Erfahrung der Rettung Jerusalems im Jahre 701 oder gar
nach dem Exil aufgekommen (anders *G. Wanke*). Wird die Ziontradition nicht auch
in Mi 3, 11; Jes 28, 15 ff u. a. vorausgesetzt? In ähnlicher Weise ist etwa bei den
Thronbesteigungspsalmen zwischen den zugrunde liegenden Motiven und der –
späteren – vorliegenden Niederschrift zu unterscheiden. Eine Rekonstruktion hätte
am ehesten bei der (leichter datierbaren) Verkündigung Jesajas einzusetzen und zurückzufragen, welche Vorstellungen sie voraussetzt.

5.   Neben Grundmotiven von Gottesstadt und Gottesberg birgt die Ziontradition auch komplexere mythische Vorstellungen, speziell von Völkerkampf und Völkerwallfahrt, in sich.

Die Entstehung der Vorstellung von einem die Gottesstadt bedrohenden
Völkerkampf (Ps 46, 7. 10; 48, 5 ff; 76, 4 ff; vgl. Joel 2; Mi 4, 11; Sach 12;
auch Jes 8, 9 f; 17, 12 ff) wird auf verschiedene Weise erklärt: aus Verallgemeinerung geschichtlicher Erfahrungen Israels (speziell des Abzugs
der Assyrer im Jahre 701 oder der Aufstände z. Z. des davidisch-salomo-
nischen Großreichs), aus der in sagenhafter Form weiterlebenden Erinnerung an den Ansturm der Seevölker, aus der Historisierung des Ur-
meerdrachenkampfes und schließlich direkt aus Übernahme vorisraelitischer (vgl. 2 Sam 5, 8), speziell im Eljon-Kult heimischer Vorstellungen.
Zwar treten nach altorientalischen Zeugnissen Götter in der Schlacht gegen
menschliche Feinde an, doch fehlen bisher exakte außerbiblische Belege für
die Aussage, daß viele oder gar alle Völker gegen den Gottesberg oder die
Gottesstadt anrennen. (Ps 2; 110; Jes 41, 1–4; 45, 1–3 beziehen sich auf
einen irdischen König.) So liegt die Auffassung nahe, daß die Vorstellung
vom Völkerkampf – anders als die vom Meereskampf (o. § 11 c) – historisch
erst in Israel ihre vorliegende Gestalt gewonnen hat und sachlich einen gewissen Monotheismus voraussetzt, wie er sich im alten Orient nur in Israel
findet. Dann dürfte auch der damit zusammenhängende Gedanke der *Un-*

einnehmbarkeit der Gottesstadt in seiner strengen Form ebenfalls erst in Israel aufgekommen sein: Der allgemeine Ansturm scheitert, Zion bleibt unüberwindbar (Ps 46, 6; vgl. 125, 1 f; Jes 29, 5 ff; 8, 9 f; 17, 12–14; Sach 12; auch Hos 1, 7 u. a.). Wer »den Namen Jahwes anruft«, wird im unantastbaren Jerusalem gerettet (Joel 3, 5; 4, 16 f).

Außerdem ist zwischen den – später ineinanderfließenden – Vorstellungen vom vergeblichen Ansturm der Völker gegen Jerusalem, vom Krieg Jahwes gegen die Völker (Mi 4, 12 f; Joel 4; Sach 14, 3. 13 f; vgl. Ez 38 f) bzw. gegen Jerusalem (Jes 29, 1 ff; Sach 14, 1 f) und vom Feind aus dem Norden (Jer 4–6; vgl. Joel 2 u. a.) zu unterscheiden (*H.-M. Lutz*). Dabei mag auch die altisraelitische Überlieferung vom Jahwekrieg (o. § 7), zumindest in ihrer späteren Ausprägung, motivbildend auf die Ausgestaltung der Ziontradition eingewirkt haben. Beispielsweise hat die auffällig allgemeine Aussage, daß Gott Waffen zerbricht (Ps 46, 10; 76, 4; vgl. Hos 1, 5; 2, 20; Mi 5, 9 ff; Sach 9, 10), vielleicht »ihre überlieferungsgeschichtliche Wurzel in der prophetischen Erkenntnis des unversöhnlichen Gegensatzes zwischen Jahwe und militärischer Rüstung, die ihrerseits in der erzählenden Überlieferung von den Jahwekriegen präludiert ist« (*R. Bach*, 22; vgl. Hos 10,13; 14, 4; Jes 30, 15 f; 31, 1 ff u. a.).

Sollten diese – nur unter Vorbehalt – vorgetragenen Vermutungen über die Herkunft der Völkerkampfvorstellungen zutreffen, dann würde der außergewöhnliche, wenn nicht singuläre Fall vorliegen, daß Israel mythisches Gut nicht wie sonst aus den Nachbarreligionen übernommen und umgedeutet, sondern selbst geformt hat, wenn auch nicht ohne fremden Einfluß. Allerdings liegen (trotz Sach 12; 14) nicht mythische Erzählungen im strengen Sinne, sondern eher mythische Vorstellungen und Motive vor, die nichts anderes bezwecken, als die Sonderstellung Jerusalems, die *universale* Bedeutung der Gottesstadt, letztlich die Einzigartigkeit des einen Gottes (Ps 46, 9; 48, 10 f; 76, 11 u. a.), darzutun.

Diese Absicht tritt besonders deutlich in dem Gegenbild zum Kriegsgemälde, der Hoffnung auf die friedliche *Wallfahrt der Völker zum Zion* (Jes 2, 2–4; 60; 66, 20; Hag 2; Sach 8, 22; 14, 16 f; vgl. Ps 68, 32 u. a.; dazu § 16, 3), hervor. Erneut stehen verschiedene Ableitungsversuche nebeneinander: aus Verallgemeinerung der Teilnahme von Nichtisraeliten am Jahwekult bzw. der Rückkehr der Exilsgemeinde nach Jerusalem, aus Umkehrung des Völkerkampfmotivs oder direkt aus Übernahme fremder Vorbilder. Doch findet sich im altorientalischen Vergleichsmaterial wiederum keine wirkliche – etwa Jes 2, 2 ff entsprechende – Parallele, so daß man wohl auch in diesem Fall israelitische Ausgestaltung vorgegebener Motive anzunehmen hat. Erst der späte Text Sach 14 verbindet die beiden Vorstellungen von dem Völkerkampf und der Völkerwallfahrt zu einem zeitlichen Nacheinander: Wer aus den Völkern der Vernichtung im Kampf vor Jerusalem entgehen wird, wird zum Zion ziehen, um Jahwe als König zu verehren (vgl. § 11 a, 6).

Über diese mancherlei Einzelvorstellungen hinaus ist nach *O. H. Steck* (im Anschluß an *S. Mowinckel*) die Jerusalemer Kulttradition durch den »Gesamtzusammenhang eines ganzen Vorstellungskomplexes« ausgezeichnet, der sich nicht nur in den Zionspsalmen (Ps 46; 48; 76), sondern auch in den Schöpfungs- (Ps 8; 19; 104; vgl. 24, 1 f u. a.), Jahwe-Königs- (Ps 47; 93; 96–99) und Königs-Psalmen (Ps 2; 110 u. a.) niederschlägt und etwa folgende Themen umfaßt: Gottesberg, Thron Gottes, Schöpfung und Erhaltung der Welt, Bändigung des Völkeraufruhrs, Königtum und Weltherrschaft Gottes durch den davidischen König als seinen Regenten. Dabei kommt die Eigenart der Jerusalemer gegenüber der spezifisch israelitischen Überlieferung mit Recht stark zur Geltung. Fraglich bleibt aber, ob die in den – nach Gruppenzugehörigkeit wie Alter – so verschiedenartigen Texten bezeugten Vorstellungen eine solche Einheit darstellen. Zwar erwähnt etwa Ps 2, 6 die Einsetzung des Königs »auf Zion, meinem heiligen Berg«, aber kaum zufällig spielt umgekehrt der irdische König in den Zions-, Jahwe-Königs- oder Schöpfungspsalmen keine Rolle.

Die auffällige Diskrepanz zwischen der geographischen und der historischen Wirklichkeit in Jerusalem einerseits und der Darstellung der Zionspsalmen andererseits hat oft dazu verleitet, sie von der Prophetie her zu deuten; so nannte *H. Gunkel* die Gattung »eschatologische Zionslieder«. Zudem konnte die z. T. frappierende Übereinstimmung grundlegender Motive in beiden Bereichen als Stütze dieser Auffassung dienen. Doch fehlt diesen Psalmen jeder unmittelbare Bezug auf die Zukunft, und aus allgemeinen Erwägungen ist es wahrscheinlicher, daß die einzelnen Propheten auf die Kulttraditionen zurückgreifen als umgekehrt. Auch eine historisch-zeitgeschichtliche Betrachtungsweise, die die Psalmen auf ganz bestimmte aktuelle Anlässe bezieht, hat sich nicht bewährt. Ihre Aussagen gehen über jede Einzelsituation hinaus; »sie sprechen mehr wie von einem mythischen Geschehen, das in zeitloser Ferne oder Nähe von der Gegenwart aus anvisiert wird« (*G. v. Rad*, TheolAT I⁴, 59).

Die Zionslieder besingen das Vertrauen auf Gott, indem sie den Ort preisen, an dem Gott wohnt. Nur Gottes Gegenwart macht den Zion zur Feste. »Jahwe Zebaot ist mit uns, ein Zufluchtsort ist uns der Gott Jakobs«, sagt der Kehrvers (Ps 46, 8. 12), und in Ps 125, 1 f kann die Sicherheit Jerusalems sogar zum *Bild* für die Geborgenheit der Glaubenden in Gott werden. Doch gehen das Lob Gottes und das Lob der Stadt (Ps 48, 2 ff u. a.) gefährlich weit ineinander über. Gottes Schutz wird auf einen besonderen Raum eingegrenzt, wie die Königspsalmen Gott äußerst eng an einen bestimmten Menschen, den Herrscher, binden (vgl. § 12 a). Dadurch scheint die irdische Institution – sei es Heiligtum oder Stadt, sei es das Königtum – den Wechselfällen der Geschichte entnommen zu sein, so daß sich das Vertrauen in Gott zu einer über- oder ungeschichtlichen Sicherheit (Unüberwindbarkeit der Stadt) zu verfestigen droht. Wäre darum die Einheit von Gott und Ort nicht wieder aufzubrechen und so die geschichtliche Entwicklung rückgängig zu machen, damit das Vertrauen in Gott von dem Vertrauen auf einen Ort geschieden wird? Vielleicht ist aber jene Nichtübereinstimmung von Wort und Wirklichkeit, mythischer Vorstellung und geographisch-historischer Gegebenheit überhaupt das eigentlich Entscheidende und Bewegende der Ziontradition. Wenn sie nämlich von den Pro-

pheten aufgegriffen wird, können sie gerade auf dieser Differenz aufbauen:
Das Nicht-Wirkliche wird zum Nicht-mehr-Wirklichen oder zum Noch-
nicht-Wirklichen, die mythische Vorstellung zur Kritik oder zur »Utopie«.

6. *Jesaja* stellt einmal die Herrlichkeit Jerusalems als Stätte des Rechts
dem gegenwärtigen Unrecht gegenüber:

> »Wie ist zur Hure geworden
> die treue Stadt,
> erfüllt mit Recht!
> Gerechtigkeit wohnte in ihr ...
> Deine Richter will ich machen wie zuvor
> und deine Ratgeber wie zu Beginn.
> Danach wird man dich nennen:
> ‚Ort des Rechts, treue Stadt‘.« (Jes 1, 21. 26)

Der Prophet greift also Prädikationen, die schon vorisraelitischer Tradition
zu entstammen scheinen, auf – aber mit einer charakteristischen Wandlung: Was die Zionspsalmen als gegenwärtig schildern, wird ihm zur verlorenen Vergangenheit oder zur verheißenen Zukunft, in jedem Fall zum
Widerspruch gegen das Bestehende. Dem Propheten kommt es auf die
Differenz, nicht die Identität an, so daß er die Ziontradition seinen Zeitgenossen entgegenhalten kann. Erst wenn die Gegenwart durch das Gericht
gegangen ist, kann die Zukunft dem Einst korrespondieren und Jerusalem
zu dem werden, wovon die Ziontradition spricht.

Wo Jesaja die Schutzzusage der David- oder Ziontradition zu aktualisieren
scheint, macht er sie von einer bestimmten Voraussetzung, dem Glauben,
abhängig: »Glaubt ihr nicht, so bleibt ihr nicht« (7, 9; vgl. 28, 16). Da die
Bedingung aber nicht erfüllt wird, bleibt die schon in der Berufungsvision
(6, 9 ff) erfahrene Unheilsankündigung in Kraft. Ein alleinstehendes Drohwort, das man durchweg auf Jerusalem bezieht, spricht sie aus:

> »Darum sperrt die Unterwelt ihren Schlund auf,
> reißt ihren Rachen auf maßlos weit,
> daß hinabfährt ihre (der Stadt) Pracht und ihr Getümmel
> und ihr Getöse und wer in ihr frohlockt.«
> (5,14; vgl. 3, 8; 5, 17)

In der Spätzeit bestätigt Jesaja ausdrücklich die radikale Unheilsankündigung über die Stadt und ihre Bewohner:

> »Der Palast ist verlassen,
> der Lärm der Stadt ist verstummt,
> Hügel und Warte werden ‚Blöße‘ für *immer*,
> eine Lust der Wildesel, eine Weide der Herden.«
> (32, 14; vgl. 3, 16 ff; 22, 1–14; 28, 14–22; 29, 1–4; 30, 8–17)

Die Bedrohung geht in Jahwes Auftrag von der Weltmacht Assur (Jes 5, 25 ff;
7, 18 ff; 8, 6 ff; vgl. 10, 5 ff; 14, 24 ff) und damit von Jahwe selbst (8, 14; 29, 2 f) aus.

Im einzelnen ist Jesajas Zionsbotschaft allerdings stark umstritten: Sind die den
Unheilsworten folgenden Heilszusagen (10, 33 f; 29, 5–8; 31, 4 f; 32, 15 ff; vgl.
18, 7; 28, 5 f; auch 8, 9 f; 17, 12 ff u. a.) für sekundäre Zusätze zu halten oder
(analog zu 1, 21–26) als Rettung des Zion im Gericht zu deuten?

Auch sonst nehmen die Propheten Jerusalem oder den Zion nicht aus
Schuldaufweis oder Gerichtsankündigung aus (Mi 1, 5. 9; 3, 10; Zeph 1, 4. 12 f;
Mal 2, 11 u. a.). Wie Amos (3, 14; 5, 5; 9, 1 u. a.) oder Hosea (10, 2. 8;
12, 12 u. a.) den Heiligtümern des Nordreichs den Untergang androhen,
so bleibt der Jerusalemer Tempel nicht verschont:

»Um euretwillen wird der Zion zum Feld umgepflügt,
Jerusalem wird zum Trümmerhaufen
und der Tempelberg zur Waldeshöhe.« (Mi 3, 12)

Im Rückblick aus exilisch-nachexilischer Zeit werden die harten Drohworte von
Jes 32, 14 und Mi 3,12 in gewisser Weise bestätigt durch die Klage über den Zion,
»der verödet ist; Füchse tummeln sich auf ihm« (Klgl 5, 18; vgl. Jes 64, 9 f).

Unter Berufung auf jenes Wort (Mi 3, 12) wird *Jeremia* freigesprochen, als
er rund ein Jahrhundert später das Vertrauen auf den Tempel Lüge nennt:
»Das Haus, über dem mein Name ausgerufen ist, ist zur Räuberhöhle
geworden« und ihm das Schicksal des Tempels von Schilo ankündigt
(7, 11 f. 14; 26, 6).

»Wer wird sich deiner erbarmen, Jerusalem,
wer dir Teilnahme erweisen?
Wer begibt sich zu dir,
nach deinem Ergehen zu fragen?
Du hast mich verworfen – spricht Jahwe,
mir den Rücken zugewandt.
Darum strecke ich meine Hand gegen dich aus,
vernichte dich, des Erbarmens müde.«
(Jer 15, 5 f; vgl. 4, 31; 5, 1; 6, 6 f)

Statt von der »Gottesstadt« (Ps 46, 5 u. a.) können Jeremia (19, 11 ff;
21, 4 ff) und Ezechiel (11, 2 ff) verächtlich von »dieser Stadt« sprechen.
Jerusalem gleicht der edlen Rebe, die aber nur noch zum Verbrennen taugt
(Ez 15). Mit diesem Bildwort überbietet *Ezechiel* seine Vorgänger in seinen
Klagen über die »Stadt der Blutschuld« (22, 2 f; 24, 6; vgl. 16, 3 ff). Auch
er kündigt ihr in Visionen (4 f; 8–11 u. a.) und Zeichenhandlungen das
Gericht an, bei dem der Tempel nicht verschont bleibt: »Siehe, ich ent-
weihe mein Heiligtum, den Hort eures Stolzes« (24, 21. 25).
So können die Propheten gerade das bekämpfen, was die Zionslieder
preisen: das Vertrauen auf das Gotteshaus und die Unbezwingbarkeit der
Gottesstadt (vgl. Mi 3, 11). Dabei ist die Verwendung der Ziontradition
(wie der Davidtradition) in der prophetischen Verkündigung so komplex,
daß man die Geschichte der Prophetie zu einem erheblichen Teil als Geschichte dieses Verhältnisses beschreiben könnte.

Die *Klagelieder* blicken auf das an Jerusalem und am Heiligtum – durch die Babylonier im Jahre 587 v. Chr. – vollstreckte Gericht zurück: »Ach, wie sitzt so einsam die Stadt, die reich an Volk war, wie ist zur Witwe geworden, die groß war unter den Völkern!« (Klgl 1, 1; vgl. 1, 4. 10; 2, 1. 6 f; 5, 17 f; auch Jer 42, 18; 2 Kön 24, 13. 20; Dan 9, 12; Ps 137). Die Frage lautet nun: »Ist Jahwe nicht in Zion, sein König nicht mehr in ihm?« (Jer 8, 19). Nach dem Untergang der Stadt vollzieht sich ein Umschwung in der prophetischen Verkündigung; jetzt – wieder im Widerspruch zur Ansicht der Zeitgenossen – kann die Ziontradition zur Heilsverheißung werden.

In *Ezechiels* bildkräftiger Zusage von Gottes Gegenwart bei den Verbannten wiederholt sich, was in Israels Frühzeit geschah: Wie der Berggott vom Sinai nicht an seinem Ort verharrte, sondern sich mit dem wandernden Volk in Bewegung setzte, so zieht Jahrhunderte danach Gott von Jerusalem mit zu den Verbannten. Der feste Gottesthron erhält Räder und wird fahrbar. Erst damit ist die Thronvorstellung des Kulturlandes ganz in Israels Glauben eingefügt; Gottes Zuneigung zu den Menschen erweist sich größer als seine Bindung an einen Ort. Gott, der auf dem Zion wohnt, braucht nicht auf dem Zion zu bleiben (Ez 1).

Dieser Prophet findet gleichsam eine theologische Deutung für das Verhältnis zwischen Gottes Gegenwart und der Zerstörung der Gottesstadt: Jahwes »Herrlichkeit« hat zuvor die Stadt verlassen (Ez 10, 18 f; 11, 22 f) und kehrt erst in die künftige »für immer« zurück (43, 2 ff; vgl. § 11 b, 2). Ist der Auszug Gottes aus seinem Heiligtum Strafe für Schuld, so bedeutet der Wiedereinzug Heil. So wird Gott selbst vom Untergang der Stadt und des Tempels nicht betroffen, ja das Gericht wird überhaupt nur durch seine Abwesenheit möglich.

Der Exilsprophet *Deuterojesaja* verbindet die Erwartung der Rückkehr Jahwes zum Zion mit der Ankündigung einer bald bevorstehenden Königsherrschaft Gottes (Jes 52, 7 ff), und diese Hoffnung durchzieht in wechselnder Form die nachexilische Prophetie (Mi 2, 12 f; 4, 7 u. a.; o. § 11 a, 6). Zion, einst geographischer Begriff für den Hügel, auf dem Jerusalem liegt, wird nun wie der Name der Stadt zum (Heils-)Titel der Gemeinde (Jes 40, 2; 49, 14; 51, 16 f; 52, 1 f. 7 ff; vgl. Ps 147, 12 u. a.).

Diese Hoffnung auf eine neue Zuwendung Gottes zum Zion findet sich fast in der gesamten Prophetie oder in Zusätzen zu den älteren Prophetenbüchern (Jes 4, 3 ff; Sach 1, 17; 2, 5 ff; Joel 3, 5; 4, 16 f; Obd 17 usw.). Das traditionelle Bekenntnis, daß Gott in seinem Heiligtum »wohnt«, wird neu zur Erwartung: »Siehe, ich komme, um bei dir zu wohnen!« (Sach 2, 14; vgl. 2, 9; Ez 43, 7; Hag 1, 8; 2, 9).

Auch der Aufruf des *Tritojesaja*buches bringt nochmals mit voller Schärfe zum Ausdruck, daß die sich an die Ziontradition anknüpfende Erwartung nichts anderes ist als die Hoffnung auf Gottes Offenbarung:

»Mache dich auf, werde licht!
Denn dein Licht kommt,

und die Herrlichkeit Jahwes strahlt auf über dir.
Denn siehe, Finsternis bedeckt die Erde
und Dunkel die Völker:
doch über dir strahlt auf Jahwe,
und seine Herrlichkeit erscheint über dir.« (Jes 60, 1 f)

Wird schon für Jesaja (1, 26) Jerusalem den verlorenen Ehrentitel »Stadt
des Rechts« zurückgewinnen, so erhält die Stadt auch in der Erwartung der
Späteren neue Namen, die die veränderte Stellung zum Ausdruck bringen
(Jes 62, 2. 4. 12; Jer 3, 17; 33, 16; Ez 48, 35; Sach 8, 3). Man malt sich
Größe und Gestalt der kommenden Stadt aus und stattet sie mit ungeahnter
Pracht aus (Jes 54, 11 ff; 62; 66, 10 ff; Jer 31, 38 ff; Ez 40 ff; bes. 48, 30 ff;
Sach 14, 10 u. a.). Jerusalem wird Ort der Hoffnung auf Sammlung des verstreuten Volkes (Jes 27, 13; 35, 10; 51, 11; 62, 11; Sach 6, 15 u. a.), Ver-
längerung des Alters (Jes 65, 19 ff u. a.; vgl. Exkurs 8, 5), eine neue und
bleibende Gottesgemeinschaft (Sach 8, 8; Jes 11, 9 u. a.), ja, auf Teilnahme
der Völker an dieser Gemeinschaft (2, 2 ff; 11, 10; 25, 6 u. a.). Doch geht
auch die kritische Intention der vorexilischen Propheten nicht ganz verloren. Das Tritosacharjabuch nimmt die Tradition von der Unverletzbar-
keit des Zion mit charakteristischer Änderung auf: Falls die Völker aus
eigenem Antrieb die Stadt berennen, bleibt sie bewahrt (Sach 12); falls sie
aber in Jahwes Auftrag angreifen, wird Jerusalem eingenommen, und seine
Bewohner müssen erneut das Gericht erleiden (14, 2; vgl. 13, 8).

Wie die Zionspsalmen, so übergreifen auch die prophetischen Hoffnungs-
bilder bei weitem die Wirklichkeit, die nach der Rückkehr aus dem Exil
entsteht; das wiederaufgebaute Jerusalem entspricht längst nicht den Er-
wartungen. Auch Sacharjas (2, 8 f) Hoffnung, daß Jahwe selbst – wegen der
Zunahme des Gottesvolkes – Jerusalems Mauer sein wird, blieb unerfüllt;
Nehemia (Neh 3; Esr 4, 6 ff) hat später die Stadtmauer in recht engen
Grenzen errichtet. So bildete sich die Hoffnung auf ein neues, künftiges
Jerusalem allmählich in die nachalttestamentlich-apokalyptische Erwartung
eines oberen, himmlischen Jerusalem um (vgl. im NT: Offb 21; Gal 4, 26;
Hebr 12, 22; 13, 14). Aber selbst die Vorstellung einer Präsenz der Heilsgüter
im Himmel, die fertig auf die Erde herabkommen, ist doch die Hoffnung auf
Aufhebung des Vorhandenen, nämlich der unzureichenden geschichtlichen
Wirklichkeit (vgl. § 17 b, 2).

§ 14   Die Prophetie

Erzählen die Geschichtsbücher von der Vergangenheit, so sagen die Propheten die *Zukunft* an. Sie gehen nicht von der Vergangenheit aus, um in die
Zukunft hinauszuschreiten, sondern nehmen umgekehrt das Kommende

vorweg – zunächst als Gericht, später als Heil. Prophetische Schau blickt nicht in eine Zukunft, die das Ende der Geschichte, den Untergang der vorhandenen und das Aufkommen einer neuen Welt herbeiführt. Prophetie erwartet nicht die Ablösung des gegenwärtigen durch ein kommendes Zeitalter, jedoch die Umwandlung der Gegenwart – in einem Ausmaß, daß die vorfindlichen geschichtlichen Verhältnisse tiefgreifend verändert werden.

Der Zug in die Zukunft, den ja schon die Erzväter- und Auszugsüberlieferung enthält, wird jetzt so beherrschend, daß jede Kontinuität zu zerfallen droht. Gewiß treten die sog. Schriftpropheten im Namen *Jahwes* auf – aber sie stehen an einer Stelle des Umbruchs, die grundlegend Neues aufkommen läßt. Sie bekunden ihre Freiheit gegenüber der Vergangenheit, indem sie die Überlieferung umdeuten oder gar in ihrem Sinn verkehren. Dieses Phänomen der Prophetie tritt nicht urplötzlich mit Amos (um 760 v. Chr.) in vollendeter Gestalt auf, sondern zeigt sich in wechselnden Formen in verschiedenen Zeiten und Regionen.

Die Vorgeschichte der Prophetie reicht weit über Israel hinaus; allerdings lassen sich nur einzelne Momente erkennen, nicht der Verlauf im ganzen nachzeichnen. Schon das Alte Testament sagt, daß die Prophetie keine ausschließlich israelitische Bewegung ist (Bileam Num 22, 5; 1 Kön 18; Jer 27, 3. 9); neue Funde haben diese Einsicht erst recht zum Bewußtsein gebracht. Erneut findet sich Vergleichbares und bleibt Einmalig-Unvergleichbares bestehen. Dieses Verhältnis ist geschichtlich zu erklären: In Israel wurde aus dem Übernommenen wieder unverwechselbar Eigenes.

a) Die Vorgeschichte

1. Außerhalb Israels

Prophetische Erscheinungen mit und ohne Ekstase sind der allgemeinen Religionsgeschichte vertraut; schwierig ist nur, das Phänomen von den verschiedenen Arten der Zukunftsweissagung – sei es durch Mittel, wie Leberschau, Beobachtung von Vogelflug und Gestirnkonstellation oder Los (vgl. Ez 21, 26; 1 Sam 14, 40 ff; 28, 6; Spr 16, 33), sei es personal, wie durch Traum – eindeutig abzugrenzen. Mehrfach ist bezeugt, daß die Gottheit durch den Mund eines Menschen spricht, der also Orakel empfängt und weitergibt, sich von Gott berufen und unter seinem Zwang stehend weiß. Seltener werden die Parallelen, wenn man zur Inspiration die Spontaneität als Kriterium hinzurechnet: Das Wort muß *ungebeten* kommen und *ungefragt* weitergesagt werden.

Gewiß haben sich in der prophetischen Bewegung verschiedene Erscheinungen zusammengefunden, so daß sich ihr Ursprung vielleicht nie genau bestimmen läßt.

1. Die *Ekstase* war nicht nur, aber doch vorwiegend im kleinasiatischen und phönizisch-syrischen Raum verbreitet. Das Alte Testament weiß von

ekstatischen Scharen des Gottes *Baal* zu berichten (1 Kön 18, 19 ff; 2 Kön 10, 19). Diese kanaanäischen Propheten unterstützen ihr Gebet durch Tanz, ja bringen sich selbst mit Messern und Waffen Wunden bei, »bis das Blut an ihnen herabrinnt«, um sich absichtlich in Raserei zu versetzen (1 Kön 18, 28 f).

Darf man in den – rund zwei Jahrtausende später auftretenden – »heulenden« bzw. »tanzenden« *Derwischen* des Islams gleichsam Nachfahren solcher religiös-ekstatischen Gruppen sehen?

Ekstase begegnet schon sehr früh aber nicht nur bei Gruppen, sondern auch bei *einzelnen*, so daß man in dieser Hinsicht keine Entwicklung erschließen kann. In einem für die Geschichte der Prophetie berühmten Reisebericht des Ägypters *Wen-Amun* (um 1100 v. Chr.) wird von einem Phönizier erzählt, der bei einer Opferfeier unbeabsichtigt in Erregung versetzt wird, eine Gottesbotschaft empfängt und ungefragt dem Fürsten von Byblos weitergibt:

»Als er (der Fürst) einmal seinen Göttern opferte, da ergriff der Gott einen ... Mann..., versetzte ihn in Raserei, und er sagte zu ihm (dem Fürsten) ...« (AOT 72; TGI² 43)

Tatsächlich ändert der Fürst auf Grund des Wortes sein Verhalten zu Wen-Amun.

Ein weiteres Zeugnis für eine – allerdings erbetene – prophetische Botschaft bietet die Inschrift *Zakirs von Hamat* (um 800 v. Chr.); sie berichtet von einer anscheinend *nicht-ekstatischen Gruppe*. Der König wendet sich in der Not der Belagerung an seinen Schutzgott Baalschamem »Herr des Himmels«, der ihn durch »Seher« erhört und ihm göttliche Kriegshilfe zusichert:

»(Da redete) Baalschamem zu mir (durch) Vermittlung von Sehern und durch Vermittlung von Zukunftskundigen, (und es sprach) Baalschamem (zu mir): ‚Fürchte dich nicht; denn ich habe (dich) zum Kön(ig gemacht, und ich werde mich) mit dir (erheb)en, und ich werde dich erretten von allen (diesen Königen, die) einen Belagerungswall gegen dich aufgeworfen haben!'« (KAI 202; AOT 443 f; RTAT 249; vgl. ähnliche »Heilsorakel« Dtn 20, 1 ff; Ex 14, 13; an den König: Ps 110, 1 ff; 1 Kön 22, 6 u. a.)

Das Alte Testament bezeugt größere prophetische Erscheinungen nicht vor der Zeit Samuels um die Jahrtausendwende (1 Sam 10, 5 ff; 19, 20 ff). Ist die Prophetie also erst nach der Seßhaftwerdung Israels aufgekommen? Hat der Jahweglaube gar die kanaanäischer Umwelt vertraute Ekstase in sich aufgenommen und mit der Zeit zur Eigenart der Schriftprophetie umgewandelt? Zweifellos enthält diese Sicht einen gewissen Wahrheitsgehalt, aber sie reicht zur Erklärung des Ursprungs der Prophetie kaum aus. Wie hätte in relativ kurzer Zeit die strikte Jahwegebundenheit der Prophetie (Elija; vgl. 2 Kön 9) entstehen können?

2. Eine Gottheit überfällt einen Menschen ohne dessen Willen mit ihrem Wort, der Angesprochene wendet sich an den König, um es ungerufen aus-

zurichten – so berichten ausführlich Briefe aus *Mari* (am mittleren Euphrat) vom 18. Jh. v. Chr. Die Botschaften, die nicht durch Orakel oder Los herbei- geführt wurden, gelten als Offenbarungen des Vegetations- und Wettergottes Dagan bzw. Hadad oder anderer Gottheiten; die Botschafter verstehen sich als von Gott »gesandt«. Hier liegt die engste bisher bekannte Parallele zur alt- testamentlichen Prophetie vor. Vergleichbar sind die älteren Hofpropheten Gad oder Natan, aber auch spätere Gestalten wie Hananja (Jer 28; vgl. 1 Kön 22, 11), die dem eigenen Volk Heil, den Fremden Unheil künden.

Wurde nach dem Bericht des Wen-Amun jemand beim Opfer von Gott er- griffen, so hatte hier beispielsweise ein Mann namens Malik-Dagan »vor Dagan«, also wohl angesichts des Gottesbildes im Tempel, ein Traum- gesicht. Nachdem der Betende eine Frage des Gottes beantwortete, erging an ihn der Auftrag: »Jetzt geh, ich sende dich zu Zimrilim (dem König von Mari); folgendermaßen sollst du selbst sagen: . . .« Demnach vollzieht sich die Beauftragung wie oft bei der Berufung alttestamentlicher Propheten in einem zweigeteilten Gotteswort: »Gehe – ich sende dich« (Jes 6, 8 f; Jer 1, 6 f u. a.). Soll man aus dem Ort des Offenbarungsempfangs und den Titeln, die manche Gottesboten führen, schließen, daß es sich um offiziell legitimierte Kultbeamte handelt? Es läßt sich aber nicht eindeutig angeben, ob sie ihre Stellung auf Dauer oder nur zeitweilig einnehmen. Vor allem kann der Empfänger auch ein nicht ausgewiesener »Mann« oder sogar eine Ehefrau sein. So scheint diese Prophetie zumindest nicht ausschließlich kultisch ge- bunden zu sein, wie sie auch nur teilweise ekstatische Züge trägt. Die Weisungen, die die Betroffenen weiterzuleiten haben, enthalten Forderungen für den Kult oder den Bau eines Stadttores, kündigen den Sieg über die Feinde des Landes an; die Propheten können für den Fall des Ungehorsams sogar dem König drohen, ihm also kritisch begegnen. Besteht zwischen dem Prophetismus in Mari und in Israel nicht nur eine Analogie, sondern ein ent- fernter geschichtlicher Zusammenhang, da die in Mari seßhaften Stämme wie Israels Vorfahren zur sog. (proto-)aramäischen Wanderbewegung gehör- ten, die aus der syrisch-arabischen Wüste im Laufe des 2. Jahrtausends v. Chr. in das Kulturland in Mesopotamien wie Syrien-Palästina vordrang (*M. Noth*)?

3.   Sind in der prophetischen Bewegung die beiden Traditionsströme aus der nomadischen Vergangenheit und der Kulturlandzeit zusammengeflossen?

Schon die ältere Forschung hat zwischen dem Sehertum – verkörpert in dem Nicht- Israeliten Bileam (Num 22–24; bes. 24, 3 f), der jetzt auch auf einer Inschrift aus Der Alla um 700 v. Chr. bezeugt ist – und der Prophetie unterschieden und angenommen, daß die einzelnen Seher ursprünglich im Nomadentum, dagegen die ekstatischen Propheten- scharen im kanaanäischen Kulturland beheimatet sind. »Mit diesem Sehertum, welches seit alters bei den semitischen Wüstenstämmen heimisch war, hat das sog. Prophetentum von Hause aus nichts zu tun . . . Die ekstatische Prophetie übernahm Israel von den Kanaanäern; ihrer Herkunft nach ist sie wahrscheinlich kleinasiatisch.« (*G. Hölscher*, Israelitische und jüdische Religion, 1922, 83; vgl. Die Propheten, 1914, 118 ff)

Nach anderer Auffassung lehrt die Religionsgeschichte, »daß Ekstatikertum und ekstatisches Prophetentum nicht auf bestimmte Gebiete begrenzt und nicht an besondere Völker und Rassen gebunden sind«; es ist »unmöglich zu sagen, wann diese Erscheinung in Israel auftrat« (*J. Lindblom*, 98. 101).

Gewiß lassen sich einerseits Ekstase und Prophetie, andererseits Einzel- und Gruppenerscheinung nicht eindeutig aus verschiedenen Ursprüngen, nomadischer Lebensweise und Kulturland, herleiten. Auch braucht das Prophetentum nicht jünger als das Priestertum zu sein; wahrscheinlich hat beides schon früh nebeneinander bestanden.

Durch die Parallelen, die die Marifunde erbrachten, sind zugleich die großen »Schrift«propheten des Alten Testaments schärfer in ihrer Besonderheit, ja Einmaligkeit, hervorgetreten. Was mit Amos aufkam: die unbedingte Unheilsansage, die nicht nur dem König, sondern dem ganzen eigenen Volk gilt, bleibt unvergleichbar. Schuld und Strafe sind viel radikaler erfaßt. Aus einer weniger bedeutsamen Randerscheinung wurde die Prophetie in Israel zu einem Phänomen, das schließlich die Weltgeschichte als Weltgericht verstand. Doch erreichte die Prophetie ihre universale Bedeutung erst im Laufe einer Geschichte.

2. In Israel

Von ihrem ersten Auftreten ab ist Israels Prophetie eigentlich keine Einheit. Die Vielfalt erschwert es aber, die Anfänge wirklich zu erfassen, zumal aus der Frühzeit nur Einzelgeschehnisse überliefert und die einschlägigen Erzählungen in ihrer Entstehungszeit sehr umstritten sind.

Wie das Alter der in den Samuel- und Königsbüchern enthaltenen Überlieferungen von den Propheten oft unsicher bleibt, so ist bei den sog. Schriftpropheten vielfach strittig, welche Worte man ihnen zuschreiben kann, welche nicht. Die Entscheidung, die auf dem Abwägen von Wahrscheinlichkeiten – nämlich den Gründen für und wider die sog. Echtheit – beruht, fällt häufig nicht eindeutig aus (vgl. § 12d, 2).

1. Beide aus der Umwelt bekannte Erscheinungen finden sich in Israel wieder: Um die Jahrtausendwende zu Beginn der Königszeit treten kurz nacheinander sowohl Prophetenschwärme auf als auch *Einzelgänger*, die kaum durch ekstatische Züge, aber durch Wortempfang und -weitergabe gekennzeichnet sind: wie der »Seher« Gad (1 Sam 22, 5; 2 Sam 24, 11 ff), der »Prophet« Natan (2 Sam 7; 12; 1 Kön 1) oder Ahija von Schilo (1 Kön 11; 14).

Von den *Ekstatikerscharen* z. Z. Sauls wird weiter nichts berichtet, als daß sie in Verzückung geraten und ihren Zustand übertragen können, so daß sich der Betroffene »in einen anderen Menschen verwandelt« (1 Sam 10, 5 ff; 19, 18 ff; vgl. Num 11, 25 ff). Die Raserei ist – anders als bei den Baalpropheten (1 Kön 18, 28 f) – nicht durch Verwundungen oder Schläge (vgl. nur 1 Kön 20, 35 ff; Sach 13, 6), vielleicht aber durch Musik und Tanz (vgl.

2 Kön 3, 15) herbeigeführt. Vielleicht überfällt der »Geist« die Propheten, wenigstens teilweise, auch ungewollt, ist jedenfalls anders als bei den Helden der Richterzeit nicht Ermächtigung zu einer Tätigkeit, sondern bewirkt nur den Verlust des Selbstbewußtseins. Läßt man die Prophetie mit solchen Ekstatikergruppen beginnen, wird darum die Frage unabweisbar: Wie wandelt sich der Geist in die Macht, die das Wort eingibt (1 Kön 22, 24), so daß Anrede und Verständlichkeit grundlegend werden? Die Mariprophetie macht es unmöglich, eine zu einfach-einhellige Entwicklung zu konstruieren: Aus den Ekstatikerscharen wurden Wortverkünder, die sich in Hof-, Kult- und freie Schriftpropheten aufteilten.

2. Prophetische Erscheinungen in all ihrer Vielfalt werden im Alten Testament mit demselben Wort *nabi'* »Prophet« bezeichnet. Auch dieser Begriff wird aus der Fremde stammen. Er ist am ehesten von einem akkadischen Wort »rufen« (*nabu*) abzuleiten, meint aber wohl weniger aktiv den »Rufer«, der göttliche Botschaft weitersagt, als vielmehr passiv den »Berufenen«, der durch eine Offenbarung für einen Auftrag bestimmt ist (vgl. dieselbe Wortform *maschiach* »der Gesalbte«). Diese Erklärung will zu dem Ekstatiker, der nur durch geistgewirkte Raserei charakterisiert ist, nicht recht passen; es läßt sich auch nicht nachweisen, daß der Begriff eigentlich den Kultpropheten meint, der im Gottesdienst eine legitime Stellung innehat, und erst später allgemeiner ausgedehnt wurde. Merkwürdig ist allerdings, daß der Titel von manchen frühen Schriftpropheten gemieden wird. Amos hat ihn allem Anschein nach nicht auf sich angewendet, aber sich selbst »Seher« nennen lassen (Am 7, 12–15; denn 2, 11 und 3, 7 sind sekundär). Jesaja, der den Ausdruck »Prophet« auch nicht gebraucht (nur 8, 3 für seine Frau), verstand sich vielleicht ebenfalls als »Seher« (vgl. 30, 10; auch 1, 1; 2, 1 gegenüber 37, 2 u. a.).

Ist der Titel *chosä* »Seher« (2 Sam 24, 11; Am 7, 12 u. a.) aus dem Aramäischen (vgl. die obenerwähnte Inschrift Zakirs von Hamat) vorgegeben, und erklärt sich von daher, daß die Propheten bei der Darstellung ihrer Visionen gerne ein anderes Verb *r'h* »sehen« (Am 7 f; 9, 1; Jes 6, 1; vgl. 1 Sam 9, 9 u. a.) verwenden?

Seit Jeremia, der zum »Völkerpropheten« berufen wird (1, 5; vgl. 28, 5 ff u. a.), wird der Begriff »Prophet« als Selbstbezeichnung – wohl nicht einmal Jeremias persönlich, sondern erst durch die Redaktion des Jeremiabuches – geläufig und dringt dann in die älteren Prophetenbücher vor. Warum die Zurückhaltung vorher? Anscheinend gehören Amos oder Jesaja nicht zu einem »Stand« von – besoldeten? – Propheten und wollen sich nicht zu ihnen zählen, obwohl sie »prophezeien«, also eine ähnliche Tätigkeit ausüben. Der Wechsel in der Namengebung (vgl. 1 Sam 9, 9) deutet noch an, daß das Prophetentum ursprünglich aus verschiedenartigen Phänomenen bestand, die erst später unter einem Begriff zusammengefaßt wurden.

Im Rückblick erscheinen auch Abraham (wegen seiner Fürbitte: Gen 20, 7) und vor allem *Mose* (Dtn 18, 15; 34, 10; Num 11 f; vgl. Hos 12, 14) als Propheten. Vielleicht

schildert schon der Jahwist – im 10. Jahrhundert, in dem wir erst von einer prophetischen Bewegung in Israel hören – Moses Berufung als prophetische Sendung.
Mose empfängt Gottes Botschaft und gibt sie dem Volk weiter (Ex 3, 16: »Geh . . .
und sage zu ihnen« gemäß dem prophetischen Doppelauftrag); umgekehrt begegnet in
seinem Wort das Ich Gottes, das die Herausführung aus Ägypten zusagt. Allerdings
stellt erst der Elohist (3, 10 ff) Moses Berufung in Form eines – mehr oder weniger fest-
geprägten, auch Ri 6; 1 Sam 9 f und Jer 1 bezeugten – Formulars dar mit Auftrag (»geh,
ich sende dich«), Einwand (»wer bin ich?«) und Abweisung des Einwands (»ich werde
mit dir sein«).

Eine ähnliche Deutung bestimmt die wohl später zugesetzte Schlußszene. Als Mose
sich erneut weigert, den Botenauftrag zu übernehmen: »Ach, Herr, sende doch, wen du
senden willst!« (Ex 4, 13–16; vgl. 6, 30–7, 2), bestellt Gott Aaron als Boten. Mose
nimmt ihm gegenüber Gottes Stelle ein, indem er ihm »die Worte in seinen Mund legt«
(vgl. Jer 1, 9; 15, 19). »Er soll dein Mund sein, und du sollst ihm Gott sein.« Schon
recht früh müssen demnach die Propheten einen so tiefen und nachhaltigen Eindruck
gemacht haben, daß man Mose oder auch Mirjam (Ex 15, 20) von ihnen her verstand.

3.   Das Gegenüber von Prophetengruppe und Einzelgestalt zieht sich von
Beginn an durch die Geschichte der Prophetie hindurch. In den *Elija*-
geschichten kämpft der eine einsame Jahweprophet gegen eine Vielzahl von
Baalpropheten (1 Kön 18 f) für die Reinerhaltung des Glaubens. Elija tritt
in einer Zeit auf, in der im Nordreich die Jahweverehrung unterzugehen
droht – durch die wohl staatlich geförderte Religionsmischung, die Jahwe
dem Gott Baal anglich. Diesem Neben- und Ineinander von Jahweglauben
und Baalreligion setzt Elija schroff die Unvereinbarkeit beider Glaubens-
weisen entgegen (vgl. 1 Kön 18, 21). Doch vertritt er kaum als erster das
Entweder-Oder. In seinen – nach ihrer Entstehungszeit wieder umstrittenen –
Worten klingt noch eine Gemeinschaft mit anderen Propheten nach: Er ist
als einziger übriggeblieben von den Jahwepropheten, die durch die Verfolgung der Königin Isebel umkamen (18, 22; 19, 10. 14); sie hatten
sich anscheinend ähnlich um die Wahrung des Jahweglaubens bemüht
(vgl. 2 Kön 9; 4, 1; auch Ri 6, 11 ff). So beruht die zunehmende Einsicht
in die Andersartigkeit und Ausschließlichkeit des Jahweglaubens wenigstens zum Teil auf der prophetischen Bewegung, die in Elija verkörpert ist
(*R. Rendtorff* u. a.). Die gesamte Auseinandersetzung ließe sich als Verwirklichung des ersten Gebots verstehen; Elija setzt es der Tradition nach
zumindest sachlich voraus und wendet es verschärft an – bis hin zu seinen
Folgen. So kommt er der Forderung des Bundesbuches: »Wer anderen
Göttern opfert, soll gebannt werden« (Ex 22, 19) durch Ausrottung der
Baalpropheten nach (1 Kön 18, 40) und droht dem König den Tod an, der
von Baal Genesung erwartet und bei ihm ein Orakel einholen will (vgl.
2 Kön 1, 3 f mit Ex 23, 13).

In der Szene, in der Elija zum Ursprung des Jahweglaubens, an den Horeb, zurückkehrt, nimmt der Prophet den Schuldaufweis des Volksganzen vorweg: »Israel hat
deinen Bund (dich) verlassen« (1 Kön 19, 10. 14); aber das Gericht findet an den Getreuen (19, 17 f) seine Grenze.

4. Bei Elijas Nachfolger Elischa erscheint die Beziehung zwischen dem prophetischen einzelnen und der Gruppe in einem *Lehrer-Schüler-Verhältnis*. Die »Prophetensöhne« »sitzen vor Elischa« (2 Kön 4, 38; 6, 1; vgl. 2, 15 ff; 4; 9), sei es, um sich zu ekstatischen Übungen zusammenzufinden (*H. C. Schmitt*) oder eher vom Meister bestimmte Lehre zu empfangen. Diese Schülerschar scheint zeitweilig ein gemeinsames Leben zu führen: Sie treffen sich in einem bescheiden eingerichteten Raum, nehmen Mahlzeiten zusammen ein und sind vielleicht an einem Zeichen am Kopf erkennbar (1 Kön 20, 38 ff; vgl. 2 Kön 2, 32); auch tragen die Propheten eine Tracht, den Propheten»mantel« (1 Kön 19, 13. 19; 2 Kön 1, 8; 2, 8. 13 f; Sach 13, 4; vgl. Mk 1, 6). Das Verhältnis ist eher persönlicher als institutioneller Natur, darum kaum vergleichbar mit ägyptischen Weisheitsschulen zur Beamtenerziehung oder griechischen Philosophenschulen. Welche Tradition in diesem Kreis gepflegt wurde, wird nicht ausdrücklich gesagt. Ist in ihm die Sammlung der Elija- und Elischageschichten erfolgt?

Nach diesem Vorbild wird man sich jedenfalls die Überlieferung der Worte der großen Schriftpropheten denken; denn ihre Botschaft ist kaum, wie im alten Orient üblich, im Tempel aufbewahrt worden, weil sie selbst ein gebrochenes Verhältnis zum Kult hatten (Am 7, 10 ff u. a.). Zwar erfahren wir bei Amos von einer ähnlichen Gemeinschaft nichts, aber im Jesajabuch ist ausdrücklich bezeugt, daß der Prophet seine Botschaft seinen Schülern übergab (8, 16; 30, 8), und Jeremia diktierte seine Worte dem Freund Baruch (Jer 36). In den Prophetenbüchern werden gewisse Er-Berichte (wie Am 7, 10 ff; Jes 7; 20) und manche Zusätze, die den Stil des Meisters nachahmen oder jedenfalls seinen Einfluß verraten, diesen Schülerkreisen entstammen. Vielleicht erklären sich durch ihre Vermittlung auch Beziehungen zwischen den »großen« Propheten selbst. So läuft eine gewisse Überlieferungskette von Hosea zu Jeremia und, stärker gebrochen, weiter zu Ezechiel, eine andere von Jesaja zu Deuterojesaja (Jes 40–55), dessen Botschaft wieder Tritojesaja (Jes 56–66) aufnimmt. Aus dem gleichen Grunde könnten sogar diese Anhänge an das Jesajabuch namenlos erfolgt sein: Die späteren Propheten zählten sich zur Schule ihres Vorgängers. Zwar sind solche Überlegungen nicht mehr als Vermutungen, allgemein stimmt aber die Botschaft der großen Propheten seit Amos in wesentlichen Zügen überein.

5. Am Gegenüber von Einzelprophet und Gruppe wird schließlich die Auseinandersetzung zwischen *Heils-* und *Unheilsprophetie* deutlich. Nach der Einzelerzählung 1 Kön 22, in der zum ersten Male ein Gegensatz innerhalb der israelitischen Prophetie bezeugt ist, sucht »der König von Israel« (Ahab) durch Propheten Jahwe zu befragen, um den Ausgang eines geplanten Krieges gegen die Aramäer zu erfahren. Rund vierhundert Propheten sagen ihm in der Formelsprache des Jahwekrieges die Niederlage des Feindes voraus: »Zieh hinauf, und der Herr wird (die Stadt) in die Hand des Königs geben!« Auch *Micha ben Jimla*, der als Unheilskünder (»er

weissagt nichts Gutes, sondern nur Böses« V 8. 18) bekannt ist und hinzu-
gezogen wird, sagt zunächst Glück und Sieg voraus. Erst auf die Aufforderung hin, nichts als die Wahrheit zu sprechen, erzählt er seine beiden
Visionen von Israel, das Schafen gleich auf den Bergen zerstreut ist, und
von dem Lügengeist, der aus der himmlischen Thronschar die Propheten
befällt.

Diese Geschichte – mag sie auch nachträglich ausgestaltet sein – weist bis
in die Einzelheiten hinein auf die kommende Prophetie voraus. Die Thron-
vision erinnert im Wortlaut an Jesajas Berufung (Jes 6). Während in den
früheren prophetischen Zukunftsworten an den König das Volk von dem
angesagten Unheil nur mitbetroffen war, wird jetzt ausdrücklich Israel
insgesamt (V 17 »ich sah *ganz* Israel zerstreut«) einbezogen. Zwar ist nur
von einem Einzelgeschehen die Rede, und die Deutung (»sie haben keinen
Herrn, ein jeder kehre heim in Frieden«) nimmt den umfassenden Charakter zurück: Mit dem Tod des Königs ist das Ende des Krieges gegeben.
Kündigt sich in der Vision aber nicht die radikale Unheilsansage über das
eigene Volk an, die später Amos und andere aussprechen?

Der Unterschied zwischen der Unheilsbotschaft Michas und der Heilszusage der Prophetenschar läßt zugleich Freiheit bzw. *Bindung gegenüber
dem König* sichtbar werden. Anders als beim Jüngerkreis Elischas ist die
Beziehung zum König so eng, daß sie »seine Propheten« genannt werden
(1 Kön 22, 22 f). Als Hofpropheten erscheinen ja bereits die Einzelgestalten
der Frühzeit: Gad, »der Seher Davids«, oder Natan, die beide auch anklagend vor den König treten können (2 Sam 12; 24, 11 ff). Bindung an den
Hof braucht also keineswegs notwendig Abhängigkeit zu bedeuten (vgl.
Num 22, 37 f; 24, 13), auch das Gegenüber von Gruppe und einzelnem ist
nicht unbedingt mit dem Gegensatz von Bindung und Freiheit identisch.
Propheten, wie Elija, können dem Regenten den Tod ansagen (1 Kön 21;
2 Kön 1; vgl. 1 Sam 13, 13 f; 15, 28; 1 Kön 14, 10 ff). Wenn sie den kommenden König designieren (2 Kön 9; vgl. 1 Kön 11, 29 ff), verurteilen sie
zugleich indirekt den amtierenden Herrscher, ja die bestehende Dynastie.
So ließe sich die Vorgeschichte der Schriftprophetie weitgehend als Auseinandersetzung mit dem Königtum verstehen (vgl. § 12 a, 4).

Die Erzählung von Micha ben Jimla ist schließlich darin zukunftweisend,
daß sie den Gegensatz zwischen den Schriftpropheten und den vielen Propheten vorwegnimmt. Nach 1 Kön 22 beruft sich Micha ben Jimla mit
seinem Drohwort auf die gleiche *Tradition* des heiligen Krieges wie die
Prophetenschar, die dem ins Feld ziehenden König dienstbar ergeben den
Sieg weissagt (V 6. 17). Damit stehen sich – wie in der Begegnung Jeremias
und Hananjas (Jer 28) – die beiden verschiedenen Urteile jeweils als Gottesworte gegenüber; den Hörern ist die Entscheidung nicht abgenommen. Die
Prophetie steht zwar in einer Tradition, aber sie reicht als Kriterium zur
Beurteilung der Situation nicht aus; das »Wissen« von Heil und Unheil für
Gegenwart oder Zukunft läßt sich nicht allein aus der Überlieferung ab-
leiten.

Auch in der Stellungnahme zum Königtum Jehus wird deutlich, wie grundverschieden ein Urteil über dasselbe Ereignis ausfallen kann. Nach 2 Kön 9 f rottet Jehu – nach der Salbung durch einen Prophetenschüler – das amtierende Herrscherhaus Ahabs aus. Um dieser Bluttat willen wird das Haus Jehus in einem Gotteswort des Propheten Hosea (1, 4) verworfen: »Ein Königtum, das seine Macht in Israel mit Blutvergießen begründet, kann nur Jahwes Nein erwarten.« (*H. W. Wolff*, z. St.) Im deuteronomistischen Königsbuch (2 Kön 10, 30) gilt das gelungene Werk der Vertilgung der Baalgläubigen als Gott wohlgefällig. Kann die Zweideutigkeit der Geschichte – oder der Maßstab ihrer Beurteilung – klarer hervortreten?

Nur selten reihen sich die Schriftpropheten mit ihren Vorgängern in eine Front ein (vor allem Hosea: 6, 5; vgl. Jer 28, 8 u. a.); der größte Teil der Aussagen über die Prophetie ist polemisch. Schon Jesaja geht gegen »Priester und Prophet« vor, die »vom Wein taumeln« (28, 7 ff; vgl. 9, 13 f), und Micha tadelt:

»So spricht Jahwe über die Propheten,
die mein Volk verführen,
Heil rufen,
wenn sie mit ihren Zähnen etwas zu beißen haben,
aber dem den Krieg erklären,
der ihnen nichts in den Mund stopft:
Darum wird Nacht über euch sein ohne Gesicht
und Finsternis ohne Wahrsagerei.
Die Sonne wird über den Propheten untergehen,
und der Tag sich über ihnen verfinstern.« (3, 5 f; vgl. Jer 6, 13 f; 8, 10)

Denen, die ihre Verkündigung von der Bezahlung abhängig machen, kündet Micha das Ende ihrer prophetischen Tätigkeit an. Jeremia führt heftigste Angriffe gegen die, die zwar im Namen Jahwes reden, aber nur Lügen, Träume und ihre eigenen Wünsche von sich geben: Jahwe hat sie nicht gesandt (14, 13 ff; 23, 9 ff; 27, 9 ff; vgl. Ez 13; Klgl 2, 14; 4, 13). Seine Gegner scheinen jedenfalls teilweise im *Kult* angestellt zu sein (29, 26 f; 26, 1 ff), so daß es wenigstens in seiner Zeit – was für die Frühzeit nicht sicher nachweisbar ist – neben den Priestern einen prophetischen Berufsstand im Kult gab.

Sind diese mit den Hofpropheten identisch, da der Jerusalemer Tempel ein »Reichsheiligtum« (vgl. Am 7, 13) war? Worte solcher Kultpropheten wird man in den göttlichen Ichreden der Psalmen (wie Ps 2, 7 ff; 110, 1), vielleicht auch in Zusätzen zu Prophetenbüchern sehen dürfen. Waren gar Nahum und Habakuk, die kurz vor dem Exil auftraten, oder der erst nach der Katastrophe von 587 v. Chr. wirkende Obadja Kultpropheten? Jedenfalls konnten die Gegner der Schriftpropheten nicht nur Heil, sondern auch Unheil ansagen (Mi 3, 5) – allerdings nicht dem Volksganzen; dies blieb den Schriftpropheten vorbehalten (vgl. *J. Jeremias*).

b) Die Verkündigung

1. Von den Vorgängern der sog. Schriftpropheten, wie Elija, erfahren wir hauptsächlich oder ausschließlich in Einzelerzählungen, die nachträglich zu einem »Sagenkranz« verbunden wurden. Auch Worte sind überliefert. So wecken kurze Heilssprüche Hoffnung auf eine bessere Zukunft, in der es keine Sorgen um das bloße Leben mehr gibt:

»So spricht Jahwe, der Gott Israels:
Der Mehlkrug soll nicht leer werden,
und die Ölflasche soll nicht versiegen . . .« (1 Kön 17, 14; vgl. 2 Kön 4, 43)

Doch die Mehrzahl der Prophetenworte sind Unheilsankündigungen. Nach dem Justizmord, den König Ahab an Nabot verüben läßt, erhält Elija den Auftrag, dem König bis zu Nabots Weinberg entgegenzugehen und zu sagen:

»So spricht Jahwe:
Hast du gemordet
und schon das Erbe angetreten? . . .
Darum spricht Jahwe:
An dem Ort, an dem die Hunde das Blut Nabots geleckt haben,
werden die Hunde auch dein Blut lecken.« (1 Kön 12, 19; vgl. 2 Kön 1, 3 f u. a.)

Das Wort ist zweigeteilt; es nennt den an Ort und Stelle offenkundigen Tatbestand, um aus der Schuld die Strafansage zu folgern (»darum«). Sie wird ausdrücklich durch die sog. Botenformel »so spricht Jahwe« autorisiert; im Prophetenmund ist Gottes Wort gegenwärtig.

Den begründenden Teil des Prophetenspruchs nennt man Scheltrede, Anklage, Situationsanalyse o. ä., die unheilvolle Zukunftsansage heißt Droh-, Gerichtswort, Unheilsankündigung o. ä. Die Begründung macht den Adressaten namhaft und gibt die konkrete Situation an, in der das Wort ergeht. Bei den älteren Schriftpropheten wird mehrfach nur die Zukunftsansage als Gotteswort eingeführt (Am 3, 9–11; 4, 1 f u. a.); das entspricht sachlich den Visionen, die zumeist künftige Ereignisse – als Tat Gottes – ankündigen. Ist die Anklage dann Wort des Propheten, der die Unheilsdrohung »bejahbar« (*H. W. Wolff*) macht? Jedenfalls liegt in der oft in göttlicher Ichrede ergehenden Zukunftsansage kein »reines« Wort Gottes vor, das von den sprachlichen Eigenarten des Propheten frei wäre. Die beiden Teile des Prophetenspruchs treten gelegentlich auch selbständig auf, sind in der Regel aber verbunden; so wird das bevorstehende Unheil betont als Strafe für Schuld angesagt.
Im Weheruf sind jene beiden Teile insofern vereint, als das »Wehe« bereits eine Todesdrohung (vgl. 1 Kön 13, 30; Jer 22, 18) enthält, die den Täter bei seinem Tun behaftet: »Wehe denen, die das Böse gut und das Gute böse nennen!« (Jes 5, 20 f) Jedoch kann auch im Wehewort die Zukunft ausdrücklich als Tat Gottes angesagt werden (Jes 5, 8 ff; Mi 2, 1 ff; vgl. Am 5, 18; 6, 1; Jes 29, 1; 30, 1; 31, 1; Hab 2, 6 ff u. a.).
Darüber hinaus bedienen sich die Propheten unterschiedlicher Redeformen, wie der Totenklage, des Geschichtsrückblicks, des Mahn-, Disputations- oder Heilsworts, können wie ein Priester (Jes 1, 10 ff) oder gar ein marktschreierischer Verkäufer (55, 1 ff) auftreten.

Damit sind Art und Weise prophetischer Verkündigung charakterisiert: Sie ergeht nicht als wohlgeformte Rede mit fortlaufendem Gedankengang, erst recht nicht schriftlich, sondern in kurzen, nach Form, Inhalt und Sinn selbständigen *Einzelsprüchen.* Sie sind von Anfang an klar verständlich und durchweg rhythmisch-poetisch, oft bildhaft (Am 5, 19; Hos 5, 12. 14; Jes 1, 3. 5. 8; Jer 8, 7 u. a.) gestaltet. Ursprünglich in eine Geschichte eingebettet, lösen sie sich seit Amos fast völlig aus einem Erzählzusammenhang. Seitdem werden vorwiegend Einzelworte gesammelt; ihre Verbindung untereinander ist, von manchen größeren Kompositionen (wie Am 1 f; 7, 1–9; 8, 1–3; Jes 9, 7 ff) abgesehen, sekundär.

Der Übergang zur Schriftprophetie, von Elija zu Amos (um 760 v. Chr.), vollzieht sich kaum zufällig. Die Worte – vorwiegend Unheilsankündigungen mit Begründung, gelegentlich Heilsverheißungen (Hos 2, 16 ff u. a.) – gewinnen jetzt Allgemeinbedeutung, betreffen kein Einzelvergehen mehr; entsprechend richten sie sich nur noch selten an einzelne (Am 7, 10 ff; Jes 22, 15 ff), wie früher an den König (Jes 7), oder an Gruppen (3, 16 ff), sondern an das Volksganze.

2. Ekstatische Erscheinungen treten stark zurück, sind zumindest keine notwendigen Begleiterscheinungen des Offenbarungsempfangs. Beruht ein Wort wie:

»Gebrochen ist mein Herz in meinem Innern,
es schlottern alle meine Glieder,
ich wurde *wie* ein Betrunkener
und *wie* jemand, den der Wein bezwungen hat,
durch Jahwe und durch seine heiligen Worte.«
(Jer 23, 9; vgl. Jes 21, 3 f; Hab 3, 16; später Dan 8, 18; 10, 8. 16 f)

noch auf ekstatischen Erlebnissen, oder werden die Ausdrücke nur bildhaft-übertragen verwendet, um die persönliche Betroffenheit auszusagen?

Die Propheten berufen sich in der Regel auf das Wort, nicht auf den »Geist« (o. Exkurs 4, 2; in Mi 3, 8 ist »Geist« wohl Zusatz). Nur das Ezechielbuch berichtet – im Anschluß an ältere Prophetenüberlieferungen (1 Kön 18, 12. 46 u. a.) – von der Geistergriffenheit des Propheten (Ez 3, 12 ff u. a.). Nicht einmal das Fasten (vgl. Dan 9, 3; 10, 2 ff), »das sonst auf der ganzen Welt als Mittel, sich für Offenbarungen vorzubereiten, gilt, kommt bei Amos und seinen Nachfolgern vor« (*H. Gunkel,* XIX).

Weil die Propheten Gott – außer in der Vision – im andringenden Wort erfahren, können sie einerseits ihr Auftreten mit der zwanghaften Notwendigkeit ihres Redens verteidigen (Am 3, 8), andererseits das empfangene und weiterzugebende Wort von ihren eigenen Gedanken oder Wünschen unterscheiden (Jer 18, 2; 28, 6. 12 ff; 42, 7; vgl. 2 Sam 7, 2 ff; 1 Kön 22, 13 ff; Hab 2, 1). Das Wort ist anscheinend nicht immer und ohne weiteres zugänglich, sondern stellt sich ein: »Fanden sich Worte von dir, so verschlang ich sie« (Jer 15, 16).

Schon die legendenhaft ausgestaltete Bileamerzählung läßt den Seher betont sagen: »Das Wort, das Gott mir in den Mund legt, das muß ich reden«
(Num 22, 38; vgl. 22, 18; 23, 12. 20; 1 Kön 22, 14 u. a.), und Jesaja deutet
gelegentlich die von ihm durch Gottes »Hand« erfahrene Gewalt an (8, 11;
vgl. Ez 3, 14). Erst recht sprechen die Konfessionen Jeremias klagend den
Zwang aus, unter dem der Bote steht:

»Du hast mich betört, Jahwe,
und ich ließ mich betören,
du bist mir zu stark geworden
und hast mich überwältigt ...
Dachte ich aber: Ich will seiner nicht mehr gedenken
und nicht mehr in seinem Namen reden,
da war's in meinem Herzen wie brennendes Feuer,
verhalten in meinen Gebeinen;
vergeblich mühte ich mich, es auszuhalten,
ich konnte es nicht.« (Jer 20, 7. 9; vgl. 15, 17)

Jeremias Berufungsgeschichte (1, 5; aufgenommen Jes 49, 1. 5) greift insofern noch über solche Bekenntnisaussagen hinaus, als sie die persönliche
Bestimmung Jeremias zu seiner Aufgabe in die Zeit vor die Geburt (vgl.
vom König § 12 a, 1) verlegt und damit die Unausweichlichkeit des Ge-
fordertseins zum Ausdruck bringt. Gott entschied über den Menschen,
bevor dieser selbst entscheiden konnte; weil er für seinen Dienst geschaffen
ist, sind Person und Amt kaum noch unterscheidbar.

Mit gewissem Vorbehalt darf man auch Paulus, der sich ebenfalls von Mutterleib an
ausgesondert weiß (Gal 1, 15), in seinem Selbsturteil anführen (1 Kor 9, 16): »Ananke
liegt auf mir; denn wehe mir, wenn ich nicht verkündigen würde!« Wie bei dem Propheten sind bei dem Apostel Botschaft und Leben ineinander verwoben.

Berufungsberichte, die keineswegs von allen Propheten erhalten sind,
finden sich in der Gestalt einer Thronratvision (Jes 6; 40; Ez 1; vgl.
1 Kön 22, 10 ff; Sach 1, 7 ff; Hi 1) oder eines Zwiegesprächs mit Gott
(Jer 1; vgl. Ex 3 f; Ri 6, 11 ff; 1 Sam 9); in beiden Formen kann der Auftrag
als »senden« bezeichnet werden (Jes 6, 8; Ez 2, 3 f; Jer 1, 7; vgl. 14, 14 f
u. a.). Gelegentlich verweisen die Propheten zur eigenen Legitimation auf
ihre Berufung; aber der Bericht über die persönlichste Erfahrung wird
ihnen zur Anrede an die Hörer (vgl. Am 7, 14 f; Jer 26, 12). Den Ver-
kündigungsauftrag, den der Prophet empfängt, kann er bereits mit der
Wiedergabe seiner Berufung wahrnehmen (ähnlich Jes 40, 1: »Tröstet,
tröstet mein Volk! spricht *euer* Gott«). So fehlen für eine psychologische
Deutung, die nach den subjektiven Erlebnissen fragt, weithin ausreichende
Anhaltspunkte, wenn sie sich nicht überhaupt gegen die Intention der Propheten selbst richtet. Sie haben zwar jeweils ihre unverwechselbare Eigenart, wollen aber so ausschließlich ihr Wort sagen und mit ihm gehört
werden, daß ihre Person in den Hintergrund tritt. Wo ihre Botschaft
(zumal mit Worten an Einzelpersonen: Am 7, 10 ff; Jes 7) in einen Er-

zählrahmen eingefügt ist, soll er die Situation schildern, die das Wort verstehen lehrt. Erst die Barucherzählung des Jeremiabuches (Kap. 26–29; 36–45) beschreibt den Zusammenhang von Wort und Ergehen des Propheten.

3. Als *Amos* (7, 10 ff) wegen seiner Botschaft gegen König und Volk das Verbot trifft: »In Bet-El darfst du nicht mehr prophezeien!«, antwortet er zur Rechtfertigung seines Auftretens:

»Jahwe nahm mich hinter der Herde weg, sprach zu mir:
‚Geh, prophezei zu meinem Volk Israel!'«

Diesen knappen, nicht weiter ausgeführten Hinweis auf die Berufung möchte man gerne mit den in Ichform berichteten zwei Visionspaaren (7, 1–8. 9; 8, 1–2. 3) verbinden, so konkretisieren und illustrieren. In ihnen scheint Amos schon zeitlich (von der Spätsaat 7, 1 f bis zum Herbst 8, 2) und erst recht sachlich einen Weg geführt zu werden, auf dem ihm die anfänglich (7, 2. 5) geäußerte Fürbitte ausgeschlagen wird und das Gericht härtere Ausmaße anzunehmen scheint. Jedenfalls findet der Zyklus seinen Ziel- und Höhepunkt in dem Gotteswort:

»Gekommen ist das Ende für mein Volk Israel.«
(Am 8, 2; aufgenommen Ez 7; vgl. Gen 6, 13 P)

Diese harte Einsicht scheint etwas grundsätzlich Neues zu sein, zuvor weder dem alten Orient noch Israel selbst bekannt.

a) Jetzt wird nicht mehr nur der König (2 Kön 1 u. a.), sondern das eigene Volk (das Nordreich Israel) insgesamt und direkt bedroht, und zwar durch eine unbedingte Unheilsansage. – Die ältere Rechtstradition suchte Unrecht zu beseitigen (»So sollst du das Böse aus deiner Mitte ausrotten« Dtn 13, 6 u. a.; vgl. Jos 7; auch Lev 17, 4 u. a.), damit die Gemeinschaft wieder Heil erfährt; Rechtstexte, die ein Gericht über ganz Israel ins Auge fassen (Dtn 28; Lev 26; auch Ex 32, 9 ff u. a.), sind in der vorliegenden Form jünger.

b) Die Gerichtsansage scheint erst im Laufe der Verkündigung konkretere Gestalt zu bekommen, kann jedenfalls durch die Ankündigung eines Eingriffs Gottes (9, 1 ff; vgl. 3, 2; 6, 10; 4, 12), eines Krieges (2, 14 ff; 3, 6. 11; 5, 3; 6, 14) mit Deportation (5, 5. 27; 7, 11. 16 f u. a.), seltener eines Erdbebens (2, 13; vgl. 9, 1; dazu 1, 1) erfolgen oder auch offenbleiben (5, 2. 19 f). Ist das Gericht also gewiß, die Art seiner Verwirklichung noch unbestimmt?

c) Die Schuld des Volkes wird in Amos' Fürbitte »Vergib doch!« (7, 2; die Bedeutung der dritten Vision 7, 7 f ist umstritten) vorausgesetzt. Das drohende Unheil ist also keine blinde Katastrophe, sondern Strafe. Allerdings fehlt eine ausdrückliche Begründung; die nähere Motivation scheint erst nachträglich zu erfolgen.
In Weiterführung einer Beobachtung von *A. Weiser* – »Die Gewißheit des Endes steht dem Propheten fest, ehe er die Begründung in einzelnen Mißständen des Lebens seiner Zeitgenossen findet« (Die Profetie des Amos, 1929, 310 f) – bemerkt *G. v. Rad*:

»In den Visionen hat Amos nur erfahren, daß Jahwe nicht mehr vergeben wolle. Aber was nicht mehr vergeben werden könne, worin die Verfehlungen Israels bestanden, das zu erkennen und zu benennen hat Jahwe seinem Propheten überlassen.«»Offenbar ist dem Propheten zuerst nur das Daß des Endes und des Gerichtes mitgeteilt worden, während er über das Wie erst unter besonderen Umständen und gewiß nicht ohne eigenes Nachdenken und Beobachten Gewißheit erhielt... Amos ist in einem Volk umhergegangen, dessen Todesurteil gesprochen war. Von da her sah seine Umgebung mit einem Male anders aus, und jetzt erst wurden Mißstände als unerträgliche offenbar. So sehen wir den Amos vor allem mit der Aufgabe einer schlagenden Motivation des kommenden Unheils beschäftigt« (TheolAT II⁴, 141. 138 f; aufgenommen von *H. W. Wolff,* BK XIV/2, 123).

d) Die Ankündigung des Endes Israels »sieht den drohenden Untergang als eine bereits vollzogene Tatsache« (*A. Weiser,* z. St.). Der Prophet lebt also in Naherwartung: Die angesagte Zukunft ist für die Zeitgenossen bedrängend aktuell.

Die Botschaft des ersten Schriftpropheten kann man weitgehend als Entfaltung jenes Ziel- und Spitzensatzes der beiden Visionspaare verstehen: »Alles, was sonst über Israels Zukunft von Amos gesagt wird, legt diesen härtesten Satz aus.« (*H. W. Wolff,* BK XIV/2, 124) So kann Amos den Wünschen oder Hoffnungen seiner Hörer in einem gestaffelten Strafspruch entgegentreten:

»Wehe denen, die den Tag Jahwes herbeisehnen!
Was soll euch denn der Tag Jahwes?...
Wie jemand flieht vor dem Löwen,
da trifft ihn der Bär, und er gelangt (noch) ins Haus,
stützt seine Hand an die Wand,
da beißt ihn die Schlange.
Nicht wahr, Finsternis ist der Tag Jahwes
und nicht Licht, Dunkel und ohne Glanz!«
(Am 5, 18–20; vgl. zur Form des gestaffelten Strafspruchs:
1 Kön 19, 17; Jes 5, 5 f; zur Sache: Jer 6, 14 u. a.)

Die Unentrinnbarkeit des kommenden Gerichts, hier am Schicksal einer Einzelperson ausgemalt, ist auch Thema der fünften Vision; deren Erläuterung beschreibt mit ähnlichen Stilelementen – in der Verbindung von mythischen Bildern und Wirklichkeit – das die Gemeinschaft treffende Unheil:

»Kein Flüchtiger von ihnen soll entfliehen
und kein Entronnener entrinnen.
Wenn sie in die Unterwelt einbrechen,   ·
so wird sie meine Hand von dort holen.
Und wenn sie zum Himmel hinaufsteigen,
so werde ich sie von dort herabstürzen.
Und wenn sie sich auf dem Gipfel des Karmel verstecken,
so werde ich sie dort aufspüren und fassen.
Und wenn sie sich vor meinen Augen auf dem Grund des Meeres verbergen,
so gebiete ich dort der Schlange, sie zu beißen.
Und wenn sie vor ihren Feinden in Gefangenschaft ziehen,
so gebiete ich dort dem Schwert, sie zu töten.« (Am 9, 1–4)

Wer in Gefangenschaft gerät, hofft, wenigstens sein nacktes Leben zu retten; aber selbst dies soll ihm genommen werden; das Wort endet mit der grundsätzlichen Aussage:

»Ich werde meine Augen auf sie richten
zum Unheil und nicht zum Guten.«
(Am 9, 4; vgl. Mi 2, 3; auch Jer 38, 4; 24, 5. 8)

Ironisch kann Amos (3, 12) eine Rettung ankündigen, »wie der Hirte aus dem Maul des Löwen zwei Wadenbeine oder einen Ohrzipfel rettet« – Zeichen, die den Verlust des Tieres beweisen. Schließlich kann Amos über das lebende Israel die Totenklage (Qina) anstimmen:

»Gefallen ist,
nicht mehr steht auf die Jungfrau Israel,
hingestreckt liegt sie auf ihrem Boden,
niemand richtet sie mehr auf.«
(Am 5, 2; vgl. 5, 16 f; 6, 9 f)

Erstaunlicherweise nehmen die späteren Propheten Amos' Einsicht auf; so unterschiedlich sie in ihrer räumlichen und zeitlichen Situation wie ihrer Einzelargumentation sind, so viel Gemeinsames haben sie – nicht nur in ihren Redeformen oder Themen (»Tag Jahwes«, Kult- oder Sozialkritik, Israel als untreue Frau u. a.), sondern auch in solcher Zukunftsgewißheit. Wie immer sich diese, wohl auf mündlicher Überlieferung (o. § 14a 2, 4) beruhenden Zusammenhänge erklären, in ihnen kommt – bei aller je unverwechselbaren Eigenart eines Amos, Hosea, Jesaja, Jeremia oder Ezechiel – die Einheit der Prophetie als solcher zur Geltung.

In Übereinstimmung mit Amos bestreitet Hosea (1, 6. 9; 9, 16 f; 13, 7 f. 14 f) gerade das, was für Israels Selbstverständnis grundlegend ist: die heilvolle Gemeinschaft von Gott und Volk. Noch im 8. Jahrhundert übertragen Jesaja und Micha (1, 6; 3, 11 f), gegen Ende des 7. Jahrhunderts auch Jeremia diese zunächst dem Nordreich geltende Botschaft auf das Südreich Juda.

Ähnlich Amos' Gerichtsvision über ein Nordreichheiligtum: »Ich sah den Herrn, stehend über dem Altar« (9, 1) widerfährt *Jesaja* bei seiner Berufung am Jerusalemer Tempel: »Ich sah den Herrn« (vgl. § 6c, 6; 11a, 2). Auf Theophanie, Audition, Schuldbekenntnis und Entsühnung folgt die Beauftragung (6, 9 f):

»Gehe hin und sage diesem Volk:
,Höret, doch verstehet nicht,
sehet, doch erkennet nicht!
Mache das Herz dieses Volkes fett,
seine Ohren schwer,
seine Augen verklebt,
damit es nicht mit seinen Augen sieht,
seinen Ohren hört,
seinem Herzen versteht …!'«

Dieser sog. Verstockungsauftrag, der weit über das hinausgreift, was die Überlieferung (von der Verblendung des Pharao oder der Verwerfung Sauls; vgl. auch 1 Kön 22, 19 ff) zu erzählen weiß, teilt Jesaja nicht unmittelbar den Inhalt, sondern die Wirkung seiner Verkündigung mit. Über Amos' Gewißheit vom »Ende« hinaus erfährt Jesaja, daß sein Auftreten keine Besserung hervorrufen, sondern Unheil zur Folge haben wird. Selbst mit ihren mahnend-warnenden Worten stößt seine Verkündigung auf Ablehnung und führt damit das Gericht herbei; so erscheint sogar die Uneinsichtigkeit des Volkes als Gottes Tat. Wie in Amos' Visionszyklus bleibt die Begründung allgemein und wird nur im Doppelbekenntnis des Propheten ausgesprochen (6, 5):

»Ich bin ein Mensch mit unreinen Lippen
und wohne unter einem Volk mit unreinen Lippen.«

Auch fragt Jesaja nach dem bedrückenden Auftrag nicht »Warum?«, sondern »Wie lange?« und scheint damit das Unheil in seiner Dauer eingrenzen zu wollen, erhält jedoch die Antwort (6, 11):

»Bis daß die Städte wüst liegen ohne Bewohner,
die Häuser menschenlos sind
und der Acker als Wüste ‚übrigbleibt'.«
(6, 11; aufgenommen in 5, 9. 17; 7, 16; 18, 6; 32, 13 f;
vgl. schon Am 3, 15; 5, 11; 6, 11 u. a.)

Innerhalb der sog. Denk- oder Urschrift Jesajas (6, 1–8, 18) bietet die Begegnung zwischen Prophet und König, die in einem vermutlich von einem Schüler (vgl. 8, 16) abgefaßten Erbericht dargestellt wird, ein anschauliches Beispiel für die Verstockung der Hörer; sie gewinnt ihre »Konkretion in der Glaubensverweigerung des Ahas« (*H. Wildberger*, BK X/1, 241). Zwar kündet Jesaja angesichts der bevorstehenden Belagerung Jerusalems den Untergang beider Angreiferstaaten an, erneuert vielleicht auch die der davidischen Dynastie oder dem Zion gegebene Verheißung, stellt sie aber unter eine Bedingung und verleiht ihr einen drohenden Akzent: »Glaubt ihr nicht, so bleibt ihr nicht« (7, 9). Diese bedingte Unheilsdrohung wandelt sich im Verlauf der Szene, da der König das angebotene Heil ausschlägt, in eine unbedingte Unheilsdrohung (7, 16 f). So gehört das Angebot des Glaubens im Ablauf der Ereignisse in eine ungenutzt verstrichene Situation.

Die abschließenden Worte der sog. Denkschrift konkretisieren die Drohung. Nicht nur die Dynastie, das gesamte Volk wird unter der assyrischen Großmacht zu leiden haben (7, 18 f; 8, 7); der Euphratstrom überflutet Juda, bis das Wasser »an den Hals reicht« (8, 8). In diesem durch das fremde Volk vollstreckten Gericht handelt Jahwe selbst; er wird – wie es in radikaler Umkehrung von Psalmensprache (Ps 18, 3 u. a.) heißt – zum »Stein des Anstoßes und zum Fels des Strauchelns für beide Häuser Israel« (Jes 8, 14). In der Spätzeit kann Jesaja nicht nur seine harte Gerichtsdrohung (22, 14; 28, 18. 22 u. a.), sondern auch seine Verstockungsaussage (29, 9 f) aufnehmen. Sie schließt die Verantwortung des Menschen nicht aus; Nicht-

Können und Nicht-Wollen (28, 12; 30, 9. 15) liegen für den Propheten ineinander.

In einer formal wie inhaltlich an Amos erinnernden Vision wird *Jeremia* zu der Überzeugung geführt:

>»Von Norden wird das Unheil entfacht
>über alle Bewohner des Landes.«
>(Jer 1, 14; vgl. 4, 6 u. a.)

Wieder ist nicht nur die Oberschicht, sondern das Volksganze betroffen, und die Unheilsansage scheint zunächst allgemein – ohne nähere Bestimmung des Wie, Warum und Wann – zu ergehen, um später in der Ankündigung des Feindes aus dem Norden (Jer 4–6), dann der Babylonier oder gar Nebukadnezzars (25, 9 u. a.) entfaltet zu werden (auch 1, 15 ff).

Ezechiel erhält bei seiner Berufung den Auftrag, eine Buchrolle zu essen, die »beschrieben war mit Klagen, Seufzen und Wehe« (2, 10); damit ist der Inhalt der Botschaft oder eher ihre Wirkung bei den Hörern angedeutet. In der in wechselnden Bildern erfolgenden Entfaltung der Unheilsdrohung über Juda und Jerusalem (Kap. 4–24) gestaltet Ezechiel auch Amos' Stichwort vom »Ende« aus (Kap. 7; vgl. 8, 18; 9, 8 ff; 15, 6 u. a.).

Hatte man die Propheten zunächst als Dichter, Weissager oder Gesetzesausleger – als »Handhaber und Zeugen Moses und seines Amts« (*M. Luther*) – gewürdigt, so kam im 19. Jahrhundert nach der Spätdatierung der Priesterschrift und ihrer Kultgesetze vor allem durch *B. Duhm* und *J. Wellhausen* (Prolegomena zur Geschichte Israels, [6]1927, 398) eine andere Sicht auf: Die Propheten »predigen nicht über gegebene Texte«. *B. Duhm* (Das Buch Jesaja, [4]1922, 220) urteilte wohl mit Recht: »Die seit Amos aufkommende Eschatologie isolierte diese Propheten.«

Weil sie trotz tiefer Verwurzelung in der Tradition »etwas fundamental Neues« (II[4], 191) bringen, widmete ihnen *G. v. Rad* in seiner »Theologie« einen eigenen, zweiten Band – aus der Einsicht in die grundlegende Besonderheit dieses Teils des Kanons: Pentateuch und Geschichtswerke blicken auf die Heilstaten Gottes zurück und suchen sie zu aktualisieren, während die Propheten die für ihre Gegenwart entscheidende Gottestat – zunächst Gericht und erst in ihm Heil – von der Zukunft erwarten.

»Der sicherste Prüfstein für die Anlage einer Theologie des AT ist aber das Phänomen der Prophetie ... Die Verkündigung der Propheten läßt sich ... den Glaubensvorstellungen Israels nicht organisch anhängen. So überwältigend vielseitig sie auslädt, so hat sie doch ihren Ausgangspunkt in der Überzeugung, daß die bisherige Geschichte Israels mit Jahwe abgelaufen ist und daß Jahwe mit Israel ein Neues beginnen wird.« (TheolAT I[4], 142)

Demnach hat »sich im Verhältnis der Propheten zu den heilsbegründenden Erwählungstraditionen der Väter-, der Sinai- und Exodus-, der Zion- und Davidtradition ein tiefgehender Bruch ereignet ... Sie sahen dasselbe Israel, das sich doch weithin noch von Jahwe geschützt und gesegnet glaubte, unter dem totalen göttlichen Gericht stehen. Sie haben aber nicht als Reformer dazu aufgerufen, dem in diesen Überlieferungen offenbar gewordenen Heilswillen Jahwes besseren Gehorsam zu leisten. Das Entscheidende war doch dies, daß sie ihren Zeitgenossen die Berufung auf das dort angebotene Heil geradezu verwehrt und nur einen sehr schmalen Weg zu einem Heil gesehen haben, das Jahwe überhaupt erst schaffen wird.« (TheolAT II[4], 343 f)

4. Mit der prophetischen Verkündigung, nach der sich Gottes Herrschaft im Leiden des Volkes erweisen soll, wird aus der in Israels Geschichte hineingesprochenen Verheißung Drohung unmittelbar bevorstehenden, schon die Gegenwart prägenden Gerichts.

Für die Propheten ist die Zukunft schon »gekommen« (Am 8, 2; Hos 9, 7 u. a.). In Gottes Augen und damit für Jesaja (7, 4) sind die beiden Jerusalem angreifenden Staaten bereits »qualmende Brennholzstummel«. Mit ähnlicher Gewißheit tritt Micha (3, 6 f) seinen »heils«prophetischen Gegnern entgegen, und die Propheten erfahren wegen ihrer Naherwartung den Spott der Zeitgenossen (Jes 5, 18 f; Jer 17, 15; Ez 12, 21 ff). So entspricht Zephanjas Ankündigung (1, 7. 14 ff) »Nahe ist der Tag Jahwes!« sinngemäß der prophetischen Botschaft.

Darf man sie wegen ihrer Naherwartung, ihrer Allgemeingültigkeit und wegen der Ankündigung eines tiefen »Bruchs«, durch den »das Neue jenseits davon nicht mehr als die Fortsetzung des Bisherigen verstanden werden kann« (*G. v. Rad*, TheolAT II[4], 124 f), »eschatologisch« nennen? Allerdings blicken die Propheten noch nicht (wie später etwa Dan 8, 17; 10, 14) auf die »Endzeit«.

Gewiß wollen die Propheten keinen neuen Glauben begründen, predigen keinen neuen Gott, lehren aber den bekannten Gott neu erkennen. Sie gebrauchen den – ihnen aus dem Gottesdienst oder von der Familie her vertrauten – Namen Jahwe weiter, wahren betont die Ausschließlichkeit, wie sie das erste Gebot formuliert (Hos 3, 1; 13, 4; Jes 2, 17; 30, 1 f; Jer 2 u. a.; o. § 6 b, 3), geraten aber mit ihrer Botschaft in harten Gegensatz zur gültigen Glaubensüberlieferung. Sie nehmen vorgegebene Traditionen auf, können sie aber bis zur Verkehrung des ursprünglichen Sinns umgestalten. Erinnerung kann in Erwartung, Heil in Unheil umschlagen.

So wird die Überlieferung vom Krieg, den Jahwe zugunsten Israels führte, zur Ankündigung eines Kriegs gegen Israel (Am 2, 13 ff; Jer 4, 5 ff u. a.; o. § 7,3); ein »fremdes Werk« (Jes 28, 21) wird Jahwe vollbringen. Großmächte, die ihre Siege ihren Göttern zuschreiben, gelten den Propheten als Werkzeuge des einen Gottes, der durch sie sein Gericht vollstreckt (Am 5, 27; 6, 14; Jes 7, 18 f; 10, 5 ff u. a.); es kann die Vertreibung aus dem Land einschließen (Am 7, 11. 17; Hos 9, 3. 15; Jes 6, 11 f u. a.), also die verheißene Landnahme rückgängig machen (Hos 9, 17: »Flüchtlinge unter den Völkern«).

Schon Amos könnte die Passatradition, nach der Jahwe an Israel »vorüberzieht« (Ex 12, 23. 12), kritisch aufnehmen, wenn dem Propheten einerseits in den Visionen das Gotteswort zuteil wird: »Ich gehe nicht mehr (an meinem Volk schonend) vorüber« (Am 7, 8; 8, 2), und er andererseits in seiner Verkündigung das Drohwort (5, 17) weitergibt: »Ich schreite durch deine Mitte.« Sollte kein wörtlicher Rückbezug vorliegen, besteht zumindest sachlich ein Gegensatz zu dem alljährlich mit dem Passaritus lebendig erhaltenen Heilsglauben. – Ähnlich weiß Hosea der bei Moses Berufung ergehenden Zusage der wirksamen Gegenwart Gottes bei seinem Volk »Ich werde dasein« (Ex 3, 14; vgl. 3, 7 »mein Volk«) mit dem Deutewort zum Symbolnamen seines zweiten Sohnes (Hos 1, 9) für die Zukunft zu widersprechen:

> »Ihr seid nicht mehr mein Volk,
> und ich, ich werde nicht (mehr) für euch dasein.«

Wie der einzelne Beter erfahren kann, daß sich Gott entzieht (Ps 22 u. a.), so haben die Propheten dem Volk die harte Botschaft auszurichten, daß der nahe zum fernen (Jer 23, 23), sich verbergenden (Jes 8, 17; 45, 15; vgl. 1, 15 u. a.) Gott wird. Mit solcher Einsicht gehen die Schriftpropheten auch über die Botschaft der sog. Heils- oder Kultpropheten hinaus, die – in Übereinstimmung mit der Glaubensüberlieferung – das dem Volksganzen drohende Unheil nicht denken können oder wollen und darum zur Unzeit »Heil« verheißen (Mi 3, 5 ff; Jer 14, 13; 23, 16 ff; 28; vgl. Ez 13 u. a.).

Das Alte Testament nennt verschiedene, aber kaum allgemein einleuchtende Kriterien für die Unterscheidung zwischen »wahrer« und »falscher« Prophetie, wie die Lebensführung (Jer 6, 13; 23, 10 f. 13 f; 29, 23; vgl. Mi 3, 5), die Kontinuität zur prophetischen Tradition (Jer 28, 8) bzw. die Analogie (26, 17 ff), die Bestreitung der Vollmacht des Gegners (»Gesicht des eigenen Herzens« 23, 16 ff; vgl. Mi 3, 6 f) oder die Art des Offenbarungsempfangs (Wort gegen Traum Jer 23, 25 ff). Wieweit sind solche Merkmale dem Außenstehenden zugänglich? Erst recht weicht der Verweis auf die Erfüllung prophetischer Zukunftsansage (1 Kön 22, 28; Jer 28, 9; Dtn 18, 20 ff u. a.) aus der Entscheidungssituation aus und ist höchstens in der Rückschau – eingeschränkt – brauchbar.

So fehlt im strengen Sinn ein allgemein überzeugendes, ausreichendes Wahrheitskriterium für die Botschaft des Propheten – es sei denn das höchst subjektive, daß er mit seiner Person für seine Verkündigung eintreten und leiden muß (Am 7, 10. 16; Jer 11, 18 ff; 26; 37 ff u. a.). Allerdings gibt es Eigenarten, insofern Unterscheidungsmerkmale der an das Volksganze gerichteten Verkündigung der Schriftpropheten.

5. Seit Amos' Drohung »Ich suche an euch heim alle eure *Schuld*« (3, 2) durchzieht die Einsicht, daß das Volksganze seine Aufgabe versäumt, die Botschaft der Schriftpropheten. »Israel hat sich verunreinigt«, klagt Hosea (5, 3; vgl. 1, 2; 3, 1).

Jesaja hält sein angesichts des heiligen Gottes ausgesprochenes Schuldbekenntnis »Ich wohne in einem Volk unreiner Lippen« (6, 5) in den wechselnden Situationen seiner Verkündigung durch: »Sie sind ein widerspenstiges Volk, verlogene Söhne« (30, 9; vgl. 1, 2 f; 31, 2), »wehe dem sündigen Volk!« (1, 4; vgl. 1, 10; 10, 6). Im Gegensatz zu den »Heils«-Propheten, denen er das Ende göttlicher Offenbarungen ankündigt, umschreibt Micha (3, 8) seinen Auftrag:

> »Doch ich bin erfüllt mit Kraft – mit Jahwes Geist –, mit Recht und Stärke,
> Jakob seine Sünde zu künden
> und Israel seine Verfehlung.«

Jeremia bestätigt in der Anrede: »Ihr alle habt euch gegen mich aufgelehnt«
(2, 29); »mein Volk ist töricht« (4, 22) und fordert auf:

»Durchstreift die Gassen Jerusalems,
seht doch und forscht
und sucht auf ihren Plätzen,
ob ihr einen findet,
ob einer da ist, der Recht übt,
nach Wahrhaftigkeit strebt –
so will ich euch vergeben!« (5, 1; vgl. Mi 7, 1 ff)

In verschärfter Form wiederholt sich in Israel, was von Sodom (Gen 18, 17 ff)
erzählt wird: Gott sucht die wenigen Gerechten oder gar den einen vergeblich. – Ezechiel, der wie Jeremia (6, 9. 17. 27; vgl. schon Hos 8, 1; 5, 8; auch
Jes 21, 6 ff; Hab 2,1) zum Prüfer oder Wächter bestimmt wird (Ez 3, 16 ff;
33, 1 ff), fängt die Schuldverfallenheit des Volkes in dem geradezu stereo-
typen Namen »Haus Widerspenstigkeit« (2, 3 ff; 3, 9; 12, 2 ff u. a.) ein.
Noch der Exilsprophet Deuterojesaja kann von dem »blinden Volk, das
doch Augen hat, und den Tauben, die doch Ohren haben« (Jes 43, 8;
vgl. 42, 18 f) sprechen. So heben die Propheten die – für die Weisheitsliteratur typische – Unterscheidung von gerecht und schuldig faktisch auf.
Die Bereiche, in denen die Propheten die Schuldverfallenheit des Volkes
aufweisen, sind verschieden; auf je eigene Weise decken sie Mißstände im
sozialen, politischen und gottesdienstlichen Leben auf und setzen damit
unterschiedliche Schwerpunkte: Amos vorwiegend in der Sozial-, Hosea
mehr in der Kultkritik (Zuneigung zur Baalreligion, Übertretung des zweiten Gebots), Jesaja auch in der Außenpolitik. Allerdings sprechen die Propheten durchweg mehrere Themen an, die auch ineinander übergehen
können (Hos 3, 4; 8, 4; Jes 1, 10 ff u. a.).

a)   »Sie verstehen nicht, das Rechte zu tun« faßt Amos (3, 10; vgl. Jes 5, 7
u. a.) seine *Sozialkritik* zusammen. Er tadelt die herrschenden Zustände in
schonungsloser Schärfe:

»Sie verkaufen den Unschuldigen um Geld
und den Armen wegen eines Paars Schuhe.
Sie treten in den Staub das Haupt des Geringen
und drängen die Elenden beiseite.« (Am 2, 6 f;
vgl. 5, 11; 6, 4 ff; 8, 4 ff u. a.)
»Sie häufen Gewalttat auf
und Unrecht in ihren Palästen.« (3, 10; vgl. 6, 12)

Hosea erscheinen Einzelvergehen als Mangel an »Treue, Gemeinschaftssinn und Gotteserkenntnis« (4, 1 f; vgl. 6, 4. 6; o. Exkurs 3, 5). Ähnlich betont etwa Jeremia den engen Zusammenhang zwischen dem Verhältnis zu
Gott und zum Mitmenschen, wenn der Prophet dem König Jojakim Be-
reicherung, Bedrückung, ja Blutvergießen vorwirft und ihm als Vorbild
seinen Vater Joschija vorhält:

»Dein Vater – hat er nicht auch gegessen und getrunken
‚und es sich gut sein lassen‘?
Er aber übte Recht und Gerechtigkeit.
Er führte die Sache des Elenden und Armen.
Heißt das nicht mich erkennen? –
ist der Spruch Jahwes.« (Jer 22, 15 f)

Der Vater war »bei aller Heiterkeit der Lebensführung ernst in der Erfüllung der wahren Königspflicht« (*W. Rudolph*, z. St.), ein gerechter Herrscher, der Schutzlosen zu ihrem Recht verhalf, damit Gottes Willen ent-
sprach. Allerdings liegt im Zusammenhang kein Aufruf zu besserem Tun
und Lassen, sondern eine Anklage vor, die den König bei seinem Tun behaftet.

Einige Themen der Sozialkritik lassen sich etwa mit den Stichworten
umreißen: Bedrückung von Armen (Am 2, 6 ff; 4, 1; 8, 6; Jes 3, 14 ff;
Jer 39, 10), Handelsbetrug (Am 8, 4 f; Mi 6, 10 f; vgl. Zeph 1, 11), An-
sammlung von Haus- und Grundbesitz (Jes 5, 8 ff; Mi 2, 1 f), Errichtung
von Prachtbauten auf Kosten der Armen (Am 3, 10. 15; 5, 11), Luxus als
Zeichen von Hochmut (Jes 3, 16 f. 24; vgl. Am 6, 1), Rechtsbeugung
(5, 10. 12. 15. 24; 6, 12; Jes 1, 17. 21. 23; 10, 1 f; Mi 3, 9 ff; Sach 8, 16;
vgl. Spr 17, 15), Amtsmißbrauch (Jes 3, 1 ff; Zeph 3, 3 f u. a.).

Im einzelnen treten gewisse Unterschiede zwischen den Propheten wieder deutlich
hervor.

Beispielsweise nennt Amos noch nicht die Gruppe, die nach Jesaja (1, 17. 23; 10, 1 f;
vgl. Jer 5, 28; Sach 7, 9 f; Mal 3, 5) wie dem Recht (Ex 22, 20 f u. a.; o. Exkurs 3, 2)
besonderer Fürsorge bedarf: die Witwen und Waisen.

Während sich Amos nur im Einzelfall (7, 10 ff) mit einem Priester auseinandersetzen
muß, beziehen Hosea (4, 4 ff; 6, 9; vgl. Mi 3, 11) und Jeremia (2, 8; 4, 9 u. a.) die
Priester, Micha (3, 5 ff) und zumal Jeremia (23, 9 ff; 27 f; vgl. Jes 28, 7; Zeph 3, 4;
Ez 13) auch die Propheten in die Kritik an den oberen Schichten ein.

Jesaja droht Jerusalem die Beseitigung von »Stütze und Stab«, d. h. der die Gesellschaft tragenden Ämter, an (3, 1 ff; vgl. 1, 21 ff; 10, 1 ff). Hosea kann gar das Königtum als ohne oder gar gegen Gottes Willen eingerichtete Institution verstehen (8, 4;
13, 11; vgl. 1, 4; 3, 4; dazu o. § 12 a, 5).

Dabei entwerfen die Propheten in ihrer radikalen Kritik durchweg kein
heilvolles Zukunftsbild einer gerechten Gesellschaft (vgl. aber Ansätze
Jes 11, 4 f; Joel 3, 1 f u. a.), begnügen sich vielmehr weithin mit dem
Schuldaufweis oder eher gelegentlich (wie Am 5, 24; Jes 1, 16 f; Mi 6, 8;
vgl. Hos 6, 6) mahnenden Aufruf zu gerechtem Handeln.

b) Die Amos in den beiden Visionspaaren überkommene Einsicht vom
»Ende« Israels (8, 2) schließt eine *Kultkritik* ein, wie Amos in einer
weiteren Vision, in der Gott drohend »über dem Altar steht« (9, 1;
vgl. 7, 9), erfahren muß und in eigenen Worten weitergibt:

»Sucht nicht Bet-El,
nach Gilgal geht nicht,

und nach Beerscheba zieht nicht;
denn Gilgal muß in die Verbannung gehen,
und Bet-El wird zum Unheil werden!«
(Am 5, 5; vgl. 3, 14; 4, 4; 8, 10)

Hosea nimmt mit anderer Begründung die Drohungen gegen Altäre und
Höhenheiligtümer auf:

»Die Altäre dienen ihm zum Sündigen.« (8, 11)
»Er selbst zerbricht ihre Altäre,
zerstört ihre Malsteine.«
(10, 2; vgl. 10, 8; 12, 12)

Micha (3, 12) wie Jeremia und Ezechiel übertragen die über die Nordreich-
heiligtümer ausgesprochenen Unheilsansagen auf den Zion: »Ich werde
diesem Haus tun wie Schilo.« (Jer 26, 13; 7, 14; o. § 13, 6)

Wie die Propheten den Aufruf zur Wallfahrt ironisch aufnehmen (Am 4, 4;
Jer 7, 12), so können sie in ihrer Opferkritik die Sprache des Kults nachahmen, überbieten und in ihrem Sinn verkehren (o. § 9 c). Während der
Priester ein fehlerhaftes Tier als ordnungsgemäß vollziehbares Opfer zurückweist (Lev 22, 19 ff; Mal 1, 8. 13 f), kann der Prophet Opfer generell
ablehnen, und zwar – analog den Zukunftsansagen – in göttlicher Ichrede:

»Ich hasse, ich verwerfe eure Feste
und kann eure Versammlungen nicht riechen ...
Eure Gaben nehme ich nicht wohlgefällig an,
das Opfer eures Mastviehs sehe ich nicht an.«
(Am 5, 21 f; vgl. 4, 4 f; Hos 3, 4; 6, 6; 8, 13; 9, 4;
Jes 1, 10 ff; 43, 23 f; Jer 6, 20; 7, 21)

Demnach sind Feste und Feiertage nicht ausgenommen:

»Ich mache ein Ende all ihrer Freude,
ihrem Fest, ihrem Neumond, ihrem Sabbat
und all ihren Feiern.«
(Hos 2, 13; vgl. 9, 5; Jes 1, 13 f; 29, 1)

Die dem Propheten aufgetragene Zukunftsankündigung hat also tief in
seine Kultkritik eingewirkt. Sie kann bis zur Ablehnung des Gebets reichen
und damit einem Volk, das Gott »mit seinen Lippen ehrt, mit seinem
Herzen aber fern ist« (Jes 29, 13), bestreiten, daß es die Gemeinschaft mit
Gott im Gottesdienst (1, 10 ff) bewahren kann:

»Wenn ihr eure Hände ausbreitet,
verhülle ich meine Augen vor euch;
auch wenn ihr noch soviel betet,
ich höre es nicht!« (Jes 1, 15; vgl. Jer 14, 12)

Der Prophet kann sogar selbst einbezogen werden. Wie schon Amos indirekt (7, 7 ff nach 7, 2. 5), so wird Jeremia (14, 11; vgl. 7, 16; 11, 14) direkt
die Fürbitte verboten: »Bete nicht für dieses Volk, daß es ihm gut gehe!«

Das Eintreten für das Volk vor Gott in der Fürbitte gehört vornehmlich zum prophetischen Amt (Gen 20, 7; 1 Sam 9, 8 f; auch Ps 99, 6; 106, 23 gegenüber Jer 15, 1). So findet sich ein solches Verbot erst bei den sog. Schriftpropheten. Desgleichen können sie – wie die früheren Propheten (1 Sam 9, 9 f; 1 Kön 14, 5; 22, 5 u. a.) – in der Not »gesucht« und »befragt« werden, aber erfolglos (Jer 21, 2; 37, 7; 42; Ez 14; 20, 1. 31; vgl. Jes 30, 2; 31, 1).

c) Mögen die Zeitgenossen den Propheten ihre Heilsgewißheit (vgl. Mi 3, 11) und Gottes Bereitschaft zur Vergebung entgegengesetzt haben, so können die Propheten mit einer *Kritik des religiösen Selbstbewußtseins* antworten. Für Amos (3, 2; vgl. 9, 7) bedeutet Israels Vorrecht keine Zukunftsgarantie, sondern besondere Verantwortung, ja Ahndung der Schuld. Andere Propheten können das Selbstverständnis Israels, Volk oder Sohn Gottes zu sein, in einen Vorwurf kehren, so statt der Anrede »mein Volk« die distanzierend-herabsetzende Bezeichnung »dieses Volk da« wählen (Jes 6, 9; 8, 6. 11; 29, 13 f; Jer 7, 16 u. a.) oder statt von »meinen Söhnen« von »mißratenen, störrischen Söhnen« sprechen (Jes 1, 4; 30, 1. 9; 31, 2; Jer 3, 14; 4, 22; vgl. § 12b, 7). Nach Ezechiel (15, 1–6) gleicht Israel gar dem unbrauchbaren Rebholz, das nur zum Verbrennen taugt.

Mehr als ein halbes Jahrtausend später erneuert Johannes der Täufer, der sich mit einem Prophetenmantel umhüllt (Mk 1, 6; vgl. 1 Kön 19, 13. 19 u. a.), sowohl die Kritik am religiösen Selbstbewußtsein (Mt 3, 9) als auch die Botschaft vom künftigen Zorn Gottes (Mt 3, 7; vgl. Jes 5, 25; Zeph 1, 14 ff u. a.).

6. Wie schon ihre Vorgänger (1 Kön 19, 19; 22, 11 u. a.) können die Schriftpropheten ihre Verkündigung in *Symbolhandlungen* der Öffentlichkeit anschaulich und eindringlich vor Augen führen, damit das sonst nur Hörbare ansatzweise auch sichtbar werden lassen und die angesagte Zukunft zeichenhaft (Jes 20, 3; Ez 4, 3 u. a.) vorwegnehmen. Wie Jesaja (Kap. 20) »nackt und barfuß« darstellt, daß die Assyrer die Ägypter »nackt und barfuß« in Gefangenschaft treiben, so trägt Jeremia (Kap. 27 f) zunächst ein hölzernes, dann ein eisernes Joch, um die Unterwerfung unter Babylon leibhaft vorzuführen. Oder er zerbricht am Stadttor vor Zeugen (vgl. Jes 8, 2) einen Krug mit der Ankündigung:

»So spricht Jahwe Zebaot: Ebenso zerbreche ich dieses Volk und diese Stadt, wie man Töpfergeschirr zerbricht, so daß es nicht mehr heil werden kann.« (Jer 19, 11; ähnlich 13, 9 f; vgl. 34, 2 u. a.; auch Ez 4 f)

Ein solcher Akt will nicht als »wirksame Handlung« verstanden werden, die »gleich einer Zauberhandlung das künftige Geschehen« auch herbeiführt (*W. Rudolph*, z. St.); vielmehr liegt die Kraft gemäß dem als Ichrede gestalteten Deutewort (19, 11) allein bei Gott, der dem Propheten den Auftrag erteilt hat und die angesagte Zukunft verwirklicht.

Selbst die Familie des Propheten kann in das Geschehen einbezogen werden. Die Söhne Jesajas vertreten mit ihren Namen »Der Rest, der zurückkehrt« und »Eilebeute-Raschraub« (7, 3; 8, 3) zeichenhaft (8, 18) die Botschaft des Vaters. Nach dem vorliegenden Text des Erberichts Hos 1 ist Hoseas Frau Symbol der Schuld Israels, die Kinder sind lebende Zeichen kommenden Unheils. Im Ichbericht Hos 3 symbolisiert die Frau sowohl die Schuld des Volkes als auch das Gericht. Das Leben der Ehebrecherin ohne Mann bedeutet den bevorstehenden Entzug von Königtum und Kult. Eher noch tiefer schneidet der Auftrag, keine Familie zu gründen, keine Trauer zu bezeugen und festliche Geselligkeit zu meiden (Jer 16; vgl. Ez 24, 15 ff), in den persönlichen Bereich ein; denn diese Symbolhandlung, mit der Jeremia als einzelner die allen drohende Zukunft vorabbildet, ist keine zeitlich begrenzte Aktion, sondern bestimmt sein ganzes Leben. Die Begründung gibt ein ungemein hartes Gotteswort, mit dem Jeremia wohl ein Deutewort aus Hoseas Symbolhandlung (1, 6: »Ich werde mich des Hauses Israel nicht mehr erbarmen«) aufgreift und auf das Südreich überträgt:

»Ich habe diesem Volk mein Heil entzogen,
die Güte und das Erbarmen.« (Jer 16, 5; vgl. 6, 14 u. a.)

7.   Der Prophet sucht seine Hörer auch auf die Weise zu überzeugen, daß er sich mit ihren Einwänden und Zweifeln auseinandersetzt – in den sog. *Disputationsworten* (oder Streitgesprächen). Mögen sie dem Meinungsstreit des Alltagslebens oder weisheitlicher Schulddisputation (vgl. Hi 6, 5 f; 8, 3. 11; 27, 8 ff; auch Mt 7, 16) entstammen, jedenfalls wollen sie mit ihren *Fragen* den Gesprächspartner zum Nachdenken bewegen oder gar überzeugen.

Schon Amos benutzt die Redeform mehrfach (3, 3–6, 8; 6, 12), indem er etwa die bekenntnismäßig fest geprägte »Herausführung« auch von Nachbarvölkern aussagt und in göttlicher Ichrede Israel mit den weitab wohnenden, dunklen (vgl. Jer 13, 23) Nubiern vergleicht (9, 7): »Seid ihr mir nicht wie die Kuschiten?« Gott ist nicht nur Richter der fremden Völker (Am 1, 3 ff), sondern auch Lenker ihrer Geschichte. Aber dieser Universalismus zielt auf Israel (6, 2): »Seid ihr besser als jene Reiche?«

Ähnlich führt Jeremias Gang zur Werkstatt des Töpfers, der aus einem mißratenen Gefäß nach Gutdünken ein anderes formt, zu der Erkenntnis:

»Kann ich nicht wie dieser Töpfer
mit euch verfahren, Haus Israel? – spricht Jahwe.
Siehe, wie Ton in der Hand des Töpfers,
so seid ihr in meiner Hand, Haus Israel.«
(Jer 18, 6; vgl. 23, 23; auch 2, 14; 7, 11 u. a.)

An der Freiheit des Töpfers, nach eigenem Willen zu verfahren, wird die uneingeschränkte Verfügungsmacht Gottes, die auch die Möglichkeit zum Gericht einschließt (Am 3, 6 u. a.), symbolisch erkennbar.

In einigen Disputationsworten (wie Jer 13, 23) bildet sich ansatzweise eine zweiteilige Gliederung aus: »Basis«, die dem Propheten und den Hörern gemeinsam ist, und Schlußfolgerung, zu der er hinführen will. Diese Struktur nutzt Deuterojesaja (Jes 40, 12 ff u. a.) mit der ganz anderen Absicht, den Exilierten in ihrer Hoffnungslosigkeit (40, 27 u. a.) neu Gottes Nähe zuzusprechen. Auch Maleachi bedient sich dieser Redeform.

8. Die Propheten schauen auch in die Vergangenheit – in knappen *Geschichtsrückblicken* mit kritischem Akzent:

»Als Israel jung war, gewann ich es lieb.
Aus Ägypten rief ich meinen Sohn.
‚Wie oft ich' sie rief –
sie gingen von ‚mir' weg.«
(Hos 11, 1; vgl. 9, 10 ff; Jes 9, 7 ff u. a.)

Indem Israel Gottes Liebe verschmäht hat, ist es an der Zuwendung, nicht an der Forderung gescheitert. Die Fürsorge hat bei dem Sohn keine Entsprechung gefunden:

»Söhne habe ich großgezogen und aufgezogen;
aber sie – sie haben sich gegen mich erhoben.« (Jes 1, 2)

Diese Gegenüberstellung von Gottes Zuneigung und Israels – geradezu widernatürlich (Jes 1, 3; Jer 8, 7; 2, 32) erscheinendem – Ungehorsam wird im Weinberggleichnis (Jes 5, 1–7) anschaulich vor Augen geführt. Der Ertrag von Gottes »Lieblingspflanzung« steht im Mißverhältnis zur aufgewandten Mühe – faule Beeren statt guter Trauben, d. h. ohne Bild:

»Er hoffte auf Rechtsspruch
und siehe da Rechtsbruch.« (5, 7; vgl. Jer 2, 21)

Ist nach jenen Worten das Böse dem Volk nicht von Urbeginn mitgegeben, sondern gleichsam erst erworben, so gehen andere Worte einen Schritt weiter zurück. Hosea kann die Schuld bis zu dem Ursprung Israels, der Geburt des Erzvaters Jakob, zurückverfolgen: »Im Mutterleib betrog er seinen Bruder« (12, 4; vgl. Jes 43, 27), um zu verdeutlichen, daß das Ganze – »seit je« (Jer 2, 20. 32) – schuldig ist. Als Ezechiel (15 f; 20; 22, 15 ff; 23) den prophetischen Geschichtsrückblick aufnimmt, formuliert er ein »totales Verdikt über Israels gesamte Geschichte von ihren ersten Anfängen her« (*W. Zimmerli*, BK XIII/1, 88*). So scheint sich das Volk von seiner Vergangenheit her in einem Raum von Schuld vorzufinden.

9. Im Vergleich mit der Gesamtbotschaft verwenden die Schriftpropheten – abgesehen von den nachträglich stark überarbeiteten Prosareden des Jeremiabuches – eher nur ausnahmsweise *Mahnworte*, die zu einem bestimmten Verhalten, sei es Tun oder Lassen, auffordern. So darf man in ihnen kaum erst die eigentliche Absicht prophetischer Verkündigung sehen.

Allerdings ist diese Folgerung in der Forschung stark umstritten; insbesondere in der Beurteilung der Mahnworte weichen die Interpretationsansätze weit voneinander ab.

Sind selbst die Zukunftsansagen – entgegen ihrem Wortlaut (etwa Am 1, 3 ff: »Ich
nehme nicht zurück«) – letztlich als Warnungen zu verstehen und gewähren
damit die Möglichkeit, das bevorstehende Unheil abzuwenden? Nach *G. Fohrer*
(BZAW 99, 1967, 264) ist »die wirkungsmächtige Ankündigung der kommenden
Dinge ... in Wirklichkeit vorerst konditional und gewinnt ihren endgültigen
Charakter auf Grund der Korrelation zwischen menschlichem und göttlichem Ver-
halten und Handeln durch die Entscheidung des Menschen für oder gegen Gott.
Darum, daß die richtige Entscheidung getroffen wird, ringt der Prophet.«

Manche Mahnworte gehen in Anklagen oder Gerichtsansagen über, suchen
sie zu unterstützen, einsichtig zu machen oder gar zu verschärfen:

»Geht doch hinüber zu den Inseln der Kittäer (d. h. nach Westen)
oder sendet nach Kedar (d. h. nach Osten)
und merkt wohl auf und seht zu,
ob so etwas je geschehen ist!
Hat je ein Volk seine Götter vertauscht?
Dabei sind sie keine Götter!
Mein Volk aber hat die Herrlichkeit (seines Gottes) vertauscht
gegen einen Nichtsnutz.« (Jer 2, 10 f;
vgl. Am 4, 4 f; 5, 5; Hos 2, 4 ff; 10, 12 f; 12, 7 ff; Jes 8, 12 ff; 28, 22 u. a.)

Andere Worte räumen dem Hörer ausdrücklich die Möglichkeit der Wende
ein – aber als verspielte Chance:

»In Umkehr (?) und Ruhe liegt euer Heil,
in Stillesein und Vertrauen besteht eure Stärke –
aber ihr habt nicht gewollt.«
(Jes 30, 15; vgl. 28, 12; 30, 9 u. a.)

Auch Jeremia stellt Angebot und Ablehnung gegenüber; so wird die Aufforderung zum Schuldaufweis. Der rechte Lebensweg wurde nicht betreten:

»Tretet auf die Wege (von alters) und seht
und fragt die Pfade der Vorzeit,
welches der Weg zum Glück ist, und den geht,
so werdet ihr Ruhe finden für euer Leben!
Sie aber sagten: Wir gehen nicht!
Ich bestellte Wächter über ›sie‹.
Hört auf den Schall der Trompete!
Sie aber sagten: Wir hören nicht!«
(Jer 6, 16 f; vgl. 2, 25)

Einzelne Worte sind in ihrer Deutung besonders umstritten.
Amos scheint wenigstens einmal die Strenge der Gerichtsdrohung mit dem
Gotteswort zu durchbrechen (5, 4): »Suchet mich, so werdet ihr leben!« –
Die auch weisheitlicher (Spr 7, 2; 21, 21 u. a.) wie kultisch-priesterlicher
(Lev 18, 5; Ez 18, 9 ff) Überlieferung bekannte Zusage des Lebens steht
unter einer Bedingung: Leben empfängt oder bewahrt nur, wer Gott sucht –
allerdings nicht an den Heiligtümern (Am 5, 5). Wie hat das »Suchen« aber
zu erfolgen, sei es im Wort des Propheten oder durch Rechttun (5, 14. 24)?

Die kaum von Amos stammende Erläuterung 5, 14 f schränkt die bedingte Zusage doppelt ein und nähert sie damit der Gerichtsansage wieder an: Die Gnade gilt bloß einem »Rest« und selbst diesem nur »vielleicht«.

Die ungemein harten kultkritischen Äußerungen Jes 1, 10–17, eine ironische Überbietung priesterlicher Weisung, enden in dem Aufruf:

»Hört auf, böse zu handeln,
lernt, Gutes tun,
suchet das Recht!...«

Die Einleitung (1, 10) redet Israel und seine Führer als Volk von Sodom und Gomorra an, d. h. als Leute von verwerflichem Verhalten, die dem Gericht entgegengehen. Es wird in der Abweisung des Gebets bereits Gegenwart: »Ich verhülle meine Augen vor euch« (1, 15). Zudem steht zwischen der Kritik am Gottesdienst und dem Aufruf zum Rechttun die Anklage: »Eure Hände sind voll Blut(schuld)«. Wieweit besteht dann noch die Möglichkeit zur Läuterung: »Wascht, reinigt euch!« (1, 16; vgl. 1, 18; 22, 14)? Kann die Mahnung unter diesen Umständen mehr als Schuldaufweis (vgl. 1, 23; auch 5, 7 u. a.) sein, oder hat man den offenen Schluß (ähnlich Hos 6, 6; Mi 6, 8) als Appell zu verstehen?

Auch wenn man die Entscheidung in bestimmten Fällen (wie Jer 4, 1 ff) offenlassen und die Schriftpropheten keineswegs gleich beurteilen möchte (vgl. bes. Zeph 2, 1–3), wird man folgern dürfen, daß Mahnworte zumeist auf die Einsicht zielen: »Wenn ich dir rate, so hörst du doch nicht« (Jer 38, 15; vgl. Jes 7).

Eine entsprechende Feststellung können die Propheten mit dem Stichwort »umkehren« treffen:

»Das Volk kehrte nicht um
zu dem, der es schlug.« (Jes 9, 12;
vgl. 6, 10; Am 4, 6 ff; Hos 11, 5)
»Warum geht dieses Volk fehl...
in immerwährendem Fehlgang,
hält am Trug fest,
will nicht umkehren?« (Jer 8, 4 f)

So kann *H. W. Wolff* (FS W. Zimmerli, 1977, 549) seine Untersuchung zum Thema zusammenfassen: »Zur Hauptsache geht die prophetische Verkündigung davon aus, daß die Umkehr erfolgen sollte, daß sie aber nicht erfolgt ist. Eben darum kündet sie das Gericht Gottes an ... Das wird bestätigt durch diejenigen Texte, in denen die Propheten von ihrem Auftrag sprechen. Nirgendwo ist hier zu hören, daß Jahwe ihnen eine Mahnpredigt befohlen habe ... Dem Auftrag zur Gerichtsverkündigung entspricht die Masse der überlieferten Prophetenworte. Sie decken Schuld auf und künden Jahwes Strafe an.«

Gewisse Aussagen vor allem Hoseas und Jeremias spitzen die prophetische Erfahrung gar zu der Einsicht zu, daß Israel das Gute nicht (mehr) tun *kann*:

»Ihre Taten erlauben ihnen nicht,
zu Jahwe zurückzukehren.« (Hos 5, 4;
vgl. 4, 16; 5, 6; 7, 2; 11, 7; 13, 12;
auch 6, 4 als Antwort auf das sog. Bußlied 6, 1–3)

Jeremia sucht seine Hörer mit der Frageform des Disputationswortes von ihrer Beharrlichkeit beim Bösen, der Unveränderlichkeit ihres Wesens, damit der Unmöglichkeit zur Umkehr zu überzeugen:

»Verändert der Mohr seine Haut
oder der Panther seine Flecken?
Genausowenig könnt ihr Gutes tun,
die ihr gewohnt seid, böse zu handeln.« (Jer 13, 23;
vgl. 2, 22. 33; 3, 1 ff; 4, 22; 6, 27 ff; 9, 4 u. a.)

Aus dem klaren Sachverhalt, der niemandem zweifelhaft ist, wird auf das Verhalten des Menschen geschlossen; das Böse hat solche Gewalt über ihn, daß er es nicht mehr abstreifen kann.

»Wer einmal gewohnt ist, Böses zu tun, der kann nicht mehr davon lassen und sich zum Guten zurückwenden, sowenig der Neger seine Hautfarbe wechseln oder der Panther sein geflecktes Fell ablegen kann. Jeremia will hier nicht sagen, daß die Sünde dem Menschen angeboren ist, sondern daß sie ihm zur zweiten Natur werden kann« (*W. Rudolph*, z. St.) – genauer: geworden ist.

10. Trotz ihrer radikalen Einsichten haben die sog. Schriftpropheten – anscheinend noch nicht Amos, wohl aber Hosea, Jesaja, Micha, Jeremia oder Ezechiel – keineswegs nur Unheil, sondern auch *Heil* angesagt. Allerdings sind gegenüber den Drohworten die Verheißungen bei weitem in der Minderzahl. Überdies bleibt das Problem »Echtheit oder Unechtheit« – Wort des Propheten, seiner Schüler oder erst der Spätzeit? – in diesem Textbereich besonders verwickelt und umstritten. Gewiß ist ein erheblicher Teil der Heilsworte, wie Sprache und Inhalt verraten, jünger und der Hinterlassenschaft der Propheten nachträglich beigegeben (Am 9, 11 ff u. a.). Es ist jedoch unmöglich, ihnen die Verheißungen insgesamt abzusprechen und für Zusätze aus späterer Situation zu halten, so strittig die Entscheidung im Einzelfall bleiben mag. Außerdem scheint die exilisch-nachexilische Prophetie (DtJes, TrJes, Hag, Sach) ältere Heilserwartungen aufzunehmen und weiterzuführen; schon Jeremia schließt sich in seinen Verheißungen an Hosea an.

Demnach kommt der Frage entscheidende Bedeutung zu: Bleibt die prophetische Botschaft letztlich unausgeglichen oder gar widerspruchsvoll, weil der Prophet zu verschiedenen Zeiten und vor wechselnden Hörerkreisen Unterschiedliches, ja Gegensätzliches – einmal Unheil, einmal Heil – ansagen konnte? Heben sich Gerichts- und Heilsansage gegenseitig auf, oder lassen sie einen inneren Sachzusammenhang spüren?

Die Heilsworte stellen die Hörer nicht vor ein Entweder-Oder, eröffnen keine Alternative gegenüber dem Gericht. Bei so tiefer Schulderkenntnis und harter Gerichtsdrohung ist das Heil auch kaum – zumindest in der Regel nicht – als Zustand gedacht, den der Mensch bewahren oder gar sichern kann. Wie wird dann die Wende erwartet?

Die Zweiteilung des Prophetenwortes in Anklage und Ankündigung von Gottes Eingreifen in die Geschichte kann insofern zum Ansatz für eine Erwartung jenseits des Gerichts werden, als dasselbe »Ich«, das die Unheilsankündigung wie etwa die Kultkritik bestimmt, auch das künftige Heil setzt:

»Ich gehe nicht mehr schonend vorüber« (Am 7, 8; 8, 2; vgl. 3, 2),
»ich verwandle« (8, 10), »hasse, verschmähe« (5, 21 f),
»ich reiße und gehe davon« (Hos 5, 14), »zerstöre« (Mi 1, 6),
»ich verschließe meine Augen, höre nicht mehr« (Jes 1, 15),
»ich räche, läutere, mache wie zuvor« (Jes 1, 24–26),
»ich gründe« (Jes 28, 16),
»ich sehe zum Guten an« (Jer 24, 5),
»ich bringe Lebensodem in euch« (Ez 37, 5 f),
»ich gebe ein neues Herz« (Ez 36, 26).

Der erste Schriftprophet, der unbestreitbar nicht nur Gericht androht, sondern auch Heil verheißt, *Hosea*, kann beides verbinden, indem er eine Rückkehr zum Ursprung ansagt. Die Vorstellung klingt schon bei Amos (in Bezug auf die Aramäer: 1, 5; 9, 7) an, wird von Hosea auf Israel übertragen und ausgestaltet. Die Rückführung in die Wüste oder nach Ägypten – wegen der veränderten Weltsituation zugleich erweitert um die Deportation nach Assur – bedeutet einerseits, daß die gesamte Geschichte seit der Landnahme bis zur Gegenwart getilgt wird, und macht andererseits einen Neubeginn möglich (2, 16 f; 8, 13; 9, 3. 10; 11, 5. 11; 12, 10). Gottes Erbarmen stellt sich seinem Zorn entgegen; so vollzieht sich ein Wandel in Gott selbst:

»Wie könnte ich dich preisgeben, Ephraim,
dich hingeben, Israel?
Wie könnte ich dich preisgeben wie Adma,
dich Zeboim gleichmachen
   (d. h.: wie Sodom und Gomorra behandeln)?
Mein Herz kehrt sich gegen mich,
mein Mitleid entbrennt mit Macht.
Nicht vollstrecke ich meinen heißen Zorn,
nicht will ich Ephraim wiederum verderben.
Denn Gott bin ich und nicht ein Mensch,
in deiner Mitte ein Heiliger.«
(Hos 11, 8 f; aufgenommen Jer 31, 20;
vgl. Jes 43, 25 »um meinetwillen«)

Die Verheißung kann sogar die Unbußfertigkeit des Volkes voraussetzen:

»Ich heile ihre Abtrünnigkeit,
ich liebe sie aus freien Stücken.«
(Hos 14, 5; aufgenommen Jer 3, 22; vgl. 3, 12; 31, 3)

Ähnlich wie Hosea kann *Jesaja* Unheilsdrohung und Verheißung so verbinden, daß er das Heil als Erneuerung verlorener Vergangenheit erwartet.
In Form eines Leichenlieds stellt er die traurige Gegenwart der Stadt
Jerusalem (vgl. § 13, 6) ihrer herrlichen Vergangenheit entgegen und
kündigt ihr eine Läuterung durch den Eingriff Gottes an, so daß das »Hernach« dem »Einst«, das Noch-nicht-Vorhandene dem Nicht-mehr-Vor-
handenden entspricht:

»Wie ist zur Hure geworden
die treue Stadt,
erfüllt mit Recht!
Gerechtigkeit wohnte in ihr . . .
Deine Richter will ich machen wie zuvor
und deine Ratgeber wie zu Beginn.
Danach wird man dich (wieder) nennen:
‚Ort des Rechts, treue Stadt‘.« (Jes 1, 21. 26;
vgl. 8, 17 »ich hoffe« auf den »sich verbergenden« Gott)

Deutlich ist das Heil nicht Fortsetzung oder Weiterentwicklung des Bestehenden, sondern Neuanfang in oder nach dem Gericht.

Jeremia erfährt in seiner Vision von den beiden Körben mit guten bzw. un-
genießbar schlechten Feigen (24, 1–5. 8) zwar – über seine bisherige Botschaft (1, 13 f; 16, 5 u. a.) hinaus – von der Aufteilung des Volkes auf zwei
Gruppen, bietet den Hörern aber keineswegs eine Wahlmöglichkeit an,
sondern kündet denen, die mit der Verbannung das Gericht schon erlebt
haben, Heil und den Daheimgebliebenen weiterhin Unheil an. Die Heilszusage wird im Brief an die Exulanten (29, 5 ff) ausgestaltet.

Jeremia schreibt den Brief zwischen der ersten Eroberung Jerusalems 597 v. Chr.
und der Zerstörung von Stadt und Tempel 587 v. Chr. an den Volksteil, der unter
König Jojachin ins babylonische Exil (2 Kön 24, 10 ff; vgl. Ez 1, 2) geführt wurde.
Erinnert der Briefkopf an das Gericht, unter dem die Adressaten in ihrer Situation zu
leiden haben (V 4 in Übereinstimmung mit V 7; 1, 14; 4, 6; 13, 9 u. a.), so tragen die
Mahnungen des eigentlichen Briefinhalts, der in einer Begründung ausklingt, Heilscharakter:

»Baut Häuser und wohnt (in ihnen),
pflanzt Gärten und eßt ihre Frucht!
Nehmt euch Frauen, zeugt Söhne und Töchter! . . .
Suchet das Wohl der Stadt (bzw. des Landes),
in die ich euch weggeführt habe!
Betet für sie zu Jahwe;
denn ihr Wohl ist auch euer Wohl!«

Die paarweise einander zugeordneten Imperative sagen (entgegen Drohworten wie
Am 5, 11; vgl. Dtn 28, 38 ff u. a.) menschlichen Handlungen Erfolg zu. Allerdings
bedeutet das scheinbar Selbstverständliche, Hausbau und Familiengründung, für die
Angeredeten eher ein Ärgernis; weil sie auf baldige Rückkehr hoffen (Jer 28, 3 f), er-

regt der Brief Anstoß (29, 28: »es dauert noch lange«). So kann nicht nur prophetische Unheilsdrohung, sondern auch Verheißung menschlichen Wünschen widersprechen; das Heil kommt, aber anders als gedacht. Es ragt im Genuß der Erträge eigener Arbeit, im Fortbestand des Volkes, in der Teilhabe an Frieden und Wohl des fremden Landes sowie in der Gewißheit, daß Gott weit außerhalb der Heimat die Fürbitte für die Fremden (vgl. Gen 20, 7; Ex 10, 17) erhört, in die bestehende Gerichtssituation hinein. Schalom vollzieht sich – in Weiterführung der Tempelrede Jer 7; 26 – auch außerhalb Jeru-schalems. Bedeutet die Fürbitte zugleich eine Form des Gottesdienstes in der Fremde?

Was in den an die Erzväter gerichteten Verheißungen verbunden war, wird gleichsam aufgespalten, insofern sich der Mehrungssegen »schon jetzt«, die Verheißung der Landnahme bzw. Heimkehr aber »noch nicht« erfüllt. Von ihr ist erst in einem weiteren, wohl nachträglichen Briefteil (V 10–13. 14) die Rede, der die konkreten Weisungen (V 5–7) allgemeiner ausgestaltet. Dessen Sprache (»Gedanken des Heils«, »suchen – finden«) nimmt später Jes 55, 6. 8 f auf.

Noch während der Belagerung Jerusalems durch die Babylonier sagt Jeremia mit der Symbolhandlung des Ackerkaufs auch den Jerusalemern und Judäern neues Leben in oder nach der Zerstörung an: »Man wird in diesem Lande wieder Häuser, Äcker, Weinberge kaufen« (32, 15; vgl. 40, 9 f), macht dabei erneut künftiges Heil nicht von Buße oder menschlichem Verhalten abhängig, sondern kündet eine gewiß eintretende Zukunft an.

Wie Jeremia den Erwartungen der Jerusalemer auf Bewahrung der Stadt vor dem Ärgsten entgegentritt (24, 8; 37, 6 ff), so widerspricht er mit seinen Heilszusagen (24, 5; 29, 5 ff) dem Selbstverständnis der Exilierten. Ausdrücklich wendet sich *Ezechiel* mit seiner Vision von der Wiederbelebung Israels (37, 1–12) gegen die eigens zitierte Klage der Verbannten: »Vertrocknet sind unsere Gebeine, unsere Hoffnung ist dahin« (37, 11; vgl. 33, 10; Jes 40, 27; 49, 14). Die an dieses Bildwort anknüpfende Vision beschreibt das künftige Heil als Schöpfungshandeln.

Von Gottes »Hand« ergriffen, wird Ezechiel »im Geist« zu dem öden Feld der Totengebeine geführt und dort überraschend vor die Frage gestellt: »Können diese Gebeine wieder lebendig werden?« Die Antwort lautet weder ja noch nein, äußert keine Hoffnung, aber bestreitet sie auch nicht, scheint vielmehr die vom Menschen nicht beantwortbare Frage zurückzugeben und so die Möglichkeit offenzulassen: »Du weißt es.« Daraufhin erhält Ezechiel selbst den Auftrag, in den visionären Zustand einzugreifen, statt wie sonst den Zeitgenossen jetzt den toten Gebeinen zuzurufen: »Hört!« Kann die Vollmacht des Propheten deutlicher zum Ausdruck kommen als hier, wo er das lebenspendende Wort des Schöpfers weitergeben soll, damit sich im Rahmen menschlicher Erfahrung Unmögliches vollzieht?

Auf Grund der Anrede fügen sich die verstreuten toten Gebeine – Sinnbild der Verzweiflung und des Unvermögens »des *ganzen* Hauses Israel« – wieder zusammen und erhalten analog der Schöpfungsvorstellung von Gen 2, 7 belebenden Geist. So wandeln sich die Todesstarre der Vergangenheit und die Trostlosigkeit der Gegenwart in hoffnungsvolle Zukunft. Hier wird erst recht keine Vorbedingung, wie Umkehr der Betroffenen, erwähnt; sie würde auch die Szene zerstören.

Die prophetische Verheißung kann eine Umkehrung der Gerichtsansage darstellen. Der Umbruch wird nicht selten durch das Stilmittel der Umbenennung veranschaulicht: »Zu Nicht-mein-Volk spreche ich: Mein Volk bist du!« (Hos 2, 25 gegenüber 1, 9; vgl. 2, 1; Jes 1, 21. 26; 62, 2. 4. 12 u. a.) Dem – erfolglosen – »Suchen«, das Gerichtsworte androhen, entspricht in Heilsworten die Zusage des »Findens« (vgl. Hos 5, 6. 15; Am 8, 11 f mit Jer 29, 13; Jes 55, 6; 65, 1), dem Nicht-Hören die Verheißung des Erhörens (Am 5, 22 f; Jes 1, 15; Mi 3, 4. 7 gegenüber Jer 29, 12; Jes 30, 19; 58, 9; 65, 24), der Vergeblichkeit eigener Mühe die Gewißheit des Erfolgs (Am 5, 11; Hos 4, 10; Zeph 1, 13 gegenüber Am 9, 14; Jer 29, 5. 28; Jes 65, 21 ff u. a.). Nach Jes 11, 1 wächst das neue Reis erst aus dem Stumpf hervor (o. § 12 d). Gelegentlich werden Gericht und Heil als Tat Gottes unmittelbar gegenübergestellt: »Wie ich sann übelzutun, so werde ich wiederum sinnen wohlzutun.« (Sach 8, 14 f; vgl. 8, 13; Jer 29, 11; Jes 60, 15) »Der Israel zerstreute, sammelt es wieder.« (Jer 31, 10; vgl. 29, 4. 10; auch 1, 10; Sach 10, 8 ff; Jes 54, 7 u. a.) Jahwe »tötet und macht lebendig« (1 Sam 2, 6), schlägt und heilt (Jes 19, 22), erniedrigt und erhöht (Ez 17, 24).

11.   Das Tun des Menschen, das in der die Gerichtsansage begründenden Anklage so deutlich zur Sprache kommt, kann im Rahmen der Heilszusage kein tragendes Motiv mehr sein; denn die Verheißungen werden, von Ausnahmefällen (wie Jer 35, 18 f; 45, 3 ff) abgesehen, in der Regel nicht mit menschlichem Verhalten begründet. Vielmehr kann eine Erneuerung des Menschen auf Grund der Vergebung von Schuld (Jer 31, 34; Jes 44, 22; 54, 6 ff; vgl. Sach 13) oder durch Ausgießung des Geistes (Jes 44, 3; Ez 39, 29; Joel 3; Sach 12, 10) erwartet werden:

»Ich gebe euch ein neues Herz,
und einen neuen Geist bringe ich in euer Inneres.
Ich nehme das steinerne Herz aus eurem Leib heraus
und gebe euch ein fleischernes Herz.«
(Ez 36, 26; vgl. 11, 19; Jer 24, 7; 32, 29 f)

So wird die von den Propheten beklagte Hartherzigkeit (Ez 2, 4; vgl. Jes 6, 9; 29, 13; Jer 17, 1 u. a.) aufgehoben. Auch wird der Mensch aufgerufen, sich mit seinem Tun, mit Freude oder Buße, auf die Heilszukunft einzulassen:

»Kehre um, du Abtrünnige Israel, – Spruch Jahwes –
ich blicke nicht (mehr) ungnädig auf euch;
denn gnädig bin ich, . . .
trage nicht ewig nach.
Nur erkenne deine Schuld . . .«
(Jer 3, 12 f; vgl. Hos 14, 2 ff; Jes 44, 21 f; 55, 6 f u. a.)

Buße ist nicht Vorbedingung des Heils, vielmehr ist dieses Voraussetzung und Begründung für den Aufruf zur Umkehr. Diese Struktur behalten spätere Worte bei; der Mensch soll in seiner Einstellung wie in seinem Handeln die Folgerung aus der angesagten Zukunft ziehen, sich auf sie einstimmen:

»Frohlocke und freue dich, Tochter Zion;
denn siehe, ich komme
und wohne in deiner Mitte!« (Sach 2, 14;
vgl. 9, 9 f; Jes 42, 10 ff; 44, 23; 52, 9 f; Zeph 3, 14 f u. a.)
»Wahrt das Recht und übt Gerechtigkeit;
denn nahe ist mein Heil, daß es komme,
und meine Gerechtigkeit, daß sie sich offenbare.« (Jes 56, 1)
»Auf, werde licht; denn dein Licht kommt,
und die Herrlichkeit Jahwes strahlt auf über dir.« (60, 1)

Weil der Mensch künftiges Heil in seinem Verhalten vorwegnehmen kann, vollzieht sich im Rahmen der Heilszusage allmählich – etwa ab der Exilszeit – ein tiefgreifender Wandel. Nicht nur gewinnt das Mahnwort eine andere Dimension; auch der *einzelne* wird jetzt von der prophetischen Botschaft, die sich zunächst mehr an Gruppen oder das Volksganze wandte, stärker angesprochen:

»Der Gottlose lasse seinen Weg
und der Übeltäter seine Gedanken
und kehre um zu Jahwe, damit er sich seiner erbarme,
zu unserem Gott; denn er ist reich an Vergebung.«
(Jes 55, 7; vgl. 44, 5; 56, 3 ff; Sach 8, 21. 23 u. a.)
»Sollte ich wirklich ,am' Tod des Gottlosen Gefallen haben
– spricht der Herr Jahwe –
und nicht vielmehr daran,
daß er sich von seinem Wandel bekehre und lebe?«
(Ez 18, 23; vgl. 33, 11)

12.   Mit ihrer Botschaft stoßen die Propheten weithin auf Spott (Hos 9, 7; Jes 5, 19; Jer 17, 5; Ez 12, 22), Zweifel und Ablehnung (Jes 7; Jer 36 ff; 43, 2). Schon Amos wird am Königshof angezeigt und ausgewiesen; denn »das Land vermag alle seine Worte nicht zu ertragen« (7, 10). So kann der Prophet Redeverbot erhalten (Am 2, 12; 7, 16; Jer 11, 21; vgl. Jes 30, 10), verfolgt, verklagt werden (Jer 20; 26; auch Jes 53?) – ein Schicksal, das später sprichwörtlich wird (Neh 9, 26 u. a. bis Mt 5, 12; 23, 29 ff).

Hohe Anerkennung wird den Propheten eher erst im Rückblick zuteil (vgl. Ez 2, 5: die Angeredeten »sollen erkennen, daß unter ihnen ein Prophet gewesen ist«). In der Exilssituation erscheint die Zukunftsansage mit ihrer Verwirklichung sogar als Wahrheitserweis des Glaubens (Jes 41, 22 ff; 43, 9 f; 44, 25 f u. a.).
In seiner Gegenwart ist das prophetische Zukunftswort letztlich nicht ausgewiesen; seine Erfüllung ist entweder Erwartung oder Erkenntnis aus der Rückschau. Zwar kann der Prophet hoffen: Gott tut, wie er redet, weil er über sein Wort »wacht« (Jer 1, 11 f; vgl. 4, 28; Ez 12, 25. 28; auch 1 Kön 22, 27 f u. a.); aber in der Situation vermag der Prophet dem Hörer nur seine Botschaft entgegenzuhalten (Am 7, 10 ff; Jer 26 u. a.) oder sie für die Zukunft aufzubewahren (Jes 8, 16–18; 30, 8; vgl. 8, 1 f; Jer 36).

Weil die Geschichte die prophetischen Unheilsdrohungen im großen und ganzen bestätigte, werden die Worte auch unter diesem Gesichtspunkt gesammelt; das Kriterium der Erfüllung spielt bei der Entstehung der Prophetenbücher eine Rolle.

Hat Amos ein Erdbeben angedroht (2, 13; 9, 1), so weiß die Überschrift des Buches anzugeben, daß Amos »zwei Jahre vor dem Erdbeben« auftrat (1, 2), bekennt also die Verwirklichung seiner Zukunftsankündigung. Allerdings werden manche Prophetenworte nie »erfüllt«, dennoch aufbewahrt. Zudem wird selbst nach Eintreffen der Unheilsansagen prophetische Botschaft als weiterhin gegenwartsbedeutsam und zukunftsträchtig überliefert, auch ergänzt – zumal im Nachdenken über die Schuld und im Ausblick nach Heil. Deuten die Prophetenbücher mit ihrem üblichen Aufbau – zunächst Unheil (für Israel und die Fremdvölker), dann Heil (für Israel) – eine Abfolge eschatologischer Ereignisse an? Zugleich wird die Schuld des Volkes stärker im Ungehorsam gegenüber dem göttlichen Gebot (Am 2,4; Jes 2, 7 f. 20; Jer 10 u. a.) gesucht.

Im Rückblick aus exilisch-nachexilischer Zeit gilt der Bußruf »Kehrt um!« als Zusammenfassung prophetischer Botschaft (Sach 1, 3 f; vgl. 2 Kön 17, 13; Klgl 2, 14; ausgeführt von der Jona-Erzählung, in der die Weltstadt Ninive als Vorbild der Umkehr erscheint). Insbesondere stellt die sog. deuteronomistisch-jeremianische Redaktion Jeremia (in den Prosareden wie Jer 7, 3. 5–7; 26, 3–5; 36, 3. 7; auch 23, 22) als Mahner und Warner dar, dessen Wort überhört wurde (18, 11 f; 36, 31 u. a.). Dadurch stimmt sie zwar die Verkündigung des Propheten um, bleibt ihm aber nahe, da der Umkehrruf durchweg als Schuldaufweis dient. Der Prophet kann warnen, weil er genau weiß, was kommen wird; denn – so bekennt ein Zusatz zum Amosbuch (3, 7) – »der Herr Jahwe tut nichts, ohne daß er seinen Rat seinen Knechten, den Propheten, offenbart hätte«.

Exkurs 7:
Gottes » Wort«

1. Den in der Regel scheinbar selbstverständlichen Vorgang von Wortempfang und -weitergabe sprechen die Propheten gelegentlich unmittelbar aus oder reflektieren ihn – in den wenigen Fällen, in denen sie die Wirksamkeit des Gotteswortes ausdrücklich zur Geltung bringen. Schon der älteste Schriftprophet, Amos um 760 v. Chr., verweist zu seiner Verteidigung auf den Zwang, der auf ihm lastet:

»Der Löwe brüllt – wer fürchtet sich nicht,
der Herr Jahwe redet – wer wird nicht zum Propheten?«
(3, 8; vgl. Jer 20, 7 ff)

Doch kann der Mensch auch die Erfahrung machen, daß ihm kein Wort zuteil wird; muß er vergeblich nach einem Gotteswort suchen, dessen er zur

Lebensorientierung bedarf, besteht tiefer Grund zur Besorgnis (1 Sam 28, 15f).
Gottes Schweigen bewirkt nicht nur, sondern ist bereits die Situation un-
entrinnbaren Gerichts, wie eine – im Amosbuch wohl jüngere – Zukunfts-
drohung anschaulich vor Augen führt:

>»Siehe, es kommen Tage – spricht der Herr Jahwe –,
>da werde ich einen Hunger ins Land senden,
>nicht Hunger nach Brot noch Durst nach Wasser,
>sondern ,das Wort' Jahwes zu hören.
>Dann schwankt man von Meer zu Meer
>und schweift von Norden nach Osten,
>um das Wort Jahwes zu suchen,
>aber man wird es nicht finden.«
>(Am 8, 11 f; vgl. Hos 5, 6; von Propheten: Mi 3, 4. 6 f; Ez 7, 26)

2. Bei Jesaja wird das Wort zum Subjekt des Satzes und damit zum Hand-
lungsträger der Geschichte:

>»Ein Wort sandte der Herr gegen Jakob,
>und es fiel nieder in Israel.« (9, 7)

Ähnlich einer Überschrift oder einem vorangestellten, zusammenfassenden
Motto leitet der Vers einen Geschichtsrückblick ein, der göttliche Heim-
suchungen beschreibt, die das Nordreich trafen, ohne die nötige Buße zu
wecken. Treten Anredecharakter und Inhalt des Wortes dabei nicht zu weit
hinter seiner machtvoll-zerstörerischen Wirkung zurück? »Es ist nicht ein
Wort als Träger einer Botschaft, die man hören soll, sondern eines Geschehens, das man zu spüren bekommt« (*H. Wildberger*, z. St.). Doch reißt
ein solcher Gegensatz auseinander, was im Text ineinanderliegt. Das von
Gott »gesandte« ist gewiß das vom Propheten gesprochene Wort, das als
Ursache der Katastrophe gilt (vgl. Hos 6, 5).

3. Ausdrücklich bezeugt später *Jeremia*, daß das Gotteswort die prophetische Verkündigung meint, die jedoch an Gottes Macht teilhat, das Gericht nicht nur anzukündigen, sondern sogar herbeizuführen scheint:

>»Siehe, ich mache meine Worte in deinem Mund zu Feuer
>und dies Volk zu Holzscheiten, daß es sie verzehre« (Jer 5, 14)
>scheint die Zusage bei der Berufung (1, 9) aufzunehmen und zu bestätigen:
>»Siehe, ich lege meine Worte in deinen Mund.«
>Zudem betont eine eigene Vision:
>»Ich wache über meinem Wort, es zu tun.« (1, 11;
>vgl. 32, 8; 34, 5; 37, 17 auch Ez 12, 25. 28 u. a.)

Solche allgemein-grundsätzlichen Aussagen finden sich kaum zufällig gerade
bei Jeremia, der in aktueller Auseinandersetzung mit seinen prophetischen
Gegenspielern über das Ergehen des Wortes nachdenkt. Dabei wird er zur
Unterscheidung zwischen altbekannten Offenbarungsweisen getrieben, indem er den Traum vom Wort her kritisiert, und gelangt »wohl erstmalig
geradezu zu einer Definition des Wortes Jahwes« (*J. Jeremias*, 319):

»Der Prophet, der einen Traum hat,
erzähle den Traum.
Wer aber mein Wort hat,
der rede mein Wort – getreu.
Was haben Stroh und Korn gemein? . . .
Ist nicht mein Wort wie Feuer – Spruch Jahwes –
und einem Hammer gleich, der Felsen zerschmettert?«
(Jer 23, 28 f; vgl. 23, 18 ff)

Gewiß liegt hier keine »Definition« vor, die Sein und Wesen des Wortes zu
bestimmen sucht, wohl aber ein bildhafter Vergleich, der Kraft und Wirksamkeit des Wortes sowohl veranschaulicht als auch behauptet (vgl. 15, 16;
20, 7 ff).

4. Darf man schon bei Jeremia oder erst bei dem namentlich unbekannten Exilspropheten *Deuterojesaja*, der sich schon auf die Erfüllung des
Wortes seiner Vorgänger berufen kann (Jes 44, 26; vgl. 41, 22 f u. a.), von
einer »Theologie des Wortes« sprechen? Jedenfalls finden sich hier
zwei schon durch ihre Stellung auffällige, geradezu programmatisch
wirkende Bekenntnisse zur Macht des Gotteswortes (Jes 40, 8; 55, 10 f); sie
bilden den Rahmen um das Buch dieses Propheten. Der Einsicht »Alles
Fleisch ist Gras« – d. h. menschliche Macht, selbst die Gewalt der
babylonischen Bedrücker, ist vergänglich (40, 6 ff; 51, 12) – tritt die Zusicherung entgegen:

»Das Wort unseres Gottes besteht in Ewigkeit.«

Behält das Wort Festigkeit und Dauer im Raum des Irdisch-Vergänglichen,
so vermag es sich in der andersgearteten Wirklichkeit durchzusetzen und
verdient darum auch gegen den Augenschein Vertrauen. Obwohl überraschend allgemein formuliert, will die Aussage doch nicht zeitlos, sondern
aus ihrer Situation verstanden sein. Das bleibend gültige Wort ist die Verheißung vom Ende des Exils und von der Offenbarung göttlicher Herrlichkeit vor aller Welt (40, 1 f. 5).

In Ezechiels Vision von der Wiederbelebung des im Exil hoffnungslosen Volkes er-
hält der Prophet den Auftrag, tote Gebeine mit dem lebenspendenden Wort des
Schöpfers anzureden (Ez 37, 4 ff; vgl. § 14b, 10).
Auch die Schlußsätze des Deuterojesajabuches, die noch einmal die Botschaft dieses
Propheten zusammenfassend bekräftigen, zielen auf Befreiung und Heimkehr: »In
Freude werdet ihr ausziehen!« (Jes 55, 12 f) Selbst das vielzitierte Gegensatzpaar
»meine Gedanken – eure Gedanken, meine Wege – eure Wege« (55, 9) bringt kaum,
wie man es üblicherweise versteht, Gottes Ferne und Freiheit, damit die Uneinsichtigkeit menschlichen Schicksals, zum Ausdruck, sondern will Gottes heilvolle Nähe zusprechen (vgl. Jer 29, 11 »Gedanken zum Heil und nicht zum Unheil«). Erwächst
jener Gegensatz nicht aus der Auseinandersetzung mit dem Selbstverständnis der
Zeitgenossen, die kleingläubig-zweifelnd von sich denken: »Mein Geschick ist vor
Jahwe verborgen« (Jes 40, 27; 49, 14)? In diesem Zusammenhang »hat die Prophetie
wohl das Umfassendste ausgesprochen über das Wort Jahwes und seine Aus-

wirkung . . .; die Dimensionen sind bis auf das letzte Denkmögliche und auch bis ins theologisch Grundsätzliche ausgeweitet« (*G. v. Rad*, TheolAT II⁴, 102):

»Wie Regen und Schnee vom Himmel herabfallen
und dorthin nicht zurückkehren,
ohne daß sie die Erde getränkt,
befruchtet und zum Sprossen gebracht haben,
so daß sie Samen zum Säen und Brot zum Essen schenkt –
so wird mein Wort wirken,
das aus meinem Munde ausgeht:
Es kehrt nicht leer zurück,
ohne daß es vollbracht hat, was ich wollte,
und ihm gelungen ist, wozu ich es sandte.« (Jes 55, 10 f)

Wenn auch die Wendung vom »Befruchten« des Regens an den Mythos vom Vater Himmel erinnert, der die Mutter Erde durch den als Samen gedachten Regen begattet, so ist die Vorstellung doch nur ein Bild. Der Unterschied beider Vorgänge in Natur und Geschichte bleibt gewahrt, wo die Gemeinsamkeit in der unbedingten Zuverlässigkeit des Geschehens entdeckt wird. Ähnlich dem Jeremiazitat (»mein Wort *wie* Feuer« 23, 29), aber nun in ausgeführterer Gestalt, will der Vergleich »wie – so« die Wirksamkeit des Wortes anschaulich machen. Dem Wort wird gleichsam schöpferische, jedoch keine naturhafte oder gar magische Kraft zugeschrieben. Wieder ist weder ein unbestimmt-inhaltsleeres noch ein objektiviertes, sondern das durch den Propheten ergehende Wort der Verheißung gemeint (vgl. Jes 44, 26; 45, 23). Wie schon in Jes 9, 7 »Ein Wort sandte der Herr« kann darum der Terminus »senden«, der der Prophetenbeauftragung entlehnt ist (6, 8; 61, 1; Jer 1, 7 u. a.), auf das Wort übertragen werden: »Ihm soll gelingen, wozu ich es sandte« (vgl. Ps 107, 20; 147, 15. 18). Damit geht etwas vom Charakter des Propheten selbst auf das Wort über. Es erscheint »in der Funktion eines Gottesboten« (*L. Dürr*), ist bevollmächtigt, bleibt aber in Dienst gestellt. Als Subjekt des Satzes wird es zum Träger einer eigenen Handlung, aber (noch) nicht zu einer Hypostase, einer substanzhaft gedachten Wesenheit oder personal selbständigen Mittlergestalt, die neben Gott oder gar an seine Stelle tritt.

Droht nicht die Gefahr, daß das Wort in solchen Texten zur mythischen Größe überhöht wird? Gewiß bringen sie den dynamischen Charakter und damit die Bedeutung des Wortes pointiert zur Geltung. Die aktuelle Situation und mit ihr »Inhalt« wie »Sachgehalt« des Wortes treten zurück, gehen aber keineswegs verloren – wenn man die Texte nicht aus ihrem Kontext löst. Bleibt dann nicht sogar der Anredecharakter des Wortes gewahrt?

»In Israel sind die altorientalischen Vorstellungen von der schöpferischen Macht des göttlichen Wortes auf Jahwe übertragen worden« (*H. J. Kraus*, zu Ps 147, 15 ff). Gilt dieses Urteil uneingeschränkt? Zweifellos finden sich in Israels Umwelt auffällig ähnliche Aussagen.

Altorientalische Zeugnisse preisen Erhabenheit und Gewalt, aber auch Dauer und Zuverlässigkeit des göttlichen Wortes: »Das Wort, das oben die Himmel zerreißt, . . .

unten die Erde erschüttert« bzw. »Dein Wort läßt Recht und Gerechtigkeit erstehen« (bei *L. Dürr*, 9. 17).

So ist auch in dieser Hinsicht ein altorientalischer Einfluß auf Israel möglich oder wahrscheinlich. Bemerkenswert bleibt allerdings, daß Texte, die sich am ehesten an altorientalische Vorbilder anlehnen, innerhalb prophetischer Literatur, ja wohl im Alten Testament überhaupt, erst in später Zeit – nach einem langen Weg des Glaubens und Denkens – auftauchen. Sind »mythisch-objektiv« klingende Aussagen über ein gleichsam selbständig wirkendes Gotteswort in Israel erst möglich, nachdem durch den geschichtlichen Zusammenhang wie den Kontext klargestellt ist, daß die Bezogenheit auf den Menschen nicht verlorengeht?

§ 15   Die Weisheit

1. Die Weisheitsliteratur – d. h. zunächst die Sprüche bzw. Proverbien, dann der Prediger bzw. Kohelet und das Hiobbuch – ist wohl der Bereich des Alten Testaments, der die engsten Berührungen mit dem alten Orient aufweist. Anders als die geschichtliche Erfahrung scheint Israels »Weisheit« auf einem vorgegebenen Wissen aufzuruhen, in das der Jahweglaube erst allmählich gestaltend eindringt. Das Alte Testament kann nicht nur Salomos Weisheit mit fremder vergleichen (1 Kön 5, 10), sondern kleinere Spruchsammlungen von Ausländern herleiten (Spr 30, 1; 31, 1; vgl. Hi 1, 1). Ja, ein Abschnitt des Sprüchebuches (22, 17–23, 11) läuft weithin der ägyptischen Weisheitslehre des Amenemope (vor 1000 v. Chr.) parallel.

Überhaupt war *Ägypten* das Land, in dem weisheitliches Denken gepflegt wurde und eine reiche Weisheitsliteratur entstand. Imhotep, Baumeister der ersten Pyramide (der Stufenpyramide von Saqqara, um 2600 v. Chr.), galt als der älteste Weisheitslehrer und Vorbild des Schreiberstandes. In der Tat war diese Literatur vorwiegend für die Schreiber- bzw. Beamtenschulen bestimmt, der Schüler wurde als »Sohn« des Lehrers angeredet. Ähnlich war die Situation im Zweistromland.

Die im Alten Testament erhaltenen weisheitlich geprägten Bücher – das Sprüche-, Prediger- und Hiobbuch – sind jüngeren Datums und erst in den »Schriften«, dem dritten Teil des hebräischen Kanons, vereint. Dennoch braucht Israels Weisheit kein spätes, nachexilisches Phänomen zu sein; denn sie konnte mannigfache Anregungen aus dem alten Orient, vorab aus Ägypten, empfangen. Außerdem setzen bereits die ersten Schriftpropheten Weisheitsdenken voraus:

»Wehe denen, die in ihren eigenen Augen weise
und vor sich selbst verständig sind!« (Jes 5, 21;
vgl. 5, 20; 31, 2; auch Am 6, 12 u. a.; dazu § 14b, 7)

So wird es in der Königszeit zumindest Einzelsprüche gegeben haben, wenn nicht am Hof bald Spruchsammlungen zusammengestellt wurden (Spr 25, 1). Als älteste Sammlungen gelten meist Spr 10–22 (V 16) und 25–29. Noch der Spätzeit erscheint Salomo als Urheber und Verkörperung der Weisheit (1 Kön 3; 5; Spr 1, 1; 10, 1; 25, 1; vgl. Koh 1, 1. 12; Hld 1, 1). Literarisch äußert sie sich jedoch auf höchst unterschiedliche Weise; gewiß war ein weiter Weg des Denkens und der Erfahrung zurückzulegen, bis in jüngerer nachexilischer Zeit umfangreiche, theologisch reflektierte Kompositionen, wie der Hiobdialog und das Predigerbuch, entstehen konnten.

2. Die Bezeichnung »weise«, die die einschlägigen Schriften des Alten Testaments prägt und miteinander verbindet, tritt in der entsprechenden altorientalischen Literatur zurück oder fehlt ganz. So spricht man in der Ägyptologie allgemeiner von »*Lebenslehren*«; Anliegen und Hauptinhalt dieses Schrifttums sind mit dem Begriff gut getroffen. Der Weise bedenkt menschliches Verhalten – in der Welt wie gegenüber dem Nächsten – und dessen Folgen, gibt überlieferte, altbewährte wie eigene Lebenserfahrung weiter. In ihr ist praktisches Wissen (wie es etwa der Handwerker hat: Jes 40, 20; Ex 31, 3 u. a.) mit mehr theoretischem verbunden und in poetische Sprache gefaßt. Weisheit erwächst aus einem Bemühen um Verständnis der natürlichen und sozialen, der dinglichen und persönlichen Umwelt, hilft damit dem Menschen, sich zurechtzufinden, auf Gefahren aufmerksam zu werden und Schaden zu meiden. Wer weisheitliche Einsicht hört und befolgt, sich in gegebene Ordnungen einzufügen versteht – sich für das Gute und Rechte einsetzt, nicht unbescheiden ist, bedächtig mit der Zunge umgeht (Spr 18, 21) usw. –, hat Glück, Ansehen, Erfolg, gewinnt Leben:

»Die Lehre des Weisen ist eine Quelle des Lebens,
den Fallstricken des Todes zu entgehen.« (Spr 13, 14;
vgl. 12, 28; 15, 24 u. a.)

Allerdings sind Erfahrungen nicht immer eindeutig, ja können in wechselnden Situationen gegensätzlich sein (26, 4 f; 11, 24; 17, 27 f; 18, 25 u. a.). So kommt es auf die Erkenntnis der rechten Zeit an (15, 23; vgl. 25, 11; Koh 3, 1 ff).

Das Alte Testament besitzt umgekehrt kein Äquivalent für den in Ägypten entscheidenden Begriff der *Maat*. Sie repräsentiert das rechte Maß wie die gerechte Ordnung in Gesellschaft und Welt und ist zugleich als Göttin personifiziert.
Israel kennt kaum eine einzige Welt, Geschichte und menschliches Verhalten durchziehende Grundordnung, sucht eher verschiedene, wechselnde Ordnungsbeziehungen zu entdecken. So werden die mannigfachen Vergleiche zwischen natürlicher und menschlicher Welt (Spr 25, 3. 14; 26, 1 ff. 11 u. a.), in die sich ein Schuß Humor einmischt (26, 14; vgl. 22, 13), verständlicher. Wie sie auf den Menschen zielen, so ist eine Naturweisheit, die sich im Alten Testament nur ansatzweise findet (1 Kön 5, 13), auf den Menschen bezogen (vgl. die Zahlensprüche Spr 30, 15 ff; auch Ps 104; Hi 38 ff u. a.).

Von ihrer Herkunft und ihrer Zielsetzung her ergibt sich, daß Weisheit weniger auf das Volk (Spr 11, 14; 4, 28; 28, 15; 29, 2. 18) als den *einzelnen* bezogen ist, weniger das Verhalten des rechten Israeliten als des Menschen schlechthin bedenkt. Dabei tritt gegenüber den ägyptischen »Lebenslehren« ein spezielles Beamtenethos zurück; die Sprüche sind nicht an einen bestimmten Stand oder eine Gruppe gebunden, sie wollen jedermann anreden. Erklärt sich dieser Unterschied auch daher, daß alttestamentliche Weisheit nicht nur am Hof (vgl. 23, 1 ff; 31, 1; dazu die Königsprüche 16, 10 ff; 20, 2. 8. 26; 25, 2 ff u. a.) und in der Schule, sondern auch in der Familie (4, 3 f) beheimatet ist, ihre Ursprünge nicht nur in die Hochkulturen, sondern auch ins Nomadentum zurückreichen?

Berühmt ist die Weisheit der nomadischen »Söhne des Ostens« (1 Kön 5, 10 f; Hi 1, 3; 2, 11; Jer 49, 7; Obd 8 u. a.). Das Alte Testament erzählt gelegentlich von weisen Frauen (2 Sam 14, 2; 20, 16. 22). Zudem sind die Erziehung wie das Verhalten zu Vater und auch Mutter wichtige Themen der Sprüche (10, 1; 15, 5. 20; 17, 25; 22, 6. 15; 23, 13 f. 24. 26; 29, 15 u. a.).
Die überlieferte Belehrung, »die der Schüler im jugendlichen Alter im Elternhaus erfahren hat, ... liefert das Fundament, auf dem der Weisheitslehrer aufbauen kann. So ist die väterliche Unterweisung ein wesentlicher Faktor einer weisheitlichen Traditionsbildung« (*O. Plöger*, zu Spr 4, 2 ff).
Allerdings wird sich hinter der – aus der elterlichen Unterweisung stammenden (vgl. 1, 8 f u. a.) – Anrede »Sohn« wie im Orient die Beziehung des Lehrers zum Schüler verbergen (so 4, 1 u. a.?). Gab es einen eigenen Stand der Weisen, die einen »Rat« zu erteilen hatten (Jer 18, 18)? Der kluge Ratgeber war am Königshof hoch geachtet (2 Sam 16, 23; vgl. Spr 14, 35; 20, 18; 24, 6; auch die messianische Erwartung Jes 11, 2).

3.   Nicht nur in weisheitlichem Denken beheimatet, aber doch für es grundlegend ist die Einsicht, daß sich im menschlichen Leben *Tun und Ergehen*, Verhalten und Schicksal entsprechen:

»Wie du getan hast, wird dir getan werden;
deine Tat fällt auf dein Haupt zurück.«
(Obd 15; vgl. Spr 12, 14)
»Wer eine Grube gräbt, fällt hinein,
und wer einen Stein wälzt, auf den rollt er zurück.«
(Spr 26, 27; vgl. Ps 7, 16 f; Koh 10, 8 f)
»Wer in Unschuld wandelt, wandelt sicher,
wer aber krumme Wege geht, wird ertappt.« (Spr 10, 9)

Wie Faulheit zu Armut, Fleiß zu Reichtum führt (Spr 10, 4; 11, 16; 28, 19; aber 11, 24), so bringt Bosheit Unheil, die gute Tat jedoch Heil, Leben (10, 2. 16; 11, 2. 18 ff; 22, 8 f u. a.). Darum »tut der Gütige (letztlich) sich selbst Gutes« (11, 17. 25). Statt von – einmaligem – Verhalten redet eine große Zahl von Sprüchen von einer – ständigen, gleichbleibenden, grundsätzlichen – Haltung oder Lebenseinstellung des Menschen, die sich in ver-

schiedenen Taten äußern mag. Ja, die Gegenüberstellung Gerechter –
Frevler, Weiser – Tor o. ä. unterscheidet »israelitische Weisheit von ihrer
Umwelt; was dort nur ganz am Rande festzustellen war, ist hier zum
tragenden Element geworden« (*H. H. Schmid*, 155). Durch die Kontrast-
begriffe schließen solche Aussagen (bes. 10, 1 ff) über die bloße Beobachtung
von Sachverhalten hinaus Wertungen ein. Verbirgt sich in ihnen die Aufforderung, sich auf seiten des Weisen, Gerechten oder Fleißigen zu
schlagen? Ausdrücklich wird der Anredecharakter erst in den Mahn-
worten, die mit Hinweis auf den Tun-Ergehen-Zusammenhang zu versöhn-
lichem Handeln aufrufen können:

»Hungert dein Feind, gib ihm Brot zu essen,
und dürstet ihn, gib ihm Wasser zu trinken;
denn feurige Kohlen häufst du auf sein Haupt,
und Jahwe wird es dir vergelten!«
(Spr 25, 21 f; zitiert Röm 12, 20; vgl. Spr 24, 17 f. 19 f; Ps 37, 1 f)

Ist auch in jenen Sprüchen, die den Zusammenhang von Tun und Ergehen als menschliche Erfahrung schlicht feststellen (wie 22, 8 f; 26, 27),
ein Gottesbewußtsein vorausgesetzt? Wird Gott hier als Wächter der
gleichsam gesetzmäßig gegebenen Ordnung verstanden, oder hat sie der
Schöpfer in den Ablauf der Welt eingegeben? Mit dem Gottesglauben
tritt in den Tun-Ergehen-Zusammenhang, ob dies von vornherein erkannt
und ausgesprochen wird oder nicht, nicht nur ein personales Element,
sondern auch ein Moment der Freiheit ein (vgl. 16, 1. 9; 19, 21; 21, 1. 31
u. a.). Deutlich ist jedenfalls innerhalb prophetischer Verkündigung, daß
Gott selbst das Schicksal offenbart und als Strafe für die Tat in Zukunft
herbeiführt (Am 4, 1 f; Jes 5, 8 f; Jer 22, 17 f u. a.).
Schon im alten Orient erschien der Tun-Ergehen-Zusammenhang, den
man auch als »synthetische Lebensauffassung« (*K. H. Fahlgren*) oder
»schicksalwirkende Tatsphäre« (*K. Koch*) charakterisiert hat, keineswegs
nur als naturgegebene, selbsttätige Ordnung, sondern zumindest auch als
Wirken eines Gottes – etwa verbunden mit Mahnungen zu sozialem Verhalten:

»Übe keine Gewalttätigkeit unter den Menschen;
denn Gott straft mit Gleichem!«
(Ptahhotep, 6. Lehre)
»Spanne nicht deinen Bogen
und schieße nicht deinen Pfeil auf den Gerechten,
damit nicht der Gott ihm zu Hilfe kommt
und ihn auf dich zurückfallen läßt!«
(Sprüche Achiqars 126; AOT 460)
»Gib Brot zu essen, gib Wein zu trinken!
Wer um Almosen bittet, den bekleide und ehre!
Darüber freut sich sein Gott über ihn,
das gefällt (dem Sonnengott) Schamasch,
er vergilt es ihm mit Gutem.« (AOT 292)

Ähnlich zieht das Alte Testament aus dem Glauben, daß Gott »dem Menschen gemäß seiner Tat vergilt« (Spr 24, 12; vgl. Jer 17, 10) bzw. die Tat auf den Täter »zurückwendet« (Ps 28, 4; 94, 2), ethische Konsequenzen:

»Wer sich des Geringen erbarmt, leiht Jahwe;
er wird ihm seine (gute) Tat vergelten.«
(Spr 19, 17; vgl. o. zu 25, 21 f)

Daß die Armen auf Gott vertrauen können, ist dem Alten Testament so wichtig, daß es in die aus der ägyptischen Weisheitslehre des Amenemope übernommenen Sprüche (22, 17 ff) dieses Bekenntnis einfügt (22, 23; 23, 11; auch 22, 19) und ähnlich vielfach ausspricht (14, 21. 31; 17, 5; 21, 13; 22, 9; 24, 11 f; auch Ex 22, 22 f. 26 f u. a.).

Vergeltung ist allein Sache Gottes; so kann Hoffnung auf Gott zum Verzicht auf persönliche Vergeltung führen:

»Sprich nicht: ‚Ich will Böses vergelten!'
Harre auf Jahwe; er wird dir helfen!«
(Spr 20, 22; vgl. 24, 12. 29; 1 Sam 24, 13; auch Röm 12, 19)

In manchen Mahnungen und Warnungen erinnern die Sprüche an den Dekalog (28, 24; 6, 20 ff; 19, 5 u. a.); doch suchen sie Einsicht zu wecken, während er unbedingt und vorbehaltlos fordert.

4.   Bei ihrem Bemühen, die Stellung des Menschen in seiner Umwelt zu bestimmen, ist sich die Weisheit der Grenzen menschlicher Einsicht bewußt. Der Mensch, auch der König, bleibt sich selbst entzogen:

»Wasserbächen gleich ist das Herz des Königs in Jahwes Hand;
er leitet es, wohin es ihm immer gefällt.«
(Spr 21, 1; vgl. 25, 2)
»Des Menschen Herz erdenkt sich seinen Weg,
aber Jahwe lenkt seinen Schritt.«
(Spr 16, 9; vgl. 19, 21; 21, 30 f; Gen 50, 20)
»Dem Menschen (gehören) die Entwürfe des Herzens,
aber von Jahwe (kommt) die Antwort der Zunge.« (Spr 16, 1)

Wenn die Verknüpfung von Denken bzw. Wollen und Handeln, ja von Denken und Reden unerkennbar und unverfügbar bleibt – »wie kann der Mensch seinen Weg verstehen?« (20, 24) Darum gebührt dem Menschen, bescheiden zu sein und Demut zu üben:

»Jeder Hochmütige ist Jahwe ein Greuel.«
(16, 5; vgl. 16, 18 f; 18, 12; 22, 4; 29, 23 u. a.)
»Siehst du einen Menschen, der sich selbst weise dünkt –
ein Tor hat mehr Hoffnung als er.«
(26, 12; vgl. 3, 5 ff; 21, 30; Jes 5, 21; Jer 9, 22 f)

Auch sonst greifen die Sprüche über unmittelbar Erfahrbares hinaus, indem sie in vielfältiger Weise von Jahwe reden und dabei ein im mensch-

lichen Schicksal unberechenbares, ja undurchschaubares Moment zur
Geltung bringen:

»Jahwes Segen ist es, der reich macht,
und nichts fügt (eigenes) Mühen ihm hinzu.«
(Spr 10, 22; vgl. 16, 3; 21, 31; Ps 127, 2)
»Totenreich und Unterwelt liegen offen vor Jahwe –
und wieviel mehr die Herzen der Menschen!«
(Spr 15, 11; vgl. 15, 3; 1 Sam 16, 7 u. a.)
»Alle Wege eines Mannes sind rein in seinen Augen,
wer aber die Geister prüft, ist Jahwe.«
(Spr 16, 2; 21, 2; vgl. 17, 3; Jer 17, 10)

Gottes Urteil hilft, zwischen Recht und Unrecht zu unterscheiden; denn
falsche Waage, verkehrtes Herz oder lügnerische Zunge sind »Jahwe ein
Greuel« (Spr 11, 1. 20; 12, 22; 17, 15 u. a.). Er ist Schutz wie Schöpfer der
Armen (14, 31; 17, 5; o. § 11 f, 5). Ihm verdankt aber auch der Reiche sein
Leben; so wird unter den sozialen Gegensätzen eine grundlegende Gemein-
samkeit der Menschen entdeckt:

»Reich und arm begegnen sich;
der sie alle (d. h. beide) schuf, ist Jahwe.«
(Spr 22, 2; vgl. 16, 4. 11; 20, 12; 29, 13)

Trotz so gewichtigen – insgesamt allerdings eher vereinzelten – Aussagen
darf man die weisheitliche Denkbemühung kaum ohne Vorbehalt einer
»Schöpfungstheologie« zuordnen, es sei denn, der Begriff werde so ausgeweitet, daß er überhaupt die Wirklichkeitserfahrung des Menschen umfaßt.

In Korrektur seiner früheren Auffassung, nach der die Weisheit »anthropozentrisch«
nach dem Glück des einzelnen »autonomen« Menschen fragt (ZAW 51, 1923,
177 ff), hat *W. Zimmerli* später (Gottes Offenbarung, 1963, 302) wohl zu stark betont: »Die Weisheit des Alten Testamentes hält sich ganz entschlossen im Horizonte
der Schöpfung. Ihre Theologie ist Schöpfungstheologie.«

Ein einziger Spruch verweist auf Gottes Barmherzigkeit gegenüber dem,
der seine Schuld eingesteht. Bricht der Glaube damit nicht den Zusammenhang von Tun und Ergehen auf, auch wenn er sich in dieser Sprache aus-
drückt?

»Wer seine Sünden bedeckt, hat kein Glück,
wer aber bekennt und läßt, findet Erbarmen.«
(Spr 28, 13; vgl. Ps 32, 3 ff)

So weiß die Weisheit um Liebe und Vergebung (auch Spr 10, 12; 16, 6
u. a.), obwohl sie gegenüber dem Kult, jedenfalls dem Opferkult, un-
verkennbar Zurückhaltung übt (o. § 9 c, 6).

5. Erscheint die Weisheit in dem ursprünglich wohl selbständigen Lied
Hi 28 als eine dem Erz vergleichbare, dinghafte, dem Menschen jedoch un-

erreichbare Größe, so wird sie in der vermutlich jüngsten Sammlung des Sprüchebuches, in der die Worteinheiten weit länger sind (Kap. 1–9), *personifiziert*. Wirken darin altorientalische Vorstellungen von einer weiblichen Gottheit nach? Die Weisheit empfiehlt sich selbst (Spr 1, 20 ff) und grenzt sich gegenüber Frau Torheit ab (9, 1 ff), wird aber noch nicht oder höchstens ansatzweise zu einer selbständigen Hypostase neben Gott. Hat nach Spr 3, 19 f »Jahwe in Weisheit die Erde gegründet«, so gilt sie noch als Eigenschaft Gottes (vgl. Ps 104, 24), wird aber in Spr 8, 22 ff zum Erstling der Schöpfungswerke. Obwohl sich die Weisheit selbst vorstellt, verweist sie zunächst auf Gott; er bleibt (wie Spr 3, 19) betont Subjekt des Einleitungssatzes:

»Jahwe schuf mich als Anfang seines Waltens,
als erstes seiner Werke, vorlängst ...
Als die Urfluten noch nicht waren, wurde ich geboren ...
Als er den Himmel errichtete, war ich dabei,
als er den Kreis – das Himmelsgewölbe oder den Horizont –
    über dem Urmeer festsetzte,
als er die Wolken droben befestigte,
als er die Quellen des Urmeeres ,stark machte‘,
als er dem Meer seine Grenze setzte ...
Da war ich ihm zur Seite
    als Liebling (Kind, kaum: Werkmeister)
und war (seine) Wonne Tag für Tag,
spielte vor ihm alle Zeit.« (Spr 8, 22–30)

Die Weisheit ist weder göttlich noch ewig, vielmehr geschaffen, aber vor allem Seienden. Ihr ehrwürdiges Alter, die Anwesenheit bei der Erschaffung der Welt sowie ihre Nähe zu Gott erweisen ihre Überlegenheit. Ihre Bedeutung, ja Notwendigkeit für den Menschen (V 31 ff) ist das Ziel der Rede: »Wer mich findet, findet Leben und erlangt Wohlgefallen vor Jahwe« (V 35).
Eine Einsicht, die sich schon in der älteren Weisheit findet: »Die Jahwefurcht ist eine Quelle des Lebens« (14, 26 f; vgl. 15, 16 u. a.), führt darüber hinaus und wird zum Grundgedanken der Sammlung von Kap. 1–9, damit zugleich zum Motto des ganzen Buches:

»Die Jahwefurcht ist der Anfang der Weisheit.«
(Spr 1, 7; vgl. 9, 10; 15, 33; Ps 111, 10; Hi 28, 28)

Ist die Ehrfurcht vor Jahwe der Eingang oder das Hauptstück der Weisheit, so ist sie damit endgültig in den alttestamentlichen Glauben eingefügt (vgl. Jer 9, 22 f).

6.   Sie bleibt mit dem Glauben verbunden, als sich tiefgreifende Zweifel am Recht ihrer Erkenntnis einstellen. Nach den Sprüchen entscheidet die Einstellung des Menschen über seine Zukunft:

»Die Hoffnung der Gerechten bringt Freude,
aber die Erwartung der Frevler wird zunichte.«
(Spr 10, 28; vgl. 11, 7. 23; 24, 20; Hi 4, 6; 8, 13)

Das Selbstverständnis und Verhalten des Menschen (des »Gerechten« bzw.
»Frevlers«) bestimmt, ob seine Hoffnung wahr oder verfehlt, recht oder
unrecht ist. In dieser Aussage verbirgt sich der Glaube an die von Gott auf-
rechterhaltene gerechte und heilsame Ordnung, die dem, der sich an sie
hält, Zukunft gewährt, während derjenige, der ihr widerstrebt, scheitert.
Dieses Vertrauen geht *Kohelet* verloren; ihm wird die Unterscheidung,
nach der nur »der Böse keine Zukunft hat« (Spr 24, 20) fraglich:

»Es gibt Gerechte, denen es nach dem Tun der Frevler ergeht,
und es gibt Frevler, denen es nach dem Tun der Gerechten ergeht.«
(Koh 8, 14; vgl. 7, 15; 9, 2)

Dieser »Prediger« (wie Luther den Namen übersetzt) schrieb seine
Reflexionen oder Sentenzen wohl im 3. Jh. v. Chr. und mag dabei nicht nur
durch altorientalische Vorbilder (vgl. *O. Loretz*), sondern auch durch die
»frühhellenistische Popularphilosophie« (*R. Braun*), speziell die Skepsis,
angeregt sein. Er ist ein eigenständiger oder gar eigenwilliger Denker, der
auf weisheitlichen Erkenntnissen aufbaut, um über sie hinauszuschreiten
und ihnen gegenüberzutreten. Zwar gesteht er zu, daß Weisheit mehr
Nutzen bringt als Torheit: »Der Weise hat seine Augen im Kopf, der Tor
aber tappt im Finstern« (2, 13 f; vgl. 4, 5 f. 13; 8, 1; 9, 17 ff u. a.), jedoch
hat dieser Vorzug keinen Bestand (1, 17; 2, 16 u. a.).
Wie gelegentlich der Psalmenbeter »Ich bin jung gewesen, alt geworden,
aber nie sah ich den Gerechten im Stich gelassen« (Ps 37, 25; vgl.
Spr 24, 30 ff) schreibt Kohelet gerne im Ichstil (1, 12 ff), macht aber gegen-
teilige Erfahrungen: »Unter der Sonne«, d. h. auf Erden, herrscht Unrecht
(3, 16; 4, 1; 5, 7; 8, 9), Umkehrung der Ordnung (10, 6 f); der Mensch ist
böse (8, 6. 11).

»Bei den Menschen gibt es keinen Gerechten auf Erden,
der (nur) Gutes täte und nicht sündigte.« (7, 20;
vgl. Spr 20, 9; Hi 4, 17; 14, 4; 15, 14;
auch Ps 14, 2 f; 143, 2; Gen 6, 5; 8, 21; 1 Kön 8, 46 u. a.)

Kohelet radikalisiert jene ältere Einsicht »Wie kann der Mensch seinen
Weg verstehen?« (Spr 20, 24) zu dem Zweifel (Koh 6, 12): »Wer weiß, was
für den Menschen im Leben gut ist?« So fragt Kohelet nicht mehr nach hier
oder da aufspürbaren Ordnungsbezügen, sondern nach dem Ganzen des
Daseins (1, 3; vgl. 3, 9): »Was hat der Mensch für Gewinn bei all seiner
Mühe?« Es sind vor allem drei ineinander verflochtene Grundgedanken,
die Kohelet über den Ansatz der Weisheit hinaus fragen lassen, was als Ertrag des Lebens bleibt, und ihm zugleich Zurückhaltung in der Antwort
aufnötigen. Sie betreffen das Verhältnis von Tun und Ergehen, die Zukunft
und den Tod.

Zum einen: Der Gerechte kann umkommen, der Frevler lange leben (8, 14; 7, 15). Zwischen Tun und Ergehen, Handeln und Schicksal besteht kein einsichtiger Zusammenhang, der den Lebensablauf erklären und sinnvoll machen könnte. »Weil aber das Urteil über die böse Tat nicht bald vollstreckt wird, darum füllt sich das Herz der Menschen damit (d. h.: er wird ermutigt), Böses zu tun.« (8, 11)

Zum andern: »Der Mensch kennt nicht seine Zeit«, ist Zeit und Zufall ausgeliefert (9, 11 f; vgl. 3, 1 ff). Insbesondere die Zukunft ist dem Menschen verborgen: »Wer kann dem Menschen sagen, was nach ihm unter der Sonne sein wird?« (6, 12; vgl. 3, 22; 8, 6 f; 10, 14 u. a.) Den Erfolg seiner Mühe muß er einem anderen überlassen (2, 18 f. 21; 5, 12 ff). Baut die Weisheit auf dem Grundsatz auf: »Das Gedenken an den Gerechten bleibt zum Segen, während der Name der Gottlosen verwest« (Spr 10, 7; vgl. 24, 20), so gibt Kohelet – wie schon die Propheten (Jer 5, 1; 6, 28 f u. a.) – diese Zweiteilung auf: »Es gibt kein Andenken an den Weisen, ebensowenig wie an den Toren.« (2, 16; vgl. 1, 11; 9, 5)

Zum dritten: Der Fromme wie der Gottlose, der Reine wie der Unreine haben ein und dasselbe Geschick (9, 2 ff; 2, 14 ff); der Tod hebt nicht nur soziale, sondern auch ethische und religiöse Unterschiede auf:

»Das Geschick des Menschen ist gleich dem Geschick des Viehs.
Ein und dasselbe Geschick haben sie.
Wie dieses stirbt, so sterben auch jene.
Einen (gleichen) Odem haben sie alle.
Alle gehen an einen Ort.
Alle sind aus Staub geworden,
und alle kehren zu Staub zurück.«
(3, 19 f; vgl. 9, 2 ff; u. Exkurs 8, 3)

Infolge der Bedrängnis durch die Unerkennbarkeit der Lebensordnung und durch das allgemeine Todesschicksal preist Kohelet »die Freude, da es unter der Sonne für den Menschen nichts Besseres gibt, als daß er esse, trinke und sich freue. Das kann ihn begleiten in seiner Mühsal« (8, 15; 2, 24; 3, 22; 5, 17 ff; 9, 7 ff). Aber selbst auf die Aufforderung, es mit der Lebensfreude zu versuchen, erfolgt der Einspruch: »Auch dies ist eitel« (2, 1; vgl. 2, 3–11; 11, 10; dazu das Motto 1, 2; 12, 8). Ist der Tod dann nicht vorzuziehen (2, 17; 4, 2 f; vgl. 1 Kön 19, 4; Hi 3 u. a.)?

Trotz aller Skepsis ist Kohelet kein Tor, der »in seinem Herzen spricht: Es ist kein Gott« (Ps 14, 1; vgl. § 18, 3). Vielmehr nimmt Kohelet den Lauf der Welt wie das Auf und Ab des Lebens »aus Gottes Hand« (2, 24 f); was der Mensch hat, ist Gottes Gabe (3, 13; 5, 17 f; 9, 9 u. a.). Die mannigfachen Phänomene des Daseins werden – auch in ihrer Undurchsichtigkeit – aus dem Gegenüber zu dem einen Gott verstanden; was er bestimmt, vermag der Mensch nicht zu ändern: »Man kann nichts hinzufügen und nichts wegnehmen. Gott hat es so gemacht, daß man ihn fürchte« (3, 14; vgl. 6, 10; 7, 13; 9, 1). Nicht Gott, aber die Erkennbarkeit seines Wirkens wird geleugnet: Der Mensch kann es nicht erfassen (3, 11; 8, 17; vgl. 7, 24. 29).

Die Geschichte mit dem Bekenntnis zu Führung und Rettung Gottes sowie der (prophetische) Ausblick auf Gottes Zukunft treten bei Kohelet ganz zurück; doch an der Ausschließlichkeit des Glaubens, damit am ersten Gebot, hält er streng fest (bes. 7, 14). Er schweigt von Dank und Hoffnung, betont die Gottesfurcht (3, 14; vgl. 5, 6; aber ohne Übermaß: 7, 16 f). Weiß Kohelet nur um Gottes Vorsehung, nicht um Gottes Liebe, ist es ein Glaube ohne Vertrauen?

7. Ganz anders im *Hiobbuch*, das ein wenig früher entstanden, von seinen Anfängen in der Hioberzählung (Kap. 1–2; 42, 7 ff) über die Gestaltung des Dialogs (Kap. 4–31 nach der Klage Kap. 3) bis zur Einfügung von Zusätzen (wie Kap. 28; 32–37) aber über einen längeren Zeitraum (etwa 5.–3. Jh.) gewachsen sein mag. Kohelet (6, 10) wie Hiob (bes. 9, 12 ff. 19. 32 f) ist die Einsicht gemeinsam, daß der Mensch nicht mit Gott zu rechten vermag. Aber trotz Eingeständnis seiner Hilflosigkeit gibt Hiob nicht auf. Am Glauben und Leiden dieses Nicht-Israeliten (aus dem Lande Uz) zeigt das Alte Testament auf, was »Gottesfurcht« heißt (1, 1; 2, 3; vgl. Ez 14, 14).

Vorausgesetzt ist, daß Hiob unschuldig leidet (9, 21; 23, 10 ff; 27; 31) – ein Problem, das schon der alte Orient in verschiedenartigen Texten bedenkt (vgl. RTAT 157 ff). So ist der Zusammenhang von Tun und Ergehen, von Schuld und Leiden, an dem die »Freunde« trotz Hiobs Einwänden starr festhalten (4, 7 ff bis 22, 5 ff), durchbrochen.

Für Hiob ist es das wahrhaft Bedrängende und Erschütternde, daß Gott selbst ihn – letztlich grundlos – verfolgt, bedrückt (7, 12 ff; 16, 9 ff; 19, 6 ff), »Hoffnung zunichte macht« (14, 19):

»Er brach mich nieder um und um, und ich fahre dahin,
er riß meine Hoffnung aus wie einen Baum.« (19, 10)

Gegen den Gott, der ihm das Recht nimmt (27, 2; vgl. 9, 20 ff), ruft Hiob den Gott an, der ihm in der Not hilft und für sein Recht eintritt:

»Im Himmel ist mein Zeuge
und mein Bürge in der Höhe.« (16, 19–21)
»Ich weiß, daß mein Löser (Rechtshelfer) lebt ...
Auch ohne Fleisch werde ich Gott schauen.« (19, 25 f; vgl. Exkurs 8, 7)

Als Hiob wirklich die ersehnte (31, 35–37) Antwort (Kap. 38 f; 40 f) erhält, wird er über Gottes Weltregiment belehrt und damit zum Nachdenken genötigt: Hiob erfährt sich »als begrenzt in Zeit, Macht, Wissen und Können vor dem in allem und von Anfang an wirkenden, unendlich überlegenen und unbegreiflichen Gott« (E. *Würthwein*, Wort und Existenz, 1970, 215). So gibt Hiob doch Gott Recht, »widerruft« seine Klagen und Anklagen und kehrt nach allem Aufbegehren zur Demut vor Gott zurück:

»Von Hörensagen hatte ich von dir gehört,
nun aber hat mein Auge dich gesehen.
Darum widerrufe ich
und bereue in Staub und Asche.«
(42, 5 f; vgl. 2, 8; 40, 3)

Gott entscheidet für Hiob gegen die Freunde (42, 7): »Ihr habt nicht recht
von mir geredet wie mein Knecht Hiob.« In der Wende des Geschicks wird
Hiob das Verlorene reich erstattet (42, 10 ff) – was er von sich aus nicht er-
beten hatte, wird ihm »dazugegeben« (vgl. Mt 6, 33). So scheint die Erzählung am Schicksal eines einzelnen und seinem Verhalten das Bekenntnis darzustellen: »Jahwe macht arm und macht reich, erniedrigt und erhöht« (1 Sam 2, 6 ff; Dtn 32, 39).

Der Beter von Ps 73, der ebenfalls von dem Mißverhältnis zwischen Tun
und Ergehen der Menschen bedrängt wird, geht einen Schritt weiter als das
Hiobbuch: Den Glaubenden »hält« Gott selbst im Tod (V 23 ff; u. Exkurs
8, 8).

Wie im Psalter (auch Ps 37 u. a.), so findet sich weisheitliches Gedankengut weit über
die Weisheitsliteratur hinaus. Etwa die Propheten können weisheitliche Erkenntnis
aufnehmen (Jes 1, 2 f; 11, 2; 40, 12 ff u. a.) oder ihren Zeitgenossen, die sich selbst
weise dünken (5, 20 f; vgl. 44, 25; 47, 10 ff), entgegenhalten: »Auch er, Jahwe, ist
weise!« (31, 2; vgl. 29, 14)

IV

Die Spätzeit

1. Ist die rund vier Jahrhunderte umfassende Epoche des israelitischen Königtums recht gut überschaubar, so sind die historischen Nachrichten über die exilische und nachexilische Zeit weitaus geringer. Die endgültige Eroberung Jerusalems durch Nebukadnezzar 587/6 v. Chr. zerbrach gleich dreifach die sichtbaren Fundamente des Jahweglaubens: Tempel, Daviddynastie und Landbesitz.

»Deine heiligen Städte sind zur Wüste geworden,
Zion ist zur Wüste geworden,
Jerusalem zur Einöde.
Unser heiliges, herrliches Haus,
in dem unsere Väter dich lobten,
ist ein Raub der Flammen geworden.« (Jes 64, 9 f; vgl. Klgl 5, 18; Hag 2, 3)
»Unser Lebenshauch, der Gesalbte Jahwes,
wurde gefangen.« (Klgl 4, 20)

Die Geschichte machte die Verwirklichung jahrhundertealter Verheißungen rückgängig, bzw. die Verheißungen erwiesen sich selbst als geschichtlich überholt. Die (Heils-)Propheten hatten »Trug und Tünche geschaut«, falsche Auskunft erteilt (Klgl 2, 14). Dagegen hatten sich die prophetischen Drohungen, nach denen sich Gottes Macht im Leiden des Volkes erweisen werde, erfüllt:

»Jahwe hat vollbracht, was er vorhatte,
sein Wort erfüllt,
was er seit frühen Tagen befohlen,
hat niedergerissen ohne Erbarmen,
den Feind über dich frohlocken lassen,
das Horn (die Macht) deiner Bedränger erhoben.« (Klgl 2, 17)

Ein solcher Einschnitt brachte notwendig tiefgreifende Änderungen in Israels Gottesverständnis mit sich, aber am Verlust ist der Glaube zugleich gewachsen. Doch gab es keinen völligen Bruch, da die Babylonier im wesentlichen wohl nur die Oberschicht deportierten und anscheinend der größere Teil der Bevölkerung im Lande blieb (vgl. 2 Kön 25, 12; Jer 39, 10; 40, 6). Diese »Alt-Judäer« scheinen den Gottesdienst auf dem Tempelplatz auch nach Zerstörung des Heiligtums fortgesetzt zu haben; erst das spätere chronistische Geschichtswerk (mit Esra und Nehemia als Abschluß) nimmt eine Unterbrechung des Kults in Jerusalem an, weil es – im Anschluß an die prophetische Botschaft – mit einer völligen Exilierung rechnet und in den Deportierten die Rechtgläubigen sieht (vgl. Esr 1). So bestand selbst in Palästina eine gewisse Kontinuität, auch hier wurden Überlieferungen bewahrt und weitergeführt. Aber von jetzt ab war das Volk gespalten. Die noch im Lande Ansässigen hatten sich neu zu besinnen; erst recht trieb die »Gola« – die Deportierten der Jahre 597 und 587/6 (2 Kön 24, 14–16; 25, 11; Jer 52, 28–30) – das theologische Denken weiter. Man kann sich fragen, welcher Seite jeweils die Neuansätze zuzuschreiben sind. Jedenfalls treten vom Exil ab einige Züge immer schärfer hervor, die nicht so sehr der Vergangenheit verhaftet sind, als vielmehr auf die künftige Entwicklung verweisen. So ergibt sich in mancherlei Hinsicht das Recht, die Anfänge des *Judentums* eben in die Exilszeit zu verlegen; aus dem einstigen Stämmeverband wurde die jüdische Gemeinde.

Über das Ergehen der nach Babylon umgesiedelten Judäer ist wenig bekannt. Die Zwangsverschleppten waren (trotz Jes 42, 7. 22; 45, 2) kaum als Gefangene eingesperrt, sondern lebten in Ortschaften beieinander (Ez 3, 15; Esr 2, 59) als Untertanenbevölkerung, die billige Arbeitskräfte geliefert haben mag. Nach Jer 29, 5 f war es ihnen möglich, Häuser zu bauen, Gärten anzulegen und von dem Ertrag zu leben. Die Ältesten konnten zusammenkommen (Ez 8, 1; 14, 1; 20, 1), so wenn einer erzählte oder vorsang (33, 30–33). Aber die daheimgebliebenen Jerusalemer urteilten: »Sie sind fern von Jahwe« (11, 15; vgl. 33, 24). Das Land war »fremd« (Ps 137, 4), »unrein« (Ez 4, 13), kein Boden, auf dem man rechtmäßig Gott verehren durfte (vgl. 1 Sam 26, 19; Hos 9, 3 f; Am 7, 17; Jer 16, 13). Nur Klagefeiern waren gestattet (vgl. außer den »Klageliedern«: Sach 7, 3. 5; 8, 19; auch Ez 11, 16 u. a.; o. § 9b, 4). Zu diesen Gebetsgottesdiensten wie zur Beschneidung und zum Einhalten der Sabbatruhe bedurfte man nicht des Tempels. So blieb die Sehnsucht nach dem Zion stark (Ps 137; Jer 51, 50).

Trotzdem kehrten die Exilierten nicht geschlossen in ihre Heimat zurück, nachdem sie (nach der Eroberung Babylons durch Kyros 539 v. Chr.) unter persischer Herrschaft die Möglichkeit erlangten. Viele verharrten – trotz mehreren Rückwanderergruppen (vgl. Esr 2; 7) – freiwillig in der Fremde; aus der zwangsweise deportierten Gola wurde die *Diaspora*. Wie günstig sich die Lebensbedingungen in persischer Zeit gestalten konnten, zeigen die in Nippur gefundenen Geschäftsurkunden des Bankhauses »Muraschu und Söhne« aus dem 5. Jh., in denen sich auch Namen von Judäern finden. So wandelte sich in der Fremde notwendig die Sozialstruktur: Die Juden wurden zu Kaufleuten. Doch bildete sich die Diaspora keineswegs nur aus der babylonischen Exilsgemeinde. Die Verbannung der Israeliten des Nordreichs nach Assyrien und Medien war fast anderthalb Jahrhunderte vorausgegangen (2 Kön 15, 29; 17, 6). Dabei hatten die Eroberer die noch härtere Taktik befolgt, die Unterworfenen unter fremde Völker zu zerstreuen, damit sie allmählich in ihnen aufgingen und mit dem Zusammenhalt untereinander auch ihre Eigenart verlören. Schließlich folgte den Wirren nach 587 eine Auswanderung der Judäer nach Ägypten auf der Flucht vor der Rache der Bayblonier (2 Kön 25, 26; Jer 43, 7; 44, 1; 24, 8; vgl. auch Dtn 17, 16; Sach 10, 10). Eine Diaspora in Ägypten ist außerdem durch die *Elephantine*-Papyri bezeugt, die von einer Militärkolonie auf der Nilinsel stammen. Dort taten im 6. und 5. Jh. v. Chr. jüdische Söldner Dienst, die einen eigenen Tempel mit synkretistischem Kult hatten, in dem neben Jahwe die Gottheiten Anat-Bet-El bzw. Anat-Jahu und Ascham-Bet-El (»Name Bet-Els«; vgl. 2 Kön 17, 30) – vielleicht als Hypostasen Jahwes – verehrt wurden.

Seit der Zeit des letzten babylonischen Königs Nabonid lassen sich auch jüdische Siedlungen in Arabien vermuten. Bis nach Griechenland wurden jüdische Sklaven verkauft (Am 1, 6. 9; Joel 4, 6. 8; Ez 27, 13; vgl. 2 Chr 21, 16 f; auch Obd 20 von Exulanten in Kleinasien). Dabei bot nicht nur das Kriegswesen (mit Söldnertum, Deportation, Flucht oder Sklaverei) Anlaß zur Entstehung der jüdischen Diaspora, nicht weniger entscheidend war das Handelswesen. In der näheren und weiteren Umwelt Palästinas vergrößerten sich die Handelskolonien (vgl. schon 1 Kön 20, 34; 10, 28 f) zu festen Niederlassungen. Als im persischen Großreich und zumal nach der Alexanderherrschaft in hellenistischer und römischer Zeit die Welt stärker erschlossen war, lockte die Auswanderung. Schließlich gab es beträchtliche Judengemeinden nicht nur in den kleineren Nachbarländern (Jer 40, 11), in Ägypten (Jes 19, 18–20) und Mesopotamien, sondern im ganzen Mittelmeerraum, ja in der gesamten damals bekannten Welt (11, 11 f; 1 Makk 15, 16–24; Apg 2, 9–11). Berühmte Zentren der griechisch sprechenden Diaspora waren Alexandria in Unterägypten, wo die Septuaginta entstand, und Antiochien in Syrien; hier wurden alttestamentliche Überlieferung und hellenistischer Geist miteinander vermittelt.

Nach dem Siegeszug des Kyros (vgl. Jes 44, 28 f; Esr 1, 1) war auch das Heimatland Juda aus einer babylonischen zu einer persischen Provinz geworden. Entgegen den Verheißungen des Exilspropheten Deuterojesaja (Jes 40 ff) erfolgte die Heimkehr der Verbannten nicht einheitlich, erst recht nicht wunderhaft, sondern allmählich in einzelnen Schüben und unter armseligen Bedingungen. »Israeliten können wieder im Verheißungslande leben, aber unter fremden Herren, und der Tempel ist zwar wieder erbaut, aber er ist nicht das Zentrum eines in seinem Lande vereinten Volkes« (*O. H. Steck*, 455). Schon Esr 3 erzählt von einem Altarneubau und der Grundsteinlegung des *Tempels*, aber der Wiederaufbau geschah nicht mehr unter der Regierung des Kyros, der die Erlaubnis erteilt hatte (Esr 6, 3–5), sondern erst etwa zwei Jahrzehnte später, in den Jahren 520–515 v. Chr., auf Drängen der Propheten *Haggai* und *Sacharja* hin (Esr 5, 1 f; 6, 14 f). Dagegen blieben die messianischen Hoffnungen, die sich beide (Hag 2, 21–23; Sach 4; 6, 9–15; vgl. § 12d, 7) auf den Davididen Serubbabel richteten, unerfüllt; das Königtum wurde nicht mehr erneuert.

Später sorgten *Nehemia*, der zunächst Mundschenk des Perserkönigs, dann Statthalter in Juda war (Neh 1, 14; 5, 14), nach außen mit dem Mauerbau um Jerusalem (Neh 2–7; 12, 27–43) und *Esra*, der »Priester« und »Schreiber« (Esr 7, 11 ff u. a.), nach innen mit der Verpflichtung auf das Gesetz (Neh 8) für die Festigung und Absonderung der Gemeinde (Verbot der Mischehe: Esr 9 f; Neh 13, 3. 23 ff; vgl. Mal 2, 11 f). War das »Gesetz des Himmelsgottes«, das Esra in Begleitung einer Rückwanderergruppe aus Babel mitbrachte (Esr 7, 12 ff), das Deuteronomium, die Priesterschrift (einschließlich dem Heiligkeitsgesetz Lev 17–26) oder nicht doch bereits das Pentateuchganze?

In diesen Auseinandersetzungen (Neh 2, 10. 19; 3, 33 ff; schon Hag 2, 14?) zeichnete sich die Abtrennung der *Samaritaner* ab, die dann im 4. oder 3. Jh. unwiderruflich wurde (Sach 11, 14; Joh 4, 20). Zu dieser Zeit lag der Pentateuch als vorgegebener Kanon und bindendes Gesetz bereits vor und wurde von den Samaritanern mit übernommen. Erst später vollzog sich die endgültige Bildung des Prophetenkanons (etwa im 3. Jh.) und schließlich der Heiligen Schrift als ganzer (um 100 n. Chr.).

Nachdem Alexander der Große im Jahre 332 das Erbe des Perserreiches angetreten hatte, fiel Palästina bei der Aufteilung des Herrschaftsgebietes in die Diadochenreiche für ein Jahrhundert (301–198 v. Chr.) unter die Oberhoheit der ägyptischen Ptolemäer, dann der syrischen Seleukiden. Als Antiochus IV. Epiphanes im Zuge seiner Hellenisierungspolitik sogar in den jüdischen Kult eingriff, erhoben sich die Makkabäer zum Befreiungskrieg. Zur Erinnerung an die neue Tempeleinweihung im Jahre 164 v. Chr. feierte man später das Chanukkafest. In dieser Zeit der Bedrängnis entstand aus älterer Überlieferung das Danielbuch, mit dem die apokalyptische Literatur eingeleitet wurde.

Der Diaspora half die Entstehung der *Synagoge*, in einer fremden Umwelt den Glauben zu bewahren. Sie ist erst seit dem 3. Jh. v. Chr. sicher bezeugt, ihre Anfänge sind im einzelnen unbekannt. Weitab vom Jerusalemer Heiligtum ermöglichte sie die regelmäßige Versammlung am Sabbat, in der aus dem dann kanonisierten Gesetz und den Propheten vorgelesen wurde (vgl. Neh 8, bes. V 8). So trat im jüdischen Gottesdienst insgesamt das Opfer zugunsten von Schriftauslegung und Gebet zurück. Doch hielten die Auswanderer die Beziehung zur Heimat aufrecht (2 Makk 2, 18 u. a.). Zu den großen Wallfahrtsfesten, wie Passa, wurde Jerusalem regelmäßig besucht (vgl. Sach 14, 16 ff von den Völkern); aus späterer Zeit sind auch Abgaben an den Tempel bezeugt. Als die Verbindungen nach der Zerstörung von Heiligtum und Stadt durch die Römer in den Jahren 70 und 135 n. Chr. gewaltsam abbrachen, überstand der jüdische Glaube mit der Synagoge auch diesen harten Eingriff. Palästina selbst nahm die Gottesdienstform der Diaspora an.

2.   Das Leben im Exil zwang Israel, mehr und mehr die Ausschließlichkeit seines *Glaubens* zu betonen. Wenn es sich in der Fremde nicht auflösen

wollte, mußte es sich auf seine Eigenart besinnen; es wahrte die Überlieferung und ließ Besonderheiten hervortreten. Alte, früher nicht grundlegende, kultische Bräuche erhielten neue, ausschließende Bedeutung: Die *Beschneidung* wurde jetzt zum »Bundeszeichen« (Gen 17 P).

Die Beschneidung ist ein auf verschiedenen Kontinenten verbreiteter – in wechselnder Form sowie in unterschiedlichem Alter zwischen Geburt und Reife durchgeführter – Brauch; seine Ursprünge verlieren sich im Dunkel der Vorgeschichte. Wenn das Alte Testament einerseits berichtet, daß der Ritus mit Steinwerkzeugen (Ex 4, 25; Jos 5, 2 f) geübt werden konnte, scheint er in sehr frühe Zeit zurückzugehen; er blieb in der Form bewahrt, in der er zunächst vorgenommen wurde. Andererseits überliefert es (Jer 9, 25; vgl. Ez 32, 19. 28 ff), daß die Beschneidung bei Ägyptern, Israels östlichen Nachbarvölkern und auch den Arabern (vgl. Gen 17, 25 f) üblich war; nur die Philister, von anderer geographischer und geschichtlicher Herkunft (vgl. Am 9, 7), gelten als »unbeschnitten« (Ri 14, 13; 1 Sam 14, 16 u. a.).

Ist die Beschneidung ein Israel vorgegebener Ritus, so ist er nicht von vornherein auf den Jahweglauben bezogen, sondern mußte erst in ihn integriert werden; beide sind nach der dunklen Erzählung Ex 4, 24–26 (o. § 6 a 3, 5) allerdings schon früh verbunden. – Wie der Gegensatz zu den »unbeschnittenen« Philistern bestätigt, übte schon das vorstaatliche Israel die Beschneidung ganz selbstverständlich. Allerdings gewann sie ihre grundlegende Bedeutung als Unterscheidungs- und Bekenntnismerkmal des Jahweglaubens erst im Exil, da der Ritus im babylonischen Raum unbekannt war. Im Zusammenhang mit dieser Aufwertung stehen gewisse Wandlungen in Gestaltung und Sinngebung des Ritus:

a) In der Frühzeit scheint nach Andeutungen des Alten Testament (Jos 5, 2 ff; vgl. Ex 4, 25; von Fremden: Gen 34, 14 f. 24 f) die Beschneidung bald nach der Geburt nicht schlechthin selbstverständlich gewesen zu sein; zumindest gab es Ausnahmen. Erst in der jüngeren Priesterschrift (Gen 17, 10 ff; vgl. 21, 4; Lev 12, 3) ist die später (vgl. Lk 1, 59; 2, 21; Phil 3, 5) gültige Regel bezeugt, alle Söhne im Alter von acht Tagen zu beschneiden. Durch diesen Akt wird die Zugehörigkeit zur Volks- und Religionsgemeinschaft kaum erst herbeigeführt, aber bestätigt und bekundet.

b) Die Beschneidung soll auch an einheimischen und fremdstämmigen Sklaven erfolgen (Gen 17, 12 f), so daß sie wie im Land ansässige beschnittene Fremde am Passamahl teilnehmen können (Ex 12, 44. 48 f). In solchen Regelungen wird die enge Verbindung von Volks- und Religionsgemeinschaft gelockert; nicht die Volks-, sondern die Religionszugehörigkeit gibt den Ausschlag. Die »Gemeinde« (12, 47) erweist sich größer als das Volk.

c) Vor allem wird die Beschneidung gedeutet als »Zeichen des Bundes zwischen mir und euch« (Gen 17, 11). Abraham und seine Nachkommen sollen der Verheißung, dem »ewigen Bund, dir Gott zu sein« (17, 7), mit der Übernahme des – ebenfalls durch ein Gotteswort (17, 9 ff) begründeten – Ritus entsprechen. So soll Israel im Wechsel der Generationen den Bund zeichenhaft »bewahren« (17, 10), anerkennen, bestätigen und fortführen. Die Beschneidung ist »der Akt der Aneignung, des Bekenntnisses zu der Heilsoffenbarung Gottes und das Zeichen ihrer Annahme« (*G. v. Rad*, z. St.).

Auch das strenge Einhalten des *Sabbatgebotes* als »immerwährende Bundesverpflichtung« wurde zum entscheidenden »Zeichen« (Ex 31, 16 f) für die Zugehörigkeit zum Jahweglauben (Siebentagewerk in Gen 1; Ex 16; Jes 56, 2 ff; 58, 13 f; Jer 17; Neh 10, 32 u. a.; vgl. Exkurs 2). Als drittes Merkmal traten die *Speisegesetze* hervor, die insbesondere den Genuß von Blut und Unreinem – einschließlich dem für den Adonis- und Mysterienkult (Jes 65, 4 f; 66, 17) wichtigen Schwein – verbieten (Gen 9, 4; Lev 11; 17, 10 ff; Dtn 12, 16. 23 f; Ez 33, 25; Sach 9, 7; Dan 1, 5 ff; 2 Makk 6, 18 ff; 7; Apg 10, 14; 15, 28 f; zu den Waschungen vor Tisch: Mt 15, 2; Mk 7, 3 f; Joh 2, 6).

Weil nur die Tora als Unterpfand des Gemeinschaftswillens Gottes die Abgrenzung des Gottesvolkes gewährleistete, konnte das Gesetz, das ursprünglich nur den einzelnen Ungehorsamen traf, schließlich das Gottesverhältnis selbst bestätigen und bewahren. Erst dann war es möglich, durch Übernahme der Gebote die Zugehörigkeit zum Gottesvolk zu gewinnen. Hier war »ein Volk, zerstreut und abgesondert zwischen den Völkern; seine Gesetze sind verschieden von denen jedes andern Volks« (Est 3, 8). Diese Unterscheidung konnte – seit spätpersischer Zeit – zu Konflikten führen (vgl. Zeph 3, 19; Est 2, 9 f. 20; 3, 2 ff; Dan 3; 6).

Trotzdem konnte noch in nachexilischer Zeit der Götzendienst zur Gefahr werden (Sach 10, 2; 13, 2; von Baumkulten: Jes 1, 29; 57, 5; 65, 3 f; 66, 17). So blieb das erste Gebot nötig.

3. Über Niederschrift und Ausgestaltung der Gesetze, auch die Bearbeitung der Prophetenbücher hinaus entstand gerade während des Exils und in der Folgezeit ein Großteil alttestamentlicher Literatur. Der Rückblick auf die Vergangenheit half, die eigene Lage zu bestimmen. Die *Klagelieder* (Threni) und gewisse Psalmen beklagten das Verlorene: »Warum, Gott, verstößt du uns auf immer? Kein Prophet ist mehr da. Niemand unter uns weiß, wie lange« (Ps 74, 1. 9). Das *deuteronomistische Geschichtswerk* (Dtn – 2 Kön) entwarf ein umfassendes Bild von der Mosezeit bis zur Gegenwart. Als Maßstab für die Beurteilung der Ereignisse dienten ihm das erste und zweite Gebot (Ri 2, 10 ff; 1 Kön 11; 16, 30 ff; 2 Kön 17, 35 ff u. a.) bzw. die Forderung der Kultzentralisation, die durch das Deuteronomium (Joschijas Reform, 621 v. Chr.) erhoben worden war; das eingetretene Unheil wurde als Verwirklichung der prophetischen Drohungen anerkannt. Dagegen setzte die *Priesterschrift* mit ihrer theologischen Besinnung bei der Schöpfung (Gen 1) ein und gestaltete die Frühgeschichte des Volkes vor der Landnahme.

Während beide Geschichtswerke im strengen Sinne ohne eschatologische Hoffnung bleiben und höchstens verborgen die Möglichkeit einer neuen Zukunft offenlassen, verheißen – wie schon Jeremia (24; 29; 32) – die *Propheten* Ezechiel und Deuterojesaja eine Wende. In der Verkündigung Ezechiels vollzieht sich ein Umbruch von der Gerichts- zur Heilsbotschaft (Ez 34 ff, bes. 37). Der Anonymus *Deuterojesaja* setzt in einer Zeit, in der die Gemeinschaft zwischen Gott und Volk zerbrochen zu sein scheint (Ez 37, 11; Jes 40, 27; 49, 14), mit dem Ruf »Tröstet, tröstet *mein* Volk, spricht *euer* Gott« ein, der Frondienst ist zu Ende, die Schuld bezahlt (40, 1 f). Deuterojesajas Botschaft ist, auf einen Nenner gebracht, eschatologische Naherwartung: Eine neue Zeit ist angebrochen; »schon sproßt es, merkt ihr es nicht?« (43, 19; vgl. 46, 13). Der Prophet läßt bereits Gottes Kommen und seine Königsherrschaft ausrufen: »Siehe da, euer Gott!« (40, 9), »Dein Gott ist König geworden!« (52, 7; o. § 11a, 6). Der Gegensatz zwischen dem kommenden Neuen und dem vergangenen Alten wird so stark, daß Deuterojesaja ihn sogar begrifflich unter die Gegenbildung »das Frühere« und »das Neue« faßt. Weil Gott »Neues« schafft, gilt es, nicht mehr an die zurückliegende Geschichte des Heils und Unheils zu denken (43, 18 f; 48, 3. 6).

»Wie ich geschworen habe,
daß die Wasser Noachs
nicht mehr die Erde überfluten sollen,
so habe ich geschworen,
dir nicht mehr zu zürnen,
dich nicht mehr zu schelten.« (54, 9; vgl. 49, 14 f)

Die Hoffnung richtet sich auf einen zweiten Exodus (Jes 52, 12; vgl. Hos 2; Ez 20) mit Heimkehr (Jes 44, 26 ff; 51, 3. 11 u. a.) und auf Sammlung des Volkes – etwa im Gebet:

»Hilf uns, Jahwe, unser Gott,
und sammle uns aus den Völkern!« (Ps 106, 47; vgl. 147, 2;
Jes 43, 5–7 o. § 12b, 8; Mi 2, 12 f o. § 11a, 6;
auch Jes 11, 11 f; 27, 12 f; 62, 11 f; Sach 10, 6 ff; Dtn 30, 3 f u. v. a.)

Die Völker sollen sogar auf Gottes Geheiß herbeikommen, um selbst die verstreuten Israeliten heimzubringen:

»Siehe, ich hebe meine Hand zu den Völkern,
richte mein Panier den Nationen auf,
damit sie deine Söhne im Gewand herbeibringen,
deine Töchter auf den Schultern getragen werden.«
(Jes 49, 22; vgl. 60, 4)

Zu verstehen, aber nicht gutzuheißen ist es, wenn sich die Hoffnung über die Aufhebung der Not hinaus auf die Vertauschung von Not und Schmach richten kann, so daß die Peiniger Pein zu tragen haben (Jes 49, 26 u. a.) oder die Diener zu Herrschern werden (14, 2; 49, 23; 60, 20). Solche Aussagen von der Demütigung der Unterdrücker verlieren aus dem Blick, daß alle am Heil teilhaben sollen (40, 5; 45, 23 f u. a.). Immerhin bleibt einerseits zu bedenken, daß die Bestrafung bzw. »Rache« (34, 8; 35, 4; 47, 3 u. a.; vgl. 1, 24 gegen Israel) Gott selbst überlassen bleibt, Vergeltung also nicht Sache des Menschen ist (1 Sam 24, 13; Spr 20, 22; 24, 12. 29 u. a.). Andererseits zielt auch die Erwartung einer Erniedrigung der Gewalthaber auf Gotteserkenntnis aller (Jes 45, 14; 49, 26; vgl. Ex 9, 14; Dan 2 ff).

Anscheinend trägt die exilisch-nachexilische Zeit schwer an Spott und Verachtung der Völker (Klgl 2, 15 ff; Ps 44, 14 f) bis hin zu der höhnischen Frage (79, 4. 10; Joel 2, 17): »Wo ist ihr Gott – mit seiner Macht?« Darum

kann die Hoffnung aufkommen, Israel möge bei den Völkern in Ansehen
stehen (Zeph 3, 20; Ez 36, 15 u. a.). Wenn Gott die ersehnte Wende eintreten läßt, die Umwandlung der Verhältnisse vollzieht, braucht Israel kein
Klagelied mehr zu singen, sondern kann ein Loblied anstimmen; Trauern
wird sich in Jauchzen verwandeln:

»Wenn Jahwe das Geschick Zions wendet,
werden wir sein wie Träumende.
Dann ist unser Mund voll Lachens,
unsere Zunge voll Jubel.
Dann sagt man unter den Völkern:
‚Jahwe hat Großes an ihnen getan.'« (Ps 126, 1 f)

4. Mit der Wandlung des Gottesvolkes zur Diasporagemeinde kommt ein
Prozeß in Gang, der mehr und mehr zu Übertritten Fremder zum Jahweglauben führt (vgl. § 16, 2), so daß die Judenschaft in der Zerstreuung
schließlich um ein Mehrfaches über die in der Heimat Ansässigen anwächst. Die ausschließliche und bildlose Gottesverehrung bildet den
Hauptanreiz zum Anschluß an die jüdische Gemeinde. Glaube und auf-
geklärtes Denken können dabei eine Verbindung eingehen; denn gegenüber
den menschlichen Gottheiten der Mythen vermag der Glaube an den un-
vorstellbaren, weltüberlegenen Gott zu bestehen (vgl. u. § 18, 1). Die Bedeutung der Geschichte tritt dabei zurück, die Kontinuität zur Vergangenheit stellt entscheidend das erste und zweite Gebot dar.
Dem Zuwachs nach außen steht aber eine allmähliche Auflösung des
Gottesvolkes nach innen gegenüber. Die Hoffnung auf Einheit hat in der
gegenwärtigen Wirklichkeit keinen Anhalt. Im Gegenteil: in der Zeit, die
sich die Sammlung der Zerstreuten wünscht, ist die Gemeinde selbst aus-
einandergefallen. Schon in der prophetischen Verkündigung bahnt sich
in der Erwartung eines »Restes« (1 Kön 19, 17 f; Zeph 3, 12 f u. a.) eine
Scheidung an. Diese *Trennung im Volk* ist in nachexilischer Zeit voll-
zogen, der Spalt wird zunehmend tiefer und offenkundiger (vgl. etwa Jes 65;
Mal 3, 14 ff). Verschiedene theologische Richtungen treten sich gegenüber,
die sich schließlich in neutestamentlicher Zeit zu bestimmten Gruppen und
Parteiungen verfestigen.
Ausdrücklich stellt Ps 1 den einen urbildhaft Gerechten der Mehrzahl der
Gottlosen gegenüber; damit tritt die Spannung von Minderheit und Mehr-
heit im Gottesvolk selbst auf. Besteht die »Gemeinde der Frommen«
(Ps 149, 1 u. a.) nicht mehr aus allen? Dergleichen war dem alten Israel un-
bekannt. Nicht mehr die Zugehörigkeit zum Volk, sondern das Verhalten
des *einzelnen* entscheidet über den Bezug zu Gott. Während früher die
Gemeinschaft durch das Volksganze vorgegeben war, so konstituiert sich
jetzt die Gemeinde mehr und mehr von den einzelnen Gliedern her (vgl.
Jes 44, 5; 55, 7; Ez 18 u. a.); erst der gemeinsame Glaube schließt zu einer
Einheit zusammen. Ps 1 hebt sogar die Gemeinschaft mit den Gottlosen
auf; allerdings ergibt die vorgenommene Unterscheidung kein statisches

Nebeneinander zweier Größen, seine Intention ist gerade pädagogisch, durch die Schwarzweißmalerei auf den rechten Weg zu locken.

Die beginnende Auflösung der Gemeinde spiegelt sich vielfältig, wenn auch oft weniger scharf, im Psalter wider. Mögen etwa »fromm« oder »gottesfürchtig« einmal jedem Israeliten gegolten und »arm« oder »demütig« soziale Not oder Krankheit angezeigt haben, so bestimmen diese Ausdrücke als Ehrennamen später einen Teil im Volksganzen, der von einem anderen Teil abgegrenzt ist. Weil der eigentliche Streitpunkt das Gottesverständnis ist, spitzt sich die Unterscheidung zu: einerseits die Frommen oder Gottesfürchtigen – andererseits die Gottlosen, die die Armen bedrücken (vgl. Dank- und Weisheitslieder, wie Ps 34, 17 ff; 37, 28 f; 49; 73; Mal 3, 16). Wenn auch beide Gruppen vielleicht schon eine eigene Gemeinschaft bilden, so stehen sie sich hier doch noch nicht – wie seit der Makkabäerzeit (1 Makk 2, 42; 7, 13) – als festgefügte, scharf voneinander getrennte Klassen oder Parteien gegenüber. Die »Frommen« sind vielmehr noch allgemein die, die Gott suchen (Ps 22, 27), ihn lieben (145, 19 f), auf seine Güte hoffen (147, 11) und so ihn loben (52, 11; 145, 10). Sie sind auf Gott angewiesen, weil sie selbst »zerbrochen« sind (34, 19 f; 51, 18 f); und eben weil sie Hilfe bedürfen, erhalten sie sie zugesagt (37, 39 f). Insofern zeigt sich an ihnen, wie es um den Menschen steht, und doch versteht sich nicht jeder in dieser Weise.

Der Zwiespalt, der in der Gegenwart durch die Gemeinde hindurchläuft, bestimmt sogar einen Teil der Zukunftserwartungen. Auch den Generationen nach dem Exil kann noch das Gericht angekündigt werden. Das vorfindliche Israel ist nicht schlechthin der erhoffte »Rest« (so Hag 1, 14; 2, 2; Esr 9, 8. 13 ff; Neh 1, 2 f u. a.); die Läuterung steht noch bevor (Sach 13, 8 f; 14, 2; vgl. Jes 65, 6 f u. a.). Selbst am Ende dieses Lebens macht die Scheidung nicht halt. Dan 12, 2 (u. Exkurs 8, 6) verkündet eine doppelte Auferstehung, den einen zum Leben, den anderen zur Schmach. Hier wird die seit langem verborgene Spannung zwischen *ecclesia visibilis* und *invisibilis* endgültig offenbar.

§ 16 Hoffnung für die Völker

Seit die Einheit des Volkes mit dem Exil verlorengeht, richtet sich die Hoffnung keineswegs nur auf das Heil des Volkes (s. o. IV, 2), sei es auf Wiederbelebung, Mehrung, Sammlung, Rückführung in die Heimat, Ruhe vor Feinden, Befreiung von Schuld oder neue Gottesgemeinschaft. Andere Worte begnügen sich damit nicht, sprengen diese Grenze, schließen die Völker ein, hegen Hoffnung für die Welt. Alle sollen den einen Gott anerkennen und so am Heil teilhaben.

1. Diese Einsicht, die ältere prophetische Erwartungen (wie Jes 2, 17 »Erhaben ist Jahwe allein an jenem Tag«) aufgreift, aber weit über sie hinausführt, scheint zunächst bei Deuterojesaja aufzubrechen. Die Offenbarung der »Herrlichkeit« Jahwes steht unmittelbar bevor; *alle* Welt wird sie sehen (Jes 40, 5; 52, 10; vgl. § 11 b, 2) und erfahren:

> »Mir wird sich beugen jedes Knie,
> und jede Zunge wird schwören:
> Nur in Jahwe ist Heil und Stärke.«
> (Jes 45, 23 f; vgl. 45, 6. 14; 49, 7 u. a.)

Übernehmen die Völker das Bekenntnis zu dem einen Gott, wird das erste Gebot in seiner Ausschließlichkeit durchgehalten. Für das Ziel einer Gotteserkenntnis aller wird als »Bote« (42, 19) und »Zeuge« (43, 10. 12; 44, 8) das – recht wenig geeignete (43, 8; 42, 18 f) – Gottesvolk in Auftrag genommen:

> »Siehe, ein Volk, das du nicht kennst, wirst du rufen,
> und, die dich nicht kannten, laufen dir zu –
> um Jahwes, deines Gottes, des Heiligen Israels willen.«
> (Jes 55, 5; vgl. 65, 1; vom Gottesknecht: 49, 6; 42, 6)

2. Diese Zeugenschaft Israels vor den Völkern meint (noch) nicht »aktive Missionsarbeit, bewußte Heidenbekehrung und Proselytengewinnung« (*P. Volz*, Jesaja II, 1932, 168). Doch kündigt sich in der Hoffnung eine Wandlung an, die sich allmählich vollzieht. Ganz neu ist »die Möglichkeit der bekenntnismäßigen Hinwendung von Fremden zu Jahwe in den Gesichtskreis des Israel der Exilszeit getreten« (*W. Zimmerli*, GesAufs II, 194 f). So ist die Diasporagemeinde nicht nur Verlust, sondern auch Gewinn; die Anhängerschaft des Glaubens weitet sich durch Übertritt Fremder allmählich aus (Jes 56, 3. 6; 14, 1; Est 9, 27 u. a.). Die Einheit an einem Ort wird eingetauscht gegen den Zuwachs an vielen Orten und gegen die Hoffnung, die alle Wirklichkeit überbietet.

Sogar das Gesetz, das auf Absonderung und Reinheit des Gottesvolkes bedacht ist, kann, wenn auch zögernd, Fremden Zutritt gewähren. Vom Bundesbuch (Ex 22, 20 ff; 23, 9) über das Deuteronomium (5, 14; 16, 10 ff; 29, 9 ff) zu priesterschriftlichen Texten (Num 15, 15 f; Ex 12, 48 f u. a.) wächst die Tendenz, den im Land ansässigen Fremden dem Israeliten in Glaubenssachen gleichzustellen: »Wie ein Einheimischer von euch soll auch der Schutzbürger gelten . . . Du sollst ihn lieben wie dich selbst.« (Lev 19, 34; vgl. Dtn 10, 18 f)

Darüber hinaus wird auch dem Ausländer, dem das Gemeindegesetz des Deuteronomiums (23, 2–9) den Zugang ausdrücklich verwehrt, der Anschluß an die nachexilische Gemeinde mit Opfer und Gebet unter gewissen Bedingungen – wie »Jahwes Namen zu lieben, den Sabbat zu halten, am Bund festzuhalten« – gewährt (Jes 56, 3. 6 f).

Mag früher dieser oder jener einzelne den einen Gott anerkannt oder gar sich der Gemeinde angeschlossen haben (2 Kön 5, 15; Ex 18, 11; vgl. 12, 32), die Zukunft soll eine Verzehnfachung des Gottesvolkes bringen:

»In jenen Tagen werden zehn Männer aus Völkern aller Sprachen
einen Juden beim Rocksaum fassen und sagen:
,Wir wollen mit euch gehen; denn wir haben gehört, daß Gott bei euch ist.'«
(Sach 8, 23; vgl. Jes 14, 1)

Wie hier werden – mit den Schlagworten geurteilt – »Universalismus« und
»Partikularismus« vielfach zusammengedacht; das Heil des Ganzen hängt
an einem Teil. Ähnliche Verheißungen bewahren oft, aber keineswegs
immer eine Mittlerschaft Israels. Jedenfalls wird Deuterojesajas Erwartung,
daß sich alle Völker zu dem einen Gott bekennen, auf vielfältige Weise
weitergetragen:

»Viele Völker werden Jahwe anhangen an jenem Tage und werden sein Volk sein.«
(Sach 2, 15; vgl. 8, 20 ff)
»Vor ,ihm' werden niederfallen alle Geschlechter der Völker.«
(Ps 22, 28; vgl. Sach 14, 16; Jes 66, 23; auch 1 Kön 8, 43. 60)

Das für Israel grundlegende Geschehen am Sinai soll sich wiederholen und
dann alle Völker einbeziehen (Jes 25, 6 in Ausweitung von Ex 24, 10 f;
o. § 5d, 6). Nicht einmal Ägypten und Assur, Sinnbilder fremder Großmacht, bleiben ausgenommen: Den Ägyptern wird sich Gott »zu erkennen
geben«, so daß sie sich ihm zuwenden (Jes 19, 21 f). Ein Segenswort (19, 25)
faßt in einer Art Dreierbund Ägypten als Gottes eigenes Volk, Assur und
Israel zusammen:

»Gesegnet sei mein Volk, Ägypten,
das Werk meiner Hände, Assur,
und mein Eigentum, Israel.«

»Da ist nichts mehr von einem engen Heilspartikularismus geblieben«, obwohl »der heilsgeschichtliche Vorrang Israels als des primären Offen-
barungsempfängers und Offenbarungswerkzeugs« nicht aufgegeben wird.
»Aus dem einstigen Gegeneinander wird ein Miteinander«; so gilt »Gottes
Segen nicht mehr Israel allein, sondern in ihm werden zugleich die Völker
gesegnet« (*O. Kaiser*, z. St.).

3. Nach dem wohl bekanntesten Zukunftsbild des Alten Testaments soll
der Jerusalemer Tempelberg – in eschatologischer Umdeutung der Ziontradition (Ps 48, 3 u. a.; o. § 13) – zum höchsten Berg werden und damit
seine weltweite Bedeutung auch äußerlich sichtbar machen:

»Es wird geschehen im Verlauf der Tage:
Fest gegründet sein wird der Berg mit dem Haus Jahwes,
auf dem Gipfel der Berge,
die Hügel überragen.

Da werden alle Völker zu ihm strömen,
viele Nationen sich aufmachen und sprechen:
,Auf, laßt uns hinaufziehen zum Berg Jahwes,
zum Hause des Gottes Jakobs,

damit er uns seine Wege lehre
und wir auf seinen Pfaden wandeln!'

Denn von Zion wird Weisung ausgehen
und das Wort Jahwes von Jerusalem.
Er wird zwischen den Völkern Recht sprechen
und für viele Nationen feststellen, was recht ist.

Dann werden sie ihre Schwerter zerschlagen zu Pflugscharen
und ihre Lanzen zu Winzermessern.
Kein Volk wird mehr gegen ein anderes das Schwert erheben,
und sie werden das Kriegshandwerk nicht mehr lernen.«
(Jes 2, 2–4 = Mi 4, 1–3)

Begeben sich die Wallfahrer üblicherweise mit einem wohl gesungenen
Aufruf »Wir wollen zum Haus Jahwes gehen« auf den Weg (Ps 122, 1;
Jer 31, 6; Sach 8, 21), so fassen hier die Völker diesen Entschluß, und zwar
aus eigenem Antrieb. Alle Welt sucht am Zion Rat; denn das Heiligtum ist
auch Ort der Rechtsfindung (1 Kön 8, 31 f; Dtn 17, 8 ff u. a.). Eine »Be-
kehrung« der Völker zu dem einen Gott wird hier nicht erwartet, wohl aber
ihre Bereitschaft, auf seinen Schiedsspruch zu hören und das Zusammenleben entsprechend zu gestalten.
Wie es Aufgabe des Messias ist, ohne Ansehen der Person wahrhaft Recht
zu schaffen (Jes 11, 3–5), so wird Gott den Völkern Rechtshilfe leisten.
»Richten« meint weniger »verurteilen« als durch »entscheiden, schlichten« einen Streitfall klären, und »Zurechtweisung« besteht im »Feststellen,
was recht ist«. Darum vollzieht sich der Übergang vom Thema »Gerechtigkeit« zum Thema »Frieden« leicht; es geht weiterhin um Konfliktlösung.
Das Hören auf Gottes Weisung veranlaßt die Völker zur Friedfertigkeit
untereinander.
Der Krieg wird in doppeltem Sinn abgeschafft: a) Rüstungswerkzeuge
werden zerschlagen, aus Waffen werden Ackergeräte hergestellt. Das Eisen
dient nicht zur Tötung des Menschen, sondern zur Erleichterung seiner
Arbeit. b) Damit Anwendung von Waffen nicht nur in der Gegenwart,
sondern auch in aller Zukunft unmöglich ist, wird das Soldatenhandwerk
»nicht mehr gelernt« (vgl. Jer 31, 34). Hier setzt die Weissagung mit ihrem
Gegenbild zur Wirklichkeit deutlich nicht das »Weltende«, sondern den
Fortgang der Geschichte voraus – allerdings einer Geschichte unter völlig
gewandelten Bedingungen.
Daß Gott Waffen zerbricht, ist eine im Alten Testament gar nicht selten
ausgesprochene Erwartung (Hos 1, 4; 2, 20; Hag 2, 22; Ps 46, 10 u. a.; vgl.
Sach 9, 10). Hier schaffen die Völker, durch Gottes Rechtswort befriedet
und über seinen Willen belehrt, selbst, und zwar wiederum freiwillig, ihre
Waffen ab. Es bedarf ihrer nicht mehr.

In Mi 4, 4 wird das Leben ohne Angst bildkräftig ausgemalt: »Jedermann wird unter
seinem Weinstock und unter seinem Feigenbaum sitzen, und niemand schreckt ihn
auf.« So wird skizzenhaft angedeutet, was der Friede unter den Völkern für den ein-

zelnen bedeutet (vgl. Dtn 20, 5 f). Damit wird von der Zukunft für jedermann und allezeit erhofft, was Israel allein und nur zeitweilig einmal erfahren haben soll (1 Kön 5, 4 f; vgl. Sach 3, 10).

Nach dem prophetischen Blick in die Zukunft der Völker kehrt der Schlußvers in die Gegenwart und zur Gemeinde zurück. Sie antwortet, vielleicht nach der Verlesung der Weissagung im Gottesdienst, im Anschluß an das Wallfahrtslied der Völker mit einem Aufruf (Jes 2, 5) »Haus Jakob, auf laßt uns wandeln im Licht Jahwes!« oder mit einem Bekenntnis (Mi 4, 5): »Wir wandeln (jetzt schon) im Namen Jahwes, unseres Gottes, auf immer.«

In dieser Zukunftsschau von einer Völkerwallfahrt zum Zion hat Israel keine Mittlerstellung. Nach den Verheißungen Hag 2 und Jes 60, in denen die Überlieferung auf die nachexilische Situation bezogen ist, haben die Völker allerdings eine dienende Rolle. Nach Hag 2, 6–9 wird Gott in Kürze Himmel und Erde erschüttern, damit die Völker ihre Schätze herbeibringen (vgl. Sach 6, 15; Ps 68, 32; Jes 18, 7; Zeph 3, 10). Aber nicht Israel soll sie empfangen; vielmehr soll mit ihrer Hilfe das neu zu errichtende Gotteshaus das zerstörte sogar an Glanz übertreffen: »Mein – nämlich Gottes – ist das Silber, mein das Gold.« Nach Jes 60 ziehen die Völker, wieder aus eigenem Antrieb, dem am Zion aufstrahlenden Licht entgegen und tragen dabei neben ihren Kostbarkeiten vor allem Israels Söhne und Töchter herbei (V 4. 9; vgl. 49, 22; 66, 20; 14, 2), so daß sich die Heimkehr Israels auf wunderbare Weise vollzieht.

Daß sich solche Hoffnung an einem bestimmten Ort, dem Zion, festmacht, ist zu einer Zeit, in der »alle Völker jeweils im Namen ihres Gottes wandeln« (Mi 4, 5), wohl nötig; denn an dem lokalen Haftpunkt bleibt der Glaube zugleich geschichtlich verankert. Allerdings gewinnt der Zion weltweite Bedeutung – als Ort, »an dem sich alle Völker versammeln« (Jer 3, 17; vgl. Jes 11, 10; 66, 23; Sach 14, 16).

»Mein Haus wird ein Bethaus heißen für alle Völker.«
(Jes 56, 7; vgl. zu 49, 6; Sach 9, 10 u. a.; o. § 12 d–e)

4.   Gelegentlich vermag sich die universale Hoffnung allerdings noch stärker von der partikularen Bindung zu lösen. In seiner immer weiter ausgreifenden Erwartung kann das Alte Testament auch die Ortsbindung aufgeben. Weil Gott jedem Ort gleich nahe ist, brauchen die Völker nicht nach Jerusalem zu pilgern, sondern können in ihrer Heimat bleiben:

»Es ‚erscheint' Jahwe über ihnen;
denn er ‚läßt' hinschwinden alle Götter der Erde.
Ihn werden verehren alle Inseln der Völker,
jedermann von *seiner* Stätte.«
(Zeph 2, 11; vgl. 3, 9 f)

Im gleichen Sinne kann Hoffnung von einer Zeit wissen, in der die Völker keineswegs nur in Jerusalem, sondern überall reine Opfer darbringen (Mal 1, 11; vgl. Jes 19, 21), ja Gott sich – außerhalb der strengen Erbfolge in Israel – aus den Völkern Priester und Leviten auswählt (Jes 66, 21).

In solcher Hoffnung für die Welt überschreitet alttestamentlicher Glaube –
in Auseinandersetzung mit aller Selbstgenügsamkeit – seine Grenzen. Gibt
nicht gerade diese Erwartung den »Völkern aller Sprachen« ein Recht, sich
auf das Alte Testament zu berufen?

§ 17   Die Apokalyptik

Das Gesetz will die Reinheit des Gottesvolkes bewahren und ist insofern
auf partikulare Ausschließlichkeit bedacht. Im Gegensatz dazu ist die
Apokalyptik kosmisch-universal ausgerichtet: Sie hofft, daß sich der Gott
des Volkes als Gott der Welt offenbart. Während die Gemeinde als ganze
bereits in ihrer Gegenwart die prophetischen Erwartungen erfüllt sieht und
damit ihre Wirklichkeit als die Gott entsprechende Lebensweise versteht,
hält ein Teil fest, daß die prophetischen Erwartungen noch Zukunft sind.
Dieser apokalyptische Glaube erfaßt also nicht mehr die Gesamtheit,
sondern lebt mehr in kleineren Gruppen innerhalb der Gemeinde. »Das
Gesetz ist für alle, die Geheimwissenschaft für die Auserwählten« (*P. Volz*,
5). So schließen sich Gesetz und Apokalyptik nicht aus, aber beide bilden
keine Einheit; sie können nebeneinander bestehen, sich auch gegeneinander wenden, bis schließlich das orthodoxe Judentum nach dem Scheitern
des Bar-Kochba-Aufstands (135 n. Chr.) apokalyptische Vorstellungen so
gut wie ganz abstößt.
Daß Gott ein kommender Gott ist, ist prophetische Botschaft, die die
Apokalyptik nur aufgreift und weiterführt, aber damit zugleich umwandelt.
Sie betont noch stärker als die Propheten den Bruch, den die Zukunft
gegenüber Vergangenheit und Gegenwart bringt; zugleich wird die prophetische Kritik an der Gegenwart erheblich verschärft.
Gerade die Worte der nachexilischen Propheten, die ihre großen Vorgänger beerben, machen deutlich, daß die Prophetie in ihrer Spätzeit –
insbesondere Ez 38 f; Joel (Kap. 3 f); Sach 12–14; Jes 24–27 – wenigstens
apokalyptische Motive vorbereitet und umgekehrt die Apokalyptik vielfach prophetisches Traditionsgut (Gottes- und Messiasherrschaft, Gericht
über Israel und die Völker, Zerstörung oder Rettung Jerusalems u. a.) aufnimmt und umdeutet.
Auch in der Art der Verkündigung zeigen sich Gemeinsamkeiten. Wie die
Propheten (Am 7 f; Ez 8–11; 40 ff; erst recht Sach 1–6) empfangen und erzählen die Apokalyptiker ihre Offenbarung in Visionen und Auditionen
(Dan 7–12). Waren die prophetischen Worte ursprünglich knapp und
rhythmisch geformt, so werden sie später umfangreicher und können
schließlich sogar in gehobene Prosa übergehen. In der Apokalyptik ist
dieser Weg zum Ziel gekommen: Sie verkündet kaum mehr mündlich,

sondern schriftlich. Damit ist ein wesentlicher Unterschied gegeben; aber er ist nicht schlagartig eingetreten, sondern hat sich langsam herausgebildet. Trotz der großen Kluft, die Prophetie und Apokalyptik in ihren Haupterscheinungen voneinander trennt, bestehen Verbindungen im Wesentlichen, nicht nur in Einzelheiten. Die Eigenarten der Apokalyptik – um die üblichen, aber umstrittenen Schlagworte zu gebrauchen: der Dualismus mit der strengen Gegenüberstellung von Gott und Welt, die Äonenlehre mit der Periodeneinteilung der Zeit, der Determinismus der Geschichte, die Transzendenz der Gottesherrschaft und die Pseudonymität der Literaturwerke – stellen sich erst allmählich heraus.

a) Vergangenheit und Zukunft

1. Die Apokalypsen sind wie die Worte der Propheten an die Menschen ihrer Zeit gerichtet, also Anrede und Anspruch zugleich. Beide Verkündigungsweisen sind – als Deutungen ihrer Gegenwart – jeweils ihrer Situation verhaftet, nur machen die apokalyptischen Zukunftsvisionen die Bindung an ihre Zeit nicht mehr ausdrücklich, sondern verbergen sie geradezu in der *Pseudonymität*. Als Autoren erscheinen berühmte Personen der eigenen Geschichte: Propheten, Gesetzeslehrer oder Weise, wie Esra, Baruch, Jesaja, Elija, Mose oder Abraham; aber man greift auch über die nähere oder fernere Vergangenheit zurück bis in die Vorzeit zu Adam und Henoch. Auch das ist nicht völlig neu: Israel hat die Feste und Gesetze historisiert, das Deuteronomium und Ps 90 Mose zugeschrieben.

Für die Propheten waren Raum und Zeit des Empfangs und der Weitergabe der Botschaft so wichtig, daß sie beides angeben konnten (Jes 6, 1; 7, 1–3; Ez 1, 1 f; 40, 1 u. a.). Noch in der nachexilischen Epoche sind im Haggai- und Sacharjabuch Worte bis auf den Tag genau datiert (Hag 1, 1; Sach 1, 7; 7, 1 u. a.). Doch tritt dieser Gegensatz – die Propheten lassen ihre Worte unter ihrem Namen ausgehen (Am 1, 1), die Apokalyptiker berufen sich auf andere – wieder nicht unmittelbar auf. Wohl kein Prophetenbuch ist ohne Ergänzungen geblieben, in denen Unbekannte ihre Zukunftshoffnungen der Autorität des Propheten unterstellen. Seitdem der Autor der Botschaft »Tröstet, tröstet mein Volk« (Jes 40–55) seinen Namen verschwiegen hat, bleiben über Einzelworte hinaus ganze Abschnitte oder Bücher (Jes 56–66; 24–27; Sach 9–14; Mal) anonym. Selbst der erste erzählende Teil des Danielbuches (Kap. 1–6) spricht noch ohne Verfasserangabe von Daniel in der dritten Person; erst der zweite, visionäre Teil (Kap. 7–12) gibt die Anonymität auf und geht in die Pseudonymität über, indem er sich auf jenen Weisen am Hof Nebukadnezzars zurückführt.

Diese Wandlung ist nicht zufällig, sondern sachbedingt; sie beruht auf einer Änderung im Verständnis der Tradition (vgl. Jes 34, 16; Dan 9, 2). Schon recht früh läßt sich belegen, daß Propheten die Botschaft ihrer Vorgänger aufnehmen (vgl. § 14a 2, 4; 14b). Faßt die Forderung von Recht, Liebe und

Demut (Mi 6, 8) Intentionen von Amos, Hosea und Jesaja zusammen? Tritojesaja führt (Jes 60–62) Sätze Deuterojesajas im Wortlaut an, unterlegt ihnen aber einen anderen Sinn; bei späteren Propheten, wie Joel, finden sich vielfach Zitate aus der prophetischen Literatur. Das Sacharjabuch (1, 4 ff; 7, 7) hält seinen Hörern bzw. Lesern ausdrücklich den Umkehrruf der »früheren Propheten« vor; überhaupt deuten mancherlei Ergänzungen in den Prophetenbüchern die überlieferten Worte neu. So kann – in später Zeit – der Prophet seine Autorität durch Verweis auf frühere Verkündigung stützen; er sagt sein eigenes Wort, indem er fremdes auslegt. Dieses Verhältnis zur Tradition wird im Laufe der Zeit noch enger (vgl. die Aufnahme und Weiterdeutung der »70 Jahre« von Jer 25, 11; 29, 10 über Sach 1, 12; 2 Chr 36, 20 f in Dan 9). Schließlich wird der Kanon ausgebildet, der den ständigen Rückbezug auf das schriftlich vorliegende Gotteswort ermöglicht. Weil die Deutung der Gegenwart durch die Texte der Vergangenheit geschieht, müssen sich die apokalyptischen Visionen als Vorhersagen aus der Vor- oder Frühzeit verstehen und darum pseudonym auftreten. Die Geheimnisse der Zukunft sind der Allgemeinheit noch verborgen, nur bestimmten Leuten bereits in der Gegenwart offenbar. Nach der Aufforderung »Aber du, Daniel, verbirg die Worte und versiegle das Buch bis zur Endzeit!« ergeht die Bekräftigung »Verborgen und versiegelt bleiben diese Worte bis zur Endzeit« (Dan 12, 4. 9; vgl. 8, 26). Das Entscheidende ist längst geweissagt, jetzt wird es (wenigen) enthüllt, weil die Endzeitereignisse, die alle angehen, bevorstehen.

2. Das Wissen aus der Vorzeit betrifft die Zukunft. »Das Gesicht bezieht sich auf die *Endzeit*« (Dan 8, 17; vgl. 2, 28 f; 11, 27 ff; 12, 6. 13 mit Anklang an Am 8, 2; Ez 7). Der Seher Henoch leitet seine Rede über den kommenden Gerichtstag ein: »Nicht für das gegenwärtige Geschlecht dachte ich nach, sondern für das künftige« (1, 2). Die apokalyptische Schau enthüllt die Geheimnisse des Weltenlaufs, insbesondere das Wann und Wie. Welt- wie Geschichtsbetrachtung und Zukunftshoffnung sind ihr Thema. »Die Welt hat ihre Jugend verloren, die Zeiten nähern sich dem Alter« (4 Esra 14, 10). Die leitende Frage lautet: Was bringt die Zukunft, was macht Gott in der Endzeit?
Die Antwort geben *Visionen*, die in weit höherem Maß als prophetische Zukunftsansagen die kommenden Geschehnisse ausmalen. Die Bilder knüpfen weniger (wie etwa Am 7; Jer 1) an alltägliche Erscheinungen an, sondern zeigen eher Phantastisches (Dan 2, 31 ff) und nehmen stärker mythisches Gut auf. Aber die Bilder gestalten oft auch Vergleiche aus, die sich schon in der prophetischen Verkündigung finden (wie Symbole von Tieren und Bäumen). Die Träume oder Gesichte bedürfen der *Deutung*, die durch Weise oder Engel (Dan 1, 17; 5, 11 f; 8, 15 ff; vgl. Sach 1, 9. 13 ff; schon Gen 40 f u. a.) geschieht. Daniel »kann Geheimnisse enthüllen« (2, 47), weil in ihm »der Geist der heiligen Götter« wohnt (4, 6) und der Himmelsgott Geheimnisse zu offenbaren vermag (2, 28 ff; vgl. Gen 41, 38 f).

Oft verlieren sich die Bilder auch ins Unsagbare: »etwas, das aussah wie« (Dan 7, 13 u. a; vgl. schon Ez 1). Mag damit die Unbestimmbarkeit der Zukunft zur Geltung kommen, so will die Apokalyptik doch gerade die Zukunft vorhersehen, ja in Zeitangaben bestimmen (Dan 7, 25; 8, 14; 12, 7; bes. 9, 24 ff); denn der Frevel hat sein »Maß«, das am Ende voll sein wird (8, 23). Die Weltgeschichte läuft nach späterer Auffassung von Anfang an in festgelegten Perioden auf ihr Ziel zu; jedes Geschehen hat seine Stelle in der Zeitenfolge (Hen 85 ff. 93), so daß noch bevorstehende Ereignisse berechenbar werden. Dieser Gedanke eines *Weltenplans* Gottes führt die prophetische Verkündigung weiter, daß Gott einen Plan mit der Geschichte hat (vgl. Jes 14, 27; 28, 29; 46, 11; auch Koh 3, 14 f; 6, 10 u. a.). Jetzt erscheint die Zukunft nicht mehr unter dem Charakter des Neuen (wie Jes 43, 19: »Siehe, ich schaffe Neues«), sondern als das bereits Bekannte; sie kann in ähnlicher Weise gewußt werden wie die Vergangenheit.

Dennoch bleiben die *Vorstellungen* von dem, was kommen wird, mannigfach. So gibt es stärker diesseitige oder jenseitige, nationale oder universale Erwartungen, Zukunftshoffnungen mit und ohne messianisches Reich usw. Die einzelnen Aussagen können so weit voneinander abweichen, daß sie sich als Vorstellungen widersprechen und sich gegenseitig ausschließen. Hier kommt zur Geltung, daß sie auf verschiedenen Überlieferungsstoffen aufbauen. Erst recht wechseln die Angaben über die Dauer der Welt. Aber die Grundhaltung, mit der man der Geschichte entgegentritt, ist einheitlich. Die Hoffnung, *daß* die Wende kommt, ist allen gemeinsam, nur das *Wie* wird verschieden vorgestellt.

b) Dualistische Züge

Eine gleichbleibende Grundhaltung ist schon durch das Gegenüber von göttlicher und menschlicher Macht, Zukunft und Gegenwart, gut und böse gegeben.

1. Drohten die Propheten zunächst Unheil über Israel und die Nachbarvölker (Am 1 f u. a.) an, so wird das Gericht später auf alle Völker ausgedehnt. Sacharja (2, 1–4) sieht in seiner Vision von vier Hörnern, die von vier Schmieden zerstört werden, daß alle Völker, die das Gottesvolk zerstreut haben, von Gott niedergeworfen werden. Die Vielzahl meint die Weltganzheit; konkrete Feindesmächte sind kaum mehr im Blick. Erst recht werden in den eschatologischen Bildern von Sach 12 und 14, die einen Völkerkampf »an jenem Tag« vor Jerusalem ausmalen, keine Namen mehr genannt, wie auch keine Begründung mehr für den Ansturm der Feinde und die Wende der Not gegeben wird. (Doch kann das kommende Gotteshandeln auch durch Hinweis auf menschliche Schuld vom Vorwurf der Willkür befreit werden, so Jes 24, 5 f. 20; 26, 21). Darum

bringt der Übergang von der Prophetie zur Apokalyptik einen *Verlust an Historie*, nämlich an unmittelbarem und unmittelbar ausgesprochenem Geschichtsbezug, mit sich; die Erwartungen geben den historischen Anhalt immer mehr auf. Indem aber die Geschehnisse ihre geschichtliche Bestimmtheit verlieren, erhalten sie einen Rang, der über ihre Bedeutung als Einzelereignisse weit hinausgeht. Das Historische wird generalisiert, und so gewinnt das Individuelle universalen Charakter. So trägt die hochmütige Stadt in den Liedern der Jesaja-Apokalypse (Jes 25, 1 ff; 26, 1 ff) keinen Namen mehr, wird aber damit zum Symbol der Weltstadt; oder das Mahl der Ältesten am Sinai (Ex 24, 11) wird ausgeweitet zum Festmahl, an dem alle Völker teilnehmen (Jes 25, 6).

In diesem Zusammenhang stehen die Erwartungen eines kommenden *Gerichts*, die prophetische Zukunftsansagen aufnehmen, steigern und in einen weltweiten Rahmen spannen. Deuten die Propheten die Weltgeschichte ihrer Zeit, in der die altorientalischen Großmächte im Raum Palästinas erscheinen, so greift die apokalyptische Schau über Einzelbegebenheiten hinaus. In das Gericht werden nicht nur alle Lebewesen einbezogen (Zeph 1, 2 f), sondern auch der Himmel (Jes 24, 4. 21; vgl. Ez 32, 7 u. a.). Irdische und himmlische Feinde werden entmachtet; nichts bleibt unverändert. Dadurch wird einerseits die Geschichte unendlich ausgeweitet, andererseits das Weltganze in die Erwartungen hineingenommen. Historie und Kosmos werden identisch. Der gesamte Raum wird bestimmt und begrenzt von der Zeit, die »einen neuen Himmel und eine neue Erde« (Jes 65, 17) heraufführt. Wie die Welt vor dem Schöpfer, so wird auch die Geschichte vor dem kommenden Gott zur Einheit.

Das Gericht, das die spätere apokalyptische Literatur immer weiter ausmalt, vollzieht – wie in den prophetischen Drohworten – Jahwe selbst. Doch wird es jetzt ausschließlich als Gottes Tat erwartet. Einst »halfen« die Völker »zum Unheil« (Sach 1, 15), indem sie Gottes Willen vollstreckten, so Assur (Jes 10, 5 ff) wie Babylon (Jer 51, 20 ff), ja noch Kyros (Jes 41, 25; 45, 1). Jetzt handelt Gott allein und unmittelbar – »ohne Menschenhand« (Dan 2, 34. 45; 8, 25). Wieder entspricht also der Geschichtsverlust einer Verschärfung der theologischen Aussage. Göttliche und irdische Macht werden zu sich ausschließenden Größen.

Darf man Ansätze für diese Unterscheidung in Ex 14, 13 f; Sach 4, 6 (vgl. § 7, 3) u. a. suchen?

»Die menschlich-autonome Weltpolitik, auch schon zur Zeit der assyrisch-babylonischen Herrschaft erkennbar, konnte gleichwohl insofern dem Glauben Israels eingeordnet werden, als sie als Hybris gegenüber einem Auftrag Jahwes angesehen wurde, der im Zusammenhang mit jenen Weltmächten an seinem Volk strafend und begnadigend handelte. Ein Israel aber, als Bestandteil der fremden Mächte politisch entmündigt, konnte die Diskrepanz zwischen autonomer Weltmacht und seinem Glauben an die Königsherrschaft Gottes nur mit Hilfe einer dualistischen Konzeption ausgleichen und hat dies auch zunehmend getan. Daß eine dualistische Weltbetrachtung dem Alten Testament nicht eigentümlich gewesen ist, soll gewiß nicht bestritten werden; aber es erscheint als sachlich nicht gerechtfertigt, in der Aneignung dualistischer Elemente dann einen Fehltritt oder Abfall vom Glauben zu sehen, wenn in der Auseinandersetzung mit der dem Glauben Israels entgleitenden Geschichte mit Hilfe einer solchen dualistischen Betrachtung dem Bekenntnis neue Impulse und Kräfte zugeführt werden konnten« (*O. Plöger*, Das Buch Daniel, 1965, 125).

Um diese kosmische Relevanz der kommenden Ereignisse auszusagen, nehmen die eschatologisch-apokalyptischen Erwartungen mythische Motive auf; denn der *Mythos*, dem der historisch-individuelle Bezug fehlt, ist ja kosmisch orientiert. So kann der Kampf mit dem Meeresdrachen zum Symbol für die Vernichtung der Weltreiche werden (Jes 27, 1). Überhaupt werden mythische Vorstellungen weniger auf Gott selbst als auf die fremden Mächte bezogen, die sie zugleich verbergen und bezeichnen sollen (vgl. Ez 31; Dan 4 vom Weltenbaum; auch Ez 29; 32 u. a.). Der Mythos hat längst seine ursprüngliche Bedeutung verloren, die Vorstellungen sind zu gewissen festen Bildern erstarrt, die immer weiter ausgestaltet werden können. Die wachsende Mythologie ist in hohem Maß Stilmittel, das die Zukunft näher zu beschreiben und in ihrer Bedeutung darzustellen hilft.

In der Abfolge von *vier Weltreichen* suchen die Visionen des Danielbuches die Geschichte insgesamt zu überblicken. »Diese vier Weltreiche umfassen zwar von Haus aus nur den Zeitraum vom Exil bis zum Ende (vgl. Dan 1, 1 ff), aber sie bilden trotzdem zunächst ,die Geschichte‘; es ist die Zeit, in der Israel aus der eigenen nationalen Schranke herausgehoben, in die Welt eingegliedert war« (*P. Volz*, 141).

Die Einheit der Geschichte wird in Dan 2 durch eine menschliche *Kolossalstatue* dargestellt, die vom Kopf zu den Füßen von Gold über Silber und Bronze in Ton und Eisen übergeht. In diesem Bild vermischen sich eigentlich drei verschiedene Vorstellungen, die in solcher Form im Alten Testament vorher nicht begegnen, die Israel vielmehr, getrennt oder teilweise schon miteinander vereint, vorfand: Die Welt erscheint in Gestalt eines Menschen (der Makrokosmos im Mikrokosmos), die Weltalter werden mit Metallen verglichen, und die Weltreiche vereinen sich zu einer Vierzahl. Der Apokalyptiker denkt wohl konkret an die Herrschaft der Neubabylonier unter Nebukadnezzar, die Meder, Perser und Alexander den Großen, dessen Gebiet an die Ptolemäer in Ägypten und die Seleukiden in Syrien aufgeteilt wurde. Jedenfalls wird das Bild zeitlich gedeutet. So gewaltig auch jedes Reich ist, seine Zeit ist befristet (vgl. Dan 11, 24. 27). Alles hat seine Zeit (Koh 3, 1) – das ist das apokalyptische Grundgesetz; »denn er hat auf der Waage den Äon gewogen, er hat die Stunden mit dem Maße gemessen und nach der Zahl die Zeiten gezählt« (4 Esra 4, 36 f; 13, 57 f; Hen 92, 2). Obwohl die vier Weltreiche aufeinanderfolgen, wird die ganze Kolossalstatue der Vision auf einmal »ohne Menschenhand« (vgl. Dan 8, 25) von einem herabfallenden Stein völlig zerstört, der zu einem die ganze Erde erfüllenden Berg anwächst. Er symbolisiert das Königtum Gottes, das alles weltliche Regiment vernichtet und mit dem letzten Reich menschlicher Herrschaft überhaupt ein Ende setzt.

In der Vision von Dan 7 werden die vier Königreiche durch *vier* aus dem Meer aufsteigende *Tiere* repräsentiert. Das letzte Tier ist das bedeutendste; denn es stellt die

Gegenwart (mit Antiochus IV.) dar und wird darum am eingehendsten beschrieben. Die Zeichnung der Mischwesen, die später noch reicher ausgestaltet wird (4 Esra 11 f), mag durch altorientalische Vorstellungen angeregt sein. Auf sie geht auch das Bild vom Chaosmeer zurück, das anscheinend dazu dient, die Geschichte von der Vorzeit bis zur Endzeit zu überblicken. Nach einer himmlischen Gerichtssitzung wird das vierte Tier getötet, aber auch seine drei Vorgänger werden entmachtet. Anstelle der tierischen Herrschaft tritt eine menschliche. Jemandem, »der aussieht wie ein Mensch«, wird die Regierungsgewalt übertragen. Wie in den meisten messianischen Weissagungen der Zukunftskönig erst auftritt, als der Krieg beendet ist, so daß er nur als Friedensfürst wirkt, so kommt der *Menschensohn erst*, als die feindlichen Mächte besiegt sind (vgl. § 12e). Aber sein Regiment ist himmlischer Art. So kann ihm das Reich »der Heiligen des Höchsten« entsprechen (7, 13. 18 ff) – ursprünglich Gottes Hofstaat, jetzt ist unter dem Namen jedoch Israel inbegriffen. Weit stärker, als es prophetische Erwartungen betonten, wird in der apokalyptischen Vision herausgestellt, daß die Zukunft nicht innerhalb geschichtlicher Möglichkeiten liegt, sondern von oben kommt, aus dem Jenseits herbeigeführt wird.

In beiden Darstellungen (Dan 2 und 7) ist höchstens in der Abfolge der verschiedenen Großreiche so etwas wie eine geschichtliche Entwicklung im Blick, aber sie vollzieht sich nach einem vorher gesetzten Plan Gottes. Ein Reich löst das andere ab, bis das Ende hereinbricht. Kündigt sich in diesen Bildern eine deterministische Geschichtsschau an? Noch sind die Aussagen der beiden Visionen nicht gleich: Die Metalle nehmen an Wert und Stärke ab, die Tiere steigern jeweils ihre Gewalttätigkeit und Grausamkeit. Auch sind nicht alle Reiche gleich geschildert. Es bleibt innerhalb der schematischen Darstellung Raum für die Verschiedenartigkeit der einzelnen geschichtlichen Phänomene und damit für die Veränderung der Situation. Doch das Entscheidende ist für die Visionen der Zusammenhang der Geschichte angesichts ihres Endes: »Was der Weltgeschichte nach der Apokalyptik ihre letzte Einheit bei aller Vielfalt der Erscheinungen . . . gibt, ist ihr Gegenüber zur Gottesherrschaft« (*M. Noth*, 273).

2.   Der Gegensatz zwischen Gottes- und Menschenherrschaft wird nicht ausschließlich, aber doch vorwiegend zeitlich verstanden: Jetzt ist die Zeit der Frevler, dann bricht die Zeit Gottes an (Dan 8, 23; 11, 36). Die Gegenwart ist begrenzt, die Zukunft ewig. *Gegenwärtiger und kommender Äon* stehen sich als zwei grundverschiedene Epochen gegenüber. Der Gegensatz erscheint zunächst mehr unausgesprochen – denn auch diese Begrifflichkeit bildet sich erst allmählich aus –, wird aber später ausdrücklich: »Der Höchste hat nicht einen Äon geschaffen, sondern zwei« (4 Esra 7, 50). Die offenbarte Zukunft kommt gewiß, auch wenn sich Gott eine Frist vorbehält (Hab 2, 2 f; Ps 75, 3). Obwohl den Hoffnungen Deuterojesajas auf den Anbruch der Königsherrschaft Gottes die Verwirklichung versagt blieb, halten seine prophetischen Nachfolger an der Naherwartung fest (vgl. Jes 60, 1). Haggai, der statt in der verheißenen Heilszeit in armseligen wirtschaftlichen Verhältnissen lebt, kündigt das Weltende im Zusammenhang mit dem Tempelwiederaufbau und der Einsetzung Serubbabels zum

Messias an (Hag 2, 6–9. 20–23). Die Hoffnung wird wieder enttäuscht, sucht aber Hoffnung zu bleiben. Trotz immer neu erfahrener Nichterfüllung verbinden die Späteren ihre Erwartung jeweils mit den Zeichen ihrer Zeit (vgl. Joel 1, 2). Die Ereignisse der Gegenwart scheinen das nahe Ende zu verraten, bis sie vergehen und das Ende noch aussteht. Auch die Naherwartung des Danielbuches bestätigt sich trotz zeitlicher Korrektur (12, 11 f) nicht, dennoch läßt die Glut der Erwartung in der folgenden apokalyptischen Literatur keineswegs nach.

So hat die Apokalyptik die prophetische Hoffnung zugleich aufgenommen und verändert. Sagen die Propheten eine Zukunft an, die die Gegenwart bedrängt und bestimmt, so kann die Apokalyptik zwei sich ablösende Zeitalter unterscheiden. Das Neue bedeutet jetzt – in einem gegenüber der prophetischen Botschaft verschärften Sinn – das Ende des Alten. Aber auch hier finden sich gewisse Übergänge von der Prophetie zur Apokalyptik. Etwa Deuterojesajas Zukunftsankündigungen gehen weit über innergeschichtliche Erwartungen hinaus (Jes 40, 4; 49, 9 ff u. a.). In Sacharjas Nachtgesichten (1, 7–6, 8) ist die Wende so nahe, daß sie im Himmel bereits Gegenwart ist; dort sind schon alle Widerstände überwunden, die Gottlosigkeit ist beseitigt (5, 5–11). Die Apokalyptik führt diesen Gedanken weiter: Die Heilsgüter sind im Himmel präsent und kommen von dort fertig herab. Am bekanntesten ist das Bild vom himmlischen Jerusalem (4 Esra 7, 26; 13, 36; Apk 21). So erscheint der Gegensatz von jetzt und einst in der räumlichen Gegenüberstellung von oben und unten; hier wirken altorientalische Vorstellungen über die Entsprechung von himmlischer und irdischer Ordnung nach (o. § 6b, 4). Tatsächlich ist die vorgegebene Mythologie aber charakteristisch umgeprägt: Aus dem parallelen Nebeneinander oder Übereinander, das zugleich besteht, wird ein zeitliches Nacheinander. Der Himmel ist die Zukunft der Erde; das Heil ist um so gewisser, weil es bereits »vorhanden« ist. Diente die altorientalisch-mythische Vorstellung ursprünglich zur Sicherung der bestehenden Verhältnisse, so will die Weltsicht in ihrem neuen Zusammenhang gerade die Aufhebung der sichtbaren Wirklichkeit ansagen. Der Gegensatz ist dynamisch, nicht mehr statisch festgelegt.

3. Mit dem Ende von Frevel und Sünde bringt die Zukunft »ewige Gerechtigkeit« (Dan 9, 24). So entspricht der Zeitenwechsel dem Gegenüber von *böse* und *gut*. Zwar hat die allgemeine Meinung Gott mit dem Heil verbunden (Mi 3, 11); sonst brauchte Amos (3, 6) das Volk nicht zu der Erkenntnis zu führen: »Geschieht ein Unheil in der Stadt, und Jahwe hat es nicht gewirkt?« Aber seit je konnte man auch den »bösen Sinn« von Jahwe herleiten (1 Sam 16, 14; 19, 9; 1 Kön 22, 22; vgl. § 6b, 5). Mehr und mehr wird jedoch Jahwe das Gute vorbehalten, das Böse in einer eigenen persönlichen Macht verkörpert (vgl. 2 Sam 24, 1 mit 1 Chr 21, 1): im Satan, der ursprünglich nur die Stelle eines – nach Gottes Willen handelnden – Versuchers oder Anklägers im himmlischen Hofstaat innehatte (Hi 1 f;

Sach 3, 1 f). Die Apokalyptik baut dann diese Gedanken weiter aus zum Gegensatz von bösem Reich und Gottesherrschaft.

Im wesentlichen ist die Apokalyptik eine israelitische Bewegung, die hauptsächlich aus der Prophetie hervorgeht, in der sich außerdem weisheitliche (*G. v. Rad*) und andere Überlieferungen sammeln. Zu ihnen werden auch fremde Einflüsse gehören. Allerdings sind die Auffassungen über die Entstehung der Apokalyptik keineswegs einhellig, sondern höchst unterschiedlich.

Dualistische Tendenzen scheinen in Israel durch die Einwirkung der *persischen* Religion verstärkt worden zu sein. Sie erklärte die Welt aus dem Widerspiel von gut und böse – später repräsentiert durch Ormazd bzw. Ahura Mazda, den Schöpfer des Guten, und den bösen Geist Ahriman. Die Israeliten nachexilischer Zeit waren sowohl in der palästinischen Heimat wie in der Fremde zwei Jahrhunderte lang, von Kyros bis zu Alexander dem Großen, persische Untertanen. So sind Berührungen mit der iranischen Religion leicht möglich; ihr sind die in der Spätzeit des Alten Testaments aufkommenden Begriffe, wie Reich Gottes, Auferstehung, Weltgericht und Engellehre, vertraut. Doch ist es schwierig, das genaue Alter der iranischen Vorstellungen zu bestimmen; erst recht läßt sich die Abhängigkeit alttestamentlichen Gedankenguts von ihnen nicht eindeutig nachweisen. Es bleiben aber gewisse Ähnlichkeiten, vielleicht Anregungen, und wohl auch die Übernahme bestimmter Einzelmotive.

Schon der persische Dualismus konnte aber durch einen Monotheismus überhöht werden. Ahura Mazda galt als Weltenherr, der Himmel und Erde entstehen ließ und den Gestirnen den Weg bestimmte. In den Gathas des Awesta, die Zarathustras Verkündigung in Versform wiedergeben, wird Ahura einmal sogar als der Schöpfer aller Dinge, des Guten und des Bösen, des Lichts wie der Finsternis, beschrieben:

Zarathustra fragt den guten Gott: »Danach frage ich dich, sag es mir ehrlich, o Lebensherr: Welcher Meister schuf Licht und Finsternis? Welcher Meister schuf Schlaf und Wachen?« (Yasna 44, 5; *H. Humbach*, Die Gathas des Zarathustra I, 1959, 117)

Deuterojesaja könnte – von allen Datierungsproblemen einmal abgesehen – geradezu diese Äußerung aufgreifen, braucht jedenfalls nicht gegen den persischen Dualismus zu polemisieren, wenn er Gott sagen läßt:

»Ich bin Jahwe und keiner sonst,
der ich das Licht bilde und die Finsternis schaffe,
der ich das Heil wirke und das Unheil schaffe.
Ich bin Jahwe, der all dies tut.« (Jes 45, 7)

Wahrscheinlich kommt der Prophet völlig eigenständig zu seiner Aussage, in der er mit ungewöhnlicher Schärfe Gott allem übrigen gegenüberstellt. Das Paar »Heil und Unheil« bezeichnet wie »Himmel und Erde« die Universalität: Gott schafft das Ganze. Mit dieser Unterscheidung von Gott und Welt wird alttestamentliches Gottesverständnis in äußerster Radikalität zum Ausdruck gebracht. Im Zeitalter des Hellenismus sucht man dieses Reden von Gott zu bewahren oder gar noch zu verschärfen, indem man das Kausaldenken (»Aus Nichts wird nichts«) aufnimmt und negiert: Gott machte Himmel, Erde und was darin ist »aus nicht Seiendem« (2 Makk 7, 28 u. a.).

4. Der Allmacht dieses Gottes bleibt das Reich des Todes nicht entzogen. Als die spätere Apokalyptik die *Auferstehungshoffnung* (Dan 12, 1–3; vgl. u. Exkurs 8) aufnimmt, gewinnt sie zunehmend an universaler Weite:

> »In jenen Tagen wird die Erde die, welche in ihr angesammelt sind, zurückgeben, und auch die Scheol wird wiedergeben, was sie empfangen hat, und die Hölle wird, was sie schuldet, herausgeben.« (Hen 51, 1)

Die Menschen sollen an der Wende der Welt teilhaben; doch bringt die Zukunft Heil wie Unheil. Die prophetische Erwartung eines Gerichts wird – ausgeweitet zur Sichtung der Menschheit – für jenes Leben übernommen:

> »Denn es gibt ein Gericht nach dem Tode, wann wir zu neuem Leben gelangen; da wird der Name der Gerechten kund, der Frevler Taten werden offenbar.« »Mehr sind der Verlorenen als der Erlösten.« (4 Esra 14, 35; 9, 15)

Wer am kommenden Dasein teilhat – alle oder nur die Gerechten? –, bleibt umstritten. Auch die Vorstellungen darüber, wie das neue Leben aussehen wird, sind verschieden; immer stärker werden sie durch den nicht alttestamentlichen Gegensatz von Leib und Seele geprägt. Indem die Auferstehung nicht mehr symbolisch die Wiedererweckung des Volkes darstellt (Ez 37), sondern universal erwartet wird, wird sie zugleich individuell verstanden. Das eine entspricht dem anderen; denn das Gericht ergeht nach den Taten des einzelnen. Die Einheit des Volkes mußte wohl zerbrechen, bevor der einzelne ein Weiterleben nach dem Tode ersehnte. So ist die Auferstehungshoffnung zugleich durch die Frage nach Gottes Gerechtigkeit getragen: Hält Gott denen die Treue, die ihm im Leben bis zum Tode treu sind? Der Glaube will sich nicht damit zufriedengeben, daß irdische Zustände schicksalhaft-unveränderlich sind, wie es der Prediger (Koh 3, 19 ff; 9, 2 ff) beklagt.

5. Die apokalyptischen Hoffnungen entziehen sich also nicht durch Flucht in eine herrliche Zukunft einfach ihrer *Gegenwart*, um die Welt dem Bösen zu überlassen. Sie wollen vielmehr in einer Zeit der Bedrängnis Trost spenden, Mut zum Durchhalten machen (vgl. Dan 3; 6): Der Glaube kann die Drangsal mit Gelassenheit tragen; denn die Unterdrückung währt nicht lange! Ihr Ende ist schon abzusehen – darum die zeitlichen Berechnungen (bes. Dan 12, 7. 11 f). Wenn sich auch alle Hoffnung auf ein abschließendes Handeln Gottes ausrichtet, so gehört doch nicht erst die Zukunft Gott. Die Legenden des Danielbuches zielen auf die Anerkennung Gottes durch den babylonischen Großkönig (2, 46 f; 3, 28 f; 4, 29; 5, 18 ff;

6, 26 f). Seine Macht ist durch Gottes Allmacht begrenzt (4, 14; 5, 26 ff). So steht die Gottesherrschaft nicht nur nach der Zeit des Zornes bevor, sondern erweist sich bereits in der Gegenwart:

»Sein Reich ist ein ewiges Reich,
und seine Herrschaft währt von Geschlecht zu Geschlecht.«
(Dan 3, 33; 4, 31 ff; 6, 27; vgl. § 11 a)

Exkurs 8:
Tod und Hoffnung gegen den Tod

1. Im Ablauf des menschlichen Lebens sind gewisse Zeiten und Ereignisse, nämlich die Übergänge von einem Status zu einem anderen – vor allem Anfang und Ende des Lebens, der Wechsel von der Kindheit in die Erwachsenenwelt, die Eheschließung, aber auch Saat, Ernte und Neujahr –, in besonderem Maße mythischer Deutung ausgesetzt und werden mit bestimmten Riten (nach A. v. Gennep *rites de passage* genannt) umgeben. Eine solche Übergangszone stellt auch der Tod dar. Infolgedessen wird dem Tod oder auch dem Totenreich, wie indirekt Grabbeigaben und direkt literarische Zeugnisse lehren, in den meisten Kulturen eine gewisse Macht über die Lebenden zugesprochen. Dagegen übt das Alte Testament schon gegenüber der Speisung (vgl. Dtn 26, 14) und erst recht der Verehrung der Toten strenge Zurückhaltung. Nicht einmal der König, der nach seinem Tod gemäß ägyptischem Glauben mit der Gottheit (Osiris) identisch wurde, empfängt in Israel göttliche Ehren (vgl. die Königspsalmen 89, 48 f; 144, 3; auch o. § 12 a).

Der Gedanke eines Lebens nach dem Tode war in alttestamentlicher Zeit also nicht unmöglich. Die ägyptische Religion war stark von der Erwartung eines Jenseitsgerichts beherrscht, und es gab ein ausgedehntes für den Toten bestimmtes Spruchgut (Pyramidentexte, Sargtexte, Totenbuch). Erhofften die Ägypter eine Teilhabe des Königs und später jedes Menschen am Schicksal des Osiris, so ist im mesopotamischen – wie im syrisch-palästinischen – Raum ein Auferstehungsglaube nicht nachweisbar, wenn auch Jenseitsvorstellungen keineswegs fehlen (Gilgamesch, Innana-Ischtar, Tammuz). Die Wiederkehr des toten Gottes (etwa Baals) zur Erde wurde nicht mit dem Los der Menschen gleichgesetzt (vgl. § 11 c, 2). Wenn beim Aufkommen der Auferstehungshoffnung im späten Alten Testament überhaupt fremde Einflüsse nachwirken sollten, sind sie eher im Parsismus zu suchen.

Zwar mag es in Israel hier und da *Totenbefragung* gegeben haben, weil der Totengeist dem Volksglauben als persönliches Wesen mit außergewöhnlichen, den Menschen verborgenen Kenntnissen gelten konnte (1 Sam 28, 7 f. 13; vgl. Jes 8, 19; 19, 3), doch waren Totenbeschwörung wie Zauberei verboten und mit Todesstrafe bedroht (Lev 19, 31. 28; 20, 6. 27; Dtn 18, 10 f; 2 Kön 21, 6; 23, 24 u. a.).

Demgemäß erfährt Saul, der in Todesangst seinem eigenen Verbot (1 Sam 28, 3. 9) zuwiderhandelt und die sog. Hexe von Endor nötigt, den Geist des toten Samuel herbeizurufen, nur, was er ohnehin ahnt: »Jahwe hat dir das Königtum entrissen . . . Morgen wirst du mit deinen Söhnen bei mir (d. h. bei den Toten) sein« (V 17–19; vgl. 15, 28).

So kann man mit *G. v. Rad* (TheolAT I[4], 289 f; II[4], 371) urteilen: »Soweit wir geschichtlich zurückblicken können, hat sich der Jahweglaube mit einer besonderen Unduldsamkeit gegen alle Formen des Totenkultes gewendet.« Es wäre »ganz falsch, auf der einen Seite die Macht der Versuchung zu unterschätzen, die von dieser Sphäre ausging, auf der anderen Seite die Enthaltungskraft, die Israel aufbieten mußte, um jeder sakralen Gemeinschaft mit seinen Toten zu entsagen«. Dem Bereich des Todes hat »der Jahweglaube mit besonderem Eifer jede mythische Dignität abgesprochen«.

Zweifellos kommt diese kritische Haltung aus dem Glauben an den Gott, der sich in der Geschichte erweist und Ausschließlichkeit der Verehrung für sich beansprucht (vgl. Dtn 18, 9 ff). Wie die Hinwendung zu fremden Göttern ist Totenbefragung Übertretung des *ersten Gebots.* So schließt die Herrschaft Gottes über die Lebenden eine Herrschaft der Toten – sei es zum Schaden oder doch zum Nutzen der Lebenden – aus, und das Alte Testament erklärt den gesamten Bereich des Todes für unrein (Num 19, 11 ff; Lev 11, 24 ff).

2. Wohl dieser kritische Vorbehalt gegenüber der Sphäre der Toten erlaubte es dem Alten Testament zunächst nicht, das Todesproblem auf andere Weise in den Glauben zu integrieren; die Abgrenzung gegenüber dem Totenkult bedeutete Zurückhaltung in Vorstellungen über den Zustand des Menschen nach dem Tod und ließ darum auch wenig Raum für eine Hoffnung gegen den Tod.

Möglicherweise waren gewisse Auferstehungsvorstellungen, wie man vielleicht Hos 6, 1–3 (vgl. § 11c, 3) und in höherem Maße Ez 37 (vgl. § 14b, 10) entnehmen kann, Israel bekannt. Jedenfalls hat es die ihm aus der Umwelt vertrauten mythischen Vorstellungen vom Lebensbaum, Lebenskraut oder Lebenswasser nur in Andeutungen (Gen 3, 22) oder als Metaphern (Spr 3, 18; 11, 30; 13, 14; vgl. Jer 2, 13 u. a.) übernommen, so die Sterblichkeit des Menschen letztlich nicht mythisch begründet. Demgegenüber scheinen Israels Anschauungen vom Tod weithin altorientalisch vorgegeben und zunächst noch wenig vom eigenen Glauben durchdrungen zu sein. Darum können ganz verschiedenartige Vorstellungen über die Toten unausgeglichen nebeneinanderstehen. Die Wendung »sich zu den Vätern legen« bzw. »versammeln« (Gen 47, 30; 49, 29 u. a.) läßt daran denken, daß der Tote mit seinen Vorfahren – in demselben Familiengrab? – vereint wird. Daneben spricht man vom »Hinabfahren ins Totenreich bzw. die Unterwelt« (37, 35 u. a.), in der die Verstorbenen als »Totengeister« ein bloßes Schattendasein führen (Ps 88, 11; Jes 26, 14. 19; vgl. 8, 19; 29, 4). Das individuelle Grab und die mythisch-kosmische Unterwelt gehen ineinander über; auch »Erde«, »Grube« oder »Staub« sind gebräuchliche Umschreibungen für jenen lebensfeindlichen Raum der Tiefe.

Jedenfalls ist der Einschnitt zwischen der Welt der Toten und der der Lebenden beunruhigend tief. Der Tod raubt dem Menschen, was er sich mühselig erworben hat (Ps 49, 18; Hi 1, 21; 15, 29; vgl. Mt 6, 19 f u. a.), und löst ihn aus aller *Gemeinschaft*. Da es in der Unterwelt »weder Wirken noch Planen, weder Erkenntnis noch Weisheit« (Koh 9, 10) gibt, erfährt ein Vater, wenn er tot ist, nicht einmal, wie es seinen Kindern im weiteren Leben ergeht:

> »Seine Söhne kommen zu Ehren,
> aber er weiß es nicht;
> sie werden gering,
> doch er merkt es nicht.« (Hi 14, 21)

Aber auch der Tote selbst entschwindet mehr oder weniger rasch dem Gedächtnis der Nachkommen. So heißt die Unterwelt »Land des Vergessens« (Ps 88, 13; vgl. 31, 13). Nicht nur die Gemeinschaft mit Familie und Volk, selbst die Gemeinschaft mit Gott bricht ab:

> »Nicht lobt dich die Unterwelt,
> der Tod preist dich nicht;
> die zur Grube hinunterfahren,
> harren nicht auf deine Treue.
> Der Lebende, nur der Lebende, lobt dich.«
> (Jes 38, 18 f; vgl. Ps 6, 6; 30, 10; 115, 17 u. a.)

Gottes Gegenwart ist zunächst dort, wo erzählt wird, »was er Gutes getan hat« (Ps 103, 2; vgl. 22, 23 ff u. a.). Teilnahme am Lob der Werke Gottes – eben das ist den Toten unmöglich:

> »Willst du an den Toten Wunder tun,
> können Schatten aufstehen, dich zu preisen?
> Wird im Grab von deiner Huld erzählt,
> von deiner Treue im Abgrund?
> Werden deine Wunder in der Finsternis kund,
> dein Heil im Land des Vergessens?« (Ps 88, 11 – 13)

3. So redet das Alte Testament auffällig nüchtern und illusionslos vom Tod – als dem »Gang aller Welt« (Jos 23, 14; 1 Kön 2, 2), dem Land ohne Wiederkehr (2 Sam 12, 23; 14, 14; Hi 7, 9 f; 16, 22 u. a.). Erst mit dem Ende des Lebens findet auch die Mühseligkeit des Lebens ihr Ende:

> »Unser Leben währet siebzig Jahre
> und, wenn es viel (wörtlich: stark) wird, achtzig Jahre –
> und der Hauptanteil davon (wörtlich: sein Stolz)
> ist Mühsal und Beschwer.« (Ps 90, 10; vgl. Gen 3, 19)

Darum führt der Tod dem Menschen die ganze Hoffnungslosigkeit des Daseins vor Augen. Menschliches Leben gleicht in seiner Vergänglichkeit der Natur, nein, es ergeht ihm schlimmer als ihr; denn ein Baum hat mehr Grund zur Hoffnung als der Mensch:

> »Der Mensch, vom Weibe geboren,
> ist kurzlebig und voller Unruhe.
> Wie eine Blume geht er auf und wird abgeschnitten,

flieht wie ein Schatten und hat keinen Bestand . . .
Der Baum kann Hoffnung haben:
Auch wenn er umgehauen wird, schlägt er wieder aus . . .
Selbst wenn seine Wurzel in der Erde alt wird
und sein Stumpf im Erdreich stirbt,
sobald er Wasser spürt, sproßt er wieder
und treibt Zweige wie ein (junges) Reis.
Aber der Mensch stirbt und schwindet dahin, . . .
er legt sich nieder und steht nicht mehr auf.« (Hi 14, 1 f. 7 – 12)

Nach Kohelet haben die Lebenden nur in einer Hinsicht einen Vorteil; er besteht für den Prediger eben im Vorauswissen des Todes, d. h. im Sein-zum-Tode:

»Alle trifft *ein* (und dasselbe) Geschick,
den Gerechten und den Ungerechten, . . .
den Reinen und den Unreinen,
den, der opfert, und den, der nicht opfert.
Dem Guten ergeht es wie dem Sünder,
dem, der schwört, wie dem, der das Schwören meidet . . .
Wer noch zur Schar der Lebenden ,gehört', hat Zuversicht;
denn ein lebender Hund ist besser als ein toter Löwe.
Die Lebenden wissen freilich (nur), daß sie sterben müssen;
die Toten jedoch – sie wissen gar nichts mehr.
Kein Lohn wird ihnen zuteil;
denn ihr Andenken ist vergessen.«
(Koh 9, 2–5; vgl. 3, 19 ff; o. § 15, 6; auch Ps 49, 13. 21)

Für das Alte Testament ist der Mensch eine Einheit, nicht eine unsterbliche Seele in vergänglichem Leib: »Staub bist du, und zu Staub sollst du zurück-kehren« (Gen 3, 19; vgl. 18, 27; Ps 90, 3; 103, 14 u. a.). Was den Menschen beim Tode verläßt, ist nicht eine unvergängliche Seele, sondern die von Gott geschenkte Lebenskraft (104, 29; vgl. Gen 2, 7 mit 6, 3; Hi 33, 4 mit 34, 14 f).

»Wer weiß,
ob der Geist des Menschen auffährt zur Höhe,
der Geist des Viehs aber hinabfährt zur Erde?«
(Koh 3, 21; vgl. 3, 19)

Bleibt diese skeptische Frage des Predigers noch im Rahmen jener alten Anschauung (Koh 12, 7), oder lehnt die Frage bereits – ähnlich wie später die Sadduzäer (vgl. Lk 20, 27) – die (hellenistische) Vorstellung ab, daß der »Geist« nach dem Tod des Menschen zum Himmel »auffährt«?

Jedenfalls ist dem Alten Testament die Auferstehungshoffnung, die im Neuen Testament als Voraussetzung des Glaubens und aller Rede von Gott erscheinen kann (vgl. 1 Kor 15, 32), weithin fremd. Der Hebräerbrief deutet den schweren Gang Abrahams zum Altar, um seinen einzigen Sohn zu opfern: »Im Glauben hat Abraham Isaak dargebracht, als er versucht wurde . . . Er dachte nämlich, daß Gott mächtig sei, auch von den Toten aufzuerwecken« (11, 17–19). Der Abraham des

Alten Testaments beugt sich dem göttlichen Befehl aus »Gottesfurcht« (Gen 22, 12),
d. h. im glaubenden Gehorsam ohne Hoffnung auf Auferstehung.

4. Dennoch wird der Tod vom Glauben her bedacht; ein neutrales
Schicksal kennt das Alte Testament nicht: »Du, Gott, lässest die Menschen
zum Staube zurückkehren« (Ps 90, 3. 7 f). Selbst für den Prediger bleibt der
Mensch »in Gottes Hand« (Koh 9, 1 u. a.). Wie das Leben Gottes
Schöpfung (Gen 1 f; Ps 36, 10 u. a.), so ist der Tod Gottes Fügung. »Israel
kannte den Tod überhaupt nicht als eine selbständige mythische Mächtigkeit; die Macht des Todes war im Grunde Jahwes eigene Macht. Der Tod
war kein letzter Feind, sondern ein Handeln Jahwes am Menschen«
(*G. v. Rad*, TheolAT I⁴, 403). So braucht auch der Glaube, der nur von
diesem Leben und noch nichts von einer Gottesgemeinschaft nach dem
Tode weiß, angesichts des Todes nicht zu schweigen (Ps 90; Hi 1, 21; 2, 10
u. a.).

Doch ist jene Einsicht Ergebnis intensiver Auseinandersetzungen. Eine Reihe von
Texten läßt noch ahnen, daß Dämonen als Urheber von Krankheit und Tod galten –
sie sind nun Jahwe unterstellt und erfüllen seinen Willen (Num 21, 6 ff; Hos 13, 14;
Ps 78, 49; 2 Sam 24, 15 f u. a.; vgl. § 6b, 5). Auch der Tod kann gelegentlich als
selbst handelndes, gleichsam persönliches Wesen auftreten (Jes 5, 14; Jer 9, 20 u. a.);
einmal heißt er – in Aufnahme altorientalischer, später in der griechisch-römischen
Antike weiterlebender Vorstellungen vom Herrscher der Unterwelt – sogar »König
der Schrecken« (Hi 18, 14; vgl. Ps 94, 20). Die in diesem Titel versteckte Anschauung
wird allerdings erst von der nachalttestamentlichen Apokalyptik ausgebaut.

Der Psalmist kann Gott um Einsicht in die Vergänglichkeit des Lebens
bitten (Ps 39, 5; 90, 11 f), und wer dem Tode nahe gekommen ist, ihm aber
entrinnen konnte, dankt:

»Jahwe, du hast meine Seele aus dem Totenreich heraufgebracht,
mich zum Leben zurückgerufen
aus der Schar derer, die zur Grube fahren.«
(Ps 30, 4; vgl. 16, 10; 18, 5 ff; 33, 19; 56, 14; 103, 4; 116, 8; Jon 2, 3 u. a.)

Sind solche Aussagen bildlich-uneigentlich, eventuell gar dichterisch über-
trieben oder real gemeint? Die Frage wird von den Auslegern verschieden
beantwortet. Zweifellos war der Psalmist nicht im strengen Sinne tot;
dennoch meint der Beter, der so spricht, keineswegs nur, einer Todesgefahr
entkommen zu sein, und will nicht nur von Vorstellungen, sondern von der
Wirklichkeit des Todes reden. Das ist möglich, weil der Tod als Macht gilt,
die sich schon in diesem Leben auswirkt – in Krankheit, Siechtum, Verfolgung, kurz in: Einsamkeit und Gottesferne. Die Gewalt des Todes zeigt
sich bereits in der Nähe des Todes (Ps 88, 4; 107, 18 u. a.; *C. Barth*). Aussagen wie:

»Jahwe tötet und macht lebendig,
er stößt in die Grube und führt herauf.
Der Herr macht arm und macht reich,
er erniedrigt und erhöht« (1 Sam 2, 6 f u. a.)

denken zunächst an die Befreiung von dieser ins Leben eingreifenden Todesmacht, aber sie bekennen – gleichsam in konkreter Anwendung des ersten Gebots auf die Spannweite oder gar Polarität des menschlichen Daseins – die alleinige Zuständigkeit des einen Gottes für Tod und Leben.

5. Insgesamt ist es für das Alte Testament charakteristisch, daß dieses gegenwärtige, irdische Leben trotz seiner Vergänglichkeit mit Freude und Dankbarkeit von Gott hingenommen und vor Gott geführt wird. Doch geht diese »Einheit von Diesseits und Jenseits« allmählich verloren bzw. wird überboten. Das Bekenntnis »Deine Gnade ist besser als Leben« (Ps 63, 4) scheint die Wirklichkeit aufzuspalten – zwischen Glaube und Erfahrung.

Ursprünglich mochte man sich mit der Einsicht zufriedengeben, daß beim Tod des einzelnen das Volk als Gemeinschaft bestehenbleibt und der einzelne im Gedächtnis der Nachwelt (Spr 10, 7; Ps 112, 6; vgl. 34, 17; Koh 9, 5), in den eigenen Nachkommen (Rut 4, 10; Sir 30, 4 ff) oder auf einem Denkmal (vgl. Jes 56, 5) weiterlebt. Doch konnte man sich, zumal sich die Eingebundenheit des einzelnen in die Gemeinschaft dann zu lösen begann, nicht immer mit derartigen – letztlich vorläufigen – Antworten begnügen. Wie wird der Glaube angesichts des Todes zur Hoffnung gegen den Tod? Sie geht von verschiedenen Ansätzen aus.

6. Den König begrüßt man mit der Akklamation: »Er möge leben«, »ewig (lange Zeit) leben!« (1 Kön 1, 24. 31; vgl. Ps 21, 5 u. a.) Dem Gehorsamen ist *langes Leben* verheißen (Ex 20, 12; Dtn 4, 40; Lev 18, 5; Spr 3, 1 f; 10, 27 u. a.). Frühzeitiger Tod gilt als Strafe (1 Sam 2, 32; vgl. Gen 38, 7; Jer 28, 16 f; Ps 55, 24 u. a.), und von wenigen in besonderem Maße Gesegneten weiß man zu erzählen, daß sie alt und lebenssatt starben (Gen 25, 8; 35, 29; Hi 42, 17 u. a.). Diese nur im Rückblick getroffene Feststellung spricht gewiß nicht die allgemeine oder auch nur die allgemein mögliche Lebenserwartung aus. Doch wird die in solchen Aussagen verborgene Hoffnung später auf jedermann bezogen und bildkräftig ausgemalt; so gilt vom neuen, künftigen Jerusalem:

»Greise und Greisinnen werden sitzen
auf den Plätzen Jerusalems,
ein jeder mit dem Stab in der Hand
wegen seines hohen Alters.«
(Sach 8, 4; vgl. 12, 8)

»Nicht mehr hört man in ihr
den Laut des Weinens und den Laut des Klagens.
Es gibt dort kein Kind mehr von wenigen Tagen,
keinen Greis, der seine Lebenszeit nicht erfüllt;
denn als jung gilt, wer mit hundert Jahren stirbt.«
(Jes 65, 19 f; vgl. 66, 7 ff; 49, 20 f)

Ja, im künftigen messianischen Reich wird der Friede so weltweit sein, daß selbst die Tiere kein Blut mehr vergießen, Lamm und Wolf, Kalb und Löwe, Kind und Schlange miteinander spielen können (Jes 11, 6 ff; 65, 25; o. § 11 f, 6). Gewiß ist damit der Tod nicht beseitigt, aber doch die Hoffnung auf ein Leben ohne Blutvergießen ausgesprochen – ähnlich wie in der Ziontradition und Prophetie gemeinsamen Hoffnung, daß Gott die Waffen vernichtet (Ps 46, 10; Hos 2, 20; Sach 9, 10; vgl. Jes 2, 4; 9, 4 u. a.).

7.   Ansatz und Grund für die aufkeimende Hoffnung gegen den Tod wird das – dem ersten Gebot entsprechende – Bekenntnis, daß auch das Totenreich Gottes Macht nicht entzogen ist: »Totenreich und Unterwelt liegen offen für Jahwe« (Spr 15, 11), »nackt und ohne Hülle« (Hi 26, 6):

»Wenn ich mich in der Unterwelt lagerte,
da bist du auch.« (Ps 139, 8;
vgl. Am 9, 2; Hos 13, 14; Hi 11, 7 f; auch Jes 7, 11)

Diesen Glauben spricht Hiob einmal in paradoxer Weise aus. In seiner aussichtslosen Lage vermag er nicht mehr (wie die Klagepsalmen) Bewahrung *vor* dem Tode zu ersehnen. Hiob weiß nur noch Gott zu bitten, er möge ihn *in* der Unterwelt verbergen; dort, in der äußersten Ferne, scheint der Mensch Ruhe zu finden, bis Gottes Zorn vergangen ist. Doch zu diesem Zeitpunkt soll der gnädige Gott in dem Lande, in dem man Gottes nicht »gedenkt«, Hiobs »gedenken«:

»Ach, daß du mich im Totenreich verstecktest,
mich verbärgest, bis sich dein Zorn gewendet hat,
mir ein Ziel setztest und – meiner gedächtest!« (Hi 14, 13)

Diese für das Alte Testament zunächst ganz ungewöhnliche Aussage ist durch eine doppelte Paradoxie geprägt: Gott soll Hiob an den Ort bringen, der seinem Herrschaftsbereich entnommen ist, um da helfend einzugreifen, wo er eigentlich nicht mehr helfen kann. Hiob wünscht sich freiwillig den Tod, zumindest den Aufenthalt im Totenreich, aber auch die Rückkehr aus dem Tod. Gewiß ist damit die Grenze des Todes nicht endgültig überschritten – der so gerettete Mensch bleibt sterblich (vgl. 1 Kön 17, 17 ff; 2 Kön 4, 18 ff) –, aber sie hat etwas von ihrer Starrheit und Endgültigkeit verloren. Der Mensch wagt nun, in einem Bereich zu denken, zu glauben und schließlich auch zu hoffen, der den Lebenden unzugänglich ist (vgl. Hi 19, 25 f).

In der Konsequenz dieses Ansatzes liegt es, daß sich Gottes Machtbereich auch auf die Bewohner der Unterwelt erstreckt. Nach Hi 26, 5 existieren sie nicht mehr teilnahmslos, sondern empfinden Furcht vor Gott. In einem jüngeren Zusatz zu Ps 22 (V 28–32) führt das Bekenntnis zur Ausschließlichkeit der Herrschaft Gottes sogar zur Korrektur der alten Vorstellung, daß die Toten Gott nicht loben, also Gottes Macht nicht anerkennen können:

»Nur vor ihm werden niederfallen
alle, die in der Erde schlafen;
vor ihm beugen sich alle,
die zum Staub hinabfuhren.« (Ps 22, 30)

Demnach sollen mit »allen Geschlechtern der Völker« (V 28) auch die Toten in die Königsherrschaft Gottes einbezogen werden, so daß sie keine Grenzen kennt. Unter Rückgriff auf den gleichen traditionsgeschichtlichen Zusammenhang – Gottes Königtum über die ganze Welt – verheißt die sog. Jesaja-Apokalypse ein Freudenmahl, das Jahwe als König auf dem Zion allen Völkern bereitet und das Ende aller Trauer bringt (Jes 24, 21–23; 25, 6–8). Dazu gehört nach Meinung eines Ergänzers auch der Sieg über den Tod:

»Jahwe wird den Tod für immer vernichten.« (Jes 25, 8;
vgl. 26, 19: »Deine Toten werden leben«)

Auf diese Weise wird die ältere Hoffnung, nach der Gott die Schädlinge des Menschen – seien es die wilden Tiere oder die Waffen – vertilgt, um ein Blutvergießen ein für allemal zu unterbinden, in radikal verschärfter Form aufgenommen: Der Tod wird nicht nur aufgeschoben, indem ein früher Tod des Menschen verhindert wird, sondern endgültig aufgehoben, so daß das schlimmste Leid auf Erden ein Ende nimmt. Hier wird der Tod nicht mehr als das von Gott gefügte Geschick verstanden, sondern – unter Zuspitzung der alten Vorstellungen, die von der Macht des Todes wissen – als Gegenüber Gottes, und die Aussage, daß der »König des Schreckens« (Hi 18, 14) ein *Feind* ist, der Gott unterliegen wird (1 Kor 15, 26), ist nicht mehr fern.

In genuin alttestamentlich geprägter Sprache kündet Dan 12, 2 nach einmütiger Auffassung nun im strengen Sinne eine *Auferstehung* der Toten an, die freilich nicht allen Menschen zuteil wird, sondern auf Israel beschränkt bleibt. Aber auch das Gottesvolk wird, wie schon die Propheten androhten (vgl. aus der Spätzeit Sach 13, 8), nicht in seiner Gesamtheit die Herrlichkeit erfahren; weiterhin wird das Heil nicht ohne Gericht erwartet. Die Geretteten sind im Buch des Lebens verzeichnet:

»Viele von denen, die im Land des Staubes schlafen,
werden erwachen –
die einen zum ewigen Leben, die anderen zur ewigen Schmach.«
(Dan 12, 2; vgl. 2 Makk 7, 9; o. § 17 b, 4)

Sogar die Erwartung, die die Todesgrenze überschreitet, kennt eine Scheidung – kann irgendwo deutlicher werden, daß das Alte Testament auch in der Hoffnung kritisch bleibt?

8. In dieser Zukunftsschau kommt mit der Frage nach Gottes Gerechtigkeit angesichts des Todes (vgl. Dan 11, 33 ff; 12, 3) ein weiterer Ansatz zur Hoffnung gegen den Tod zur Geltung. Von derselben Frage ist Ps 73 be-

wegt. Wie läßt sich die Gewißheit »Lauter Güte ist Gott gegen die, die reines Herzens sind« (V 1) trotz der Zwiespältigkeit des Daseins aufrechterhalten? Dabei brechen dem Psalmenbeter Glaube und Erfahrung, Gottvertrauen und irdisches Glück auseinander. In einer Aussage wie: »Du bist mein Herr, mein Glück steht *nur* bei dir« (Ps 16, 2) scheint sich eine Unterscheidung zwischen der Lebenserfüllung und dem Gottesverhältnis anzubahnen; denn die Gottesgemeinschaft (16, 8) achtet der Beter höher als die Gaben des Daseins. »Dieses Auseinanderhalten von Gnade und Leben war etwas völlig Neues in Israel.« (*G. v. Rad*, TheolAT I⁴, 416) Ps 73 geht noch darüber hinaus. Er stellt jeweils das wahre, geglaubte Geschick des Gottlosen wie des Gottvertrauenden dem erkennbaren, vor Augen liegenden Schicksal gegenüber, erwartet nicht »nur« die Unterwerfung der Toten oder des Todes unter Gottes Herrschaft, sondern bekennt – allerdings nur für den einzelnen (vgl. vom Gottesknecht Jes 53, 8 ff) – eine *Gottesgemeinschaft*, die sich im Tod durchhält:

»Doch bleibe ich *stets* bei dir,
du hast meine rechte Hand ergriffen.
Nach deinem Rat leitest du mich
und nimmst mich *hernach* (in) Herrlichkeit auf.
Wen habe ich im Himmel (außer dir)?
Bin ich bei dir, begehre ich nichts auf Erden.
Mögen mein *Fleisch* und mein *Herz vergehen* . . . –
Gott ist *auf ewig* mein Teil.«
(Ps 73, 23 – 26)

Das »Hernach« entspricht, auch dem Wortlaut nach, dem zuvor geschilderten »Ende« der Frevler (V 17) und kann darum nicht – wie in den meisten Klage- und Dankpsalmen – eine Rettung vor dem Tod, sondern nur, behutsam angedeutet, eine Bewahrung *im* Tod meinen. Dieser Glaube an ein Bei-Gott-Bleiben, das mit dem Tod nicht abbricht, scheint die alte mythische Vorstellung einer Entrückung (Gen 5, 24; 2 Kön 2) aufzunehmen, ohne sie irgendwie auszumalen (vgl. Ps 49, 16: »er wird mich entrücken«). In ähnlicher Weise ist die nur anklingende Überlieferung vom himmlischen Hofstaat (»Wen habe ich im Himmel?«) ganz ihrer mythischen Gestalt entkleidet, um die Ausschließlichkeit, Einzigartigkeit des Gottesverhältnisses anzuzeigen. Auch der theologisch gefüllte Begriff eines »Rates« oder »Planes« Gottes, der Gottes Geschichtswirksamkeit umschreibt (Jes 14, 24 – 27; Ps 33, 10 f), ist auf den einzelnen übertragen. Dabei hat die Geschichte ihren eindeutig-einsichtigen Charakter verloren: Der Psalmist weiß um Gottes Führung, obwohl sein Schicksal dem widerspricht. Selbst wenn »Fleisch« und »Herz«, d. h. das individuelle Dasein und Wollen, vergehen – die Gemeinschaft mit Gott ist unverlierbar (vgl. Hi 19, 25 f: »auch ohne Fleisch werde ich Gott schauen«). Diese Erwartung nimmt eine Vertrauensaussage wie »Deine Gnade und Wahrheit werden mich *immer* behüten« (Ps 40, 12; vgl. 23, 6; 27, 4 u. a.) angesichts des Todes ernst. Gottes Nähe bedeutet nicht Vermeidung, Beseitigung der Not, aber ein Bleiben im Ende. Bricht damit nicht die Wirklichkeit auseinander? Das Vor-Augen-Liegende ist nicht (mehr) das Ganze, nicht das Entscheidende. Trotzdem weicht dieses Bekenntnis nicht in den Entwurf farbiger Bilder vom Jenseits, vom Leben nach dem Tode, aus, sondern begnügt sich mit der Hoffnung auf ein Sein bei Gott.

Üblicherweise wird die Wurzel der im späteren Alten Testament aufkeimenden Jenseitshoffnung im Glauben an eine individuelle Vergeltung oder an Gottes Gerechtigkeit bzw. Treue gefunden, die auch im Tod zu dem hält, der Gott im Leben vertraute. Zweifellos ist dieses Motiv dort entscheidend, wo die Auferstehung von einzelnen oder Gruppen (Dan 12, 3; 11, 33; vgl. Ps 73) erwartet wird. Doch darf als Movens einer Hoffnung gegen den Tod nicht das im ersten Gebot Gestalt gewordene Bekenntnis zur Ausschließlichkeit der Macht Gottes vergessen werden, die keine Macht neben sich duldet und darum einerseits den Tod als Gottes eigenes Werk integriert, andererseits die Toten in die Herrschaft Gottes einbezieht und damit auch den Tod überwindet (Jes 25, 8). Dabei brauchen fremde (iranische) Einflüsse, die allerdings höchst unsicher bleiben, nicht einmal geleugnet zu werden, zumal das Alte Testament ja auch altorientalische Vorstellungen vom Tod aufnahm. Jedenfalls setzt es seinen Glauben auch gegen den Tod ein und durchbricht in der Zukunftserwartung selbst die Schranke, die man ihm oft zum Vorwurf gemacht hat: die Diesseitigkeit seiner Glaubensaussagen.

Exkurs 9:
Zum Thema » Gesetz« im Alten Testament

Die Frage nach der Bedeutung des »Gesetzes« im alttestamentlichen Glauben erwächst kaum aus dem Alten Testament selbst, sondern wird ihm von außen gestellt (vgl. Gal 3 gegenüber Röm 7, 12; Joh 1, 17).

1. Ist die Bezeichnung »Gesetz« überhaupt geeignet, die mannigfachen Phänomene im Alten Testament angemessen zu erfassen? Zumindest ist sie nur unter Einschränkungen anwendbar.

Die alttestamentlichen Gebote sind durchweg weder eine allgemeingültige, für die Menschheit kraft göttlicher Autorität verbindliche Forderung (vgl. aber das Verbot des Totschlags Gen 9, 6; auch Gen 2, 16 f; 4, 6 ff) noch vom Staat erlassene Gesetze (vgl. jedoch 2 Kön 22 f; auch Esr 7). Außerdem betreffen die Gebote keineswegs nur »Äußerliches«, sondern schließen das »Innere« ein (»im Herzen« Lev 19, 17 f u. a.).

Alttestamentliche Rechtssätze finden sich einerseits in verschiedenen Sammlungen, wie Dekalog (Ex 20; Dtn 5; o. Exkurs 3), Bundesbuch (Ex 21, 1 – 23, 19 mit Rahmen 20, 22 – 26; 23, 20 – 33), Deuteronomium (mit Gesetzeskern Dtn 12–26) oder sog. Heiligkeitsgesetz (Lev 17–26; o. § 11 b, 4).

Rechtssätze schließen andererseits einen großen Formenreichtum ein, wie Todes-
rechtssätze (Ex 21, 12. 15 – 17; vgl. Lev 20, 9 ff), Fluchworte (Dtn 27, 16 – 25 mit
Rahmen 27, 15. 26), Prohibitive »Du wirst / sollst nicht« (Ex 20; Lev 18, 7 ff u. a.;
vgl. die Tempeleinlaßliturgien Ps 15; 24) oder sog. kasuistisches bzw. konditional
formuliertes Recht (Ex 21, 2 ff. 18 ff), das den Ältesten bei der Gerichtsbarkeit im
Tor gedient haben mag.
Selbst die Opfergesetze (o. § 9 c) haben verschiedene Gestalt.

Nach Herkunft, Form und Inhalt beziehen sich die Gesetze auf unterschiedliche Bereiche des Lebens, des Rechts wie des Kults, und haben
unterschiedliche Aufgaben; auch die Bezeichnungen (*tora, mischpaṭ, choq,
miṣwa, dabar* u. a.) wechseln. In dieser Vielfalt verbirgt sich zugleich eine
lange, wechselvolle Geschichte.

2.   In älterer Zeit umschreiben die Gebote mehr das Gottesverhältnis, als
daß sie es beschreiben. Vielfach negativ formuliert (Lev 18; Dtn 27, 16 ff;
Ex 21, 12 ff; vgl. 20, 13 ff), stecken sie gleichsam die Grenzen dieses
Raumes ab. Rechtssätze suchen das Wohl der Gemeinschaft zu bewahren
und den einzelnen Übertreter, der aus ihr herausfällt, zu erfassen, um »das
Böse aus Israel zu entfernen« (Dtn 24, 7; vgl. Lev 17, 4 u. a.).

Wie der Dekalog sich weithin damit begnügt, »gewissermaßen an den Rändern eines
weiten Lebenskreises Zeichen aufzustellen«, so enthalten auch andere Gebotsreihen
»keine Maximalforderungen Jahwes . . .; es werden ja nur im Negativen, d. h. nach
der Seite des Jahwe absolut Mißfälligen hin, die Merkmale dessen bezeichnet, der
Jahwe angehört. Innerhalb des von den Geboten derart umsteckten Lebensraumes
liegt ein weites Gebiet sittlichen Handelns, das durchaus unnormiert bleibt.« Die
Gebote verlangen »in bestimmten Randsituationen ein Bekenntnis zu Jahwe«
(*G. v. Rad*, TheolAT I[4], 208).

3.   Der in der Spätzeit wichtigste Begriff *Tora* meint zunächst die konkrete
einzelne »Weisung«, die hilft, sich im Leben zurechtzufinden, sei es durch
den Rat von Vater und Mutter oder des Weisheitslehrers (Spr 4, 1 ff u. a.;
o. § 15, 2), sei es durch die Belehrung des Priesters (Hag 2, 10 ff; Jer 18, 18;
Dtn 17, 11; 33, 10 u. a.; o. § 9 c, 3).

Tora »ist nicht ein festes Gesetz, sondern lebendige Weisung von Fall zu Fall«. Auch
als »Tradition im Besitz der Priester« ist sie »noch immer im Wachsen und Werden
und kein abgeschlossenes, öffentliches und jedem bekanntes Gesetz« (*J. Wellhausen*,
Grundrisse zum Alten Testament, 1965, 75 f).

Vom Deuteronomium ab, das vorgegebene Gesetze zusammenfaßt, interpretiert und aktualisiert, nimmt der Begriff Tora allgemeinumfassende
Bedeutung an, so daß er alle Gebote, Satzungen und auch weitere Überlieferungen einschließt (Dtn 1, 5; 4, 44 f; 17, 18 f; 31, 9–12; vgl. 2 Kön
22, 8. 11; auch Hos 4, 6; 8, 1 u. a.). Er umschreibt »das Ganze der heil-
samen Willenszuwendungen Jahwes an Israel« (*G. v. Rad*, TheolAT I[4],
235). So bezeugen die »Tafeln des Bundes« (Dtn 9, 9 ff; 4, 13 u. a.) Gottes
Zuwendung und Gebot. Die Tora, Zeichen und Unterpfand der Fort-

wirkung des Bundes, ist Gottes gute Gabe, dem Volk weder schwer noch fern, vielmehr erfüllbar: »Ganz nahe ist dir das Wort in deinem Mund und in deinem Herzen, es zu tun.« (30, 11 – 14; vgl. 6, 6) Sie bedeutet Leben:

»Siehe, ich lege dir heute vor das Leben und das Gute (Glück), den Tod und das Böse (Unglück) . . . Wähle das Leben, auf daß du lebst, du und deine Nachkommen, indem du Jahwe, deinen Gott, liebst, auf seine Stimme hörst und dich fest an ihn hältst.« (30, 15 – 20; vgl. Ez 18, 9. 17. 23)

Wohlergehen und langes Leben in dem von Gott geschenkten Lebensraum, dem Land, ist dem einzelnen bei Erfüllung der Gebote, wie der Elternehrung, verheißen (Dtn 5, 16. 33 u. a.). Ist insoweit ein langes, gelungenes Leben vom Gehorsam abhängig?

Dabei bleibt das Deuteronomium als Moserede aus dem Rückblick in die Geschichte eingefügt. Es schärft mit einer Vielfalt von Formulierungen den Gehorsam (»heute«) ein; jedoch braucht dieser die Gemeinschaft Gott – Volk nicht erst zu schaffen bzw. zu begründen (vgl. Dtn 7, 6 ff; 9, 6; o. Exkurs 6).

»Es gibt kein Gesetz, das die Herstellung dieser sakralen Ordnung (den Bund) selber regelt . . . Auf keinen Fall waren diese Gebote dem Bund in einem konditionalen Sinne vorgeordnet.« (*G. v. Rad*, TheolAT I[4], 207) »Dem Empfang der Gebote ist die Erwählung durch Jahwe vorausgegangen . . . Das Heilsereignis der Übereignung Israels an Jahwe ist unabtrennbar von der Bindung an gewisse Normen.« (TheolAT II[4], 417)

»Das Gebot, die große Sammlung von Geboten, ist eben sogleich nach der grundlegenden Heilstat feierlich verkündet worden, Indikativ und Imperativ stehen in einem klaren Nacheinander, aber doch auch in einem unlöslichen Miteinander am Anfang der Geschichte Israels und sind so dieser ganzen Geschichte verpflichtend gegenwärtig.« (*R. Smend*, Gesetz 27)

4.   Nach der Zerstörung des Tempels tritt mit dem Exil ein Wandel ein: Das Einhalten der Gebote, zumal von Sabbat (o. Exkurs 2) und Beschneidung (o. IV, 2), wird zum Unterscheidungsmerkmal von anderen Religionen, zum zeichenhaften Ausdruck und zur Lebensform des eigenen Glaubens.

Anders als in der älteren Zeit bildete – nach *M. Noth* (GSt 114 f) – nicht die nachexilische Gemeinde in Heimat und Diaspora »die Voraussetzung für Bestehen und Geltung des Gesetzes, sondern das Gesetz als das voraussetzungslos Primäre schuf diese Gemeinschaft, die nichts anderes war als die Vereinigung derjenigen Menschen, die sich dem Gesetz in allen seinen Punkten unterwarfen«. – Demgegenüber betont *H. J. Kraus*, daß das Gesetz keine »absolute Größe«, sondern Gottes »Weisung« ist und Freude bringt.

Die – weisheitlich bestimmten – sog. Gesetzespsalmen (Ps 1; 19, 8 ff; 119) beschreiben Schönheit und Verläßlichkeit des Gotteswortes: »Deine Tora ist meine Lust.« (Ps 119, 77 u. a.; vgl. 40, 9) Ps 1 ruft das »Wohl« bzw. »Heil« über denjenigen aus, der unablässig über Jahwes Tora – ist über das Deuteronomium hinaus (vgl. Jos 1, 8) schon der Pentateuch, die Schrift gemeint? – nachsinnt. Dabei gilt die Tora keineswegs als Last, sondern als Lebenskraft des Menschen: »Er ist wie ein Baum, gepflanzt an Wasserbächen.«

Nach Ez 20, 25 gab Gott (mit dem Gebot der Darbringung menschlicher Erstgeburt, die ausgelöst wurde) Israel »Satzungen, die nicht gut waren, Ordnungen, die es nicht am Leben erhalten sollten«. – Eine Kritik an Opfern enthält insbesondere Jes 43, 22 ff (o. §9 c, 5 – 6).

Insgesamt bleibt ein Grundzug deutlich: Gottes Verheißung (Ex 3; 6), Rettung und Fürsorge (Ex 14–17) gehen allen Gesetzen (Ex 21 ff) voraus. Der ihnen zusammenfassend vorangestellte Dekalog (Ex 20) spiegelt dieselbe Struktur wider, wenn er vor allen Forderungen im Vorspruch an die Tat Gottes erinnert und die von ihm gewährte Gemeinschaft bezeugt. Erst aus der Zusage »dein Gott« ergeben sich die Gebote.

Ähnlich geht dem Bedingungssatz »Wenn ihr nun meine Stimme hört und meinen Bund haltet, sollt ihr mein Eigentum sein« die Erinnerung voraus: »Ihr selbst habt gesehen…, wie ich euch auf Adlersflügeln trug und euch zu mir brachte.« (Ex 19, 4 f; vgl. Dtn 14, 1 f; 27, 9 f u. a.)

Insofern braucht die Rechtsordnung, damit menschliches Tun, diese Gemeinschaft nicht erst hervorzubringen und zu begründen.

§ 18   Das alttestamentliche Erbe

1. »Jenes irrationale Element, das die Jahwereligion den Weg von der Religion einer nomadischen Sippe zur Weltreligion hat gehen lassen« (*G. Fohrer*), wird nicht zuletzt vom *ersten Gebot* her verständlich. Es unterscheidet einerseits alttestamentlichen Glauben von den Nachbarreligionen, bildet andererseits das Kriterium, mit dem Israel aus den mannigfachen Vorstellungen seiner Umwelt auswählte und umprägte, was es sich aneignete. Darum wirkt das erste Gebot der Sache nach auch dort, wo es nicht eigens ausgesprochen wird. Es beherrscht weite, wenn nicht gar alle Teile des Alten Testaments und stellt so etwas wie den gemeinsamen Einheitspunkt, die integrierende Mitte, dar. Das Alte Testament versucht, so von Gott – aber auch so vom Menschen (Ps 16, 2; 51, 6; 73, 25 u. a.) – zu reden, daß das erste Gebot durchgehalten wird, sei es in der Auseinandersetzung mit fremden Religionen, im Verständnis der Natur und ihren Gaben, in der Orientierung innerhalb der vergangenen Geschichte wie der politischen Gegenwart und erst recht in der Erwartung der Zukunft.
Die Herausforderung durch die je neue Situation sucht der Glaube aufzunehmen, indem er sie am ersten Gebot mißt und von ihm her deutet. So ist es eine Art Leitfaden oder Richtungsanzeiger im Verständnis der Wirk-

lichkeit, Kriterium bei der Verarbeitung der wechselnden menschlichen Erfahrungen. In der Variabilität und Kontingenz der Geschichte gilt es die Exklusivität des Glaubens zu wahren.

Demnach wird man die Tragweite des ersten Gebots kaum überschätzen können, auch wenn seine Folgen keineswegs von vornherein offenkundig und ein für allemal gegeben sind, sondern sich erst allmählich schärfer herausstellen. Auch der Glaube hat seine Geschichte (§ 1).

2. Im Laufe dieser Geschichte hat Israel immer schärfer den Unterschied zwischen seinem *Gott und* den *Göttern* der Umwelt erkannt. Die Forderung des ersten Gebots schloß zunächst nur für Jahwegläubige die Verehrung fremder Götter aus; mit der Zeit wurde jedoch der Fremdgötterkult überhaupt verspottet und verfemt, auch wenn er von anderen Völkern geübt wurde. Die Ausweitung des ersten (und zweiten) Gebots ließ andere Götter zu »Nichtsen« werden. Schon der Prophet Hosea geht gegen Götterbilder vor, weil sie von Menschen »gemacht« sind (8, 4. 6; 13, 2). Die Spätzeit charakterisiert die fremden »Götter von Silber und Gold« als »Menschenwerk« (Dtn 4, 28; 2 Kön 19, 18; Jer 1, 16; 25, 6 f u. a.) und beschreibt ironisch die Herstellung ihrer Bilder (in Zusätzen zu Prophetenbüchern: Jes 2, 8. 18. 20; 10, 10 f; 17, 8; 31, 7; 40, 19 f; 41, 6 f; 44, 9 ff; Jer 10; Hab 2, 18 f u. a.). »Wie kann sich ein Mensch Götter machen? Sie sind ja nicht Gott!« (Jer 16, 20) In solchen Schilderungen haben sich Gottesglaube und rationales Denken zu gemeinsamer Frontstellung verbunden. Die alte Zeit wäre von dieser Kritik nicht getroffen worden; denn für sie war das Bild nicht mit der Gottheit identisch (o. § 6c, 4). Später sind Gott und Welt so unterschieden, daß alles Weltliche nicht mehr göttlich sein kann. So kündigt sich in der Götzenpolemik bereits die Überlegenheit des israelitisch-jüdischen Glaubens an einen einzigen Gott, der nicht im Bild verehrt werden kann, über jeden Polytheismus an (vgl. Dan 3; auch Röm 1, 23).

Dennoch hat das Alte Testament die Existenz der Götter wohl nie strikt geleugnet. Ihm galten die Götter nicht als »nichts«, sondern als »nichtsnutzig«; es bestreitet weniger ihr Vorhandensein als ihre *Macht* und Wirkung. Die entscheidende Frage lautet: Was können die fremden Götter tun?, nicht: Gibt es Götter?

»Wer formt auch einen Gott
oder gießt ein Bild, daß es nichts nütze?« (Jes 44, 10)

Der Klagende wirft sich vor dem selbstgemachten Götzen nieder und fleht ihn an: »Rette mich; denn du bist mein Gott!« (Jes 44, 17) Wie laut er aber auch schreit, »er antwortet nicht, er hilft ihm nicht aus der Not« (46, 7). Der Maßstab, mit dem das Alte Testament die Gottheit der Götter prüft, ist also, ob sie zu helfen vermögen, so daß menschliches Vertrauen gerechtfertigt ist (vgl. Hab 2, 18; Jer 2, 28; 11, 12). Aber die Götter sind nicht einmal zu dem imstande, was Menschen vermögen. Von den Bildern gilt:

»Sie haben einen Mund, reden aber nicht,
sie haben Augen, sehen aber nicht,
sie haben Ohren, hören aber nicht,
sie haben eine Nase, riechen aber nicht,
sie haben Hände, greifen aber nicht,
sie haben Füße, gehen aber nicht,
sie geben keinen Laut mit ihrer Kehle.«
(Ps 115, 5–7; vgl. 135, 15 ff; Dtn 4, 28; Dan 5, 23)

Gewiß spricht aus dieser Aussage wieder das aufgeklärte Denken der Spätzeit, das den Glauben der »Heiden« darum nicht trifft, weil sie ihren Gottheiten ja gerade das zutrauen, was hier nur negiert wird. Aber das Kriterium, das an die Götzen angelegt wird, ist jeweils das gleiche: Sie werden an ihrem Tun gemessen (Jes 41, 24: »euer Tun ist nichts«). Mögen sie auch Organe haben, sie können sie nicht gebrauchen. Sonst bestimmt hebräisches Denken die Dinge von daher, was sie vollbringen; es faßt Organ und Funktion, Sein und Tun als Einheit auf. Gleichsam gegen seine eigene Intention reißt es hier den Zusammenhang von Organ und Tätigkeit auseinander. Die Wirksamkeit bleibt jedoch der Maßstab. Die Gottesbilder haben keinen »Geist« (Jer 10, 14; 51, 17; Hab 2, 19; Ps 135, 17), d. h. weder Atem noch Leben, und damit keine Fähigkeit, etwas zu vollbringen. Weil ihnen die Kraft zur Tat fehlt, sind sie »Nicht-Gott«, »Hauch«, »Trug« oder gar »Nichtse« im Vergleich mit dem Schöpfer (Dtn 32, 21; Jes 41, 29; Ps 96, 5; 97, 7 u. a.).

3.   Mit der gleichen Fragestellung tritt das Alte Testament auch dem eigenen Gott gegenüber. Die Taten Jahwes und der fremden Götter können verglichen werden (Ex 15, 11 ff; Dtn 4, 32 ff; 32, 37 ff u. a.). Hosea gibt als Gotteswort weiter:

»Ich bin Jahwe, dein Gott, von Ägyptenland her.
Einen Gott außer mir kennst du nicht,
und einen Helfer außer mir gibt es nicht.« (13, 4)

Die Ausschließlichkeitsforderung des ersten Gebots erscheint hier als Zuspruch von Gottes hilfreicher Gegenwart.

Auch in der Dekalogeinleitung »Ich bin Jahwe, *dein* Gott« ruht der Ton zunächst auf Gottes huldvoller Zusage. Aus ihr folgen erst die Gebote; sie erwachsen aus der Autorität, die der Zuspruch beansprucht. So darf die Forderung, die das erste Gebot auf das Handeln des Menschen erhebt, nicht in dem Sinne mißverstanden werden, daß das Alte Testament im Grunde Gesetz sei.

Hosea kann in der Parallelaussage für »Gott« schlicht »*Helfer*« einsetzen; denn für das Alte Testament bedeutet eben Gott zu sein: eingreifen zu können. So nimmt Deuterojesaja diese Verkündigung auf: »Außer mir ist kein Helfer!« (Jes 43, 11; vgl. 45, 21; 46, 4; 64, 3; auch Ex 15, 26: »Ich bin Jahwe, dein Arzt«). Gottes Gottheit zeigt sich in der Macht, die er auf Erden ausübt. Das setzt der Prophet aber nicht einfach voraus, sondern sucht es den Hörern in seinen Disputationsworten (40, 12 ff) mit einsichtigen Argumenten verständlich zu machen:

»Alle Völker sind wie nichts vor ihm,
für nichts und nichtig gelten sie ihm.« (Jes 40, 17)

Wie wenig mit diesem Bekenntnis den Völkern das Sein abgesprochen wird, zeigt der Parallelsatz im Bild, der die Negation durch starke Kontraste vorstellbar machen will:

»Fürhwahr, Völker sind wie ein Tropfen am Eimer,
und wie ein Staubkorn an der'Waage gelten sie ihm.« (V 15)

Wie der Tropfen das Wasser im Schöpfeimer nicht vermehrt und das Staubkorn den Ausschlag der Waage nicht ändert, so »zählen« die Völker nichts vor Gott; denn sie vermögen nichts. »Nichts« leugnet das »es kann«, nicht das »es gibt«. »Was ist wirklich?« wird beantwortet durch »Was ist wirksam?«. Ähnlich gilt Deuterojesaja in seinen Gerichtsreden die Geschichte als Wahrheitskriterium: Wer hat das rechte Wort gesagt und mit ihm das Geschehen kundgetan? (41, 2 ff; 43, 9; 48, 14) Wie Gottes Geist die »Richter« zu Kriegführern macht, so ist der Perser Kyros zur Weltherrschaft fähig, weil Jahwe ihn erweckt hat.

Zwar verkünden Deuterojesajas Vorgänger Gott nicht als heilvolle, sondern als unheilvolle, aber eben damit auch als wirksame Macht. Ihre Botschaft ist ja: Jetzt ist die Zeit für Gottes Eingreifen gekommen (Am 3, 2. 6; 5, 18 ff u. ö.). Jesaja ruft das »Wehe« über seine Zeitgenossen aus, weil sie »das Werk Jahwes nicht beachten und das Tun seiner Hände nicht sehen« (5, 12; vgl. 5, 19).
Der Psalter hat eine ähnliche Intention. Der Hymnus preist:

»Lobe Jahwe, meine Seele,
und vergiß nicht alle seine Wohltaten.« (Ps 103, 2)

Die Klagelieder wenden sich bittend an Gott: Was tust du? (Ps 13; 22), die Danklieder erzählen, was Gott getan hat, und die Vertrauenslieder, was er tut, damit man sich auf ihn verläßt (Ps 23). Wenn die Feinde dem Beter entgegenhalten: »Wo ist dein Gott?« (42, 4), so fragen sie nicht nach Gottes Aufenthalt, sondern dem Erscheinen seiner helfenden Macht.

Der Verständige »fragt nach Gott«; nur »der Tor spricht in seinem Herzen: Es ist kein Gott« (Ps 14, 1 f; vgl. Spr 19, 3). Wo im Alten Testament einmal solche Zweifel an Gott aufkommen, entstammen sie eher einem praktischen als einem theoretischen Atheismus, beziehen sich nicht auf die Existenz, sondern die Wirksamkeit Gottes im menschlichen Leben: »Er ahndet nicht« (Ps 10, 4. 11); »Jahwe tut weder Gutes noch Böses« (Zeph 1, 12; vgl. Mal 2, 17; 3, 14 f; Jer 5, 12; Ps 73).

Schließlich setzt Ps 115, 3 (vgl. 135, 6; Jona 1, 14) den Völkern und ihren Göttern das Bekenntnis entgegen: »Er tut, was ihm gefällt.« Um Gottes Freiheit zu bezeugen, wird auf seine Tat verwiesen. (Darin liegt das Recht von Luthers Übersetzung: »Er *kann* machen, was er will«; vgl. Dan 4, 29; Röm 4, 21.)

Gottes Wirklichkeit wird als Wirksamkeit erfragt und bekannt. Gottes Sein ist Tun, sein Tun Sein. So kann Ps 103 abwechselnd von Gottes Prädikaten und seinen Werken reden:

»Gerechtigkeit übt Jahwe
und Rechtshilfen an allen Bedrückten.« (V 6)
»Barmherzig und gnädig ist Jahwe,
langmütig und reich an Huld.« (V 8;
vgl. Ex 34, 6 f; Ps 86, 15; 145, 8; Jon 4, 2 u. a.)

In diesem mehrfach bezeugten Bekenntnissatz spricht das Alte Testament nicht von Gott, indem es seine Taten erzählt, sondern beschreibt – unter weisheitlichem Einfluß – grundsätzlich, allgemein- und immergültig Gottes Wesen (vgl. § 6 b, 4). Aber selbst dann werden Gottes Eigenschaften als seine Taten verstanden, so daß der Psalm fortfahren kann:

»Nicht nach unseren Sünden handelt er an uns,
und nicht nach unseren Verfehlungen vergilt er uns.« (V 10)

Weil das Alte Testament Gott als wirksame Macht bekennt, versteht es Gott aus seinem Verhältnis zum Menschen und zur Welt. Nur bei Gottesaussagen, die direkt oder indirekt den Menschen und die Welt einbeziehen, wird ja dieses Wesen Gottes erkennbar und sagbar. Der erste Satz der Schöpfungsgeschichte »Am Anfang schuf Gott Himmel und Erde« (Gen 1, 1) weiß nichts – wie die theogonischen Mythen aus Israels Umwelt – von einem Anfang Gottes, setzt aber gleich mit dem Ereignis ein: »Gott schuf die Welt.« Ein »Vorher« wird nicht berührt. Gewiß kann in der Doxologie Gottes Ewigkeit vor der Welt verkündigt werden:

»Bevor Berge geboren wurden,
Erde und Festland in Wehen lagen,
bist du, Gott, von Ewigkeit zu Ewigkeit.« (Ps 90, 2)

Aber auch dieser Satz will nicht eigentlich Gottes Präexistenz festhalten, wie er »an und für sich« ist, sondern redet Gott als den – im Wechsel der Generationen – bleibenden Grund des Vertrauens an, auf den jedermann zu jeder Zeit bauen kann (vgl. Ps 102, 26 ff). Ähnlich prägt Deuterojesaja (40, 12 ff) so eindringlich Gottes Unvergleichlichkeit ein, damit die Verzweifelten neu hoffen lernen.

4.   Aus dieser Aussageabsicht werden zugleich die alttestamentlichen Anthropomorphismen verständlich. Sie gestatten, von Gott in Beziehung zum Menschen zu reden und damit Gottes Wirklichkeit im Zusammenhang mit der Zeit zu denken, während von den untauglichen Götzen gilt: Sie »reden nicht, sehen nicht, hören nicht«; d. h., sie können nicht auf die Geschehnisse eingehen. So wollen die Anthropomorphismen nicht nur bekräftigen, daß Gott persönlich begegnet; sie lassen darüber hinaus Gottes Existenz als eine *geschichtliche*, nämlich auf die Geschichte bezogene, verstehen. Das tritt deutlich an Texten hervor, die berichten: Was Gott tut und

damit wie Gott ist, steht nicht von uran fest, sondern ändert sich in der Zeit. Er handelt mit Abraham um sein Verhalten zu Sodom (Gen 18, 17 ff). Auf Grund von Moses Einspruch und Fürbitte läßt er sich umstimmen: »Jahwe ließ sich das Unheil gereuen, das er seinem Volk gedroht hatte anzutun« (Ex 32, 14; vgl. Joel 2, 13; auch Jona 4, 2 für die Völker). Nach Hosea (11, 8) ringt Gott mit sich selbst: »Mein Herz kehrt sich wider mich.«

Die Erwählung des ersten Königs Saul oder der Stadt Jerusalem wird später zurückgenommen (1 Sam 15; 2 Kön 23, 27). Fremdvölker, die Jahwe nach prophetischer Verkündigung zunächst in Dienst nimmt, verwirft er später (Jes 10, 5 ff; Jer 51, 20 ff).

Darüber hinaus bekundet das Alte Testament durch den Wechsel der Gottesnamen im Pentateuch auch im großen noch ein Bewußtsein von Wandlungen Gottes von der Erzväterzeit bis zur Landnahme, obwohl es die Identität des Gottes der Väter mit dem Sinaigott bekennt. Einen ähnlich tiefen Umbruch bringt die Prophetie, die das Verhältnis von Gott und Volk aufkündigen und neu von der Zukunft erwarten kann (vgl. Exkurs 5, 6 zu Jer 31, 31 ff). Die Ansage kommenden Gerichts kann sogar zu einem Widerspruch gegen Mose führen (vgl. Hos 1, 9 mit Ex 3, 10 – 14). Selbst Moses Fürbitte würde Gott nicht umstimmen: »Wenn auch Mose und Samuel vor mich träten...« (Jer 15, 1)

Die historische Einsicht, daß Israels Gottesverständnis von der nomadischen Vorzeit über das Leben im Kulturland, in der Königs- und der Exilszeit bis zur jüdischen Gemeinde eine Geschichte hat, verschärft also in gewissem Sinne nur, was das Alte Testament selbst sagt. Es bekennt die Identität Gottes trotz verschiedener, ja höchst verschiedenartiger Aussagen von Gott.

Man hat nicht immer das gleiche von Gott gedacht. Das ist auch nicht anders möglich, wenn das Alte Testament Gottes Wirklichkeit im Verhältnis zum Menschen zur Geltung bringen will. Falls man sich also nicht mit der bloßen Feststellung des Wandels der Gottesaussagen begnügt, muß man folgern: Gott hat darum im Alten Testament eine Geschichte, weil er geschichtlich verstanden wird. Aus dem Bekenntnis zu Gottes Wirklichkeit als Wirksamkeit folgt die Einsicht in Gottes Geschichtlichkeit. Deshalb trifft für das Alte Testament nicht zu, daß statt Gott und Geschichte vielmehr Gott und Ewigkeit zusammengehören; denn gerade der Gegensatz von Ewigkeit und Zeit ist dem Alten Testament fremd. »Ewigkeit« meint eher die Dauer und Beständigkeit *in* der Zeit, gleichsam eine intensive Zeitlichkeit.

Vielleicht ist damit auch die Grenze der Rede von Gottes »Geschichtlichkeit« angedeutet. Der Mensch erfährt seine Zeitlichkeit angesichts des Todes; aber das Alte Testament bekennt: Du bist der Gott, der nicht stirbt (Hab 1, 12; o. § 11c, 4); das Vertrauen zu ihm kann bleiben. Auch sonst haben die Anthropomorphismen im Alten Testament ihre Schranke: Wie geschlechtliche Vorstellungen abgewehrt werden, so wird Allzu-Menschliches von Gott ferngehalten (z. B. Ps 50, 12 f).

5. Im Laufe der Geschichte läßt sich immer wieder beobachten, daß das Alte Testament *verallgemeinert*, was ursprünglich nur einzelnen galt. Der prophetische Geist soll jedermann zuteil werden (Joel 3), die Gnadenerweisungen an David werden allen verheißen (Jes 55, 3), der Erzvätersegen wird nicht nur Israel, sondern allen Völkern zugesprochen (Gen 12), wie sie auch alle am künftigen Frieden teilhaben (Jes 2) oder das neue von Gott gewährte Mahl feiern sollen (25, 6; o. § 16). So *überschreitet* das Alte Testament selbst alle *Grenzen*, die ihm gesetzt sind, schließlich sogar die Grenze des menschlichen Lebens (Ps 73, 23 f; Jes 25, 8 u. a.; s. Exkurs 8). In dieser Hinsicht gibt es auch für den Gott des Alten Testaments keine letzten Schranken. Er vermag die Bindungen an seinen Ort zu lösen (o. § 5 d, 4) und die Bindung an sein Land (Ez 1), gelegentlich sogar an sein Volk (Jes 66, 21; Mal 1, 11; Zeph 2, 11; vgl. § 16, 4) aufzusprengen. Übernommene Vorstellungen können universal ausgeweitet werden; so erstreckt sich Gottes Königsherrschaft über jeden Raum und jede Zeit (Ps 103, 19; 145, 13). Anders gesagt: Das Alte Testament spricht immer schärfer Gottes *Transzendenz* aus.

Galt der Sinai ursprünglich als die Stätte der Gottesgegenwart, so scheint schon der Jahwist die Distanz zwischen Gott und dem irdischen Ort vergrößern zu wollen, wenn nach seiner Darstellung »Jahwe auf den Sinai herabsteigt« (Ex 19, 18. 20; o. § 5 d, 4). Der *Himmel* wird zu Gottes Bereich, von dem er aufbricht, redet und in menschliches Handeln eingreift (Gen 11, 5; 21, 17; Ex 20, 22; 1 Kön 22, 19 ff; Mi 1, 3; Ps 2, 4; Jes 66, 1 u. a.). Dieser Gedanke vom himmlischen Wohnort Gottes ist wohl schon in vorexilischer Zeit durch Vorstellungen der Umweltreligionen mitbestimmt; denn die Nachbarvölker kannten mancherlei Himmelsgottheiten (wie Baal Schamaim, den »Herrn des Himmels«). Deutlicher tritt fremder Einfluß in der Spätzeit hervor, die in Anlehnung an persische Terminologie Jahwe »Gott des Himmels« nennt (Esr 1, 2; 5, 11 f; Neh 1, 4 f; Jona 1, 9; vgl. Koh 5, 1 »Gott ist im Himmel und du auf Erden«). Schließlich wird »Himmel« zur Bezeichnung von Gott selbst (Dan 4, 23 u. ö.). Wenn auch die Schöpfungsgeschichte (Gen 1) in die Vergangenheit und die Apokalyptik in die Zukunft blicken, so steht doch in beiden Aussagebereichen ein »jenseitiger« Gott der Welt als ganzer gegenüber; wohl aus diesem Grunde nehmen Schöpfungsprädikationen seit der Exilszeit zu (o. § 11 f, 5). Eben weil der Gott vom Sinai in seiner Transzendenz zum einzigen Weltenherrn wird, können die Völker in den Jahweglauben einbezogen werden; denn sie sind – in der Erwartung – selbst an ihrem Ort Gott nahe (Zeph 2, 11). Der Glaube an Gottes Weltüberlegenheit ermöglicht der Diaspora das Leben in der Fremde oder drängt gar zur Mission.

6. Um Gottes Ferne und Nähe, Abwesenheit und Anwesenheit zugleich auszusagen, weiß das Alte Testament von Unterschieden *in* Gott. Nach deuteronomisch-deuteronomistischer Auffassung wohnt nur Gottes

»Name« an der von ihm erwählten Stätte, für die Priesterschrift ist allein Gottes »Herrlichkeit« auf Erden gegenwärtig (o. § 6 c, 6).

Zwischen Jenseits und Diesseits, Gott und Mensch treten *Mittlerwesen*. Schon nach älteren Theophanieberichten kann ein Bote Gott innerhalb des menschlichen Lebensbereichs vertreten; Gott wird hörbar, sichtbar nur der Engel (Ex 3, 2 ff; Ri 6, 11 ff; vgl. Gen 16; 21 f u. a.). Er ist von Gott unterschieden, obwohl er wie Gott auftritt und spricht (21, 17; Ri 13, 21 f). Diese Vorstellung wird später mehr und mehr ausgebaut. In Sacharjas Nachtgesichten hat »zu dem unsichtbaren und verborgenen Gott jenseits aller Welt niemand Zutritt als allein der Engel, der als Mittler zwischen dem Außen und Innen des Himmels das offenbarende Handeln Gottes der Welt übermitteln läßt, wie er andererseits alles Beten und Geschehen in der Welt übermittelt bekommt und vor Gottes Thron trägt. Auch der prophetische Offenbarungsempfang kann für Sacharja nur durch diesen Mittlerengel erfolgen; eine unmittelbare Bezogenheit zu dem in seinem Wort willensmächtig andringenden Gott kennt Sacharja nicht mehr« (*F. Horst*). Schließlich vergrößern sich die Engelscharen zu »Tausenden und Abertausenden, ja Unzählbaren« (Dan 7, 10); aus diesem Kreis treten wieder besondere »Fürsten« mit Namen hervor (Dan 8, 16; 10, 13 u. a.). Gottes »Hand« (Ex 14, 8; Ez 37, 1; Esr 7, 6. 9 u. a.) oder göttliche Eigenschaften, wie Geist, Weisheit, aber auch das Wort können Gottes Wirken auf Erden darstellen, ohne schon zu *Hypostasen*, d. h. zu eigenständigen Wesenheiten neben Gott, zu werden. Selbst der Gottesname ist von diesem Transzendieren betroffen: »Jahwe« wird – auf Grund des strenger aufgefaßten dritten Gebots (vgl. Lev 24, 16) – durch »Herr« (Adonaj, Kyrios) bzw. durch »der Name« (Lev 24, 11 u. a.) ersetzt, wenn man nicht allgemein von »Gott« spricht (vgl. 2 Sam 6, 9 mit 1 Chr 13, 12; Hiob; Kohelet; Ps 42–83 u. a.). Weil Jahwe als Gott des Himmels und der Erde, als der einzige Herr der Welt, verstanden wird, kann der Eigenname, der Israels Gott von anderen unterscheidet, zurücktreten. Das Wort »Gott« wird zum Eigennamen (vgl. Ps 51, 3 u. a.). Damit kommt zugleich der Unterschied zwischen Gott und Mensch schärfer zum Ausdruck: »Wie könnte der Mensch vor Gott gerecht sein?« (Hi 25, 4; vgl. 9, 2. 32; Koh 5, 1 u. a.)

7. Auf verschiedene Weise müht sich das Alte Testament, Gott und Welt zu unterscheiden. So vermag nach der Deutung des Bilderverbots im Deuteronomium (4, 12 ff; o. § 6 c, 5) nichts Weltliches Gott abzubilden, so daß sich Gott der Vorstellung entzieht. Eine Frage wie »Wem wollt ihr Gott vergleichen?« (Jes 40, 18; vgl. § 11 g) bringt die Intention des ersten und zweiten Gebots, die Ausschließlichkeit wie die Nichtabbildbarkeit Gottes, zur Geltung. Mit einem eigenen Terminus (*bārā'*; o. § 11 f, 3) nimmt das Alte Testament Gottes »Schaffen« aus der Gleichheit menschlichen Wirkens heraus. Wenn sich für Gottes Schöpfertätigkeit in der Welt nichts Vergleichbares findet, entzieht sie sich der Anschaulichkeit. Das Alte Testament hat hier aufgegeben, sich die göttliche Tat vorzustellen. Auch sonst kennt es Worte, die der Rede von Gott vorbehalten sind, wie »vergeben«, oder mehr oder weniger ausschließlich für sie verwendet werden, wie »Zorn« oder »erwählen«. Solche theologischen Begriffe möchten – wiederum der Intention des ersten und zweiten Gebots entsprechend – die Einzigkeit und Unvorstellbarkeit Gottes wahren; sie suchen Gottes Tat

von welthaftem Geschehen zu unterscheiden, damit Gott unvergleichlich zu denken (im Bild: Jes 55, 9; Ps 103, 11 f). So läßt sich in ganz verschiedener Hinsicht beobachten, wie das Alte Testament auf die Angemessenheit der Gottesvorstellungen bedacht ist. Es ringt geradezu um die rechte Aussage von Gott.

Bei allem erliegt das Alte Testament nicht der Gefahr, die Gottesaussagen so zu abstrahieren, daß die menschliche Wirklichkeit verlorengeht. Gottes Transzendenz meint nicht eine Absolutheit, die keine Beziehung mehr zuläßt, Gottes Erhabenheit nicht, daß er sich von der Welt gelöst und die Menschen verlassen habe (vgl. Ps 73, 11; Hi 22, 13 f; Klgl 3, 44). Dem Alten Testament bedeutet Gottes Hoheit gerade: Gott ist jedermann nahe. »Jahwe ist nahe denen, die zerbrochenen Herzens sind«; der Erhabene und Heilige will »bei den Zerschlagenen und Demütigen wohnen, um den Geist der Gebeugten zu beleben« (Jes 57, 15; vgl. 61, 1; 66, 1 f; Ps 33, 13 ff; 113, 5 ff u. a.). Die Vorstellung von Gottes Wohnen im Himmel besagt zugleich die Verantwortlichkeit des Menschen vor Gott, denn der Himmel ist der Ort, von dem aus der Bereich des Menschen sichtbar wird:

»Vom Himmel her blickt Jahwe,
sieht alle Menschenwesen.
Von der Stätte seines Thrones schaut er
auf alle Bewohner der Erde.« (Ps 33, 14; vgl. 14, 2 u. a.)

Die Unterscheidung von oben und unten entspricht vor allem der Differenz von Geben und Empfangen; der Himmel schenkt, was die Erde braucht (Jes 55, 10 f). So schließt Gottes Jenseitigkeit Gottes Diesseitigkeit nicht aus; denn Gott wird in seiner Wirksamkeit von der Welt unterschieden. Die Vorstellung von Gottes Außer- und Überweltlichkeit will ja aussagen, daß Gott allem Weltlichen an Macht überlegen ist; Gottes Jenseitigkeit ist sein Vermögen (vgl. Gen 1; Jes 66, 1 f; o. § 7, 3). Von seiner Allmacht gibt Gott den Menschen ab; sie zeigt sich in der Kraft, die er denen spendet, die sie nötig haben:

»Er gibt den Müden Kraft
und den Ohnmächtigen Stärke in Fülle.
Jünglinge werden müde und matt,
junge Männer straucheln,
aber die auf Jahwe harren, erhalten neue Kraft . . .,
daß sie laufen und nicht müde werden,
daß sie gehen und nicht matt werden.« (Jes 40, 29 ff)

Mit seinem vielfältigen Erzählen und Erwarten, Klagen und Loben, Bezeugen und Bedenken hilft das Alte Testament dem Menschen angesichts »des Himmels, des Werks deiner Finger«, nach sich selbst zu fragen und sich zugleich – in bekennender Anrede – einzugestehen, daß er von Gottes Vor- und Fürsorge lebt:

»Was ist der Mensch,
daß du seiner gedenkst?« (Ps 8, 4 f; vgl. 144, 3)

Literaturverzeichnis

Es werden die üblichen Abkürzungen verwendet, wie sie etwa in dem Lexikon »Die Religion in Geschichte und Gegenwart« = RGG (^{3}1957 ff) oder *S. Schwertners* »Abkürzungsverzeichnis« (Ergänzungsband zur »Theologischen Realenzyklopädie«, 1976) gebraucht werden.

ANET (.S) = Ancient Near Eastern Texts Relating to the OT (.Supplement), hg. v. *J. B. Pritchard* (^{3}1969)

AOT = Altorientalische Texte zum Alten Testament, hg. v. *H. Greßmann* (^{2}1926)

KAI = *H. Donner – W. Röllig*, Kanaanäische und aramäische Inschriften (1962/4)

RTAT = Religionsgeschichtliches Textbuch zum Alten Testament, hg. v. *W. Beyerlin* (1975. ^{2}1985)

TGI = Textbuch zur Geschichte Israels, hg. v. *K. Galling* (^{2}1968)

THAT = Theologisches Handwörterbuch zum Alten Testament (I, 1971; II, 1976)

ThWAT = Theologisches Wörterbuch zum Alten Testament (I–V, 1973 ff)

TUAT = Texte aus der Umwelt des Alten Testaments, hg. v. *O. Kaiser* (1982 ff)

(A.) Falkenstein – (W.) v. Soden bezieht sich auf die Sammlung »Sumerische und akkadische Hymnen und Gebete« (1953) der Verfasser. Textzitate aus dem nach-alttestamentlichen Schrifttum werden nach der Übersetzung von *E. Kautzsch* u. a. angeführt.

§ 1

K. Koch, Der Tod des Religionsstifters: KuD 8 (1962) 100–123; *F. Baumgärtel*, Der Tod des Religionsstifters: KuD 9 (1963) 223–233; Das Offenbarungszeugnis des AT im Lichte der religionsgeschichtlich-vergleichenden Forschung: ZThK 64 (1967) 393–422; *R. Rendtorff*, Die Entstehung der israelitischen Religion als religions-geschichtliches und theologisches Problem (1963): GSt zum AT (1975) 119–136; *C. Westermann*, Das Verhältnis des Jahweglaubens zu den außerisraelitischen Reli-gionen: GSt I (1964) 189–218; *O. Eißfeldt*, Israels Religion und die Religionen seiner Umwelt (1967): KS V (1973) 1–20; *H. Graf Reventlow*, Die Eigenart des Jahwe-glaubens als geschichtliches und theologisches Problem: KuD 20 (1974) 199–217; *H. H. Schmid*, Altorientalische Welt in der atl. Theologie (1974) bes. 145–164.

Vgl. generell die »Religionsgeschichten« von *R. Smend* ([2]1899), *K. Marti* ([5]1907), *E. König* ([3.4]1924), *G. Hölscher* (1922), *E. Sellin* (1933), *W. O. E. Oesterley* – *Th. H. Robinson* ([2]1937) und besonders *H. Ringgren* (1963. [2]1982) wie *G. Fohrer* (1969), dazu *O. Kaiser* u. *H. Schmid*, in: Theologie und Religionswissenschaft, hg. v. *U. Mann* (1973) 241–285; *W. Zimmerli*, The History of Israelite Religion: Tradition and Interpretation, hg. v. *G. W. Anderson* (1979) 351–384.

§ 2

G. v. Rad, Das formgeschichtliche Problem des Hexateuch (1938): GSt zum AT ([4]1971) 9–86; *M. Noth*, Überlieferungsgeschichte des Pentateuch (1948. [3]1966).

Vgl. generell (mit weiterer Literatur zur Pentateuchforschung) die »Einleitungen«, etwa von *O. Kaiser* ([5]1984), *R. Smend* ([3]1983), oder die »Einführungen« von *R. Rendtorff* ([2]1985) und *W. H. Schmidt* ([3]1985).

L. Rost, Das kleine geschichtliche Credo: Das kleine Credo und andere Stud. zum AT (1965) 11–25; *W. Richter*, Beobachtungen zur theologischen Systembildung: FS *M. Schmaus* I (1967) 175–212; *N. Lohfink*, Zum »kleinen geschichtlichen Credo« Dtn 26, 5 – 9: ThPh 46 (1971) 19–39; *G. Wallis*, Die geschichtliche Erfahrung und das Bekenntnis zu Jahwe im AT: ThLZ 101 (1976) 801–816.

§ 3

Forschungsgeschichte:
H. Weidmann, Die Patriarchen und ihre Religion im Licht der Forschung seit J. Wellhausen (1968); *E. Blum*, Die Komposition der Vätergeschichte: WMANT 57 (1984) 461 ff.

A. Alt, Der Gott der Väter: KS I (1953) 1–78 (grundlegend); *A. Jepsen*, Zur Überlieferungsgeschichte der Vätergestalten (1953/4): Der Herr ist Gott (1978) 46–75; *O. Eißfeldt*, El und Jahwe: KS III (1966) 386–397, IV (1968) 79–91. 92–98, V (1973) 50–62; *V. Maag*, Malkut Jhwh (1960): Kultur, Kulturkontakt und Religion (1980) 145–169; *K. T. Andersen*, Der Gott meines Vaters: StTh 16 (1962) 170–188 (Literaturbesprechung); *F. M. Cross*, Yahweh and the Gods of the Patriarchs: HThR 55 (1962) 225–259; Canaanite Myth and Hebrew Epic (1973) 1 ff; *M. Haran*, The Religion of the Patriarchs: ASTI 4 (1965) 30–55 (Lit.); *H. Seebaß*, Der Erzvater Israel (1966); *H. Hirsch*, Gott der Väter: AfO 21 (1966) 56–58 (vgl. ANET .S 628 f); ThWAT I, 485 ff; THAT II, 325 ff; *O. Kaiser* (o. § 1) 245 ff; *H. Vorländer*, Mein Gott (1975); *J. van Seters*, Abraham in History and Tradition (1975); *C. Westermann*, Genesis 12–50: EdF 48 (1975); Die Verheißungen an die Väter (1976); BK I/2, 129 ff (Lit.); BK I/3; *A. Ammassari*, La religione dei patriarchi (1976) bes. 233 ff; *K. Koch*, Šaddaj: VT 26 (1976) 299–332; *R. Albertz*, Persönliche Frömmigkeit und offizielle Religion (1978): dazu *J. Conrad*, ThLZ 105 (1980) 481–488; *W. McKane*, Studies in the Patriarchal Narratives (1979); *J. A. Emerton*, The origin of the promises to the Patriarchs ...: VT 32 (1982) 14–32; *H. Seebaß*, Gehörten Verheißungen zum ältesten Bestand der Väter-Erzählungen?: Bib 64 (1983)

189–210; *U. Worschech*, Abraham. Eine sozialgeschichtliche Studie: EHS.T 225 (1983).; *J. Scharbert*, Die Landverheißungen als »Urgestein« der Patriarchentradition: FS *M. Delcor* (1985) 359–368; *M. Köckert*, Vätergott und Väterverheißungen... (ungedruckte Diss., soll FRLANT erscheinen).

Zum Historischen:
M. Noth, Die Ursprünge des alten Israel im Lichte neuer Quellen (1961): Aufs. zur bibl. Landes- und Altertumskunde II (1971) 245–272 (vgl. *M. Wagner*, VT.S 16, 1967, 355 f. 365); *R. de Vaux*, Die hebräischen Patriarchen und die modernen Entdeckungen (1959); Die Patriarchenerzählungen und die Geschichte (1965); Histoire ancienne d'Israël I (1971) 157 ff bes. 256 ff; *M. Weippert*, Die Landnahme der israelitischen Stämme in der neueren wissenschaftlichen Diskussion (1967) 102 ff; *J. Henniger*, Über Lebensraum und Lebensformen der Frühsemiten (1968); *R. Martin-Achard*, Actualité d'Abraham (1969); *Th. L. Thompson*, The Historicity of the Patriarchal Narratives (1974); *J. Scharbert*, Patriarchentradition und Patriarchenreligion: VF 19 (1974) 2–22 (Lit.); Israelite and Judaean History, hg. v. *J. H. Hayes – J. M. Miller* (1977) 70 ff; *W. Leineweber*, Die Patriarchen im Licht der archäologischen Entdeckungen: EHS.T 127 (1980).

e)

H. Gunkel, Genesis (seit ³1910) XXIII f; *C. A. Keller*, Über einige atl. Heiligtumslegenden: ZAW 67 (1955) 141–168; 68 (1956) 85–97; *J. Lindblom*, Theophanies in Holy Places in Hebrew Religion: HUCA 32 (1961) 91–106; *C. Westermann*, Arten der Erzählung in der Genesis (1964): Die Verheißungen an die Väter (1976) 83 ff; *L. Schmidt*, Menschlicher Erfolg und Jahwes Initiative (1970) 22 ff; *W. H. Schmidt*, BK II/2 (1977) 113 ff.

Zu Gen 28, 10 – 22 vgl. außer den Kommentaren: *O. Eißfeldt*, Der Gott Bethel (1930): KS I (1962) 206–233; *V. Maag*, Zum Hieros Logos von Bethel (1951): Kultur ... (o.) 29–37; *E. L. Ehrlich*, Der Traum im AT (1953) 27 f; *H. Donner*, ZAW 74 (1962) 68–70; *W. Richter*, BZ 7 (1963) 210 f; *G. Fohrer* u. a., Exegese des AT (1973. ⁴1983) 180 ff; *K. Jaroš*, Die Stellung des Elohisten zur kanaanäischen Religion (1974) bes. 179 ff; *A. de Pury*, Promesse divine et légende cultuelle dans le cycle de Jacob I–II (1975); *E. Otto*, ZAW 88 (1976) 165–190; *C. Houtman*, VT 27 (1977) 337–351; *R. Couffignal*, Bib. 58 (1977) 342–360; *H. Barth – O. H. Steck*, Exegese des AT (1971. ¹⁰1984) 115 ff; *C. Westermann*, BK I/2, 548 ff (Lit.); *R. Rendtorff*, ZAW 94 (1982) 511–523.

Zu Gen 32, 23–32 vgl. außer den Kommentaren: *K. El'iger*, (1951): KS zum AT (1966) 141–173; *H. J. Stoebe*, EvTh 14 (1954) 466–474; *O. Eißfeldt*, KS III (1966) 412–416, IV (1968) 92–98; *O. Kaiser*, Die mythische Bedeutung des Meeres (²1962) 95 ff; *S. Mittmann*, ZDPV 81 (1965) 83 f; (*J. Frazer –*) *Th. H. Gaster*, Myth, Legend, and Custom in the OT (1969) 205 ff; *R. Kilian*, Isaaks Opferung (1970) 11 ff; *R. Barthes – R. Martin-Achard*, in: Analyse structurale exégèse biblique (1971) 27–62 (Lit.); *R. Coote*, HThR 65 (1972) 137–142; *H. J. Hermisson*, ZThK 71 (1974) 239–261; *F. Diedrich*, Die Anspielungen auf die Jakob-Tradition in Hos 12 (1977); *G. Hentschel*, in: Dienst der Vermittlung. EThSt 37 (1977) 13–37; *L. Schmidt*, ThViat 14 (1977/78) 125–143; *A. de Pury*, ThZ 35 (1979) 18–34 (Lit.); *E. Blum*, Die Komplexität der Überlieferung ...: DBAT 15 (1980) 2–55.

§ 4

O. Eißfeldt, Baal Zaphon, Zeus Kasios und der Durchzug der Israeliten durchs Meer (1932); *M. Noth*, Der Schauplatz des Meerwunders: FS *O. Eißfeldt* (1947) 181–190; *A. Lauha*, Das Schilfmeermotiv im AT: VT.S 9 (1963) 32–46; *H. Lubscyk*, Der Auszug Israels aus Ägypten (1963); *G. Fohrer*, Überlieferung und Geschichte des Exodus (1964) (Lit.); *K. v. Rabenau*, Die beiden Erzählungen vom Schilfmeerwunder . . .: ThVers 1 (1966) 7–29; *S. Herrmann*, Israels Aufenthalt in Ägypten (1970) (Lit.); *J. M. Schmidt*, Erwägungen zum Verhältnis von Auszugs- und Sinaitradition: ZAW 82 (1970) 1–31; *R. de Vaux*, Histoire ancienne d'Israël I (1971) 305 ff; *W. Groß*, Die Herausführungsformel: ZAW 86 (1974) 425–453 (Lit.); *G. W. Coats*, History and Theology in the Sea Tradition: StTh 29 (1975) 53–62; *P. Weimar – E. Zenger*, Exodus (1975); *S. I. L. Norin*, Er spaltete das Meer (1977); *M. Görg*, Ausweisung oder Befreiung?: Kairos 20 (1978) 272–280; *H. C. Schmitt*, in: FS *E. Würthwein* (1979) 139–155; *F.-E. Wilms*, Wunder im AT (1979) 146 ff; *J. Scharbert*, Das »Schilfmeerwunder« . . .: FS *H. Cazelles* (1981) 395–417; *J. A. Soggin*, Das Wunder am Meer und in der Wüste: FS *M. Delcor* (1985) 379–385.

Exkurs I

J. J. Stamm, Erlösen und Vergeben im AT (1940); *A. Jepsen*, Die Begriffe des »Erlösens« im AT (1957): Der Herr ist Gott (1978) 181–191; THAT I, 383–394; II, 389–406; ThWAT I, 884–890.

§ 5

Forschungsüberblicke:
R. Smend, Das Mosebild von *H. Ewald* bis *M. Noth* (1959); *E. Osswald*, Das Bild des Mose (1962); *H. Schmid*, Mose. Überlieferung und Geschichte: BZAW 110 (1968) (vgl. Der Stand der Moseforschung: Jud 21, 1965, 194–221); *W. H. Schmidt*, Exodus, Sinai und Mose: EdF 191 (1983).
H. Greßmann, Mose und seine Zeit (1913); *M. Noth*, Das 2. Buch Mose. Exodus: ATD 5 (1959. ⁷1984); *W. Beyerlin*, Herkunft und Geschichte der ältesten Sinaitraditionen (1961); *H. Seebaß*, Mose und Aaron. Sinai und Gottesberg (1962); *H. Gese*, Bemerkungen zur Sinaitradition (1967): Vom Sinai zum Zion (²1984) 31 ff; *H. Schmid*, Mose (1968); *L. Perlitt*, Bundestheologie im AT: WMANT 36 (1969); *W. Zimmerli*, Erwägungen zum »Bund«: FS *W. Eichrodt* (1970) 171–190; Grundriß der atl. Theologie (1972. ⁵1985) 39 ff; *J. M. Schmidt*, (o. § 4); *E. Zenger*, Die Sinaitheophanie (1971); Israel am Sinai (1982) 114 ff; *R. de Vaux* (o. § 4) 369 ff; *E. W. Nicholson*, Exodus and Sinai in History and Tradition (1973); *B. Zuber*, Vier Studien zu den Ursprüngen Israels (1976) (Lit.); *J. Jeremias*, Theophanie: WMANT 10 (²1977) bes. 194 ff; *D. J. McCarthy*, Treaty and Covenant (²1978) bes. 243 ff; *L. Perlitt*, Sinai und Horeb: FS *W. Zimmerli* (1977) 302–322; *G. Sauer*, Vom Exoduserleben zur Landnahme: ZThK 80 (1983) 26–32.

a)

J. Jeremias (o.) 100 ff; *H. Gese*, Das ferne und nahe Wort (1967): Vom Sinai . . . (o.) 49 ff; *G. J. Davies*, VT 22 (1972) 152–163 (Lit.); *K. Jaroš* (o. § 3) 99 ff.

b)

Th. C. Vriezen, The Exegesis of Exodus XXIV 9–11: OTS 17 (1972) 100–133; *E. W. Nicholson*, The Interpretation of Exodus XXIV 9–11: VT 24 (1974) 77–97; 25 (1975) 69–79; 26 (1976) 148–160; *E. Kutsch*, Neues Testament – Neuer Bund? (1978) 27–37 (Lit.); *H. F. Fuhs*, Sehen und schauen: FzB 32 (1978) 258 ff; *F. L. Hossfeld* (u. § 6a, 1.) 190–204; *E. Ruprecht*, Exodus 24, 9–11 als Beispiel lebendiger Erähltradition: FS *C. Westermann* (1980) 138–173.

c)

H. Kosmala, The So-Called Ritual Decalogue (1962): Studies, Essays and Reviews I (1978) 12–42; *F.-E. Wilms*, Das jahwistische Bundesbuch in Exodus 34 (1973) (Lit.); *J. Halbe*, Das Privilegrecht Jahwes Ex 34, 10 – 26: FRLANT 114 (1975); *E. Otto*, Das Mazzotfest in Gilgal (1975); *H. Cazelles*, in: FS *M. Delcor* (1985) 57–68.

d)

J. M. Schmidt, ZAW 82 (1970) 16 f (Lit.).

§ 6

a)

E. Norden, Agnostos theos (1923) 177 ff; *E. Schweizer*, Ego eimi (1939. ²1965) 12 ff; *W. Zimmerli*, Ich bin Jahwe: GAufs. (1963. ²1969) 11 ff; Grundriß ... (o. § 5) 12 ff. 94 ff; *K. Elliger*, Ich bin der Herr – euer Gott: KS zum AT (1966) 211–231; ThWAT II, 368–375; *J. A. Bühner*, Der Gesandte und sein Weg (1977).

Zum Dekalog:

Forschungsüberblicke:
J. J. Stamm, Der Dekalog im Lichte der neueren Forschung (²1962), erweitert: *J. J. Stamm – M. E. Andrews*, The Ten Commandments in Recent Research (1967); *E. Zenger*, Eine Wende in der Dekalogforschung?: ThRev 64 (1968) 189–198 (Lit.); *B. Lang*, Neues über den Dekalog: ThQ 164 (1984) 58–65.

H. Schmidt, Mose und der Dekalog: FS *H. Gunkel* (1923) 78–119; *E. Nielsen*, Die zehn Gebote (1965); *J. Schreiner*, Die zehn Gebote im Leben des Gottesvolkes (1966); *H. Gese*, Der Dekalog als Ganzheit betrachtet (1967): Vom Sinai ... (o. § 5) 63–80; *A. Jepsen*, Beiträge zur Auslegung und Geschichte des Dekalogs (1967): Der Herr ist Gott (1978) 76–95; *A. Phillips*, Ancient Israel's Criminal Law (1970); *W. H. Schmidt*, VT.S 22 (1972) 201–220; *H. Schüngel – Straumann*, Der Dekalog – Gottes Gebot? (1973); *E. W. Nicholson*, The Decalogue as the Direct Address of God: VT 27 (1977) 422–433; *Schalom Ben Chorin*, Die Tafeln des Bundes (1979); *A. Lemaire*, Le Decalogue: FS *H. Cazelles* (1981) 259–295; TRE VIII, 408–413 (Lit.); *F. L. Hossfeld*, Der Dekalog: OBO 45 (1982); *F. Crüsemann*, Bewahrung der Freiheit: KT 78 (1983); *C. Levin*, Der Dekalog am Sinai: VT 35 (1985) 165–191; *A. Graupner*, Zum Verhältnis der beiden Dekalogfassungen Ex 20 und Dtn 5: ZAW 99 (1987).

2.

Forschungsüberblicke:
RE VIII (³1900) 529–541; *A. Schleiff,* Der Gottesname Jahwe: ZDMG 90 (1936) 679–702; *R. Mayer,* Der Gottesname Jahwe im Lichte der neuesten Forschung: BZ 2 (1958) 26–53 (Lit.); *J. Kinyongo,* Origine et Signification du nom divin Yahvé (1970); *W. H. Schmidt,* BK II, 169 ff.

O. Grether, Name und Wort Gottes im AT (1934); ThWNT III, 1056 ff (Lit.); *S. Herrmann,* Der atl. Gottesname: EvTh 26 (1966) 281–293; *W. von Soden,* Jahwe »Er ist, Er erweist sich«: WO 3 (1966) 177–187; *L. Delekat,* FS *K. G. Kuhn* (1971) 23–75; THAT I, 701–707; *R. de Vaux,* (o. § 4) 321 ff; *H. B. Huffmon,* FS *W. F. Albright* (1971) 283–289; *F. M. Cross,* Canaanite Myth and Hebrew Epic (1973) 60 ff (Lit.); *M. Görg,* Anfänge israelitischen Gottesglaubens: Kairos 18 (1976) 256–264; *H. Cazelles,* Pour une exégèse de Ex 3, 14: Dieu et l'Être. Études Augustiennes (1978) 27–44; *D. J. McCarthy,* Exod 3, 14: CBQ 40 (1978) 311–322; *M. Rose,* Jahwe: ThSt 122 (1978); *W. H. Schmidt,* Der Jahwename und Ex 3, 14: FS *E. Würthwein* (1979) 123–138; RLA V, 246–253; *H. P. Müller,* Der Jahwename . . . : Bib 62 (1981) 305–327 (Lit.); *M. Saebø* Offenbarung oder Verhüllung?: FS *H. W. Wolff* (1981) 43–55 (Lit.); *R. Bartelmus,* HYH: Arbeiten zu Text und Sprache im AT 17 (1982) 226 ff; ThWAT III, 533–554; *J. S. Croatto,* in: FS *L. Alonso-Schökel* (1983) 147–159; *E. A. Knauf,* VT 34 (1984) 467–472.

3.

W. Vischer, Jahwe, der Gott Kains (1929); *L. Köhler,* Theologie des AT (1936. ⁴1966) 27 f; *C. H. W. Brekelmans,* Exodus XVIII and the Origins of Yahwism in Israel: OTS 10 (1954) 215–224; *K.-H. Bernhardt,* Gott und Bild (1956) 125 ff; *H. H. Rowley,* Mose und der Monotheismus (1957): From Moses to Qumran (1963) 35–63; *R. Knierim,* Exodus 18 und die Neuordnung der mosaischen Gerichtsbarkeit: ZAW 73 (1961) 146–171; *A. H. J. Gunneweg,* Mose in Midian (1964): Sola Scriptura (1983) 36–44; *H. Heyde,* Kain, der erste Jahwe-Verehrer (1965); *M. Weippert,* Die Landnahme . . . (o. § 3) 105 f; *C. Westermann,* BK I/1, 383 (Lit.); *A. Cody,* Exodus 18, 12: Bib 49 (1968) 153–166; *J. Kinyongo* (o.) 7 ff. 39 ff; *R. de Vaux* (o. § 4) 313 ff.

4.

Forschungsüberblicke:
o. § 5; dazu *R. J. Thompson,* Moses and the Law in a Century of Criticism (1970).

RGG² IV, 230–237; RGG³ IV, 1151–1155; *H. Cazelles* u. a., Moses in Schrift und Überlieferung (1963); *S. Herrmann,* Mose: EvTh 28 (1968) 301–326; *G. Widengren,* What do we know about Moses? FS *D. H. Davies* (1970) 21–47; *L. Perlitt,* Mose als Prophet: EvTh 31 (1971) 588–608; *G. W. Coats,* Mose in Midian: JBL 92 (1973) 1–10; *R. Rendtorff,* Mose als Religionsstifter?: GSt zum AT (1975) 152–171; *W. H. Schmidt,* Jahwe in Ägypten: Kairos 17 (1976) 43–54 (vgl. BK II/2, 1977, 144 ff).

b)

Zum alten Orient:

R. Mayer, Monotheistische Strömungen in der altorientalischen Umwelt Israels: M ThZ 8 (1957) 97–113; *E. Otto*, Monotheistische Tendenzen in der ägyptischen Religion: WO 2 (1955) 98–110; ZÄS 93 (1966) 107 ff; *E. Hornung*, Der Eine und die Vielen (1971) (Lit.); ThWAT I, 286–291; III, 532–575; *H. D. Preuß*, Verspottung fremder Religionen im AT (1971) 23 ff (Lit.); Monotheismus im Alten Israel und seiner Umwelt, hg. v. *O. Keel* (1980); *J. Assmann*, Ägypten (1984) 23 f (Lit.).

Alten Testament:

B. Balscheit, Alter und Aufkommen des Monotheismus (1938); RGG³ IV, 1113–1115 (Lit.); *R. Knierim*, Das erste Gebot: ZAW 77 (1965) 20–39; *W. H. Schmidt*, Das erste Gebot (1969); *W. Zimmerli*, (o. § 5) 100 ff; ThWAT I, 210 ff; *M. Rose*, Der Ausschließlichkeitsanspruch Jahwes (1975); *E. Nielsen*, »Weil Jahwe unser Gott ein Jahwe ist«: FS *W. Zimmerli* (1977) 288–301; *H. Wildberger*, Der Monotheismus Deuterojesajas: ebd. 506–530; *W. Berg*, Die Eifersucht Gottes: BZ 23 (1979) 197–211 (Lit.); *V. Maag*, Kultur . . . (o. § 3) 342–346; Der einzige Gott, hg. v. *B. Lang* (1981); *A. Ohler*, Die vielen Götter und der eine Gott: KBL 107 (1982) 726–735; Monotheismus, hg. v. *E. Haag*: QD 104 (1985).

c)

E. Th. Obbink, Jahwebilder: ZAW 47 (1929) 264–274; *H. Schrade*, Der verborgene Gott (1949); *W. Zimmerli*, Das zweite Gebot: Gottes Offenbarung (1963) 234–248; *W. Vischer*, Du sollst dir kein Bildnis machen: FS *K. Barth* (1956) 764–772; *K.-H. Bernhardt*, Gott und Bild (1956); RGG³ I, 1268–1273; *J. Hempel*, Das Bild in Bibel und Gottedienst (1957); *C. R. North*, The Essence of Idolatry: BZAW 77 (1958) 151–160; *G. v. Rad*, Aspekte atl. Weltverständnisses (1964): GSt zum AT (⁴1971) 311–331; Weisheit in Israel (1970) 229 ff; *J. Ouelette*, Le deuxième commandement: RB 74 (1967) 504–516; *H. D. Preuß* (o.) 16 ff. 279 ff (Lit.); *W. Zimmerli*, Das Bilderverbot in der Geschichte des alten Israel (1971): Stud. zur atl. Theologie u. Prophetie (1974) 247 ff; *Ders.*, (o. § 5) 103 ff; *W. H. Schmidt*, Ausprägungen des Bilderverbots? FS *G. Friedrich* (1973) 25–34; *K. Jaroš* (o. § 3 e); *C. Link*, Das Bilderverbot als Kriterium theologischen Redens von Gott: ZThK 74 (1977) 58–85; BRL², 100–119; *H. Haag*, Das Bild als Gefahr für den Glauben (1979): Das Buch des Bundes (1980) 261–274; *T. Mettinger*, The Veto on Images . . .: Religious Symbols and their Functions, hg. v. *H. Biezals* (1979) 15–29; TRE VI, 571–521 (Lit.); *J. Hahn*, Das »Goldene Kalb«: EHS.T 154 (1981); RAC XI, 659–828; ThWAT IV, 1009 ff; *J. Assmann* (o.) 50 ff (Lit.); *A. H. J. Gunneweg*, Bildlosigkeit Gottes im Alten Israel: Henoch VI (1984) 257–270; *C. Dohmen*, Das Bilderverbot: BBB 62 (²1987); *H. J. Hermisson*, Gottes Freiheit – Spielraum des Menschen: ZThK 82 (1985) 129–152; *S. Schroer*, In Israel gab es Bilder: OBO 74 (1987).

Zu den Nachwirkungen:

Strack-Billerbeck VI/I 385 ff; No Graven Images, hg. v. *J. Gutmann* (1971); *K. Schubert*, Das Problem der Entstehung einer jüdischen Kunst: Kairos 16 (1974) 1–13 (Lit.); *G. Stemberger*, Das klassische Judentum (1979) 219 ff (Lit.).

d)

Zum alten Orient:
W. von Soden, Leistung und Grenze sumerischer und babylonischer Wissenschaft (1965) 61 ff; The Idea of History in the Ancient Near East, hg. v. *R. C. Dentan* (1955); *E. A. Speiser*, Oriental and Biblical Studies (1967) 187–212. 270–312; RLA III, 216–221; *E. Otto*, Geschichtsbild und Geschichtsschreibung in Ägypten: WO 3 (1966) 161–176; *E. Hornung*, Geschichte als Fest (1966); *B. Albrektson*, History and the Gods (1967); *H. Cancik*, Grundzüge der hethitischen und atl. Geschichtsschreibung (1976).

Zum Alten Testament:
H. Gese, Geschichtliches Denken im Alten Orient und im AT (1958): Vom Sinai . . . (o. § 5) 81 ff; *A. Alt*, Die Deutung der Weltgeschichte im AT (1959): Grundfragen der Geschichte des Volkes Israel (1970) 440–448; *J. Barr*, Alt und Neu in der biblischen Überlieferung (1967) 61 ff; *H. D. Preuß*, Jahweglaube und Zukunftserwartung (1968) bes. 71 ff; *R. Smend*, Elemente atl. Geschichtsdenkens (1968); *A. Rupp*, Geschichte und Seinszusammenhang: BiOr 26 (1969) 19–26; *J. R. Wilch*, Time and Event (1969); *E. Hammershaimb*, History and Cult in the OT: FS *W. F. Albright* (1971) 269–282; *F. Hesse*, Abschied von der Heilsgeschichte (1971); *C. Westermann*, Zum Geschichtsverständnis des AT: FS *G. v. Rad* (1971) 611–619; *N. W. Porteous*, OT and History: ASTI 8 (1970/1) 21–77; *M. Weippert*, Fragen des israelitischen Geschichtsbewußtseins: VT 23 (1973) 415–442 (Lit.); *H. H. Schmid*, Das atl. Verständnis von Geschichte in seinem Verhältnis zum gemeinorientalischen Denken: WuD 13 (1975) 9–21; *W. Jaeschke*, Auf der Suche nach den eschatologischen Wurzeln der Geschichtsphilosophie (1976) 99 ff; *A. H. J. Gunneweg*, Vom Verstehen des AT: GAT 5 (1977) 146 ff (vgl. o. a, 3, 165 ff); *S. Herrmann*, Zeit und Geschichte (1977); *R. Rendtorff*, Geschichtliches und weisheitliches Denken im AT: FS *W. Zimmerli* (1977) 344–353; *J. R. Porter*, OT Historiographie: Tradition and Interpretation (o. § 1) 125–162 (Lit.); *H. Graf Reventlow*, Hauptprobleme der atl. Theologie . . .: EdF 173 (1982) 65–137; *R. Schmitt*, Abschied von der Heilsgeschichte?: EHS.T 195 (1982); *J. van Seters*, In Search of History (1983); TRE XII, 569–586 (Lit.); *J. A. Soggin*, Geschichte als Glaubensbekenntnis . . .: ThLZ 110 (1985) 162–172.

Exkurs 2

E. Jenni, Die theologische Begründung des Sabbatgebotes im AT (1956); RGG³ V, 1258–1260 (Lit.); *H.-J. Kraus*, Gottesdienst in Israel (²1962) 88 ff; *D. Correns*, Schebiit: Die Mischna I/5 (1960); *H. H. Rowley*, Men of God (1963) 27 ff; ThWNT VII, 1–35; *N. Lohfink*, BZ 9 (1965) 21 ff; *A. R. Hulst*, Bemerkungen zum Sabbatgebot: FS *Th. C. Vriezen* (1966) 152–164; *F. Stolz*, Sabbat, Schöpfungswoche und Herbstfest: WuD 11 (1971) 159–175; *M. Tsevat*, The Basic Meaning of the Biblical Sabbath: ZAW 84 (1972) 447–459; *F. Mathys*, Sabbatruhe und Sabbatfest: ThZ 28 (1972) 241–262; *H. W. Wolff*, Anthropologie des AT (⁴1984) 200 ff; *A. Lemaire*, Le sabbat à l'époque israélite: RB 80 (1973) 161–185 (Lit.); *N. Negretti*, Il Settimo giorno (1973); THAT II, 863–869; *N.-E. Andreasen*, ZAW 86 (1974) 453–469 (Lit.); *G. Robinson*, The Origin and Development of the OT Sabbath: Diss. Hamburg (1975); *F. Gölz*, Vom biblischen Sinn des Sabbat: ThBeitr 9 (1978) 243–256; TRE XI, 103 f (Lit.).

Exkurs 3

J. Hempel, Das Ethos des AT: BZAW 67 (²1964); *H. v. Oyen*, Ethik des AT (1967); *E. Oßwald*, Hiob 31 im Rahmen der atl. Ethik: ThVers (1970) 9–26; Essays in OT Ethics. FS *J. P. Hyatt*, hg. v. *J. L. Crenshaw / J. T. Willis* (1974); *G. Wallis*, Natur und Ethos...: ThVers VII (1976) 41–60; *A. H. J. Gunneweg* (– *W. Schmithals*), Leistung: Bibl. Konfr. 1007 (1978); *W. H. Schmidt*, Aspekte atl. Ethik: Nachfolge und Bergpredigt, hg. v. *J. Moltmann* (1981) 12–36; *L. Ruppert*, Der Umgang mit den Volksangehörigen...: Und wer ist mein Nächster?, hg. v. *J. Horstmann* (1982) 1–36; TRE X, 423–435 (Lit.); *E. Würthwein* (– *O. Merk*), Verantwortung: Bibl. Konfr. 1009 (1982); *W. C. Kaiser*, Toward OT Ethics (1983); *H.-P. Mathys*, Liebe deinen Nächsten wie dich selbst: OBO 71 (1986).

§7

Zum Krieg:
F. Schwally, Semitische Kriegsaltertümer I. Der heilige Krieg im alten Israel (1901); *H. Fredriksson*, Jahwe als Krieger (1945); *G. v. Rad*, Der heilige Krieg im alten Israel (1951. ⁵1969); ThWNT VI, 501–515; *E. Nielsen*, StTh 15 (1961) 93–112; *R. Bach*, Die Aufforderungen zur Flucht und zum Kampf im atl. Prophetenspruch (1962); *R. Smend*, Jahwekrieg und Stämmebund (1963. ²1966); Warfare in the Ancient Near East: Iraq XXV/2 (1963); *A. Noth*, Heiliger Krieg und Heiliger Kampf im Islam und Christentum (1966); *F. Stolz*, Jahwes und Israels Kriege (1972); *M. Weippert*, »Heiliger Krieg« in Israel und Assyrien: ZAW 84 (1972) 460–493 (Lit.); *P. D. Miller*, The Divine Warrior in Early Israel (1973) (vgl. *M. Weippert*, Bib 57, 1976, 126–132); *H. H. Schmid*, Heiliger Krieg und Gottesfrieden im AT: Altorientalische Welt in der atl. Theologie (1974) 91–120; *P. Weimar*, Die Jahwekriegserzählungen in Ex 14...: Bib 57 (1976) 38–73; *M. Rose*, »Entmilitarisierung des Krieges?«: BZ 20 (1976) 197–211; *P. C. Craigie*, The Problem of War in the OT (1978); *J. Ebach*, Das Erbe der Gewalt (1980); *M. C. Lind*, Yahweh is a Warrior (1980); *N. Lohfink* (Hg.), Gewalt und Gewaltlosigkeit im AT: QD 96 (1983); *H. E. v. Waldow*, The Concept of War in the OT: HBTh 6 (1984) 27–48; *A. Rofé*, The Laws of Warfare in the Book of Deuteronomy: JSOT 32 (1985) 23–44.

Zum Frieden:
C. Westermann, Der Frieden im AT (1969): GSt II (1974) 196–229; *H. H. Schmid*, šalôm: SBS 51 (1971); TRE XI, 605–610 (Lit.); *H. Graf Reventlow*, Friedensverheißungen im AT und NT: Friede über Israel 62 (1979) 99–109. 147–153; *W. Thiel*, Aspekte des Friedens im AT: *K.-W. Tröger* (Hg.), Nachfolge und Friedensdienst (1983) 12–23.

Exkurs 4

A. Jepsen, Nabi (1934) 12–42; *F. Baumgärtel*, ThWNT VI, 357–366 (Lit.); *D. Lys*, »Rûach« (1962); THAT II, 726–753; *K. D. Schunck*, Wesen und Wirksamkeit des Geistes: Beitr. zur Theol. in Gesch. und Gegenwart (1976) 11–23; Wesen und Wirken des Geistes nach dem AT: SLAG.A 18 (1979) 7–30; *C. Westermann*, Geist im AT: EvTh 41 (1981) 223–230; *Z. Weisman*, The Personal Spirit as Imparting Authority: ZAW 93 (1981) 225–234; TRE XII, 170–173 (Lit.).

§ 8

M. Noth, Das System der zwölf Stämme Israels (1930. 1980); *R. Smend*, Die Bundes-formel (1963); Zur Frage der altisraelitischen Amphiktyonie: EvTh 31 (1971) 623–630; *G. E. Mendenhall*, Recht und Bund in Israel und dem Alten Vorderen Orient (1960); *K. Baltzer*, Das Bundesformular (1960); *S. Herrmann*, Das Werden Israels: ThLZ 87 (1962) 561–574; *G. Fohrer*, AT – »Amphiktyonie« und »Bund«?: BZAW 115 (1969) 84–119 (Lit.); *G. Schmitt*, Der Landtag von Sichem (1964); *F. Nötscher*, Bundesformular und »Amtsschimmel«: BZ 9 (1965) 181–214; *E. v. Schuler*, Die Kaškäer (1965) 71 ff (zu einer Zwölfstämmegruppe von Halb-nomaden im Norden Kleinasiens); *D. J. McCarthy*, Der Gottesbund im AT (1966), erweitert: OT Covenant (1972) (Lit.); Treaty and Covenant (²1978); *R. Martin-Achard*, RThPh 100 (1968) 88–102; *R. de Vaux*, Histoire ancienne d'Israël II (1973) 19 ff; *H. Weippert*, VT 23 (1973) 76–89; *A. D. H. Mayes*, dort 151–170; Israel in the Period of Judges: SBT 29 (1973); *C. H. J. de Geus*, The Tribes of Israel (1976) (vgl. ZAW 84, 1972, 383 f); *S. Tengström*, Die Hexateucherzählung (1976) 48 ff; *O. Bächli*, Amphiktyonie im AT (1977) (vgl. VT 19, 1979, 238 ff); *M. Metzger*, VF 22/1 (1977) 30–43; *H. Seebaß*, ZAW 90 (1978) 196–220; *N. K. Gottwald*, The Tribes of Yahweh (1979); *W. Thiel*, Die soziale Entwicklung Israels in vorstaatlicher Zeit (²1985) 10 ff; *H. Mölle*, Der sogenannte Landtag zu Sichem: FzB 43 (1980); *W. R. Wifall*, The Tribes of Yahweh: ZAW 95 (1983) 197–209; *N. P. Leniche*, StTh 38 (1984) 1–28.

Exkurs 5

Außer der Literatur zu § 8: *R. Kraetzschmar*, Die Bundesvorstellung im AT (1896); *J. Begrich*, Berit (1944): GSt zum AT (1964) 55–66; *A. Jepsen*, Berith: FS *W. Rudolph* (1961) 161–179; *N. Lohfink*, Die Landverheißung als Eid (1967); . *Perlitt*, (o. § 5); *H. P. Müller*, Ursprünge und Strukturen atl. Eschatologie: BZAW 109 (1969) 173 ff; *W. Zimmerli*, Erwägungen zum »Bund«: FS *W. Eichrodt* (1970) 171–190; Grundriß ... (o. § 5) 39 ff; *E. Kutsch*, Verheißung und Gesetz: BZAW 131 (1972) (Lit.; vgl. THAT I, 339–352); Neues Testament – Neuer Bund? (1978); TRE VII, 397–403; *E. Kutsch – D. J. McCarthy*, in: Questions disputées d'AT (1974) 71 ff; ThWAT I, 781–808 (Lit.); *W. Eichrodt*, ThZ 30 (1974) 193–206; *L. Wächter*, ThLZ 99 (1974) 801–816; *J. Bright*, Covenant and Promise (1976); *J. Barr*, Some Semantic Notes on the Covenant: FS *W. Zimmerli* (1977) 23–38; *W. Thiel*, Die Rede vom »Bund« in den Prophetenbüchern: ThVers 9 (1977) 11–36; *C. Westermann*, BK I/2, 136 ff. 307 (Lit.); *R. Martin-Achard*, RThPh 110 (1978) 299–306; *W. Groß*, Bundeszeichen und Bundesschluß in der Priesterschrift: TThZ 87 (1978) 98–115; *G. Gerleman*, Die »Besonderheit«: Stud. zur atl. Theologie (1980) 24–37; *J. Scharbert*, ‚Berît' im Pentateuch: FS *H. Cazelles* (1981) 163–170; Der Bund zwischen Jahwe und Israel: Ausgewählte Themen der Theologie des AT II (1983) 159–227 (Lit.); *P. Kalluveettiel*, Declaration and Convenant: AnBib 88 (1982); *C. Levin*, Die Verheißung des neuen Bundes...: FRLANT 137 (1985).

Exkurs 6

Th. C. Vriezen, Die Erwählung Israels nach dem AT (1953); *K. Koch*, Zur Ge-schichte der Erwählungsvorstellung in Israel: ZAW 67 (1955) 205–226; *P. Altmann*, Erwählungstheologie und Universalismus im AT (1964); *O. Bächli*, Die Erwählung des Geringen im AT: ThZ 22 (1966) 385–395; *F. Hesse,* Erwägungen zur religions-geschichtlichen und theologischen Bedeutung der Erwählungsgewißheit Israels: FS *Th. C. Vriezen* (1966) 125–137; *H.-J. Zobel,* Ursprung und Verwurzelung des Er-wählungsglaubens Israels: ThLZ 93 (1968) 1–12; *H. Wildberger,* Die Neuinterpreta-tion des Erwählungsglaubens Israels in der Krise der Exilszeit: FS *W. Eichrodt* (1970) 307–324; THAT I, 275–300; ThWAT I, 592–608; *B. E. Shafer,* The Root *bhr* ...: ZAW 89 (1977) 20–42 (vgl. ZAW 90, 1978, 105 f); TRE X, 182–189 (Lit.); *H. J. Hermisson,* Zur Erwählung Israels: FS *G. Krause* (1982) 37–66; *J. Scharbert,* »Erwählung« im AT ...: Ausgewählte Themen der Theologie des AT II (1983) 159–227 (Lit.).

§ 9

a)

Zu den Ortsheiligtümern (vgl. § 3 e):
H. W. Hertzberg, Heilige Stätten in Israel: RGG³ III, 156–160 (Lit.); *H.-J. Kraus,* Gottesdienst in Israel (²1962) 149 ff; *W. H. Irwin,* Le sanctuaire central Israélite avant l'établissement de la monarchie: RB 72 (1965) 161–184; *K. D. Schunck,* Zentralheiligtum, Grenzheiligtum und »Höhenheiligtum« in Israel: Numen 18 (1971) 132–140; ThWAT I, 662–667; *P. Welten,* Kulthöhe und Jahwetempel: ZPDV 88 (1972) 19–37; Kulthöhe: BRL², 194 f; *A. Kuschke,* Tempel: dort 333–341 (Lit.); *P. H. Vaughan,* The meaning of bamâ in the OT (1974); *M. Haran,* Temples and Temple-Service in Ancient Israel (1978); *M. Ottosson,* Temples and Cult Places in Palestine (1980); *A. Biram* (Hg.), Temples and High Places in Biblical Times (1981); TRE XIV, 677–679.

Zu Zelt und Lade:
E. Kutsch, Lade Jahwes, Zelt: RGG³ IV, 197–199; VI, 1893 f (Lit.); *J. Maier,* Das altisraelitische Ladeheiligtum (1965); *M. Görg,* Das Zelt der Begegnung (1967); *F. J. Helfmeyer,* Die Nachfolge Gottes im AT (1968) 186 ff; *Th. A. Busink,* Der Tempel von Jerusalem I–II (1970. 1980); *G. Fohrer,* Die Ladeerzählung (1971): BZAW 155 (1981) 3–10; *J. Jeremias,* Lade und Zion: FS *G. v. Rad* (1971) 183–198; *J. Gutmann,* ZAW 83 (1971) 22–30; *R. Schmitt,* Zelt und Lade als Thema atl. Wissenschaft (1972) (Forschungsgeschichte); ThWAT I, 128–141. 391–404 (Lit.); *F. Schicklberger,* Die Lade-Erzählungen des ersten Samuel-Buches (1973); *H. J. Stoebe,* Das erste Buch Samuelis (1973) bes. 154 ff; *A. F. Campbell,* The Ark Narrative (1975); JBL 98 (1979) 31–43; *E. Otto,* (o. § 5c) 199 ff; *V. Fritz,* Tempel und Zelt: WMANT 47 (1977); *K. Rupprecht,* Der Tempel von Jerusalem: BZAW 144 (1978) 51 ff; *P. Welten,* Lade – Tempel – Jerusalem: FS *E. Würthwein* (1979) 169–183; *J. Dus,* Zur bewegten Geschichte der israelitischen Lade: AION 41 (1981) 351–383; *B. Janowski,* Sühne als Heilsgeschehen: WMANT 55 (1982) 320 ff (Lit.); ThWAT IV, 744–750; *N. Lohfink,* Bib 65 (1984) 297–329; *M. Metzger,* Königsthron und Gottesthron: AOAT 15/1 (1985) 309 ff.

b)

R. Rendtorff, Der Kultus im alten Israel (1956): GSt zum AT (1975) 89–109 (Über-blick); RGG³ II, 910–917 (Lit.); *H.-J. Kraus,* (o. Exk. 2) 40 ff; Gottesdienst im alten und im neuen Bund (1965): Bibl.-theol. Aufs. (1972) 195–234; *R. de Vaux,* Das AT und seine Lebensordnungen II (1962) 341–380 (Lit.); *R. Martin-Achard,* Essai biblique sur les fêtes d'Israel (1974); ThWAT II, 730–744; *H. Groß,* Kult und Kanon des AT: Kernfragen des AT (1977) 105–121; *E. Otto (– T. Schramm),* Fest und Freude (1977); *G. Sauer,* Israels Feste und ihr Verhältnis zum Jahweglauben: FS *W. Kornfeld* (1977) 135–141; *M. Haran* (o. § 9a) 289 ff; ThWAT II, 731–744; *L. Wächter,* Der jüdische Festkalender: ZdZ 34 (1980) 259–267; Das jüdische Festjahr: Die Christenlehre 35 (1982) 194–203; *F.-E. Wilms,* Freude vor Gott (1981); TRE XI, 96–106.

1.

J. Pedersen, Passahfest und Passahlegende: ZAW 52 (1934) 161–175; *L. Rost,* Weidewechsel und altisraelitischer Festkalender (1943): Das kleine Credo ... (o. § 2) 101–112; *S. Mowinckel,* Die vermeintliche »Passahlegende« Ex 1–15: StTh 5 (1951) 66–88; *H.-J. Kraus,* Zur Geschichte des Passah-Massot-Festes im AT: EvTh 18 (1958) 47–67; *E. Kutsch,* Erwägungen zur Geschichte der Passafeier und des Massotfestes: ZThK 55 (1958) 1–35 (vgl. RGG³ II, 911 f); *J. B. Segal,* The Hebrew Passover (1963); *N. Füglister,* Die Heilsbedeutung des Pascha (1963); *P. Laaf,* Die Paschafeier Israels (1970); *H. Haag,* Vom alten zum neuen Pascha (1971); *R. de Vaux,* (o. § 4) 344 ff; *F. Langlamet,* RB 79 (1972) 126 ff (Lit.); *O. Keel,* ZAW 84 (1972) 414–434; *F. J. Stendebach,* Das Verbot des Knochenzerbrechens bei den Semiten: BZ 17 (1973) 29–38; *L. Rost,* Josias Passa: Stud. zum AT (1974); *E. Otto,* (o. § 5c); *R. Schmitt,* Exodus und Passah: OBO 7 (1975. ²1982); *J. Halbe,* ZAW 87 (1975) 147–168; *J. Henninger,* Les Fêtes de printemps chez les sémites et la Pâque Israélite (1975); *B. N. Wambacq,* Bib 57 (1977) 206–224; 61 (1980) 31–54; 62 (1981) 499–518; *J. Schreiner,* FS *W. Kornfeld* (1977) 69–90; *M. Haran* (o. § 9a) 317 ff; *M. Delcor,* Reflexion sur la Pâque ...: Henoch V (1982) 205–219; *J. Scharbert,* Das Pascha als Fest der Erlösung im AT: FS *J. G. Ploeger* (1983) 21–30; *W. H. Schmidt,* (o. § 5) 52 ff (Lit.); ThWAT IV, 1074–1081 (Lit.).

2.

ThWNT VI, 45–49; *P. Laaf,* FS *G. J. Botterweck* (1977) 169–183.

3.

E. Kutsch, Verheißung und Gesetz (1973) 153 ff (Lit.); *J. C. de Moor,* New Year with Canaanites and Israelites I–II (1972); *J. H. Eaton,* Kingship and the Psalms (1976) bes. 102 ff; *S. Springer,* Neuinterpretation im AT (1979).

4.

Zum Purimfest: die Kommentare zum Estherbuch von *H. Bardtke* (1963), *E. Würthwein* (²1969) und *G. Gerleman* (1973); *J. C. H. Lebram,* VT 22 (1972) 208–222.

Zu Chanukka: ThWAT III, 20–22.

Zur Volksklagefeier: *H. W. Wolff,* Der Aufruf zur Volksklage (1964): GSt zum AT (²1973) 392–401 (Lit.); *J. Jeremias,* Kultprophetie und Gerichtsverkündigung in der späten Königszeit Israels (1970) 146 ff.

c)

L. Rost, Erwägungen zum israelitischen Brandopfer (1958): Das kleine Credo . . . (o. § 2) 112–119; Studien zum Opfer im Alten Israel: BWANT 113 (1981); RGG³ IV, 1641–1647 (Lit.); *H. H. Rowley,* The Meaning of Sacrifice in the OT: From Moses to Qumran (1963) 67–107; *R. de Vaux,* (o. § 9b) 259 f; Les sacrifices de l'AT (1964); *R. Schmid,* Das Bundesopfer in Israel (1964) bes. 75 ff; *G. Bornkamm,* Lobpreis, Bekenntnis und Opfer (1964): GAufs. III (1968) 122–139; *H. J. Hermisson,* Sprache und Ritus im altisraelitischen Kult (1965) 29 ff; *R. Rendtorff,* Studien zur Geschichte des Opfers im Alten Israel (1967); *B. A. Levine,* In the Presence of the Lord (1974); *J. Milgrom,* Cult and Conscience (1976); ThWAT I, 463 ff; II, 509 ff (Lit.) 857 ff; IV, 787–801. 987–1001; *H. J. Boecker,* Überlegungen zur Kultpolemik der vorexilischen Propheten: FS *H. W. Wolff* (1981) 169–180 (Lit.); *E. Haag,* Opfer und Hingabe im AT: FS *J. G. Ploeger* (1983) 333–346.

§ 10

M. H. Pope – W. Röllig, Die Mythologie der Ugariter und Phönizier: *H. W. Haussig,* Wörterbuch der Mythologie I. Götter und Mythen im Vorderen Orient (1965) 217–312; *M. J. Mulder,* Kanaänitische Goden in het OT (1965) (Lit.); *W. F. Albright,* Yahweh and the Gods of Canaan (1968); *H. Gese,* Die Religionen Altsyriens: Die Religionen der Menschheit X/2 (1970) 1–232; *J. C. de Moor,* Semetic Pantheon: UF 2 (1970) 187–228; *W. Helck,* Betrachtungen zur großen Göttin und den ihr verbundenen Gottheiten (1971) bes. 149 ff; *F. M. Cross,* Canaanite Myth and Hebrew Epic (1973); *K. Jaroš,* (o. § 3e); *O. Negbi,* Canaanite Gods in Metal (1976); *M. Hörig,* Dea Syria (1979); ThWAT IV, 224–243.

a)

O. Eißfeldt, El im ugaritischen Pantheon (1951); El und Jahwe: KS III (1966) 386–397; *M. H. Pope,* El in the Ugaritic Texts (1955); *H. Schmid,* Jahwe und die Kulttraditionen von Jerusalem: ZAW 67 (1955) 168–197; *W. Röllig,* El als Gottesbezeichnung im Phönizischen: FS *J. Friedrich* (1959) 403–416; *R. Rendtorff,* El, Ba'al und Jahwe (1966): GSt zum AT (1975) 172–187; *H. Weismann,* Die Patriarchen und ihre Religion im Licht der Forschung seit J. Wellhausen (1968) 113 ff; *U. Oldenburg,* The Conflict between El and Ba'al in Canaanite Religion (1969); *F. Stolz,* Strukturen und Figuren im Kult von Jerusalem (1970) 126 ff; THAT I, 142–149; ThWAT I, 259–279; *C. F. Schaeffer,* El, Elat et Asherat: FS *A. Dupont-Sommer* (1971) 137–150; *W. Schatz,* Genesis 14 (1972) 207 ff; *E. Otto,* El und Jhwh in Jerusalem: VT 30 (1980) 316–329.

b)

O. Eißfeldt, Ba'alšamêm und Jahwe (1939): KS II (1963) 171–198; *A. S. Kapelrud,* Baal in the Ras Shamra Texts (1952); *M. J. Mulder,* Ba'al in het OT (1962); *N. C. Habel,* Yahweh versus Baal (1964); *K. L. Vince,* The Establishment of Baal at Ugarit (1965); *J. C. de Moor,* The Seasonal Pattern in the Ugaritic Myth of Ba'lu (1971); *P. J. van Zijl,* Baal (1972); ThWAT I, 706–727 (Lit.); *R. A. Oden,* Ba'al Šamen and 'El: CBQ 39 (1977) 457–473; *D. Kinet,* Ba'al und Jahwe (1977); Ugarit: SBS 104 (1981).

a)

S. *Mowinckel*, Psalmenstudien II. Das Thronbesteigungsfest Jahwäs und der Ur-
sprung der Eschatologie (1922. 1961); O. *Eißfeldt*, Jahwe als König (1928):
KS I (1962) 172–193; Jahwes Königsprädizierung . . . (1972): KS V (1973) 216–221;
M. *Buber*, Königtum Gottes (1932. ³1956) = Werke II (1964) 485 ff; A. *Alt*,
Gedanken über das Königtum Jahwes: KS I (1953) 345–357; H. *Schmid*, Jahwe und
die Kulttraditionen von Jerusalem: ZAW 67 (1955) 168–197; V. *Maag*, (o. § 3);
W. H. *Schmidt*, Königtum Gottes in Ugarit und Israel (²1966) (Lit.; dort auch
alle Belege); E. *Lipiński*, La royauté de Yahvé dans la poésie et le culte de l'Ancien
Israël (1965); J. *de Fraine*, La royauté de Yahvé dans les textes concernant
l'arche: VT.S 15 (1966) 134–149; F. *Langlamet*, RB 77 (1970) 177 ff (Lit.); H. *Wildberger*, BK X/1 (1972) 244 f; THAT I, 914 ff (Lit.); K. H. *Schelkle*, Königsherrschaft Gottes: BiLe 15 (1974) 120–135; M. *Görg*, Gott-König-Reden in Israel und
Ägypten: BWANT 105 (1975); J. H. *Ulrichsen*, JHWH mālak: VT 27 (1977)
361–374; J. *Coppens*, La royauté de Yahvé dans le Psautier: EThL 53 (1977)
297–362; 54 (1978) 1–59; H.-J. *Kraus*, BK XV/1 (⁵1978) 94 ff; XV/3 (1979) 28 ff;
H. *Groß*, Der Universalitätsanspruch des Reiches Gottes nach dem AT: FS
E. *Schick* (1979) 105–119; F. *Stolz*, WuD 15 (1979) 9–32; F. *Guggisberg*, Die Gestalt des Mal'ak Jahwe im AT, Diss. Neuchatel (1979); W. *Dietrich*, Gott als König:
ZThK 77 (1980) 251–268; P. *Welten*, Königsherrschaft Jahwes und Thronbesteigung: VT 32 (1982) 297–310; V. *Maag*, Hiob (1982) 50 ff; T. D. N. *Mettinger*,
YHWH SABAOTH: Studies in the Period of David and Salomon and other Essays
(1982) 109–138; The Dethronement of Sabaoth: CB.OT 18 (1982); E. *Camponovo*,
Königtum, Königsherrschaft und Reich Gottes . . .: OBO 58 (1984); ThWAT IV,
266–270. 947–956; J. *Jeremias*, Das Königtum Gottes in den Psalmen (1987).

b)

R. *Otto*, Das Heilige (1917) 74 ff; R. *Asting*, Die Heiligkeit im Urchristentum
(1930) 1–34; J. *Hänel*, Die Religion der Heiligkeit (1931; H. *Ringgren*, The Pro-
phetical Conception of Holiness (1948); RGG³ III, 148–151 (Lit.); M. *Noth*, »Die
Heiligen des Höchsten«: GSt zum AT (³1966) 274–290; R. *Rendtorff*, Die Offen-
barungsvorstellungen im Alten Israel: Offenbarung als Geschichte (1961. ⁵1982)
28 ff; W. H. *Schmidt*, Wo hat die Aussage: Jahwe »der Heilige« ihren Ursprung?:
ZAW 74 (1962) 62–66; F. *Nötscher*, Vom Alten zum Neuen Testament (1962) 128 f
(Lit.); C. W. *Brekelmans*, The Saints of the Most High and their Kingdom: OTS 14
(1965) 305–329; C. J. *Labuschagne*, The Incomparability of Yahweh in the OT
(1966); R. *Hanhart*, Die Heiligen des Höchsten: VT.S 16 (1967) 90–101; H. W. *Jüng-
ling*, Der Tod der Götter (1969) 46 ff; H. *Wildberger*, BK X/1 (1972) 248 ff;
F. *Stolz*, Jahwes Unvergleichlichkeit . . .: WuD 14 (1977) 9–24; THAT I, 802 ff;
II, 589 ff; ThWAT II, 271 ff; L'expression du sacré dans les grandes religions
I. Proche-Orient ancien et traditions bibliques (1978); G. *Bettenzoli*, Geist der
Heiligkeit (1979); G. *Giesen*, Die Wurzel schbʿ »schwören«: BBB 56 (1981);
B. *Kimpel*, Philosophies of Life of the Ancient Greeks and Israelites (1981); J. *Schar-
bert*, Der ‚heilige' Gott: Ausgewählte Themen der Theologie des AT I (1982) 53–55
(Lit.); A. v. *Selms*, FS J. P. M. v. d. *Ploeg* (1982) 257–269; ThWAT IV, 4 f; TRE XIV,
697–703.

c)

W. W. Graf Baudissin, Adonis und Esmun (1911) 450 ff; *H. Junker*, »Der Lebendige« als Gottesbeiname im Alten Reich: AÖAW.PH (1954, 12) 169–191; *G. Widengren*, Sakrales Königtum im AT und im Judentum (1955) 69 ff; *F. Hvidberg*, Weeping and Laughter in the OT (1962); *W. H. Schmidt*, Baals Tod und Auferstehung: ZRGG 15 (1963) 1–13 (Lit.); *E. M. Yamauchi*, Tammuz and the Bible: JBL 84 (1965) 283–290; Cultic Prostitution: FS *C. H. Gordon* (1973) 213–222; *H. W. Wolff*, Hosea (²1965); *H.-J. Kraus*, Der lebendige Gott (1967): Bibl.-theol. Aufs. (1972) 1–36 (Lit.); *A. Ohler*, Mythologische Elemente im AT (1969) 140 ff; *C. Colpe*, Zur mythologischen Struktur der Adonis-, Attis- und Osiris-Überlieferungen: FS *W. v. Soden* (1969) 23–44; *F. Nötscher*, Altorientalischer und alttestamentlicher Auferstehungsglauben (mit Literaturnachtrag von *J. Scharbert*, ²1970); *G. Schmuttermayer*, Psalm 18 und 2. Samuel 22 (1971) 182 ff (Lit.); *W. Schottroff*, ZDPV 89 (1973) 99–104 (Lit.); *H.-J. Zobel*, Der kanaanäische Hintergrund der Vorstellung vom lebendigen Gott: WZG 24 (1975) 187–194; THAT I, 554 f; ThWAT II, 612 ff. 874 ff; *W. H. Ph. Römer*, Einige Überlegungen zur ‚Heiligen Hochzeit'…: FS *J. P. M. v. d. Ploeg* (1982) 411–428; *S. Kreuzer*, Der lebendige Gott: BWANT 116 (1983).

d)

A. Weiser, Die Darstellung der Theophanie in den Psalmen und im Festkult: Glaube und Geschichte im AT (1961) 303–321; *F. Schnutenhaus*, Das Kommen und Erscheinen Jahwes im AT: ZAW 76 (1964) 1–21; *J. Jeremias*, Theophanie (1965, ²1977) (Lit.); *E. Jenni*, »Kommen« im theologischen Sprachgebrauch des AT: FS *W. Eichrodt* (1970) 251–261; THAT I, 267 f; II, 282 ff; ThWAT I, 562 ff.

e)

H. Gunkel, Schöpfung und Chaos in Urzeit und Endzeit (1895); *O. Kaiser*, (o. § 3 e) (Lit.); *J. Jeremias* (o. d), 26 ff. 90 ff; *W. H. Schmidt*, (o. § 11 a) 43 ff; *R. Hillmann*, Wasser und Berg. Kosmische Verbindungslinien zwischen dem kanaanäischen Wettergott und Jahwe: Diss. Halle (S.) (1965); *A. Ohler*, (o. § 11 c) 71 ff, bes. 101 ff; *F. Stolz* (o. § 10 a) 14 ff; *C. Westermann*, BK I/1, 39 ff. 190 f; *M. Wakeman*, God's Battle with the Monster (1973); *S. I. L. Norin*, (o. § 4); ThWAT IV, 521–527; *J. Day*, God's Conflict with the Dragon and the Sea (1985).

f)

R. Rendtorff, Die theologische Stellung des Schöpfungsglaubens bei Deuterojesaja (1954): GSt zum AT (1975) 209–219; *G. v. Rad*, Das theologische Problem des atl. Schöpfungsglaubens: GSt zum AT (1958. ³1965) 136–147; *W. H. Schmidt*, Die Schöpfungsgeschichte der Priesterschrift (²1967. ³1974) (Lit.); *L. R. Fisher*, Creation at Ugarit and in the OT: VT 15 (1965) 313–324; *J. P. Hyatt*, Was Yahweh Originally a Creator Deity?: JBL 86 (1967) 369–377; *O. Loretz*, Schöpfung und Mythos (1968); *A. Ohler* (o. § 11 c) 117 ff; *O. H. Steck*, Die Paradieserzählung (1970); Der Schöpfungsbericht der Priesterschrift (²1981); Welt und Umwelt (1978); Die Herkunft des Menschen (1983); *E. Haag*, Der Mensch am Anfang (1970); *L. I. J. Stadelmann*, The Hebrew Conception of the World (1970); *G. Wallis*, ZAW 83 (1971) 1–15; *G. Pettinato*, Das altorientalische Menschenbild (1971); THAT I, 336 ff,

736 ff, 761 ff; II, 650 ff; *N. C. Habel,* »Yahweh, Maker of Heaven and Earth«: JBL 91 (1972) 321–337; *C. Westermann,* BK I/1; Schöpfung: ThTh 12 (1971. 1983); Gen 1–11: EdF 7 (1972) (Lit.); Schöpfung und Evolution (1983): GSt III (1984) 27–38; *R. Martin-Achard,* Remarques sur la signification théologique de la Création selon l'AT: RHPhR 52 (1972) 3–11; *H. H. Schmid,* Schöpfung, Gerechtigkeit und Heil (1973): Altorientalische Welt in der atl. Theologie (1974) 9–30; *Th. M. Ludwig,* The Traditions of the Establishing of the Earth in Deutero-Isaiah: JBL 92 (1973) 345–357 (Lit.); *R. Albertz,* Weltschöpfung und Menschenschöpfung (1974); *C. Houtman,* De Hemel in het OT (1974); *V. Notter,* Biblischer Schöpfungsbericht und ägyptische Schöpfungsmythen (1974); *F. de Liagre-Böhl– H. A. Brongers,* Weltschöpfungsgedanken in Alt-Israel: Persica 7 (1975/8) 69–136; *N. Füglister* u. *W. H. Schmidt,* in: Schöpfung und Sprache, hg. v. *W. Strolz* (1979) 15 ff; *K. D. Schunck,* Die Auffassung des AT von der Natur: ThLZ 104 (1979) 401–412; *W. Zimmerli,* Der Mensch im Rahmen der Natur . . .: ZThK 76 (1979) 139–158; *A. Angerstorfer,* Der Schöpfergott des AT (1979); *J. Ebach,* Weltentstehung und Kulturentwicklung bei Philo von Byblos (1979); ThWAT I, 769 ff; *R. Luyster,* Wind and Water: ZAW 93 (1981) 1–10; *R. Oberforcher,* Die Flutprologe als Kompositionsschlüssel der biblischen Urgeschichte (1981); *H. Graf Reventlow,* (o. § 6 d) 148 ff (Lit.); *U. Mann,* Schöpfungsmythen (1982); *W. Berg,* Die Theologie der Schöpfung im AT: *J. Scharbert,* Ausgewählte Themen II (o. Exk. 5), 1–75 (Lit.); *R. Maser,* Sonne und Mond: Kairos 25 (1983) 41–67; *K. Koch,* Gestaltet die Erde, doch heget das Leben: FS *H.-J. Kraus* (1983) 23–36; *M. Metzger,* Eigentumsdeklaration und Schöpfungsaussage: ebd. 37–51; *E. Otto,* Schöpfung als Kategorie der Vermittlung . . .: ebd. 53–68; *H. D. Preuß,* ThZ 39 (1983) 68–101; *B. W. Anderson* (Hg.), Creation in the OT (1984); *P. Doll,* Menschenschöpfung und Weltschöpfung in der atl. Weisheit: SBS 117 (1985); *J. Jeremias,* Die Verwendung des Themas Schöpfung im AT, in: Schöpfungsglaube und Umweltverantwortung, hg. v. *W. Lohff* u. *H. C. Knuth* (1985) 101–145.

g)

Lit. zur Unvergleichlichkeit s. o. b).

§ 12

a)

K. F. Euler, Königtum und Götterwelt in den altaramäischen Inschriften Nordsyriens: ZAW 56 (1938) 272–313; *R. Labat,* Le caractère religieux de la royauté assyro-babylonienne (1939); *I. Engnell,* Studies in Divine Kingship (1943); *H. Frankfort,* Kingship and the Gods (1948); *J. de Fraine,* L'aspect religieux de la royauté israélite (1954); *S. H. Hooke* (Hg.), Myth, Ritual, and Kingship (1958); *H. Brunner,* Grundzüge der altägyptischen Religion (1984) 64 ff.

A. Alt, KS II (1959); *M. Noth,* Gott, König, Volk im Alten Testament (1950): GSt zum AT (³1966) 188–229; *G. Widengren,* Sakrales Königtum im AT und im Judentum (1955); *S. Mowinckel,* He that Cometh (1956); *K.-H. Bernhardt,* Das Problem der altorientalischen Königsideologie im AT (1961) (Lit.); *A. R. Johnson,* Sacral Kingship in Ancient Israel (²1967); *R. de Vaux,* (o. § 9 b) I (²1964) 149 ff; Le roi d'Israël, vassal de Yahvé: Bible et Orient (1967) 287–301; *J. Scharbert,* Heilsmittler im AT und im Alten Orient (1964); *J. A. Soggin*, Das Königtum in Israel (1967) (Lit.); Der Beitrag des Königtums zur israelitischen Religion: VT.S 23 (1972) 9–26; *N. Poulsen*, König und Tempel im Glaubenszeugnis des AT (1967); *G. Wallis*, Geschichte und Überlieferung (1968) 45 ff, 88 ff; *H. J. Boecker*, Die Bedeutung der Anfänge des Königtums . . . (1969); *J. Gray*, Sacral Kingship in Ugarit: Ugaritica VI (1969) 289–302; *F. Langlamet*, RB 77 (1970) 186 ff (Lit.); *L. Schmitt*, (o. § 3 e); *G. Sauer*, Die Bedeutung des Königtums für den Glauben Israels: ThZ 27 (1971) 440–461; *W. H. Schmidt*, Kritik am Königtum: FS *G. v. Rad* (1971) 440–461; *K. Seybold*, Das davidische Königtum im Zeugnis der Propheten (1972); *T. Veijola*, Die ewige Dynastie (1975); Das Königtum in der Beurteilung der deuteronomistischen Historiographie (1977); *J. H. Eaton*, Kingship and the Psalms (1976); *T. D. N. Mettinger*, King and Messiah (1976); *S. S. Patro*, Royal Psalms in Modern Scholarship, Diss. Kiel (1976); *T. Ishida*, The Royal Dynasties in Ancient Israel (1977); *J. Kegler*, Politisches Geschehen und theologisches Verstehen: CThM 8 (1977); *F. Crüsemann*, Widerstand gegen das Königtum: WMANT 49 (²1985); *A. D. H. Mayes*, The Rise of the Israelite Monarchy: ZAW 90 (1978) 1–19; *H.-J. Kraus*, BK XV/3 (1979) 134 ff; RAC XI, 1103–1159; RLA VI, 141–173; *L. Schmidt*, König und Charisma im AT: KuD 28 (1982) 73–87; *S. Timm*, Die Dynastie Omri: FRLANT 124 (1982); *R. Smend*, Der Ort des Staates im AT: ZThK 80 (1983) 245–261; *N.-E. A. Andreasen*, The Role of the Queen Mother in Israelite Society: CBQ 45 (1983) 225–234; ThWAT IV, 926–957.

b)

ThWNT V, 959–974; VIII, 340–354 (Lit.); RGG³ VI, 1233 f; *E. Hübner*, Credo in Deum patrem?: EvTh 23 (1963) 646–672; *P. Humbert*, Yahvé Dieu géniteur?: AsSt 18/19 (1965) 247–251; *J. Jeremias*, Abba (1966); *W. Schlißke*, Gottessöhne und Gottessohn im AT (1973); THAT I, 1 ff. 316 ff. 732 ff; ThWAT I, 1 ff. 668 ff; *P. A. H. de Boer*, Fatherhood and Motherhood . . . (1974): *H. Haag*, Sohn Gottes im AT: TThQ; 154 (1974) 223–231; »Sohn Gottes« in der Sprache und Begrifflichkeit des AT: Conc 18 (1982) 177–181; *V. Huonder*, Israel Sohn Gottes (1975); *L. Perlitt*, Der Vater im AT: Das Vaterbild in Mythos und Geschichte, hg. v. *H. Tellenbach* (1976) 50 ff; *H. P. Stähli*, Knabe – Jüngling – Knecht (1978); RAC XI, 1159–1185; *J. Scharbert*, Sohn Gottes: Ausgewählte Themen der Theologie des AT I (1982) 29–34 (Lit.).

c)

L. Köhler, Die Grundstelle der Imago-Dei-Lehre. Genesis I, 26; ThZ 4 (1948) 16–22; *F. Horst* (1950): Gottes Recht (1961), 222–234; *J. J. Stamm*, Die Gottebenbildlichkeit des Menschen im AT (1959); *W. H. Schmidt*, (o. § 11 f) 132 ff (Lit.; dort auch Belege); *H. Wildberger*, Das Abbild Gottes: ThZ 21 (1965) 245–259. 481–501; *O. Loretz – E. Hornung*, Die Gottebenbildlichkeit des Menschen (1967) (Lit.); *O. Loretz* (s. zu § 11 f) 66 ff; *C. Westermann*, BK I/1, 51 f. 203 ff (Lit.); *J. Barr*, The Image of God in the Book of Genesis: BJRL 51 (1968) 11–26; Der Mensch als Bild Gottes, hg. v. *L. Scheffczyk*: WdF 124 (1969); *E. Otto*, Der Mensch als Geschöpf und Bild Gottes in Ägypten: FS *G. v. Rad* (1971) 335–348; *J. M. Miller*, In the »Image« and »Likeness« of God: JBL 91 (1972) 289–304; *J. J. Stamm*, Zur Frage der Imago Dei im AT: FS *K. Guggisberg* (1974) 243–253; *T. N. D. Mettinger*, ZAW 86 (1974) 403–424 (Lit.); THAT II, 556 ff; ThWAT II, 274 ff; *J. Ebach*, Die

Erschaffung des Menschen als Bild Gottes: WPKG 66 (1977) 198–217; TRE VI, 491 f; *W. Groß*, Die Gottebenbildlichkeit des Menschen im Kontext der Priesterschrift: TThQ 161 (1981) 244–264; *E. Zenger*, Gottes Bogen in den Wolken: SBS 112 (1983) 84 ff; *B. Ockinga*, Die Gottebenbildlichkeit im Alten Ägypten und im Alten Testament (1984).

d)

H. Greßmann, Der Messias (1929); *S. Mowinckel*, He That Cometh (1956); *E. Kutsch*, Salbung als Rechtsakt im AT und im Alten Orient (1963); *S. Herrmann*, Die prophetischen Heilserwartungen im AT (1965); *M. Rehm*, Der königliche Messias (1968); *J. Coppens*, Le messianisme royal (1968); *W. H. Schmidt*, Die Ohnmacht des Messias: KuD 15 (1969) 18–34; *U. Kellermann*, Messias und Gesetz (1971); *K. Seybold* (s. zu § 12 a); *L. Schmitt*, (o. § 12 a) 172 ff; *J. Becker*, Messiaserwartung im AT (1977); *H. Gese*, Der Messias: Zur biblischen Theologie (²1983) 128 ff; *H. Groß*, Der Messias im AT: Kernfragen des AT (1977) 66 ff; *P. Höffken*, Heilszeitherrschererwartung im babylonischen Raum: WO 9 (1977) 57–71; *H. Cazelles*, Le messie de la Bible (1978); Atl. Christologie (1983); *H. Graf Reventlow*, Hauptprobleme der Bibl. Theologie . . .: EdF 203 (1983) 50 f; *R. Kilian*, Jes 1–39: EdF 200 (1983) 5 ff (Lit.); ThWAT V, 48–59 (Lit.); *J. Scharbert*, Ausgewählte Themen der Theologie des AT III (1984) 1–98; *H. Strauß*, Messianisch ohne Messias: EHS.T 232 (1984).

e)

H. Haag, Der Gottesknecht bei Deuterojesaja: EdF 233 (1985) (Lit.).

§ 13

A. Alt, Jerusalems Aufstieg: KS III (1959) 243–257; *M. Noth*, Jerusalem und die israelitische Tradition: GSt zum AT (³1966) 172–187 (vgl. 346–371); *H. Schmid*, Jahwe und die Kulttraditionen von Jerusalem: ZAW 67 (1955) 168–197; *N. W. Porteous*, Jerusalem-Zion: The Growth of a Symbol: FS *W. Rudolph* (1961) 235–252; *Th. C. Vriezen*, Jahwe en zijn Stad (1962); *J. Schreiner*, Sion-Jerusalem. Jahwes Königssitz (1963); *H. Gese*, Der Davidsbund und die Zionserwählung (1964): Vom Sinai . . . (o. § 5) 113–129; ThWNT VII, 291–318; *G. Wanke*, Die Zionstheologie der Korachiten (1966); *R. de Vaux*, Jérusalem et les Prophètes (1966): Interpreting the Prophetic Tradition (1969) 275–300; *Helm. Schmidt*, Israel, Zion und die Völker: Diss. Zürich (1966); *A. Kuschke*, Der Tempel Salomos und der »syrische Tempeltypus«: FS *L. Rost* (1967) 124–132 (Lit.); *H.-M. Lutz*, Jahwe, Jerusalem und die Völker (1968); *H. H. Schmid*, Gerechtigkeit als Weltordnung (1968) bes. 11 f. 74 f; *Th. A. Busink*, Der Tempel von Jerusalem I (1970) (Lit.); *M. Metzger*, Himmlische und irdische Wohnstatt Jahwes: UF 2 (1970) 139–158; *F. Stolz*, (o. § 10 a) (Lit.); *S. Talmon*, Die Bedeutung Jerusalems in der Bibel: Jüdisches Volk – gelobtes Land, hg. v. *W. Eckert* (1970) 135–152; *D. Baltzer*, Ezechiel und Deuterojesaja (1971) 27 ff; *R. Bach*, »Der Bogen zerbricht, Spieße zerschlägt und Wagen mit Feuer verbrennt«: FS *G. v. Rad* (1971) 13–26; *J. Jeremias*, (o. § 9 a) bes. 183–198; *K. D. Schunck*, Juda und Jerusalem in vor- und frühisraelitischer Zeit: FS *A. Jepsen* (1971) 50–57; *R. J. Clifford*, The Cosmic Mountain in Canaan and the OT (1972)

131 ff; *J. J. M. Roberts*, The Davidic Origin of the Zion Tradition: JBL 92 (1972) 329–344. *W. Schatz*, Genesis 14 (1972); *O. H. Steck*, Friedensvorstellungen im alten Jerusalem (1972) (Lit.); *W. Zimmerli*, in.: Melchisedek, hg. v. *J. J. Petuchowski* (1972) X ff; *E. Otto* (s. § 9b); Jerusalem (1980); *F. L. Horton*, The Melchizedek Tradition (1976); *F. Huber*, Jahwe, Juda und die anderen Völker beim Propheten Jesaja (1976) 233 ff; *K. Rupprecht*, (o. § 9a); *V. Fritz*, (o. § 9a); *H.-J. Kraus*, BK XV/1 (⁵1978) 94 ff; XV/3 (1979) 88 ff; ThWAT III, 930–939; *T. D. N. Mettinger*, The Dethronement . . . (o. § 11a); *R. Kilian*, (o. § 12d) 40 ff (Lit.).

§ 14

B. Duhm, Israels Propheten (²1922); *H. Gunkel*, in: *H. Schmidt*, Die großen Propheten (SAT II/2, ²1923) XVII f; *M. Buber*, Der Glaube der Propheten (1950) = Werke II (1964) 231 ff; ThWNT VI, 796 ff; *H. W. Wolff*, Hauptprobleme atl. Prophetie: GSt zum AT (1964. ²1973) 206–231; *J. Lindblom*, Prophecy in Ancient Israel (1926); *G. v. Rad*, Theologie des AT II (⁴1965); *G. Fohrer*, Studien zur atl. Prophetie (1967); *W. Zimmerli*, Grundriß . . . (o. § 5) 84 ff. 159 ff (Lit.); THAT II, 7–26 (Lit.); *W. McKane*, Prophecy and the Prophetic Literature: Tradition and Interpretation (o. § 1) 163–188 (Lit.); ThWAT V, 140–163; *H.-J. Zobel*, Prophet in Israel und Juda: ZThK 82 (1985) 281–299.

a) 1.

J. Lindblom, Zur Frage des kanaanäischen Ursprungs des altisraelitischen Prophetismus: BZAW 77 (1958) 89–104; *W. v. Soden*, Verkündigung des Gotteswillens durch prophetisches Wort in den altbabylonischen Briefen aus Mari: WO 1 (1950) 397–403; *M. Noth*, Geschichte und Gotteswort im AT: GSt zum AT (³1966) 230–247; *C. Westermann*, Die Mari-Briefe und die Prophetie in Israel: GSt I (1964) 171–188; *H. Schult*, Vier weitere Mari-Briefe »prophetischen« Inhalts: ZDPV 82 (1966) 228–232; *F. Nötscher*, Prophetie im Umkreis des alten Israel: BZ 10 (1966) 161–197; *F. Ellermeyer*, Prophetie in Mari und Israel (1968) (dazu *S. D. Walters*, JBL 89, 1970, 78–81); *J. F. Ross*, Prophecy in Hamath, Israel and Mari: HThR 63 (1970) 1–28; *W. L. Moran*, New Evidence from Mari on the History of the Prophecy: Bib 50 (1969) 15–56; *K. Koch*, Die Briefe »prophetischen Inhalts« aus Mari: UF 4 (1972) 53–77 (Lit.); *A. Closs*, Prophetismus und Schamanismus aus der religionsethnologischen Perspektive: Kairos 14 (1972) 200–213; RTAT 146 ff (Lit.); *E. Noort*, Untersuchungen zum Gottesbescheid in Mari (1977); *A. Schmitt*, Prophetischer Gottesbescheid in Mari und Israel (1982); *H. Ringgren*, Prophecy in the ancient Near East: Israel's Prophetic Tradition (1982) 1–11; *L. Wächter*, in: *G. Wallis* (Hg.), Von Bileam bis Jesaja (1984) 9–31.

2.

A. Jepsen, Nabi (1934); *R. Rendtorff*, Erwägungen zur Frühgeschichte des Prophetentums in Israel (1962): GSt zum AT (1975) 220–242; *G. Fohrer*, Elia (²1968); *O. H. Steck*, Überlieferung und Zeitgeschichte in den Elia-Erzählungen (1968); *J. Jeremias*, Kultprophetie und Gerichtsverkündigung in der späten Königszeit Israels (1970) 128 ff; *L. Schmidt*, (o. § 12a); *K.-H. Bernhardt*, Prophetie und Geschichte: VT.S 22 (1972) 20–46; *W. Dietrich*, Prophetie und Geschichte (1972);

H. Ch. Schmitt, Elisa (1972); Prophetie und Tradition: ZThK 74 (1977) 255–272; *H. Schweizer*, Elischa in den Kriegen (1974); *S. Herrmann*, Ursprung und Funktion der Prophetie im alten Israel (1976); *G. Hentschel*, Die Elijaerzählungen (1977); *M. Haran*, From early to classical prophecy: VT 27 (1977) 385–397; TRE IX, 498–502. 506–509; Von Bileam bis Jesaja (o.).

b)

Neuere Forschungsberichte: *P. H. A. Neumann* (Hg.), Das Prophetenverständnis . . .: WdF 307 (1979); *J. Jeremias*, Grundtendenzen gegenwärtiger Prophetenforschung: EvErz 36 (1984) 6–22; *E. Osswald*, Aspekte neuerer Prophetenforschung: ThLZ 109 (1984) 641–650.

Zur Eigenart prophetischer Verkündigung:
C. Westermann, Grundformen prophetischer Rede (⁵1978); *W. H. Schmidt*, Zukunftsgewißheit und Gegenwartskritik. Grundzüge prophetischer Verkündigung (1973) (Lit.); »Rechtfertigung des Gottlosen« in der Botschaft der Propheten: FS *H. W. Wolff* (1981) 157–168; *L. Markert – G. Wanke*, Die Propheteninterpretation: KuD 22 (1976) 191–220; *J. M. Schmidt*, Ausgangspunkt und Ziel prophetischer Verkündigung im 8. Jh.: VF 22/1 (1977) 65–82 (Lit.); *H. W. Wolff*, Die eigentliche Botschaft der klassischen Propheten: FS *W. Zimmerli* (1977) 547–557; *W. Zimmerli, Wahrheit und Geschichte in der atl. Schriftprophetie: VT.S 29 (1978) 1–15.*

Exkurs 7:

O. Grether, (o. §6a, 2); *L. Dürr*, Die Wertung des göttlichen Wortes im AT und im antiken Orient (1938); ThWNT V, 89–100; THAT I, 433–443; ThWAT II, 89–133 (Lit.); *W. Zimmerli*, Jahwes Wort bei Deuterojesaja: VT 32 (1982) 104–124.

§15

J. Fichtner, Die altorientalische Weisheit in ihrer israelitisch-jüdischen Ausprägung (1933); Gottes Weisheit (1965); *H. Gese*, Lehre und Wirklichkeit in der alten Weisheit (1958); RGG³ VI, 1574–1581; ThWNT VII, 476–496; *H. H. Schmid*, Wesen und Geschichte der Weisheit (1966); *G. v. Rad*, (o. §6c); *R. N. Whybray*, The Intellectual Tradition in the OT (²1982); *J. L. Crenshaw*, Studies in Ancient Israelite Wisdom (1976); ThWAT II, 920–944; *H.-P. Müller*, Das Hiobproblem: EdF 84 (1978) (Lit.); Israelite Wisdom. FS *S. Terrien* (1978); La Sagesse de l'AT, hg. v. *M. Gilbert* (1979); *J. A. Emerton*, Wisdom: Tradition and Interpretation (o. §1) 214–237 (Lit.); *E. Hornung – O. Keel* (Hg.), Studien zu altägyptischen Lebenslehren: OBO 28 (1979); *G. T. Sheppard*, Wisdom as a hermeneutical Construct: BZAW 151 (1980); *D. F. Morgan*, Wisdom in the OT Traditions (1981); *H. Graf Reventlow* (o. §11 f), 183 ff (Lit.); *P. J. Nel*, The Structure and Ethos of the Wisdom Admonitions in Proverbs: BZAW 158 (1982); *J. Blenkinsopp*, Wisdom and Law in the OT (1983); *A. Lemaire*, Sagesse et écoles: VT 34 (1984) 270–281; *O. Kaiser*, Ideologie und Glaube (1984); *P. Doll* (o. §11 f).

IV.

E. Janssen, Juda in der Exilszeit (1956); *O. Plöger*, Theokratie und Eschatologie (1960. ³1968); *K. Galling*, Studien zur Geschichte Israels im persischen Zeitalter (1964); *S. Herrmann*, Prophetie und Wirklichkeit in der Epoche des babylonischen Exils (1967); *P. R. Ackroyd*, Exile and Restoration (1968); Israel under Babylon and Persia (1970); *U. Kellermann*, Nehemia (1967); *O. H. Steck*, Das Problem theologischer Strömungen in nachexilischer Zeit: EvTh 28 (1968) 445–458; *M. Hengel*, Judentum und Hellenismus (1969. ²1973); *H. G. Kippenberg*, Garizim und Synagoge (1971); *L. Perlitt*, Anklage und Freispruch Gottes: ZThK 69 (1972) 290–303; *W. Th. In der Smitten*, Esra (1973); Gottesherrschaft und Gemeinde (1974); *P. R. Ackroyd*, The History of Israel in the Exilic and Post-exilic Periods: Tradition and Interpretation (o. § 1) 320–350 (Lit.); *H. Spieckermann*, Juda unter Assur in der Sargonidenzeit: FRLANT 129 (1982); *W. Schottroff*, Arbeit und sozialer Konflikt im nachexilischen Juda: Mitarbeiter der Schöpfung (1983) 104–148 (Lit.).

§ 16

C. Westermann, Das Hoffen im AT (1952/3): GSt I (1964) 219–265; *H. Groß*, Die Entwicklung der atl. Heilshoffnung (1961): Kernfragen des AT (1977) 53–65; *W. Zimmerli*, Der Mensch und seine Hoffnung nach den Aussagen des AT: FS *Th. C. Vriezen* (1966) 389–403; Der Mensch und seine Hoffnung nach dem AT (1968); *H. D. Preuß* (Hg.), Eschatologie im AT: WdF 480 (1978) (Lit.); *K. M. Woschitz*, Elpis. Hoffnung (1979) 219 ff.

Zu Jes 2 = Mi 4:
H. Wildberger, BK X/1, 75 ff (Lit.); *H. W. Wolff*, BK XIV/4, 82 ff (Lit.); Endzeitvorstellungen und Orientierungskrise in der atl. Prophetie: FS *H.-J. Kraus* (1983) 75–86; *Ders.–W. Pannenberg*: EvTh 44 (1984) 280–297; *W. Schottroff*, Die Friedensfeier: *L. u. W. Schottroff*, Die Parteilichkeit Gottes: KT 80 (1984) 78–102.

(Vgl. Lit. zu § 12 d).

§ 17

a)

W. Bousset – H. Greßmann, Die Religion des Judentums (⁴1966); *P. Volz*, Die Eschatologie der jüdischen Gemeinde im ntl. Zeitalter (²1943. ³1966); *H. H. Rowley*, Apokalyptik. Ihre Form und Bedeutung zur biblischen Zeit (³1965) (Lit.); *O. Plöger*, (o. IV); *Ph. Vielhauer*, Die Apokalyptik: NTApo³ II, 407–421; *M. Hengel*, (s. o. zu IV) 319 ff; *P. v. d. Osten-Sacken*, Die Apokalyptik in ihrem Verhältnis zur Prophetie und Weisheit (1969); *J. M. Schmidt*, Die jüdische Apokalyptik (1969); *K. Koch*, Ratlos vor der Apokalyptik (1970); *E. Janssen*, Das Gottesvolk und seine Geschichte (1971); *U. B. Müller*, Messias und Menschensohn in jüdischen Apokalypsen und in der Offenbarung des Johannes (1972); Literatur und Religion des Frühjudentums, hg. v. *J. Maier – J. Schreiner* (1973) (Lit.); *H. Gese*, Anfang und Ende der Apokalyptik, dargestellt am Sacharjabuch (1973); Vom Sinai . . . (o. § 5)

202–230; *W. Schmithals*, Die Apokalyptik (1973); *I. Willi-Plein*, Prophetie am Ende (1974); Das Geheimnis der Apokalyptik: VT 27 (1977) 62–81; *U. Luck*, Das Weltverständnis in der jüdischen Apokalyptik: ZThK 73 (1976) 283–305; *F. Dexinger*, Henochs Zehnwochenapokalypse und offene Probleme der Apokalyptikforschung (1977); *U. Fischer*, Eschatologie und Jenseitserwartung im hellenistischen Diasporajudentum (1978); TRE III, 192–202 (Lit.); *L. Wächter*, Apokalyptik im AT: ZdZ 9 (1979) 334–340; *E. W. Nicholson*, Apocalyptic: Tradition and Interpretation (o. § 1) 189–213 (Lit.); *C. Münchow*, Ethik und Eschatologie (1981); *O. H. Steck*, Überlegungen zur Eigenart der spätisraelitischen Apokalyptik: FS *H. W. Wolff* (1981) 301–315; *K. Koch – J. M. Schmidt* (Hg.), Apokalyptik: WdF 365 (1982) (Lit.); *D. Hellholm* (Hg.), Apocalypticism in the Mediterranean World and the Near East (1983).

b)

M. Noth, Das Geschichtsverständnis der atl. Apokalyptik: GSt zum AT (³1966) 248–273; *K. Koch*, Spätisraelitisches Geschichtsdenken am Beispiel des Buches Daniel: HZ 193 (1961) 1–32; *R. Hanhart* (s. zu § 11 b); *F. König*, Zarathustras Jenseitsvorstellungen und das AT (1964) (Lit.).

Exkurs 8:

Zum alten Orient:

W. Baumgartner, Auferstehungsglaube im Alten Orient (1933): Zum AT und seiner Umwelt (1959) 124–146; *H. Kees*, Totenglaube und Jenseitsvorstellungen der alten Ägypter (²1956); *R. Stola*, Zu den Jenseitsvorstellungen im Alten Mesopotamien: Kairos 14 (1972) 258–272 (Lit.).

Zum Alten Testament:

G. Quell, Die Auffassung des Todes in Israel (1925. 1967); *F. Nötscher* (s. zu § 11 c); *G. v. Rad*, Atl. Glaubensaussagen vom Leben und vom Tod (1938): Gottes Wirken in Israel (1974) 250–267; *C. Barth*, Die Errettung vom Tode in den individuellen Klage- und Dankliedern des AT (1947); *R. Martin-Achard*, De la mort à la résurrection d'après l'AT (1956); Résurrection dans l'AT et le judaïsme: SDB 10, 55 (1981) 437–487; *K. Schubert*, Die Entwicklung der Auferstehungslehre von der nachexilischen bis zur frührabbinischen Zeit: BZ 6 (1962) 177–214; *V. Maag*, Tod und Jenseits nach dem AT: SThU 34 (1964) 17–37; *L. Wächter*, Der Tod im AT (1967); *G. Schunack*, Das hermeneutische Problem des Todes (1967) 40 ff; *G. Fohrer*, Das Geschick des Menschen nach dem Tode im AT: KuD 14 (1968) 249–262; *N. J. Tromp*, Primitive Conceptions of Death and the Nether World in the OT (1969); *L. I. J. Stadelmann*, The Hebrew Conception of the World (1970) 165 ff; *G. W. E. Nickelsburg*, Resurrection, Immortality, and Eternal Life in Intertestamental Judaism (1972) (vgl. ThLZ 101, 1976, 351–355); *B. Vawter*, Intimations of Immortality and the OT: JBL 91 (1972) 158–171; *H. Wildberger*, BK X/1 (1972) 342. 349 ff (zu den Totengeistern); *G. Stemberger*, Das Problem der Auferstehung im AT: Kairos 14 (1972) 273–290; *H. W. Wolff*, (o. Exk. 2) 150 ff; *J. F. A. Sawyer*, Hebrew words for the resurrection of the dead: VT 23 (1973) 218–234; *U. Kellermann*, Überwindung des Todesgeschicks in der atl. Frömmigkeit . . .: ZThK 73 (1976) 259–282; Auferstanden in den Himmel. 2 Makk 7 . . . (1979); *O. Kaiser* (– *E. Lohse*), Tod und Leben (1977); *H. Gese*, Der Tod im AT: Zur bibl. Theologie

(²1983) 31–54; *H.-J. Kraus*, BK XV/3 (1979) 204 ff; *H. Breit*, Die Sinndeutung des Todes im AT . . .: FS *C. Westermann* (1980) 460–470; *L. Perlitt*, Der Tod im AT: PastTh 70 (1981) 391–405; *P. Casetti*, Gibt es ein Leben vor dem Tod?: OBO 44 (1982); ThWAT IV, 763–787 (Lit.).

Exkurs 9:

M. Noth, Die Gesetze im Pentateuch (1940): GSt zum AT: ThB 6 (³1966) 9–141; *G. v. Rad*, TheolAT I⁴, 203 ff; II⁴, 413 ff; *E. Würthwein*, Der Sinn des Gesetzes im AT: ZThK 55 (1958) 255–270 = Wort und Existenz (1970) 39–54; RGG³ II, 1513–1515; *W. Zimmerli*, Das Gesetz im AT: ThLZ 85 (1960) 481–498 = Gottes Offenbarung (²1969) 249–276; Grundriß . . . (o. § 5) 94 ff; *B. Lindars*, Torah in Deuteronomy: FS D. W. Thomas (1968) 117–136; *A. Jepsen*, Israel und das Gesetz: ThLZ 93 (1968) 85–94 = Der Herr ist Gott (1978) 155–162; *H. P. Müller*, Imperativ und Verheißung im AT: EvTh 28 (1968) 557–571; *H. J. Kraus*, Zum Gesetzesverständnis der nachprophetischen Zeit: Kairos 2 (1969) 122–133 = Bibl.-theol. Aufs. (1972) 179–194; *H. Schmid*, Gesetz und Gnade im AT: Jud 25 (1969) 3–29; *H. Graf Reventlow*, Rechtfertigung im Horizont des ATs (1971) 30 ff; *H. J. Boecker*, Recht und Gesetz im AT und im AO (²1984) (Lit.); *R. Smend* (-*U. Luz*), Gesetz: Bibl. Konfr. 1015 (1981); *B. S. Jackson*, The Ceremonial and the Judicial: JSOT 30 (1984) 25–50 (Lit.); *K. Koch*, TRE XIII, 40–52 (Lit.).

Register der Namen, Sachen und Begriffe

Register der Bibelstellen in Auswahl